Grimms Mythen

Studien zum Mythosbegriff und seiner Anwendung in Jacob Grimms *Deutscher Mythologie*

MIKROKOSMOS

BEITRÄGE ZUR
LITERATURWISSENSCHAFT UND
BEDEUTUNGSFORSCHUNG

Herausgegeben von Wolfgang Harms

BAND 41

Beate Kellner

Grimms Mythen

Studien zum Mythosbegriff
und seiner Anwendung
in Jacob Grimms
Deutscher Mythologie

PETER LANG

Frankfurt am Main · Berlin · Bern · New York · Paris · Wien

Beate Kellner

Grimms Mythen

Studien zum Mythosbegriff und seiner Anwendung in Jacob Grimms *Deutscher Mythologie*

PETER LANG
Europäischer Verlag der Wissenschaften

Die Deutsche Bibliothek - CIP-Einheitsaufnahme

Kellner, Beate:

Grimms Mythen : Studien zum Mythosbegriff und seiner Anwendung in Jacob Grimms Deutscher Mythologie / Beate Kellner. - Frankfurt am Main ; Berlin ; Bern ; New York ; Paris ; Wien : Lang, 1994
(Mikrokosmos ; Bd. 41)
Zugl.: München, Univ., Diss., 1992 u.d.T.: Kellner, Beate: Mythen in Jacob Grimms Deutscher Mythologie
ISBN 3-631-47738-4

NE: GT

Die vorliegende Arbeit ist die deutlich gekürzte Fassung meiner von der Ludwig-Maximilians-Universität zu München im Wintersemester 1991/92 angenommenen Dissertation. Seither erschienene Forschungsliteratur wurde in Auswahl berücksichtigt.

D 19
ISSN 0170-9143
ISBN 3-631-47738-4

Printed in Germany 1 2 3 4 6 7

In memoriam William Shott

Inhaltsverzeichnis

Einleitung

Das forschungsgeschichtliche Interesse

Die 1835 in Göttingen zum ersten Mal erschienene *Deutsche Mythologie* Jacob Grimms ist zweifellos ein Werk von großer forschungsgeschichtlicher Bedeutung.

Es wurde nicht nur von der gelehrten Welt des 19. Jahrhunderts mit Interesse zur Kenntnis genommen, sondern veranlaßte auch ganze Forschergenerationen zu eigenen mythologischen Untersuchungen, so daß man von einer epidemieartigen Beschäftigung mit mythologischen Fragen im 19. Jahrhundert gesprochen hat, von einem Forschungsfieber, das mit der Rezeption der Rasselehre und später der Psychoanalyse bzw. Psychotherapie im 20. Jahrhundert vergleichbar sei.[1]

Aus der großen Zahl von Handbüchern, in denen man die altdeutsch-heidnische Religion nach der Folie der Grimmschen *Mythologie* zu erfassen versuchte, sei hier exemplarisch auf Mannhardts *Germanische Mythen* sowie seine *Wald- und Feldkulte*, auf Simrocks *Handbuch der deutschen Mythologie mit Einschluß der nordischen*, Wolfs *Beiträge zur deutschen Mythologie* oder E.H. Meyers *Mythologie der Germanen* hingewiesen.[2]

Natur- und astralmythologische Spekulationen, durch die man die Entstehung der Mythen erklären wollte, nehmen in derartigen Werken einen breiten Raum ein. Grundlegend für die natur- und astralmythologischen Deutungen waren die Arbeiten von Kuhn, Schwartz und Müller. Zu denken ist etwa an Müllers *Beiträge zur vergleichenden Mythologie und Ethologie* oder an die Arbeiten von Schwartz *Der Ursprung der Mythologie* und *Die poetischen Naturanschauungen der Griechen, Römer und Deutschen in ihrer Beziehung zur Mythologie*.[3]

Die erwähnten *Beiträge zur vergleichenden Mythologie und Ethologie* von Müller spiegeln bereits im Titel ein weiteres wesentliches Kennzeichen dieser Forschungsrichtung wider. Sie geht 'vergleichend' vor, d.h. sie stellt die mythologischen Traditionen verschiedener Völker - in Analogie zur vergleichenden Sprachwissenschaft - nebeneinander.

In seiner Vorrede zur zweiten, wesentlich erweiterten Auflage der *Deutschen Mythologie* von 1844 betont Grimm, das Vergleichen der Quellen zur altdeutschen Religion mit den religiösen Zeugnissen anderer Völker sei der Angelpunkt seines mythologischen Studiums.[4]

Die unmittelbar von J. Grimm beeinflußten Arbeiten, die seine Pionierarbeit, die er nach seinen Worten "auf einem öde geglaubten felde" geleistet hatte,[5] fortsetzen wollten, greifen diese

---

1 So Denecke (1971) 112.

2 Siehe Mannhardt (1858), id. (1905^2,1875), Simrock (1874^4,1855), Wolf (1852) *Beiträge* und E.H. Meyer (1903).

3 Siehe M. Müller (1868^2,1867-75), Schwartz (1860) und id. (1864 / 1879).

4 Cf. *DM* 1,XIX. Die *Deutsche Mythologie* wird in der Regel nach der 4. Auflage von 1875-78 zitiert [zit.: *DM*]. Die Vorrede der zweiten Auflage von 1844 ist hier enthalten.

5 Cf. *DM* 1,V.

Verfahrensweisen auf, es geht ihnen im Anschluß an Grimm jedoch vor allem um die Sammlung und Systematisierung der nationalen Traditionen. In diesem Sinne formuliert Sepp:

> "Ich bin ein Deutscher, und will nur gegen die bisherige Unkunde und daraus erwachsene Unterschätzung allzeit zur Ehre unserer Nation die altväterliche Religion erheben und verkündigen."[6]

Hier wird deutlich, daß die Beschäftigung mit der altgermanischen Mythologie nicht als Wissenschaft um ihrer selbst willen verstanden wurde, sondern als patriotischer Beitrag zur 'Ehre der Nation'. Die Nachfolger J. Grimms übernahmen damit ein Grundanliegen seiner *Deutschen Mythologie*, denn J. Grimm wollte mit seinen mythologischen Studien, ja überhaupt mit all seinen Forschungen das Vaterland "erheben" - wie er an exponierter Stelle, nämlich am Ende seiner Vorrede zur *Deutschen Mythologie* bekennt: "Weil ich lernte, daß seine sprache, sein recht und sein alterthum viel zu niedrig gestellt waren, wollte ich das vaterland erheben."[7]

Da die Mythologen des 19. Jahrhunderts die religiösen Traditionen der 'altdeutschen' Vorfahren zur 'Ehre des Vaterlandes' aufdecken wollten, die Quellenlage aber - verglichen etwa mit den mythologischen Überlieferungen der klassischen Antike - desolat war, gerieten sie in eine Aporie, die nur durch die Berufung auf sprachliche Denkmäler, die in der Regel isoliert, d.h. aus dem Kontext gerissen, betrachtet wurden und so für die verschiedensten vagen Interpretationen offen waren, und durch die Beschwörung des 'lebendigen Stroms der Volksüberlieferung' zu kompensieren war. Die beiden folgenden Passagen aus Panzers *Bayerischen Sagen und Bräuchen* und aus Mannhardts *Germanischen Mythen* akzentuieren jeweils einen der genannten Aspekte und zeigen - synoptisch gelesen - die Methodik der Forschergeneration, die sich an J. Grimm anlehnte, auf:

> "Nach überresten gemauerter tempel im sinne der Griechen und Römer, wenn sie nicht von letzteren selbst abstammen, werden wir uns im vaterlande vergeblich umsehen. gleichwohl gab es auch bei uns vor einführung des christenthums stäten des alten cultus. das bezeugen die sprachlichen denkmäler, wie sie uns Jacob Grimm in seinem vortrefflichen werke der deutschen mythologie vorführt."[8]

> "Die Quelle der germanischen, wie jeder anderen wahren Mythologie ist einzig und allein die Volksüberlieferung, die von den höchsten Gipfeln urweltlichen Menschheitslebens herabsteigend, noch immer jugendlich und frisch in tausend Bächen durch unsere Berge, Täler und Ebenen dahinströmt".[9]

Man verehrte J. Grimm als den Gründervater dieses Forschungsansatzes und bezog sich immer wieder auf ihn als den "schöpfer" oder "meister",[10] dessen großes mythologisches Werk

6 Sepp (1890) XVI.
7 *DM* 1,XLI.
8 Panzer (1848) III.
9 Mannhardt (1858) V.
10 Wolf (1852) *Beiträge* V.

"stets das gefühl der bewunderung und innigen dankes anregt"[11] und dem man die eigenen Forschungen mit pathetischen Formeln zueignete.[12]

Die Vorstellung, J. Grimm selber habe das Konzept, Volksüberlieferungen seien für die Mythenforschung nutzbar zu machen, entworfen, beruht allerdings ihrerseits auf einem Mythos, der zwar forschungsgeschichtlich lange tradiert, aber schließlich doch 'entmythologisiert' wurde. Deneke zeigt, daß die Methode, Mythen aus Volksüberlieferungen zu rekonstruieren, bereits im 17. und 18. Jahrhundert gängig war und daß J. Grimm den mythologischen Arbeiten des 17. und 18. Jahrhunderts weit mehr verdankt als gemeinhin angenommen wurde und als er selbst zugibt.[13]

J. Grimm kommt so eher die Rolle eines Vermittlers im mythologischen Tradierungsprozeß zu als die eines Gründervaters. Indem er die verstreuten mythologischen Forschungsergebnisse früherer Jahrhunderte sammelte und in ein systematisches Gebäude brachte, wurden sie als *Deutsche Mythologie* popularisiert und auf breiter Basis rezipiert.

Die Rezeption der *Deutschen Mythologie* blieb dabei nicht auf das 19. Jahrhundert beschränkt, denn die Frage nach der altgermanischen Religion beschäftigte auch die Forschergenerationen der ersten Jahrzehnte des 20. Jahrhunderts. Unter der Herrschaft der Nationalsozialisten kam es zu einer zweiten regelrechten Rezeptionswelle der *Deutschen Mythologie*, die freilich ganz unter ideologischem Vorzeichen stand. Die Rekonstruktion des altgermanischen Kultes sollte die Kontinuität mit der germanischen Vorzeit *beweisen*. Eben dieses Ziel verfolgen Arbeiten wie Stumpfls *Kultspiele der Germanen als Ursprung des mittelalterlichen Dramas*, Siemsens *Germanengut im Zunftbrauch* oder O. Höflers *Kultische Geheimbünde der Germanen*.[14]

Es wäre ein Kurzschluß, den romantischen Nationalismus der Mythologen aus der ersten Hälfte des 19. Jahrhunderts mit der Ideologie der Nationalsozialisten verbinden zu wollen. Dennoch bleibt festzuhalten, daß die Nationalsozialisten auf die bereits traditionelle Verbindung von Mythologie und Volkstumsideologie zurückgreifen konnten und sie dann in ihrem Sinne funktionalisierten.

Neben diesen beiden großen Rezeptionswellen[15] läßt sich jedoch auch eine mittelbare Wirkung der *Deutschen Mythologie* konstatieren. Sie besteht im 'Festschreiben' der mythologischen Forschungsergebnisse J. Grimms in Handbüchern und Lexika, die noch heute viel benutzt werden und so immer wieder einer erneuten Popularisierung der Grimmschen Mythendeutungen Vorschub leisten. Zu erwähnen sind hier etwa das von Bächtold-Stäubli und Hoff-

11 Panzer (1848) III.

12 Siehe die Widmung bei Mannhardt (1858). Zur Rezeption der Grimmschen Mythenforschung im südosteuropäischen Bereich siehe Kretzenbacher (1988) 20-32.

13 Cf. den grundlegenden Aufsatz von Deneke (1969) 47-56.

14 Siehe Stumpfl (1936), Siemsen (1942) und O. Höfler (1934).

15 Die Rezeption der *Deutschen Mythologie* hat sich vielfach auf den Bereich der Populärwissenschaft verlagert, was bei der Besprechung der Einzelmythen nur am Rande gestreift werden soll, da es sich hier nicht um eine Auseinandersetzung mit der Populärwissenschaft handelt.

mann-Krayer edierte *Handwörterbuch des deutschen Aberglaubens* oder Beitls *Wörterbuch der deutschen Volkskunde*.[16]
Das Spektrum mythologischer Deutungen im Gefolge Grimms soll in dieser Dissertation an konkreten Grimmschen Mythologemen aufgezeigt werden, um so die Rezeptionsformen und Wirkungsweisen der *Deutschen Mythologie* zu dokumentieren.

Die quellenkritische Fragestellung

Es soll jedoch nicht nur darum gehen, die forschungsgeschichtliche Bedeutung der *Deutschen Mythologie* und das Fortwirken ihrer Ergebnisse bis in unsere Tage herauszuarbeiten, sondern die mythologischen Deutungen J. Grimms sollen kritisch überprüft werden.
Die Leitfragen sind dabei: Lassen die von J. Grimm herangezogenen Quellen den Schluß auf germanische Mythen zu? Ermöglicht das von ihm benützte Material tatsächlich die Rekonstruktion eines eigenen mythologischen Systems der 'altdeutschen' Stämme, d.h. im Verständnis Grimms der südgermanischen Stämme im Raum des späteren deutschen Reiches, in Abhebung von den nordgermanischen Überlieferungen?[17]
Die nordische Mythologie soll - so schreibt Grimm im Vorwort zur *Deutschen Mythologie* von 1844^2 - zwar mitberücksichtigt werden, aber er wolle sie seinem "anfänglichen vorsatz treu" "auch diesmal nur zum einschlag, nicht zum zettel" nehmen. Grimm betont, daß die "deutsche besonderheit", "die vielmehr aus sich selbst entfaltet werden soll", "gefährlich überwuchert worden" wäre, wenn er seiner Untersuchung die Fülle der nordischen Traditionen zugrundegelegt hätte. Nordische und deutsche Mythologie stünden sich ebenso nahe wie nordische und deutsche Sprache, es sei jedoch mit einzelnen Abweichungen zu rechnen.[18]
Das 'Nahziel', das J. Grimm mit seinem Werk erreichen will, ist also die Rekonstruktion der deutschen Mythologie, besser der deutschen Religion. Auf einer zweiten Ebene aber wird deutlich, daß es ihm letztlich um eine gemeingermanische Mythologie geht:

> "Die lage der dinge scheint also die zu sein, daß bei fortschreitendem betrieb wir der nordischen grenze entgegen rücken und endlich der punct erscheinen wird, auf dem der wall zu durchstechen ist und beide mythologien zusammenrinnen können in ein größeres ganzes."[19]

Beide Quellenstränge, denen J. Grimm die Informationen über die altdeutsche Mythologie entnimmt und die - wie er sagt - "teils geschriebene denkmäler sind, theils der nie stillstehende fluß lebendiger sitte und sage",[20] erweisen sich als problematisch für die Rekonstruktion germanischer Mythen.

16 Siehe HdA (1927-1942) und Beitl (1974^3,1936).
17 Eine quellenkritische Überprüfung des Materials der *Deutschen Mythologie* fordert auch Kramer (1992) 588-607.
18 Cf. *DM* 1,VIIf.
19 Ibid.
20 Ibid. 1,IX.

J. Grimms Vorstellung, altheidnische Mythen hätten sich in Sagen und Märchen, Sitten und Bräuchen des 'Volkes' über die Jahrhunderte hinweg erhalten, den Volksüberlieferungen käme also besonders hoher Zeugniswert für die germanischen Mythen zu,[21] ist auf der Basis der modernen Erzählforschung nicht haltbar. Am Beispiel der Märchen, in denen die Brüder Grimm insbesondere die "Überreste" des altdeutschen Mythos in der modernen Zeit sahen,[22] und der neueren Märchenforschung soll gezeigt werden, wie fragwürdig es ist, Volksüberlieferungen als authentische Zeugnisse des Mythos zu werten.
Im einzelnen soll die Frage der Altersbestimmung der Märchen und damit verbunden das Problem literaler und oraler Kontinuität sowie die These vom Märchen als Form authentischer 'Volkspoesie' diskutiert werden.
Was die zweite Säule der Quellenbasis der *Deutschen Mythologie*, also die literarischen Zeugnisse, betrifft, stellt sich das Problem, daß wir aus der vorchristlichen Zeit der Germanen, abgesehen von Runeninschriften, keine Texte besitzen. Erst nachdem die germanischen Völkerschaften in engeren Kontakt mit den spätantiken und frühmittelalterlichen südlichen Kulturen traten und mit dem Christentum deren Schriftsystem übernahmen, ist mit schriftlichen Zeugnissen zu rechnen. Die ältesten volkssprachlichen Texte wie die im 4. Jahrhundert entstandene Bibelübersetzung Wulfilas und andere gotische Sprachdenkmäler verarbeiten keine einheimischen Traditionen.
Wenn man diese Zeugnisse für die Rekonstruktion deutscher Mythen heranziehen will, muß man sich auf die kontextlose Betrachtung einzelner Wort- bzw. Sprachformen einlassen - ein Verfahren, das, wie bereits angedeutet, in der mythologischen Forschung im Anschluß an J. Grimm häufig praktiziert und auch auf Texte späteren Datums angewandt wurde. An konkreten Beispielen aus der *Deutschen Mythologie* soll in meiner Arbeit gezeigt werden, zu welchen Fehlschlüssen gerade derartige Betrachtungen führten.
Die Zeugnisse aus der ahd. Zeit bieten zwar reicheres Material, es muß jedoch hier bereits mit christlichem Einfluß gerechnet werden.
Zur Methode J. Grimms, heidnische Mythen vielfach auch aus mhd. und frühnhd. Quellen herauszulesen, ist mit Schier zu sagen, daß es sehr problematisch ist, germanische Traditionen aus wesentlich späteren Texten erheben zu wollen.[23]
Bei den lateinisch abgefaßten Werken der frühen Zeit ist zu berücksichtigen, daß es sich um geistliche Werke handelt und daß schon von daher nicht zu erwarten ist, daß sie germanisch-heidnische Erzähl- bzw. Kultformen in authentischer Form wiedergeben.[24]

21 Cf. ibid. 1,IX-XIV.
22 Cf. z.B. Br. Grimm (1856[2],1822) Anmerkungen zu den *Kinder- und Hausmärchen* [zit.: *KHM*] 3,409. Ebenso betrachtete J. Grimm die Sagensammlungen für die Sagenausgabe der Brüder als Stoff und Motivreservoir für die *Deutsche Mythologie*. Siehe dazu jetzt Uther (1993) bes. 2,551 und Kindermann-Bieri (1993) 3,149-176.
23 Cf. Schier (1987) 5,1072.
24 Cf. ibid. 5,1073.

Diesen Aspekt betont besonders Harmening in seinem Werk *Superstitio.* Er kommt aufgrund seiner Quellenstudien zu dem Schluß, die kirchliche Superstitionsliteratur sei überwiegend topischen Charakters, d.h. es gehe ihr weniger um eine getreue Wiedergabe der Realität als um Tradierung und Vermittlung von Topoi.[25]

Was die gelehrten geistlichen Autoren als Formen des Volks- und Aberglaubens darstellen, stammt nicht selten selbst wieder aus gelehrten Quellen, in denen es als katechetisches Material funktional eingesetzt war. Das 'Heidnische' und das 'Alte' stehen in der geistlichen Literatur häufig für die anthropologische Kategorie des 'alten Menschen', dessen verkehrte Lebensform den Gläubigen über die Jahrhunderte hinweg als Negativbeispiel vor Augen geführt wurde.[26]

Besonders deutlich tritt dieses Phänomen im Bereich der theologischen Literatur des 16. Jahrhunderts hervor. Wenn die protestantische Seite, die sich vielfach von den - aus ihrer Sicht - antiquierten Bräuchen der katholischen Kirche abgewandt hatte, eben diese Brauchformen als 'papistisch' oder 'heidnisch' bezeichnete, so handelt es sich dabei um reformatorische Polemik, aus der nicht ohne weiteres auf einen realen Gehalt des vorchristlich Heidnischen geschlossen werden kann.

Angesichts dieser Überlegungen zeigt sich die Fragwürdigkeit der Begriffe des 'Heidnischen', 'Mythischen' und 'Uralten' und es legt sich die Frage nahe, ob es sich hier nicht sozusagen um 'Mythen des Mythischen' handelt. -

Eben diese Frage ist an einer Auswahl von Grimmschen Mythologemen - exemplarisches Arbeiten ist bei der großen Fülle von Phänomenen, die J. Grimm in seiner *Deutschen Mythologie* bespricht, erforderlich - zu untersuchen. Die Fragestellung ist dabei, wie vorab bereits bemerkt, quellenkritisch, d.h. es soll überprüft werden, ob das von Grimm in den sich an die Einleitung anschließenden 37 Kapiteln dargelegte mythologische System von den Quellen her abgedeckt ist. Es soll nach dem Alter und der Art der Quellen gefragt werden sowie nach der Art der Grimmschen Quellenauswahl und Quellenverarbeitung und damit verbunden der Grimmschen Argumentation überhaupt. Wenn sich die von J. Grimm gezogenen Schlußfolgerungen methodisch und (oder) sachlich als unzureichend erweisen, ist nach alternativen Erklärungen der als 'germanische Mythen' ausgewiesenen Phänomene zu suchen. Hier sollen die Ergebnisse der neueren Forschung eingearbeitet und gewissermaßen in Kontrast zu den Spekulationen J. Grimms und seiner Nachfolger gesetzt werden. Bei Phänomenen, für die auch in der neueren Forschung keine plausiblen Deutungen angeboten werden bzw. die mythologischen Vorstellungen in der Nachfolge Grimms weitertradiert werden, sollen auf der Basis einer streng philologisch-historischen Methodik neue Erklärungsansätze entwickelt werden.

---

25 Cf. Harmening (1979) 72.

26 Cf. id. (1986) 225. Siehe dazu auch die Leitfragen, die Harmening (1990) 243-251 für das Würzburger Forschungsprojekt zur *Spätmittelalterlichen Aberglaubenskritik in Dekalog- und Beichtliteratur* entwickelt.

Die Auswahl der Mythen orientiert sich an der Relevanz, die ihnen nach dem Verständnis J. Grimms für die Rekonstruktion der *Deutschen Mythologie* zukommt.

Die Wahl des Gottes Wodan, Wuotan als Untersuchungsgegenstand versteht sich schon aus seiner hohen Position im germanischen Götterhimmel und bedarf kaum weiterer Begründung. Grimm betrachtet ihn als den höchsten, ja den überragenden Gott der altdeutschen Stämme.[27] Ausgehend von den Nachrichten über Wuotan bei (früh)mittelalterlichen und frühneuzeitlichen Autoren, ist zu untersuchen, welcher Zeugniswert den Quellen für die germanische Mythologie zukommt. Konkret ist zu fragen: Woher, d.h. aus welchen schriftlichen oder mündlichen Quellen beziehen die Autoren ihr Wissen? Wie ist das Verhältnis von eigener Erfahrung und Kenntnis des germanischen Heidentums zu tradiertem Wissen, Toposwissen, zu sehen? Welche Intentionen verfolgen die Autoren bei der Vermittlung von Nachrichten über das germanische Heidentum? Geht es ihnen um eine differenzierte, möglichst authentische Wiedergabe der fremden Religionsformen oder stehen die Texte gezielt im Dienst katechetischer Funktionen? Die Nachrichten sind also im Kontext der Textfunktion und der Intention der Verfasser (sofern sich diese erschließen läßt) zu sehen und zu beleuchten. Zu diskutieren sind auch die Orts- und Wochentagnamen sowie die Frage, ob und inwiefern antike und mittelalterliche Nachrichten über Mercur als Zeugnisse für Wodan, Wuotan heranzuziehen sind. Sollte sich herausstellen, daß das Quellenmaterial das von J. Grimm entworfene Wuotanbild nicht abdeckt, ist zu fragen, welche Interessen hinter den Interpretationen Grimms stehen.

Es ist nicht das Ziel der quellenkritischen Untersuchungen, J. Grimms mythologische Forschungen mit der Häme der Spätergeborenen als 'falsch' herauszustellen, sondern es soll in wissenschaftsgeschichtlichem Interesse danach gefragt werden, *wie* er die Quellen verarbeitete und welche Intentionen er dabei verfolgte.

Bei der Analyse des Wuotankomplexes ist weiterhin zu prüfen, ob die von J. Grimm gezogene Verbindungslinie von Wuotan zum 'wütenden Heer' und den Sagen um den 'wilden Jäger' haltbar ist. Wenn sich die Interpretationen J. Grimms als unzutreffend herausstellen, ist nach neuen Deutungen der Sagenkreise zu suchen.

Die Untersuchung des Hauptgottes Wuotan, Wodan soll durch einen Blick auf weibliche Götterbilder ergänzt werden. Von den in der *Deutschen Mythologie* besprochenen Göttinnen sollen diejenigen Figuren näher analysiert werden, deren Kult nach Ansicht J. Grimms aus dem heidnischen Jahreslauf auf christliche Feste übergegangen ist. Die Arbeit konzentriert sich damit auf den Komplex der Perchten (genauer auf Perchta, Holda / Frau Holle, Nerthus, Isis) und auf Ostara.

Den Traditionen aus dem Jahreslauf maß Grimm besonders hohen Wert für die Mythenforschung zu, was sich schon an seinem Plan zeigt, "den altdeutschen calender, überhaupt die

27 Cf. *DM* 1,109-137.

feste und gebräuche unserer vorfahren" in einem eigenen Buch, das den Titel *über deutsche sitten* tragen sollte, darzustellen.[28]

J. Grimm war der Ansicht, daß sich die jährlich wiederkehrenden altgermanischen Feste und die mit ihnen verbundenen mythischen Vorstellungen bruchlos mit den christlichen Festen vermischt haben. Aufgrund dieses Verschmelzungsprozesses habe sich der heidnische Gehalt in christlichen Festen erhalten können und sei relativ leicht zu filtrieren. In der Vorrede zur *Deutschen Mythologie* von 1835 schreibt er dazu:

> "am leichtesten aber konnte in festen und feierlichkeiten der kirche, mit geringer abänderung, die gewohnheit des neubekehrten volks gehegt werden. die processionen des muttergottesbilds durch das gefilde, den äckern fruchtbarkeit oder regen zu erbitten, vergleichen sich der umführung des heidnischen götterwagens oder den rogationen der alten. wie genau hat sich das Johannisfest mit der begehung der sunwende gemischt, weihnachten mit dem jul."[29]

Es wird sich in vielen Fällen nicht mehr definitiv entscheiden lassen, ob eine Tradition genuin christlich ist. Man wird bei der fragmentarischen Quellenlage grundsätzlich eine wie auch immer geartete germanisch-heidnische Tiefenschicht postulieren können. Erkenntnistheoretisch gesehen sollte man darin jedoch äußerste Zurückhaltung üben und sich eher mit Nichtwissen begnügen, als Vermutungen und Spekulationen zu Nachweisen und Rekonstruktionen verdichten, die sich - wie die mythologische Forschungsgeschichte gezeigt hat - oft völlig im quellenfernen Raum bewegen. Wenn im folgenden die Hypothesen und Rekonstruktionsmethoden J. Grimms kritisch hinterfragt werden, soll auf diese Weise nicht der Nachweis erbracht werden, es hätte nur dürftige religiöse Überlieferungen im deutschen, südgermanischen Bereich gegeben. Es mag eine Fülle von Mythen und Kultformen gegeben haben, aber sie sind aus dem fragmentarischen Quellenmaterial in den meisten Fällen weder erkennbar noch rekonstruierbar. - Und selbst wenn man sich auf die Annahme zugrundeliegender germanischer Tiefenschichten bei bestimmten Traditionen einläßt, so sind die Quellen vielfach so stark christlich durchdrungen - und nicht nur oberflächlich christlich akkommodiert, wie die ältere Forschung annahm -, daß der germanisch-heidnische Gehalt nicht mehr deutlich ist.

Das Problem der Kontinuität

Aus dem bisher Gesagten geht hervor, daß die Beschäftigung mit den Phänomenen der *Deutschen Mythologie* letztlich das Problem der Akkommodation bzw. Kontinuität betrifft, d.h. die Frage, ob das Pagane, nur oberflächlich christlich verhüllt, über die Jahrhunderte, ja Jahrtausende hinweg im konservativen 'Geist des Volks' tradiert wurde.

---

28 Cf. J. Grimm, Vorrede zur *DM* (1835), Kleinere Schriften, ed. Müllenhoff / Ippel (1864-1871) [zit.: KS] 8,164.

29 Ibid.

Während die Fortdauer des Paganen für die Brüder Grimm und die Mythologen des 19. Jahrhunderts geradezu ein Dogma, eine unbezweifelbare Tatsache war, wurde die Kategorie der Kontinuität etwa ab der Mitte des 20. Jahrhunderts zunehmend kritischer und differenzierter betrachtet.[30]

Richtungsweisend war der Ansatz Bausingers, der sich um eine neue theoretische Fundierung des Kontinuitätsbegriffs bemüht.

Forschungsgeschichtlich wurde der Begriff der Kontinuität in der deutschen Geschichtswissenschaft auf das Phänomen des Übergangs von der Antike zum Mittelalter bezogen, während die Volkskunde Kontinuität unter dem Einfluß O. Höflers und der Wiener Schule als 'germanische Kontinuität' verstand. Die Vorstellung von Kontinuität war hier so sehr mit dem verflochten, was man unter Volkskultur verstand, daß man sich kaum die Mühe machte, die Frage nach der (germanischen) Kontinuität in Untersuchungen erst zu stellen, sondern Kontinuität vielmehr als "scheinbare Antwort" einsetzte, die die Untersuchung bereits erübrigte. Kontinuität hat aber - so Bausinger - auch in der Volkskunde mittlerweile den Beigeschmack des Germanischen verloren. Der Begriff wurde 'neutralisiert' und entwickelte sich damit zu einem Synonym für "lange, ungebrochene Traditionen überhaupt". Diese begriffliche Verschwommenheit bedingt ihrerseits die Manipulierbarkeit der Chiffre.[31] Sie signalisiert Dauer, wobei keineswegs festgelegt ist, ob die Kategorie der Dauer sich auf einige Jahre, Jahrzehnte oder Jahrhunderte erstrecken soll. Demgegenüber erscheint es sinnvoll, das Wort Kontinuität im Sinne eines lückenlosen Tradierens zu verstehen.[32] Formen der Renovation, der bewußt gestalteten Renaissance bzw. der Pflege von Brauchformen lassen sich dann nicht mehr unter den Begriff der Kontinuität subsumieren.

Entscheidend ist es aber, ein rein diachrones Verständnis von Kontinuität aufzugeben und die Phänomene auch in ihrem synchronen Beziehungsgefüge zu betrachten. Die isolierte Untersuchung einzelner Phänomene und damit verbunden die Mißachtung ihrer Synchronie, führt zu Schlüssen auf Kontinuitäten, die sich aufgrund der beschriebenen Eindimensionalität der Betrachtung als Fehlschlüsse erweisen.[33]

Um derartige Fehlschlüsse zu verhindern, entwickelte Bausinger eine "Algebra der Kontinuität", die ein differenzierteres Verständnis von Kontinuität ermöglicht. Das Festhalten von Kontinuitäten darf sich - so Bausinger - nicht auf bloße Sachzusammenhänge stützen, sondern muß die Fragen nach dem Raum, d.h. dem Ort der Überlieferung, den Überlieferungsträgern und der Funktion der Tradition miteinschließen. Kontinuität konstituiert sich demnach aus den Faktoren "Sache", "Raum", "Aktoren" und "Funktion". Da für jeden dieser Faktoren Kontinuität bzw. Nichtkontinuität, d.h. Übereinstimmung bzw. Nichtübereinstimmung, zu konsta-

30 Siehe dazu etwa die Kritik an der Kontinuitätshypothese von Röhrich (1969) 123 und Brückner (1969) 35.
31 Cf. Bausinger (1969) 10f.
32 Cf. ibid. 26f.
33 Cf. ibid. 15f.

tieren ist, ergibt sich ein Schema von 2^4 Kombinationsmöglichkeiten, das eine komplexere Betrachtung von Kontinuität erlaubt. Es versteht sich, daß der Gehalt an Kontinuität mit der Zahl der nicht übereinstimmenden Faktoren abnimmt. Die Konstituenten sind dabei durchaus nicht untereinander gleichgewichtige 'Kontinuitätsträger', denn ein Wechsel etwa der Aktoren stellt bei weitem keine so tiefgreifende Veränderung dar wie ein Wechsel der Funktion.[34]
Bausinger macht deutlich, daß bloße Sachkongruenz eine der schwächsten Formen von Kontinuität ist bzw. daß der Begriff der Kontinuität hier überhaupt fehl am Platz ist.[35]
Dennoch stützte sich das Feststellen von Kontinuitäten forschungsgeschichtlich häufig gerade auf Übereinstimmungen im Bereich der Sache, ja des Details.
Meine Untersuchungen zu Grimmschen Mythologemen ordnen sich in die Kontinuitätsdebatte ein und verstehen sich als kritischer Beitrag zum Kontinuitätsproblem.

Die Frage nach dem wissenschaftsgeschichtlichen Standort J. Grimms und der Gesamtkonzeption der *Deutschen Mythologie*

Die Untersuchung soll nun nicht bei einer Ansammlung von Teilergebnissen stehenbleiben, die aus der Analyse einzelner Mythen und Götterfiguren aus der *Deutschen Mythologie* gewonnen sind. Die Frage nach der Grimmschen Mythenforschung und der Art und Weise seiner Quellenverarbeitung zielt letztlich auf die Frage nach der Gesamtkonzeption der *Deutschen Mythologie* und dem wissenschaftsgeschichtlichen Standort J. Grimms.
Die in der Forschung über Generationen hinweg tradierte Sicht ist das Bild vom empirisch-positivistischen Forscher J. Grimm, der sich jeglicher Spekuliererei und Philosophiererei entschlägt. Immer wieder wird betont, wie sehr sich J. Grimms Ansatz bezüglich seiner Wissenschaftlichkeit und empirischen Vorgehensweise von dem anderer zeitgenössischer Mythologen abhebe, ja daß er es war, der die exakte induktive Mythenforschung begründet habe.
Die "epochale Bedeutung" der *Deutschen Mythologie* liegt für Schreyer-Mühlpfordt in der "Abkehr des Verfassers von der spekulierenden Mythen*deutung* - etwa Göttlings und von der Hagens - und seiner Hinwendung zur wissenschaftlichen Mythen*forschung*".[36] Für Jendreiek geht J. Grimm "den behutsamen Weg des Empirikers, in jeder Begegnung mit der Sache selbst offen für neue Entdeckungen, die das Erkannte in Frage stellen, revidieren oder aufheben könnten". Allgemeinen Gesetzmäßigkeiten messe er wenig Bedeutung zu. Seine Methode sei die der "offenen Induktion".[37] Denecke nimmt einen Bruch im methodischen Ansatz J. Grimms an: In seiner Frühphase sei er romantischen Spekulationen "nicht entgangen", dann habe sein "kritisches Sachinteresse" auch im Bereich der Mythenforschung "die spekulative

34 Cf. ibid. 17.
35 Cf. ibid. 17. 20.
36 Schreyer-Mühlpfordt (1966) 534.
37 Cf. Jendreiek (1975) 58f.

Schwärmerei" überwunden. Die *Deutsche Mythologie* sei dementsprechend "ohne den Enthusiasmus, der die Zeitgenossen wie eine Art intellektuelle Ersatzreligion bewegte" abgefaßt.[38] Paul folgt diesem Urteil, wenn er bemerkt, daß "sich jene seltsame Mischung von verwegener Kombination und solider philologischer Detailkenntnis[39] in den späteren mythologischen Arbeiten Jacob Grimms, insbesondere in der *Deutschen Mythologie* nur noch sporadisch" findet.[40] Es sei "das entscheidende Verdienst der Brüder Grimm, insbesondere Jacobs, die spekulative Mythologie romantischen Zuschnitts zur Religionswissenschaft weiterentwickelt zu haben."[41]

Obgleich angedeutet wird, daß J. Grimms mythologische Ergebnisse vielfach kritischer Überprüfung nicht standhalten können, versucht man doch, die Gesamtkonzeption zu retten. In diesem Sinne schreibt Schreyer-Mühlpfordt:

> "Wir wissen - und *Grimm* empfand es selbst -, daß seine Deutsche Mythologie nicht frei ist von Irrtümern und Unzulänglichkeiten, die aber hinter der groß angelegten und Achtung heischenden Konzeption zurücktreten."[42]

Neumann / Vogt bezeichnen das Werk Grimms als "bahnbrechende und trotz mancher zeitbedingter Mängel auch heute noch grundlegende Leistung der wissenschaftlichen Erforschung der germanischen Mythologie."[43] De Vries, der Verfasser der bis heute maßgeblichen *Altgermanischen Religionsgeschichte* hebt hervor, daß die *Deutsche Mythologie* trotz mancher zeitbedingter Fehler "für alle Zeiten als die schönste und großartigste Leistung auf diesem Gebiet zu gelten hat." Die spätere Forschung habe "nur auszubauen, zu berichtigen, fortzuführen, umzumodeln gehabt, während Grimms Mythologie in Wahrheit eine Schöpfung ist." Die "Weite seines Blickes, die Vollständigkeit seiner Kenntnisse, die Unabhängigkeit seines Urteils" könne man nicht genug bewundern.[44]

Auch Kretzenbacher räumt in seinem Vorwort zur *Deutschen Mythologie* ein, daß das Werk in vieler Hinsicht durch neuere Forschungen zu ergänzen sei, stellt aber gleichzeitig heraus, daß dies nicht am romantischen Ansatz J. Grimms, also einem "zu viel an Liebe" und "zu wenig an Kritik" liege, da J. Grimm wie die Romantiker überhaupt (!) "zuvörderst Wissenschafter" gewesen sei. Vielmehr behalte die romantische Grundkonzeption Grimms, seine historische Methode - die *Deutsche Mythologie* sei ja zunächst ein 'historisches' Werk - letztlich doch Recht.[45] Schon die Widmung der Ausgabe von 1835 an den Historiker Dahlhaus zeige - so Prill - den historischen, quellenkritischen Anspruch des Werkes. Grimm suche "nüchtern-

38 Cf. Denecke (1971) 112f.
39 Wie sie nach Denecke (1971) 112 noch der frühen mythologischen Schrift *Irmenstrasze und Irmensäule* anhaftet.
40 Cf. Paul (1985) 81.
41 Ibid. 79.
42 Schreyer-Mühlpfordt (1966) 533.
43 Neumann / Vogt (1973) 25.
44 De Vries (1970³,1956/7²,1935/7) 1,53.
45 Cf. Kretzenbacher (1968) in *DM* 1,V*. VII*. IX*.

kritisch die wenigen schriftlichen Zeugnisse zu diesem Gegenstand - meist lateinische Quellen - und mündliche Überlieferungen für eine Rekonstruktion der alten germanischen Religion auszuwerten".[46] Das Bestreben, J. Grimms Werk als exzeptionell quellenkritisch, nüchtern und wegweisend modern darzustellen, ist deutlich spürbar. Man versucht ihn sowohl von Mythologen wie Creuzer und Kanne abzugrenzen, wie auch von seinen Epigonen. Die *Deutsche Mythologie* wird damit als ein Werk gezeichnet, das gewissermaßen aus dem wissenschaftsgeschichtlichen Rahmen seiner Zeit fällt.

Zweifel an dieser Wertung meldet Brückner an, der die Frage stellt, ob es wissenschaftsgeschichtlich zutreffend sei, den Meister vor der Methodik seiner Nachfolger in Schutz zu nehmen.[47]

Die Arbeiten Zieglers kennzeichnet ein merkwürdiges Schwanken zwischen der Übernahme des Klischees, die *Deutsche Mythologie* markiere "den Übergang von der vielfach willkürlich spekulierenden und phantastischen Mythen*deutung* der Romantik zu einer wahrhaft wissenschaftlichen Mythen*forschung*"[48] und der aus der Quellenanalyse gewonnenen Erkenntnis, J. Grimms Verfahrensweise sei eben doch vom "romantischen Apriorismus" geprägt, d.h. er trage deduktiv spekulative Theoreme an sein Material heran.[49] Paul übernimmt diese Position im wesentlichen und folgert, daß der eigentliche wissenschaftsgeschichtliche Rang J. Grimms sich gerade aus der empirischen Methodik seiner Forschungen und ihrem spekulativen Überbau herleitet.[50] Interferenzen zwischen dem spekulativen Überbau und der angenommenen akribischen Quellenverarbeitung werden zwar gesehen, aber als Ausnahme, als gelegentliche Abweichung heruntergespielt.[51] Widersprüche, die sich aus der Spannung von spekulativem Überbau und empirischer Arbeitsweise ergeben könnten, herauszuarbeiten, wäre nach Paul ebenso "falsch" wie "ungerecht", weil unhistorisch. Es ginge - so Paul - der "Charme" des Werkes verloren, "der gerade in der Dialektik zwischen dem von Grimm bereits angezweifelten Universalitätsdenken der Romantik und ihrer Kehrseite, der getreulichen, ja akribischen philologischen Erschließung des einheimischen Altertums liegt."[52] Ob es tatsächlich ein unhistorischer Zugang zum Werk J. Grimms ist, es auf der Basis und im Kontext der romantischen Mythenforschung und ihrer Prämissen sowie seiner eigenen Weltanschauung zu sehen und dann auch die Konsequenzen dieser Positionen für sein philologisches Arbeiten in ihrer Tragweite zu bedenken, läßt sich hier fragen. - Als unhistorisch könnte eher das apologetische Festhaltenwollen am Bild des akribisch und 'getreu' aus den Quellen arbeitenden Altertumsforschers erscheinen.

---

46 Cf. Prill (1989) 6,908.
47 Cf. Brückner (1987) 51f.
48 Ziegler (1954) 4.
49 Id. (1952) *Grundlagen* 259.
50 Cf. Paul (1985) 86.
51 Ibid. 84: "Da die Quellen hier sehr dürftig sind, gerät selbst Grimm, trotz der Nüchternheit und Genauigkeit seiner Darstellung, ins Fabulieren."
52 Ibid. 83.

Problematisch ist die Sicht Sterns, der J. Grimm als charakteristischen "Vertreter der induktiven, empirischen Methode" betrachtet, der ohne jede philosophische Spekulation und apriorische Prämisse gearbeitet habe.[53]

Fragt man danach, welche Autorität letztlich hinter der Tradierung der Vorstellung steht, J. Grimms methodologischer Ansatz sei streng induktiv und empirisch gewesen, so stößt man auf die Person J. Grimms selbst, der Philosophiererei und Spekulation strikt von sich wies. So schreibt er in der Vorrede zur zweiten Auflage der *Deutschen Grammatik*:

> "Allgemein-logischen begriffen bin ich in der grammatik feind; sie führen scheinbare strenge und geschloßenheit der bestimmungen mit sich, hemmen aber die beobachtung, welche ich als die seele der sprachforschung betrachte."[54]

Es sollen keine Spekulationen a priori an das Material herangetragen werden, sondern die Untersuchung soll "von unten herauf" geführt werden, wobei "keine Einzelheit" übergangen werden darf.[55] Die wahre Wissenschaft bestehe - so verkündet J. Grimm - in möglichst unvoreingenommener, d.h. objektiver Beobachtung und Wahrnehmung:

> "denn das ist eben wahres zeichen der wissenschaft, dasz sie ihr netz auswerfe nach allseitigen ergebnissen und jede wahrnehmbare eigenheit der dinge hasche, hinstelle und der zähesten prüfung unterwerfe, gleichviel was zuletzt daraus hervor gehe."[56]

Der Anspruch J. Grimms, streng induktiv und empirisch vorzugehen, ist wissenschaftsgeschichtlich in Analogie zur Methodik der aufstrebenden empirischen Naturwissenschaften in der ersten Hälfte des 19. Jahrhunderts zu sehen.[57] Wie in der empirischen Naturkunde wollte Grimm durch Beobachten, Vergleichen und durch das Feststellen von Analogien induktiv vom einzelnen zum Allgemeinen gelangen.[58] J. Grimm selber bestätigt diese These, indem er einen Vergleich zwischen seinen Sprachforschungen und der Naturgeschichte zieht:

> "Man hat das sprachstudium vielfach und auch nicht ohne grund dem der naturgeschichte an die seite gestellt; sie gleichen einander sogar in der art und weise ihres mangelhaften oder besseren betriebs."[59]

Mit dem 'besseren betrieb' meint Grimm hier den Übergang zu einer vergleichenden Sprachwissenschaft bzw. zur vergleichenden Botanik und Anatomie:

> "die sprachwissenschaft, wie mich dünkt, hat auf demselben weg, dessen betreten die pflanzen und thierzergliederung ihrem engeren standpunkt entrückte, und zu einer vergleichenden botanik und anatomie erhob, endlich eben so durchgreifende umwälzung erfahren."[60]

---

53 Cf. Stern (1963) 7.
54 J. Grimm (1822², 1819) VI.
55 Cf. ibid. VIf.
56 Id., *Über den Ursprung der Sprache*, KS 1,258.
57 Cf. dazu Nipperdey (1985³,1983) 484-498.
58 Cf. U. Hunger (1987) 59*.
59 Cf. J. Grimm, *Über den Ursprung der Sprache*, KS 1,257.
60 Cf. ibid. 258. Cf. id., *Rede auf Wilhelm Grimm*, KS 1,175. J. Grimm sagt hier von sich, er wäre "ein leidlicher botaniker" geworden.

J. Grimm weist dabei explizit darauf hin, daß er bei seinen Studien von den Quellen ausgehe[61] und betont etwa im Blick auf die *Deutsche Mythologie*, er schätze die Quellenlage realistisch genug ein, um kein mythologisches System aus den Trümmern errichten zu wollen.[62] Er habe nicht die Absicht, philosophische Deutungen auf einem unzusammenhängenden Material aufzubauen, sondern es gehe ihm darum, "getreu und einfach zu sammeln":

> "Vor der verirrung, die so häufig dem studium der nordischen und griechischen mythologie eintrag gethan hat, ich meine die sucht, über halbaufgedeckte historische daten philosophische oder astronomische deutungen zu ergießen, schützt mich schon die unvollständigkeit und der lose zusammenhang des rettbaren."[63]

Das Naturbild vom Ährenlesen, das Grimm in der Vorrede zur *Deutschen Mythologie* von 1835 auf seine Tätigkeit als Mythenforscher anwendet,[64] nimmt die Vorstellung von der 'getreuen Sammeltätigkeit' auf und signalisiert auf metaphorischer Ebene den fast mechanischen, rein empirischen Vorgang der Mythenforschung, der ohne philosophische Prämissen auszukommen vorgibt.

Schon das Inhaltsverzeichnis der *Deutschen Mythologie* läßt daran zweifeln, ob das Werk faktisch etwas anderes ist als der Versuch, die Reste der altdeutschen Religion in ein System nach der Folie anderer vollständiger überlieferter Mythologien zu bringen - und es ist bei der Untersuchung der Grimmschen Mythen genau darauf zu achten, ob die Quellen nicht durch den Versuch, sie im Sinne eines Systems zu ordnen und zu deuten, verformt werden.

Und damit wären wir sozusagen beim wunden Punkt der Grimmschen Selbstdarstellung, nämlich dem Problem, ob der theoretische Anspruch in der Praxis eingelöst wird.

Die oben vorgestellten wissenschaftlichen Arbeiten unterscheiden oft zu wenig zwischen dem theoretischen Anspruch J. Grimms und seiner methodischen Praxis. Damit laufen sie Gefahr, mehr oder minder kritiklos, dem Bild zu folgen, das J. Grimm von sich vermitteln wollte.

Wie im Echo wird Grimms methodische Leitlinie, nach der der fragmentarische Charakter der Quellen seine induktive Arbeitsweise bedingte, in der Forschung wiederholt.[65] Und obgleich schon ein Blick in die *Deutsche Mythologie* zeigt, in welch hohem Maße J. Grimm nordische Quellen miteinbezieht, folgt man oft kritiklos seiner Behauptung, er wolle das System der nordischen Mythologie weitgehend aus seiner Untersuchung ausklammern.[66] So bemerkt der hervorragende Grimmkenner Denecke:

61 Id., Vorrede zur *DM* (1835), KS 8,149 und id., *Rezension zu: Geschichte und System der altdeutschen Religion von Wilhelm Müller*, KS 5,336.

62 Cf. id., Vorrede zur *DM* (1835), KS 8,167 und *DM* 1,XXXVf.

63 Cf. *DM* 1,10.

64 Cf. id., Vorrede zur *DM* (1835), KS 8,150.

65 Cf. z.B. Paul (1985) 83. Auch Wyss (1979) 221 hinterfragt J. Grimms Darstellung, er wolle aus den Fragmenten kein mythologisches System errichten, zu wenig.

66 Cf. J. Grimm, Vorrede zur *DM* (1835), KS 8,150 und *DM* 1,VII.

> "Schon das Grundkonzept der 1832 begonnenen Arbeit enthielt eine kennzeichnende kluge Beschränkung: Die nordische Mythologie wurde - anders als bei den früheren Werken anderer Verfasser - von der Behandlung ausgeschlossen."[67]

Bei der Analyse der Einzelmythen ist das Verhältnis von deutschen und nordischen Zeugnissen, auf die Grimm seine Argumentation stützt, konkret abzuwägen.

Günstig ist der Ansatz Ginschels, die die Methodik J. Grimms am Beispiel seiner Untersuchung *Irmenstrasze und Irmensäule*[68] analysiert.[69]

J. Grimms Deutung der "Irmensäule" basiert auf der bloßen Fiktion einer "Irmenstrasze", die mit einer altenglischen Heerstraße, der "Erming-", "Erning-" oder "Iringstrasze" parallelisiert wird, wobei der Heros "Iring" dem Gott "Irmin" gleichgesetzt wird - schlicht aus dem Grund, weil die Wiedergeburten der Götter der menschlichen Sphäre nach dem "nothwendigen gang der sage"[70] näherkommen. Die so konstruierte "Irminstrasze" wird aufgrund von bloßen Analogieschlüssen einmal als irdische Straße, zum anderen als Milchstraße ausgelegt. Die "Irminsäule" wird zur "Irminstrasze" in Beziehung gesetzt und als Wegsäule gedeutet, die den "Hermen" vergleichbar ist. Damit schwenkt J. Grimm auf die Interpretation seiner Vorgänger ein. Der Unterschied liegt darin, daß diese die "Irminsäule" als Entlehnung der "Hermen" verstanden, während J. Grimm den Versuch unternimmt, die "Irmensäule" aus der eigenen, d.h. germanischen Tradition zu erklären.

Ginschel kommt durch ihre Entschlüsselung der Grimmschen Argumentation zu dem Resultat, "daß die scheinbare Forderung nach historisch-induktiver Forschung in der Praxis nur eine Modifikation des spekulativen Verfahrens bezeichnet."[71] Dieses Fazit zieht Ginschel in bezug auf den jungen J. Grimm. Auf der Basis der bekannten Zwei-Stadien-Theorie der Entwicklung J. Grimms geht sie dann davon aus, daß sein Forschungsansatz in der *Deutschen Mythologie* kritischer und nüchterner geworden sei.[72]

Betrachtet man die Darstellung der "Irmensäule" in der *Deutschen Mythologie* genauer, zeigt sich allerdings, daß die entscheidenden Knotenpunkte der Grimmschen Argumentation auch hier spekulativ geblieben sind.[73]

Wissenschaftsgeschichtlich ist es interessant zu sehen, wie die von Grimm entworfenen Selbstbilder fast in der Art von Mythen, denen a priori Wahrheit zukommt, tradiert wurden. Es gilt also nicht nur Mythen der *Deutschen Mythologie*, sondern auch Mythen von und über J. Grimm kritisch zu hinterfragen.

---

67 Denecke (1971) 113, cf. die etwas abgeschwächteren, aber ähnlichen Aussagen bei Prill (1989) 908 und Paul (1985) 82, anders und richtiger de Vries (1970^3, $1956/7^2$,1935/7) 1,53.

68 Siehe J. Grimm, *Irmenstrasze und Irmensäule*, KS 8,471-504.

69 Cf. Ginschel (1989^2,1967) 309-326.

70 Cf. J. Grimm, *Irmenstrasze und Irmensäule*, KS 8,490.

71 Ginschel (1989^2,1967) 323.

72 Cf. ibid. 324f.

73 Cf. *DM* 1,293-300.

Zweifel an der dem Werk Grimms so häufig bescheinigten Nüchternheit, Quellentreue und empirisch-positivistischen Wissenschaftlichkeit äußerte im 19. Jahrhundert Scherer. Für ihn ist J. Grimms *Mythologie* eher ein "anregendes poetisches Buch" als ein Werk der Wissenschaft. J. Grimm sei bei der Beantwortung der Frage, was wir wirklich von der altdeutschen Mythologie wissen können, zu optimistisch gewesen und so sei das "Verhältnis der Resultate seiner Forschung zu dem gegebenen Stoff" "nicht überall fest gegründet". Eine nüchterne und trockene Untersuchung der Quellen sowie die Ausgrenzung des Zweifelhaften hätte zu anderen Ergebnissen geführt.[74]

Was Scherer im 19. Jahrhundert angedeutet hat, bringt Baeumler 1926 auf den Punkt. Er sieht in J. Grimm einen Romantiker, dessen Ansatz "kein literarhistorischer, d.h. wissenschaftlicher, sondern ein geschichtsphilosophischer, d.h. metaphysischer" ist.[75]

Die Frage nach dem Verhältnis von theoretischem Anspruch und praktischer Vorgehensweise J. Grimms und damit letztlich die Frage nach seinem wissenschaftsgeschichtlichen Standort soll im Rahmen dieser Arbeit auf zwei Ebenen gestellt werden.

Zum einen ist die Methodik J. Grimms, wie schon angedeutet, bei der Besprechung der Mythenbeispiele genau zu beleuchten. Hier soll untersucht werden, ob J. Grimm wirklich der 'getreue' Materialsammler ist, als der er sich darstellt oder ob die Quellen im Sinne übergeordneter philosophischer Theoreme und Prämissen manipuliert bzw. zurechtgebogen werden.

Zum anderen ist die theoretische Fundierung des Mythosbegriffs in den Blick zu nehmen, um so die Gesamtkonzeption, die hinter der *Deutschen Mythologie* stehen könnte, zu erfassen.

Bedenkt man, daß die *Deutsche Mythologie* von J. Grimm zuvörderst als ein Beitrag zur Erhebung des Vaterlandes gedacht war,[76] so legt sich die Vermutung einer ideologischen Besetzung des Mythosbegriffs bzw. der mythologischen Konzeption nahe.

Konkret ist zu fragen, inwiefern ein Werk wie die *Deutsche Mythologie* in den historischen Kontext der sich konstituierenden Volkstumsideologie verflochten ist, welche Funktionen es über eine bloße Faktenvermittlung hinaus haben könnte und ob es in ein bestimmtes ästhetisch-philosophisches Programm integriert ist - Fragen, die möglicherweise neue Verständnisperspektiven der *Deutschen Mythologie* eröffnen könnten.

Bei der Untersuchung des Mythosbegriffs erscheint es dabei angemessen, die Konzeptionen anderer (zeitgenössischer) Mythologen mit heranzuziehen - und dies nicht, um die leidige Frage 'was hat J. Grimm von wem?' beantworten zu können, sondern um den Mythosbegriff bei J. Grimm durch den Vergleich schärfer herauszuarbeiten und ihn auf der Folie des wissenschaftsgeschichtlichen Zusammenhangs seiner Zeit zu verstehen.

Aus den hier entwickelten Fragestellungen ergibt sich eine Zweiteilung der Arbeit in einen eher theoretisch orientierten und einen mehr praktisch ausgerichteten Bereich.

---

74 Cf. Scherer (1885^{2},1864/5) 231. 233.

75 Baeumler (1926) CXXXVIIIf. Kritisch äußert sich auch Brückner (1987) 49-59.

76 Cf. *DM* 1,XLI.

Die vorliegende Arbeit versteht sich damit als ein Beitrag zur wissenschaftsgeschichtlichen Erforschung der Frühgeschichte der Germanistik. Daß ein religionshistorisches Werk wie die *Deutsche Mythologie* in diesem Kontext behandelt werden kann, ergibt sich aus dem weitgespannten Germanistikbegriff J. Grimms.[77] Grimms germanistische Forschungen deckten das gesamte Spektrum der germanisch-deutschen Altertumskunde ab[78] und waren in ihrer weiten altertumskundlichen Ausrichtung maßgeblich für die sich ab etwa 1810 als Universitätsfach etablierende Germanistik. Erst ab 1848 erfolgte eine zunehmende Beschränkung und Spezialisierung des Faches auf die Philologie im engeren Sinn. Diese "Philologisierung" ist im Zusammenhang mit Lachmann, Haupt und der Schule Lachmanns sowie mit ihren Gegnern Bartsch und Pfeiffer zu sehen.[79]

Aus der Verengung und Spezialisierung der Germanistik erklärt es sich auch, daß ein in der heutigen Germanistik fest etabliertes Gebiet wie die Literaturwissenschaft in den Untersuchungen zur Fachgeschichte der Germanistik wesentlich stärker repräsentiert ist als die Mythologie.[80] Die im 19. Jahrhundert von Germanisten betriebene mythologische Forschung wird von germanistischer Seite heute bislang kaum in den Blick genommen.

Jacob Grimm war - darüber kann kein Zweifel bestehen - die zentrale Gelehrtenpersönlichkeit der antiquarisch bestimmten Phase der Germanistik, die besonders in den Anfangsjahren zwischen 1810 und 1815, aber auch noch bis 1848 mit ihrem nationalpatriotischen Engagement und gesellschaftspolitischen Anspruch als politisch durchaus oppositionell eingestuft werden kann.[81] Die wichtige Rolle, die Jacob und Wilhelm Grimm in der disziplinären Konstituierung der Germanistik einnahmen, führte dazu, daß sie in einer stark an Einzelpersönlichkeiten orientierten Fachgeschichtsschreibung zu 'Gründerfiguren', 'Vätern' oder 'Ahnherrn' stilisiert wurden, die ihre Zeit wie Monolithen überragten.[82] Beredtes Zeugnis für das Fortschreiben dieses Topos in der Forschung legen die oben dargelegten Bewertungen der *Deutschen Mythologie* ab. Die Vorstellung von den monolithischen Gründervätern ist problematisch, weil sie in der Gefahr steht, die einzelnen Wissenschaftler dem wissenschaftsgeschichtlichen Kontext ihrer Zeit zu entreißen und den Blick auf die synchrone und diachrone Wissen-

---

77 Cf. J. Grimms Eröffnungsrede der Frankfurter Germanistenversammlung *Über die wechselseitigen Beziehungen und die Verbindung der drei in der Versammlung vertretenen Wissenschaften*, KS 7,556-563 und cf. id., *Über den Namen der Germanisten*, KS 7,568f.

78 Cf. U. Hunger (1987) 55f.*.

79 Cf. Janota (1980) 20f. 32-38.

80 So sind gerade zur Literaturwissenschaft in den letzten Jahren wichtige Forschungsbeiträge entstanden: Zu denken ist etwa an die von Fohrmann / Voßkamp herausgegebenen Sammelbände *Von der gelehrten zur disziplinären Gemeinschaft* (1987) sowie *Wissenschaft und Nation* (1991).

81 Cf. J. Müller (1974) *Germanistik* 5-112, id. (1974) *Germanistentage* 297-318 und Janota (1980) bes. 19-31.

82 Cf. aus der bislang einzigen monographischen Wissenschaftsgeschichte der Germanistik von v. Raumer (1870) 378: "Kein Name steht so epochemachend in der Geschichte der deutschen Alterthumswissenschaft, wie der Name der Brüder Grimm."

schaftsdiskussion eher zu verstellen.[83] Um den komplexen Prozeß der Konstituierung des Faches Germanistik, der sich über eine längere Phase hin in enger Verknüpfung mit der allgemeinen Wissenschaftsentwicklung vollzieht, zu verstehen, sind - wie man erkannt hat - die Formen der sich intensivierenden Kommunikation zwischen den Fachspezialisten ebenso zu untersuchen[84] wie die konzeptionellen Vorstellungen, die die wissenschaftliche Arbeit leiten, die Methodik, die Auswahl der Themen und Fragestellungen, der Umgang mit Quellen oder die mögliche gesellschaftliche Funktion der Forschungen.[85]

Über die Wissenschaftskonzepte J. Grimms herrscht bislang noch wenig Klarheit in der Forschung. Nach U. Hunger ist es die Heterogenität seiner teils mythologischen, teils romantischen, prähistorischen, philologischen, lexikographischen oder grammatischen Arbeiten, die den Zugang zu der von Grimm nie eindeutig festgelegten Methodik erschwert.[86]

Mit der Untersuchung der Wissenschaftskonzepte, die der *Deutschen Mythologie* zugrundeliegen, soll ein Schritt unternommen werden, sich den Prämissen der Forschung Jacob Grimms zu nähern.

83 Cf. die Kritik an einer auf Einzelpersönlichkeiten zentrierten Wissenschaftsgeschichte bei Rautenberg (1988) 26 und Dainat / Kolk (1987) 7*.

84 Cf. Dainat / Kolk (1987) 7*-41* und cf. Kolk (1991) 127-140.

85 Cf. U. Hunger (1987) 43*. Ibid. 42*-68* präsentiert Hunger in diesem Sinne die verschiedenen Konzepte der Textphilologie um 1800. Rautenberg (1988) 30-48 geht den Wissenschaftsparadigmata in den Bereichen 'Editionstheorie und -praxis', 'Volkspoesie' und 'Literaturgeschichtsschreibung' nach.

86 Cf. U. Hunger (1987) 56f.*. Zu Recht widerspricht Hunger der These, J. Grimm habe sich mit dem Erscheinen der *Deutschen Grammatik* (1819) konsequent von der Spekulation zur empirischen Quellenkritik gewandt.

Teil 1. Grundlagen der Deutschen Mythologie: Jacob Grimms Konzeption von Mythos und Mythologie

1. Mythos als Kategorie der 'Volkspoesie'

1.1. Grundlagen der Grimmschen Auffassung von 'Volkspoesie'

1.1.1. Entstehung einer Volkstumsideologie

Ab ungefähr 1750 begann sich im deutschen Bürgertum bzw. in den Kreisen, die von Elias als "mittelständische Intelligenz" bezeichnet worden sind, ein neues Bewußtsein von Volk und Nation zu konstituieren. Dieses stand zweifellos im Kontrast zur politisch-sozialen Realität der kleinstaatlich-absolutistisch strukturierten Gesellschaft, konnte sich aber nicht in politischem Handeln konkretisieren. So artikulierte sich die unbestimmte Unzufriedenheit mit den politisch-sozialen Verhältnissen im Medium des Schreibens, dem Elias in dieser Situation die Funktion der "Entladung" zumißt.[1]

Bei der Entwicklung der neuen Ideologie spielte die Aufwertung des Volksbegriffs durch Herder eine entscheidende Rolle. Der Begriff 'Volk' umfaßt bei Herder drei Implikationen: 'Volk' als Nation im Sinne des lateinischen 'populus' und 'natio', 'Volk' als Volksstamm[2] und 'Volk' als soziale Unterschicht, was dem lateinischen 'plebs' oder 'vulgus' entspricht.[3] Die 'plebs' als soziale Grundschicht verliert bei Herder die ihr oft anhaftende negative Konnotation. Dem Volk kommt insofern besondere Würde zu, als es Dichtung, alte Sitte und Mythologie bewahrt und trägt.[4] Die Spaltung der Kultur in Volkskunst einerseits und Kunstformen der Gelehrten andererseits ist für Herder bereits Ausdruck der kulturellen Vergreisung.[5] In den *Ideen zur Philosophie der Geschichte der Menschheit* konkretisiert er seine Auffassung vom Volk als Nation:

> "Die Natur erzieht Familien; der natürlichste Staat ist also auch *Ein* Volk, mit Einem Nationalcharakter. Jahrtausende lang erhält sich dieser in ihm und kann, wenn seinem mitgebohrnen Fürsten daran liegt, am natürlichsten ausgebildet werden: denn ein Volk ist sowohl eine Pflanze der Natur, als eine Familie; nur jenes mit mehreren Zweigen. Nichts scheint also dem Zweck der Regierungen so offenbar entgegen, als die unnatürliche Vergrößerung der Staaten, die wilde Vermischung der Menschen-Gattungen und Nationen unter Einen Scepter."[6]

---

1 Cf. Elias (1969²,1939) 1,21 und Emmerich (1971) 27.

2 Cf. dazu Herder, *Von Ähnlichkeit der mittlern englischen und deutschen Dichtkunst* [zit.: *Ähnlichkeit*], *Werke*, ed. Suphan (1877-1913) [zit.: *Werke*] 9,525. 530.

3 Cf. Hu. Moser (1956/7) 127f. und Hu. Moser (1953) 69f. Zur begrifflichen Unschärfe von 'Volk' und 'Nation' in deutschsprachigen Lexika vor und nach 1800 cf. v. Hofe (1987) 232-234.

4 Cf. Herder, *Ähnlichkeit*, *Werke* 9,525 .

5 Cf. Hu. Moser (1956/7) 133f. und Hu. Moser (1953) 70.

6 Herder, [zit.: *Ideen*], *Werke* 13,384.

Herder bindet hier den Volksbegriff über den Vergleich des Volkes mit einer "Pflanze der Natur" an sein organisch-genetisches Denkmodell, in dessen Zentrum die Vorstellung vom ständigen Fluß des Lebens und der Verankerung dieser Dynamik in Gott steht.[7] Im Bild der Pflanze, die zunächst in ihrer Blüte zur Entfaltung kommt, um schließlich wieder zu verwelken,[8] glaubt Herder auch die Entwicklung von Sprache[9] und Volk fassen zu können. In seiner Schrift *Auch eine Philosophie der Geschichte zur Bildung der Menschheit* schreibt er:

> "Daß kein Volk *lange* geblieben und bleiben konnte, was es war, daß *Jedes*, wie jede *Kunst und Wißenschaft*, und was in der Welt nicht? *seine Periode des Wachsthums*, *der Blüthe* und der *Abnahme gehabt*".[10]

Als Grundform und Urzelle des Volkes erscheint die Familie.[11] Da sich der Staat aus Familien konstituiert, bildet er selbst eine Familie, ein Volk, dessen verbindendes Wesensmerkmal der gemeinsame 'Nationalcharakter' ist. Die im Bild des Volkes und seines 'Nationalcharakters' ausgesprochene Haltung ist nichts anderes als die Forderung nach einem Nationalstaat als eigentlicher Naturform des Staates. Von diesem wird als Gegenbild "die unnatürliche Vergrößerung der Staaten, die wilde Vermischung der Menschen-Gattungen und Nationen unter Einen Scepter", jene "brechliche Maschiene, die man Staats-Maschiene nennet, ohne inneres Leben und Sympathie der Theile gegen einander" abgesetzt.[12] Analog zum Begriff des 'Nationalcharakters' werden "Nationalgenie",[13] "Geist einer Nation",[14] "Nationalgeist",[15] "Seele des Volks",[16] "Denkart und Beschaffenheit des Volkes",[17] sowie "Denkart und ruhige Volksart"[18] verwendet.[19] Der Begriff des 'Volksgeistes' erscheint explizit erst bei Hegel[20] in der *Encyclopädie der philosophischen Wissenschaften im Grundrisse* (§ 548).[21]

---

7 Siehe dazu id., *Journal meiner Reise im Jahr 1769* [zit.: *Journal*], *Werke* 4,394 und id., *Gott, Werke* 16,541f. 546. 563-566.

8 Cf. id., *Gott, Werke* 16,565.

9 Cf. id., *Ueber die neuere Deutsche Litteratur* [zit.: *neuere Deutsche*], *Werke* 1,151-155 und id., *neuere Deutsche, Werke* 2,59.

10 Id., *Werke* 5,504.

11 Cf. id., *Ideen, Werke* 13,159.

12 Ibid. 13,384f. Zentral für diese Auffassung von Staat und Volk ist der Begriff der Natur, der seine Herkunft von Rousseau nicht verleugnen kann. (Cf. Weber-Kellermann (1969) 10f.).

13 Herder, *neuere Deutsche, Werke* 1,141.

14 Id., *neuere Deutsche, Werke* 1,256, id., *neuere Deutsche, Werke* 2,144.

15 Id., *neuere Deutsche, Werke* 1,263.

16 Id., *Von Deutscher Art und Kunst, Werke* 5,185, id., Vorrede zum ersten Teil der *Alten Volkslieder, Werke* 25,12.

17 Id., *Adrastea V, Werke* 24,272.

18 Id., Vorrede zum ersten Teil der *Alten Volkslieder, Werke* 25,10.

19 Zur geistesgeschichtlichen Herleitung dieser Begriffe v.a. von Montesquieu und Shaftesbury, aber auch letztlich von Vico siehe die älteren Beiträge von Hu. Moser (1956/7) 129f. und Weber-Kellermann (1969) 10f.

20 Cf. Hu. Moser (1953) 69.

21 Cf. Hegel, ed. Lasson (1930^4,1905) 5,457.

In bezug auf den 'Nationalgeist' bei Herder ist hervorzuheben, daß er in die Sphäre des Mystischen, geheimnisvoll Verklärten gehoben wird, wie in den *Ideen zur Philosophie der Geschichte der Menschheit* zum Ausdruck kommt:

> "Wunderbare, seltsame Sache überhaupt ists um das, was genetischer Geist und Charakter eines Volks heißet. Er ist unerklärlich und unauslöschlich: so alt wie die Nation, so alt wie das Land, das sie bewohnte."[22]

Während der 'Nationalgeist' hier als statisch, d.h. "unauslöschlich" und von Anfang an zum Volk gehörig beschrieben wird, wird er - widersprüchlicherweise - an anderer Stelle als dynamisches Phänomen beschrieben, das in den Fluß der organischen Bewegungen des Lebens einbezogen ist. So wird in den *Briefen zu Beförderung der Humanität. Zehnte Sammlung* von 'zurechtbringen' und 'verstümmeln' des 'Nationalcharakters' nordischer Völker durch das Christentum gesprochen.[23]

Die Vorstellung vom 'Nationalcharakter' wurde im Anschluß an Herder Gemeingut unter den Romantikern.[24] Rein statistisch läßt sich die wachsende Hochschätzung des Volksbegriffs durch die deutlich ansteigende Zahl der Kompositabildungen von "Volk" im 18. und 19. Jahrhundert belegen.[25]

Die Bedrohung von außen in der Zeit nach der französischen Revolution, die Erniedrigung der deutschen Staaten durch die napoleonische Fremdherrschaft, die v. Arnim als "Selbstentleibung von Deutschland"[26] bezeichnete, die Auflösung des Deutschen Reiches (1806) und schließlich das Fehlschlagen der Hoffnungen auf nationale Einheit, die man auf die Befreiungskriege (1813-15) gesetzt hatte, wurden literarisch kompensiert in einem übersteigerten religiös und philosophisch aufgeladenen Nationalbewußtsein.[27] Kennzeichnend für diese Art von Nationalismus, den Nipperdey aufgrund des Einflusses der Romantik als 'romantischen Nationalismus' bestimmt hat, ist das Verständnis der Kultur als national und die Definition der Nation über die Gemeinsamkeit ihrer Kultur.[28] Man versuchte die Defizienz deutscher Größe in der Politik durch die Betonung der deutschen Würde im sittlichen Bereich, die nichtvorhandene politische Einheit der deutschen Nation durch Übertragung des Einheitsgedankens auf Kultur und Sprache auszugleichen. Der Volksbegriff wurde politisiert: 'Volk'

22 Herder, *Ideen*, *Werke* 14,38.

23 Cf. id., [zit.: *Humanität*], *Werke* 18,222.

24 Im folgenden soll die Konstituierung der Volkstumsideologie anhand einer Auswahl von Belegstellen aufgezeigt werden.

25 J. und W. Grimm, *Deutsches Wörterbuch* 26,470. Die Betonung und Aufwertung des Volksbegriffs durch die Romantiker zeigte im Ansatz eine kritische, demokratische Tendenz. (Cf. Nipperdey (1986) 148 und v. Hofe (1987) 230). Das mit dem Volksbegriff ursprünglich verbundene kritische Potential ist uns heute aufgrund des Mißbrauchs im Verlauf der späteren deutschen Geschichte oft nicht mehr bewußt.

26 Von Arnim, *Von Volksliedern*, ed. W. Grimm (1845) 13,452.

27 Cf. Ziegler (1963) 156.

28 Cf. Nipperdey (1986) 132. 'Romantischer Nationalismus' und liberales Verständnis von Nation haben sich dabei vielfach überlagert, und es wäre ein Kurzschluß, diese Form des Nationalismus mit dem Nationalismus gleichzusetzen, der sich in der Germanistik nach der Reichsgründung ausbreitete. (Cf. Janota (1980) 19f.).

wurde zum ideellen Postulat, dessen reale Umsetzung man für die (nahe) Zukunft propagierte.[29] Diese Tendenzen finden sich in Schillers Prosaentwurf zum Gedicht *Deutsche Größe* vereinigt. Schiller stellt hier die Frage, ob der Deutsche angesichts der äußeren Bedrohung und Demütigung durch Frankreich und England sein Selbstbewußtsein behaupten darf.[30] Das deutsche Selbstbewußtsein kann gerettet werden, indem Schiller einen Trennungsstrich zwischen deutschem Reich und deutscher Nation, zwischen politischem und moralisch-sittlichem Bereich zieht. Dadurch, daß er die deutsche Größe auf die Sphäre des Sittlichen verlegt, wird sie unabhängig von allem nur äußerlichen politischen Geschehen:

> "Deutsches Reich und deutsche Nation sind zweierlei Dinge. Die Majestät des Deutschen ruhte nie auf dem Haupt s. Fürsten. Abgesondert von dem politischen hat der Deutsche sich einen eigenen Wert gegründet, und wenn auch das Imperium unterginge, so bliebe die deutsche Würde unangefochten.
>
> *
>
> Sie ist eine sittliche Größe, sie wohnt in der Kultur und im Charakter der Nation, die von ihren politischen Schicksalen unabhängig ist. - Dieses Reich blüht in Deutschland"[31]

Unbeschadet der drohenden äußeren Situation blüht Deutschland als Kulturnation. Der Sprache kommt dabei als Medium der kulturellen Leistungen eines Volkes entscheidende Bedeutung zu.[32]

Gestützt auf die Waffen von Sprache und Kultur, von Sitte und Vernunft, wird Deutschland "endlich an dem Ziel der Zeit", d.h. in der nahen Zukunft, auch den äußeren Sieg über alle anderen Völker erringen.[33]

Gerade an diesen Zukunftsperspektiven, die auf politische Größe Deutschlands hinauslaufen, wird klar, daß der Lobpreis auf Deutschland als Sprach- und Kulturnation nur eine Kompensation bzw. Antizipation der eigentlichen politischen Wünsche ist. Dieselbe Kompensation wird auch deutlich im Bild des 'Volkes als Idee' bzw. der 'Deutschheit als Ideal'. Novalis schreibt im *Blüthenstaub*-Fragment 49: "Das Volk ist eine Idee. Wir sollen ein Volk werden."[34]

Gerade hier wird deutlich, daß die Vorstellung von der gemeinsamen Kulturnation als legitimierende Idee im Hinblick auf die politische Nationbildung eingesetzt wurde. Romantischer Nationalismus hat insofern nicht nur einen nach rückwärts gewandten, auf die Erforschung der historischen Traditionen gerichteten konservativen Zug, sondern entfaltet durch sein Be-

---

29 Siehe dazu Emmerich (1971) 27-29 und v. Hofe (1987) 236-238.

30 Cf. Schiller ed. Fricke / Göpfert (1958) 1,473.

31 Ibid. 1,473f.

32 Cf. ibid. 1,474f.

33 Cf. ibid. 1,474. Ähnlich prophezeit z.B. auch Novalis im Fragment *Blüthenstaub* 61, ed. Samuel (1965^2,1929) 2,437 die kommende Größe Deutschlands. Cf. auch Fichte in *Aus dem Entwurfe zu einer politischen Schrift*, ed. I.H. Fichte (1846) 7,571: "Dies Alles hat die Deutschen bisher gehindert, *Deutsche* zu werden: ihr Charakter liegt in der Zukunft: - jetzt besteht er in der *Hoffnung* einer neuen und glorreichen Geschichte."

34 Novalis, ed. Samuel (1965^2,1929) 2,433. Cf. auch Görres *Die Verhältnisse der Rhein-Länder zu Frankreich* (1814) Nr. 25f., ed. d' Ester / Münster / Schellberg (1928) 6, o. Seitenzählung.

streben, den politischen Partikularismus zu überwinden, seine Besinnung auf alte nationale Freiheiten und liberale Grundforderungen, durchaus kritisches Potential.[35] In Arndts *Germanien und Europa* scheint es, als sollte der 'Nationalcharakter' eines Volkes aus den "hochmenschlichen und hochpolitischen Ideen eines eigenen, einigen, kräftigen Volkes" aufkeimen.[36]

Von F. Jahn werden 'Nationalcharaker' bzw. Deutschheit mit den Begriffen "Volkstümlichkeit" und "Volksthum" umrissen.[37] Auch bei ihm wird deutlich, daß er gerade angesichts des äußeren Verlusts der "*Deutschheit*" "wenigstens in einer Benennung die Rückerinnerung an das verlorne Ebenbild bewahren" will.[38] Wie sehr die Begriffe 'Volk', 'Volkstum', 'Nation' und 'Vaterland' religiös-philosophisch überhöht waren, kommt gerade in Fichtes emphatischen *Reden an die deutsche Nation* zum Ausdruck:

> "Volk und Vaterland in dieser Bedeutung, als Träger und Unterpfand der irdischen Ewigkeit, und als dasjenige, was hienieden ewig sein kann, liegt weit hinaus über den Staat, im gewöhnlichen Sinne des Worts, - über die gesellschaftliche Ordnung, wie dieselbe im bloßen klaren Begriffe erfaßt, und nach Anleitung dieses Begriffs errichtet und erhalten wird. Dieser will gewisses Recht, innerlichen Frieden, und daß jeder durch Fleiß seinen Unterhalt und die Fristung seines sinnlichen Daseins finde, so lange Gott sie ihm gewähren will. Dieses alles ist nur Mittel, Bedingung und Gerüst dessen, was die Vaterlandsliebe eigentlich will, des Aufblühens des Ewigen und Göttlichen in der Welt, immer reiner, vollkommner und getroffener im unendlichen Fortgange. Eben darum muß diese Vaterlandsliebe den Staat selbst regieren, als durchaus oberste, letzte und unabhängige Behörde" (Achte Rede)[39]

'Volk' und 'Vaterland' werden hier mit den Attributen 'ewig' und 'göttlich' versehen, sie sind die Spiegelung des Göttlichen auf Erden und verdienen dementsprechend die gleiche verehrende, liebende Zuwendung wie das Göttliche selbst.[40] Die Vaterlandsliebe ist es, die die göttliche und ewige Dimension des Vaterlandes zum 'Aufblühen' bringen soll. 'Vaterlandsliebe' wird damit ein Axiom, das keiner weiteren Begründung bzw. Ableitung bedarf, wie Kleist im zweiten Kapitel seines *Katechismus der Deutschen* vorführt: Wird man gefragt, warum man das Vaterland liebe, so genügt allein die Antwort, "weil es mein Vaterland ist."[41]

Volk und Vaterland werden damit zu einem sinn- und wertestiftenden Bezugssystem.[42] Die Pflichten, die ein Mensch gegenüber seinem Vaterland hat, stehen über denen, die er gegenüber dem Fürsten zu entrichten hat, denn letzterer ist - so Arndt in *Zwei Worte über die Ent-*

---

35 Cf. Nipperdey (1986) 145-150. Zu den drei großen Bewegungen des Vormärzes Liberalismus, Nationalismus, Konservativismus cf. Nipperdey (1985[3],1983) 286-319.

36 Arndt, ed. Anrich (1940) 226.255f.

37 Cf. F. Jahn (1810) 7.

38 Ibid. 9.

39 Fichte, ed. Medicus (1912) 5,495.

40 Die Sakralisierung des Vaterlandsbegriffs ist Teil eines umfassenderen Prozesses, innerhalb dessen säkulare Lebenswelten sakralisiert und umgekehrt sakrale Lebenswelten säkularisiert wurden. (Cf. Nipperdey (1986) 138.144f., v. Hofe (1987) 231f.).

41 Kleist, ed. Sembner (1961[2],1952) 2,368.

42 Cf. Titzmann (1991) 126.

stehung und Bestimmung der deutschen Legion - "nur Diener und Verwalter des Vaterlandes und des Volkes", während der Mensch mit "Vaterland" nicht nur ein Stück Land meint, "sondern in dieses heilige und teure Wort schließt er einen unendlichen Schatz von Liebe, Treue und Freude ein."[43]

Von Arnim fordert in der *Gräfin Dolores*, der Mensch solle sich im Glauben und in der Liebe nach seinen Vätern ausrichten:

> "Vertraue deinem Volke in der Liebe und im Tode: das ist der Glaube, das wird zur Tat. Wer seines Volkes Glauben im Glücke leichtsinnig vergißt, in der Not verläßt, den wird Gott in seiner letzten Not vergessen und in seinem Glücke verloren gehen lassen." (II. Abteilung)[44]

Der Orientierungspunkt des Menschen ist also die Vergangenheit, hier konkretisiert im Glauben der Väter. Aus dieser Perspektive der Rückschau, des sich 'Rückerinnerns' - wie F. Jahn formuliert - ergibt sich mit Notwendigkeit der Konservatismus der romantischen Bewegung. Es kommt darauf an, Verbindungslinien zu einer möglichst alten, einer 'uralten' Zeit aufzuweisen und die Nation so im Bild ihrer National-Erinnerungen entstehen zu lassen. Die Nation ist nur als 'historisch geworden' verstehbar. Deshalb muß ihre Historie erforscht werden. Die Akzentuierung des Historischen ist dabei den rationalistischen Welterklärungen des 18. Jahrhunderts entgegengesetzt.[45]

Bezeichnend für diese Haltung ist folgende Passage aus F. Schlegels Erster Vorlesung der *Geschichte der alten und neuen Literatur*:

> "Wichtig vor allen Dingen für die ganze fernere Entwicklung, ja für das ganze geistige Dasein einer Nation erscheint es auf diesem historischen, die Völker nach ihrem Wert vergleichenden Standpunkte, daß ein Volk große alte National-Erinnerungen hat, welche sich meistens noch in die dunkeln Zeiten seines ersten Ursprungs verlieren, und welche zu erhalten und zu verherrlichen das vorzüglichste Geschäft der Dichtkunst ist."[46]

Anders formuliert bedeutet dies, daß das Ideal tatsächlicher politischer Größe, also die Zukunftsperspektive, aus der *idealisierten* Vergangenheit und besonders ihren kulturellen Leistungen entnommen wurde. In diesem Kontext spielten die mutmaßlichen Formen der 'Volkspoesie' eine entscheidende Rolle.

---

43 Arndt, ed. Meisner/Geerds (o.J.) 13,107.109.

44 Von Arnim, ed. Gerz (o.J.) 152.

45 Cf. Nipperdey (1986) 136-138.

46 F. Schlegel, ed. Behler (1961) 6,15. Cf. auch Fichte, Vierte Rede (an die deutsche Nation), ed. Medicus (1912) 5,425f. 430. 436f.; Siebente Rede, ed. Medicus (1912) 5,470.

1.1.2. Erfindung der 'Volkspoesie'

Sprache, Mythos und 'Volkspoesie' sind für Herder die Formen, in denen der 'Geist' einer Nation sich äußert und in deren Medium das Wesen eines Volkes zu Tage tritt.[47] So schreibt er in seiner Abhandlung *Von Ähnlichkeit der mittlern englischen und deutschen Dichtkunst* über "Volkssagen, Mährchen und Mythologie":

> "Sie sind gewissermaßen Resultat des Volksglaubens, seiner sinnlichen Anschauung, Kräfte und Triebe, wo man träumt, weil man nicht weiß, glaubt, weil man nicht siehet und mit der ganzen unzertheilten und ungebildeten Seele würket"[48]

Aufgrund der inneren Beziehung zum schaffenden 'Geist' der Nation erfahren 'Volkspoesie' und Mythologie bei Herder eine deutliche Aufwertung gegenüber der Aufklärung, in der man nur mit Verachtung auf die Volkstraditionen wie die sogenannten 'Ammenmärchen' blickte.[49] So sagt Wieland in der Vorrede zum *Dschinnistan*: "Ammenmärchen, im Ammenton erzählt, mögen sich durch mündliche Ueberlieferung fortpflanzen, aber gedruckt müssen sie nicht werden."[50]

Überhaupt erscheinen die Freude am Fabulieren und die irrationalen Züge des Märchens oder auch der Sage mit der zentralen Bedeutung der 'ratio' in der Aufklärung unvereinbar zu sein. Die dennoch recht umfangreiche Märchenproduktion und Märchenrezeption der Aufklärungszeit - zu denken ist in erster Linie an die französische Feenmärchenmode des 18. Jahrhunderts - ist im Kontext der didaktischen Bemühungen der Aufklärer zu sehen. Das 'Wunderbare' etwa des Märchens wurde von den Aufklärern nicht in seiner Reinform akzeptiert, sondern nur unter einer konkreten moralisch-didaktischen Zielsetzung. Man hatte erkannt, daß sich die moralischen Lehren in märchenhafter 'Verpackung' leichter vermitteln ließen.[51] Wie sehr die Aufklärung sich diesen Gedanken zunutze machte, zeigt sich z.B. bei Wieland in der genannten Vorrede zu *Dschinnistan:*

> "Man fand, daß Witz und Laune, ja sogar Philosophie und selbst Philosophie von der *esoterischen* Art sich mit dieser popularen, von aller Prätension so weit entfernten Dichtart sehr wohl vertrage, und daß sie eine sehr gute Art sei, gewisse Wahrheiten, die sich nicht gerne ohne Schleier zeigen, in die Gesellschaft einzuführen, oder solche, die in einem ernsthaften Gewande etwas Abschreckendes haben, gefällig und beliebt zu machen."[52]

---

47 Cf. Hu. Moser (1956/7) 131.

48 Herder, *Ähnlichkeit, Werke* 9,525. Zur wechselseitigen Bezogenheit von 'Volkspoesie', Mythologie und 'Nationalgeist' siehe auch Herder, *neuere Deutsche, Werke* 1,263, zum Zusammenhang von Sprache und 'Nationalgeist' id., *Vom Geist der Ebräischen Poesie II* [zit.: *Ebräische Poesie*], *Werke*, 12,28 und zur Verflechtung von 'Nationalcharakter' und Nationalreligionen id., *Adrastea IV, Werke* 24,44.

49 Cf. zum Begriff 'Ammenmärchen' Moser-Rath (1977) 1,463f.

50 Wieland (o.J.) 30,9.

51 Cf. Bausinger (1977) 1,973. 975-977.

52 Wieland (o.J.) 30,7.

Die Märchen scheinen Wieland ein hervorragendes Medium der aufklärerischen Unterweisung zu sein - nicht zuletzt, weil sich im Märchen die horazische Forderung nach der Verbindung von 'prodesse' und 'delectare' einlösen läßt. Wichtig dabei ist es aber, daß die Märchen "Werke des Geschmackes", d.h. kunstvoll sind, wodurch man sich vom Niveau der volkstümlichen Traditionen gerade absetzen will.[53]

Herder und in seinem Gefolge die Romantiker lösen die Volkserzählungen aus diesem Beziehungsgefüge und sprechen ihnen einen hohen Eigenwert zu.[54] In seiner Schrift *Von Ähnlichkeit der mittlern englischen und deutschen Dichtkunst* preist Herder 'Volkspoesie' und Mythologie als lohnenswerte Fundgruben für die gelehrte Welt:

> "Die alte *wendische, schwäbische, sächsische, holsteinische* Mythologie, sofern sie noch in Volkssagen und Volksliedern lebt, mit Treue aufgenommen, mit Helle angeschaut, mit Fruchtbarkeit bearbeitet, wäre wahrlich eine Fundgrube für den Dichter und Redner seines Volks, für den Sittenbilder und Philosophen."[55]

Hier wird deutlich, daß die Brüder Grimm die Vorstellung von der grundsätzlichen Verflechtung von Mythologie und Volkserzählungen und dem Fortleben der Mythen in den lebendigen Traditionen des Volks bereits bei Herder vorfanden. Herder vertritt die Meinung, es wäre höchst ergiebig, die alten Mythen der nordischen Länder aufzuspüren, denn in ihnen liege "eine Philosophie der Geschichte", durch die man Zugang zum "Geist des Volks" gewinnen könne.[56] In der Abhandlung *Von Ähnlichkeit der mittlern englischen und deutschen Dichtkunst* gibt er seiner Sehnsucht nach Aufdeckung einer deutschen Mythologie Ausdruck:

> "Kann man beweisen, daß es [Deutschland] würklich keine Lieblingshelden, Originalsujets, National- und Kindermythologien gehabt und mit eignem Gepräge bearbeitet habe? *Parcival, Melusine, Magellone, Artus,* die Ritter von der *Tafelrunde*, die *Rolandsmährchen* sind fremdes Gut; sollten die Deutschen denn von jeher bestimmt gewesen seyn, nur zu übersetzen, nur nachzuahmen?"[57]

Für ihn gibt es keinen Zweifel, daß auch in Deutschland alte Mythen und Volkstraditionen vorhanden sind. Es gilt den Schatz zu heben, der in jedem Volk wie in einem "Archiv" verwahrt ist.[58]

Das Aufzeichnen der Volkstraditionen bedeutet für Herder "das beste Wörterbuch und Naturgeschichte" eines Volks zu schreiben.[59] Er ist dabei in seinen Sammelaufrufen - wie nach ihm

---

53 Cf. ibid. 30,6f.9.

54 Musäus bildet sozusagen ein Bindeglied zwischen der aufklärerischen und der romantischen Position. Einerseits geht er mit Herder davon aus, daß sich der 'Nationalcharakter' in den Volksmärchen offenbare, andererseits will er wie die Aufklärer das im Volk vorhandene Erzählgut zur Kunstform läutern. (Cf. id., ed. Miller (1976) 11f.).

55 Herder, *Ähnlichkeit, Werke* 9,525.

56 Id., *Ideen, Werke* 14,382.

57 Id., *Ähnlichkeit, Werke* 9,524.

58 Cf. ibid. 9,530.532.

59 Ibid. 9,533.

die Romantiker - von dem Bewußtsein erfüllt, es sei allerhöchste Zeit, die Schätze der 'Volkspoesie' noch zu bergen.[60]
Auch die Forderung der Brüder Grimm nach authentischer Wiedergabe der Volkserzählungen ist bereits bei Herder angelegt.[61] Im zweiten Band der *Adrastea* ruft er dazu auf, eine "reine Sammlung von Kindermährchen, in richtiger Tendenz für den Geist und das Herz der Kinder"[62] zu erstellen, und gibt bereits eine Art Programm für die später realisierte Ausgabe der Kindermärchen durch die Brüder Grimm.[63] Mit der Sammlung der *Alten Volkslieder*[64] will er seinen eigenen Beitrag zur Erhaltung der 'Volkspoesie' und überhaupt zur Entstehung eines Bewußtseins für 'Volksdichtung' liefern. Die oben zitierten Stellen zeigen, daß er auch den Boden für das Projekt einer *Deutschen Mythologie* bereitet hat.[65]
Was die Haltung der Deutschen und Engländer zu ihren Volkstraditionen betrifft, so läßt sich nach Herder ein grundsätzlicher Unterschied zwischen den beiden Völkern konstatieren. Während die Engländer sich ihren Volkstraditionen begeistert zugewandt hätten,[66] bestünde bei den Deutschen kein Bewußtsein von 'Volkspoesie'. Ironisch fragt er seine Landsleute:

> "Grosses Reich, Reich von zehn Völkern, Deutschland! Du hast keinen *Shakespear*, hast du auch keine Gesänge deiner Vorfahren, deren du dich rühmen könntest? *Schweizer, Schwaben, Franken, Bayern, Westphäler, Sachsen, Wenden, Preussen,* ihr habt allesamt nichts? Die Stimme eurer Väter ist verklungen und schweigt im Staube? Volk von tapfrer Sitte, von edler Tugend, und Sprache, du hast keine Abdrücke deiner Seele die Zeiten hinunter?"[67]

Zwar fehle es in Deutschland nicht an "allgemeinen Wünschen", d.h. man sagt, man hätte gern einen deutschen Ossian bzw. einen deutschen Macpherson. Aber dies seien Lippenbekenntnisse, die nur darüber hinwegtäuschen sollen, daß man immer noch einem klassischen Ideal nachhänge.[68]
In diesem Zusammenhang fallen wichtige Stichwörter für die Entstehung eines Bewußtseins von 'Volkspoesie' bei Herder und im Anschluß an ihn in Deutschland überhaupt. Herder glaubte, daß die Renaissance der 'Volkspoesie', die er für Deutschland forderte, in England durch Macpherson und Percy, deren Leistungen er rühmte, bereits verwirklicht war.[69] Macpherson publizierte 1760 die *Fragments of Ancient Poetry, collected in the Highlands of Scotland and translated from the Gaelic or Erse Language*, Percy 1765 die dreibändige Bal-

60 Cf. id., Vorrede zum ersten Teil der *Alten Volkslieder*, Werke 25,11.
61 Cf. id., *Ähnlichkeit, Werke* 9,533.
62 Cf. id., *Adrastea, Werke* 23,288.
63 Cf. ibid. 23,289 und cf. dazu auch Denecke (1971) 64.
64 Siehe Herder, *Werke* 25.
65 V. Hofe (1987) 242-250 betont, daß die nationalpolitischen Interessen, die sich mit dem Konstrukt der 'Volksdichtung' verbanden, von Herder bis zu den Heidelberger Romantikern deutlich zunahmen.
66 Id., *Ähnlichkeit, Werke* 9,526: "mit welcher Begierde haben sie ihre alte Gesänge und Melodien gesammlet, gedruckt und wieder gedruckt, genutzt, gelesen!"
67 Ibid. 9,530.
68 Cf. ibid. 9,527. An der sogenannten klassischen Literatur übt Herder scharfe Kritik. (Cf. ibid. 9,529f.).
69 Ibid. 9,527.

ladensammlung *Reliques of Ancient English Poetry: Consisting of Old Heroic Ballads, Songs and other Pieces of our earlier Poets (chiefly of the lyric kind). Together with some few of later Date.* Beide Editionen wurden auf dem Kontinent stark rezipiert. Man hielt sie für authentische alte 'Volkspoesie' und erkannte nicht, daß hier nur Neues sozusagen in altem Gewand verkauft wurde. Macpherson legte zwar seine Erzeugnisse dem blinden gälischen Barden Ossian aus dem 3. Jahrhundert in den Mund, verarbeitete aber de facto wesentlich jüngere Traditionen, die er durch poetische Umbildung dem Geschmack seiner Zeit anpaßte. Auch Percy veränderte die seiner Ausgabe zugrundeliegenden Überlieferungen stark.[70] Indem man die poetischen Konzepte von Macpherson und Percy für authentische Wiedergaben des Alten und Echten hielt, wurde das Phantom 'Volkspoesie' geboren. Bei der Übertragung dieser 'Erfindung' nach Deutschland kommt Herder die entscheidende Rolle zu. Nach Bausinger stellt die 'Volkspoesie' "nicht etwa ein Faktum der mündlichen Überlieferung" dar, "sondern eine schöpferische Fiktion", die Volk und Kunst zusammenführt.[71] Durch die Forderungen Herders angeregt, versuchte man in der deutschen Romantik die altdeutsche 'Volkspoesie' hervorzuholen bzw. richtiger zu schaffen.

Es liegt nahe, daß die Konzeption der 'Volkspoesie' in Deutschland eine feste Verbindung mit der sich entwickelnden Volkstumsideologie einging, ja daß gerade das Bestreben, den Mangel an realer politischer Größe durch literarische Denkmäler der Vergangenheit zu kompensieren, der Hochschätzung der 'Volkspoesie' entgegenkam.[72]

Doch es war nicht erst die moderne Forschung, die die 'Erfindung' der 'Volkspoesie'[73] herausstellte, sondern die vermeintliche Rückwendung zur echten, alten 'Volkspoesie' wurde bereits von Seiten der Aufklärer - so von Nicolai - attackiert. In den Vorreden zu seinem *Almanach* entlarvt er das, was sich unmittelbar auf dem Boden der Natur und der Natürlichkeit zu stehen wähnte, als bloße Modeerscheinung, die sich nur durch archaisierende Form den Anstrich des Archaischen gab:

> "Di eußer Form thut's warlich nicht. Kleid'st du deyne almodischen Gedancken, Form eyn's alten Volcksreyen, bleibts doch ewig eyn almodischen Vers, wird drum keyn warer Volcksreyen."[74]

Die Vorstellung, daß etwa *Ilias* und *Odyssee* oder andere Epen nichts als Kompilationen von Märchen und Gassengeschichten seien, vereinbart sich für Nicolai nicht mit ihrer Gelehrtheit und auch nicht mit ihrer Rezeption durch gelehrte Leute über die Jahrhunderte hinweg. Die Verfechter der 'Volkspoesie' genügten in Nicolais Augen weder den Ansprüchen der Gelehrten, noch denen des Volkes.[75]

---

70 Cf. Bausinger (1980², 1968) 12f.

71 Ibid. 16.

72 Zur Problematik des 'Volksbegriffs' im Konzept der 'Volksüberlieferungen' und der 'Volkspoesie' siehe u.a. Graf (1988) 34-36.

73 Cf. ibid. 11-19.

74 Nicolai, ed. Fabian / Spieckermann (Reprint von 1777) 4,13.

75 Cf. ibid. 4,21f.

1.2. Jacob Grimms Verständnis von 'Volkspoesie'

1.2.1. Volk als ideelles Postulat

Auch J. Grimm versucht die Defizienz an tatsächlicher deutscher Einheit und politischer Größe durch das Konstrukt einer geschlossenen, historisch gewachsenen Kulturnation auszugleichen. In seiner proklamatischen Definition des Volksbegriffs, die er an den Anfang seiner Begrüßungsrede auf der Germanistenversammlung in Frankfurt (1846) stellt, geht er von der Gemeinsamkeit der Sprache als entscheidendem Konstitutiv eines Volkes aus:

> "Lassen Sie mich mit der einfachen frage anheben: was ist ein volk? und ebenso einfach antworten: ein volk ist der inbegriff von menschen, welche dieselbe sprache reden. das ist für uns Deutsche die unschuldigste und zugleich stolzeste erklärung, weil sie mit einmal über das gitter hinwegspringen und jetzt schon den blick auf eine näher oder ferner liegende, aber ich darf wol sagen einmal unausbleiblich heranrückende zukunft lenken darf, wo alle schranken fallen"[76]

Im Bild der Kulturnation ist die politische Einheit Deutschlands, deren Verwirklichung J. Grimm auf die nähere bzw. fernere Zukunft verlegt, bereits gegeben. Volksgemeinschaft ist damit ein ideelles Postulat, wie auch W. Grimm in seiner Abhandlung *Über Gesetzgebung und Rechtswissenschaft in unserer Zeit* formuliert:

> "Wir haben geglaubt, dass das Ewige, Unsichtbare, wonach zu streben allen edlen Herzen eingepflanzt ist,..., am deutlichsten und reinsten in der Gesammtheit, d.h. in der Idee eines Volkes sich ausspreche."[77]

Sprache und Literatur garantieren die Gemeinschaft des Volkes jedoch nicht nur in synchroner, sondern auch in diachroner Hinsicht, d.h. sie stellen Verbindungslinien in die Vergangenheit dar, und gerade auf diese historische Perspektive kommt es auch bei J. Grimm an. In der Vorrede zur ***Deutschen Grammatik*** führt er aus, daß Sprachforschung für ihn nicht in erster Linie Analyse des gegenwärtigen Sprachstandes bedeutet, sondern historische Betrachtung der Sprache in ihrem "unabänderlichen gang".[78] Er muß sich wundern, "wie unhistorisch die neueren sprachen alle und zumal die des deutschen stammes behandelt worden sind",[79]

---

76 J. Grimm, *Über die wechselseitigen Beziehungen und die Verbindung der drei in der Versammlung vertretenen Wissenschaften*, in: *KS* 7,557. Cf. auch id., Vorrede zum *Deutschen Wörterbuch 1*, KS 8,304. Während die Bestimmungen von 'Volk' und 'Nation' in Deutschland seit Herder vom Gemeinbesitz der Sprache ausgingen und die Sprachtheorie so eine wesentliche Rolle bei der Definition dieser Begriffe spielte, zielte 'la nation' in Frankreich primär auf Staatsverband und Bürgerrecht. Dieser Befund spiegelt zweifellos die verschiedene politische Situation beider Länder. (Cf. Lämmert (1967) 22f.).

77 W. Grimm, *Kleinere Schriften*, ed. Hinrichs (1881-1887) [zit: *KS*] 1,551.

78 J. Grimm, *KS* 8,31.

79 Ibid. *KS* 8,37.

während doch keine Volksgemeinschaft solche Sprachtraditionen wie die deutsche aufweisen kann.[80]

Sprache garantiert damit die Kontinuität von damals und heute, von Vorzeit und Jetztzeit, d.h. sie schenkt dem Volk bzw. der Idee des Volkes die gemeinsame Vergangenheit, auf die man die Zukunft zu bauen hofft. Ebenso verhält es sich mit den alten Traditionen von Recht, Mythologie und Poesie.[81] Das Entscheidende an den Denkmälern von Recht, Sprache, Literatur und Mythos ist für J. Grimm, daß sie alt und insofern ursprünglich und echt sind und daß sie einheimisch, d.h. deutsch bzw. germanisch sind. So heißt es in der Vorrede zur *Deutschen Mythologie*:

> "zweierlei festzuhalten, daran ist es hier gelegen: dasz die nordische mythologie echt sei, folglich auch die deutsche, und dasz die deutsche alt sei, folglich auch die nordische."[82]

Die Begriffe 'deutsch' und 'germanisch' werden nicht sauber differenziert, was dem Sprachgebrauch des 19. Jahrhunderts entspricht. Beide Begriffe sind im 19. Jahrhundert diffuse Größen. 'Germanisch' ist einerseits sprachliches Kriterium, das die Zugehörigkeit zur germanischen Sprachfamilie anzeigt, andererseits steht es für eine hypothetische ursprüngliche kulturelle Einheit, die erst sekundär durch regionale Unterschiede aufgehoben wurde. 'Germanisch' wird aber auch im Sinne von vorchristlich heidnisch verwendet und wird dann als typisch germanisches (gegenüber dem christlichen Weltbild eigenständiges) Werte- und Normsystem verstanden. 'Deutsch' im Sinne des 19. Jahrhunderts läßt sich am ehesten über die Kategorie des Raumes definieren. Als 'deutsch' galt alles Germanische im Raum des späteren deutschen Reiches. Insofern ist die *Deutsche Mythologie* J. Grimms die Mythologie, besser die Religion der Germanen im späteren deutschen Raum. Verschwommen wie die Begriffe selbst ist auch ihre Relation. Die Deutschen sind zum einen eine besonders privilegierte Subkategorie der Germanen, zum anderen wird der Begriff 'deutsch' in so umfassendem Sinn gebraucht, daß er die Skandinavier miteinschließt und nahezu identisch mit 'germanisch' ist.[83] In sprachlicher Hinsicht kann "deutsch" bei J. Grimm einmal als Oberbegriff für deutsche und nordische Sprachen verwendet werden, zum anderen aber auch das deutsche Idiom im engeren Sinn bezeichnen.[84] Das Germanische ist letztlich wie das 'Nordische' ein Mythos, der in J. Grimms Geschichtskonzeption als Signal für Alter und Echtheit funktional eingesetzt wird.[85] Dementsprechend richten sich die Forschungen der Grimms nicht auf das Altertum schlechthin, sondern es geht ihnen um das Erschließen des 'deutschen alterthums' und sein ungebrochenes Fortleben bis in unsere Tage.[86] In diesem Sinne verstehen sie sich als

80 Cf. ibid. *KS* 8,38.

81 Cf. J. Grimm an Savigny (29.10.1814) ed. Schoof (1953) 172f.

82 J. Grimm (1835) *KS* 8,150 oder (1844²) in *Deutsche Mythologie* (1875-78⁴) [zit: *DM*] 1,VIII.

83 Cf. Titzmann (1991) 123-125.

84 Cf. id., Einleitung zur *Deutschen Grammatik, KS* 8,55f. / Anm. 1.

85 Cf. Emmerich (1971) 41-43.

86 Cf. z.B. J. Grimm, Vorrede zu den *Altdeutschen Wäldern, KS* 8,5, id., *Von der Poesie im Recht* [zit.: *Poesie im Recht*] *KS* 6,153.

"Germanisten".[87] Von daher ist klar, daß die Liebe zu den einheimischen Traditionen absolute Priorität vor allen "leckerbissen der classischen literatur" hat, und zwar auch dann, wenn sie selbst eine "einfachere derbe hausmannskost" ist.[88]

Grimm übernimmt hier den Ansatz Savignys, der in seiner Schrift *Vom Beruf unserer Zeit für Gesetzgebung und Rechtswissenschaft* den einheimisch-deutschen Rechtstraditionen, die unmittelbar aus dem 'Volksgeist' erwachsen seien, den Vorrang gibt vor den Normen des bloß von außen aufgesetzten Code Napoleon, der sich - so Savigny - "krebsartig immer weiter fraß."[89] Die Grimms lehnen alle Überformungen des genuin Deutschen ab: Das Kirchenlatein des Mittelalters schadete der Entfaltung der Muttersprache, und die Renaissance des klassischen Latein in der Humanistenzeit sowie das intensive Studium der klassischen Antike überhaupt sei als "eine selbstentäuszerung, die sich bedeutender natürlicher mittel mutwillig entschlägt" zu "bedauern".[90] Die Anhänglichkeit an die alten, einheimischen Traditionen sei ein typisches Merkmal der Deutschen und habe die reiche Überlieferung aus der Vorzeit bedingt.[91]

Das Germanische, das man erschließen möchte, ist zugleich das Bild einer fremden, weil vergangenen Kultur, wie das Bild der eigenen Kultur. Letzeres ist dabei über die mythische Vorstellung vom Volk als Garant unwandelbarer, biologisch verankerter nationaler Identität vermittelt.[92] Das literarische Interesse an der germanisch-deutschen Kultur spiegelt sich im 18. / 19. Jahrhundert etwa in den Arminius-Dramen[93], den Dramatisierungen des Nibelungenstoffes[94] oder in den historischen Erzählungen und Romanen Dahns.[95]

Insofern die Grimms gerade diejenigen Überlieferungen schätzten, die sich in ihren Augen als 'deutsch' erwiesen, bedeutet Liebe zu diesen Traditionen immer zugleich Vaterlandsliebe, zumal J. Grimm alte Poesie und Sprache ja als das einzige einigende Unterpfand aller Deut-

87 Cf. id., *Über den Namen der Germanisten, KS* 7,568f. Aufgrund der engen Verflechtung von 'deutsch', 'germanisch' und 'nordisch' ergibt es sich, daß die Grimms, insbesondere Wilhelm Grimm, ihre Forschungen nicht nur auf das deutsche Altertum im engeren Sinn richteten, sondern auch auf die altnordischen Traditionen im Bereich von Literatur, Sprache, Ur- und Frühgeschichte, (Rechts)geschichte, und Runologie. (Zu den altnordischen Studien und Publikationen von W. und J. Grimm siehe Gottzmann (1987) 63-88).

88 Id., *Rede auf Wilhelm Grimm, KS* 1,167f. Siehe auch id., Widmung der *Deutschen Grammatik* an Savigny, *KS* 8,26f.

89 Cf. Savigny (1814) 2.8.118.

90 Cf. J. Grimm, *Auszug aus der Rede über das Heimweh* [zit.: *Heimweh*] *KS* 5,481f, cf. auch id., Vorrede zum *Deutschen Wörterbuch 1, KS* 8,306.

91 Cf. id., *Poesie im Recht, KS* 6,153

92 Cf. Titzmann (1991) 125-127.

93 Zu denken ist an J.E. Schlegel, *Hermann* (1743), J. Möser, *Arminius* (1749), F.G. Klopstock, *Hermanns Schlacht* (1769), *Hermann und die Fürsten* (1784), *Hermanns Tod* (1787), H. v. Kleist, *Die Hermannsschlacht* (1821), C.D. Grabbe, *Die Hermannsschlacht* (1838).

94 Cf. z.B. F. Fouqué, *Der Held des Nordens. Drei Heldenspiele* (1810), L. Uhland, *Die Nibelungen* (1817/8), F.R. Hermann, *Die Nibelungen* (1819), J.W. Müller, *Chriemhilds Rache* (1822), E. Geibel, *Brunhild* (1857) und zahlreiche andere.

95 Cf. Titzmann (1991) 120-145.

schen verstand.[96] Die Vaterlandsliebe bildet sozusagen die Prämisse seiner wissenschaftlichen Tätigkeit, wie er in der Vorrede zum vierten Teil der *Weisthümer* deutlich macht:

> "Alle meine arbeiten wandten sich auf das vaterland, von dessen boden sie auch ihre kraft entnahmen, mir schwebte unbewust und bewust vor, dasz es uns am sichersten führe und leite, dasz wir ihm zuerst verpflichtet seien."[97]

Dadurch, daß J. Grimm die Vaterlandsliebe gegenüber Savigny als heidnisches Pendant zur christlichen Religion bezeichnet, unterschiebt er ihr religiöse Bedeutung.[98] In Grimms Vaterlandsbegriff sind zwei verschiedene geographische Räume inbegriffen, Hessen als die Heimat im engeren Sinne und Deutschland als die übergeordnete Volksgemeinschaft.[99] Die Bedeutung des Begriffs 'Vaterland' läßt sich jedoch keineswegs auf die geographische Ausdehnung reduzieren und geht auch über die äußeren Formen staatlicher Organisation hinaus. Vaterland wird ja gerade durch die gemeinsamen kulturellen Traditionen garantiert und impliziert so die Einheit von Volk und Kulturgut.[100] J. Grimms politische Grundhaltung ist die Hoffnung auf Verwirklichung der staatlichen Einheit des Vaterlandes.[101] Das konkrete politische Handeln, das diese Einheit erreichen soll, muß von der gemeinsamen Geschichte und Tradition ausgehen und darf nicht, unter Mißachtung der historischen Dimension, auf Gegenwart (und Zukunft) fixiert sein. Gegenüber Savigny äußert Grimm: "Fruchtlos ist alles neue, was von sich selbst hingestellt wird und nicht mit der unmittelbar vorausgehenden Zeit zusammenhängt."[102]

Verfassungen und Gesetzgebungen seien wertlos, wenn sie nicht im Volk und seiner Geschichte verwurzelt sind. Entscheidend ist auch, daß das politische Handeln auf einer integren ethischen Grundlage steht.[103] Nur so könne man sich dem Ideal der Gesinnungsgemeinschaft nähern, die sich durch ihr Ethos von einem bloß äußerlichen Staatsapparat unterscheide.[104]

Fragt man nach J. Grimms eigenem politischen Standort, so zeigt sich, daß das Quellenmaterial sowohl für seine Zuordnung zur restaurativ-konservativen wie zur liberalen, bis hin zur liberal-demokratischen Richtung Belegstellen hergibt.[105] Die widersprüchlichen politischen

96 Cf. id., Vorrede zum *Deutschen Wörterbuch 1*, *KS* 8,309. Die Märchen sind für die Brüder Grimm deshalb besonders wertvoll, weil sie den echten, deutschen Mythos bewahrten, wie W. Grimm in der Vorrede zum zweiten Band der *Kinder- und Hausmärchen* [zit: *KHM*] ausführt: "in diesen Volksmärchen liegt lauter urdeutscher Mythus, den man für verloren gehalten" (W. Grimm, *KS* 1,330).

97 J. Grimm, *KS* 5,452.

98 Cf. J. Grimm an Savigny (5.11.1817) ed. Schoof (1953) 264. Cf. Feldmann (1969) 47-51.

99 Von der Liebe zu Hessen ist in der *Selbstbiographie* die Rede. (Cf. J. Grimm, *KS* 1,2). In *Jacob Grimm über seine Entlassung* macht er jedoch deutlich, daß Hessen für ihn ein "bestandtheil" des übergeordneten deutschen Vaterlandes ist. (Cf. id., *KS* 1,27).

100 Cf. Feldmann (1969) 41f.

101 Cf. J. Grimm, Vortrag auf der Germanistenversammlung 1846, *KS* 7,557 und Brief an Dahlmann (15.7.1832) 1, ed. Ippel (1885) 20.

102 J. Grimm an Savigny (6.7.1817) ed. Schoof (1953) 260.

103 Siehe dazu J. Grimm an Lachmann (13.5.1840), ed. Leitzmann (1927) 2,710.

104 Cf. id. (1811) 9f.

105 Das Quellenmaterial zu J. Grimms politischer Haltung ist umfassend in der Dissertation von Feldmann (1969) bearbeitet. Pfütze (1962) versucht - v.a. unter Berufung auf die bekannte Äußerung J. Grimms an

Äußerungen J. Grimms könnte man als Ausdruck seines gespaltenen Verhältnisses zur Gegenwart verstehen.[106] Die politische Ambivalenz resultiert - dies sei hier hypothetisch formuliert - aus der Sehnsucht nach den alten, naturgewachsenen Verhältnissen, die für die Brüder Grimm im Königtum als Naturform gegeben waren und der gleichzeitigen Einsicht in die Notwendigkeit realpolitischer Neuerungen in der Gegenwart.[107] Besonders deutlich wird dies in folgender Äußerung J. Grimms an Savigny:

> "Ich würde auch, wenn es practisch an mich käme, in der Regel für und nicht wider die liberalen Dinge stimmen, welche man begehrt, für Landstände, Preßfreiheit u. dgl; heimlich aber bei mir beklagen, daß wir gute Deutsche so plötzlich zu solchen Neuerungen kommen und so viel Gutes, was an dem Alten hängt, zerreißen sollten."[108]

Die ideale und die reale Dimension, d.h. die Liebe zum Vergangenen und seiner politischen Repräsentationsform der Monarchie, und die politischen Ansprüche der Gegenwart stehen letztlich unvermittelt nebeneinander.[109] Es wird sich im folgenden zeigen, daß J. Grimms Auffassung von 'Volk', 'Volksgemeinschaft' und politischem Handeln eng mit seinem geschichtsphilosophischen Entwurf verflochten ist.

Waitz (1858) (abgedruckt bei Scherer (1885^2,1864f.) 206f.) - die Entwicklung der politischen Haltung J. Grimms von einem bürgerlich-liberalen Standpunkt zu revolutionären Absichten aufzuzeigen. Dagegen rechnet Boehlich (1966) und ähnlich von Aretin (1986) 49-66 J. Grimm ganz der konservativ-legitimistischen Richtung zu, indem er Aussagen Grimms heranzieht, die seine Loyalität gegenüber der Person des Fürsten zeigen (z.B. J. Grimm, *Über seine Entlassung*, *KS* 1,31). Reiches Quellenmaterial zu J. und W. Grimms politischer und amtlicher Tätigkeit bieten auch die Ausstellungskataloge von Harder / Kaufmann (1985), Harder / Hennig / Lauer (1989) sowie Lauer (1989).

106 Cf. Ziegler (1954) 27. Die Widersprüchlichkeit der Haltung ist besonders markant im Brief an Savigny vom 29.9.1830, ed. Schoof (1953) 358f. Grimm bekennt hier gleichzeitig seine monarchistische Gesinnung und seine Sympathie für die französische Julirevolution.

107 Daß Jacob Grimm sich der Notwendigkeit politisch verantwortlichen Handelns bewußt war, zeigt die Göttinger Protestation ebenso klar wie sein Engagement im Paulskirchenparlament. Sein resignierter - vielbelächelter - Rückzug aus der Paulskirche ist jedoch ein deutlicher Hinweis auf seine Schwierigkeiten, sich der konkreten realpolitischen Situation und ihren Anforderungen zu stellen. (Zur Göttinger Protestation siehe Feldmann (1969) 175-208 und Hennig (1988) 247-256; zu J. Grimms Tätigkeit im Paulskirchenparlament siehe Feldmann (1969) 234-257, Grünert (1987) 60-74 und P. Vogel (1989) 33-44).

108 J. Grimm an Savigny im Brief vom 27.4.1819, ed. Schoof (1953) 279. Die Naturform des Königtums ist für W. Grimm in den Märchen verwirklicht. (Siehe W. Grimm, Vorrede zum ersten Band der *KHM*, *KS* 1,322f.) Cf. zur Naturform des Königtums bei W. Grimm Bausinger (1964) 64f.

109 Die widersprüchlichen Aussagen Grimms zeigen exemplarisch, wie der romantische Nationalismus mit Liberalismus, Konservativismus und Demokratie verflochten war. (Zur Verbindung von romantischem Nationalismus mit Liberalismus, Demokratie und Konservativismus cf. Nipperdey (1986) bes. 148f.; zu den verschiedenen Ausprägungen des vormärzlichen Liberalismus siehe Faber (1975) 201-227, Sheehan (1980^2) 208-231).

1.2.2. Der geschichtsphilosophische Entwurf der 'Volkspoesie'[110]

In einer Anmerkung zu seiner frühen programmatischen Abhandlung *Von Übereinstimmung der alten Sagen* (1807) schreibt J. Grimm:

> "ich behaupte folgende sätze und ihre identität: die älteste geschichte jedwedes volks ist volkssage. jede volkssage ist episch. das epos ist alte geschichte. alte geschichte und alte poesie fallen nothwendig zusammen. in beiden ist vermöge ihrer natur die höchste unschuldigkeit (naivetät) offenbar."[111]

Setzt man diese Äußerung J. Grimms in eine mathematische Aussage um, so lautet sie: alte Geschichte ≡ Volkssage ≡ episch/Epos ≡ alte Poesie. Wie die Sprache, die ja gewissermaßen die Grundlage der Volkssage und auch der Poesie überhaupt bildet[112], werden auch das Recht der Alten[113] und die religiöse Dimension, d.h. die Mythologie der Vorfahren in diese Reihe der Identifikationen integriert:

> "In ihnen [den Sagen] hat das volk seinen glauben niedergelegt, den es von der natur aller dinge hegend ist, und wie es ihn mit seiner religion verflicht, die ihm ein unbegreifliches heiligthum erscheint voll seligmachung."[114]

Durch das Gleichsetzen verschiedender Phänomene, das auch bei W. Grimm zu beobachten ist,[115] entsteht eine begriffliche Verschwommenheit, die - so schon Emmerich - aus der "gesellschaftsfremden 'inneren Anschauung'" der Brüder resultiert und nicht mehr durch analytisches Denken zu differenzieren ist.[116]

Als gemeinsame Wesensbestimmungen der besprochenen Begriffe werden von den Brüdern Objektivität, Kollektivität, Unerfundenheit, Unschuld, Naivität, Reinheit und Wahrheit sowie hohes Alter genannt.[117] Die Schrift *Gedanken über Mythos, Epos und Geschichte* (1813) beginnt J. Grimm mit dem Hinweis, den genannten Phänomenen fehle alles Erdichtete, Erlogene und Subjektive. Sie stellten vielmehr "wahrhafte dichtung" und "objektive begeisterung"

---

110 Die Grundvorstellungen über 'Natur-' und 'Kunstpoesie' kristallisieren sich in den Jahren 1807-1813 heraus. Dabei geht es vor 1810 primär um die Bestimmung des Verhältnisses von 'Naturpoesie' zu Sage, Poesie und Geschichte, nach 1810 um die Beziehungen zwischen 'Naturpoesie', Sprache und Mythos. (Cf. Liechtenstein (1928) 522).

111 J. Grimm, zit.: *Übereinstimmung, KS* 4,10 / Anm. 4.

112 Cf. id., Vorrede zum *Deutschen Wörterbuch 1, KS* 8,304.

113 Cf. id., *Poesie im Recht, KS* 6,153f. 161.

114 Id., *Gedanken wie sich die Sagen zur Poesie und Geschichte verhalten* [zit.: *Gedanken über Sagen*] *KS* 1,401. Cf. auch id. an v. Arnim (20.5.1811), ed. Steig (1904) 3,117.

115 Cf. W. Grimm, *Über die Entstehung der altdeutschen Poesie und ihr Verhältnis zu der nordischen* [zit.: *altdeutsche Poesie*] *KS* 1,92f.

116 Cf. Emmerich (1971) 33. Die Verflechtung von Sage und Geschichte kritisierte bereits A.W. Schlegel in seiner Rezension der *Altdeutschen Wälder*, ed. Böcking (1847): "Die Herren Grimm scheinen uns zuweilen die Sage und die urkundliche Geschichte nicht gehörig zu sondern; sie räumen jener ein Ansehen ein, durch dessen Anerkennung wir an unsern bewährtesten und ausgemachtesten Kenntnissen irre werden müßten; sie wollen längst aus unwiderleglichen Gründen verworfene Fabeln wiederum als Thatsachen aufstellen, und wenn der Irrthum auch noch so offenbar ist, so soll doch auf irgend eine verborgene und geheimnisvolle Weise die Wahrheit darin stecken." (Id. (1815) 12,389).

117 Cf. dazu auch Liechtenstein (1928) 522-524.

dar.[118] In den *Gedanken wie sich die Sagen zur Poesie und Geschichte verhalten* (1808) wird die epische Poesie als "so treu, so rein, so unschuldig" bezeichnet.[119] Die Unschuld und Naivität, die der alten Poesie eignet, weist sie als 'Naturpoesie' aus. Kennzeichnend für die 'Naturpoesie' ist aber auch, daß sie ein kollektives Gut ist, bei dem der epische Stoff den Vorrang vor dem Dichter hat.[120] Die Momente der Unschuld und Reinheit sowie der Dominanz des Stoffes werden in der Definition der 'Nationalpoesie', wie J. Grimm sie in *Deutsche Gedichte des Mittelalters I* gibt, wiederaufgegriffen. Zentral ist jedoch hier der Gedanke, daß 'Nationalpoesie' nicht die Leistung eines einzelnen ist, sondern eben einer ganzen Nation gehört, denn "ein nationalgedicht dichtet nicht der beschränkte sinn eines einzelnen."[121] Die gleiche Vorstellung wird auf den Begriff der 'Volkspoesie' übertragen. Das Volk in seiner Gesamtheit partizipierte ursprünglich an der alten Poesie. Daraus erklären sich die Übereinstimmungen im Bereich der alten Sagen und nicht aus Wiederholung oder Nachahmung, "da vielmehr der schall solcher begebenheiten durch das ganze volk verbreitet worden ist, und sich bei jeder gelegenheit von selbst und unbewuster weise wieder anbringt."[122] Es ist deutlich, daß die drei Begriffe im Grunde ein und dasselbe Phänomen bezeichnen, an dem jeweils ein Aspekt besonders hervorgehoben wird: Die Betonung liegt entweder auf 'Natur', auf 'Volk' oder 'Nation'.

Was die Kollektivität der 'Naturpoesie' betrifft, die besonders in den Begriffen 'Volks'- bzw. 'Nationalpoesie' akzentuiert ist, sollte man mit Bausinger wohl vorsichtiger von "nichtindividueller Entstehung" sprechen, denn die Grimms legen keine Rechenschaft darüber ab, wie sich der Entstehungsprozeß der 'Naturpoesie' nun konkret vollzogen habe.[123] "Ueber der Art, wie das zugegangen, liegt der Schleier eines Geheimnisses gedeckt", schreibt J. Grimm in der Vorrede zur Abhandlung *Ueber den altdeutschen Meistergesang*.[124] Dieses 'Geheimnis' wird auch dadurch nicht gelüftet, daß beide Brüder immer wieder darauf hinweisen, die 'Naturpoesie' sei 'von selbst' entstanden: Sie habe sich "so zu sagen, von selber an und fortgesungen",[125] meint Jacob, und auch für Wilhelm steht fest, daß "*ein Volkslied sich selbst dichtet und anpasst*".[126] Insofern vollzieht sich der Entstehungsprozeß der 'Naturpoesie' in

118 J. Grimm, zit.: *Gedanken, KS* 4,74.
119 Id., *Gedanken über Sagen, KS* 1,399.
120 Cf. ibid. Es sei darauf hingewiesen, daß auch die Grimmsche Konzeption der 'Naturpoesie' bei Herder bereits vorgeprägt war. (Siehe Herder, *Ebräische Poesie I, Werke* 11,280 und id., *neuere Deutsche, Werke* 1,173f. / Anm. 2).
121 J. Grimm, *KS* 4,35.
122 Id., *Übereinstimmung, KS* 4,12. Da Sprache, Mythos und alte Poesie unmittelbar dem Wesen des Volks entstammen, ist deutlich, daß die Herdersche Konzeption vom 'Geist des Volks' zugrundeliegt. Auch Savigny leitet Recht, Sprache und Sitte aus dem 'Volksgeist' ab. (Cf. Savigny (1814) 8).
123 Cf. Bausinger (1980[2],1968) 21.
124 J. Grimm (1811) 6.
125 Ibid., cf. auch id., *Gedanken über Sagen, KS* 1,399f. und id. an v. Arnim (20.5.1811), ed. Steig (1904) 3,116.
126 W. Grimm, *altdeutsche Poesie, KS* 1,140f. / Anm. 2.

"Bewusstlosigkeit"[127]. J. Grimm prägt in der Abhandlung *Ueber den altdeutschen Meistergesang* das Wort von der "Unbewußtheit der Tiefe".[128] Ein Kunstgriff der Grimms, die individuelle Färbung ihres eigenen Schaffens zu verschleiern, liegt bereits darin, daß sie einen Teil ihrer Arbeiten unter der Selbstbezeichnung 'Brüder Grimm' herausbrachten und sich auf diese Weise schon dem Ideal der 'Naturpoesie' zu nähern versuchten.[129] Die vielen Metaphern aus dem Pflanzenreich werden funktional eingesetzt, um diese Unbewußtheit, Unschuld und Reinheit deutlich zu machen.[130]

Aufgrund der engen Verflechtung von Mythologie und 'Natur-' bzw. 'Volks'- oder 'Nationalpoesie' lassen sich die hier besonders für die 'Naturpoesie' entwickelten Wesensbestimmungen bruchlos auf den Mythos übertragen.[131] Die Gleichsetzung von Mythos, Epos und Geschichte, die lediglich "beweisarten" der einen Wahrheit darstellen[132] sowie von Recht und alter Poesie ist nur auf der Basis einer ursprünglichen Ureinheit, in der die Phänomene beieinander lagen, möglich. Dieser Ursprung wird nun von den Brüdern als 'Urbild' im platonischen Sinn und damit zunächst als ontologische Kategorie gefaßt. Die verfügbaren Zeugnisse von 'Volkspoesie' und Mythologie seien 'Abbilder' des 'Urbildes':

> "da nun, wie gesagt, die alte Poesie nicht kann erfunden werden, sowenig wie eine Religion, sondern alle Mythologieen zuletzt aus einer wahrhaften, göttlichen herstammen, und nur unter verschiedenen Bildern auf ein Urbild zurückweisen, so ist auch in dem großen, unschuldigen, unbewußten Völkerglauben eine Vielheit des Epos entsprungen und hat sich in Leben und Geschichte der beglückten Menschen ergossen."[133]

Auch W. Grimm kennt den Begriff des 'Urbildes' und geht wie sein Bruder davon aus, daß die poetischen Überlieferungen aller Völker aus einer Quelle entsprungen sind und den göttlichen Geist dieser Quelle gewissermaßen bruchstückhaft bzw. als Abbilder bewahren.[134] Während die Verschiedenheiten der 'Volkspoesie' in Anlehnung an Herder 'klimatisch' begründet werden, lassen sich die Ähnlichkeiten in der Volksüberlieferung über das platonische Verhältnis von Urbild und Abbild erklären. Das Bild des Ursprungs, der Einheit verkörpert, aus der Vielheit hervorgeht, erinnert an die Ontologie Plotins und den von ihm vertretenen Emanationspantheismus. Die Vorstellung der Emanation ist bis in einzelne Formulierungen hinein manifest: So schreibt W. Grimm über die *Kronenwächter* von Arnims, sie seien "aus einem vollen, überströmenden Herzen geflossen" oder es wird gesagt, daß "die Eimer in dem reinen

---

127 Ibid. 1,100.

128 J. Grimm (1811) 6.

129 Cf. Bausinger (1980^2,1968) 20f.

130 Cf. Bausinger (1964) 62f., id. (1980^2,1968) 24 und Gass (1940) 38f.

131 Cf. auch Görres, *Wachstum der Historie* [zit.: *Wachstum*], ed. G. Müller (1926) 3,414: "Mythisch, sagten wir, sey ursprünglich alle Poesie gewesen, und alle Mythe Poesie".

132 Cf. J. Grimm, *Gedanken*, *KS* 4,84.

133 J. Grimm an v. Arnim (29.10.1812), ed. Steig (1904) 3,235f.

134 Cf. W. Grimm, *Altdänische Heldenlieder*, *KS* 1,201, cf. id., Vorrede zum zweiten Band der *KHM*, *KS* 1,332. Cf. zur Relevanz der Kategorie 'Ursprung' bei J. (u. W.) Grimm, Emmerich (1971) 33-40; Ziegler (1952) *Grundlagen* 247; Liechtenstein (1928) 544-546. Zum Verständnis der Poesie als eines 'großen Ganzen' cf. Brunner (1987) bes. 81f.

Born der Dichtung gefüllt und über uns ausgegossen" werden.[135] Das Modell der plotinischen Ontologie wurde von Schelling rezipiert und über Creuzer, Kanne und Görres auf J. Grimm vermittelt.[136]

Ansatzweise versuchen die Brüder die von ihnen angenommene Kategorie des 'Ursprungs' bzw. 'Urbildes' zu konkretisieren. W. Grimm versteht das Leben selber als den Urgrund, von dem die Poesie ausgeht.[137] Auf der Basis dieses Zusammenhangs wird klar, daß die Brüder mehrfach betonen, wie sehr die Formen der 'Naturpoesie', also auch die Mythologie, ins Leben verwoben seien bzw. geradezu Leben verkörperten. 'Naturpoesie' sei - so J. Grimm - nichts anderes "als das Leben selbst, gefaßt in Reinheit und gehalten im Zauber der Sprache", "das Leben in der reinen Handlung selbst..., ein lebendiges Buch, wahrer Geschichte voll, das man auf jedem Blatt mag anfangen zu lesen und zu verstehen, nimmer aber ausliest noch durchversteht".[138] Während das Leben als Urgrund der 'Naturpoesie' verstanden werden kann, wird sie an anderen Stellen direkt aus göttlicher Offenbarung abgeleitet. Diesen Gedanken vertritt J. Grimm gegenüber von Arnim:

> "Glaubst Du mit mir, daß die Religion von einer göttlichen Offenbarung ausgegangen ist, daß die Sprache einen eben so wundervollen Ursprung hat und nicht durch Menschenerfindung zuwege gebracht worden ist, so mußt Du schon darum glauben und fühlen, daß die alte Poesie und ihre Formen, die Quelle des Reims und der Alliteration ebenso in einem Ganzen ausgegangen ist, und gar keine Werkstätten oder Ueberlegungen einzelner Dichter in Betracht kommen können... Wie aus der einen Sprache alle andere kräftig geflossen sind, so ist auch der Kern der Mythe unter alle Stämme verbreitet worden, und jeder hat den Funken der Poesie mit sich genommen. Wie wäre sonst auch die Aehnlichkeit ganz entfernter Mythen und die Existenz desselben Lieds in allen Dialecten zu begreifen?"[139]

Die göttliche Offenbarung als Kategorie des Ursprungs kann aber auch durch die Natur bzw. das Licht der Natur ersetzt werden.[140]

Die Austauschbarkeit von Leben, Natur und Gott als Konkretisierungen für das Prinzip des Ursprungs erklärt sich aus der spezifischen Form der Religiosität der Brüder Grimm.[141] Ge-

---

135 W. Grimm, *KS* 1,298.

136 Zur Rezeption Plotins durch Schelling sowie zur Vermittlung der plotinischen Ontologie über Creuzer, Kanne und Görres siehe die Untersuchungen von Beierwaltes (1972) 100-144, cf. auch Vieillard-Baron (1987) 505-514 und von Graevenitz (1987) 236-242. Daneben ist von einer Übertragung platonischer Vorstellungen durch Herder auszugehen. (Cf. Liechtenstein (1928) 539 / Anm. 3). Daß die Brüder Grimm auch direkten Zugriff auf das platonische Werk hatten, zeigt das Vorhandensein der *Platonis dialogi Graece et Latine* in ihrer Handbibliothek. (Cf. ed. Denecke / Teitge (1989) 94, Nr. 705). Ehrismann geht von einer unmittelbaren Beeinflussung der Grimms durch Schellings Identitätsphilosophie aus. Die Grimms hätten die Vorstellung des Anfangszustandes als einer absoluten Totalität danach direkt aus dem Werk Schellings übernommen. (Cf. Ehrismann (1986) 34f.).

137 Cf. W. Grimm, Vorrede zum ersten Band der *KHM*, *KS* 1,324.

138 J. Grimm (1811) 5f. Die Abhängigkeit vom Lebensbegriff Herders ist evident. (Cf. z.B. Herder, *Journal*, *Werke* 4,394; id., *Gott*, *Werke* 16,563-565).

139 J. Grimm an v. Arnim (Juli 1811), ed. Steig (1904) 3,139. Cf. auch W. Grimm an Brentano (15.12.1810), ed. Steig (1904) 3,89f.

140 Cf. W. Grimm, *Kronenwächter KS* 1,298f.

141 Cf. Ziegler (1952) *Grundlagen* 242-246 und Bausinger (1964) 59f.

rade an der Abhandlung *Über den Ursprung der Sprache* wird deutlich, wie fließend die Grenze zwischen Christentum und Pantheismus bei Jacob Grimm ist:

> "diese sich unausgesetzt kundthuende göttliche kraft ist keinem als dem verstehenden eine kennbare offenbarung. da sie die gesamte natur durchdringt und in allen dingen enthalten ist, liegt sie zugleich offen und verborgen da und mag blosz durch das mittel der dinge selbst erforscht werden. denn sie ist in allen dingen, eben darum nicht auszer ihnen. unverstanden redet die natur, so lange der suchende nicht auf ihre spur kommt und sie ihm verständlich wird."[142]

Die göttliche Kraft und Offenbarung wird hier ganz in die Natur verlegt: Ist zunächst vom Erkennen und Verstehen der göttlichen Kraft in der Offenbarung die Rede, so ist es am Ende der zitierten Passage die personifizierte Natur und ihre Rede, die der suchende Mensch erfassen soll.

Ziegler[143] geht davon aus, daß J. Grimms Religiosität eher dem Pantheismus zuneigt, wenn es um die Voraussetzungen seiner Wissenschaft geht, während er sich im persönlichen Bereich überwiegend zum personalen christlichen Gott bekennt. J. Grimm vertritt dabei aber überhaupt kein an Dogmen und Lehrsätzen orientiertes Christentum, sondern einen verinnerlichten und subjektivierten Glauben.[144] Obwohl konfessionelle Zugehörigkeit in der Romantik vielfach ein entscheidender Faktor ist, ist J. Grimms Frömmigkeit zu komplex, als daß sie auf konfessionell protestantische Gebundenheit reduziert werden könnte. Zweifelsfrei steht ihm der Protestantismus ideell näher als der Katholizismus, namentlich in der strikten Scheidung der menschlichen und göttlichen Sphäre und der Ohnmacht menschlichen Tuns, jede Überbewertung der Konfession aber lehnt er ab.[145]

Wenn die Kategorie des Ursprungs als pantheistische Natur gefaßt wird, so ist deutlich, daß es sich um ein primär ontologisch bestimmtes Prinzip handelt. Die so verstandene Natur läßt sich aber nach Bausinger nicht mehr von der Dimension der Geschichte lösen, so daß es zu einer "Historisierung der Natur" und einer "Naturalisierung der Geschichte" kommt.[146] Bausinger und Emmerich weisen darauf hin, daß die Aufhebung der Grenzen von Natur und Geschichte durch die Übertragung der organologischen Terminologie auf die Geschichte erfolgt.[147] Auf der Basis dieses Zusammenhangs ist klar, daß der zunächst ontologisch konzipierte Entwurf der Ureinheit von Sprache, Mythos, Epos, Geschichte und Recht sich als naturpoetisches Zeitalter in ein geschichtsphilosophisches Modell einbauen läßt. Emrich zeigt im Anschluß an Baeumler und Rothacker, daß der Begriff der 'Urzeit' bzw. 'Urgeschichte'

---

142 J. Grimm, *KS* 1,270f.

143 Cf. Ziegler (1952) *Grundlagen* 243-246.

144 Cf. J. Grimm an v. Arnim (20.5.1811), ed. Steig (1904) 3,119 und id., *Rede auf Schiller*, *KS* 1,387f.

145 Cf. J. Grimm, *Gedanken*, *KS* 4,75 ; id. an v. Arnim (23.12.1822), ed. Steig (1904) 3,529f. und ed. Steig (1914) 238f. 243.

146 Cf. Bausinger (1964) 60-62.

147 Siehe z.B. W. Grimm, Vorrede zum ersten Band der *KHM*, *KS* 1, 320-328. (Cf. Emmerich (1971) 39 und Bausinger (1964) 62f.).

sich durchgängig in den geschichtsphilosophischen Konzeptionen der Romantiker von Novalis bis J. Grimm findet.[148]

Als konstitutiv für die Geschichtsphilosophie J. Grimms erscheint die Dichotomie von 'Natur'- und 'Kunstpoesie', wobei 'Naturpoesie' für Epos, alte Poesie, Sage und Mythologie steht. Insofern der Mythos eine der zentralen Kategorien der 'Naturpoesie' darstellt, ist er in das geschichtsphilosophische Modell J. Grimms eingebunden und läßt sich nur über das Verständnis dieses Modells bestimmen. Die Scheidung von 'Natur-' und 'Kunstpoesie' erscheint J. Grimm bereits in seinen Frühschriften als feststehende Tatsache, die "ewig gegründet"[149] ist und "bestimmt vorausgesetzt"[150] werden kann. So heißt es in der Abhandlung *Gedanken wie sich die Sagen zur Poesie und Geschichte verhalten:*

> "Man streite und bestimme, wie man wolle, ewig gegründet, unter allen völker- und länderschaften ist ein unterschied zwischen natur- und kunstpoesie (epischer und dramatischer, poesie der ungebildeten und gebildeten)"[151]

In gewisser Spannung zu der Vorstellung, die Dichotomie von 'Natur-' und 'Kunstpoesie' sei "ewig gegründet", steht die geschichtsphilosophische Herleitung der Kategorie 'Kunstpoesie', die J. Grimm ebenfalls in den Frühschriften leistet, ja unmittelbar an die eben zitierten Ausführungen anschließt.

Der entscheidende Faktor bei der Ablösung des naturpoetischen Zeitalters durch die 'Kunstpoesie' ist die Kultur. Während in der Frühzeit Poesie und Geschichte in eins zusammenfielen, wurden sie durch die "bildung" getrennt. Damit wurde auch die Einheit der Nation zerrissen und die alte Form der Poesie, d.h. die 'Naturpoesie' mußte unter die einfachen unverbildeten Leute fliehen, wo sie weiterhin bewahrt und gepflegt wurde.[152] Das Einsetzen der Bildung, der Reflexion, bewirkte auch das Umschlagen des Epischen in das Lyrische bzw. der Objektivität in Subjektivität.[153] In ihrer fortgeschrittenen Form dagegen scheint die Kultur auf eine Synthese des Epischen mit dem Lyrischen im Prinzip des Dramatischen hinzuarbeiten, wie J. Grimm in *Beweis dasz der Minnesang Meistergesang ist* ausführt.[154]

Die beiden Hauptgattungen Epos und Drama werden in der *Rede auf Schiller* durch Goethe und Schiller repräsentiert, wobei Goethe als der "naive" Dichter und Schiller als der "sentimentalische" erscheint.[155]

J. Grimm greift hier expressis verbis auf Kategorien der ästhetischen Schriften Schillers zurück. Aber auch ohne diesen expliziten Hinweis und die für J. Grimm bezeugte Verehrung

148 Cf. Emrich (1963², 1960) 25-47, cf. auch Baeumler (1926) XCIf. und Rothacker (1920) 122.

149 J. Grimm, *Gedanken über Sagen, KS* 1,399.

150 Id. (1811) 5.

151 Id., *Gedanken über Sagen, KS* 1,399, cf. id. (1811) 5.

152 Cf. ibid., *KS* 1,400.

153 Cf. ibid. *KS* 1,399 und id., *Deutsche Gedichte des Mittelalters, KS* 4,27.

154 Cf. id., *KS* 4,13.

155 Id., *KS* 1,383.

Schillers, die sich nicht zuletzt in der erwähnten Gedenkrede auf Schiller gezeigt hat,[156] drängt die geschichtsphilosophische Herleitung der 'Kunstpoesie' durch die Einwirkung der Kultur, die Dichotomie von Natur und Kultur, die sich ästhetisch als 'Kunst- und Naturpoesie' niederschlägt und schließlich die dialektische Gedankenführung (etwa der oben zitierten Stelle), die auf eine Synthese des Epischen mit dem Lyrischen im Dramatischen, (hervorgebracht wiederum durch Kultur) hinausläuft, den Vergleich mit Grundgedanken der idealistischen Geschichtsphilosophie auf. Ziel des Vergleiches ist es nicht, eine unmittelbare Abhängigkeit J. Grimms von Schiller oder auch Schelling[157] nachzuweisen. Vielmehr soll deutlich gemacht werden, daß popularisierte Muster der idealistischen Geschichtsphilosophie bei Grimm implizit nachleben.

In der Briefreihe *Über die ästhetische Erziehung des Menschen* (1795) geht Schiller davon aus, daß der Mensch sich in einem Idealzustand befunden habe, der geschichtlich durch das antike Griechenland repräsentiert wird. Bei den Griechen führte die Kultur, die sie bereits in hohem Maße besaßen, zunächst nicht zur Entfremdung: Sinne und Geist bildeten eine Einheit, das Individuum war noch Repräsentant seiner Gattung.[158]

Dieser Zustand war jedoch instabil, und es war die Kultur, die die ursprüngliche "Totalität" auflöste[159], und zwar dadurch, daß "der spekulative Geist im Ideenreich nach unverlierbaren Besitzungen strebte" und so zwangsläufig "ein Fremdling in der Sinnenwelt werden" mußte.[160] Dieser Zustand der Entfremdung ist nicht der "Endzweck" des Menschen. Er muß sich, um wieder zur Totalität seines Wesens, zur Einheit von Natur und Geist zu gelangen, aus dem "*Naturstand* in der Idee" einen "Endzweck" leihen,[161] den er mit Hilfe der Kultur, der Vernunft anstreben soll. Kultur ist also nicht durchgängig negativ konnotiert, sondern Schiller arbeitet mit einem doppelten Kulturbegriff, was besonders an folgender Stelle in der Spielerei mit "Vernünftelei" und "Vernunft" deutlich wird:

> "Dieses Gemälde,.., gleicht zwar der gegenwärtigen Menschheit, aber es gleicht überhaupt allen Völkern, die in der Kultur begriffen sind, weil alle ohne Unterschied durch Vernünftelei von der Natur abfallen müssen, ehe sie durch Vernunft zu ihr zurückkehren können." (6.Brief)[162]

Beiden Zeitaltern, dem ursprünglichen Naturzustand und dem der Entfremdung von Natur und Geist, entsprechen nun zwei verschiedene Arten von Dichtung, die "naive" und die "sentimentalische" Dichtung, was Schiller in der Schrift *Über naive und sentimentalische Dichtung* (1795/6) ausführt. Der grundsätzliche Unterschied zwischen dem "naiven" und

---

156 Cf. Liechtenstein (1928) 517.
157 Die Abhängigkeiten der Grimmschen Geschichtsphilosophie von Schelling stellt Ehrismann heraus. (Cf. Ehrismann (1986) 35-37).
158 Cf. Schiller, zit.: *Ästhetische Erziehung*, ed. Fricke / Göpfert (1959) 5,582.
159 Ibid. 5,583. 586.
160 Ibid. 5,585.
161 Ibid. 5,574 (3.Brief)
162 Ibid. 5,581.

"sentimentalischen" Dichter ist, daß der "naive" Dichter Natur ist, während der "sentimentalische" sie sucht. Vornehmliches Kennzeichen der "naiven Dichtung" ist die "Nachahmung des Wirklichen", während für die "sentimentalische Dichtung" die "Darstellung des Ideals" konstitutiv ist. Die Einheit von Natur und Geist, Vernunft und Sinnen ist im naiven Zeitalter und beim "naiven" Dichter noch vorhanden. Dagegen schwebt dieser verlorene Urzustand dem sentimentalischen Dichter als Ideal vor, das außer ihm liegt und das es anzustreben gilt.[163] Der "sentimentalische" Dichter zeichnet somit als ästhetischer Erzieher dem Menschen durch das Werkzeug der Kunst[164] den Weg vor zu einer neuen Totalität.[165] Charakteristisch für den "naiven Dichter" ist die Priorität des Gegenstandes, des Objekts, hinter dem er als Subjekt völlig zurücktritt, während beim "sentimentalischen" Dichter das Subjekt, das Subjektive offen zutage tritt.[166]

Blendet man hier auf J. Grimm zurück, so scheint sich die Parallelisierung von objektiver 'Naturpoesie' und 'naiver Dichtung' versus subjektiver 'Kunstpoesie' und 'sentimentalischer Dichtung' anzubieten, zumal sowohl J. Grimm wie Schiller diese Begriffe geschichtsphilosophisch entwickeln. Beide nehmen einen idealen Urzustand an, dem die ästhetischen Kategorien 'Naturpoesie' bzw. 'naive Dichtung' zugeordnet sind und gehen von der Aufhebung dieses Urzustandes durch die Einwirkung der Kultur aus. In Schillers Konzeption wird gerade vermittels der Kunst ein neuer Idealzustand zu erreichen versucht, und in der oben zitierten Passage aus J. Grimms Schrift *Beweis dasz der Minnesang Meistergesang ist*, könnte es scheinen, als hätte Grimm diese Dimension einer künftigen neuen Harmonie ebenfalls im Blick, wenn er von der Vermischung des Epischen, d.h. der 'Naturpoesie' mit dem Lyrischen, d.h. der 'Kunstpoesie' im Prinzip des Dramatischen spricht. J. Grimm würde damit das Grundmodell vertreten, das seit Rousseau die Geschichtsphilosophie in Deutschland prägte, nämlich das Heraustreten des Geistes aus der Natur und den Rückgewinn des Naturzustandes durch den Geist.

Doch der Verlust der 'Naturpoesie', der von Schiller noch als notwendig für den Fortschritt der Gattung akzeptiert worden war,[167] erscheint J. Grimm als Abfall, als Deszendenz, ja als Vergreisung der Kultur, die sich nicht mehr rückgängig machen läßt.[168] Während die 'naive Dichtung' bei Schiller zu allen Zeiten im Genie wiederaufleben kann[169], ist die Epoche der 'Naturpoesie' in der Sicht J. Grimms unwiederbringlich verloren: "Die Vorfahren schauten in

163 Cf. id., zit.: *naive und sentimentalische*, ed. Fricke / Göpfert (1959) 5,716f.

164 Cf. id., *Ästhetische Erziehung* ed. Fricke / Göpfert (1959) 5,593. (9. Brief).

165 Id., *naive und sentimentalische*, ed. Fricke / Göpfert (1959) 5,718: "Dieser Weg , den die neueren Dichter gehen, ist übrigens derselbe, den der Mensch überhaupt sowohl im einzelnen als im ganzen einschlagen muß. Die Natur macht ihn mit sich eins, die Kunst trennt und entzweiet ihn, durch das Ideal kehrt er zur Einheit zurück."

166 Cf. ibid.

167 Cf. Schiller, *Ästhetische Erziehung*, ed. Fricke / Göpfert (1959) 5,586 (6. Brief).

168 Cf. J. Grimm (1811) 5f.

169 Cf. z.B. Schiller, *naive und sentimentalische*, ed. Fricke / Göpfert (1959) 5,713.

dem Brunnen sich selbst und ihr Leben, wir fühlen das nur historisch mit und nach, allein zugleich senken wir in die Tiefe ein."[170]

Partizipation an der 'Naturpoesie' ist für die modernen Menschen nicht durch eigene Produktion möglich, sondern nur durch historische Betrachtung der Relikte der alten Zeit, der Heldenlieder, in denen "ein Zweig aus der alten Naturpoesie in unser Land" hereinreicht.[171] Diese strikte zeitliche Trennung von 'Naturpoesie' und 'Kunstpoesie' entspricht ihrer wesensmäßigen Verschiedenheit:

> "so innerlich verschieden also die beiden erscheinen, so nothwendig sind sie auch in der Zeit abgesondert, und können nicht gleichzeitig sein, nichts ist verkehrter geblieben, als die anmaszung epische gedichte dichten oder gar erdichten zu wollen, als welche sich nur selbst zu dichten vermögen."[172]

Versucht man die inneren Unterschiede von 'Natur-' und 'Kunstpoesie' begrifflich zu fassen, so ergeben sich als hauptsächliche Gegensatzpaare: unbewußt versus bewußt bzw. reflektierend, episch versus lyrisch bzw. dramatisch, nichtindividuell versus individuell, alt versus modern.

Während die 'Naturpoesie' mit dem Leben identisch ist, reflektiert die 'Kunstpoesie' über das Leben, sie ist "eine Arbeit des Lebens und schon im ersten Keim philosophischer Art".[173] Die 'Kunstpoesie' ist im Gegensatz zur 'Volkspoesie', die eine "Summe des Ganzen" war und - irgendwie - aus dem "Gemüth des Ganzen" entstand, bewußte Schöpfung des einzelnen.[174] Die grundsätzliche Verschiedenheit von 'Natur-' und 'Kunstpoesie' spitzt J. Grimm gegenüber v. Arnim in dem dictum zu: "Ich sehe also in der Kunstpoesie... eine Zubereitung, in der Naturpoesie ein Sichvonselbstmachen".[175]

Er zeigt deutlich, daß seine besondere Vorliebe und Wertschätzung der alten Poesie gilt, denn "dieses Bewußtsein und Ringen des Einzelnen kann nicht soviel sein, als die unbewußt dastehende Wahrheit". Insofern muß ein individueller Dichter wie Goethe in der von J. Grimm aufgestellten Werteskala unter der alten Mythologie rangieren.[176] Die alte Zeit wird dabei gerade aufgrund ihrer von Grimm angenommenen Nähe zum Ursprung idealisierend als ethisch gut und wahr und von der Gegenwart Gottes beseelt, gedacht, während die neue Zeit als Epoche der Gottesferne und moralischen Dekadenz erscheint:

> "Die alten Menschen sind größer, reiner und heiliger gewesen, als wir, es hat in ihnen und über sie noch der Schein des göttlichen Ausgangs geleuchtet, etwa wie helle, reine Körper noch eine Weile fortleuchten oder glänzen, wenn man sie unmittelbar aus dem grellen Sonnenstrahl in dichte Dunkelheit versetzt. So ist mir nun die alte, epische Poesie

---

170 J. Grimm (1811) 6f.
171 Ibid. 6.
172 Id., *Gedanken über Sagen*, *KS* 1,399f.
173 Id. (1811) 5f.
174 Cf. id. an v. Arnim (20.5.1811), ed. Steig (1904) 3,116.
175 Ibid. 118.
176 Cf. ibid.

> = Sagen-, Mythengeschichte reiner und besser, ich will nicht sagen, lieber und näher, als unsere witzige, d.h. wissende, feine und zusammengesetzte, in der ich den Trieb nach Wissen und Lehren, wiewohl in sich nothwendig und wahrhaft, erkenne."[177]

Die positive Gesellschaftsform wird mit der Epoche der 'Naturpoesie' identifiziert, die negative mit der modernen Zeit.[178] Die alte Zeit stand im Gegensatz zur Gegenwart im Zeichen einer grundsätzlichen Humanität. An Savigny äußert J. Grimm,

> "daß der Grund der germanischen persönlichen Rechte nicht Freiheitsliebe und Humanität gewesen, sondern eine dem *ganzen* Volk inwohnende Notwendigkeit, also, könnte man sagen, eine unbewußte, im Großen wirkende Humanität, keine die im einzelnen so erscheinen will, sondern sich auch vielleicht roh und rauh darstellt."[179]

Gerade am altdeutschen Recht, dem vielfach der unbegründete Vorwurf der Unsittlichkeit und Roheit gemacht würde, zeige sich - so J. Grimm in der Vorrede zu den *Deutschen Rechtsalterthümern* - "die erfreuende reinheit, milde und tugend der vorfahren". Kennzeichnend für den Wandel des Rechts und der Gesellschaft überhaupt sei die Versachlichung der menschlichen Beziehungen, die zu Unpersönlichkeit und Unmenschlichkeit führte.[180] Es ist deutlich, daß Geschichte für J. Grimm im Gegensatz zum Fortschrittsoptimismus der Aufklärung als Deszendenz - und zwar sowohl als moralisch-ethische wie ästhetische Verflachung - erscheint. Die Mythisierung von Volk und Geschichte gerät, wenn sie nicht mehr als kritischer und realisierbarer Gegenentwurf zum Jetzt gedacht wird, in die Nähe eines Eskapismus.[181] Bei Grimm wird die Vergangenheit zwar noch als kritischer Kontrast zur Gegenwart gezeichnet, er hat den Glauben an die Realisierbarkeit ihrer religiösen und ethischen Ideale jedoch aufgegeben.

Typisch für die Ablösung der 'Naturpoesie' durch die 'Kunstpoesie', verstanden als geschichtsphilosophische Epochen, ist der Übergang von ursprünglicher Sinnlichkeit in Abstraktheit, der sich bei allen Phänomenen beobachten läßt. Obgleich Grimm diese Entwicklung im Bereich der Sprache als notwendig und sinnvoll anerkennt, registriert er den Schwund der Sinnlichkeit doch mit Bedauern und schenkt seine Liebe den sprachlichen Denkmälern der Vorzeit.[182]

Aus dem Briefwechsel zwischen v. Arnim und J. Grimm geht hervor, daß v. Arnim die völlige Trennung von 'Natur-' und 'Kunstpoesie', den "alten Lieblingsunterschied" J. Grimms, nicht akzeptieren kann.[183]

---

177 Ibid. 117.

178 Cf. Ziegler (1954) 11.20-24.

179 J. Grimm an Savigny (18.1.1816) ed. Schoof (1953) 215.

180 Cf. id. (1899[4],1828) 1, I. XV-XVII.

181 Cf. Janota (1980) 25.

182 Cf. id., *Heimweh, KS* 5,480, id., Vorrede zum *Deutschen Wörterbuch 1, KS* 8,304 und id. an v. Arnim (20.5.1811), ed. Steig (1904) 3,117f.

183 Cf. v. Arnim an J. Grimm (5.4.1811), ed. Steig (1904) 3,109. Zur Kontroverse zwischen v. Arnim und J. Grimm über 'Natur-'und 'Kunstpoesie' siehe auch Thalheim (1986) 1832-1837, Niggl (1987) 220-223 und Gass (1940).

"Naturtrieb" und "Kunstbewußtsein" lassen sich für v. Arnim nicht voneinander lösen, sondern bilden stets eine Einheit im Menschen, bei der jeweils eine der beiden Kategorien überwiegt:[184] "Du thust den besten Menschen aller Zeiten damit ein himmelschreiendes Unrecht, die ihre Natur und ihren Trieb, so gut sie es vermochten, aussprachen".[185]

Da für v. Arnim Natur und Kunst als anthropologische Kategorien[186] grundsätzlich in jedem Dichter präsent sind, kann er keine zeitliche Abfolge, d.h. keine Epochen von 'Natur-' und 'Kunstpoesie' ansetzen und keinen wesensmäßigen Unterschied zwischen 'Volkspoesie' und moderner Dichtung einräumen.[187]

Wie Goethe bei all seiner Kunst doch oft von der Natur "überrascht" würde, so schwört v. Arnim "im Namen der Homeriden, der Volksliedersänger, daß keiner, der mehr als einen Vers gesungen, ohne Kunstabsicht war".[188]

'Natur-' und 'Kunstpoesie' finden sich nach v. Arnim in ihrer Reinform also weder in einem Individuum noch in einem bestimmten Zeitalter, sondern erscheinen eher als verschiedene jeweils unterschiedlich gewichtete, aber nie völlig getrennte Aspekte des künstlerischen Schaffensprozesses.[189]

Es sei an dieser Stelle nicht übergangen, daß A.W. Schlegels Kritik in seiner Rezension der *Altdeutschen Wälder* den Angriffen v. Arnims sehr ähnlich ist: Auch er geht davon aus, daß jede Form von Poesie auf der Verbindung von Natur und Kunst beruhe. Poesie als reine und dementsprechend unbeabsichtigte, unbewußte Natur sei undenkbar und unrealisierbar.[190] Auch die Annahme einer kollektiven Entstehung der Kunst kann A.W. Schlegel den Grimms nicht zugeben. Dichtung sei ferner niemals, auch nicht in ihren Anfängen, reine Spiegelung der Wahrheit gewesen, sondern auch schon Homer habe mit Fiktionen gearbeitet.[191]

W. Grimm steht zwischen diesen gegensätzlichen Positionen. Er versucht zwischen v. Arnim und seinem Bruder zu vermitteln, indem er den Unterschied "nicht absolut, sondern nur *zeitlich*" faßt.[192] 'Kunstpoesie', die für J. Grimm notwendigerweise ein Verfallsprodukt ist, kann für ihn "in ihrer Idee eben so vortrefflich, als Natur- oder Nationalpoesie" sein und setze letz-

---

184 Cf. ibid. V. Arnim knüpft hier an einen Gedanken an, den er schon in seiner Abhandlung *Von Volksliedern* in bezug auf Genie, das ihm für Natur steht, und Kunst, d.h. Form, ausgeführt hat: "Wenn Genie das Schaffende genannt werden kann, so ist Kunst die Art der Erscheinung dieses Geschaffenen. Genie ohne Kunst, wäre Lust ohne Beschränkung, Kunst ohne Genie wäre ein Punkt ohne alle Dimension." (Id., ed. W. Grimm (1845) 13,453 / Anm.).

185 V. Arnim an J. Grimm (5.4.1811), ed. Steig (1904) 3,109.

186 Die ältere Forschung (Cf. Gass (1940) 19) sah Natur und Kunst als "ästhetisches Begriffspaar". Nach meiner Ansicht bindet v. Arnim Natur und Kunst sehr eng an das Menschsein überhaupt, weshalb sie hier als anthropologische Kategorien verstanden werden.

187 Cf. v. Arnim an J. Grimm (5.4.1811), ed. Steig (1904) 3,109.

188 Ibid. 109f.

189 In seiner Stellungnahme im Brief vom 20.5.1811, ed. Steig (1904) 3,115-122 äußert J. Grimm die Ansichten, die hier bereits im Zusammenhang mit der Charakterisierung von 'Natur-' und 'Kunstpoesie' diskutiert wurden. (Siehe dazu Walzel (1936) 336-340 und Gass (1940) 19-30).

190 Cf. A.W. Schlegel, ed. Böcking (1847) 12,386.

191 Cf. ibid. 12, 385-387.

192 W. Grimm an v. Arnim (28.5.1811), ed. Steig (1904) 3,124.

tere nur fort, wenn sie "echt" sei, d.h. den "Geist der Nation" treffe und in seinem Sinne dichte. Was diesem "Geist der Nation" widerspreche, sei "Manier". Damit ist "Manier" der eigentlich negative Gegenpol zu 'Naturpoesie' und 'echter Kunstpoesie'. So ist es W. Grimm möglich, etwa auch Hans Sachs in den Bereich der 'Naturpoesie' aufzunehmen.[193] Von diesem Standpunkt aus kann W. Grimm Modernisierungen und Übersetzungen der alten Poesie akzeptieren.[194] Er überträgt selbst die *Altdänischen Heldenlieder*. Für J. Grimm bedeuten Übertragungen und Modernisierungen dagegen die Zerstörung der Einheit von Sprache und Aussage, von Inhalt und Form, die sich seiner Meinung nach wechselseitig bedingen und so für jedes Kunstwerk konstitutiv sind. So wäre etwa von einer Übertragung des Nibelungenliedes nicht nur "kein groszer gewinn zu erwarten", sondern sein "höchster reiz würde verloren gehen."[195] Dementsprechend lehnt J. Grimm die Versuche v. Arnims, Brentanos, Fouqués und Tiecks ab, die alte Poesie zu erneuern und in die moderne Zeit zu übertragen.[196]
So schreibt er an seinen Bruder mit Bezug auf v. Arnim und Brentano:

> "Sie wollen nichts von einer historischen genauen Untersuchung wissen, sie lassen das Alte nicht als Altes stehen, sondern wollen es durchaus in unsere Zeit verpflanzen, wohin es an sich nicht mehr gehört, nur von einer bald ermüdeten Zahl von Liebhabern wird es aufgenommen. Sowenig sich fremde Tiere aus einem natürlichen Boden in einen anderen verbreiten lassen, ohne zu leiden und zu sterben, sowenig kann die Herrlichkeit alter Poesie wieder allgemein aufleben, d.h. poetisch; allein historisch kann sie unberührt genossen werden"[197]

Diese Briefstelle zeigt noch einmal sehr deutlich, daß nach J. Grimms Meinung historische Betrachtung die einzige Möglichkeit für den modernen Menschen ist, 'Naturpoesie' und ihre Formen zu genießen. An v. Arnim äußert er in diesem Sinne:

> "wie das Paradies verloren wurde, so ist auch der Garten alter Poesie verschlossen worden, wiewohl jeder noch ein kleines Paradies trägt in seinem Herzen. Beweis liegt mir in wunderbarer Uebereinstimmung des Uebergebliebenen, die sonst nicht zu erklären wäre"[198]

Die Sehnsucht nach dem verlorenen Paradies kann sich nicht in Neuproduktion von 'Naturpoesie' einlösen, sondern in Pflege und Sammlung des "Uebergebliebenen". Die Rück-

193 Id., *altdeutsche Poesie*, *KS* 1,114. Cf. dazu auch Bausinger (1980^2,1968) 23.

194 Cf. W. Grimm, Rezension zu Fouqués *Sigurd der Schlangentöter*, *KS* 1,241. Cf. zu W. Grimms Standpunkt in der Frage der Modernisierungen und Übertragungen Bausinger (1964) 55f. und Liechtenstein (1928) 519.

195 J. Grimm, *Über das Nibelungen Liet*, *KS* 4,6 . Cf. zu J. Grimms Haltung zu Übersetzungen und Modernisierungen auch Ginschel (1967) 177-181.

196 Siehe zu den Erneuerungsversuchen der genannten Romantiker die programmatische Äußerung Tiecks, ed. Tieck (1848) 2,122 und cf. Hu. Moser (1953) 72. 76-82 und Rölleke (1986^2,1985) 29. Obgleich sich J. Grimm strikt von den Verfahrensweisen der *Wunderhorn*-Beiträger absetzte (Cf. z.B. id. an Brentano (Februar 1809) ed. Steig (1914) 38-43) fungierten doch beide Brüder als *Wunderhorn*-Beiträger und orientierten sich faktisch sehr wohl an der *Wunderhorn*-Ausgabe. (Cf. Rölleke (1986^2,1985) 29-33; cf. Thalheim (1986) 1837-1840; cf. Niggl (1987) 217-219).

197 J. an W. Grimm (17.5.1809) ed. Schoof (1963^2, erstmals ed. v. Grimm / Hinrichs 1881) 101, cf. auch J. Grimm, Vorrede zur *Deutschen Grammatik*, *KS* 8,27.

198 J. Grimm an v. Arnim (29.10.1812), ed. Steig (1904) 3,235.

wendung der Brüder Grimm entspringt demnach nicht primär einem Interesse am Historischen um seiner selbst willen, sondern ist Ausdruck der "Sehnsucht nach dem Vergangenen". Das Vergangene erfährt dabei keine geschichtliche Konkretion, sondern verbleibt im zeitlich Unbestimmten.[199] Die Grimms sind auf der Suche nach jenem mythischen Urgrund, in dem Geschichte, 'Naturpoesie', Mythologie und Ursprache vereint waren. Poesie, Mythologie und Ursprache sind die Phänomene, durch deren Erforschung man Zugang zum Urgrund erlangen kann. Insofern sind die sprachlichen, literarischen und mythologischen Studien der Grimms nur verschiedene Wege zu dem einen Urgrund als Ziel.[200] Aus dieser Perspektive heraus halten sie alles Alte bzw. das, was sie für alt erachten, unterschiedslos für würdig, konserviert zu werden. Daraus erwächst das Bestreben, alle Zeugnisse und Denkmäler der alten Zeit zu sammeln und zu bewahren.[201] Der Sammeleifer, der von dem Gedanken beseelt ist, die Relikte der alten Zeit gerade noch retten zu können, bevor sie ihrem unmittelbar bevorstehenden Untergang anheimfallen, ist etwa in W. Grimms Vorrede zum ersten Band der *KHM* manifest. Die Märchen - so W. Grimm - seien "Nahrung, vielleicht auch der einzige Samen für die Zukunft."[202] Vieles sei schon verloren gegangen, anderes konnte gerade noch gerettet werden.[203]

Man verstand die Gegenwart als Zeit des Übergangs, des Zerfalls der alten Ordnungen, und man versuchte diesem Zerfall durch die verstärkte Suche nach dem Ursprünglichen zu begegnen.[204] Dem Sammeleifer eignet insofern ein vaterländisch-politischer Aspekt. Die zusammengetragenen Relikte des goldenen Zeitalters hatten aufgrund ihrer ethischen, religiösen Überlegenheit als Orientierungsmuster appellative Geltung für Gegenwart und Zukunft. Diese appellative Funktion läßt sich als grundsätzliches Movens hinter den Wiederbelebungsversuchen der mittelalterlichen Kultur durch die Heidelberger Romantiker feststellen.[205]

Das Verfahren, alle Relikte der alten Zeit zu sammeln und zu erforschen, rückt die Grimmschen Forschungen aber auch in den Horizont des Beliebigen.[206] Derartige Kritik kommt schon in A.W. Schlegels Rezension des ersten Jahrgangs der *Altdeutschen Wälder* zum Ausdruck, wenn er die Grimmschen Sammlungen mit den Begriffen "Trödel" und "Rumpelkammer" abqualifiziert:

> "Was nun die Ammenmärchen betrifft, so wollen wir sie keineswegs geringschätzen: nur glauben wir, daß das Vortreffliche in dieser Gattung eben so selten ist, als in allen übri-

---

199 Cf. Emmerich (1971) 36.

200 Cf. Pikulik (1987) 202 und Denecke (1971) 71f. Denecke vermittelt einen guten Überblick über die Fülle der literarischen, sprachlichen, volkskundlichen und mythologischen Studien der Grimms. Verzeichnisse der Werke ibid.

201 Cf. Emmerich (1971) 36f.

202 W. Grimm, *KS* 1,320.

203 Cf. ibid. 1,320f.

204 Cf. Pikulik (1987) 206.

205 Cf. Niggl (1987) 223 und Strack (1987) 252-281.

206 Zum Sammeln als Wissenschaftskonzept, das zu Anfang des 19. Jahrhunderts ebenso von den Romantikern praktiziert wurde wie von den Altertumsforschern und Philologen siehe U. Hunger (1991) 89-98.

> gen. Jede gute Wärterin soll ihr Kind unterhalten oder wenigstens beruhigen und einschläfern; leistet sie dieß durch ihre Geschichten 'Es war einmal ein König' u.s.w., so ist weiter keine Forderung an sie zu machen. Wenn man aber die ganze Rumpelkammer wohlmeinender Albernheit ausräumt, und für jeden Trödel im Namen der 'uralten Sage' Ehrerbietung begehrt, so wird in der That gescheiten Leuten allzu viel zugemuthet."[207]

Zusammen mit der als Zumutung für gebildete Leute empfundenen Aufmerksamkeit der Grimms für alles, was den Anstrich des Alten hatte, spricht A.W. Schlegel durch den Verweis auf die 'Ehrerbietung', die dem Alten aus der Sicht der Grimms zu zollen ist, ihre fast fromme Scheu vor den Relikten der Vergangenheit aus. Diese Haltung erklärt sich - wie gezeigt - aus der geschichtsphilosophischen Konzeption und der damit verbundenen Hochschätzung des naturpoetischen Zeitalters und seiner Phänomene. Das Alte ist für die Grimms nicht einfach nur ein Stoffrepertoire, sondern erscheint als Quelle der Kraft schlechthin.[208] Sprache, Mythos und 'Volkspoesie' sichern als Relikte der 'Naturpoesie' die Kontinuität mit der alten Zeit und letztlich dem von J. Grimm angesetzten Urgrund.[209] Am augenfälligsten läßt sich das Verfahren des Rückschlusses auf den Ursprung durch historische Betrachtung für J. Grimm am Phänomen der Sprache exemplifizieren.[210] Durch sprachhistorische Forschungen, bei denen die Etymologie eine wichtige Rolle spielt, will J. Grimm Zusammenhänge aufdecken, die unserem 'abgestumpften' Sinn sonst verborgen blieben.[211] Die etymologischen Untersuchungen machen die Existenz einer 'Ursprache' einleuchtend, indem sie zeigen,

> "dasz sich die meisten scheinbaren verschiedenheiten zurücksehnen nach einer ursprünglichen einfachheit (wie wir nach gott), dasz alle formen einen reineren oder verhüllteren gedanken, der von solchem reichthum und einer stärke ist, dasz er in sprachen und sagen unendliche strahlen wirft, empfangen haben".[212]

Das Prinzip der Etymologie war für J. Grimm unter dem Einfluß Kannes bedeutsam geworden und verführte ihn etwa in *Irmenstrasze und Irmensäule* zu kühnen Spekulationen.[213] Obgleich sich Grimm später von dieser an Kanne orientierten Etymologie gegenüber Lachmann entschieden distanzierte,[214] blieb die Etymologie in Verbindung mit Sprachvergleichung[215]

---

207 A.W. Schlegel, ed. Böcking (1847) 12,391.

208 Cf. Liechtenstein (1928) 543f.

209 Nach Wyss (1988) 56 ist es für J. Grimms Hermeneutik typisch, daß es ihm nicht um den historischen Gehalt der Überlieferungen geht, sondern um die prähistorischen Ablagerungen in ihnen.

210 Cf. J. Grimm an v. Arnim (29.10.1812) ed. Steig (1904) 3,236.

211 Cf. J. Grimm, *Gedanken, KS* 4,75-78. 83.

212 Ibid. 4,83. Mit dem Phänomen der Ursprache beschäftigt sich J. Grimm auch in seiner Akademierede von 1864 *Über den Ursprung der Sprache, KS* 1, 255-298. Zum Verhältnis von philosophischer Fragestellung und empirischem Wissenschaftskonzept in dieser Schrift siehe R. Vogt (1989) 219-225.

213 Cf. id., zit.: *Irmenstrasze, KS* 8,471-504. Cf. Denecke (1971) 89f., M. Krause (1984) 523-528 und ferner Gass (1940) 33.

214 Cf. J. Grimm an Lachmann (28.12.1819) 1, ed. Leitzmann (1927) 22.

215 Cf. id., *Über Etymologie und Sprachvergleichung, KS* 1,299-326.

für ihn eine zentrale Forschungsmethode, die auch in der *Deutschen Mythologie* zur Anwendung kam.

W. Grimm führt aus, daß, wie hinter der Sprache eine 'Ursprache', so auch hinter den Sagen eine 'Ursage' liege:

> "Wie eine Ursprache unergreifbar im Hintergrund schwebt und sich nur ahnen lässt, so liegt eine Ursage hinter allen auf uns gekommenen Denkmälern: unseren Blicken erscheint sie nur in beständigen Umwandelungen".[216]

Der Ursage können wir uns durch das Verfahren des Rückschlusses nur nähern, sie aber niemals erreichen.[217] In der Poesie sieht J. Grimm im Anschluß an Tieck eine Macht, die die Zeiten überdauert und so die Kontinuität von moderner und archaischer Zeit garantiert.[218] Es ist deutlich, daß sich das Verfahren des Rückschlusses, die historische Betrachtungsweise, grundsätzlich auf alle noch erhaltenen Zeugnisse aus dem naturpoetischen Zeitalter anwenden läßt, denn mythische, epische und historische Wahrheit sind ja nur verschiedene "beweisarten".[219]

Diese Vorgehensweise, Phänomene wie Sprache und Literatur unter geschichtlichem Aspekt zu betrachten, rührt von dem geistesgeschichtlichen Ansatz des Historismus bzw. der 'Historischen Schule' her, deren Hauptbegründer Savigny, der Lehrer der Grimms, war.[220] Savigny will in seiner Schrift *Vom Beruf unsrer Zeit für Gesetzgebung und Rechtswissenschaft* zeigen, daß Recht ebenso wie Sprache und Sitte eine Ausdrucksform des 'Volksgeistes' ist.[221]

Der Zusammenhang von 'Volksgeist' und Recht soll durch die "strenge historische Methode der Rechtswissenschaft" erwiesen werden:

> "Ihr Bestreben geht... dahin, jeden gegebenen Stoff bis zu seiner Wurzel zu verfolgen, und so sein organisches Princip zu entdecken, wodurch sich von selbst das, was noch Leben hat, von demjenigen absondern muß, was schon abgestorben ist"[222]

Das Recht mache eine Entwicklung durch, die von anfänglicher Konkretheit im Sinnlich-Anschaulichen zu steigender Abstraktheit übergehe.[223] Beim Fortschreiten der Kultur entwickle sich eine eigene wissenschaftliche Rechtsdisziplin, die quasi losgelöst vom Volksbewußtsein existiere und neben den Rechtstraditionen, die im Volk verwurzelt seien, bestehe. Diese bei-

---

216 W. Grimm, *Einleitung zur Vorlesung über Gudrun, KS* 4,551.
217 Cf. ibid.
218 Cf. z.B. J. Grimm, *Gedanken, KS* 4,84. Eine ähnliche Vorstellung von der Poesie findet sich bei Tieck in seiner Vorrede zu *Die altdeutschen Minnelieder*, ed. Tieck (1848) 1,187f.
219 Cf. J. Grimm, *Gedanken, KS* 4,84.
220 Cf. Rothacker (1920) 37-62, Ziegler (1954) 3, Nipperdey (1985^3,1983) 510-513, Schmidt-Wiegand (1987) 6.
221 Cf. Savigny (1814) 8.
222 Ibid. 117f.
223 In J. Grimms juristischem Hauptwerk, seinen *Deutschen Rechtsalterthümern* (1828) möchte er "materialien für das sinnliche element der deutschen rechtsgeschichte" zusammenstellen. (J. Grimm (1899^4, 1828) VII). Zu J. Grimms juristischen Forschungen und seinem Verhältnis zu Savigny siehe etwa Schmidt-Wiegand (1987) 1-24.

den Rechtsarten ließen sich als das *"politische"* und das *"technische"* Element bestimmen. Die erhaltenen volksmäßigen Rechtsformen sichern - so Savigny - ungebrochene Kontinuität zwischen der germanischen Vorzeit und der Gegenwart und sie bedeuten die Begegnung mit der eigenen einheimischen Vergangenheit.[224]

J. Grimm erkannte, daß Savignys Vorstellung von der Entwicklung des Rechts, die dieser in Analogie zur Entfaltung von Sprache und Sitte gesetzt hatte, die Verankerung des Rechts im Volksbewußtsein sowie die Scheidung in das "*politische* und *technische* Element" zu seiner Konzeption der 'Volkspoesie' und der Dichotomie von 'Natur-' und 'Kunstpoesie' korrespondierten.[225] Wie Savigny glaubte er, daß uns ein großer Reichtum alter, germanischer Rechtsdenkmäler erhalten ist, durch die wir mit der germanischen Vergangenheit und letztlich mit Gott in Verbindung stehen.[226]

Die Etablierung des Historismus als neues Wissenschaftsparadigma in der ersten Hälfte des 19. Jahrhunderts bedeutete bekanntlich, daß Welt und Kultur als geschichtlich geworden und geschichtlich bedingt verstanden wurden. Die Erkenntnis der Gegenwart und ihrer kulturellen Phänomene erforderte die Erforschung ihrer historischen Voraussetzungen. In der Geschichte sah man darüber hinaus auch den Orientierungsrahmen für mögliche Zukunftsgestaltungen angelegt. Das historistische Denken richtet sich nicht auf eine wie auch immer geartete Vergangenheit, sondern auf die Erforschung der Vergangenheit, insofern ihre Kenntnis für die Gegenwart und Zukunft bedeutsam ist.[227]

Der Historismus war für die Brüder Grimm eine willkommene Methode, um ihrer Sehnsucht nach dem Vergangenen, dem verlorenen Paradies, Rechnung zu tragen und sich über die historische Betrachtung der Phänomene Sprache, Literatur, Mythos und Recht dem naturpoetischen Zeitalter zu nähern bzw. mit diesem in Verbindung zu stehen. Die Erforschung von Sprache, Literatur, Recht und Mythologie gewinnt von daher ihre Bedeutung. Das historistische Wissenschaftsparadigma zeigt sich in der Mythenforschung Grimms gerade darin, daß er zeitgenössische Volksüberlieferungen und mittelalterlich / frühneuzeitliche Textzeugen historisch erklärt, indem er ihren ursprünglichen heidnisch-germanischen Gehalt aufzudecken versucht.

---

224 Cf. ibid. 9-12.118.

225 Cf. J. Grimm an Savigny (29.10.1814) ed. Schoof (1953) 172f.

226 Cf. ibid. 173, cf. auch J. Grimm, *Poesie im Recht*, *KS* 6,153. Im Gegensatz zu Savigny wertet J. Grimm das römische Recht stark ab. (Cf. J. Grimm (1899^4,1828) XVII-XIX; cf. Schmidt-Wiegand (1987) 10). Wyss verwendet nicht nur große Mühe darauf, die Positionen J. Grimms und Savignys zu trennen, sondern Grimm überhaupt aus dem Kontext des Historismus zu lösen und ihm überdies geschichtsphilosophische Konzepte abzusprechen. Damit steht er in der Gefahr, J. Grimm aus seinem wissenschaftsgeschichtlichen Umfeld zu lösen und statt dessen, indem er ihn zum 'wilden Philologen' stilisiert, sein eigenes strukturalistisches Denken auf ihn zu projizieren. (Cf. Wyss (1979) bes. 54-93 und 189-263, cf. Wyss (1985) 280; cf. auch die Kritik von Ehrismann (1985) 40 an Wyss.

227 Cf. Jaeger / Rüssen (1992) 42f.. Die komplexen ideen- und sozialgeschichtlichen Bedingungen der Entstehung des Historismus und seiner Etablierung als Wissenschaftsparadigma können im Rahmen dieser Arbeit nicht besprochen werden. (Cf. dazu Nipperdey (1985^3,1983) 498-533; cf. Faber (1979) 1-11 und Jaeger (1992)).

In bezug auf den Mythos bleibt festzuhalten, daß er als zentrales Phänomen des naturpoetischen Zeitalters einen festen Platz im geschichtsphilosophischen Entwurf J. Grimms einnimmt. Mythologie ist die Religionsform, sozusagen die naiv-unschuldige Weltanschauung der 'Urzeit', die mit dem Verlust des naturpoetischen Zeitalters zugrundegeht.

1.3. Aspekte des Mythosbegriffs

J. Grimms Verständnis von Mythos und Mythologie ist im Umfeld der Naturphilosophie Schellings und der romantischen Mythentheorien zu bestimmen. Schon Scherer erkannte: "auch die Naturphilosophie hat bei der altdeutschen Philologie zu Gevatter gestanden".[228] Diese These wurde u.a. von Rothacker, Baeumler, Liechtenstein, Ziegler und in neuerer Zeit mit besonderem Nachdruck von Ehrismann vertreten.[229] Freilich wäre es zu weitläufig, diesen Gesamtzusammenhang hier quellenmäßig aufzuarbeiten. So bleibt die sicherlich interessante Frage nach den Beziehungen von romantischer Mythologie und Naturwissenschaft der Romantik, vertreten etwa durch Oken, Steffens, Schubert und v. Baader ausgespart. Auch auf die Einwirkungen durch Neuplatonismus, Mystik, Pietismus und den Naturkult Rousseaus kann nicht näher eingegangen werden. Es soll aber versucht werden, ausgehend von J. Grimm einige Fäden durch die romantische Mythologie zu ziehen.
Die Vermittlung der Schellingschen Naturphilosophie auf J. Grimm vollzog sich wahrscheinlich über die Werke von Görres, Kanne und Creuzer.[230] Insbesondere ist an die *Mythengeschichte der asiatischen Welt* (1810) von Görres, die *Ersten Urkunden der Geschichte oder allgemeine Mythologie* (1808) und das *Pantheum der ältesten Naturphilosophie* (1810) von Kanne zu denken, aber auch Creuzers *Symbolik und Mythologie der alten Völker, besonders der Griechen* (1810) ist zu nennen. Die grundsätzliche Hochschätzung dieser Werke durch die Brüder Grimm schlägt sich in ihrem Briefwechsel nieder. Überschwenglich lobt W. Grimm Görres, Creuzer und Kanne gegenüber v. Arnim:

> "Welch eine Lebendigkeit und Lust ist da in Kanne, der das lebendige Silber in den Millionen Kügelchen, in welchen es auf die Erde zertheilt ist, sammelt; könnte je einer so fertig werden, es wär ein ungeheures Werk, Görres gräbt gleich nach einer Quelle. Diese drei Werke - Creuzers Symbolik zähl ich dazu, wiewohl sie nicht in dem Grad lebendig - sind etwas, wogegen kein anderes Volk in der Welt wird etwas aufweisen können"[231]

Wilhelm nimmt hier auf eine Bemerkung Jacobs in seinem Brief an v. Arnim Bezug, der vom gleichen Tag datiert. J. Grimm vergleicht Görres und Kanne, die dasselbe Ziel vor Augen

---

228 Scherer (1885^2, 1864/5) 104.

229 Cf. Ehrismann (1985) 35-59 und id. (1986) 29-57, id. (1985) 37-40 zur bisherigen Einschätzung der Beziehungen zwischen der Grimmschen Philologie und Schellings Naturphilosophie.

230 Cf. Ziegler (1952) *Grundlagen* 247. Ehrismann geht dagegen von einer unmittelbaren Beeinflussung der Grimms durch Schelling aus. (Cf. Ehrismann (1985) 36f.).

231 W. Grimm an v. Arnim (1.11.1811), ed. Steig (1904) 3,159.

hätten, hinsichtlich ihrer Methodik, und er neigt dazu, Kanne, dessen Methode zwar "unsicherer" ist, aber mit "großem gelehrtem etymologischen Scharfsinn" reizvoller und "wo sie trifft, deutlicher", den Vorzug zu geben.[232] Während die Brüder philosophischen Systemen in der Regel mit Skepsis begegnen - was sie allerdings nicht daran hindert, diese dennoch indirekt zu rezipieren - akzeptieren sie den philosophischen Ansatz von Görres, weil seine Philosophie - so W. Grimm - im Gegensatz zu den "modernen Philosophen" mit ihren fertigen und geschlossenen Systemen" aus dem Leben und dem 'Volksgeist' erwachsen zu sein scheint.[233]

1.3.1. Wahrheit des Mythos

Während man Mythos im 18. Jahrhundert als subjektiven Schein, als Spielerei der menschlichen Phantasie bzw. als Allegorie verstand und ihm als Produkt der Einbildungskraft Wahrheit und Wirklichkeit absprach oder ihm höchstens einen Bezug zur Realität zumaß (insofern er als Sinnbild der Dinge galt),[234] verschob sich das Verständnis des Mythos und die Bedeutung der Mythologie in der Romantik grundlegend.[235] Im Unterschied zu Aufklärung und Klassik, denen eine grundsätzliche Mythenskepsis eignete[236], stand die Romantik generell unter dem Zeichen der Mythengläubigkeit und der Annahme der Wahrheit des Mythos. Wollte man aber dem Mythos und dem in ihm vertretenen überempirischen Weltbild Wahrheit zumessen, ergab sich eine Spannung, ja Diskrepanz zum eigenen modernen Weltbild, die sich nur in dem Konstrukt einer "inneren Wahrheit" des Mythos auffangen ließ. Man konnte den Mythos so weiterhin subjektivieren, d.h. seiner Genese nach an die menschliche Einbildungskraft binden, aber ihm andererseits doch Wahrheit zusprechen. Eine Objektivierung des Mythos erfolgte insofern, als er nicht als etwas individuell Erfundenes und Erdichtetes verstanden wurde, sondern als Produkt des Kollektiven, das überdies aus der Sphäre des Bewußtseins ins Unbewußte verlagert wurde. Hand in Hand damit wurde die mythische Weltanschauung historisiert, d.h. als Weltanschauung einer geschichtsphilosophisch angesetzten Epoche verstanden. Die geschichtsphilosophische Konzeption wurde ihrerseits in geschichtstheologischem Sinn spezifiziert, insofern die Mythen als unmittelbare Ausflüsse des Göttlichen durch das

232 J. Grimm an v. Arnim (1.11.1811), ed. Steig (1904) 3,155. Es wurde schon darauf hingewiesen, daß J. Grimm sich später von der etymologischen Manier Kannes entschieden abgewandt hat.

233 Cf. W. Grimm an v. Arnim (26.3.1811), ed. Steig (1904) 3,105.

234 Cf. Ziegler (1965) 2,270f. und Horstmann (1984) 6,286f..

235 Cf. Ziegler (1965) 2,272 und Horstmann (1984) 6,288-293.

236 Diese Aussage gilt allerdings nicht pauschal für alle Vertreter des 18. Jahrhunderts. Bereits Hamann nahm Bilder und Symbole durchaus ernst. Er glaubte, daß "der ganze Schatz menschlicher Erkenntniß und Glückseeligkeit" in Bildern niedergelegt sei. (Id., *Aesthetica in nuce*, ed. Nadler (1950) 2,197) Die Bilderwelt des Alten Testaments sah er als Mythologie an, die göttlicher Offenbarung entstamme und so "der Typus einer transcendenteren Geschichte" sei. (Id., *Golgatha und Scheblimini* ed. Nadler (1951) 3,308).

Medium des Menschen (als eines noch eng mit der Natur verbundenen Wesens) begriffen wurden. Das Göttliche bzw. die Natur (Natur und Gott sind im vielfach zugrundeliegenden Pantheismus ja austauschbar) tut sich im Menschen kund und artikuliert so die Mythen.[237] In der *Einleitung in die Philosophie der Mythologie* (8. Vorlesung)[238] deduziert Schelling, daß die Mythologie keine bloße Setzung des Bewußtseins ist, sondern im Unbewußten bzw. Vorbewußten anzusiedeln ist. Insofern komme ihr Wahrheit und Objektivität zu. Da im ersten tatsächlichen Bewußtsein bereits polytheistisch-monotheistische Vorstellungen vorhanden sind, muß der "Grund der Mythologie" nicht im Bewußtsein selbst, sondern außerhalb des Bewußten liegen. Das im übergeschichtlichen Raum vor allem Bewußtsein liegende Urbewußtsein wird als 'reine Substanz' definiert. Der Mensch in diesem Stadium ist selbst eine "in Gott gleichsam verzückte Natur", d.h. er ist auf der Basis der pantheistisch engen Verflechtung von Natur und Gott überhaupt noch nicht vom Göttlichen geschieden und faßt Gott "in seiner Wahrheit und absoluten Einheit". In der von Schelling angenommenen "Alteration" vom Unbewußten zum Bewußten vollzog sich der Übergang vom schlechthin vorhandenen Monotheismus zum relativ-einen Gott, der in sich bereits die Dynamik zum Polytheismus birgt:[239]

> "Diesem relativen Gott aber folgt der zweite, nicht zufällig, sondern nach einer objektiven Nothwendigkeit... Mit jener ersten Bestimmung ist also das Bewußtseyn zugleich der nothwendigen Aufeinanderfolge von Vorstellungen unterworfen, durch welche der eigentliche Polytheismus entsteht."[240]

Der Mensch ist - noch unbewußt - in diese Bewegung hineingeraten und kann sich ihr nicht mehr entziehen. Polytheismus und Mythologie liegen also wie ein "Schicksal", ein "Verhängnis" über der in dieser Hinsicht unfreien ältesten Menschheit.[241] Schelling bringt diesen Zusammenhang auf den Punkt:

> "Die Vorstellungen, durch deren Aufeinanderfolge unmittelbar der formelle, mittelbar aber auch der materielle (simultane) Polytheismus entsteht, erzeugen sich dem Bewußtseyn *ohne sein Zuthun*, ja gegen seinen Willen und damit wir das rechte Wort, das allen früheren Erklärungen, die irgendwie *Erfindung* in der Mythologie annehmen, ein Ende macht, und erst jenes von aller Erfindung Unabhängige, ja *aller Erfindung Entgegengesetzte*, das wir schon früher zu fordern veranlaßt waren, uns wirklich gibt, bestimmt aussprechen - die Mythologie entsteht durch *einen* (in Ansehung des Bewußtseyns)

---

237 Cf. Ziegler (1965) 2,573-575 und Horstmann (1984) 6,288-293.

238 Man könnte hier einwenden, daß die nach 1830 entstandene Vorlesung [zit.: *Einleitung]* kaum Einfluß auf die romantischen Mythologen hatte (obwohl zu bedenken ist, daß sie noch vor der Erstfassung der *Deutschen Mythologie* (1835) liegt), aber Schelling konkretisiert hier vielfach das, was bereits in seiner Frühphase, etwa in der Schrift *Ueber Mythen, historische Sagen und Philosopheme der ältesten Welt* (1793), ed. Schröter (1927) 1,1-43 angelegt ist. Weiteres Belegmaterial für die von Schelling postulierte nichtindividuelle Erzeugung von Mythos und Epos (aus zeitlich frühen Schriften Schellings) bei Ehrismann (1985) 47.

239 Cf. Schelling, *Einleitung*, ed. Schröter (1928) 6,186f. 194.

240 Ibid. 6,194.

241 Ibid. 6,194f.

> *nothwendigen Proceß*, dessen Ursprung ins Uebergeschichtliche sich verliert und ihm selbst sich verbirgt, dem das Bewußtseyn sich vielleicht in einzelnen Momenten widersetzen, aber den es im Ganzen nicht aufhalten, und noch weniger rückgängig machen kann."[242]

Indem die Mythen durch diesen Entstehungsprozeß objektiviert sind, ergibt sich, daß "sie mit einer Nothwendigkeit sich darstellen, die über ihre Wahrheit keinen Zweifel verstattte (sic!)."[243]

Blickt man an dieser Stelle auf J. Grimm, so werden Übereinstimmungen bis in die Begrifflichkeiten hinein sichtbar, wenn man an die Grimmsche Fassung der 'Naturpoesie' denkt. Wie sehr ist er doch hier bemüht, jeden Gedanken an 'Erfindung', individuelle Urheberschaft, Unwahrheit und bewußte Gestaltung von sich zu weisen. Da der Mythos in die Ureinheit von Sprache und alter Poesie integriert und so dem naturpoetischen Zeitalter zuzurechnen ist, gelten diese Bestimmungen auch für ihn. Dementsprechend heißt es in der Vorrede zur *Deutschen Mythologie* von 1835 in bezug auf die Sage und ihren mythischen Grund: "denn zubereitet nennen dürfen wir nicht, was durch eine stillthätige, unbewust wirksame kraft umgesetzt und verändert wurde."[244]

Schelling versucht den Prozeß der Mythenentstehung philosophisch zu erhellen, während J. Grimm sich mit dem "Schleier eines Geheimnisses",[245] den er über den unbewußten Entstehungsprozeß zieht, begnügt. Ähnlich wie bei Schelling ist sich der Mensch der mythischen Urzeit noch nicht seiner selbst bewußt geworden. Er verharrt in der "Unbewußtheit der Tiefe"[246], in einem Zustand des Träumens, aus dem bereits Herder die Mythologie abgeleitet hatte.[247]

Görres beschreibt den Zustand des Urmenschen als "somnambül". Seine Träume seien wahr, "denn sie sind Offenbarungen der Natur, die nimmer lügt".[248] Der Mensch ist auf dieser Entwicklungsstufe noch ganz mit der Natur verbunden, eins mit ihr und er lauscht ihr ihre Geheimnisse ab, um sie in der neu errungenen menschlichen Sprache zu artikulieren und so zu objektivieren:

> "Die Erde selbst war gebrochen, wie eine Blumenknospe bricht, und eben waren die Geschlechter aus ihrem Kelche hervorgetreten, und es umdufteten sie noch die Arome, und sie berauschten sich in ihnen in süßem Taumel, und sie horchten dem leisen Athemzuge der Mutter, die in den Düften webte, und sie vernahmen was sie gesprochen, und lasen

---

242 Ibid. 6,195.
243 Ibid. 6,196.
244 J. Grimm (1835) *KS* 8,148f.
245 Id. (1811) 6.
246 Ibid.
247 Cf. Herder, *Ideen*, *Werke* 13,307.
248 Görres, *Mythengeschichte der asiatischen Welt* [zit: *Mythengeschichte*], ed. Kirfel (1935) 5,5. Diese Vorstellung liegt der Mythenforschung Görres' als Axiom zugrunde.

> was sie mit Bergen und Strömen, und Bäumen und Blumen geschrieben hatte, und bildeten es in ihrer eignen Sprache lallend nach. Nun erst war die Mythe offenbar geworden; sie war aus der Inspiration übergetreten in die Erscheinung, und hatte zum historischen Objecte sich gestaltet."[249]

Auf der Basis dieses pantheistischen Weltbildes kann Görres sagen, die 'Mythe' sei "als Naturwerk dem Geiste eingebildet", ja breche als Naturform aus dem Menschen ohne sein Zutun hervor.[250] Das Aufnehmen der Mythen ist nur möglich, wenn der Mensch außer sich ist, d.h. im Zustand der Ekstase, den Görres durch "Begeisterung" beschreibt.[251] Während im mythischen Zeitalter alle Menschen 'begeisterungsfähig' sind, bleibt in späterer Zeit die unmittelbare Schau des Göttlichen einzelnen "Begeisterten" vorbehalten.[252] Die Mythen lassen sich so als Ausflüsse, Objektivierungen dieser 'Begeisterung' verstehen. Durch die Kenntnis der Verwendung des Begriffs 'Begeisterung' im Görresschen Sinne, fällt neues Licht auf J. Grimms Kennzeichnung der 'Naturpoesie' (und der in ihr implizierten Phänomene) als "objective begeisterung".[253] Das ekstatisch-rauschhafte Moment des unmittelbaren Aufnehmens der Offenbarung tritt so zur Grimmschen Wesensbestimmung der Wahrheit, Fiktionslosigkeit und nichtindividuellen Entstehung hinzu.

Gerade der letztgenannte Aspekt wird von Ast in seinem *System der Kunstlehre* herangezogen und für die Objektivierung des Mythos verwendet:

> "Mythologie aber, als gemeinsames und objektives Element der Kunst, kann eben so wenig die willkürliche Erfindung eines Einzelnen seyn, als es die Sprache ist, sondern sie muß sich genialisch, aus der tiefsten Mitte, aus der absolutesten Wesenheit eines Volkes erzeugen." (§ 58)[254]

Die Annahme von Wahrheit und Realität des Mythos führte zwangsläufig zur Frage nach der *Herkunft* der Wahrheit im Mythos.

Auch für J. Grimm stellt sich das Problem, woher die "mythische wahrheit" stamme,[255] und die Antwort - so glaubt er - müsse sich zwischen den beiden Polen Himmel und Erde bewegen. Die "mythische wahrheit", verstanden als Sagenwahrheit, vom Himmel *oder* von der Erde abzuleiten, erscheint ihm gleich unbefriedigend. Die erste Ansicht habe zwar "etwas erhebendes und groszes, weil sie menschen und helden gen himmel rückt, sie in sterne und götter verwandelt", aber sie entbehre doch "des trostes der geschichte", der auf "unserer genossenschaft und gleichheit mit den gewesenen menschen" beruht, und stehe uns daher "schon gewissermaszen entfremdeter" gegenüber. Andererseits widersprächen die Übereinstimmungen der Sagen räumlich und zeitlich getrennter Völker, besonders die Tatsache, daß die

249 Id., *Wachstum*, ed. Müller, G. (1926) 3,415.

250 Ibid. 3,413.

251 Ibid. z.B. 3,412.

252 Siehe zum Begriff der "Begeisterung" bei Görres Habel (1960) 154f. 189.

253 J. Grimm, *Gedanken*, *KS* 4,74.

254 Ast (1805) 67.

255 Zur Wahrheit der Mythen äußerte sich auch W. Grimm bereits 1811 in einer Rezension mehrerer Werke zur altnordischen Literatur und Mythologie, *KS* 2, 14-32. Paul (1985) 78f. weist darauf hin, daß W. Grimm zentrale mythologische Positionen der Brüder schon hier entwickelte.

Gemeinsamkeiten nicht nur inhaltlich, sondern auch sprachlich und formal bis in Details hineinreichten, der Ansicht, "gottes finger" sei hier nicht im Spiel gewesen.[256] Als Lösung bleibt für J. Grimm eine Synthese beider Positionen:

> "Nur dadurch wird der widerspruch versöhnt und gehoben werden, dasz man beide meinungen vereinbart, d.h. dem volksepos weder eine reinmythische (göttliche) noch reinhistorische (factische) wahrheit zuschreibt, sondern ganz eigentlich sein wesen in die durchdringung beider setzt."[257]

Gerade an dieser Stelle wird deutlich, daß zwischen 'mythischer' und 'reinmythischer' Wahrheit differenziert wird. Die 'mythische wahrheit' besteht in dem Konglomerat von Mythos und Geschichte und ist Konstituens der Sage und des 'Volksepos', das durch eine besonders innige Verbindung von Mythos und Geschichte entsteht.[258]

Die 'reinmythische wahrheit' dagegen wird mit dem Attribut 'göttlich' belegt, denn sie stammt aus göttlicher Offenbarung und ist die Basis, auf der die Sage beruht.[259] Bei der Exemplifikation der 'reinmythischen wahrheit' zeigt sich, daß der Mythos, verstanden als Grundlage der Sagen, "götterglaube" ist: "aller sage grund ist nun mythus, d.h. götterglaube, wie er von volk zu volk in unendlicher abstufung wurzelt".[260]

Mythos ist also - wie schon angedeutet - für J. Grimm eine Religionsform, es ist der Götterglaube,[261] der so als göttliche Wahrheit und göttliche Offenbarung in den Sagen und überhaupt den Volkstraditionen 'gebunden' ist.

Mit Recht kritisierte schon Helm dieses Verständnis von Mythos und Mythologie. Der Titel *Deutsche Mythologie* für ein Handbuch, in dem man die altgermanische Religion aufzeichnen wolle, sei sachlich falsch. Mythologie bezeichne sowohl eine Wissenschaftsdisziplin als auch ihr Objekt. Als wissenschaftlicher Gegenstand umfasse sie "die Gesamtheit der Bilder und Mythen in denen die religiösen Vorstellungen eines Volkes zum *sprachlichen* Ausdruck kommen", als Wissenschaft sei sie "die Beschäftigung mit eben diesen Äußerungen und ihrem Inhalt." Nimmt man diese Definition, die dem Wortsinn von Mythologie gerecht wird, ernst, so ergibt sich, daß der Begriff 'Mythologie' nur den sprachlich formulierten Bereich der Religion abdeckt, während er den Kultus, der ja eine mindestens ebenso wichtige Äußerungsform religiöser Vorstellungen ist, unberücksichtigt läßt.[262] J. Grimm dagegen setzt Mythologie mit Religion gleich und versteht darunter sowohl die Mythen im eigentlichen Sinn, d.h. die sprachlich ausgedrückten religiösen Vorstellungen, wie auch den Kultus. Mit seinem Projekt der *Deutschen Mythologie* will Grimm die Religion der 'alten Deutschen' im umfassenden Sinn rekonstruieren. Wenn J. Grimm Mythos bzw. genauer den göttlichen Aspekt des Mythos

256 Cf. J. Grimm, *Gedanken*, *KS* 4,74f.
257 Ibid. 4,75.
258 Cf. id., Vorrede zur *DM* (1835), *KS* 8,148.
259 Cf. ibid. und id., *Gedanken*, *KS* 4,75.
260 Id., Vorrede zur *DM* (1835), *KS* 8,148.
261 Cf. id., *Gedanken über Sagen*, *KS* 1,401.
262 Cf. Helm (1913) 1,2f.

als Religionsform versteht, in der die Offenbarung Gottes sich unmittelbar zeige, so ist darin auch der Einfluß von Görres deutlich spürbar. In seiner Schrift *Glauben und Wissen* verkündet Görres: "Schaffend hatte die Gottheit im All sich offenbart, da offenbarten nachschaffend die Götter sich in der heiligen Mythe".[263]

Insofern liegen für Görres in der 'Mythe' die Geheimnisse und Rätsel des Alls und der Schöpfung begründet.[264] Auf der Basis des pantheistischen Weltbildes lassen sich die Mythen ebenso als Naturwerk wie als göttliche Offenbarung verstehen, so daß die 'Mythe', beide Bereiche implizierend, als ein "göttlich Gewächs" erscheint.[265] Die Herleitung der Mythen aus der Natur bzw. der göttlichen Offenbarung garantiert für Görres die Wahrheit des Mythos.[266] Die Mythen sind Hieroglyphen des 'Überschwenglichen', die dessen absolute Einheit relativ wiedergeben. In der Kosmogonie offenbart sich das 'Überschwengliche', denn aus der Indifferenz des Absoluten grenzen sich zwei Prinzipien aus, die zueinander in polarer Spannung stehen und den Kosmos zeugen. Es ist das Grundanliegen der *Mythengeschichte* zu zeigen, daß die Mythologien aller Völker die Kosmogonie nach dem genannten Grundmuster beschreiben.[267]

Auch bei Kanne ist der Mythos kein Menschenwerk. Er lehnt die euhemeristische These ab, Menschen seien im Mythos allmählich zu Göttern hochstilisiert worden und kehrt sie um, indem er die Genese des Mythos auf die Menschwerdung Gottes zurückführt: "Der Mensch ist sich nirgends selbst zum Mythus geworden, zum Heros und Gott, sondern umgekehrt *der Gott zum Menschen*".[268]

Die älteste Geschichte der Menschheit war eine "Götterhistorie", eine göttliche "Selbstoffenbarung in der Menschheit und Natur".[269] Dementsprechend gilt für Kanne: "Alle Patriarchen, Richter, Propheten, Könige sind *Götter* gewesen."[270]

Es gibt weder eine eigene nationale Mythentradition, da die Mythen eines Volkes auf das Ausland, ja letztlich auf das 'Urland' zurückzuführen sind, noch einen "historischen Mythus", da alle historischen Fakten in Vergessenheit gerieten und niemals in Mythen verwandelt wurden.[271] Es ist deutlich, daß die mythische Wahrheit bei Kanne ähnlich wie bei Görres allein auf der göttlichen Offenbarung beruht, während sie bei J. Grimm eben gerade nicht ausschließlich 'vom Himmel' abzuleiten ist. Der Grund für diese Akzentverschiebung liegt in der unterschiedlichen Bestimmung des Verhältnisses von Mythos und Geschichte.[272]

---

263 Görres, *Glauben und Wissen* [zit: *Glauben*] ed. Müller, G. (1926) 3,8.

264 Cf. ibid. 9.

265 Cf. id., *Wachstum*, ed. Müller, G. (1926) 3,413.

266 Cf. ibid.

267 Cf. Habel (1960) 136-143. 186.

268 Kanne (1808) 11 (§ 2).

269 Cf. ibid. (1808) 9-11 (§ 2) und (1811) 2.

270 Id. (1808) 11 (§ 2).

271 Cf. ibid. 10f. und (1811) 1f.

272 Zum Verhältnis von Mythos und Geschichte bei Creuzer, Kanne, Görres und J. Grimm siehe auch Wyss (1979) 208-219.

1.3.2. Mythos und Geschichte

Durch die Negierung der Historizität von mythischen Gestalten und der Existenz historischer Mythen werden die Bereiche Mythos und Geschichte bei Kanne voneinander isoliert. Der Mythos gehört in die göttliche 'Urgeschichte', die vor aller menschlichen Geschichte liegt. Zur Annahme dieser 'Urgeschichte' führt ihn die Tatsache der Verwandtschaft der Mythologien unterschiedlicher Völker und der Wunsch, sie zu erklären:

> "Allein eben jene åußern Gestaltungen des gottlichen Ideals, die Erzahlungen von den Erscheinungen Gottes in der Natur, sind es, die uns den Ursprung eines allgemeinen Glaubens von einer Urnazion noch beweisen konnen. Ihnen allein noch ist die Uebereinstimmung der Volkersagen weder als nothwendig noch als zufallig gedenkbar; aus Einer Tradition mussen alle Traditionen geflossen sein"[273]

Da er die beiden gängigen Erklärungen dieser Verwandtschaft aus Zufälligkeit oder Notwendigkeit ablehnt und ihm gleichzeitig die Faktizität der "allgemeinen Mythologie" unverbrüchlich vor Augen steht, nimmt er einen "gemeinschaftlichen Ursprung" aller Völker, eine "Urgeschichte", ein "Urland" und ein "Urvolk" an.[274] Die Gemeinsamkeiten in den Traditionen der verschiedenen Völker erklären sich aus dem *einen* Glauben des 'Urvolkes', der andererseits durch den Untersuchungsgang gerade erwiesen werden soll.[275] An dieser Stelle zeigt sich, wie sehr die romantischen Mythologen der Gefahr des Zirkelschlusses erlagen. Einerseits wird der 'eine Glaube' des 'Urvolkes' in Form einer 'allgemeinen Mythologie' zur Erklärung der sich ähnelnden Mythentraditionen herangezogen, andererseits soll die Verwandtschaft der Mythen gerade zum Beweis einer 'allgemeinen Mythologie' der 'Urgeschichte' dienen. Indem das 'Urvolk' seine Wanderung und Zerstreuung beginnt, endet die 'aetas mythica' und beginnt die menschliche Geschichte. Kanne glaubt den Weg des 'Urvolks' anhand sprachgeschichtlicher und mythologischer Tatsachen festmachen zu können.[276]

Görres nimmt wie Kanne einen theokratischen 'Urstaat' an, in dem die 'Urmenschheit' versammelt ist.[277] In der 'Urzeit' ist alle spätere geschichtliche Entwicklung keimhaft angelegt, ja wie in einer "Blumenknospe"[278] verschlossen:

> "Darum hat alle Mythe jene tiefe Bedeutung für die Geschichte; als Naturwerk dem Geiste eingebildet, erscheint sie wie die Grundveste, auf der alle weitere Entwicklung sich vollenden soll. Daher die durchgängige Symbolik, in der sie jedesmal in ihrer ursprünglichen Form sich verkündigt hat; der Mensch selbst mit seinem ganzen Seyn und

273 Kanne (1811) 8.
274 Id. (1808) 10. 14 (§ 2f.) und (1811) 6.
275 Cf. id. (1811) 6.
276 Cf. id. (1808) 37ff. (§ 7ff.), cf. Schrey (1969) 83-85.
277 Cf. Görres, *Mythengeschichte*, ed. Kirfel (1935) 5,21. 30f.
278 Id., *Wachstum*, ed. Müller, G. (1926) 3,415.

> Wesen trat als großes Natursymbol hervor, er konnte nichts anders als Symbole denken. Alles daher, was selbst bey einem einzelnen Volke durch seine ganze Geschichte sich entfalten soll; Alles das ist auch wieder symbolisch schon in seiner Mythe angedeutet"[279]

Auch Görres steht vor dem Problem des Zirkelschlusses: Die Gemeinsamkeiten in den mythologischen Traditionen bedingen das Konstrukt einer 'Urgeschichte'. Zugleich soll diese 'Urgeschichte' die Verwandtschaft der Mythen erklären, was Görres in der *Mythengeschichte* für den asiatischen Raum unternimmt, nachdem er bereits in *Glauben und Wissen* betont hatte, daß die Anfänge der mythologischen Traditionen im Morgenland lägen.[280] Görres wendet sich also, wenn er "die ersten Blätter in dem großen Buch der Weltgeschichte, die steinernen Tafeln von Gottes Finger selbst beschrieben", aufzeichnen will, dem Orient zu.[281] Die 'geistige Pilgerfahrt' an Indus und Ganges bedeutet nicht nur die Überwindung einer räumlichen Entfernung, sondern ist gleichzeitig eine Reise in die Zeit, die Vergangenheit, an den Ursprung des Seins überhaupt. In der 'Mythe' der 'Urzeit' findet Görres die *eine* Weltanschauung, die sich in allen Mythologien widerspiegelt.[282] Ähnlich wie Kanne betont auch Görres, daß diese 'Mythe' keinerlei "Besonderheit" an sich habe, sondern ganz im allgemeinen verbleibe.[283] Die These von der 'Urmythe', in der alle Mythen bereits keimhaft beschlossen seien, hat zur Folge, daß die Verschiedenheiten zwischen den mythologischen Systemen von Görres nivelliert werden. Durch oft kühne Analogieschlüsse kann Görres allenthalben Übereinstimmungen und Ähnlichkeiten konstatieren.[284] So scheint es ihm, um nur zwei Beispiele anzusprechen, daß "die Lehre des Buddha in den wesentlichsten und Hauptpuncten mit den Vedams zusammentrifft"[285] oder sich in der Kosmogonie des Alten Testaments "die Umrisse der Aegyptischen... nicht verbergen".[286]

Es zeigt sich, daß der geschichtsphilosophische Entwurf J. Grimms stark von Görres und Kanne beeinflußt ist.[287] Die von Görres und Kanne als 'Urzeit' angesetzte 'aetas mythica' läßt sich mit dem naturpoetischen Zeitalter bei Grimm parallelisieren. Die Mythologie ist jeweils die Weltanschauung dieser geschichtsphilosophischen Epoche.

Während es aber Kanne und Görres darum geht, die "allgemeine Mythologie" durch Zusammentragen der "disjecti membra poetae" zu bestimmen,[288] bedeutet die Beschäftigung mit der "allgemeinen", d.h. von der konkreten historischen Dimension gelösten Mythologie für J. Grimm den Wegfall des "trostes der geschichte". Der Mythos in seiner Reinform würde

279 Ibid. 3,413.

280 Cf. id., *Glauben*, ed. Müller, G. (1926) 3,8.

281 Id., *Mythengeschichte*, ed. Kirfel (1935) 5,3.

282 Cf. ibid. 5,21. 92.

283 Cf. id., *Wachstum*, ed. G. Müller (1926) 3,413.

284 Cf. Michelsen (1987) 459.

285 Görres, *Mythengeschichte*, ed. Kirfel (1935) 5,100.

286 Ibid. 5,240.

287 Auch das methodische Prinzip, die mythologischen Materialmassen durch die Suche nach Ähnlichkeiten und Verbindungslinien zu bewältigen, wird von Grimm aus der Mythenforschung Görres' für seine eigenen mythologischen Forschungen übernommen. (Cf. Pikulik (1987) 203).

288 Kanne (1808) 63 (§ 11).

sich "in einfache, immer einfachere offenbarungen des heiligsten" auflösen.[289] Er stünde in Gefahr, sich ohne die Geschichte in seiner Allgemeinheit zu verlieren, d.h. zu "zerrinnen". Deshalb bedarf er der Geschichte als "stütze". Im Gegensatz zu Kanne und Görres geht er von einer grundsätzlichen Verflechtung von Mythos und menschlicher Geschichte aus. Der Mythos ist als 'grund der sage' mit der Geschichte verflochten, ja mündet in einem Grenzbereich geradezu in die Geschichte ein, da Sage und Geschichte "auf der grenze in einander sich verlaufen".[290] Während die Geschichte sich in J. Grimms linearem Geschichtsdenken nie wiederholen kann, sondern stets "neu und frisch" ist, wird die "sage", d.h. hier der Mythos als in sich ruhendes, gleichbleibendes Element gesehen, das "unaufhörlich wiedergeboren wird".

> "festes schrittes am irdischen boden wandelt die geschichte, die geflügelte sage erhebt sich und senkt sich: ihr weilendes niederlassen ist eine gunst, die sie nicht allen völkern erweist."[291]

Gerade im Gegensatz zu Kanne, der der festen Überzeugung ist, Mythen könnten keine historischen Geschehnisse überliefern, glaubt J. Grimm, daß "ferne ereignisse verloren gegangen wären im dunkel der zeit", wenn sie nicht durch die Sage gebunden worden wären.

Er überträgt nun das von ihm angenommene innige Verhältnis von Mythos und Geschichte zunächst auf die Hochzeit als Bild aus dem menschlichen Bereich,[292] um es schließlich über die Begriffe Gottähnlichkeit und Gottebenbildlichkeit paradigmatisch auf die Situation des Menschen zu beziehen. Gottähnlich ist jeder Mensch, insofern er Geschöpf Gottes ist, während nur der sich "gottes ebenbild" nennen kann, der an der menschlichen Geschichte teilhat.[293] Das tertium comparationis zwischen der Mythologie bzw. der 'Naturpoesie' überhaupt und dem menschlichen Leben ist, "dasz das epos, ja jeder rechte mensch einen doppelten theil an sich trage, einen göttlichen und menschlichen."[294] Daß Mythos und Geschichte damit anthropologisiert werden, zeigt sich gerade auch in der Übertragung der Konstituenten auf "schicksal" und "freiheit" als Pole, zwischen denen sich das menschliche Leben bewegt: "dieses verhältnis des mythus zur geschichte ist mit andern worten das des schicksals zu der freiheit..."[295]

Wenn J. Grimm das Wesen des Menschen und den Charakter der epischen bzw. mythologischen Zeugnisse als Doppelnatur mit einer menschlichen und einer göttlichen Seite bestimmt, liegt der Schluß nahe, daß die Schablone der christologischen Zweinaturenlehre zugrundeliegt.[296] Der explizite Bezug zur Christologie wird in einem Brief an Savigny herge-

289 J. Grimm, *Gedanken*, *KS* 4,74f. 84.
290 Id. Vorrede zur *DM* (1835), *KS* 8,148.
291 Ibid.
292 Ibid.
293 Id., *Gedanken*, *KS* 4,75.
294 Ibid. 4,84f.
295 Ibid. 4,85.
296 Cf. hierzu auch Schrey (1969) 113-117.

stellt: "Wie Gott Mensch wird, so erscheinen auch göttliche Geschichten wieder als menschliche."[297]

Der Fehler Kannes war nun in den Augen J. Grimms, daß er diese 'Zweidimensionalität' der Mythologie nicht erkannte. Kanne habe - so schreibt J. Grimm an v. Arnim - zwar richtig gesehen, daß die Mythologie keine Menschengeschichte sei, er hätte aber nicht sein ganzes Augenmerk auf die 'allgemeine', d.h. göttliche Mythologie richten dürfen,[298] denn damit reduzierte er die Mythologie in der Sicht J. Grimms auf die Hälfte ihres Gehalts.

In der Doppelnatur, die J. Grimm hinter der 'sage' aufdeckt und die der menschlichen Grundsituation entspricht, nähert er sich Creuzers Definition des Symbols. Die Seele, die - so Creuzer - selber zwischen Ideen- und Sinnenwelt schwebt (dahinter steht die platonische Seelenlehre), versucht das Endliche mit dem Unendlichen zu verbinden, was sich in der Doppelnatur des Symbols niederschlägt. Die Endlichkeit zeigt sich in der formalen Beschränktheit des Symbols und steht zur "Überfülle des Inhalts" im Kontrast, in "Incongruenz".[299] Ebenso wie das Symbol dient der Mythos, der im Symbol wurzelt, der Versinnlichung einer Idee, d.h. auch er entspringt dem Versuch, die Kluft zwischen endlichem, also menschlichem und unendlichem, d.h. göttlichem Bereich, zu überbrücken:

> "Nicht blos aber durch das Bildliche und Kurze verrieth der Mythus seinen Ursprung aus dem Symbol, sondern auch durch das Gewicht und durch die Tiefe seines Inhalts. Das Unbegränzte zu umfassen und das Unergründliche zu ergründen war sein angebornes Streben. Wie das Symbol wollte er vor Allem recht bedeutsam seyn, oder doch so viel möglich das Göttliche einer höchsten Idee zur unmittelbaren Anschauung bringen."[300]

Die Parallele von Creuzer zu J. Grimm zeigt sich besonders, wenn er den Mythos aus der Verbindung von historischem Factum und Religiosität erklärt:

> "so, daß die zwei Hauptelemente alles Mythus, alte Begebenheit und alter Glaube, im Ganzen und in Masse mit einander vermischt werden. Bald bildet das Factische die Grundlage, und das Religiöse ist hinzugethan, bald ist das Göttliche in den Kreis der menschlichen Ereignisse herabgezogen."[301]

Das Symbol ist dabei dem Mythos logisch vorgeordnet. Dieser ist für Creuzer bereits eine Verfallserscheinung des Symbols, was besonders deutlich wird, wenn man die von Creuzer angenommene Entwicklung des Mythos in den Blick nimmt. Hatte der Mythos ursprünglich historische und göttliche Dimension umgriffen, so "entfernet sich die Sage immer mehr von dem ruhenden Symbol und nahet sich gänzlich der Erzählung und dem schreitenden Lied", d.h. der Mythos ist am Endpunkt seiner Entwicklung auf die historische Komponente reduziert.[302]

297 J. Grimm an Savigny (26.12.1811) ed. Schoof (1953) 127.
298 Cf. id. an v. Arnim (29.10.1812), ed. Steig (1904) 3,235.
299 Cf. Creuzer (1810) 66-68 (Teil I § 29f.).
300 Ibid. 109f. (Teil I § 40).
301 Ibid. 107.
302 Cf. ibid. 108f. 111f. 122f. (Teil I § 40).

Im Unterschied zur Konzeption Creuzers geht J. Grimm davon aus, daß der Mythos nie in der Geschichte aufgeht und seine göttliche Komponente stets in sich trägt. Der Mythos als Weltanschauung bzw. Religionsform der 'aetas mythica' wird aber auch nicht - wie bei Kanne und Görres - von der menschlichen Geschichte isoliert.

Die Position der Grimms kristallisiert sich gerade im Vergleich mit Görres, Creuzer und Kanne deutlich heraus: Sie übernehmen den Gedanken von der Urverwandtschaft aller Mythologien, es geht ihnen aber nicht um die 'Mythe' im Görresschen Sinn, sondern um den in der Geschichte gebundenen Mythos und die nach dem jeweiligen 'Nationalcharakter' variierenden "eigenthümlichkeiten" des Mythos.[303] Während die speziellere Mythologie einzelner Völker für Kanne und Görres nur von sekundärem Interesse ist, will Grimm die Mythologie nicht vom Volk, von der Nation lösen[304] - und es versteht sich nach den obigen Ausführungen von selbst, daß es ihm um die einheimische, altdeutsche Tradition geht. Es ist die Erforschung der *Deutschen Mythologie*, die ihm am Herzen liegt, und ganz entsprechend werden die Verwandtschaftsbeziehungen vom Blickpunkt des deutschen Mythos her aufgerollt. In größter Nähe zur deutschen Mythologie steht die nordische. J. Grimm geht hier sogar von einer "identität" aus und belegt sie mit dem Hinweis auf die gleichen Götternamen, Begriffe und Einzelmythen. Die Übereinstimmungen zwischen beiden Traditionssträngen zeigten deutlich, daß "die ursprüngliche, unerborgte verwandtschaft der deutschen und nordischen götterlehre... zu einer unerschütterlichen wahrheit" wird. Aber neben den Übereinstimmungen sind es gerade die "unterschiede und eigenthümlichkeiten", die "den wahn an entlehnung und übertragung fern halten". Dieses sich aus dem 'Volkscharakter' und seiner konkreten historischen Entfaltung herleitende Kolorit, das mit dem "erblühen eines frischen lebens aus bindender allgemeinheit" zu vergleichen ist, fasziniert J. Grimm in besonderem Maße.[305] Die Übereinstimmungen und Differenzen zwischen deutscher und nordischer Mythologie legen nahe, daß letztere aufgrund ihrer reicheren Überlieferung zwar als Schablone benützt werden darf, aber nicht die "alleinige richtschnur" der Erforschung der altdeutschen Mythologie sein kann. Sie wird - so J. Grimm - "zum einschlag, nicht zum zettel genommen".[306]

Aufgrund der von Görres, Kanne und Creuzer übernommenen Prämisse der Urverwandtschaft aller Mythologien, sieht J. Grimm auch Verflechtungen der deutschen Mythologie mit den Mythentraditionen anderer Völker gegeben - so mit der klassisch-antiken Mythologie oder auch mit den Überlieferungen des Morgenlandes. Dabei werden die Beziehungen der Mythologien verschiedener Völker proportional zu den sprachlichen Berührungen gesehen.[307] Der Grad der Sprachverwandtschaft ist also ausschlaggebend für die postulierte Mythenverwandtschaft.

---

303 Cf. J. Grimm Vorrede zur *DM* (1835), *KS* 8,157.

304 Cf. id., *Gedanken*, *KS* 4,84.

305 Cf. id. Vorrede zur *DM* (1835), *KS* 8,151f. und *DM* 1,9f.

306 *DM* 1,VII.

307 Cf. J. Grimm Vorrede zur *DM* (1835), *KS* 8, 156-160 und *DM* 1,XXf.

Die Annahme, es habe keine deutsche Mythologie gegeben, weist J. Grimm schon aufgrund eines zweifachen Analogieschlusses zurück:
Erstens kann ein Volk, das ein 'gesundes' Rechts- und Sprachsystem aufgebaut hat, nicht ohne Religion gewesen sein. Zweitens lasse sich aufgrund der Zusammenhänge der nordischen und deutschen Traditionen im Bereich von Sprache und Recht auch auf parallele Religionsformen rückschließen.[308] So dient die *Deutsche Mythologie*[309] dazu, auf diesem "öde geglaubten felde" die Ernte einzubringen und "den verzärtelten zweifel an der statthaftigkeit wissenschaftlicher entdeckungen" in diesem Bereich auszuräumen.[310]

1.3.3. Mythos als Projektion und Utopie

Mythologie ist für J. Grimm im Anschluß an Schelling[311] in ihrem Zentrum Polytheismus, d.h. Götterlehre: "Den kern aller mythologie bilden die gottheiten".[312]
Den polytheistischen Götterhimmel sieht er (nicht nur bei den Deutschen, sondern bei allen heidnischen Völkern) nach dem Prinzip der Trilogie gegliedert. Dreiheiten weisen aber grundsätzlich auf Einheit zurück[313] und so kann es nicht verwundern, daß J. Grimm hinter allem Polytheismus einen ursprünglichen Monotheismus vermutet:

> "der monotheismus ist etwas so nothwendiges und wesentliches, daß fast alle Heiden in ihrer götter buntem gewimmel, bewust oder unbewust, darauf ausgehn einen obersten gott anzuerkennen, der schon die eigenschaften aller übrigen in sich trägt, so daß diese nur als seine ausflüße, verjüngungen und erfrischungen zu betrachten sind."[314]

Daß das erste auf die Einleitung folgende Kapitel der *Deutschen Mythologie* von "gott" handelt, spiegelt diese Position.[315]
Wiederum könnte man hier eine Verbindungslinie zu Schelling ziehen, der im Übergang vom Monotheismus zum Polytheismus einen "nothwendigen Proceß" sieht[316] und auch bei dem 'Einen' als ursprünglichem Prinzip ansetzt. J. Grimm übernimmt hier Konzeptionen Schellings, geht aber gleichzeitig vom christlichen Monotheismus aus und transferiert diesen auf den Polytheismus der Heiden. Die von ihm angenommenen "trilogien der hauptgötter"[317] bilden insofern eine Analogie zur christlichen Vorstellung von der Trinität. Die Übertragung

308 Cf. id. Vorrede zur *DM* (1835), *KS* 8,149f. und *DM* 1,VI.
309 Wie auch die kleineren mythologischen Arbeiten J. Grimms, abgedruckt in *KS* passim, zusammengestellt bei Denecke (1971) 114.
310 *DM* 1,V.
311 Cf. Schelling, *Einleitung* Erste Vorlesung, ed. Schröter (1928) 6,8f.
312 *DM* 1,XIV. Siehe dazu auch die Ausführungen unter Teil 1, 1.3.2.
313 Cf. J. Grimm (1880^4,1848) 1,84. 191.
314 *DM* 1, 136, cf. auch *DM* 1,XXXVIII. Ähnlich bereits W. Grimm (1811), *KS* 2,14f.
315 Cf. *DM* 1, 11-23.
316 Schelling, *Einleitung* Achte Vorlesung, ed. Schröter (1928) 6,195. Siehe dazu Teil 1, 1.3.2.
317 J. Grimm (1880^4, 1848) 1,84.

christlicher Vorstellungen auf die altdeutsche Mythologie läßt sich bei J. Grimm häufig beobachten. So werden die heidnischen Götter und das Verhältnis der Menschen zu ihnen christlich interpretiert:

> "wie den erschafnen ein kindliches gefühl seiner abhängigkeit von dem schöpfer durchdringt, dessen gnade gebete und opfer anflehen, freut auch die gottheit sich ihrer schöpfung und trägt um sie väterliche sorge. des menschen sehnsucht steht nach dem himmel, die götter aber richten ihr auge über die erde, das thun der sterblichen zu bewachen und zu lenken."[318]

Ganz im christlichen Sinne wird der Mensch als Geschöpf in Abhängigkeit von seinem Schöpfer gesehen. Christlich erscheint die Darstellung des Verhältnisses von Schöpfer und Geschöpf im Bild des sorgetragenden Vaters und seines Kindes, das auf die Gnade dieses Vaters verwiesen ist. Die Götter stehen nicht wie im Deismus außerhalb der Welt, sondern können in diese eingreifen. Insgesamt werden die Götter als fürsorglich, gnädig und liebevoll beschrieben. Die Vorstellungen, die die Alten von den Göttern hatten, umfaßten alles, dessen "das menschliche herz hauptsächlich bedarf":

> "der höchste gott ist ihm [dem Heiden] ein vater, ein guter vater, gofar, altvater, großvater, der lebenden heil und sieg, sterbenden aufnahme in seine wohnung gewährt. tod ist heimgang, rückkehr zum vater. dem gott zur seite steht die höchste göttin als mutter, altmutter, großmutter, weise und weiße ahnfrau. der gott ist hehr, die göttin leuchtend von schönheit, beide ziehen um und erscheinen im land, er den krieg und die waffen, sie spinnen, weben, säen lehrend, von ihm geht das gedicht, von ihr die sage aus."[319]

Wuotan / Wodan, der höchste Gott der deutschen Mythologie, erscheint aufgrund der von J. Grimm angenommenen etymologischen Verwandtschaft mit "*wunsch*" als "inbegrif von heil und seligkeit".[320] Die Göttinnen sorgen für die Bewahrung des Friedens im Lande und treten besonders als Lehrerinnen der Menschen auf.[321] In der von J. Grimm in der oben zitierten Passage besonders stark akzentuierten höchsten Göttin sind gleichzeitig die Umrisse der christlichen Gottesmutter und einer antik-orientalischen 'magna mater' verarbeitet. Das Verständnis des Todes als "rückkehr zum vater" bzw. "heimgang", dem die Vorstellung von der grundsätzlichen Heimatlosigkeit des Menschen auf Erden zugrundeliegt, scheint in hohem Maße christlich geprägt. Daß Grimm letztlich seine eigenen religiösen Vorstellungen in die *Deutsche Mythologie* hineinverlegt, zeigt sich deutlich, wenn er aufgrund seiner Hochschätzung des Protestantismus, dem er angehörte, in der deutschen Mythologie den "vollen keim des protestantismus" sieht, der in der Tempel- und Bilderlosigkeit des Glaubens der deutschen Heiden angelegt war. Dieser Samen ging dann nicht durch "zufall, sondern nothwendig" in Deutschland auf.[322] Zweifellos steht hier das (oben vorgestellte) Geschichtsdenken Görres' von der 'Mythe' als Keim aller geschichtlichen Entwicklung im Hintergrund.

---

318 *DM* 1,279, cf. auch Ziegler (1952) *Grundlagen* 242f. und id. (1954) 14.
319 *DM* 1,XXXVI.
320 Ibid. 1,114.
321 Cf. ibid. 1,207.
322 Ibid. 1, XXXVIIf.

Während die genannten Züge der *Deutschen Mythologie*, die ihren Ernst und ihre Erhabenheit zeigen, im Protestantismus weiterleben, wurde der Polytheismus, der ja eine gegenüber dem Monotheismus geringere Reflexionsstufe darstellt, eine "verwilderung" gewissermaßen, in Form der Heiligen- und Reliquienverehrung in den Katholizismus übernommen. Dabei wird der Polytheismus als adäquate Religionsform der Alten durchaus nicht moralisch verworfen, denn er ist "fast überall in bewustloser unschuld entsprungen", wie J. Grimm im Anschluß an die Schellingsche Erklärung der Mythenentstehung bemerkt.[323] Die Konkretisierung der Göttermythen sei - so J. Grimm - sowohl unter dem Einfluß der Naturgewalten und Gestirne, als auch der sittlichen Begriffe wie Güte, Allmacht usw. zu sehen.[324] Vielfach laufe die Vergötterung über Personifikation.[325] Gerade durch die Personifikationen, durch die ja im Irdischen das Göttliche gesehen wird, kann der Polytheismus in Pantheimus umschlagen, d.h. "die personification,..., scheint in das gebiet des pantheismus überzustreifen", denn: "Zwischen viel und alles vergöttern; fällt eine grenze schwer".[326]

Wenn J. Grimm die deutsche Mythologie pantheistisch und christlich interpretiert, obwohl er dies nicht zugibt[327], wird sie zum Spiegel seiner eigenen Form von Religiosität, d.h. er projiziert sein Schwanken zwischen Pantheismus und Christentum in den Mythos hinein. Es ist letztlich das All-Eine, in dem sich die Gegensätze in Einheit auflösen, das Identität und Indifferenz im Sinne des Schellingschen 'Absoluten' und des Görresschen 'Überschwenglichen' verkörpert, nach dem er auf der Suche ist und wohin er - wie oben ausgeführt[328] - über die Verbindungslinien von Sprache, Poesie und Mythos, die die 'Urzeit' abbildhaft in sich tragen, zu gelangen sucht.[329]

Auch bei Görres geht die Interpretation des Mythos vom eigenen religiösen Erleben aus, das für ihn in der mystischen Vereinigung mit dem 'Überschwenglichen' gipfelt. Zu dieser Theoria als Ekstase muß sich der Mensch aufschwingen, indem er "immer höher und höher steigend bis zum Urprincipe" gelangt. Dieses ist

> "das Allerhöchste Oum, das ohne Differenz im Ueberschwenglichen wohnt; um zu ihm zu gelangen, bedarf es einer höhern Steigerung der hinaufstrebenden Kräfte noch, durch das Geschaffene hindurch müssen sie zu ihrer Urquelle sich erheben, wo sie selbst in eins zusammenfliessen, und jeden Gegensatz als ihre reale Hülle rein abstreiffen."[330]

Was die Person zu dieser "Gottbesessenheit", in der sie sich ganz in der Gottheit verliert, führt, "muß daher ein eingepflanzter Durst nach der Vereinigung mit der höchsten Gottheit", die als Rückkehr zum Ausgangspunkt gesehen wird, sein.[331] Das Ziel des Menschen ist also

323 Ibid. 1,XXIX. XXXIX.
324 Cf. J. Grimm, Vorrede zur *DM* (1835), *KS* 8,168.
325 Cf. *DM* 2,734.
326 Ibid. 1,XL.
327 Cf. J. Grimm, Vorrede zur *DM* (1835), *KS* 8,167.
328 Cf. Teil 1, 1.2.2.
329 Cf. z.B. DM 1,XVII, siehe auch Ziegler (1954) 16 und id. (1952) *Grundlagen* 247f.
330 Görres, *Glauben*, ed. Müller, G. (1926) 3,66.
331 Ibid. 67.

sein völliges Aufgehen in Gott, die Vereinigung mit dem göttlichen Prinzip als Allnatur, d.h. eben jene 'Begeisterung', die den mythischen Menschen, die noch wie Embryonen im Schoß der Natur geborgen waren, grundsätzlich innewohnte und in Form der Mythen objektiviert wurde. Den Urzustand, der Görres vorschwebt, setzt er in den Mythen als gegeben voraus. Insofern wird klar, daß die Beschäftigung mit den Mythen, die Görres immer im Bild des Blicks in die Tiefe beschreibt, letztlich der Weg in die Tiefe des eigenen Bewußtseins ist. So schreibt er in den *Aurora-Beiträgen*:

> "und die Erde ward durchsichtig und in ihren Tiefen erschien die alte Zeit in ihrer hohen, erhabenen Majestät,... und wunderbare Töne aus der alten Fabel-Welt drangen aus dem Abgrunde herauf"[332]

Die eigenen religiösen Empfindungen in der Tiefe des Bewußtseins werden in die historische Tiefe bzw. Ferne, also an den Ursprung des Seins zurückprojiziert.[333] Görres findet sein religiöses Ideal der Einheit des Menschen mit Gott und damit mit der Natur im mythischen Zeitalter als 'Urzeit' auf kollektiver Basis verwirklicht.

Eben dies gilt auch für J. Grimm. Indem die 'aetas mythica', die bei J. Grimm als naturpoetisches Zeitalter erscheint, idealisiert und mit den eigenen ästhetischen, religiösen und politisch-sozialen Wunschvorstellungen besetzt wird, kommt ihr die Funktion der Kompensation der gegenwärtigen Defizienz zu. Die 'Urzeit' gewinnt damit appellative Bedeutung für die Gegenwart und Zukunft und wird so zur Utopie. Diese trägt bei J. Grimm die Züge eines 'goldenen Zeitalters' bzw. eines säkularisierten Paradieses.[334] Da der Mythos ein zentrales Phänomen des naturpoetischen Zeitalters darstellt, nimmt er einen festen Platz innerhalb dieser Utopie ein, ja man könnte die *Deutsche Mythologie* selbst als utopischen Entwurf verstehen.[335] Die Überlagerungen im Verständnis der Urzeit als 'goldenes Zeitalter' und als Paradies deuten bereits an, daß die geschichtsphilosophische Konzeption Grimms Züge einer säkularisierten Heilsgeschichte trägt. Das Zeitalter der Mythologie, das anhand der Quellen im vorhergehenden ausführlich charakterisiert wurde, erscheint im zugrundeliegenden Heilsplan fest verankert:

> "Mir widersteht die hoffärtige ansicht, das leben ganzer jahrhunderte sei durchdrungen gewesen von dumpfer, unerfreuender barbarei; schon der liebreichen güte gottes wäre das entgegen, der allen zeiten seine sonne leuchten ließ, und den menschen, wie er sie ausge-

---

332 Id., *Aurora-Beiträge*, ed. Müller, G. (1926) 3,89.

333 Cf. dazu Habel (1960) 146-151.

334 Cf. z.B. J. Grimm an v. Arnim (20.5.1811), ed. Steig (1904) 3,117: Paradies, 119: goldenes Zeitalter, vier Weltalterlehre; id. an v. Arnim (29.10.1812), ed. Steig (1904) 3,235: Paradies, Zitat siehe oben 45. Cf. auch Emrich (1963[2],1960) 27 und Ziegler (1965) 2,578.

335 So betrachtet ließe sich mit aller Vorsicht eine gewisse funktionale Parallele zu der von Schelling für die Zukunft in Aussicht gestellten 'neuen Mythologie', in die die Philosophie nach ihrer Vollendung einmündet, ziehen. (Schelling, *System des transzendentalen Idealismus*, ed. Schröter (1927) 2,629). Zu Schellings Vorstellungen von der 'neuen Mythologie' cf. Ehrismann (1985) 48f. und Marquard (1971) 257-263.

> rüstet hatte mit gaben des leibs und der seele, bewustsein einer höheren lenkung eingoß: in alle, auch die verschriensten weltalter wird ein segen von glück und heil gefallen sein"[336]

Von daher erklärt sich auch die durchgängig positive Sicht des Mythos bei J. Grimm. Es wurde bereits darauf hingewiesen, daß das Verhältnis von Göttern und Menschen als friedliche Harmonie beschrieben wird und die Götter insgesamt als gütig und liebevoll gezeichnet werden.[337] Traurigkeit, Verzagtheit und Angst vor dem Tod waren den alten Deutschen im Zeitalter des Mythos fremd, denn "dem tod lachten sie entgegen".[338]
Die dunklen, negativen Züge, die dem Heidnischen anhaften, seien vielfach erst durch christliche Verfälschung entstanden. Hier wird deutlich, daß das Christentum gewissermaßen auf zwei Ebenen in den geschichtsphilosophischen Ansatz hereinspielt. Einerseits durchdringt J. Grimm die *Deutsche Mythologie* mit eigenen christlichen Vorstellungen (ohne dies zu reflektieren), andererseits wird das Eindringen des Christentums - ungeachtet des hohen Werts, den J. Grimm ihm zumißt - als Störung der einheimischen Ordnung bzw. als Überfremdung dargestellt. Das Christentum ist letztlich in Verbindung mit dem Einsetzen der Reflexion der Faktor, der den Verlust des mythischen Zeitalters als Paradies bewirkt. Im säkularisierten Modell der Heilsgeschichte kommt der Einführung des Christentums damit funktional die Position des Sündenfalls zu.

> "Das christenthum war nicht volksmäßig. es kam aus der fremde, und wollte althergebrachte einheimische götter verdrängen, die das land ehrte und liebte. Diese götter und ihr dienst hiengen zusammen mit überlieferungen, verfassung und gebräuchen des volks... Allem dem sollte das volk entsagen, und was sonst als treue und anhänglichkeit gepriesen wird, wurde von verkündigern des neuen glaubens als sünde und verbrechen dargestellt und verfolgt. Ursprung und sitz der lehre waren immer in ferne gegenden entrückt und nur eine abgeleitete, schwächere ehre konnte auf heimatliche stätten übertragen werden."[339]

---

336 *DM* 1,VII, cf. auch ibid. 1,6.
337 Ibid. 1,279. 207. XXXVI. Da die gütigen Gottheiten stark überwiegen, kann die heidnische Religion nicht als Dualismus gekennzeichnet werden. (Cf. ibid. 2,746. 822).
338 Ibid. 1,XL.
339 Ibid. 1,3f, cf. auch ibid. 1,XXVII.

2. Mythenforschung als Annäherung an den Mythos

2.1. Quellenbasis der *Deutschen Mythologie*

In der Vorrede zur zweiten Auflage der *Deutschen Mythologie* (1844) blickt J. Grimm bereits mit Stolz auf den Ertrag seiner Forschungen "auf einem öde geglaubten felde".[1] Die Tatsache, daß sein Werk bereits eine zweite, wesentlich erweiterte Auflage erfährt, stärkt seine "zuversicht auf sein ungehemmt vorschreitendes wachsthum".[2] Noch im selben Jahr stellt er in der *Zeitschrift für deutsches Altertum* einen dritten Band seines Werkes in Aussicht.[3] (Die Ausführung dieses Plans wurde jedoch nicht mehr verwirklicht.)[4] J. Grimm ist der festen Überzeugung, daß im Bereich der Erforschung der einheimischen Mythentradition durch Sammlung und Ausschöpfung des Quellenmaterials noch vieles zu leisten sei.[5]
Trotz dieses Optimismus ist er sich bewußt, daß die einheimisch-deutsche Überlieferung der Mythen wesentlich bruchstückhafter, "ärmlicher" ist als die des germanischen Nordens. Mit Bedauern stellt er fest, daß die Deutschen auf keine zusammenhängende Mythologie wie die *Edda* zurückgreifen können. Die Schriftsteller der deutschen 'Vorzeit', die noch unmittelbaren Zugang zu den heidnischen Resten hatten, hätten es aus Mißachtung der einheimischen Tradition versäumt, die heidnischen Zeugnisse aufzuzeichnen. Die Sammlung Karls des Großen und der ursprüngliche Text der Metamorphosen-Übertragung Albrechts von Halberstadt,

---

1 Den 'Ertrag', den die mythologischen Arbeiten des 17. und 18. Jahrhunderts bereits erbracht hatten (Cf. Deneke (1969) 47-56), unterschlägt Grimm. Das von Grimm hier zum Ausdruck gebrachte Sendungsbewußtsein ist typisch für die germanistische Wissenschaft in der ersten Hälfte des 19. Jahrhunderts. Um die eigenen wissenschaftlichen Leistungen hervorzuheben, wurden alle früheren altertumskundlichen Bemühungen abqualifiziert bzw. ganz verschwiegen. In ähnlicher Weise ging auch die sich konstituierende Literaturwissenschaft mit der vorausgehenden Litterärgeschichte um. (Cf. hierzu Hunger (1991) 91).

2 Cf. *DM* 1,V.

3 Cf. J. Grimm (1844) *KS* 7,600.

4 Den Nachtragsband stellte der Herausgeber der 4. Auflage (1875-1878^4) der *DM* E.H. Meyer aus dem Nachlaß J. Grimms zusammen. Wenn meiner Untersuchung primär die von E.H. Meyer edierte 4. Auflage mit dem Nachtragsband zugrundeliegt, so ist bei der Benutzung der Nachträge stets im Bewußtsein zu behalten, daß Text und Anordnung nicht mehr von J. Grimm selbst autorisiert sind. Da eine moderne kritische Ausgabe der *Deutschen Mythologie*, die den Textbestand der ersten beiden Bände sondiert und mögliche Texteingriffe des Herausgebers E.H. Meyer abklärt, bislang fehlt, habe ich den Text der 4. Auflage in den von mir bearbeiteten Kapiteln und Passagen mit dem Text der zu Lebzeiten Grimms erschienenen 2. Auflage, *DM* (1844^2) und 3. Auflage, *DM* (1854^3) exakt verglichen. Dabei zeichnete sich folgendes Ergebnis ab. Die 3. Auflage ist ein bloßer Nachdruck der 2. Auflage. Der Text der 2. Auflage von 1844^2 stimmt (rechnet man die bereits 1844^2 von Grimm selbst im Anhang beigegebenen und den entsprechenden Seiten zugeordneten Nachträge mit ein) fast vollständig mit der 4. Auflage überein. Auf Abweichungen, die ich zwischen dem Text der 2. / 3. Auflage und dem der 4. Auflage festgestellt habe, weise ich an den entsprechenden Stellen explizit hin. Es sei im Vorgriff bemerkt, daß die Abweichungen in den von mir überprüften Teilabschnitten nirgends gravierend waren etwa im Sinne eines Bruches oder einer Veränderung der Argumentationsstruktur.

5 Cf. *DM* 1,V. X. 10.

Werke, aus denen man mit Sicherheit Informationen über die altdeutsche Mythologie hätte gewinnen können, seien leider verloren.[6]

Diesen Verlusten stünden zwei Quellenstränge gegenüber, denen Nachrichten über die altdeutsche Mythologie zu entnehmen seien:

> "Genug also ist unserer mythologie unwiderbringlich entzogen; ich wende mich zu den quellen, die ihr verbleiben, und die teils geschriebene denkmäler sind, theils der nie stillstehende fluß lebendiger sitte und sage. jene können hoch hinauf reichen, zeigen sich aber bröckelhaft und abgerissen, während noch die heutige volkslieferung (sic!) an faden hängt, wodurch sie zuletzt unmittelbar mit dem alterthum verknüpft wird."[7]

Diese Passage macht deutlich, welch hohen Wert J. Grimm den Volksüberlieferungen als Zeugnissen für den altdeutschen Mythos zumißt.[8] Er geht davon aus, daß Sagen und Märchen, Sitten und Bräuche "lange zeiten hindurch vom vater dem sohn erzählt wurden". Für diese Form der kontinuierlichen oralen Tradition sei "treue" und Genauigkeit kennzeichnend.[9] So könne man die Volkstraditionen als Verbindungslinien und Zugänge zur alten Zeit und ihren Lebensformen nutzen.[10] (Der nächste Abschnitt der Arbeit wird gerade diese Form der Mythenforschung am Beispiel der Märchenüberlieferungen hinterfragen.)

Neben den oralen Traditionsketten bilden literarische Zeugnisse die zweite Säule der Quellenbasis der *Deutschen Mythologie*. Hier ist zwischen einheimischen und ausländischen Zeugnissen zu differenzieren. Auch die lateinischen Zeugnisse - so v.a. die *Germania* des Tacitus - enthielten wichtige Informationen über die deutsche Mythologie.[11] Im Bereich der germanisch-deutschen Überlieferung seien die ältesten mythischen Zeugnisse der gotischen Bibelübersetzung zu entnehmen. Aus der ahd. Sprachstufe seien besonders *Muspilli, Merseburger Zaubersprüche*, die *Abrenuntiation*, "einige andere lieder" und verschiedene Glossen von Wert für die mythologische Forschung. Trotz ihrer verhältnismäßig späten Abfassungszeit scheut sich J. Grimm nicht, seiner *Deutschen Mythologie* auch mhd. Quellen, wie etwa den Minnesang, zugrundezulegen.[12] Es spiele dabei eine entscheidende Rolle, welcher Region das literale bzw. orale Quellenmaterial zuzuordnen sei, denn die deutschen Stämme seien ja nicht gleichzeitig, sondern sukzessiv zum Christentum übergetreten. J. Grimm setzt den Zeitraum vom 4.-9. Jahrhundert für die deutschen Stämme im engeren Sinn und den Zeitraum vom 4.-

---

6 Cf. *DM* 1,VIIIf. 8. Die Bearbeitung der Übersetzung Albrechts von Halberstadt durch Jörg Wickram im 16. Jahrhundert verändert das Werk tiefgreifend. Die inzwischen aufgefundenen Fragmente der Albrechtschen Übersetzung A-E (A erstmals publiziert 1865, B 1859, C-E 1966) bieten nur eine sehr schmale Textbasis. Der Versuch Bartschs (1861), den Großteil des Albrechtschen Textes durch Auswertung von B und den Vergleich des Fragments mit der Bearbeitung Wickrams zu rekonstruieren, erwies sich schon nach der Auffindung von A als gescheitert. (Cf. Stackmann (1978) 1,189).

7 *DM* 1,IX.

8 Cf. J. Grimm Vorrede zur *DM* (1835), KS 8,150.

9 Cf. *DM* 1,XI. Deneke (1969) 47-56 zeigt, daß der Ansatz Grimms, das Pagane lebe in Volkstraditionen fort, bereits in Arbeiten des 17. und 18. Jahrhunderts grundgelegt ist.

10 Cf. *DM* 1,IX, Beispiele für mythische Reste in den Volksüberlieferungen ibid. 1,XII-XIV. Zum Problem, Volksüberlieferungen als Quellen der *DM* auszuwerten, siehe jetzt auch Kramer (1992) 588-607.

11 Cf. *DM* 1,V.IXf. und id. Vorrede zur *DM* (1835), KS 8,150. 155.

12 Cf. *DM* 1,Xf.

11. Jahrhundert für die Deutschen unter Einschluß der Skandinavier an.[13] Dementsprechend sei die mythologische Überlieferung der frühbekehrten ost- und süddeutschen Stämme dürftiger als die der erst spät bekehrten Sachsen.[14]

Wenngleich das Christentum die "erschütterndste umwälzung" der altdeutschen Mythologie mit sich gebracht habe,[15] seien die einheimischen Glaubensformen doch zu sehr im Volk verwurzelt gewesen, als daß das Christentum, das fremd und "nicht volksmäßig" war, sie völlig hätte auslöschen können. Nicht immer hätten sich die Heiden aus innerer Überzeugung bekehrt und ihre sinnliche auf irdische Freuden ausgerichtete Glaubensform gegen die Verheißungen des himmlischen Friedens eintauschen wollen, sondern viele seien "dem beispiel der menge" gefolgt oder hätten sich dem "eindruck unvermeidlicher gewalt" gefügt.

Daher könne es nicht verwundern, daß viele Heiden die alte Religionsform nicht ganz aufgaben, sondern "an Christus und heidnische götter *zugleich glaubten*" und so die neue Religion mit alten Glaubenstraditionen durchsetzten.[16] Der Prozeß der Verschmelzung von Christentum und Heidentum habe sich auf zweifache Weise vollzogen:

Zum einen seien die heidnischen Mythen und mythologischen Figuren ins Negative und Bösartige verzerrt, d.h. dämonisiert worden. So habe man etwa Elbe und Riesen zu Teufeln, Nachtfrauen zu Hexen, Wuotan in einen bösartigen Dämon und Holda und Perchta in Schreckbilder für Kinder entstellt. Zum anderen hätten sich heidnische Vorstellungen erhalten können, indem sie lediglich mit christlichen Namen und Formen 'eingekleidet' worden seien. Vieles, was man von den heidnischen Göttern und Göttinnen erzählt habe, sei bruchlos, ohne in seiner Substanz allzusehr geschädigt zu werden, auf Maria und die große Zahl der Heiligen übergegangen. Germanische Kultgegenstände und Kultstätten seien nicht selten christlich umgebildet bzw. integriert worden. Z.B. seien Tempel in Kirchen umgestaltet worden oder man habe zumindest heidnische Kultplätze als Standorte für christliche Kirchen gewählt. Besonders leicht habe sich die Akkommodation im Bereich der Feste und Feierlichkeiten vollziehen lassen, denn die altdeutschen Feste und Festbräuche hätte die Kirche "mit geringer abänderung" beibehalten, wie etwa die Verschmelzung von Weihnachten und Jul, Sonnwendfeier und Johannisfest bzw. heidnischer und christlicher Osterfeier zeige. Die Feste und Bräuche des Jahreslaufs sah J. Grimm als so lohnenswerte Quelle für die *Deutsche Mythologie* an, daß er sie "künftig in einem besonderen buch 'über deutsche sitten' ausführlich zu behandeln" plante - ein Buchprojekt, das allerdings nicht verwirklicht wurde. Ein Kunstgriff der Umgestaltung mythologischer Vorstellungen sei ferner die Umwandlung von Gottheiten in Begriffe von Raum und Zeit gewesen. Dieses Verfahren habe man etwa im Falle der Göttinnen Ostara

---

13 Hier zeigt sich erneut die diffuse Verwendung von 'deutsch', auf die bereits hingewiesen wurde. (Cf. Teil 1, 1.2.1.).

14 Cf. *DM* 1,X. 7. Eine Skizze der Ausbreitung des Christentums zeichnet J. Grimm in der Einleitung zur DM 1,1-3.

15 Cf. ibid. 1,XIX.

16 Cf. ibid. 1,3f.6f.

und Hellia angewendet.[17] Die wechselseitige synkretistische Durchdringung von Christentum und Heidentum wird von J. Grimm folgendermaßen zusammengefaßt:

> "jüdische, christliche lehre begann der heidnischen sich anzuschmiegen, heidnischer wahn und aberglaube an alle stellen vorzudringen und gleichsam zu flüchten, die er von dem neuen glauben unbesetzt fand. bald erscheinen christlicher stof in heidnischer form, bald in christliche form heidnischer stof verkleidet."[18]

Normalerweise seien heidnische Vorstellungen auf christliche übertragen worden, seltener hätten sich jüdisch-christliche Traditionen unter heidnische Mythen gemischt. Ein Beispiel für diesen Spezialfall wäre die Parallelisierung von Herodias mit Diana und Holda.[19]
Durch die Annahme dieser Vermischungsprozesse von Christentum und Heidentum kann J. Grimm das Spektrum der für die *Deutsche Mythologie* in Frage kommenden Quellen beträchtlich erweitern. Da er davon ausgeht, daß Heidnisch-Mythologisches sich oft nur unter einer dünnen christlichen Schicht birgt, müsse man diese nur 'abschaben', um zum heidnischen Kern vorzustoßen. Als Ausgangsbasis der Untersuchung lassen sich danach auch christliche Traditionen problemlos verwenden.
Der zweite Teil dieser Arbeit wird an konkreten Beispielen aus der *Deutschen Mythologie* prüfen, ob die von J. Grimm herangezogenen Zeugnisse den Rückschluß auf altdeutsche Mythen erlauben und wie tragfähig seine Rekonstruktionsmethoden sind. Vorab ist jedoch noch grundsätzlich die Frage zu klären, inwieweit es möglich ist, die Volksüberlieferungen, die ja einen der beiden Traditionsstränge bilden, auf denen J. Grimm seine *Deutsche Mythologie* aufbaut, als Quellen für 'uralte Mythen' heranzuziehen.

2.2. Zur Fragwürdigkeit von Volksüberlieferungen als authentischen Zeugnissen des Mythos - dargestellt am Beispiel der Märchen und der Märchenforschung

2.2.1. Zu Herkunft und Alter der Märchen

Die Brüder Grimm sahen in den Märchen die "Überreste" des alten (deutschen) Mythos[20] und maßen ihnen insofern hohes, ja höchstes Alter zu. In diesem Sinne formulierten sie in den Anmerkungen zu den *KHM*:

> "Gemeinsam allen Märchen sind die Überreste eines in die älteste Zeit hinauf reichenden Glaubens, der sich in bildlicher Auffassung übersinnlicher Dinge ausspricht. Dies Mythische gleicht kleinen Stückchen eines zersprungenen Edelsteins, die auf dem von Gras und

17 Cf. ibid. 1,XXVII-XXXV und id. Vorrede zur *DM* (1835), KS 8,161-164.
18 *DM* 1,XXVIII.
19 Cf. id., Vorrede zur *DM* (1835), *KS* 8,164.
20 Aufgrund dieser von den Grimms angenommenen engen Verflechtung von Märchen und Mythos wird die Diskussion der Volksüberlieferungen am Beispiel der Märchen durchgeführt. (Siehe Einleitung).

Blumen überwachsenen Boden zerstreut liegen und nur von dem schärfer blickenden Auge entdeckt werden... Das Mythische dehnt sich aus je weiter wir zurück gehen, ja es scheint den einzigen Inhalt der ältesten Dichtung ausgemacht zu haben."[21]

Spuren bei Rollenhagen und Fischart zeigten, daß die Märchen 300 Jahre alt sein können. Für die Brüder stand es aber "ausser Zweifel, dass sie noch gar viel älter sind, wenn auch Mangel an Nachrichten directe Beweise unmöglich macht."[22] Die Gemeinsamkeiten der Märchen verschiedener Völker seien ein deutlicher Hinweis darauf, daß sie als indogermanisches Erbe zu betrachten seien.[23] Die Sammlung der Märchen wie auch der Sagen war für die Brüder Grimm dabei nie Selbstzweck, sondern die Formen der 'Naturpoesie' waren für sie Zugangswege zum Mythos.[24]

Der Ansatz, daß sich die Lebensformen bzw. die mythische Weltanschauung der alten Zeit in den Volksüberlieferungen greifen ließen, war von den Grimms popularisiert worden[25] und kam im Bereich der Märchenforschung vielfach zur Anwendung. Im Zuge natur- und astralmythologischer Spekulationen versuchte man im Anschluß an J. und W. Grimm den mythischen Gehalt der Märchen zu bestimmen.[26] So erscheint Frau Holle (*KHM* 24) bei Cox als die germanische Göttin Holda / Perchta, die wie die Gottheiten Dionysos, Demeter, Saturnus, Consus, Erichthonius und Rhea dem Naturphänomen Erde zuzuordnen ist.[27] Mannhardt sieht wie die Brüder Grimm in den Volksüberlieferungen die Reste der "indogermanischen Urzeit" sowie "der Zeit des späteren germanischen Heidentums".[28] Die "mythische Form", "die Urform des menschlichen Gedankens" sei - so Hahn - noch in Sagen und Märchen präsent.[29] De Gubernatis geht davon aus, daß Mythos und Märchen sich wechselseitig erhellen.[30] Heckmann kommt bei seiner Untersuchung des Blaubartmärchens zu dem Schluß, es beruhe sowohl auf Volkslied und Ballade als auch auf dem Mythos der antiken Unterweltsdämonen, der unter orientalischem Einfluß umgestaltet worden sei.[31] Rebholz will sich nicht anmaßen, die Frage zu klären, ob die Märchen in ihrer Gesamtheit aus dem Mythos abzuleiten seien. Der geheimnisvolle Alte der Waldmärchen aber sei zweifellos mit Odin zu parallelisieren.[32]

---

21 Br. Grimm, Anmerkungen zu den *KHM*, *KHM* 3,409, cf. auch W. Grimm, Vorrede zum zweiten Band der *KHM*, KS 1,330.

22 W. Grimm, Vorrede zum ersten Band der *KHM*, KS 1,324.

23 Cf. Br. Grimm, Anmerkungen zu den *KHM*, *KHM* 3,411f.

24 Cf. J. Grimm, Vorrede zur *DM* (1835), *KS* 8,148. Zu den Sagensammlungen als Stoff- und Motivreservoir für die *DM* siehe Uther (1993) bes. 2,551 und Kindermann-Bieri (1993) 3,149-176.

25 Cf. Deneke (1969) 47-56.

26 Einen Abriß der astralmythologischen Deutungen gibt Schier (1977) 1,921-928. Zur Auffassung, Naturphänomene hätten die Mythenbildung initiiert, siehe besonders Müller (1869², 1868², 1867-75) 1-127, Kuhn (1874) 1-90, bes. 1 und Schwartz (1864 / 1879).

27 Cf. Cox (1870) 223-243. Neben Cox ist es v.a. Friedrichs (1909) (1934), der die astral- und naturmythologischen Spekulationen konsequent auf die Deutung der Märchen überträgt.

28 Cf. Mannhardt (1858) VI.

29 Cf. Hahn (1864) 23.

30 Cf. de Gubernatis (1874) VII.

31 Cf. Heckmann (1930) 141.

32 Cf. Rebholz (1944) 70-79.

Astralmythologische Deutungen sind auch noch in Hanikas Untersuchung des Märchens von den schwarzen Prinzessinnen präsent.[33] Blasius setzt den 'getreuen Johannes' aus *KHM* 6 mit Wodan bzw. Odin gleich,[34] und Kahlo projiziert noch 1954 das ganze Spektrum naturmythologischer Deutungen auf die Märchen:

> "Schließlich entstanden Gottheiten als Versinnlichung der Naturkräfte; so Wodan (Windgott), Donar (Donnergott) usw. Von solchen Mythen treffen wir im Märchen folgende an: Rotkäppchen, d.i. die Sonne - als solche durch ihr rotes Käppchen kenntlich, in der Niederlausitz zum 'heiligen Christ' abgewandelt, dargestellt durch ein Mädchen in weißem Kleid mit rotseidener Schürze; die Erde, die aus dem Winterschlaf erweckt wird in der Gestalt von Sneewittchen (Schnee im Namen enthalten, Eis durch den Glassarg versinnbildlicht) und Dornröschen (hundertjähriger Schlaf übertrieben anstatt hunderttägiger = 3 1/2 Wintermonate); der Fenriswolf (als Sinnbild der Finsternis) in 'Rotkäppchen', wo er die Sonne, und in den 'Sieben Geißlein', wo er die sieben Geißlein (= die sieben Wochentage) verschlingt; das Mädchen mit den Sternentalern (= Sternschnuppen)..."[35]

Wundt kehrt die Grimmsche Theorie vom Märchen als Überrest des Mythos um und setzt das sogenannte "Mythenmärchen", eine Art Urmärchen als Wurzel der Gattungen der Volksüberlieferungen an.[36] Im Anschluß daran behauptet Funke, die Volksüberlieferungen seien älter als die Göttersagen und lieferten gewissermaßen den Stoff für die Mythen.[37] In diesem Sinne sieht Dorson 1972[5] (1964) einen Zusammenhang zwischen einem von ihm nach der Erzählung eines Fischers aufgezeichneten Schwank und der Homer-Episode Nekyia (*Odyssee* XI und XXIII). Die Erzählung des Fischers spiegle die eigentliche und primäre Volksüberlieferung wider, während Homer seine Mythen nur aus mündlichen Überlieferungen geschöpft habe.[38]

Hinter diesen Konzepten steht der feste Glaube an das hohe Alter des Märchenbestandes - eine Vorstellung, die besonders im Rahmen der arischen bzw. indogermanischen Erbtheorie vertreten wurde. Im direkten Anschluß an die Brüder Grimm[39] leitet Friedrichs die Märchen aus dem "Heimatlande der Arier" her.[40] Von der Leyen räumt zwar ein, man könne die Märchen nicht pauschal als "Nachklänge" der germanischen Götter und Heldendichtung verstehen, sieht aber in einzelnen Märchen durchaus altgermanische Vorstellungen gegeben.[41] Nach v. Sydow sind die "Schimäremärchen" uraltes indogermanisches Erbe, das schon lange vor

33 Cf. Hanika (1951) *Schwarze Prinzessinnen* 40.

34 Cf. Blasius (1954) 450.

35 Kahlo (1954) 49. Ironisch-beißende Kritik an derartigen Erklärungen übte bereits Forke (1911) 25:"Alle diese Erklärungen sind nichts als Ausgeburten der Phantasie und sehr wohlfeil, wenn man nur mit den Worten Sonne, Mond, Morgenröte, Tag und Nacht etc. um sich wirft. Wissenschaftlichen Wert haben sie nicht".

36 Cf. Wundt (1909) II,3,29f. 316.

37 Cf. Funke (1932) 83f. Zur Kritik der Theorie vom 'Urmärchen' siehe de Vries (1954) bes. 71-76.

38 Cf. Dorson (1972^5,1964) 3. 38f.

39 Cf. Br. Grimm (1856^2,1822) Anmerkungen zu den *KHM*, *KHM* 3,411f.

40 Cf. Friedrichs (1934) 83.

41 Cf. v. der Leyen (1958^4,1911) 170-173.

Christi Geburt bestanden habe.[42] Bei der Verbreitung der Schimäremärchen hätte neben den Kontakten der verschiedenen Völker und den großen Völkerwanderungen auch die sogenannte Megalithkultur eine entscheidende Rolle gespielt.[43] Im Anschluß an v. Sydow halten auch Peuckert und de Vries die Märchen für eine indogermanische Schöpfung.[44] Für Huth ist das Märchen "eine altertümliche sakrale Dichtform, die eine prähistorische Kulturperiode widerspiegelt. Es stamme als "neolithische Dichtungsform" höchstwahrscheinlich aus der vorindogermanischen Megalithkultur.[45] L. Schmidt feiert die Megaliththeorie euphorisch. Was die "beträchtliche Kontinuität" betreffe, die man bei der Rückdatierung der Märchen ins Jungpaläolithikum annehmen müsse, so sei in unterschiedlichen Bereichen der Volkskultur "zumindest die Möglichkeit einer sehr weit zurückreichenden Kontinuität immer wieder eingeräumt worden". Von daher wird man sie nach L. Schmidt "gerade dem vom Volksglauben gestützten Erzählgut am wenigsten absprechen wollen."[46] Völlig unbekümmert datiert Nitschke noch 1976 Grimmsche Märchen ins Jungpaläolithikum, die Kulturstufe nach der letzten Eiszeit, oder in die Megalithkultur des 3. bzw. 2. vorchristlichen Jahrtausends zurück.[47]

Auch die Vertreter der sogenannten 'anthropologischen Theorie' gingen davon aus, daß in den Volksüberlieferungen uralte Lebens- und Glaubensformen konserviert seien.[48] Tylor entwickelt in seinem Werk *Primitive Culture* die Theorie von den 'survivals'. Diese 'survivals' seien Relikte aus früheren Kulturstufen, die sich beim konservativen bäuerlichen Volk oft erhalten hätten, obgleich sie ihre ursprüngliche sinnvolle Bedeutung verloren hätten.[49] Am besten ließen sich die 'survivals' an den heutigen wilden Stämmen studieren, da sie noch dem primitiven Weltbild anhingen, das Amerika und Europa längst überwunden hätten.[50] Im Gefolge Tylors versuchten zahlreiche Forscher, derartige 'survivals' in Märchen, Mythen und Bräuchen der zivilisierten Welt aufzuspüren und bei den sogenannten Wilden wiederzufinden.[51]

---

42 Cf. v. Sydow (1934) 69.

43 Cf. v. Sydow (1940) 231-235. Ranke bemerkt zur indogermanischen Erbtheorie v. Sydows, sie scheine ihm nicht mehr als ein unbewiesener "Glaubenssatz" zu sein. (Cf. id. (1936) 286) V. Sydow milderte seine These wohl unter dem Einfluß derartiger kritischer Gegenstimmen ab. (Cf. id. (1948) 178f.).

44 Cf. Peuckert (1938) 52 und de Vries (1954) 176f.

45 Cf. Huth (1949) 651f. und id. (1950/4) 16f.

46 L. Schmidt (1963) 155. Kritisch zur Megaliththeorie äußerte sich Röhrich (1964²,1956) 4.

47 Cf. Nitschke (1976) passim. Siehe dazu die vernichtende Kritik von Gerndt (1980) 148.

48 Cf. zur 'anthropologischen Theorie' den Artikel von Dorson (1977) 1,586-591. Auch die 'anthropologische Theorie', also die Vorstellung, viele Volksüberlieferungen ließen sich als "Universalien" aus allgemeinmenschlichen Anschauungen bzw. Zuständen erklären, ist bereits bei den Brüdern Grimm vorgeprägt. (Cf. id., Anmerkungen zu den *KHM*, *KHM* 3,405f.).

49 Cf. Tylor (1913⁵,1871) 1,71.

50 Cf. ibid. 1,26-29. 283f.

51 Cf. Dorson (1977) 1,588-591. Siehe etwa Lang (1885²,1884), Hartland (1891) , Gomme (1908).

Im Rahmen der 'anthroposophischen Theorie'[52] wird die Entstehung des Märchens auf das 4. bzw. 5. Erdzeitalter (dessen Datierung ungenau bleibt) verlegt.[53] Vielfach leben in anthroposophischem Gewand die alten mythologischen Spekulationen in der Märcheninterpretation weiter.[54]

Während die 'mythologische', die 'arische' bzw. 'indogermanische' und die 'anthropologische' Theorie bei den Brüdern Grimm vorgeprägt waren, setzte sich Benfey mit seiner 'indischen Theorie' von der Vorstellung der Polygenese der Märchen ab. Gegen die Brüder Grimm, die Entlehnung als Grund für die Märchenverbreitung höchstens als Sonderfall gelten ließen,[55] geht Benfey davon aus, daß die Märchen ursprünglich in Indien in sehr alter Zeit entstanden seien und erst durch Wanderung in den christlichen Okzident gelangten.[56] Die systematische Erforschung der Heimat und Urform einer Erzählung sowie ihrer Wanderwege setzte sich die 'Finnische Schule' mit ihrer sogenannten 'geographisch-historischen Methode' zum Ziel.[57] Trotz des Bemühens um wissenschaftlich exaktes Vorgehen bleiben die Vertreter der 'Finnischen Schule' insofern dem romantischen Ansatz verhaftet, als sie mit oralen Kontinuitäten über große räumliche und zeitliche Entfernungen hinweg rechnen[58] und den Märchentraditionen Überzeitlichkeit und Geschichtslosigkeit unterstellen. So wird die mühelose Wanderung der Märchen von Aarne auf ihre Zeiten- und Raumferne zurückgeführt[59] - eine Sicht, die sich auch in der Gattungsdefinition bei Thompson niederschlägt.[60]

Grundsätzlich ist festzuhalten, daß sich die bei den Brüdern Grimm verankerte These von der Geschichtslosigkeit der Märchen[61] in vielen Märchendefinitionen hielt[62] und daß sie mit den vagen Altersbestimmungen verbunden wurde.

Exemplarisch für diese Haltung sei folgende Aussage von der Leyens zitiert:

> "Das Märchen dagegen fanden wir bei allen Völkern, zu allen Zeiten. In seinem Wesen blieb es sich immer gleich: das ägyptische Brüdermärchen, Herodots Meisterdieb, das Märchen von Amor und Psyche ohne die Übermalungen bei Apulejus gleichen auch noch unseren heutigen Volksmärchen."[63]

---

52 Cf. dazu Zinke (1977) 1,601-609.
53 Cf. ibid. (1977) 602f.
54 Cf. etwa R. Meyer (1981) (1935).
55 Cf. Br. Grimm, Anmerkungen zu den *KHM*, *KHM* 3,406.
56 Cf. Benfey (1859) 1, bes. XI-XXVI.
57 Cf. zur 'geographisch-historischen Methode' Anderson (1934) 2,508-522, cf. auch Aarne (1913) 42-60.
58 Cf. Aarne (1913) 57f.
59 Cf. ibid. 59.
60 Cf. Thompson (1951^2,1946) 8.
61 Cf. dazu die Definitionen von Sage und Märchen in der Vorrede zu den *Deutschen Sagen 1* (J. Grimm, KS 8,10f.) und die Bemerkungen über die "Reinheit" der Märchen und ihr "bloßes Dasein" in der Vorrede zur zweiten Auflage der *KHM* (Br. Grimm (1819^2) *KHM* 1,16.23.).
62 Lüthi / Rölleke (1990^8,1962) 1-5 gibt eine Übersicht über die Definitionen der Gattung Märchen.
63 Von der Leyen (1958^4,1911) 177.

Unter diesen Prämissen kann Jolles, der mit seinen 'Einfachen Formen' explizit den Ansatz der Grimmschen 'Naturpoesie' übernimmt,[64] die Märchen eben diesen 'Einfachen Formen' zuordnen.[65]

Die Gefahr bei der Arbeit mit Prämissen wie Geschichtslosigkeit und Überzeitlichkeit ist die Vernachlässigung der eigentlichen Chronologie des Materials, was Fehling den Vertretern der 'Finnischen Schule' vorwarf.[66]

Während die ältere Forschung dazu neigte, Aussagen über die Gesamtheit der Märchen bzw. über *das* Märchen zu treffen, hütet man sich in neueren Ansätzen bewußt vor Verallgemeinerungen. Generalisierungen sind aufgrund der Heterogenität der Erzählungen, die unter dem Begriff "Märchen" subsumiert wurden, nicht am Platz, und deshalb ist Vorsicht bei der Datierung von Märchen geboten. Ein besonderes Problem bei der Altersbestimmung von Märchen ist, daß das Material der gedruckten Märchensammlungen größtenteils erst aus dem 19. und 20. Jahrhundert stammt und kaum explizite Hinweise auf seine zeitliche Einordnung gibt.[67]

Kennzeichnend für die eher spekulative Art der Altersbestimmung ist die relative Chronologie, bei der man mit Kategorien wie alt, uralt, jünger oder älter, christlich oder vorchristlich etc. arbeitet. Die Erstellung einer absoluten Chronologie ist wesentlich schwieriger. Um hier Indizien zu gewinnen, sind nicht nur Form und Inhalt der Erzählungen zu analysieren, sondern es sind auch die Hinweise auf den soziokulturellen Kontext der Märchen zu berücksichtigen.[68] Methodisch ist sauber zu differenzieren zwischen dem Alter eines Märchentyps, seiner Subtypen und lokalen Sonderformen sowie zwischen dem Alter eines Märchens als Gesamtkomposition und dem einzelner Motive oder Motivketten. Das Alter einzelner Märchenmotive, die auf allgemeinmenschlichen Erfahrungen beruhen und deren Vorkommen somit auf jeder Kulturstufe denkbar ist, kann sehr weit zurückgehen. Märchenhafte Motive und Motivketten finden sich ebenso in der Hochdichtung der alten Kulturvölker wie bei schriftlosen Völkern. Das Vorkommen archaischer Motive darf jedoch nicht als maßgeblich für das Alter der Gesamterzählung betrachtet werden, denn diese ist in der Regel jünger als die Einzelmotive. Das jüngste konstitutive Motiv bestimmt dabei den terminus post quem der Erzählung. Es erweist sich somit als Trugschluß, das Alter eines Märchens durch seine Auflösung in Einzelmotive bestimmen zu wollen, denn Einzelmotive sagen nichts über das Alter der Gesamtgestalt der Märchen aus und sind zudem austauschbar. Darüber hinaus ist zu bedenken, daß Archaisierung bzw. archaisierende Formeln wie "Es war einmal", "In uralten Zeiten" usw. absichtlich als Stilmittel eingesetzt werden können. D.h. das Märchen kann sich archaisierend

---

64 Cf. Jolles (1974[5],1930) 225.

65 Cf. ibid. 231.

66 Fehling (1977) 33. Cf. ferner die Kritik an der 'Finnischen Schule' von Wesselski (1931) 145, de Vries (1954) 17, L. Schmidt (1963) 7, Röhrich (1969) 120, Moser-Rath (1973) 64, Finnegan (1977) 42 und D.-R. Moser (1980) *Theorie- und Methoden* 54.

67 Cf. D.-R. Moser (1977) *Altersbestimmung* 1,407f. und ferner Röhrich (1964[2],1956) 4.

68 Cf. D.-R. Moser (1981) 3,15-19.

geben, ohne archaisch zu sein.[69] Bausinger belegt die Archaisierung in den Grimmschen Märchen mit dem Begriff "Requisiterstarrung". Er geht davon aus, daß die Brüder Grimm die Märchenrequisiten bewußt nicht an veränderte gesellschaftliche und soziale Bedingungen anpaßten, um sie so zu enthistorisieren und in ihr Konzept der "Urzeit" einzubinden.[70] In diesem Sinne warnte Röhrich davor, Altartigkeit als Indiz für das tatsächliche Alter eines Märchens auszuwerten und diesen Befund dann noch mit Schlüssen e silentio oder Ideen von 'survivals' bzw. Elementargedanken zu stützen.[71] Geschichtslosigkeit und Überzeitlichkeit, die mit der Enthistorisierung der Märchen zusammenhängen, erweisen sich also bei eingehenderer Beschäftigung mit dem Erzählgut als bloße Postulate, die aus der romantischen Anschauung von 'Naturpoesie' resultieren.

Gerade durch die Berücksichtigung des den Märchen zugrundeliegenden gesellschaftlichen Kontexts sowie durch die Erschließung ihrer Gebrauchsfunktionen könnten neue Aufschlüsse über die Herkunft des Erzählguts und seine zeitliche Einordnung gewonnen werden.[72] Bei der Untersuchung der Funktionalität von Erzählstoffen wäre es auch lohnend, die Frage zu klären, inwieweit man mit dem Erzählgut das Ziel der Bewußtseinsbildung verfolgte. Vielfach ist erkennbar, daß Märchen Weltbilder, Normen, Moralvorstellungen und Glaubenslehren vermitteln wollen. So wird etwa in *König Drosselbart* (*KHM* 52) die Unterordnung der Frau unter den Mann thematisiert, in *Hans im Glück* (*KHM* 83) geht es um die Tugend der inneren Zufriedenheit,[73] in *Aschenputtel* (*KHM* 21) um Demut und in *Der treue Johannes* (*KHM* 6) sowie in *Brüderchen und Schwesterchen* (*KHM* 11) um Treue. Es können auch Untugenden wie Eitelkeit in *Sneewittchen* (*KHM* 53) und Treulosigkeit in *Die Gänsemagd* (*KHM* 89) angeprangert werden. Die protestantische Vorstellung von der Beheimatung des Menschen im Wort Gottes könnte dem Märchen *Der Sperling und seine vier Kinder* (*KHM* 157) zugrundeliegen. Auch die im Märchen gespiegelten Rechtspraktiken sowie Sitten und Bräuche könnten Hinweise auf die Altersbestimmung bieten. Die zeitliche Einordnung darf aber nicht von einzelnen Motiven abhängen, da diese wiederum bewußt archaisierend eingesetzt sein können, sondern muß bei dem letztlich individuellen Akt der Gesamtgestaltung und ihrer kulturgeschichtlichen bzw. gesellschaftlichen Verflechtungen ansetzen. Der Hauptanteil unserer heute bekannten Märchen stammt wohl erst aus den letzten Jahrhunderten. Der quellenmäßige Nachweis der Verbreitung von Volksmärchen läßt sich ohnehin erst für das späte Mittelalter erbringen. Die Altersbestimmung muß also zunächst bei den Sammlungen von Boccaccio,

69 Cf. D.-R. Moser (1977) *Altersbestimmung* 1,408-410, id. (1981) 3,18f. und ferner Röhrich (1969) 121.
70 Cf. Bausinger (1960) 279-286.
71 Cf. Röhrich (1969) 130.
72 Cf. D.-R. Moser (1980) *Theorie- und Methodenprobleme* 62f. und id. (1977) *Altersbestimmung* 1,411.
73 Cf. Uther (1990) *Hans im Glück* 119-164. Uther arbeitet hier die Bearbeitungstendenzen der Grimmversion des Märchens gegenüber der Vorlage bei A. Wernicke (1818) heraus und stellt motivisch wie stofflich verwandte Erzählungen zusammen.

Straparola, Basile und Perrault sowie bei den mittelalterlichen Legendensammlungen und den Sammlungen zur europäischen Novellistik ansetzen.[74]

Im Blick auf die Volksmärchen des 19. Jahrhunderts und ihre Altersbestimmung darf der Einfluß der französischen Feenmärchenmode nicht unterschätzt werden.

Nach Fehling sind viele Volksmärchen sozusagen aus der "Saat der Feenmärchen" des 18. Jahrhunderts erwachsen. Indem man die Rokokoverzierungen tilgte und den 'echten Märchenton' erzeugte, habe man sie dem Zeitgeschmack angepaßt, d.h. modernisiert. Die Feenmärchen ihrerseits waren keine Volksmärchen. Sie beruhten zum einen auf literarischen Quellen wie etwa Basile, zum anderen waren sie literarische Modeerzeugnisse.[75] Bereits Wesselski wies darauf hin, daß Deutschland "noch in den ersten Jahrzehnten des neunzehnten Jahrhunderts der über den Rhein zu uns gekommenen Feenmode verfallen" war. Der Einfluß der Feenmode lasse sich in zweifacher Weise greifen: Man habe entweder fremde Feenmärchen übernommen (wie im Fall von *Dornröschen* (*KHM* 50), oder man habe deutsches Erzählgut so lange bearbeitet, bis es den durch die Feenmode vorgegebenen Maßstäben gehorchte und damit - so Wesselski - "bis zur Unkenntlichkeit verdorben" war. Dieser Prozeß habe sich z.B. bei der Umbildung des Märchens vom *Erdkühlein* in die Geschichte von *Einäuglein, Zweiäuglein und Dreiäuglein* vollzogen (*KHM* 130).[76] Dammann, der die Entwicklungsphasen des französischen "conte de(s) feés" beschreibt,[77] zeigt, daß die Rezeption der Feenmärchen in Deutschland aufgrund des gegenüber Frankreich verspäteten Rationalismus und seiner Ablehnung des Wunderbaren erst ab 1760 einsetzte. Während man sich zunächst sehr eng an die französischen Vorbilder anschloß, bezog man ab etwa 1780 in zunehmendem Maße einheimische Traditionen mit ein, was im Kontext des neuen gesamtgesellschaftlichen Interesses an nationalen Überlieferungen zu sehen ist.[78] Die Öffnung auf das Nationale hin, war sicherlich ein entscheidender Impuls für die Umgestaltung der Feenmärchen in Volksmärchen. Für eine Popularisierung der Feenmärchen sorgte ihr Vertrieb in der sogenannten 'Bibliothèque bleue'.[79] Auch Grätz kommt bei seiner Untersuchung der Märchentraditionen der Aufklärung zu dem Ergebnis, daß die eigene deutsche Märchenproduktion erst durch das Vorbild der Feenmärchen und der orientalischen Märchen angeregt wurde.[80]

Während die Auseinandersetzung mit den tatsächlich vorhandenen Quellen sowie mit ihren gesellschaftlichen Bezügen und literarischen Abhängigkeitsverhältnissen zu dem Ergebnis

---

74 Cf. D.-R. Moser (1977) *Altersbestimmung* 1,408-413.417f. und id. (1980) *Theorie- und Methodenprobleme* 61.63, cf. auch Röhrich (1955) 176-224 und id. (1964²,1956) sowie Liungman (1955) bes. 37-39 und id. (1961) XXV.

75 Cf. Fehling (1977) 55f.

76 Cf. Wesselski (1942²,1938) 8f.

77 Cf. Dammann (1981) 3,131-139.

78 Cf. ibid. 3,140f.

79 Cf. Tenèze (1979) 2,283-287.

80 Cf. Grätz (1988). Gegen die Vorstellung vom Märchen als zeitloser Gattung stellt Grätz heraus, daß sich die Märchenproduktion in Deutschland in der zweiten Hälfte des 18. Jahrhunderts unter französischem Einfluß entwickelte und seitdem dauerndem historischem Wandel unterzogen war. (Cf. id. (1988) 272).

führt, daß einem Großteil des tradierten Märchenguts keineswegs besonders hohes Alter zukommt, haben sich die Verfechter der Altartigkeit der Märchen immer gerade auf die orale Tradition und ihre Kontinuität berufen.[81]
Es wurde bereits angeschnitten, daß Dorson in einem in neuerer Zeit von ihm aufgezeichneten Seemannsschwank die mündliche Quelle sieht, aus der auch Homer geschöpft hat.[82] In ähnlicher Weise versuchte man die Versionen der *Tierbräutigam* Märchen als Basis der *Amor und Psyche* Erzählung bei Apuleius[83] oder Geschichten, die man im 20. Jahrhundert aus der mündlichen Tradition gewonnen hatte, als primäre Überlieferungsformen des bei Kallimachos und Ovid belegten Erysichthonmythos zu betrachten.[84]
Wesentlich höhere Wahrscheinlichkeit hat demgegenüber die These, die Übereinstimmungen zwischen antiker Literatur und modernen Aufzeichnungen von Märchen beruhten auf literarischer Abhängigkeit bzw. literarischer Beeinflussung, was insbesondere bei der Popularität von Autoren wie Ovid oder Homer naheliegt.[85] Der Prozeß der Vermittlung kann dabei unter Umständen über mündliche Zwischenstufen erfolgt sein.
Die orale Tradition kann, wie neuere Forschungen erbracht haben, nicht streng, d.h. im Sinne einer vollkommen autarken Überlieferungslinie, von den literarischen Zeugnissen getrennt werden. Durch die große Fülle von Trivialliteratur sowie das Weitererzählen von gelesenen Stücken besonders auf Reisen oder in Tischgesprächen und die Praxis des Vorlesens fanden vielmehr Vermittlungsprozesse auf breiter Basis statt. Wichtige Zwischenträger waren berufsmäßige Spielleute, Gaukler, Spaßmacher, Flugblatt- und Bilderbogenhändler.[86] Auch auf die Predigt als Schnittstelle zwischen Schriftlichkeit und Mündlichkeit ist besonders hinzuweisen.[87] Auf der Grundlage dieser Vermittlungsprozesse lassen sich eine Reihe von Übereinstimmungen zwischen literarischen und mündlichen Überlieferungen durchaus plausibel auf nichtspekulativem Weg erklären. Orale Tradition darf also nicht per se als altartig betrachtet werden oder zur Rekonstruktion verlorener literarischer Vorlagen herangezogen werden. Zu bedenken ist auch, daß es sich bei oraler Tradition um eine sehr störanfällige Art der Kommunikation handelt, die in der Regel einem raschen Zerfall preisgegeben ist, da Kontrollmechanismen wie Redundanz und Rückfluß der Informationen fehlen. Der Disintegrationsprozeß oraler Traditionen verzögert sich, wenn sich die Objekte durch hohe Qualität auszeichnen, die Innovation in mehreren Stößen erfolgt bzw. in dauerhafter Form festgehalten wird (z.B. auf Tonträgern oder im Druck), wenn die Objekte an regelmäßig wiederkehrende

---

81 So z.B. die Vertreter der 'Finnischen Schule', cf. Aarne (1913) 56-58.
82 Cf. Dorson (1972^{5},1964) 3. 38f.
83 Cf. Fehling (1977) passim.
84 Cf. id. (1972) 185f.
85 Zur Kritik an Dorson und ähnlichen Ansätzen siehe Fehling (1972) 173-196, id. (1977), und D.-R. Moser (1979) *homerische Frage* 116-136, cf. auch bereits Wesselski (1931) 146-150.
86 Cf. Moser-Rath (1973) 69-75.
87 Cf. dazu Englisch (1987) 147-158. Zu den Vermittlungsprozessen zwischen Schriftlichkeit und Mündlichkeit im Spätmittelalter siehe auch Röhrich (1987) 199-122 und Burke (1987) 59-71.

Erscheinungsformen wie Bräuche gebunden werden oder das Erzählgut in eine Erzählgemeinschaft integriert wird bzw. unter die Obhut eines berufsmäßigen Erzählers kommt.[88]
Trotz dieser Erkenntnisse wird in weiten Kreisen eine übertriebene Hochschätzung oraler Überlieferung aufrechterhalten, und Gerndt bedauert die "versteinerten Vorstellungen... von der Beständigkeit wie Unanfechtbarkeit mündlicher Tradierung."[89] Ein Verfechter oraler Kontinuitäten ist z.B. K. Ranke. Die seiner Meinung nach unverdiente Geringachtung oraler Kontinuität führt er auf die übertriebene Hymne an die Kontinuität in romantisch-nachromantischer Zeit und den Mißbrauch des Begriffs unter der NS-Herrschaft zurück. Er versucht seine These von der Hochschätzung mündlicher Überlieferung anhand archäologischer Befunde zu stützen. So habe sich bei der Öffnung des Grabhügels Dronninghoi (nordwestlich von Schleswig), der aus dem Übergang der Stein- in die Bronzezeit stamme, die im Volk lebendige und 1845 von Müllenhoff aufgezeichnete Sage, eine Königin habe einem mit ihr verfeindeten Fürsten hier den Kopf abgeschlagen, bestätigt, da man in der ungestörten Grabanlage ein Skelett fand, dessen Kopf isoliert bei den Füßen lag. Die Sage beweise die Kontinuität der mündlichen Überlieferung.[90]
Die Vor- und Frühgeschichtsforschung kann noch weitere ähnliche Fälle beisteuern.
Beim Abtragen eines Grabhügels auf seinem Besitz in Grünhof-Tesperhude, Lauenburg, entdeckte der Bauer Christern mehrere Gräber. Kurz *bevor* diese Gräber von Archäologen untersucht wurden, erzählte der ortsansässige Johann Harders Grabungsmitarbeitern, daß am Ort die Sage bestünde, es spuke im Hügel. In alter Zeit hätten dort große Feuer gebrannt, und im Berg liege ein Scheiterhaufen.[91] Die Sage wurde durch die Grabung insofern verifiziert, als man in Grab I die Reste zweier Leichen und eines Totenhauses fand, das man mit den Leichen nach einer in der Bronzezeit üblichen Vorgehensweise verbrannt hatte.[92]
Beim Bau einer Eisenbahnlinie von Neubrandenburg nach Rostock protestierten die Bewohner des Ortes Gevezin, als die Trasse durch ein Hügelchen führen sollte, indem sie auf eine Sage hinwiesen, nach der ein König in alter Zeit in einem goldenen Wagen in die Erde gefahren sei. Die Ingenieure, die sich nicht um die Bedenken der Leute kümmerten, durchstachen den Hügel und stießen auf ein Grab, in dem ein kleiner Bronzewagen lag. Das Grab sei "augenscheinlich in vollkommen unberührtem und niemals gestörtem Zustand" gewesen.[93]
Nachdem schon mehrere Grabungen von Laien am sogenannten 'Hinzerberg', dem größten Hügelgrab der Mark Brandenburg bei Seddin durchgeführt worden waren und man dabei bereits ein Bronzeschwert gefunden hatte, wurde der Hügel als Steinbruch verwendet. Bei ihrer

---

88 Cf. D.-R. Moser (1976) *orale Tradition* 212-214. 218 und id. *Altersbestimmung* (1977) 414.
89 Gerndt (1987) 418.
90 Cf. K. Ranke (1969) bes. 102-108 und cf. den Grabungsbericht bei Splieth (1895) 13-20 sowie cf. Struwe (1986) 185-187.
91 Cf. Kersten (1936) 56f.
92 Cf. ibid. 65. 85f.
93 Cf. Frobenius (1932) 53.

Tätigkeit im Steinbruch entdeckten zwei Arbeiter eine Grabkammer im Hügel, öffneten sie und entnahmen eine Reihe von Fundstücken.[94] Die Grabkammer selbst wurde als Steinsarkophag verstanden, darin fand man ein 46,5 cm hohes Tongefäß aus der jüngeren Bronzezeit, das für die Datierung der Grabanlage bedeutend ist, und das seinerseits wiederum eine Bronzeurne umschloß, in der die Brandreste einer männlichen Leiche lagen.[95] Dieser Befund wurde als der "dreifache Sarg" interpretiert, in dem nach der Prignitzer Sage, die bereits 1897 aufgezeichnet wurde, ein König im Berg begraben sei.[96]

In Wangersen, Kr. Stade, bestätigte sich die Sage, in dem "großen Hambarg" liege ein König mit einem goldenen Fingerring, durch den Fund eines goldenen Fingerrings bei der Einebnung des Hügels.[97]

Versucht man nun, diese Grabungsergebnisse kritisch zu hinterfragen, so ist zunächst festzuhalten, daß die Fundumstände in einigen Fällen als durchaus unklar und keineswegs wissenschaftlich gesichert zu bewerten sind. Wenn Laien - wie bei dem oben beschriebenen Bahnbau oder den Steinbrucharbeiten - die Hügel abtrugen und auf die Funde stießen, können Bemerkungen wie, es habe sich "augenscheinlich" um eine ungestörte und unberührte Anlage gehandelt,[98] nicht darüber hinwegtäuschen, daß keine exakten Untersuchungen der Erdschichten durchgeführt wurden, die frühere Grabungen oder eine frühere Öffnung, von der die Sagenbildung erst hätte ausgehen können, definitiv ausgeschlossen hätten. Wie schnell sich Sagen aus Grabungsergebnissen bilden können, ist schon aus Rankes Hinweis zu ersehen, das in Dronninghoi gefundene zweite unversehrte Skelett sei sehr rasch als Leiche der Mörderin Margareta in die Sage eingebaut worden.[99]

Es ist weiterhin zu bedenken, daß die Sagenbildung sich sehr häufig an Grabhügel oder andere auffällige Örtlichkeiten anschließt und daß viele Sagenmotive dabei topisch sind. Es handelt sich um Wandermotive, die sich im Zusammenhang mit verschiedenen Grabhügeln und anderen prähistorischen Denkmälern wiederholen, dadurch eigentlich nicht typisch für einen bestimmten Ort sind und in vielen Fällen keine Bestätigung durch die Grabungsergebnisse finden.[100] Wird nun aber ein Sagenmotiv durch eine archäologische Grabung verifiziert, so ist die Übereinstimmung auf den ersten Blick frappierend. Ob die Parallele wirklich in allen Fällen so erstaunlich ist, bleibt zu fragen. Sie ist weniger spektakulär, wenn es sich um Fundgut handelt, das in ähnlicher Form auch in vielen anderen Grabanlagen aufgedeckt wurde und das somit zu *erwarten* war. Es wäre dann nicht unwahrscheinlich, daß die Sage durch

---

94 Cf. Kiekebusch (1928) 7. 13-16.
95 Cf. ibid. 20-22.
96 Cf. ibid. 8. 36-38.
97 Cf. Kersten (1936) 87.
98 Cf. Frobenius (1932) 53.
99 Cf. Ranke (1969) 106.
100 Cf. Daxelmüller (1986) 189 und Kiekebusch (1928) 37f.

ähnliche Grabungsberichte[101] initiiert worden ist und sich nicht durch mündliche Überlieferungen aus der Vorzeit gehalten hätte. In bezug auf die oben angeführten Beispiele ist festzuhalten, daß (goldene) Fingerringe in sehr vielen Gräbern als Beigaben ausgemacht wurden. Ebenso war es durch zahlreiche Funde bekannt, daß man Grabanlagen in der Bronzezeit verbrannte.

Die Übereinstimmung zwischen Sage und Grabungsbefund erscheint in manchen Fällen auch deshalb so erstaunlich, weil die Funde bereits einseitig auf die Kontinuitätshypothese hin ausgewertet wurden.[102] Der Grabungsbefund wird gepreßt, wenn man etwa im Fall des sogenannten Königsgrabes von Seddin das aus Steinplatten errichtete Grab sowie das Ton- und Bronzegefäß als den goldenen, silbernen und bronzenen Sarg der Sage interpretiert.[103] Überhaupt ist es merkwürdig, daß man im 19. Jahrhundert und in nationalsozialistischer Zeit, als die Forschung noch ganz auf die Kontinuitätshypothese eingeschworen war, immer wieder Sagenmotive archäologisch bestätigt fand, während aus neuerer Zeit keine derartigen Befunde bekannt sind. Dies legt den Schluß nahe, daß man die Kontinuitäten fand, weil man sie suchte bzw. die Grabungsergebnisse auf die Kontinuitätshypothese hin interpretierte.[104]

Bei Sagen, die sich an mittelalterliche oder antike Monumente anschlossen und von verschwundenen Dörfern, Städten, Burgen, Klöstern und ähnlichem erzählen, ist prinzipiell eher davon auszugehen, daß sie historische 'Faktizität' überliefern als bei den Sagen zu vorgeschichtlichen Denkmälern. Das Studium zahlreicher Beispiele zeigt hier, daß der historische 'Kern' von Fall zu Fall recht unterschiedlich anzusetzen ist. Es gibt Sagen, die von verschwundenen Dörfern handeln und bisher trotz archäologischer Forschungen keinerlei Bestätigung fanden. Häufig führen die Berichte über verschwundene oder abgegangene Städte, Kirchen, Klöster, über ein Schloß oder die Wohnung von Wichtelmännern bzw. Tempelherren auf römerzeitliche Siedlungsreste, während die Nachricht über ein verschwundenes Dorf in dreiviertel der Fälle auf mittelalterliche Wüstungen und nur in einem Viertel auf römerzeitliche Siedlungsreste verweist.[105] Entscheidend ist, daß die historischen Sagen nicht als unmittelbare Geschichtsquellen aufzufassen sind.[106] Auch wenn sie einen geschichtlichen Kern enthalten, kann dieser sehr weit von den tatsächlichen Gegebenheiten entfernt sein. In der Regel orientiert sich die Sagengestaltung nicht primär am Objekt, an das sie sich anschließt, sondern an der Lebenswelt und den Strukturen, die die Gegenwart des Erzählers bestimmen.[107]

Bei Sagen, die sich um bestimmte Objekte ranken, kann man dabei grundsätzlich mit einer

---

101 Gräber wurden schon seit dem frühen 16. Jahrhundert im Sinne von wissenschaftlichen Ausgrabungen geöffnet. (Cf. Seidenspinner (1988) 89).

102 Cf. Daxelmüller (1986) 189.

103 Cf. Seidenspinner (1988) 88.

104 Cf. ibid. 88f.

105 Cf. ibid. 90-99.

106 Zum Verhältnis von Sage und Geschichte siehe Seidenspinner (1992) 14-38 und Graf (1988) 21-47. Graf plädiert für eine Verabschiedung des Begriffs der 'historische Sage'.

107 Cf. ibid. 93.99. Zum Problemkreis von Sage und Archäologie siehe auch Seidenspinner (1991) 525-534.

höheren Überlieferungsdauer rechnen als bei nicht objektgebundenen 'historischen' Sagen. Die sogenannten 'historischen' Sagen wurden besonders im Rahmen der Tätigkeit der Geschichtsvereine im 19. Jahrhundert und unter dem Einfluß der allgemein besonders durch die Brüder Grimm und ihre Nachfolger geförderten Hochschätzung der Volksüberlieferungen als wertvolle historische Quellen eingestuft. Die Ergebnisse der quellenkritischen Geschichtswissenschaft, die die Sagen besonders im späteren 19. Jahrhundert oft einer akribischen Analyse unterzog und auf diese Weise zeigte, wie problematisch es ist, sie als historische Quellen auszuwerten, führten nur selten zu einer Irritation der geläufigen Ansichten. In diesem Sinne hält man in der Schweiz trotz der kritischen Bedenken gegen die historische Faktizität der Tellsage noch immer am Wahrheitsgehalt der Sage fest. Der Wunsch, der Nationalheld möge doch gelebt haben, ist hier buchstäblich der Vater des Gedankens. Deneke bedauert, daß der quellenkritische Ansatz der Geschichtswissenschaft im 19. Jahrhundert von der heutigen volkskundlichen Sagenforschung viel zu wenig verfolgt wird,[108] und Gerndt fordert den Abschied von der traditionellen Sagenforschung, in der die wissenschaftsgeschichtlichen Prämissen der Grimms noch nachleben.[109]

2.2.2. Zur These vom Märchen als Form authentischer 'Volkspoesie'

Der Anspruch auf Authentizität, den die Brüder Grimm mit der Sammlung ihrer Kinder- und Hausmärchen erhoben, bezieht sich zum einen auf die Entstehung der Märchen im Volk, d.h. ihr "Dasein" als 'Volksmärchen'[110] bzw. ihre Zurechnung zur 'Volks'- oder 'Naturpoesie'[111], zum anderen auf die von den Grimms postulierte unverfälschte Wiedergabe der aus dem 'Volksmund' aufgezeichneten Märchen. Diese Grundsätze werden bereits in J. Grimms Sammelaufruf "an die gesammten Freunde deutscher Poesie und Geschichte" deutlich ausgesprochen:

> "wir gehen aus, alle mündliche Sage des gesammten deutschen Vaterlandes zu sammeln, und wünschen nur in dem nachstehenden die Allgemeinheit und Ausgedehntheit des Sinns, worin wir die Sache nehmen, nicht verfehlt zu haben. Wir sammeln also alle und jede Traditionen und Sagen des gemeinen Mannes... Dieses alles nun wünschen wir höchst getreu, buchstabentreu aufgezeichnet, mit allem dem sogenannten Unsinn, welcher leicht zu finden, immer aber noch leichter zu lösen ist, als die künstlichste Wiederherstellung, die man statt seiner versuchen wollte. Worauf wir durchaus bestehen zu müssen glauben, ist die größte Ausführlichkeit und Umständlichkeit der Erzählung, ohne alles Einziehen eines noch so kleinen gehörten Umstandes, ..."[112]

---

108 Cf. Deneke (1988) 67-82.
109 Cf. Gerndt (1991) 141f.
110 Cf. dazu z.B. Br. Grimm (1819^2) Vorrede zur zweiten Auflage der *KHM*, *KHM* 1,16.
111 Cf. dazu die Ausführungen unter Teil 1, 2.1.
112 J. Grimm, zit.: *Sammelaufruf*, ed. Steig (1914) 166f.

Dementsprechend wird in der Vorrede zur zweiten Auflage der *KHM* (1819^2) die Authentizität der Sammlung betont. Die Brüder versichern, es sei ihnen "zuerst auf Treue und Wahrheit angekommen", sie hätten "aus eigenen Mitteln nichts hinzugesetzt, keinen Umstand und Zug der Sage selbst verschönert".[113]
Auch das Eintreten der Brüder für die Beibehaltung der Mundart ist im Sinne ihres Strebens nach Authentizität zu sehen.[114] J. und W. Grimm waren von dem Bewußtsein erfüllt, mit diesen Leitlinien neue Maßstäbe zu setzen, und grenzten ihre *KHM* von anderen zeitgenössischen Sammlungen, die de facto "Bearbeitungen" seien, ab.[115] Gerade diese Abgrenzungen gegenüber zeitgenössischen Märchensammlungen und in den *Deutschen Sagen* gegenüber zeitgenössischen Sagensammlungen etwa von Otmar (1800), Büsching (1812) und Gottschalk (1814) festigten das forschungsgeschichtliche Bild der Grimms als herausragende Gründerfiguren, die sich in hohem Maße von der Wissenschaftspraxis ihrer Zeit abhoben.[116]
Der theoretische Anspruch der Brüder Grimm auf authentische Wiedergabe der Märchen und ihre Vorstellung, die Märchen erzeugten sich im Kollektiv des Volkes, wurde in der Folgezeit von den Herausgebern der populären Märchensammlungen[117] übernommen und in der Märchenforschung weitertradiert. So sagt von der Leyen über die *KHM* der Brüder Grimm:

> "Die Besonderheit dieser Sammlung lag darin: es waren Märchen, wie sie das Volk erzählte, ohne entstellende Zutaten".[118]

Die Brüder Grimm waren darauf bedacht, die individuellen Leistungen im Entstehungs- und Tradierungsprozeß der Märchen zu verschleiern, um sie so als Traditionen des Volkes, des "gemeinen Mannes",[119] darzustellen. Hinweise auf Ort und Zeit der Aufnahme sowie auf den Namen der Gewährspersonen finden sich weder in den frühesten Materialien zu den *KHM* noch in den Anmerkungen zur Erstausgabe von 1812. Wenn die Herkunft der Märchen statt dessen durch den Vermerk "nach mündlicher Überlieferung gesammelt" und durch vage Landschaftsbezeichnungen wie "Aus Hessen", "Aus Zwehrn", "Aus dem Paderbörnischen" usw. gekennzeichnet ist,[120] so wird dadurch ganz im Sinne der Tradition der *Wunderhorn*-

113 Br. Grimm (1819^2) *KHM* 1,21, cf. auch W. Grimm, Vorrede zum ersten Band der *KHM*, KS 1,327.

114 Cf. Br. Grimm (1819^2) Vorrede zu den *KHM*, *KHM* 1,22.

115 Cf. ibid. 1,22f, cf. auch J. Grimm an v. Arnim (31.12.1812), ed. Steig (1904) 3,257. Zur Kritik der Brüder Grimm an zeitgenössischen Märchenausgaben siehe J. Grimms negatives Urteil über die Sammlungen von Büsching (id. an v. Arnim (26.9.1812) 3, ed. Steig (1904) 219) und A.L. Grimm (id. an Wilhelm (10.7.1809) ed. Schoof (1963^2,1881) 122).

116 Eine Neubewertung des Verhältnisses der Grimmschen Sagensammlung zu den Sammlungen Otmars, Büschings und Gottschalks nimmt Gerndt (1983) 251-266 vor. Es zeigt sich, daß die Brüder Grimm zwar die reichste Stoffsammlung präsentieren, daß Umfang und Inhalt ihrer theoretischen Äußerungen jedoch nicht wesentlich von den Zeitgenossen divergieren. Die quellenkritischen aufklärerischen Ansätze Otmars werden - wie der Vergleich Gerndts deutlich macht - von den Grimms zugunsten ihrer romantischen Glaubensprämissen eher zurückgedrängt.

117 Siehe z.B. Müllenhoff (1845), v. Spieß (1917), Haltrich (1956^6,1856), v. Geramb (1967^4,1941) und zahlreiche andere.

118 Von der Leyen (1958^4,1911) 14.

119 J. Grimm (1811) *Sammelaufruf*, ed. Steig (1914) 166.

120 Cf. W. Grimm, Vorrede zum ersten Band der *KHM*, KS 1,321 und *KHM* 3, passim.

Herausgeber das anonyme Volk als Träger der Erzählungen suggeriert. Im Falle der 'Viehmännin', die W. Grimm in der Vorrede zum zweiten Band der *KHM* (1815) porträtiert, wird dieses Konzept nur scheinbar durchbrochen, da die Viehmännin, zur idealtypischen Erzählerin stilisiert, als Repräsentantin des Volkes für alle stehen sollte.[121] Trotz der gewollten Anonymität lassen sich viele Beiträger mit Hilfe der Namensvermerke des Handexemplars von 1812/15, das dem persönlichen Gebrauch der Brüder vorbehalten war, identifizieren.[122] Da es den Grimms nicht darum ging, irgendwelche Märchen aus dem Volk zu erheben, sondern um die sich hinter den Volksüberlieferungen verbergende 'Naturpoesie', sammelten sie letztlich in sich vollkommene, tiefsinnige Geschichten, die den von Brentano und Runge aufgestellten Vorbildern entsprachen. Von daher versteht es sich, daß die Grimms an den mündlichen Überlieferungen des 'gemeinen Mannes' im Grunde kein Interesse hatten und ihre Beiträger in den Kreisen der gebildeten Oberschicht suchten. So war bereits durch die Auswahl der Gewährspersonen garantiert, daß die Erzählungen nicht obszön, ethisch fragwürdig oder unsinnig seien.[123] Die Beiträger der ersten Sammelphase waren - so Rölleke - ausschließlich gebildete Frauen aus gutbürgerlichen Familien. Zu nennen sind die Pfarrerstochter und Lehrerin Friederike Mannel, die die französische Sprache gut beherrschte und überhaupt literarisch sehr interessiert war, die Kasseler Apothekersfamilie Wild, in die W. Grimm später einheiratete, die Töchter des französischen Stadtpredigers Ramus in Kassel und insbesondere die drei Schwestern Hassenpflug, mit denen die Grimms seit 1808 in einer Art Teekränzchen verkehrten. Die weitreichenden Übereinstimmungen zwischen den Hassenpflugschen Versionen und französischen Märchenfassungen des 18. Jahrhunderts erklären sich, wenn man weiß, daß die Mutter der Schwestern aus einer Hugenottenfamilie stammte und im Hause Hassenpflug ausschließlich französisch gesprochen wurde.[124]

In diesem Zusammenhang sei auch die Forschungsdiskussion um die sogenannte 'Alte Marie' kurz gestreift. H. Grimm führte eine Reihe von Beiträgen der *KHM* auf die 'Alte Marie' zurück und identifizierte diese mit der Haushälterin in der Wildschen Apotheke.[125] Diese Identifikation wurde - wohl aufgrund der Autorität des Grimm-Neffen bzw. Sohnes - kritiklos in das Standardwerk von Bolte / Polívka und in Schoofs Untersuchungen zur Entstehungsgeschichte der Grimmschen Märchen übernommen.[126] Rölleke weist dagegen nach, daß die mit 'Marie' gekennzeichneten Märchen auf eine der drei Schwestern Hassenpflug zurückgehen. Die persönliche Bekanntschaft mit der Wildschen Haushälterin, die H. Grimm vorgibt,[127] widerspricht den historischen Daten, da Maria Müller bereits 1826 starb, während H. Grimm

121 Cf. W. Grimm, KS 1,329.
122 Ein Nachdruck der Erstausgabe der *KHM* von 1812 und 1815 nach dem Handexemplar wurde von Rölleke (1986) besorgt. Cf. auch Rölleke (1985) *Alte Marie* 39-41. 49.
123 Cf. Rölleke (1986^2, 1985) 61f.
124 Cf. ibid. 70f. und id. (1985) *Alte Marie* 42.
125 Cf. H. Grimm (1895) 48.
126 Cf. *BP* (1963^2,1930) 4,432 und Schoof (1959) 59-61.
127 Cf. H. Grimm (1895) 48.

erst 1828 geboren wurde. Außerdem habe grundsätzlich Wilhelm die Beiträge der Familie Wild aufgezeichnet, während alle Versionen, die mit 'Marie' gekennzeichnet sind, von Jacob, der für die Familie Hassenpflug zuständig war, festgehalten wurden. Am 18.4.1811 und am 10.2.1812 hätte Jacob dann sowohl bei den Familien Hassenpflug als auch Wild tätig sein müssen. Dazu komme noch, daß die Brüder nur junge Gewährspersonen mit dem Vornamen bezeichnen. Die landschaftlichen Hinweise im Anmerkungsband von 1822, die den namentlichen Zuordnungen des Handexemplars von 1812/15 entsprechen, seien bei den Erzählungen, die auf 'Marie' zurückgehen, gerade typisch für die Beiträge der Familie Hassenpflug.[128] Schon diese Nachweise zeigen für Rölleke, wie irrig die Vorstellung ist, die Grimms hätten Feldforschung betrieben und wären zu einfachen Leuten gegangen. Nur einmal hat W. Grimm versucht, Märchen auf diesem Wege von der sogenannten 'Marburger Märchenfrau' zu gewinnen. Das Unternehmen scheiterte jedoch, und W. Grimm konnte nur auf Umwegen zwei ihrer Erzählungen (Teilfassungen von *KHM* 21 und 57) greifen.[129] Für den zweiten Band der *KHM* wurde der Beiträgerkreis um Ferdinand Siebert, der Theologiestudent in Treysa war, um die Familien von Haxthausen und v. Droste-Hülshoff sowie um die bekannte Dorothea Viehmann erweitert. Es wurde bereits darauf hingewiesen, daß sie von W. Grimm insbesondere durch die Stichwörter "Bäuerin", "nicht viel über funfzig Jahr alt" und durch ihre "echt hessischen Märchen" als ideale Erzählerin dargestellt wird.[130] Daß diese Grimmschen Charakteristika Stilisierungen sind, zeigt sich, wenn man bedenkt, daß Dorothea Viehmann tatsächlich keine Bäuerin war, sondern eine bürgerliche Schneidersfrau und als geb. Pierson einer Hugenottenfamilie entstammte. Ihr Märchenrepertoire weise - so Rölleke - deutliche Abhängigkeiten von Perrault und d' Aulnoy auf. Somit stammen die Beiträger fast durchwegs aus gutbürgerlichen Kreisen und sind überdies häufig französischer Herkunft. Aus diesem Befund lassen sich verschiedene Rückschlüsse ziehen:

Zum einen dürfte bereits das Material, das von den Beiträgern herrührte, aufgrund ihrer ähnlichen Bildung und Herkunft, recht einheitlich gewesen sein. Es war also schon vom Rohmaterial her der Grund gelegt für den von W. Grimm ausgefeilten Märchenton, den die Beiträger in der Folgezeit immer mehr von sich aus trafen.[131] Zum andern erweisen sich die Verflechtungen der Beiträger mit der französischen Tradition durch ihre Herkunft und ihre Kenntnis

---

128 Cf. Rölleke (1985) *Alte Marie* 45-51. Daß der 'Alten Marie', die in der Familie Wild tätig war, eine indirekte Rolle als Beiträgerin zu den *KHM* zufiel, schließt Rölleke (1989) 87f. nicht aus.

129 Cf. W. Grimm an Brentano (25.10.1810) ed. Steig (1914) 118 und Rölleke (1985) *Marburger Märchenfrau* 55-63.

130 Cf. W. Grimm, Vorrede zum zweiten Band der *KHM*, KS 1,329.

131 Cf. Rölleke (1986^2,1985) 81-83 und id. (1975) Erläuterungen zu Br. Grimm, *KHM-Synopse* 390. Eine detaillierte Tabelle mit den Zuordnungen der Märchen zu Beiträgern und Vermittlern gibt Rölleke in Br. Grimm, *KHM* 3,559-574.

der französischen Sprache als so evident, daß der Rückschluß auf Einflüsse der französischen Feenmärchenmode geradezu zwingend ist.[132]

Daß die Brüder Grimm die französischen Feenmärchen auch selbst gekannt haben, zeigen ihre lobenden Äußerungen über Perrault oder Madame d' Aulnoy sowie ihr abschätziges Urteil über deren Nachahmer im Anmerkungsband zu den *KHM*. Obgleich die Übereinstimmungen zwischen den französischen, italienischen und deutschen Märchen, die die Grimms durchaus erkannten, den Schluß auf Abhängigkeit nahelegen, sahen die Brüder gerade in den Parallelen und Divergenzen den unwiderlegbaren Beweis, daß die Märchen mündlicher Überlieferung entstammten.[133] Literarische Bezüge sind aber nicht nur zwischen den *KHM* und den französischen Feenmärchen zu bedenken, es müssen vielmehr auch die deutschen Märchensammlungen vor den Grimms, die ihrerseits wiederum mehr oder weniger direkt von der Feenmärchenmode beeinflußt waren, in den Blick genommen werden.[134] Die Tatsache, daß die Brüder sich entschieden von den Herausgebern dieser Sammlungen absetzten, sagt nichts über die wirklichen Bezüge aus.[135]

Bei der Diskussion der literarischen Abhängigkeitsverhältnisse ist besonders darauf hinzuweisen, daß die Märchen v.a. am Beginn und in der Spätphase der Sammeltätigkeit (nach 1815) literarischen Quellen entstammten. Die Grimms glaubten, nicht nur durch direkte Nachschrift aus mündlichen Erzählungen, sondern auch durch das Auffinden von Märchen in älteren Büchern auf genuin mündliche Tradition zu stoßen. Sie gingen davon aus, daß die Autoren früherer Jahrhunderte - wie etwa Fischart - der Quelle der 'Volkspoesie' noch näher standen und daher "ein viel besseres Märchenbuch" hätten schreiben können. Gegenüber Savigny betont J. Grimm, man sei besonders bei Grimmelshausen und Moscherosch fündig geworden.[136] Nach Rölleke wurden daneben v.a. die Werke von Hans Sachs, Hans Wilhelm Kirchhof, aber auch Ludwig Aurbachers und Friedrich Kinds sowie zeitgenössische Märchensammlungen ausgewertet. In der Frühphase des Sammelns beruhte so 30% des Materials auf literarischen Quellen.[137]

Was die Form der Wiedergabe sowohl der schriftlichen wie der mündlichen Versionen betrifft, so wurde bereits auf den Authentizitätsanspruch der Brüder hingewiesen. Die

---

132 Rölleke warnt jedoch vor einer Vergröberung dieses Befundes. Man könne bei weitem nicht alle Beiträge der *KHM* auf frz. Feenmärchen zurückführen. In vielen Fällen sei die Überlieferungslage schwierig und ungeklärt. (Cf. Rölleke (1989) 83-91, cf. auch id. (1986) 39-48).

133 Br. Grimm, *KHM* 3,300. Eine Analyse der Abhängigkeitsverhältnisse zwischen den Märchen Perraults und der Brüder Grimm führt R. Hagen (1955) 392-410 durch.

134 Die Grimms referieren die deutschen Märchensammlungen im Anmerkungsband zu den *KHM*. (Cf. Br. Grimm, *KHM* 3,325-335).

135 Cf. Rölleke (1986^2,1985) 18-22.

136 Cf. J. Grimm an Savigny (19.12.1807) ed. Schoof (1953) 35.

137 Cf. W. Grimm, Vorrede zum ersten Band der *KHM*, KS 1,326 / Anm. 1, cf. auch Rölleke (1986^2,1985) 33f.41f.74.86f. Zum Verständnis der Grimms von Mündlichkeit und Schriftlichkeit siehe Gerndt (1988) 6-9. Zur Herkunft der von den Grimms für ihre Sagenausgaben gesammelten Erzählungen aus überwiegend schriftlichen Quellen siehe jetzt Uther (1993) 2,557-565.

'Buchstabentreue', die J. Grimm fordert, wird jedoch nur von den 'Mittelsmännern', den Pfarrern, Schullehrern und Frauen verlangt[138] und betrifft so gewissermaßen das Rohmaterial der Sammlung, sagt aber nichts über die eigene Vorgehensweise der Brüder aus.[139] Obwohl die Brüder eigene Bearbeitung der Märchen etwa in der Vorrede zur zweiten Auflage der *KHM* strikt von sich wiesen, wird dieser Anspruch eben hier bereits von ihnen selbst modifiziert:

> "daß der Ausdruck und die Ausführung des Einzelnen großenteils von uns herrührt, versteht sich von selbst, doch haben wir jede Eigentümlichkeit, die wir bemerkten, zu erhalten gesucht, um auch in dieser Hinsicht der Sammlung die Mannigfaltigkeit der Natur zu lassen."[140]

Auch die Verfahrensweise der Kontamination wird als erlaubt dargestellt.[141] Daneben wird ausdrücklich auf Verbesserungen und Umarbeitungen der Erzählungen der ersten Auflage hingewiesen,[142] und W. Grimm betont, daß er sich in der neuen Auflage insbesondere um kindgerechtere Ausdrücke bemüht habe.[143] Gegenüber v. Arnim räumt er ein:

> "Es ist natürlich, daß wenn wir etwas selbst empfunden, diese Empfindung auch sichtbar werden muß und ihren besonderen Ausdruck haben. Darum hab ich mir in den Worten, der Anordnung in Gleichnissen und dergleichen gar keine Schwierigkeit gemacht, und so gesprochen wie ich in dem Augenblick Lust hatte"[144]

Auch J. Grimm schreibt an v. Arnim, er wolle die Treue nicht als mathematische verstanden wissen, und gibt unumwunden zu, einen Spottvers in *Des Schneiders Daumerling Wanderschaft* interpoliert zu haben.[145] Für die Frühphase der Sammeltätigkeit ist festzuhalten, daß sich die Grimms vor tiefgehenden Eingriffen in den Text hüteten, schon weil die Materialien nicht für ihren eigenen Gebrauch bestimmt waren, sondern Brentano zur Veröffentlichung übergeben werden sollten.[146] Erst nachdem sie das sogenannte Urmärchen-Konvolut am 17.10.1810 an Brentano geschickt hatten und dieser die Sache nicht mehr weiter verfolgte, sammelten sie mit der Absicht weiter, das Material selbst zu verwenden. 46 der Märchen, die an Brentano geschickt wurden, haben sich in seinem Nachlaß erhalten[147] und wurden von Rölleke den Fassungen des Erstdrucks synoptisch gegenübergestellt. Die Synopse Röllekes zeigt, daß die Erzählungen zwischen 1810 und 1812 bereits stark verändert wurden. So ist das von W. Grimm aufgezeichnete Märchen *Vom Kätzchen und Mäuschen* bzw. *Katz und Maus in*

---

138 Cf. J. Grimm, *Sammelaufruf* ed. Steig (1914) 167.
139 Cf. Rölleke (1986^2,1985) 63.
140 Br. Grimm (1819^2) *KHM* 1,21.
141 Cf. ibid. 1,22. Zur kontaminierenden Verfahrensweise der Grimms in den *Deutschen Sagen* siehe die Anmerkungen und Sagenkommentare von Uther (1993) 1,293-316 und 2,584-600 und Kindermann-Bieri (1993) 3,149-176.
142 Cf. ibid. 1,21.
143 Cf. ibid. 1,17.
144 W. Grimm an v. Arnim (28.1.1813) 3, ed. Steig (1904) 267.
145 Cf. J. Grimm an v. Arnim (31.12.1812) 3, ed. Steig (1904) 255.
146 Cf. Rölleke (1986^2,1985) 34f.
147 Cf. ibid. 73-75.

Gesellschaft (*KHM* 2)[148] in der Version von 1812 fast auf die doppelte Länge erweitert, was sich durch stilistische Ausformulierungen, breitere Gestaltung einzelner Motive und v.a. den Einsatz der wörtlichen Rede ergibt.[149] Wichtig ist, daß für die Bearbeitung schriftlicher Quellen der Einfluß Brentanos maßgeblich war, während die beiden durchaus nicht volksmäßigen, sondern kunstvoll stilisierten Texte von Runge (*KHM* 19 und 47) als Muster für die mündlichen Erzählungen galten.[150] Nach Rölleke waren die Brüder von Anfang an darauf bedacht, Texte im Sinne der Erzählungen Runges bzw. Brentanos zu finden. Versionen, die diesen Idealen nicht entsprachen, wurden - zunächst zurückhaltend, dann immer durchgreifender - den Vorbildern angepaßt.[151] Obwohl die Grimms bereits die Erzählungen des ersten Bandes der *KHM* von 1812 bearbeitet hatten, wurde die Ausgabe als zu kunstlos kritisiert.[152] Aufgrund dieser Kritik bemühte sich W. Grimm schon ab dem zweiten Band der *KHM* (1815), besonders aber seit der zweiten Auflage (1819^2) kunstvoller und kindgerechter zu schreiben, wodurch er den Stil des "Grimmschen Buchmärchens" konstituierte.[153]

Charakteristika dieses Stils sind: Anschaulichkeit, breite Schilderung, präzise Motivierung, Archaisierungen, Diminutive, Doppelausdrücke wie "Speise und Trank", Wörter aus dem Bereich der Emotionen sowie die Verwendung des erzählenden Imperfekts, der Umbau von indirekter Rede in direkte Rede und die Eliminierung von Fremdwörtern.[154] Die Sprache wurde des weiteren mit Alliterationen, Lautmalereien, Sprichwörtern und Redensarten angereichert.[155] Gerade das Verfahren, Sprichwörter und Redensarten, die die Grimms aus mündlicher und schriftlicher Tradition zunächst auf Zetteln gesammelt hatten, in das Märchengut zu interpolieren, trug viel zur 'Volkstümlichkeit' der Sammlung bei.[156] Bausinger bezeichnet den Grimmschen Märchenstil als sentimentalisch, er drücke, statt Natur zu sein, Sehnsucht nach der Natur aus.[157] Die Ausprägung des spezifischen Märchentons[158], in den das Pädagogische

148 Siehe Br. Grimm, *KHM-Synopse* 32-35.

149 Cf. auch Rölleke (1986^2,1985) 36.

150 Cf. Rölleke (1986^2,1985) 42-47.54-57.87. Über die Anlehnung an Brentano kann auch die bewußte Absetzung von seiner Art, mit Erzählgut umzugehen (Cf. J. Grimm an v. Arnim (26.9.1812) 3, ed. Steig (1904) 219) nicht hinwegtäuschen.

151 Cf. Rölleke (1986^2,1985) 57.

152 Siehe dazu die Äußerungen Brentanos an v. Arnim (1813) 1, ed. Steig (1894) 309: "Ich finde die Erzählung aus Treue äußerst liederlich und versudelt und in manchen dadurch sehr langweilig, wenngleich die Geschichten sehr kurz sind... Will man ein Kinderkleid zeigen, so kann man es mit aller Treue, ohne eines vorzuzeigen, an dem alle Knöpfe heruntergerissen, das mit Dreck beschmiert ist, und wo das Hemd den Hosen heraushängt... Denn dergleichen Treue, wie hier in den Kindermärchen, macht sich sehr lumpicht".

153 Cf. Rölleke (1986^2,1985) 79.81

154 Cf. Lüthi / Rölleke (1990^8,1962) 53f.

155 Cf. Br. Grimm (1850^6) Vorrede zur sechsten Auflage der *KHM*, *KHM* 1,27 und cf. D.-R. Moser (1979) *Bearbeitung* 2,2.

156 Siehe zum Komplex der Sprichwörter und Redensarten in den *KHM* ed. Rölleke (1988) sowie Mieder (1986) 115-144 und id. (1988) 112-132.

157 Cf. Bausinger (1960) 283.

158 Der Stil der *KHM* wird genauer untersucht von Ginschel. Ginschel (1963) 131-168 zeigt - gegen das Klischee von der größeren Texttreue J. Grimms -, daß die Brüder bei der Stilisierung der Märchen ähnlich vorgingen.

- so Bausinger - "bruchlos" einfließe,[159] ist vor allem als Konzession an die Kinder zu sehen, denn die *KHM* waren sowohl als Erziehungsbuch wie auch als wissenschaftlicher Beitrag gedacht.[160] Parallel zur Entwicklung des Märchentons 'naivisierten' die Brüder die Märchenstoffe, was in Ethisierung und Eliminierung von Anstößigkeiten im Sinne der bürgerlichen Moral zum Ausdruck kam.[161] Insbesondere der erotische Bereich wurde stark bearbeitet.[162] Die Stilisierung betraf dabei nicht nur mündliche, sondern auch schriftliche Versionen.[163] Es zeigt sich also, daß der theoretisch hohe Anspruch der Brüder Grimm auf Authentizität in der Praxis nicht eingelöst wurde.[164] Viele Herausgeber von Erzählsammlungen im 19. und 20. Jahrhundert orientierten sich - so Degh - an der Praxis der Brüder Grimm. Sie statteten ihre Sammlungen zwar rein routinemäßig mit Angaben über die Erzähler und gelegentlich die Erzählsituation aus, hatten aber im Grunde kein Interesse an den Informanten und ihren individuellen Leistungen sowie dem Prozeß der Informationsvermittlung.[165] Es gab jedoch bereits im 19. Jahrhundert wissenschaftliche Versuche, die das Bemühen um die Persönlichkeit des Erzählers zum Ausdruck bringen. Bahnbrechend war der Ansatz der russischen Schule in den ersten Jahrzehnten des 20. Jahrhunderts. Ihre Vertreter betonten die Kreativität, Phantasie und überhaupt die individuelle Leistung der Erzähler und opponierten damit gegen die Vorstellungen, die Volkserzählungen erwüchsen aus einem Kollektivbewußtsein bzw. einem mystischen Gemeinschaftsgeist.[166] In diesem Zusammenhang ist besonders auf die Forschungen Asadowskijs hinzuweisen.[167] Auch v. Sydow betonte die Bedeutung der kleinen Gruppe von aktiven Erzählern, die die Überlieferungen weitertragen, gegen die Vorstellung der 'Finnischen Schule' von der mechanischen Ausbreitung des Erzählguts.[168]

---

159 Cf. Bausinger (1980^{2},1968) 176.

160 Cf. Br. Grimm (1819^{2}) Vorrede zur zweiten Auflage der *KHM*, *KHM* 1,16f.

161 Cf. Lüthi / Rölleke (1990^{8},1962) 54 und D.-R. Moser (1979) *Bearbeitung* 2,4.

162 Siehe auch die Gegenüberstellung eines Ausschnitts aus den Fassungen des Rapunzelmärchens (*KHM* 12) von 1812 und 1819 bei Rölleke. Das Verfahren der Tilgung erotischer Anspielungen und der zunehmende Sprachpurismus sind hier evident und lassen sich noch bis zur Ausgabe letzter Hand (1857^{7}) verfolgen. (Cf. id. (1986^{2},1985) 80f.).

163 Cf. Rölleke (1986^{2},1985) 86-91. Ein besonders signifikantes Beispiel für die Umarbeitung einer schriftlichen Vorlage ist *Schneeweißchen und Rosenrot* (*KHM* 161). Siehe dazu Rölleke (1985) *Schneeweißchen und Rosenroth* 191-206.

164 Zu den Prinzipien der Grimmschen Quellenbearbeitung in den *Deutschen Sagen* siehe Uther (1993) 2,552-573, bes. 566-573, Kindermann-Bieri (1987); siehe ferner Uther (1990) 552-571, id. (1984) 19-27; Bluhm / Hölter (1989) 257-270, Schenda (1985) *Tellen* und Schenda (1985) *Jacob und Wilhelm Grimm* 196-206. Im Gegensatz zu den Thesen der älteren Forschung machen diese neueren Arbeiten deutlich, daß die Eingriffe der Grimms im Bereich der Sagenforschung ähnlich massiv waren wie bei der Aufzeichnung der *KHM*.

165 Cf. Degh (1984) 4,320 mit Nachweisen. Zur 'Volksfremdheit' der intellektuellen Sagensammler siehe Schenda (1984) 296-303.

166 Cf. ibid. 4,321f.

167 Cf. Asadowskij (1926).

168 Cf. v. Sydow (1948) 187. Nach Degh (1979) 398 hat sich die Beschreibung der Erzählerpersönlichkeiten und ihres soziokulturellen Umfelds in neueren Ausgaben von Erzählgut etabliert.

Da die Methodik der Brüder Grimm und ihrer Nachfolger auf dem Hintergrund ihrer pädagogisch-didaktischen Absichten sowie der Rücksicht auf einen breitgefächerten Rezipientenkreis und der Prämisse der Allgemeingültigkeit des Erzählten zur Anwendung kam, ist klar, daß sich die Vorgehensweisen in der Erzählforschung erst änderten, als neue Fragestellungen aufkamen, die auf die Genese, Struktur und Funktion der Erzählungen sowie auf ihren Wandel im Rahmen des Überlieferungsprozesses und das Verhältnis der Erzähler zu ihrem Stoff abzielten. In dem Maße, in dem man begann, den Anspruch auf Authentizität in der Praxis ernst zu nehmen, verzichtete man auf Bearbeitungen.[169] Als man die Bedeutung des Erzählvorgangs und seiner sozialen Bezüge erkannte, verlagerte sich der Forschungsschwerpunkt vom Text auf den Kontext, was sich mit den Begriffen "Biologie des Erzählguts"[170] und "Performanz" bzw. "Performanzmilieu"[171] umreißen läßt.

Entgegen der These vom schaffenden 'Volksgeist' ist davon auszugehen, daß viele Märchen ursprünglich von professionellen individuellen Dichtern geschaffen worden sind und erst sekundär von den sozialen Unterschichten aufgenommen wurden.[172] In Frankreich spielte die sogenannte 'Bibliothèque bleue' nicht nur eine Rolle bei der Vermittlung zwischen literaler und oraler Tradition, sondern bewirkte auch, daß die Feenmärchen als kulturelle Erzeugnisse der Oberschicht - mit einer bestimmten zeitlichen Verschiebung - in den Kreisen der sozial niedriger Gestellten populär wurden.[173] Derartige Prozesse sozialer Umschichtung, die von der älteren Forschung mit pejorativen Ausdrücken wie 'gesunkenes Kulturgut'[174] bedacht wurden, können - insbesondere in psychologischer Hinsicht - eine Bereicherung der Traditionen darstellen. Bei einer Reihe von Märchen und Erzählungen, deren erste greifbare Fassungen etwa aus Spätmittelalter oder früher Neuzeit stammen, wird sich wohl nie definitiv entscheiden lassen, ob die literarischen Fassungen nicht ihrerseits wieder auf mündlichen Erzählungen beruhen.[175] Man sollte daher statt von einer einseitigen und ausschließlichen Betonung von Schriftlichkeit *oder* Mündlichkeit besser von einem Wechselverhältnis und Vermittlungsprozessen ausgehen. Die Aufgabe der Forschung ist es, dieses Spannungsverhältnis zu beleuchten und zu ergründen.[176]

Die Fragwürdigkeit der Prämisse vom schaffenden 'Volksgeist' ist gerade im Blick auf den Entstehungsprozeß der *KHM* deutlich, wenn man bedenkt, daß die Brüder Grimm den spezifischen Märchenton erst durch bewußte Bearbeitung erzeugten, daß sich der Beiträgerkreis keineswegs aus dem einfachen Volk rekrutierte und daß die Sammlung nur scheinbar aus der

---

169 Cf. D.-R. Moser (1979) *Bearbeitung* 2,4f.
170 Cf. Degh (1979) 2,386-406.
171 Cf. eadem (1984) 4,325-339.
172 Cf. de Vries (1954) 178f., cf. auch Wesselski (1931) 104.144f.178 und Liungman (1955) 37.
173 Cf. Tenèze (1979) 2,286.
174 Cf. Naumann (1929², 1922) 11.
175 Cf. die Kritik von Honti (1975) 97f. an der These vom 'gesunkenen Kulturgut'.
176 Cf. Moser-Rath (1973) 69-75, Englisch (1987) 147-158, Burke (1987) 59-71, Röhrich (1987) 199-122 und id. (1989) 49-65.

Quelle mündlicher Überlieferung geschöpft war, während sie häufig direkt oder über verschiedene Vermittlungsprozesse auf literarischer Grundlage beruhte. Im Kontext solcher Überlegungen ist zu erwägen, ob man den Begriff 'Volksmärchen', der die Vorstellung einer im Kollektiv des Volkes gewachsenen 'Naturpoesie' evoziert, nicht fallenlassen sollte.

Im Blick auf die *Deutsche Mythologie* ist zu konstatieren, daß sich die Vorstellung der Grimms, uralt Heidnisches bewahre sich in der Volksüberlieferung, zwar lange und hartnäckig in der Forschung hielt, aber durch neuere Untersuchungen in ihrer Fragwürdigkeit herausgestellt wurde.

Teil 2. Mythen der Deutschen Mythologie

1. Wodan

1.1. Wodan nach der Deutung Jacob Grimms

1.1.1. Der Gott Wodan

Zu Beginn seines "Wuotankapitels" gibt J. Grimm eine Gesamtinterpretation des germanischen Gottes:

> "Sollen nun die eigenschaften dieses gottes kurz zusammengestellt werden, so ist er die *alldurchdringende schaffende* und *bildende kraft*, der den menschen und allen dingen gestalt wie schönheit verleiht, von dem dichtkunst ausgeht und lenkung des kriegs und siegs, von dem aber auch die fruchtbarkeit des feldes, ja der wunsch, alle höchsten güter und gaben, abhängen. (Sæm. 113 ab).[1]

Das Bild, das Grimm hier von Wodan, Wuotan entwirft, ist nicht aus den Überlieferungen der deutschen Stämme zur Gestalt des Gottes gewonnen. Bezeichnendermaßen verweist Grimm auch nicht auf eine deutsche Quelle, sondern auf die *Liederedda*, näherhin auf eine Strophe des *Hyndlolióð*:[2]

"Gefr hann sigr sumom,	enn sumom aura,
mælsco mǫrgom	oc manvit firom;
byri gefr hann brǫgnom,	enn brag scáldom,
gefr hann mansemi	mǫrgom recci."[3]

Die von Grimm gegebene Gesamtcharakteristik Wodan / Odins ist nur zum Teil durch diese Strophe abgedeckt. Die Eigenschaften Wodan / Odins als Wunsch, als Verleiher der Fruchtbarkeit des Feldes, als "alldurchdringende schaffende und bildende kraft, der den menschen und allen dingen gestalt wie schönheit verleiht", lassen sich nicht aus der Strophe des *Hyndlolióð* ableiten.

Die Untersuchung wird zeigen, daß die Interpretation Grimms letztlich weder mit den südgermanischen Wodanüberlieferungen noch mit den altnordischen Odinstraditionen zu harmonisieren ist. In seiner zusammenfassenden Darstellung hebt Grimm ausschließlich posi-

---

1 *DM* 1,110. Die Wendung "ja der wunsch" fehlt in den Ausgaben *DM* (1844²) und *DM* (1854³).

2 Grimm bezieht sich mit *Sæm.* auf die *Edda*ausgabe von Rask / Afzelius (1818), die sich seit 1820 in seinem Besitz befand. (Cf. ed. Denecke / Teitge (1989) 311f., Nr. 3794).

3 *Hyndlolióð* (*Hdl.*) 3, deutsche Übersetzung nach Genzmer (1987⁶,1912) 114: "[Odin] / Gibt Sieg den Söhnen, / Besitz den Schnellen, / Rat und Rede, / Recken vielen, / Fahrwind den Degen, / Dichtkunst Skalden, / gibt Mannesmut / manchem Helden." Als deutsche Übersetzungen verweise ich für die Eddalieder grundsätzlich auf Genzmer (1987⁶,1912), für die *Gylfaginning* der *Snorra Edda* auf Lorenz (1984) und im übrigen (sofern ich nicht an den entsprechenden Stellen spezielle Hinweise gebe) auf die Übersetzungen der Sammlung Thule, Bde. 1-24, ed. Niedner / Neckel 1963-1967, Neuausgabe der Ausgabe 1913-1934.

tive Eigenschaften hervor, er will Wodan / Odin als Lichtgestalt darstellen, als Schöpfergott, als Spender des Guten und der Fruchtbarkeit. Von Wesenszügen wie denen der Unberechenbarkeit, der Tücke und Hinterlist hält Grimm seinen Wodan / Odin frei, obwohl diese Charaktereigenschaften des Gottes in den altnordischen Traditionen durchaus überliefert sind.[4] Wahrscheinlich hat Grimm die Diskrepanz zwischen seiner Deutung und dem Quellenmaterial selbst gesehen, denn er versucht sie über die Konstruktion eines lichten 'Urbegriffs' von Wodan / Odin, der schon in heidnischer Zeit 'verdunkelt' worden sei, aufzufangen.[5] In dieser Entwicklung der heidnischen Periode sieht Grimm gewissermaßen einen Ausgangspunkt für die Verteufelung der paganen Götter in christlicher Zeit, von der er generell ausgeht. Erst die Verdunkelung des ursprünglich guten und strahlenden Gottes macht es für Grimm plausibel, daß 'wotan' mit 'tyrannus' und 'herus malus' glossiert werden konnte,[6] und erst aus der Herabsetzung des eigentlich gütigen Gottes erklärt sich die negative Bedeutung von Wörtern wie 'Wüterich', die etymologisch mit Wodan / Odin verwandt sind.

Durch diese Hilfskonstruktion drängt J. Grimm auch die Wodan / Odinfigur in das von ihm durchgängig angelegte Schema der zunächst positiven heidnischen Gottheit, die später, vor allem durch das Christentum, aber eventuell auch schon im Zuge einer Art Dekadenz des Heidentums, herabgesetzt worden ist, - und es wird gerade am Beispiel von Wodan / Odin deutlich werden, wie wenig J. Grimm seine vorab geprägten Ideen am Quellenmaterial modifiziert.

Der positiven Zeichnung von Wodan / Odin dient auch die etymologische Ableitung des Götternamens, die unmittelbar auf die Gesamtinterpretation und ihren zentralen Begriff von Wodan / Odin als dem Gott, der "die alldurchdringende schaffende und bildende kraft" darstellt, hinführt.[7] "Unzweifelhaft" scheint J. Grimm die bis heute noch nicht völlig sicher geklärte Etymologie von Wodan / Odin auf das ahd. Verb 'watan', mit dem er 'wuot' zusammenstellt, sowie auf das altnordische 'vaða' und 'óðr' zurückzugehen. Das ahd. 'wuot' habe ursprünglich die Bedeutung von 'mens' und 'ingenium' gehabt und erst sekundär die semantischen Komponenten des Ungestüms und der Wildheit erhalten. Im altn. 'óðr' sei die geistige Bedeutung von 'mens' oder 'sensus' noch präsent. Aus diesen etymologischen Erwägungen leitet Grimm ab, daß "Wuotan, Odinn das allmächtige, alldurchdringende wesen, qui omnia permeat" ist.[8]

---

4 Siehe dazu Teil 2, 1.2.2.2.

5 Cf. *DM* 1,110: "Wie frühe aber dieser urbegrif verdunkelt oder erloschen war, läßt sich nicht sagen. schon unter den Heiden muß neben der bedeutung des mächtigen und weisen gottes die des wilden, ungestümen und heftigen gewaltet haben."

6 Cf. Graff (1826) 1,276.

7 Cf. *DM* 1,109f.

8 Cf. ibid. 1,109. In den Nachträgen zur *Deutschen Mythologie* wird der Wodan / Odinnamen etymologisch auch mit 'Wetter' verbunden. Das ahd. 'wetar' beinhalte seinerseits die Begriffe Luft und Wind,

Wie aber steht es nun mit der Etymologie von Wodan / Odin, die die Forscher verschiedener Generationen zu immer neuen Spekulationen veranlaßt hat? Für J. Grimm zentral ist die Ableitung des Wodan / Odinnamens von ahd. 'watan', bzw. altn. 'vaða', nhd. 'waten', das nach Grimm im Sinne von 'meare, transmeare, cum impetu ferri' zu verstehen ist.[9] Diese Ableitung kann nur dann als plausible Möglichkeit in Betracht gezogen werden, wenn man wie Grimm eine etymologische Verwandtschaft zwischen ahd. 'watan' und 'wuot' sowie altn. 'vaða' und 'óðr' annimmt. Graff läßt die Beziehung zwischen 'watan' und 'wuot' offen.[10] Neuere etymologische Wörterbücher trennen ahd. 'watan', altn. 'vaða', nhd. 'waten' von 'wuot, óðr' und stellen es im Gegensatz zu Grimm eher mit lat. 'vadum' sowie 'vadere' zusammen.[11] Man kann wohl davon ausgehen, daß der Göttername Wodan / Odin mit dem altn. Substantiv 'óðr', 'Erregtheit, Dichtkunst, Dichtung', ae. 'wod', 'Eifer, Stimme, Gesang' und ahd. 'wuot', nhd. 'Wut' sowie mit dem altn. Adjektiv 'óðr', 'rasend, wütend', ae. 'wod', ahd. 'wuotag', 'wuotic' zusammenhängt. Zu dieser Wortfamilie sind auch lat. 'vates', 'Seher, Seherin' und ai. 'faith', 'faid', 'Dichter' zu rechnen. Die Bedeutungsverschiebungen zwischen den einzelnen Sprachen sowie auch zwischen dem altn. Substantiv und Adjektiv erklären sich wohl aus einem ursprünglich sehr umfassenden Verständnis von Wut auch im Sinne von (geistiger) Erregtheit.[12] Grimms Rückführung des Götternamens auf ahd. 'watan' erscheint demgegenüber als unplausibler, und es ist zu bedenken, daß gerade diese fragwürdige etymologische Ableitung seine Hauptstütze für die Wesenszeichnung Wodan / Odins als alldurchdringendes und allmächtiges Wesen ist.[13]
Der geistige Begriff, in dem J. Grimm das Wesen Wodan / Odins am Beginn seines Wuotankapitels zusammenfaßt, gibt ihm einerseits die Möglichkeit, den Gott mit dem obersten antiken Gott Zeus / Juppiter in Verbindung zu setzen,[14] ihn also im Raster idg. Vergleichsgötter zu verorten, andererseits kann er ihn auch in die Nähe des christlichen Gottes rücken. Die Charakterisierung Wodan / Odins als die "alldurchdringende schaffende

und von hier aus wird kurzerhand behauptet, Wodan / Odin sei gleichzusetzen mit 'Sturm'. Die Etymologie des Wodan / Odinnamens, die er durch verschiedene Verknüpfungen immer mehr verwässert, dient Grimm geradezu als Drehscheibe seiner Argumentation. (Cf. *DM* 3,49: "er [der Name Wuotans] steht in nahem bezug zu *wetter*, ahd. *wetar*, der aether, und *wind*, er ist *sturm*, byr, furia, wilder jäger, uma, Ymir, Jumala, geist".).

9 Cf. *DM* 1,109.

10 Cf. Graff (1834) 1,766.

11 Cf. Kluge (1989[22],1893) 779 und de Vries (1962[2],1961) 637.

12 Cf. de Vries (1962[2],1961) 416, cf. Schier (1978) 341; Kluge (1989[22],1883) und auch Meid (1992) 500-502.

13 Wie stark Grimm daran interessiert war, Wodan / Odin als den alldurchdringenden Gott darzustellen, zeigt auch sein Aufsatz *Der Woldan*. Hier führt er einen in hochmittelalterlichen Quellen auftretenden 'Woldan' auf den Begriff des 'Waltens' zurück und sieht dahinter den 'allwaltenden Gott' Wodan / Odin. (Cf. J. Grimm (1845), 494-504).

14 Cf. *DM* 1,109. Daneben wird Wodan / Odin auch mit dem römischen Mars parallelisiert. (Cf. ibid. 1,111). In dem Aufsatz *Ueber den Liebesgott*, (KS 2,314-332, bes. 330f.) versucht J. Grimm zu zeigen, daß Wuotan in seiner Funktion als 'Wunsch' dem antiken Eros / Amor entspricht.

und bildende kraft, der den menschen und allen dingen gestalt wie schönheit verleiht" oder die Formulierung, Wodan / Odin sei der Gott, von dem "alle höchsten güter und gaben, abhängen", lassen sich problemlos auch auf den christlichen Gott beziehen. Es ist wahrscheinlich, daß J. Grimm seine eigene christliche Religiosität, die Vorstellung von einem guten, segenspendenden Gott, letztlich in Wodan / Odin hineinprojiziert. Daß sich seine eigene Religiosität bis in ihre Tendenz zum Pantheismus hinein spiegelt, zeigt insbesondere der Gedanke von der 'alldurchdringenden, schaffenden und bildenden Kraft'. Grimms auf der Basis philologischer Methodik versuchte objektive Darstellung der heidnischen Gottheiten und Phänomene zeigt deutlich seine subjektive, von seiner eigenen Religiosität geprägte Durchdringung des Stoffes.[15]

Sein Ansatz, das Wesen Wodan / Odins auf einen abstrakten Begriff zu bringen, widerspricht zudem seinen eigenen Annahmen über die konkrete, sinnliche und bilderreiche Denkart des naturpoetischen, mythischen Zeitalters und damit auch der germanischen Heiden.[16]

Auf die Zusammenfassung der Eigenschaften Wodan / Odins folgen im Argumentationsgang von J. Grimms Wuotankapitel die Untersuchung der einzelnen Wesenszüge des Gottes und der Versuch, diese quellenmäßig zu belegen.

J. Grimm beginnt hier mit der Funktion Wodan / Odins als Kriegsgott - also mit der Funktion, die ihn in die Nähe des römischen Mars rückt.[17] Zur Art, wie J. Grimm die zu diesem Bereich gehörenden Quellen referiert, ist vorab zu bemerken, daß er weder eine chronologische Ordnung der Belege vornimmt, wie es einer historischen Betrachtungsweise, der er sich ja verpflichtet fühlt,[18] entspräche, noch die nordischen und deutschen Belege trennt. Was die nordischen Quellen über Wodan / Odin aussagen, gilt ihm vielmehr bruchlos als Hinweis auf die deutschen Verhältnisse und umgekehrt. Dies erklärt sich aus Grimms verschwommenen Begriffen von Germanen, deutscher und germanischer Vorzeit bzw. von deutschem, germanischem Altertum.[19] Grimm geht von einer gemeingermanischen Vorzeit aus, in der es weder chronologischer noch stammesgeschichtlich-geographischer Differenzierungen bedarf.

Als erste Quelle wird Adam von Bremen zitiert. Im 4. Buch seiner *Gesta Hammaburgiensis ecclesiae Pontificum* beschreibt Adam Wodan / Odin im Kontext seiner Schilderung des Heiligtums und der Opferfeier von Uppsala: "Wodan, id est furor, bella gerit hominique

15 Die Abhängigkeit der Forschungsergebnisse von den subjektiven Einstellungen Grimms läßt sich auch auf anderen Gebieten nachweisen. So untersucht Ebenbauer (1988) 91-112, wie sich die unterschiedlichen eigenen religiösen Positionen Grimms und Heuslers auf die Betrachtung der Heldensage auswirkten.

16 Cf. Teil 1, 1.3.3. der Arbeit.

17 Cf. *DM* 1,110-114.

18 Cf. Teil 1, 1.2.2. der Arbeit.

19 Cf. auch hierzu die Ausführungen unter Teil 1, 1.2.1. der Arbeit.

ministrat virtutem contra inimicos... Wodanem vero sculpunt armatum sicut nostri Martem solent."[20]

In einer Anmerkung[21] verweist J. Grimm auf mittelalterliche deutsche Quellen, nach denen auch der christliche Gott als Lenker des Krieges und Verleiher des Sieges erscheint. So heißt es etwa in Wolframs von Eschenbach *Willehalm* "got waldes an der siges kür."[22], was sinngemäß so viel heißt wie "Gott möge die Rechten siegen lassen". Grimm erläutert nicht näher, in welchem Zusammenhang eine Aussage wie diese mit Wodan / Odin stehen soll, der Leser soll jedoch implizit folgern, daß der christliche Gott in ähnlicher Weise wie Wodan / Odin als Verleiher des Sieges auftreten kann und so gewissermaßen ein heidnischer Zug auf ihn übertragen wurde. Das Referieren derartiger christlicher Passagen in einem Kapitel über Wodan / Odin - das das über Wodan / Odin vorhandene Quellenmaterial deutlich erweitert - ist nur auf dem Hintergrund dieses Erklärungszusammenhanges plausibel. Es ist jedoch unwahrscheinlich, daß das Auftreten des christlichen Gottes als Siegverleiher auf Wodan / Odin zurückgeht. Vielmehr ist die Vorstellung von Jahwe als Schlachtenlenker und Verleiher des Sieges eine zentrale alttestamentliche Vorstellung (z.B. Ex 14f.), die ins christliche Gottesbild einging.[23]

Im weiteren führt J. Grimm nordische Stellen aus der *Edda*, aus Saxo, Snorri und den Sagas an, die Odin als Herrn über die in der Schlacht gefallenen Helden, als Siegesgott, als Lehrmeister von Kampftaktik und Schlachtordnung ausweisen.[24] Ausgespart bleiben in diesem Zusammenhang diejenigen Passagen, die Odin als treulosen Verbündeten im Kampfgeschehen zeigen - sie bleiben ausgespart, weil sie sich nicht ins Bild des gütigen germanischen Gottes, das J. Grimm vermitteln will, fügen. Für die Methodik Grimms läßt sich daraus ableiten, daß er selektiv die Quellen heranzieht, die sich in sein Konzept fügen.

Die Eigenschaft Wodan / Odins als Kampfesherr und Siegverleiher ist nicht nur in den nordischen Quellen gut bezeugt, sondern findet auch eine bemerkenswerte Parallele in der einzigen überlieferten südgermanischen Göttersage bei Paulus Diaconus.[25] Danach hat Wodan in der Auseinandersetzung zwischen den Wandalen und Winnilern den Wandalen den Sieg unter der Bedingung versprochen, daß er sie als erste bei Sonnenaufgang sehen werde. Frea erteilt dagegen den Winnilern, die sich mit der Bitte um Sieg an sie wenden, den Rat, die Frauen sollten ihre aufgelösten Haare wie einen Bart vor dem Gesicht anordnen und sich zusammen mit ihren Männern am frühen Morgen in der Richtung aufstellen,

---

20 Adam von Bremen, lib. 4, c. 26, ed. Trillmich / Buchner (1961), cf. *DM* 1,110f.

21 Cf. *DM* 1,110 / Anm. 1.

22 Wolfram von Eschenbach, *Willehalm*, ed. Schröder (1978) 425,24.

23 Zu denken ist beispielsweise an die Kreuzzüge, die unmittelbar im Namen Gottes und in der Hoffnung auf Sieg durch göttlichen Beistand geführt wurden.

24 Cf. *DM* 1,111 und *DM* 3,50. Die Belege werden unter Teil 2, 1.2. vorgestellt und deshalb an dieser Stelle nicht besprochen, um unnötige Wiederholungen zu vermeiden.

25 J. Grimm zitiert die Stelle *DM* 1,11f. Siehe auch Brüder Grimm, *Deutsche Sagen* 390.

in die Wodan gewöhnlich durch sein Fenster blickt. Als Wodan sie bei Sonnenaufgang sieht und fragt, wer denn diese "longibarbi" (=Langobarden) seien, antwortet Frea, er solle denen den Sieg verleihen, denen er den Namen gegeben hätte, und nach diesem Rat läßt Wodan die Winniler als die 'Langobarden' siegen.[26] Paulus Diaconus hat die Geschichte, die auch andere mittelalterliche Autoren aufnahmen, seinerseits aus der älteren Fassung der sogenannten *Origo gentis Langobardorum* geschöpft.[27] Die Sage zeigt, daß Wodan / Odin sowohl in der süd- wie in der nordgermanischen Überlieferung mit Krieg und Sieg verknüpft wurde.

J. Grimm interessiert neben den bereits besprochenen Inhalten vor allem ein Sagendetail.[28] Es heißt von Wodan, "ille per fenestram orientem versus erat solitus aspicere",[29] d.h. jener sah gewöhnlich durch das Fenster nach Osten hinaus. Grimm verzerrt die Stelle, indem er ihre Bedeutung folgendermaßen umreißt: "Wodan, aus seiner himmlischen wohnung, *schaut durch ein fenster zur erde nieder*."[30]

In der Interpretation Grimms sind verschiedene Elemente gegenüber der Quelle hinzugefügt. Die Quelle spricht nicht davon, daß Wodan sich in einer 'himmlischen wohnung' befinde, und es ist nicht von einem 'Herniederschauen zur Erde', sondern lediglich von einem 'Hinausblicken in östliche Richtung' die Rede. Grimm modifiziert die Stelle interpretierend, um sie so der nordischen Tradition von Odins Thron 'Hliðskjálf' anzugleichen. Von diesem Thron aus kann Odin alles, was auf der Welt passiert, hören und sehen.[31]

Grimm suggeriert seinen Leserinnen und Lesern, daß sich auch bestimmte Ausdrücke bei Otfrid und im *Heliand* auf die Vorstellung des nordischen 'Hliðskjálf' beziehen. Der altsächsische *Heliand* sowie das *Evangelienbuch* Otfrids berichten den Zug, daß Christus von seinem Stuhl aus alles sieht, was sich im Himmel und auf Erden ereignet. Im *Heliand* heißt es im Kontext der Himmelfahrt Christi:

> "Giuuêt imo up thanan,
> sôhta imo that hôha himilo rîki endi thena is hêlagon stôl:
> sitit imo thar an thea suîdron half godes,
> alomahtiges fader endi thanan all gesihit
> uualdandeo Crist, sô huat sô thius uuerold behabet."[32]

In deutlicher Übereinstimmung damit sagt Otfrid ausgehend von Apg 1,10f. über die

---

26 Cf. Paulus Diaconus lib. 1, c. 8, ed. Waitz (1878).

27 Cf. *Origo gentis Langobardorum*, c. 1, ed. Waitz (1878) und *DM* 1,112.

28 Cf. *DM* 1,112-114.

29 Paulus Diaconus, lib. 1, c. 8, ed. Waitz (1878).

30 *DM* 1,112. Daß es sich nicht um einen konstitutiven Sagenzug handelt, zeigt der Vergleich mit der *Origo gentis Langobardorum*. Hier wird nur berichtet, Frea habe das Bett Wodans so gedreht, daß Wodan beim Aufwachen nach Osten gerichtet war und so sein Blick auf die bereitstehenden Winniler fallen mußte. (Cf. *Origo gentis Langobardorum*, c. 1, ed. Waitz (1878)).

31 Cf. die einleitende Prosa zu *Grímnismál* (*Grm.*) sowie *Snorra Edda [SnE.]. Gylfaginning* c. 9, ed. Lorenz (1984).

32 Heliand, VV. 5974-5978, ed. Behaghel / Taeger (1984^9,1882).

Himmelfahrt Christi und den in den Himmel aufgefahrenen Christus:

"Er fuar io thémo mezze	zi sínes sélbes sezze,
zi sin selbes gúallichi	in sines fáter richi,
Ubar hóhi hímilo,	inti íst in allen óboro,
zi díuri thar sin fáter was,	zi sin selbes zésuer gisaz.
Thar scówot er sin rîchi,	thaz hoha hímilrichi;
nist wiht in érdu ouh,	wizist tház, gisíuni sin firhólanaz
Iz mág uns wesan thráti:	er síhit unso dáti,..."[33]

Die Vorstellung, daß Christus bzw. Gott von seinem Sitz im Himmel aus die ganze Welt überblickt, ist kaum aus dem germanisch-heidnischen Denken in die westgermanische Bibeldichtung eingegangen, wie Grimm nahelegt,[34] sondern wurde mit hoher Wahrscheinlichkeit im Anschluß an Bibelstellen wie Ps 102 / 103,19, Ps 32 / 33,13f. und Hiob 28,24 formuliert.[35]

Grimm glaubt weiterhin, daß die seiner Meinung nach heidnische 'Idee' eines Sitzes im Himmel, von dem aus Gott zur Erde blicke "unter dem volk noch nicht erloschen" sei, denn sie lebe im Märchen fort. So ist in *KHM* 35[36] von einem Schneider die Rede, den Petrus in den Himmel eingelassen hat und der vom Stuhl des Herrn aus alles sehen kann, was auf der Welt geschieht.[37] In seinen Anmerkungen zu *KHM* 35 führt J. Grimm den im Märchen auftretenden Stuhl Gottes auf den 'Hliðskjálf' Odins zurück. Es ist jedoch wahrscheinlicher, daß der oben ausgeführte christliche Vorstellungskreis zugrundeliegt, zumal das Märchen vom Schneider im Himmel ganz im christlichen Umfeld spielt.

Nachdem J. Grimm sich mit den Traditionen beschäftigt hat, die Wodan / Odin als Lenker des Krieges und Verleiher des Sieges zeigen, versucht er im folgenden, seine Aussage, Wodan / Odin sei der Gott, von dem "der wunsch, alle höchsten güter und gaben abhängen", "von dessen gnade der mensch jede andere auszeichnung zu erwarten hat, in dessen hand alle höheren güter stehen", zu untermauern.[38] Gerade an diesem Teil der Ausführungen Grimms wird deutlich, wie sehr er Wodan / Odin als Lichtgestalt, als gütigen Gott zeichnen möchte. Nicht umsonst fällt der christliche und namentlich im Protestantismus zentrale Begriff der 'Gnade', die Wodan / Odin den Menschen erweise.

---

33 Otfrid lib. 5, c. 18, VV. 7-13, ed. Erdmann / Wolff (1973^6,1882).

34 Cf. *DM* 1,113.

35 Ps 102 / 103,19: "Dominus in caelo paravit sedem suam"; Ps 32 / 33,13f.: "de caelo respexit Dominus vidit omnes filios hominum de praeparato habitaculo suo respexit super omnes qui habitant terram"; Hiob 28,24: "ipse enim fines mundi intuetur et omnia quae sub caelo sunt respicit". (Diese Stellen decken nicht nur das Sitzen Christi zur Rechten Gottes, sondern auch das Niederschauen zur Erde ab.).

36 Cf. Br. Grimm, *KHM* 1,192-194.

37 Das Märchen ist eine kontaminierte Fassung nach Quellen aus dem 16. Jahrhundert. Als Grundlage dienten Freys *Gartengesellschaft*, ed. Bolte (1896) c. 109, Kirchhofs *Wendunmuth*, ed. Österley (1869) 1, Nr. 230 sowie Wickrams *Rollwagenbüchlein*, ed. Roloff (1973), c. 110. (Cf. *DM* 1,113 und Br. Grimm, *KHM* 3,64f.457).

38 *DM* 1,110.114-119, *DM* 3,50-55.

Diese stark christlich geprägte Vorstellung von Wodan / Odin läßt sich aber weder aus den südgermanischen noch aus den nordgermanischen Quellen über den Gott erschließen. J. Grimm weicht dem Problem über die Konstruktion des 'Wunsches' aus: Was in mhd. Quellen über den personifizierten 'Wunsch' gesagt wird, bezieht er auf Wodan / Odin und erweitert so das für Wodan / Odin zur Verfügung stehende Quellenmaterial erheblich:

> "Den inbegrif von heil und seligkeit, die erfüllung aller gaben, scheint die alte sprache mit einem einzigen worte, dessen bedeutung sich nachher verengerte, auszudrücken, er hieß der *wunsch*."[39]

Eine etymologische Verbindung zu Wuotan läßt sich nicht herstellen. J. Grimm zieht eine in neueren etymologischen Wörterbüchern[40] nicht aufrechterhaltene Verbindungslinie zu 'wunja, wunnja, wonne'. Es geht ihm darum, vom Wunsch über die Wonne zu "vollkommenheit in jeder art", zum "ideal" hinzuleiten.[41] Erneut zeigt sich also das Bestreben J. Grimms, das Wesen Wodan / Odins auf einen abstrakten Begriff zu bringen.

Die Vorstellung des personifizierten Wunsches wird von Grimm durch eine Reihe von Stellen aus hochmittelalterlichen Quellen belegt. Er zitiert Passagen aus Hartmanns von Aue *Erec*, *Iwein* und *Gregorius*, aus Gottfrieds von Straßburg *Tristan*, Wolframs von Eschenbach *Parzifal*, Rudolfs von Ems *Der guote Gerhard*, Ulrichs von Lichtenstein *Frauendienst*, Konrads von Würzburg *Der trojanische Krieg* und *Engelhard*, Wirnts von Grafenberg *Wigalois*, Hugos von Langenstein *Martina* und anderen. So heißt es etwa über den Körper Enites im *Erec*, sie hatte "einen lîp sô gar dem wunsche gelîch"[42] oder Enite wird als "des Wunsches kint" bezeichnet,[43] im *Iwein* wird über zwei Ritter gesagt: "zwêne rîter gestalt / sô gar in Wunsches gestalt / an dem lîbe und an den siten".[44] In einer von Grimm zitierten Passage aus dem *Gregorius* tritt der Wunsch geradezu als Schöpfer auf.[45] Im *Engelhard* wird dem Wunsch unter anderem die Fähigkeit zugemessen, etwas vergessen bzw. nicht vergessen zu können, "ez hât ze sînem teile der wunsch vergezzen niender."[46] Insgesamt ergibt sich aus den bei Grimm zitierten Stellen das Bild, daß "dem Wunsch hände, gewalt, blick, fleiß, kunst, blüte, frucht beigelegt" wird, "er schaft, bildet, meistert, denkt, neigt sich, schwört, flucht, freut sich und zürnt, nimmt zu kinde, ingesinde oder zur freundin an".[47]

---

39 Ibid. 1,114. Die Vorstellung von Wodan / Odin als Wunsch ist auch in den Ausgaben *DM* (1844²) und *DM* (1854³) voll entfaltet.

40 Cf. Kluge (1989²²,1883) 799f.

41 Cf. *DM* 1,114.

42 Hartmann von Aue, *Erec* V. 332, ed. Leitzmann / Wolff / Cormeau / Gärtner (1985⁶,1939).

43 Ibid. V. 8935.

44 Id., *Iwein* VV. 6915-6917, ed. Benecke / Lachmann / Wolff (1968⁷).

45 Id., *Gregorius* VV. 1263-1273, ed. Paul / Wachinger (1984¹³,1882).

46 Konrad von Würzburg, *Engelhard* VV. 578f, ed. Reiffenstein / Gereke (1982³,1912). Die weiteren Belegstellen bei Grimm, *DM* 1,114-119 und *DM* 3,50-54.

47 *DM* 1,118.

Aus der konsequenten Personifikation folgert Grimm, all diese Stellen wären "schwerlich in poesie und sprache entsprungen und erhalten, bezögen sie sich nicht unbewust auf ein höheres wesen, von dem die vorzeit lebendigere vorstellung hatte".[48]
Grimm glaubt damit das Wesen der mittelalterlichen Personifikation überhaupt erkannt zu haben, denn er meint, daß fast alle Personifikationen, die von mittelhochdeutschen Dichtern verwendet werden, auf 'höheren Wesen' bzw. Göttern beruhen. So könne man in den meisten Fällen den Namen Gottes an die Stelle des Wunsches setzen.[49] J. Grimm kann keinen überzeugenden Grund dafür anführen, warum hinter dem personifizierten Wunsch der Quellen des 13. Jahrhunderts Wodan / Odin stehen soll. Seine einzige Argumentationsbrücke ist der in altnordischen Quellen belegte Odinsbeiname 'Óski' (von altn. ósk, 'Wunsch').[50] Das dem altn. 'Óski' entsprechende ahd. 'Wunsco' kann J. Grimm nicht belegen, übergeht jedoch diesen Mangel mit der Vermutung, die besprochene Vorstellung sei "vor alters" in Deutschland stark verwurzelt gewesen. Gleichzeitig überspielt er das Problem, daß 'Óski' in den altnordischen Quellen praktisch kaum Bedeutung hat, während der personifizierte 'Wunsch' im deutschen Bereich im Hochmittelalter auf breiter Basis nachzuweisen ist, mit der Hypothese, die Vorstellung von Wuotan als 'Wunsch' sei eben im südgermanischen Bereich stärker ausgeprägt gewesen als in Skandinavien.[51]
Bewertet man nun Grimms Rückbindung des mittelalterlichen personifizierten 'Wunsches' auf den Gott Wuotan, so bleibt, daß es sich um eine 'Wunsch-Konstruktion' J. Grimms handelt, der er immerhin sechs Seiten seines gut 28 Seiten starken Wuotankapitels, also reichlich ein Fünftel seiner Ausführungen zu Wodan / Odin widmet. Die Anknüpfung an den altn. Odinsbeinamen 'Óski' ist zu schwach, um die Verbindung des mhd. 'Wunsches' mit Wuotan plausibel zu machen und auf diese Konstruktion darüber hinaus weitreichende Annahmen über das Wesen Wodan / Odins als des guten Gottes, des Gebers aller guten Gaben und des Ideals schlechthin aufzubauen.[52] Hochmittelalterliche Quellen sind ohnehin fragwürdige Zeugen für heidnisch-germanisches Gedankengut, und dies gilt besonders, wenn keine ältere vorchristliche Quellenschicht vorhanden ist, an die man sie binden könnte. Das Wesen der mittelalterlichen Personifikation ist J. Grimm noch ganz unbekannt, wenn er dahinter beinahe grundsätzlich 'höhere Wesen der Vorzeit', also letztlich heidnische Götter und Mächte vermutet. Diese Personifikationen sind in den größeren

48 Ibid. Zur Vorstellung des 'Unbewußten' im naturpoetischen Zeitalter siehe Teil 1, 1.3.1. der Arbeit.
49 Cf. ibid. Wie wichtig das Verfahren des Rückschlusses von Personifikationen auf die germanische Mythologie für Grimm war, zeigt, daß er ein ganzes Kapitel seiner *Deutschen Mythologie* darauf aufbaut, c. 29, *DM* 2,733-748.
50 Cf. *DM* 1,115; cf. Snorri, *SnE.Gylfaginning* c. 3, ed. Lorenz (1984) und *Grímnismál* (*Grm.*) 49.
51 Cf. *DM* 1,119.
52 Ausgehend vom Verständnis Wuotans als 'Wunsch' werden auch die "Wünscheldinge" wie z.B. das Wunschhütlein des Fortunatus auf Wodan / Odin bezogen. (Cf. *DM* 2,725-728).

Rahmen des von der Forschung mittlerweile erschlossenen mittelalterlichen allegorischen Denkens einzuordnen und gehören damit in den Zusammenhang der christlichen Hermeneutik und der christlichen Vorstellungsweise.[53]
Ein weiterer in der Edda bezeugter Odinsbeiname ist 'Ómi', das sich nach J. Grimm etymologisch zu 'ómr', 'sonus, fragor', wie das ags. 'vôma' zu 'vôm', 'clamor, sonitus' verhält.[54] Aus der Tatsache, daß ags. 'vôm, vôma' nun mit Ausdrücken wie 'hild, víg', 'Kampf', 'dægr', 'Tag', 'heofon', 'Himmel' verbunden wird, folgert Grimm, "dass das alterthum sich hierunter lauter persönliche wesen dachte, die *rauschend nahten.*"[55] Dieser Schluß führt ihn zu der Vermutung, 'Ómi', 'Vôma' sei als Luftgott zu denken, der dem indischen Indras vergleichbar sei.[56] Die Parallele zum indischen Gott Indras wird noch insofern weitergesponnen, als die Seelen der gefallenen Krieger in seinen Himmel eingehen wie die toten Helden in Odins Walhall gelangen.[57] In diesem Zusammenhang ist auch auf J. Grimms etymologische Ableitung von Walhall und Walkyria hinzuweisen. Beide Ausdrücke hängen seiner Meinung nach "offenbar zusammen mit dem begrif des wunsches und der wahl". Es versteht sich, daß J. Grimm auf diese Weise eine erneute Stütze für seine 'Wunsch-Konstruktion' gewinnen will. Es handelt sich jedoch um eine fälschliche Annahme, denn 'Valhǫll' und 'Valkyrja' sind etymologisch auf 'valr' zu beziehen, was soviel bedeutet wie 'die Gefallenen auf dem Kampfplatz'.[58] Nachdem Grimm in seinen Ausführungen zu Weltuntergang und Entstehung der neuen Welt das nordische Kriegerparadies Walhall geschildert hat,[59] sucht er nach parallelen heidnischen Gedanken im deutschen Bereich. Er leitet die Vorstellung der Belege mit der Bemerkung ein: "man

---

53 Das allegorische Denken bestimmte im Kontext der mittelalterlichen Bedeutungslehre sowohl die christliche Bibelauslegung wie auch die Naturbetrachtung. Siehe dazu vor allem die Forschungen von Ohly (1977) und seiner Schule, Stammler (1959), Schmidtke (1968).

54 Cf. *DM* 1,119. De Vries zieht in seinem etymologischen Wörterbuch verschiedene in der Forschung geäußerte Ableitungen von 'Omi' in Betracht: Man könnte es als 'der Lärmende' deuten und zu 'ómun', 'Laut, Stimme' stellen, wonach, wie J. Grimm meint, eine Verwandtschaft mit ae. 'wom(a)', 'Laut, Stimme' gegeben wäre, man könnte es aber auch aus der gotischen Form 'aukuma', ae. 'ymest' 'der Höchste, Oberste' erschließen. (Cf. de Vries (1962[2],1961) 419).

55 Cf. J. Grimm (1840) XXX, cf. auch Bosworth / Toller (1898) 1264.

56 Cf. *DM* 1,120. Welch weitreichende Konsequenzen diese Vermutungen J. Grimms hatten, wird im Rahmen der Ausführungen zur Forschungsgeschichte zu Wodan / Odin zu zeigen sein. Auch den etymologisch bis heute unklaren Odinsbeinamen 'Bifliði', 'Biflindi' (*SnE. Gylfaginning* c. 3, ed. Lorenz (1984)) zieht Grimm als Stütze für seine These von Wodan / Odin als Luftgott heran. (Cf. *DM* 1,123). Im Anschluß daran versucht er diese These noch durch einige Quellenbelege zu untermauern: Nach den nordischen Quellen verleiht Odin den Schiffen günstigen Wind, und günstiger Wind heißt 'Oskabyrr'. (Cf. etwa *Hdl.* 3 und *Saga Ólafs konúngs Tryggvasonar* c. 154, *Fornmanna sögur* (1826) 2,16 und *Sæm.* 165b, ed. Rask / Afzelius (1818)). Auch der in mhd. Quellen bezeugte "wunschwint" (Cf. *DM* 1,123 und *DM* 3,57) wird über die Wunsch-konstruktion auf Wodan / Odin bezogen.

57 Cf. ibid. 1,120.

58 Cf. de Vries (1962[2],1961) 641f.

59 Cf. *DM* 2,682f.

darf mit voller sicherheit behaupten, daß der glaube an Walhalla nicht bloß unserm Norden eigen war, er muß allen deutschen völkern gemein gewesen sein."[60]

Als Zeugnisse werden Stellen aus mittelalterlichen Schriften angeführt, in denen der Himmel nach dem Abbild der königlichen Pfalz als Hofhaltung beschrieben wird oder als goldglänzendes kostbares, reich mit Edelsteinen besetztes Haus. Die Vorstellung vom Himmel als "freudensaal, freudenthal" hat sich nach Grimm aus dem Heidentum bis heute gehalten. Zur Erklärung von Begriffen wie 'Freudensaal, Freudental' für Himmel oder für die Vorstellung vom Himmel als goldglänzendem Haus und als königlicher Burg muß nicht auf heidnische Walhallvorstellungen zurückgegriffen werden. Auch das 'neue Jerusalem' der Apokalypse ist als Stadt, die aus reinem Gold besteht und mit Edelsteinen besetzt ist, geschildert, als Freudenreich, in dem alle Not ein Ende hat (Apk 21)[61]. Die Vorstellung, daß Gott den Menschen im Himmel unendliche Freude bereitet, während die Erde ein Jammertal ist, ist so deutlich christlich, daß es abwegig erscheint, den mittelalterlichen Autoren heidnische Gedanken dabei zu unterstellen.

In der nordischen Mythologie ist Walhall der Hel entgegengesetzt. Zur Hel gehen alle Menschen ein, die eines unblutigen, nicht heldenhaften Todes sterben.[62] Es gibt daneben eine zweite Auffassung von Hel, die dazu in Spannung steht. Nach dem 3. Kapitel der *Snorra Edda* werden die rechtschaffenen Menschen mit Odin dem Schöpfergott in Gimlé oder Vingólf leben, die bösen werden zur Hel fahren.[63] J. Grimm deutet dies als christlichen Einfluß, indem er sagt, es handle sich um "christliche idee, oder eine ihr höchst ähnliche."[64] Heidnische und christliche Vorstellung scheinen ihm auch in dem auf Odin angewandten Begriff des 'Allvaters', bzw. des Vatergottes, dem die anderen Götter wie Kinder dienen, zusammenzufallen.[65] Die Rolle Odins bei der Erschaffung von Welt und Mensch bespricht Grimm im Schöpfungskapitel (c. 19) der *Deutschen Mythologie*.[66]

Über den Beinamen 'Ómi', den Grimm wie oben ausgeführt deutet, leitet er nun zu den dunklen Seiten Wodan / Odins über: "der huldvolle, anmutverleihende gott hieß andremal der stürmende, schrecken bringende, die natur durchschauernde".[67]

Diese Seite des Gottes drücke der Odinsbeiname 'Yggr', der 'Schreckliche' zu 'yggr', 'Furcht, Schrecken' aus.[68] Die Bedeutung von Odin als 'Yggr' sieht J. Grimm in seiner Funktion als Reiter in der Luft, wilder Jäger, und Gott, der mit dem wütenden Heer durch

---

60 Ibid. 2,683.
61 Siehe auch Jes 51,11, Jes 54, 11-17, Jes 60.62 und andere.
62 Cf. *SnE. Gylfaginning* c. 34, ed. Lorenz (1984).
63 Cf. ibid. c. 3.
64 *DM* 2,671.
65 Cf. *SnE. Gylfaginning* c. 20, ed. Lorenz (1984), cf. *DM* 1,18 und 3,48.
66 Cf. *DM* 1,463-467.
67 Ibid. 1,120.
68 Cf. auch de Vries (1962^2,1961) 677.

die Lüfte fährt. Abgesehen von dieser Dimension des 'Schrecklichen' an Wodan / Odin, die im Dahinrauschen durch die Luft liegt und Wodan / Odin als Sturm-, Wind- und Wettergott ausweisen soll[69] und die eher ein Tremendum an der Gottheit als Bosheit zum Ausdruck bringt, versucht J. Grimm negative Züge an Wodan / Odin möglichst zurückzudrängen bzw. sie christlicher Entstellung zuzuschreiben. So sei das Sterben der Krieger als Heimkehr zu Odin ursprünglich positiv aufgefaßt worden, während die Aufforderung 'fahr zu Odin' in christlicher Zeit eine Verwünschung bedeutete. Erst an die Ausführung dieses Gedankens, der sich ja im gewohnten Grimmschen Denkschema der guten heidnischen Götter, die durch das Christentum herabgewürdigt worden seien, bewegt, knüpft J. Grimm den Satz: "hier zeigt sich die umkehrung des gütigen wesens, bei dem man bleiben will, in ein böses, dessen aufenthalt furcht und schrecken einflößt."[70]

Nur in einer Anmerkung zu diesem Satz[71] werden die nordischen Quellen gestreift, die das 'böse' Wesen Odins zeigen. So wird auf eine Stelle in der *Edda* verwiesen, wonach Odin als 'Yggr', der 'Schreckliche', Brynhild mit dem Schlafdorn stach, ferner zeigen ihn die *Edda* und Saxo auch als Anstifter zu Feindschaft und Streit. Aus Saxo bringt Grimm hier die Phrase 'inimicitias Othinus serit'. Er bezieht sich damit, ohne den Zusammenhang näher auszuführen, auf Odins Verrat gegenüber König Harald:

> "Othinus, eius [i.e. Brunonis] nomine et habitu subornatus, insidiosae legationis cura artissimam regum concordiam labefactavit, tantaque inimicitias serentis fallacia fuit, ut amicitia ac necessitudine vinctis mutuum odii rigorem ingeneraret, quod absque bello satiari non posse videretur."[72]

Die Handlungsweise Odins erscheint in dem verkürzten Zitat bei Grimm deutlich abgeschwächt. Aus der *Edda* führt er die Stelle an, nach der Odin als der Stifter allen Unheils bezeichnet wird.[73]

J. Grimm behauptet bei dieser Anmerkung zwar nicht, daß es sich um christliche Herabminderungen handle, aber er stellt die Anmerkung erstens lose in den Kontext seiner Ausführungen zur christlichen Schmähung Wodan / Odins und suggeriert so einen Zusammenhang damit, zweitens greift hier seine Hilfskonstruktion, ein ursprünglich positiver 'urbegrif' von Wodan / Odin sei schon früh verdunkelt worden.[74] Die Tendenz der Grimmschen Darstellung läßt sich auch daran feststellen, daß die negativen bzw. dämonischen Züge Wodan / Odins, die in den Quellen auf breiter Basis vorhanden sind, in Grimms Wodan / Odin Kapitel nur einen minimalen Raum einnehmen, während die 'Wunsch-

69 Cf. *DM* 1,120 und 3,55.
70 Cf. ibid. 1,120. Das einleitende "hier" bezieht sich auf das christliche Denken.
71 Cf. *DM* 1,120 / Anm. 2.
72 Cf. Saxo, lib. 7, c. 12, ed. Olrik / Raeder (1931) 1,213.
73 Cf. *Helgaqviða Hundigsbana ǫnnor* (*HH*.II) 34: "einn veldr Óðinn ǫllo bǫlvi, / þvíat með sifiungom sacrúnar bar."
74 Cf. *DM* 1,110.

Konstruktion', die jeder soliden Quellenbasis entbehrt, im Vergleich dazu gut ein Fünftel des Wuotankapitels umfaßt. Bezeichnenderweise ist auch die zusammenfassende Gesamtinterpretation von Wodan / Odins Wesen vollkommen frei von negativen Zügen.[75]
Was das äußere Erscheinungsbild Odins betrifft, wie es uns in den nordischen Mythen begegnet, also Odins Einäugigkeit, sein breiter Hut und weiter Mantel sowie sein Bart, räumt J. Grimm ein, daß sich "in Deutschland wenig spuren" davon finden lassen. Grimm erwähnt hier als wichtigsten Beleg 'Hakolberend' als Führer des wilden Heeres. Hinter diesem 'Hakolberend', den er etymologisch falsch aus dem Gotischen ableitet und als Mantelträger deutet, sieht er eine Reminiszenz an Wodan / Odin.[76] In den Nachtragsaufzeichnungen ist seine Einschätzung des deutschen Quellenbefundes zur äußeren Gestalt Wodan / Odins optimistischer. Er richtet sein Augenmerk jetzt mehr auf die Märchen und Heiligenlegenden.[77]
Auch bei der Besprechung der Attribute Wodan / Odins hat J. Grimm Schwierigkeiten, deutsche Äquivalente zu finden. Zu dem in nordischen Quellen bezeugten Speer Odins "Gungnir"[78] findet er keine deutsche Parallele.[79] Ob tatsächlich ein Zusammenhang besteht zwischen den Wölfen Odins[80] und dem Schwank bei Hans Sachs, nach dem sich der Herrgott die Wölfe zu seinen Jagdhunden gewählt habe, erscheint zweifelhaft. Sehr problematisch ist auch der Zusammenhang, den J. Grimm zwischen den Raben Odins,[81] die ihm auf der Schulter sitzen, und der christlichen Taube sieht. Im *Heliand* heißt es bei der Darstellung der Taufe Christi "endi sat im uppan ûses drohtines ahslu".[82] Diese Passage, in der der *Heliand*dichter über seine Vorlagen Mt 3,16, Joh 1,32, Lk 3,22 hinausgeht, läßt sich am plausibelsten als eine Übernahme als Heiligenlegenden verstehen.[83] In der *Vita*

---

75 Cf. ibid. 1,110.

76 Cf. ibid. 1,121 und cf. die Ausführungen unter Teil 2, 1.1.2.

77 Die im Märchen auftretenden Figuren des 'alten Mannes', 'alten einäugigen bzw. blinden Mannes', 'alten Bettelmannes' sowie des 'Graumantels' und 'Breithuts' werden als Zeugnisse für das Nachleben Wodan / Odins gewertet. Die Belege, die J. Grimm anführt, stammen u.a. aus Haltrichs Märchensammlung. (Haltrich (1956^{6},1856) 10.36.67). In *KHM* 126 (Br.Grimm, *KHM* 2,188) wird ein alter Bettelsmann Pate eines Kindes. (Weitere Belege bei Grimm, *DM* 3,56f.). Es wurde bereits ausführlich erörtert, wie problematisch es ist, in den im 19. Jahrhundert gesammelten Märchen Reste des heidnischen Mythos wiederfinden zu wollen. (Siehe dazu Teil 1, 2.2. der Arbeit). In den Nachträgen wird ferner hinter Mantel und Kappe des hl. Martin "Wuotans wunschmantel" gesehen - eine Vermutung, die sich in den Kontext der Annahme Grimms einfügt, viele Züge der heidnischen Götter seien auf christliche Heilige übertragen worden und so erhalten geblieben. (Cf. *DM* 3,57 und 1,XXIX). Die Tatsache, daß der heilige Martin und Wodan / Odin mit Mantel und Hut bekleidet sind, genügt freilich nicht, um eine Entlehnung heidnischer Züge wahrscheinlich zu machen.

78 Cf. *Sigrdrífomál* (*Sd.*) 17.

79 Cf. *DM* 1,121f.

80 Siehe *Grm.* 19.

81 Siehe ibid. 20.

82 Heliand, V. 988, ed. Behaghel / Taeger (1984^{9},1882).

83 Cf. Krogmann (1956) 37-39.

Ephraemi c. 6[84] wird erzählt, daß dem heiligen Basilius von Caesarea (4. Jahrhundert) eine Taube auf der Schulter den Predigttext eingab. Bischof Cyrill von Alexandrien (+444) wird häufig mit einer Taube auf der Schulter dargestellt, und auch in der noch im 6. Jahrhundert verfaßten *Vita Samsons von Dol* erscheint eine Taube auf der Schulter des Heiligen.[85] Populär wird die Vorstellung von der inspirierenden Taube auf der Schulter aber vor allem durch ihre Verbindung mit der Legende Gregors des Großen. Die auf der Schulter sitzende Taube ist seit der Karolingerzeit sein typisches Attribut.[86]

Vage bleibt auch J. Grimms These, Wodan / Odin sei in "der gestalt jenes bärtigen alten" als Wassergeist oder Wassergott zu verstehen und entspreche dem lateinischen Neptun.[87] Der Ausgangspunkt für diese Überlegungen ist die Beschreibung der normannischen Götter bei Ermoldus Nigellus. Nach ihm verehrten die Normannen für Gottvater Neptun und für Christus Juppiter.[88] Da Odin ja der höchste germanische Gott ist, folgert J. Grimm, Neptun müsse für Odin stehen.[89] Grimm verläßt sich auf den Mechanismus der Interpretatio Romana, der hier als bloßes Prunken mit antik-christlichen Parallelen erscheint.[90]

Im folgenden behandelt J. Grimm diejenigen Eigenschaften Wodan / Odins, die ihn in die Nähe von Hermes und Apollo rücken. Der Vergleichspunkt mit Apollo ist Wodan / Odins Heilkunst, wie sie sich im *2. Merseburger Zauberspruch* manifestiert. Hier gelingt es Wodan im Gegensatz zu den ebenfalls anwesenden Göttinnen als einzigem, das verletzte Pferd zu heilen.[91] Wie Apollo ist Wodan / Odin Erfinder und Gott der Dichtkunst.[92]

Mit Mercur / Hermes ist Wodan / Odin hinsichtlich der Erfindung der Runen zu vergleichen, sofern die Stelle in der *Edda*, wo von Odins Aufnahme der Runen berichtet wird, im Sinne einer Erfindung von Schrift zu deuten ist.[93] Gewagt ist J. Grimms Hypothese, nach der er Wodan / Odin auch als Gott und Erfinder des Spiels, namentlich des Würfelspiels betrachtet.[94] Grimm hat keinen direkten Beleg dafür, stützt seine Behauptung aber mit der

---

84 PL 73,323.

85 Ähnliches Legendenmaterial referiert Grimm, *DM* 1,122 / Anm. 2. Er zieht jedoch daraus nicht den Schluß auf christliche Herkunft des Motivs.

86 Cf. Loewenthal (1920) 275f.

87 Cf. *DM* 1,123.

88 Cf. Ermoldus Nigellus, lib. 4, VV. 5-13, ed. Pertz (1829).

89 Cf. *DM* 1,101.

90 Als Beleg für die These, Wodan / Odin stehe als bärtiger Alter Neptun nahe, führt er darüber hinaus noch den altn. Odinsbeinamen 'Hnikarr, Hnikuðr' an, der etymologisch wahrscheinlich in eine ganz andere Richtung weist. Es gehört nach de Vries zu dem schwachen Verb 'hnika', 'stoßen, bewegen' und heißt wohl soviel wie 'Aufhetzer'. (Cf. de Vries (1962^2,1961) 243 und *DM* 1,123).

91 Cf. *2. Merseburger Zauberspruch* bei Steinmeyer (1971^3,1916) 365. Grimm referiert den *2. Merseburger Zauberspruch DM* 2,1030.

92 Cf. z.B. die bei Snorri (*SnE. Skáldskaparmál* c. 5f., ed. Jónsson (1931)) und *Hávamál* (*Háv.* 104-110) erzählte Geschichte von Odins Raub des Dichtermets oder auch die enge Beziehung der Skalden zu Odin etwa in Egils *Sonatorrek*, bei Schier (1978) 269-272, cf. *DM* 1,123f.

93 Cf. *Háv.* 139 "nam ec upp rúnar" und Snorri, *Hkr. Ynglingasaga*, c. 7, ed. Aðalbjarnarson (1941).

94 Cf. *DM* 1,124 und 2,841.

in mittelalterlichen Quellen sowie in Sagen und Märchen vertretenen Auffassung, Mercur bzw. der Teufel seien die Erfinder des Würfelspiels.[95] Aussagen über Mercur oder den Teufel werden bruchlos auf Wodan / Odin bezogen, ohne daß die Quellen selbst diese Parallelisierung vornehmen. Ganz im Gegensatz zur Dürftigkeit seines 'Nachweises' stehen J. Grimms definitive Äußerungen über Wodan / Odin als Gott des Würfelspiels, mit denen er diese These an anderen Stellen seiner *Deutschen Mythologie* wieder aufnimmt[96] und weitere Spekulationen darauf baut.[97] Eine von Grimm einmal getroffene Behauptung wird an anderer Stelle, nicht mehr hinterfragt, eingesetzt, um weitere Ableitungen zu stützen. Am deutlichsten tritt dieses Argumentationsmuster im Zusammenhang mit der 'Wunsch-Konstruktion' und ihren sekundären Ableitungen auf.

Als weitere Parallele zwischen Mercur und Wodan / Odin führt J. Grimm die Wünschelrute und den Stab Mercurs an.[98] Der Vergleich bricht zusammen, wenn man sieht, daß die Wünschelrute nur eine sekundäre Ableitung aus der Auffassung von Wodan / Odin als Gott des Wunsches ist, daß Grimm aber keine wirklichen Belege für die Wünschelrute als Attribut Wodan / Odins beibringen kann. Als Vergleichspunkt zwischen Wodan / Odin und Mercur verweist J. Grimm auch auf die Funktion des Psychopomps. Der Vergleich hinkt, da Hermes / Mercur zwar Seelenführer ist, J. Grimm diese Funktion aber an Wodan / Odin nicht nachweisen kann und er so ersatzweise auf die zu Odin gehörenden Walküren verweisen muß, die die gefallenen Krieger wählen und zu Odin führen. An den unter verschiedenen Völkern verbreiteten Sagen, nach denen Götter auf der Welt wandern und bei den Menschen einkehren, nimmt im klassischen Bereich neben anderen auch Mercur, im germanischen Wodan / Odin teil - und auch darin wird eine Verbindung zwischen Mercur und Wodan / Odin gesehen.[99]

J. Grimm versucht mit den eben besprochenen Passagen einen inhaltlichen Vergleich zwischen Wodan / Odin und Mercur - und die Art seiner Argumentation macht deutlich, daß dieser nirgends greift. Die traditionelle Parallelisierung von Wodan / Odin mit Mercur bei den mittelalterlichen Autoren sucht nicht nach inhaltlichen, d.h. im Wesen der Götter begründeten Vergleichspunkten, sondern beruht rein formal auf der Stellung, die schon Tacitus (*Germania* c. 9) Mercur als dem höchsten Gott der Germanen einräumt. Möglicherweise mechanisch wurde ihm dann der Gott an die Seite gestellt, der sich als höchster germanischer Gott herauskristallisiert hatte, also Wodan / Odin. J. Grimm geht davon aus, daß die Anwendung klassischer Götternamen auf germanisch-heidnische Götter

---

95 Cf. ibid.

96 "Wodan war gott des spiels" (*DM* 1,132) und "Wuotan erschien als gott und erfinder des *spiels*, namentlich des *würfels*" (*DM* 2,841).

97 So vermutet J. Grimm, die in den Niederlanden als "Woedenspanne, Woenlet" bezeichnete Körperstelle zwischen gestrecktem Daumen und Zeigefinger sei nach Wuotan benannt. (Cf. *DM* 1,132).

98 Cf. ibid. 1,124.

99 Cf. ibid. 1,125 und 1,XXIX-XXXIII.

allgemein verbreitet war "und von den latein. schriftstellern der folgenden jahrhunderte mit genauer übereinstimmung beibehalten" wurde.[100] Die Annahme dieser 'genauen Übereinstimmung' ermöglicht es ihm als mythologischem Forscher, grundsätzlich alles, was über Mercur gesagt wird, auch wenn es erst in beträchtlich späterer Zeit aufgezeichnet ist, auf Wodan / Odin zu beziehen. Dies ist insofern problematisch, als man bei den mittelalterlichen Autoren nicht sicher weiß, ob sie sich der gelehrten Gleichsetzung von Wodan / Odin mit Mercur überhaupt bewußt sind, oder ob sie nur mit den Namen antiker heidnischer Götter prunken, die oft bloße Chiffren für das Heidnische sind. Besonders problematisch ist, daß J. Grimm nicht nur diejenigen Stellen als vollwertige Belege für Wodan / Odin betrachtet, die Wodan / Odin und Mercur gemeinsam nennen oder den Wodannamen beinhalten, sondern glaubt, auch die Stellen mit gleichem Recht auf Wodan / Odin beziehen zu können, die nur von Mercur sprechen.[101] Grimm geht noch einen Schritt weiter und versucht, wie die obigen Ausführungen zeigen, inhaltliche Aufschlüsse über das Wesen Wodan / Odins aus Passagen über Mercur zu gewinnen. Er läuft bei diesem Verfahren Gefahr, Mercur mit sich selbst zu vergleichen oder mit einer bloßen Formel für das Heidnische. Man sollte daher nur die Zeugnisse als Quelle für Wodan / Odin auswerten, die Mercur und Wodan / Odin ausdrücklich gegenüberstellen.

Ein wichtiger Beleg für diese Form der Gleichsetzung sind die Wochentagsnamen. Grimm geht wohl zu Recht davon aus, daß die Einteilung der Woche in sieben Tage und die planetarischen Tagenamen bereits vor der Einführung des Christentums durch die Römer nach Gallien und Germanien gelangten.

Im germanischen Bereich dagegen hatte man nicht die lat. Planetennamen beibehalten, sondern sie noch vor der Einführung des Christentums auf der Basis der gelehrten Tradition der Interpretatio Romana durch germanisch-heidnische Götternamen ersetzt. Diese Namen sind, wie Grimm und auch später immer wieder mythologische Forscher zu Recht betonten, als bedeutende Zeugnisse für das germanische Heidentum zu bewerten.[102]

Was die deutschen Entsprechungen zu den lateinischen planetarischen Wochentagsbezeichnungen betrifft, so ist festzuhalten, daß es keine gotischen Belege für die planetarischen Tagesnamen gibt. Die ahd. bzw. mhd., sächsischen, (alt)friesischen, mittel- und neuniederländischen, ags., englischen und skandinavischen Zeugnisse werden von Grimm referiert.[103]

Das Augenmerk soll hier auf die deutschen Entsprechungen zum lat. 'dies Mercurii' gerichtet sein. Ein gotisches Pendant fehlt, wie bereits angedeutet, aber auch im ahd. und mhd. kann Grimm nicht das erhoffte 'Wuotenstag' beibringen. Überall im ahd. und mhd.

100 Cf. ibid. 1,100.
101 Cf. ibid.
102 Cf. ibid. 1,101-107.
103 Cf. ibid. 1,102-104 und 3,46-48.

Bereich findet sich hier der abstrakte Begriff des Mittwochs.[104] Altsächsische Benennungen kann Grimm ebenfalls nicht anführen. Sie fehlen nicht nur für den 4. Wochentag, sondern für die gesamte Reihe der Wochentage. Grimm erschließt sie jedoch aus den späteren Dialekten.[105] Am zuversichtlichsten ist er hier bei der Benennung des vierten Wochentages, "fast sicher" scheint ihm dieser "Wodanes dag" geheißen zu haben, was sich für Grimm schon aus den noch zu seiner Zeit bekannten dialektalen Namen "Godenstag, Gonstag, Gaunstag, Gunstag" ergibt. Die frühesten urkundlichen Zeugnisse, die Grimm anführt, reichen ins 13., 14. und 15. Jahrhundert. Für die Jahre 1261 / 1262 ist "gudinsdag, guodensdag" bezeugt.[106] In niederrheinischen Urkunden liest man zum Jahr 1380 und 1387 "Gudestag",[107] und "Gudenstag" findet sich zum Jahr 1449.[108] Daneben gibt es aber auch in diesem Bereich Belege für 'Mittwoch'.[109] Im Mittelniederländischen kann J. Grimm aus dem 13. Jahrhundert "woensdaghe" anführen.[110] "Woensdag" ist auch im Neuniederländischen noch gebräuchlich.[111] Die aus Richthofen zu entnehmenden altfriesischen Belege "wernsdei", "wernsdey", "wersdeys", "des wernsdeys" usw. entstammen sämtlich dem 15. Jahrhundert.[112] Nordfriesische Belege für "Weensdi", "Wensdei" finden sich bei Outzen.[113] Im Neufriesischen sind diese Formen als "Wânsdey" erhalten. Auch im skandinavischen Bereich gibt es eine entsprechende Bezeichnung. Sie heißt altn. "Óðinsdagr" und lebt in den neuskandinavischen Sprachen fort.[114] Sehr gut bezeugt ist der Name "Vôdenes, Vôdnes dag" im Angelsächsischen.[115] Willelmus Malmesbiriensis führt in seinem Werk *De gestis regum Anglorum* bei seiner Schilderung der Ankunft der Sachsen in Britannien die Helden Hengist und Horsa auf das edelste Geschlecht, nämlich das "Vodens" zurück, den die Angeln in ihrem Wahn für einen Gott hielten und dem sie den vierten Wochentag, seiner Frau "Frea" den sechsten, weihten:

> "[Hengist und Horsa] erant enim abnepotes illius antiquissimi Woden, de quo omnium pene barbararum gentium regium genus lineam trahit, quemque gentes Anglorum deum

---

104 Er ist u.a. in dem Psalmenwerk Notkers belegt: Notker zu Ps. 93, ed. Tax (1981) 9,346: "Psalmus christo in mîttauuechum". Weitere Belege bei Grimm, *DM* 1,102f., 3,46.
105 Cf. *DM* 1,103.
106 Cf. L. Hoefer (1835) 15: Nr. 6 und 18: Nr. 7.
107 Cf. Günther (1824/5) 3,833: Nr. 585 und 3,867: Nr. 611.
108 Cf. Kindlinger (1819) 579. Die niederdeutsche Bezeichnung 'Gudensdag' ist allerdings nach Kluge sprachlich von 'Wodanstag' zu trennen. (Cf. Kluge (1895) 95).
109 Cf. *DM* 1,103 und 3,47.
110 Cf. Maerlant (1785) 2,143.
111 Cf. van Gelderen / van Beckum (1949[10]) 1019 und *DM* 1,104.
112 Cf. Richthofen (1840) 1142. In Holthausens *Altfriesischem Wörterbuch* wird dieses 'wernis-dei' einerseits mit ae. 'Wodnes-dæg',parallelisiert, andererseits findet sich auch ein etymologischer Verweis auf 'werne', 'Pfand' von 'wernia', 'verbürgen, Sicherheit, Pfänder geben'. (Cf. Holthausen (1925) 128).
113 Cf. Outzen (1837) 38.
114 Cf. *DM* 1,104 und 3,47., cf. auch de Vries (1962[2],1961) 416.
115 Cf. *DM* 1,104.106, 3,47 und die Belege bei Bosworth / Toller (1898) 1261.

> esse delirantes, ei quartum diem septimanae, et sextum vxori suae Freae perpetuo ad hoc tempus consecraverunt sacrilegio"[116]

Insgesamt also läßt sich die Bezeichnung des 4. Wochentages nach Wodan für den sächsischen, friesischen, niederländischen, skandinavischen und englischen Bereich ausmachen, nicht aber für den gesamten hochdeutschen Raum.[117]

Nach der zu Beginn seines Wuotankapitels gegebenen Zusammenfassung der Eigenschaften des Gottes, ist Wodan / Odin auch für die Fruchtbarkeit der Felder zuständig.[118] Auf diese Funktion Wodan / Odins weist nach J. Grimm "eine merkwürdige gewohnheit des niedersächsischen volks bei der kornernte."[119] Hier sei es wie in Schonen und Blekinge üblich, ein Büschel Getreide für Wodans Pferd auf dem Feld stehenzulassen. Der mecklenburgische Brauch ist erstmals bei Nicolaus Gryse, Ende des 16. Jahrhunderts, bezeugt. Er schildert die aus seiner protestantischen Sicht unchristlichen Sitten und Bräuche des Katholizismus in seinem *Spegel des Antichristischen Pawestdoms*:

> "Ja im Heydendom hebben thor tydt der Arne / de Meyers dem Affgade Woden / umme gudt Korn angeropen / denn wenn de Roggenarne geendet / hefft men up den festen Platz eins ydern Veldes / einen kleinen ordt unde humpel korns / unaffgemeyet stan laten / datsůlve bauen an den Aren / dreuoldigen thosamende geschoertet / unde besprenget / alle Meyers syn darumme hergetreden / ere Höde vam Koppe genamen unde ere Seyßen na dersůlven Wode unde geschrencke dem Kornbusche upgerichtet / unde hebben den Wodendůvel dremal semplick / lud auerall also angeropen / unde gebeden: Wode, hale dynem Rosse nu voder / Nu Distel unde Dorn / thom andren Jhar beter Korn. Welcker Affgödischer gebruck im Pawestom gebleven / darher denn ock noch an dissen örden dar Heyden gewanet / by etlyken Ackerlüden / solker avergelouischer gebruck in der anropinge des Woden / thor tydt der Arne gespöret wert"[120]

Gryse glaubt also, daß die ursprünglich heidnische Sitte im Katholizismus weiterlebte. Interessante Brauchelemente sind nach der Schilderung Gryses neben dem Stehenlassen und Aufbinden des Kornbüschels auch die Versammlung der Bauern um das Büschel, das Abnehmen der Hüte, das Aufrichten der Sensen und die in Form eines Reims vorgebrachte Anrufung Wodans, nach der man ihn einlädt, seinem Pferd das Futter zu holen und gleichzeitig um gute Ernte im nächsten Jahr bittet. Diesen Reim gibt auch David Franck, der in seiner Beschreibung Mecklenburgs aus dem 18. Jahrhundert ebenfalls auf den Brauch Bezug nimmt, mit fast den gleichen Worten wieder.

> "Von Woden sagte man: Daß er allenthalben auf dem Felde herüm jage: dahero auch die Ackers=Leute, um ihn zu versöhnen, bey Hinterlegung der Erndte, einen kleinen Winckel mit Korn auf dem Felde stehen liessen, damit Wodan Futter für sein Pferd

---

116 Willelmus Malmesbiriensis (Wilhelm von Malmesbury) lib. 1, c. 1 (1601) und lib. 1, §5, ed. Stubbs (1887), cf. auch die ähnlichen Berichte bei Galfredus Monemutensis (Geoffrey of Monmouth), *Historia Regum Britanniae* lib. 6, c. 1, ed. Hammer (1951) und Matthaeus Westmonasteriensis (1573) *Flores* zu AD 449, S. 154f., cf. *DM* 1,106.

117 Eine Auseinandersetzung mit diesem Quellenbefund erfolgt unter Teil 2, 1.2.

118 Cf. *DM* 1,110.

119 Cf. ibid. 1,128-130.

120 Gryse (1593) zum zweiten Gebot ohne Seitenzählung.

> hätte, und brachten ihm also die *Letztlinge*, gleichwie die Israeliten dem wahren GOtt die *Erstlinge*, üm solches Häuflein sprungen sie lustig herüm und sungen: Wode! Wode! hahl dienen Rosse nu Voder, Nu Diestel und Dorn, ächter Jahr, båter Korn!"[121]

Die Aufnahme des Reimes durch Franck zeigt für Grimm deutlich, daß der Brauch im 18. Jahrhundert lebendig war. Eine Abhängigkeit der Brauchschilderung Francks von Gryse scheint er nicht in Betracht zu ziehen. Dabei ist sie schon aus dem unmittelbaren (von Grimm nicht mitgeteilten) Kontext der eben zitierten Passage deutlich zu ersehen. Franck verweist hier explizit auf Nicolaus Gryse und seine Ausführungen.[122] Grimm zieht nicht in Erwägung, daß es sich bei Franck um Authentizitätstopoi handeln kann, die eine tatsächliche schriftliche Abhängigkeit überdecken. Neben diesen beiden Zeugnissen beruft sich Grimm auf zeitgenössische Sagen und Berichte, die den Brauch für die Gegenden von Oldenburg, Schaumburg und Bayern belegen sollen.[123]

Bei der Darstellung Wodan / Odins als Fruchtbarkeitsgott stützt Grimm sich ausschließlich auf sehr späte Quellen. Die früheste stammt aus dem Ende des 16. Jahrhunderts und ist nicht nur wegen ihrer zeitlichen Entfernung vom realen Heidentum, sondern auch wegen ihrer protestantischen Perspektive mit Vorsicht zu betrachten. Die protestantischen Quellen der frühen Neuzeit neigen aus propagandistischen Gründen dazu, das 'Heidnische' am Katholizismus aufzudecken. Überzeugender wäre es, wenn Grimm für diesen Wesenszug Wodans, den auch das altnordische Schrifttum nicht kennt, frühe deutsche Belege anführen könnte.

Die Vorstellung von Wodan / Odin als Gott, der den Feldern Fruchtbarkeit verleiht, paßt in das Bild J. Grimms von Wodan als uneingeschränkt gutem, mildem Gott und dem Heidentum als einer Zeit, in der die Menschen in friedlichem Einvernehmen ungestört und dankbar mit den Göttern lebten:

> "Aus solchen gebräuchen leuchtet die milde des alterthums. der mensch will sich nicht alles zueignen, was ihm gewachsen ist, dankbar läßt er ein theil für die götter zurück, welche auch ferner seine saat schützen. die habsucht nahm zu, als die opfer aufhörten."[124]

Gerade am letzten Satz ist abzulesen, wie J. Grimm die Einführung des Christentums bewertete: Die alte unschuldige, heidnische Lebensform, der rousseauistische Naturzustand, hörte auf, als das Christentum den heidnischen Gottesdienst, die 'Opfer' verdrängte. Das

121 D. Franck (1753) lib. 1, c. 10, 1,57.

122 Ibid.: "Nicolaus Grise oder Chrisens... bezeugt, daß solches annoch zu seiner Zeit gebräuchlich gewesen. So habe ich auch selbst alte Leute gesprochen, welche sich dieser Feld-Lust noch aus ihrer Jugend erinnern konnten."

123 Cf. *DM* 1,128-130 und 3,59f.

124 Ibid. 1,130.

Christentum ist für Grimm die Zäsur des goldenen Zeitalters.[125] Diese geschichtsphilosophische Konzeption versucht er, möglicherweise ohne sich dessen bewußt zu sein, durch seine philologische Quellenarbeit zu belegen.
Ein reiches Feld von Zeugnissen für Wodan / Odin, die zwar nicht seine Eigenschaften, sein Wesen, überliefern, aber immerhin seinen Namen, sieht Grimm in den Ortsnamen. Die theophoren Ortsnamen fungieren als Anhaltspunkte, um das Verehrungsgebiet einer Gottheit abzustecken.[126] Eine wichtige Rolle spielt Wodan auch in den ags. Stammestafeln.[127] Er erscheint hier als Stammvater der Helden und Königsgeschlechter, wobei der Übergang zwischen Göttern und Helden fließend ist. Verfehlt ist es nach Grimm - und darin hat er natürlich Recht - diese Stammbäume als gültige historische Quellen zu betrachten und von den hier beschriebenen genealogischen Verhältnissen aus eine zeitliche Einordnung der mythischen Helden und Götter im Sinne einer absoluten Chronologie zu versuchen.
Grimm scheint diesen Ansatz besonders deshalb abzulehnen, weil sich durch die Berechnungen kein allzu hohes Alter Wodans ergäbe (er ließe sich nur auf das 3. / 4. Jahrhundert zurückverfolgen), während er selber annimmt, daß Formen seiner Verehrung "in undenkliche zeiten, lange über die erste nachricht hinauf reichen, die uns von Römern über den Mercursdienst in Germanien mitgetheilt ist."[128]
Gegen Ende seines Wuotankapitels zieht Grimm als Fazit aus seinen Quellenstudien:

> "Wuotan ist, insofern es gelingen konnte aus überresten des alten glaubens eine idee seines wesens zusammenzufassen, der geistigste gott unseres alterthums, unter allen übrigen göttern leuchtet er hervor"[129]

Grimm kehrt damit zum Ausgangspunkt seiner Untersuchung zurück, denn auch am Anfang des Kapitels hatte er versucht, einen abstrakten Wesenskern Wodans herauszustellen.
Meine Darlegungen zeigen, daß Grimm diese vorab gefaßte und auf seiner eigenen Weltanschauung beruhende Vorstellung von Wodan / Odin durch selektive und subjektiv-interpretierende Quellenauswahl bestätigte. Der Anspruch des 'treuen Sammelns' in rein positivistischem Sinne wird nicht eingelöst.
Nach diesem Fazit zieht Grimm noch weitere Schlüsse aus seinen Untersuchungen. Es geht ihm darum, herauszuarbeiten, daß alle germanischen Stämme Wodan / Odin verehrt haben. Deshalb folgert er aus den sächsischen, thüringischen, alemannischen, langobardischen und nordischen Zeugnissen für Wodan / Odin, daß auch die "Franken, Gothen und die übrigen", für die er keine Belege beibringen kann, den Gott kannten. Wertvoll sind in diesem Kontext die Ansätze Grimms zu einer stammesgeschichtlich differenzierten Beurteilung des

---

125 Siehe dazu Teil 1, 1.2.2. und 1.3.3. der Arbeit.

126 Cf. *DM* 1,126-128.130-132, 3,58-60. Die deutschen Belege auch bei Förstemann (1916^3,1859) 2,1417f. Zur Problematik der Ortsnamen siehe Teil 2, 1.2.2.1.2.

127 J. Grimm gibt sie im Anhang zu seiner *Deutschen Mythologie* wieder, *DM* 3,377-401.

128 *DM* 1,136.

129 Ibid. 1,132f.

Materials: "Deutliche spuren zeugen aber auch an, daß sein cultus nicht immer und nicht in allen gegenden überwog."[130]

Tendenziell scheint ihm Wodan im Norden Deutschlands stärker verehrt worden zu sein als im Süden, wo sein Name weder in der Bezeichnung des vierten Wochentages noch in Ortsnamen überliefert ist. Für Skandinavien zeige die Verteilung der theophoren Ortsnamen, daß die Odinverehrung in Südschweden und Dänemark gegenüber Norwegen und Nordschweden überwog. Dazu paßt, daß Adam von Bremen Wodan bei der Beschreibung des Heiligtums von Uppsala nur den 2. Rang nach Thor zuweist.[131]

Die Ausführungen Grimms, die andeuten, daß Wodan / Odin möglicherweise doch nicht überall unangefochten an der Spitze des heidnischen Götterhimmels stand, scheinen das Bild vom unumschränkten Göttervater, auf das seine Untersuchung abzielte, nun doch im Sinne einer vorsichtigeren stammesgeschichtlich orientierten Betrachtungsweise zu relativieren.[132]

Allerdings entschärft Grimm den Gedanken einer möglichen Konkurrenz zwischen Wodan / Odin und Thor durch die Vorstellung, daß Thor und Odin, Vater und Sohn "oft in einander aufgehen".[133] Diese Argumentation Grimms scheint deutlich von der christlichen Lehre der Wesensgleichheit von Gottvater und Gottsohn auszugehen. Gewissermaßen unterschwellig wird hier christliches Gedankengut zur Interpretation der nordischen Quellen herangezogen. Dies zeigt sich auch in der Bemerkung, mit der J. Grimm das Wuotankapitel abschließt. Die herausgehobene hohe Stellung, die die Germanen ihrem Gott Wuotan einräumten, bedeute letztlich schon das bewußte oder unbewußte Bekenntnis zum Monotheismus. Auf der Basis seiner eigenen christlichen Religiosität erscheint der Monotheismus Grimm gewissermaßen als eine Naturnotwendigkeit, als

> "etwas so nothwendiges und wesentliches, daß fast alle Heiden in ihrer götter buntem gewimmel, bewust oder unbewust, darauf ausgehn einen obersten gott anzuerkennen, der schon die eigenschaften aller übrigen in sich trägt, so daß diese nur als seine ausflüsse, verjüngungen und erfrischungen zu betrachten sind".[134]

---

130 Ibid.
131 Cf. Adam von Bremen, lib. 4, c. 26, ed. Trillmich / Buchner (1961).
132 Cf. ibid. 1,133f.
133 Ibid. 1,134.
134 Ibid. 1,136 und Teil 1, 1.3. der Arbeit.

1.1.2. Wodan und die wilde Jagd

In seinem Kapitel über Gespenster[135] behandelt J. Grimm den Sagenkreis vom wütenden Heer und der wilden Jagd, den er wegen der vielfachen heidnischen Bezüge für seine Untersuchung als sehr ergiebig betrachtet.[136] Er glaubt, daß die Sage "in hohes alterthum hinaufreicht, und sich bald mit göttern bald mit helden verwebt. auf allen seiten blickt hier zusammenhang mit dem heidenthum durch."[137] Gemäß seiner Konzeption, nach der die germanisch-heidnischen Mythen in christlicher Zeit in Form von Sagen und Märchen weiterlebten,[138] folgert er, auch die Sagen um die wilde Jagd und das wütende Heer seien auf germanische Götter und ihre Mythen zurückzuführen. Die Christen hätten den Glauben an die alten Götter nicht aufgegeben,

> "sie wiesen den zum theil hartnäckig festgehaltnen nur eine andere stelle, weiter im hintergrund an. der alte gott verlor sein zutrauliches wesen, seine nahen züge, und gieng in den begrif einer finsteren, schreckenden gewalt über, welcher immer noch gewisse einwirkung verblieb."[139]

Dieses Schema wird von Grimm auch auf die Verbindung Wodans mit dem wütenden Heer und der wilden Jagd angewandt. Das Wesen Wodan / Odins als Luftgott und sein Name machen nach Grimm deutlich, daß Wodan als Führergestalt im germanischen Mythos vom wütenden Heer prädestiniert war: "dem namen wie der sache nach verknüpft sich ihm dieser gott. ...Wuotan, der gott des krieges und sieges zieht an der spitze dieser lufterscheinung".[140]

Die Funktion Wodans als Führer des wütenden Heeres und der wilden Jagd versucht er nun quellenmäßig zu belegen. Die primären Quellen sind für ihn hier die Sagen. Grimm referiert verschiedene Sagenversionen, nach denen der 'Wod(e)' im mecklenburgischen Bereich als wilder Jäger auftritt.[141] In Bayern kenne man das 'Nachtgejaid' oder das 'Nachtgelait', in Vorarlberg das 'Nachtvolk' oder 'Wuethas', in Deutschböhmen sei der Ausdruck 'Nachtgoid' gebräuchlich, und in Thüringen, Hessen, Franken, Schwaben spreche man vom 'wütenden Heer', in der Eifel vom 'Wudes, Wodesheer', in Schwaben kenne man auch das 'Muotes Heer', in Steier das 'wilde Gjaid'.[142] Der beste Beweis für die Identität des jagenden Wode mit dem germanischen Gott Wodan / Odin ist für Grimm aber die Übereinstimmung mit den skandinavischen 'Volkssagen' und Redensarten. Bei nächtlichem

---

135 Cf. c. 31, *DM* 2,761-793.

136 Zum Sagenkreis vom wütenden Heer und der wilden Jagd siehe auch Br. Grimm, *Deutsche Sagen* 47-48, 170, 172-174, 270-271, 309-314.

137 *DM* 2,765.

138 Siehe dazu vor allem die Ausführungen in Teil 1, 1.2. der Arbeit.

139 *DM* 2,766.

140 Ibid. 2,766 und cf. ibid. 1,110.120.

141 Cf. ibid. 2,770f.

142 Cf. ibid. 2,766.776 und 3,281.

Lärm, der dem Vorbeifahren von Pferden und Wagen ähnelt, sagt man in Schweden "'Oden far förbi'",[143] und in Schonen wird ein abends von Vögeln hervorgerufenes Geräusch als "'Odens jagt'" bezeichnet.[144]

Durch mittelalterliche Zeugnisse kann der Begriff des 'wütenden Heeres' bis in die Zeit um 1200 zurückverfolgt werden. Grimm bringt Belege aus Konrads von Heimesfurt *Die Urstende*, aus dem *Rolandslied*, aus *Reinfrid von Braunschweig*, dem Stricker, Rüdiger von Munre, Moriz von Craûn, Michel Beheim und Michel Wyssenherre. Ausführlicher beschäftigen sich mit dem wütenden Heer Geiler von Keisersberg in seinen Fastenpredigten, Hans Sachs und Johannes Agricola.[145] Grimms Interesse gilt besonders dem Phänomen, daß sich im wütenden Heer ungetaufte Kinder und gewaltsam gestorbene Menschen finden. Als Erklärung hierfür setzt er an, daß dem wütenden Heer als Bereich des heidnischen Gottes Wodan all die anheimfallen, die der christliche Gott ausgeschlossen hat.[146] Grimm zieht nicht in Erwägung, daß es innerhalb des christlichen Systems einen Bereich gibt, in den diejenigen nach ihrem Tod verwiesen werden, die nicht zu Gott gelangen, nämlich die Hölle als den Bereich des Teufels und die ihr verwandten Regionen.

Im Denkschema Grimms tritt der Teufel bzw. ein "Helljäger" erst sekundär im wütenden Heer auf, so etwa in Heinrichs von Veldeke *Eneas*roman, bei Caesarius von Heisterbach, im *Rolandslied* und im *Renner*. Er kann von gebildeten Kreisen an die Stelle Wodans gesetzt werden, während 'der gemeine Mann' sich unter dem Führer des wütenden Heeres "noch lange *Wuotan* dachte oder ihn passend in ein verwandtes verbum versteckte".[147] Da Grimm keine chronologische Bestätigung seiner These (etwa im Sinne von 'frühe Quellen sprechen von Wodan, späte setzen dafür den Teufel ein') nachweisen kann, legt er den Unterschied auf die Bildung fest: Das einfache Volk dachte sich Wuotan, die Gebildeten schrieben vom Teufel. Dabei bleibt unklar, wie Grimm in den mittelalterlichen Belegen auseinanderhalten will, was die Gelehrten und was das gemeine Volk dachte. Die Stimme des einfachen Volkes läßt sich hier nicht unmittelbar greifen, denn wer etwas aufzeichnete, war eben schon gelehrt.

Grimm erörtert im folgenden weitere Figuren, die als Führer des wütenden Heeres und der wilden Jagd auftreten können. In der Schweiz erscheint die wilde Jagd als "dürstengejeg".[148] In Niedersachsen und Westfalen denkt man sich eine nach Grimm "halbhistorische person eines jägermeisters" als Führer der wilden Jagd. Dieser

143 Grimm beruft sich hier auf Loccenius, (1654^2,1647) lib. 1, c. 3, 16.

144 Cf. *DM* 2,766 und 3,280.

145 Grimm referiert die Zeugnisse ibid. 2,766f und 3,280. Um unnötige Wiederholungen zu vermeiden, werden die Quellen bei der Darstellung der Grimmschen Deutung des wütenden Heeres und der wilden Jagd nur erwähnt, ihre Ausführung und detaillierte Besprechung erfolgt unter Teil 2, 1.2.

146 Cf. ibid. 2,767.

147 Cf. ibid. 2,767.776 und 3,280.

148 Cf. ibid. 2,767.

Jägermeister, der in Westfalen den Namen "Hackelbärend, Hackelbernd, Hackelberg, Hackelblock" trägt, in Niedersachsen als Oberjägermeister des Herzogs von Braunschweig 'Hans von Hackelnberg' bekannt ist, wurde zur ewigen Jagd verdammt, weil er den Sonntag durch sein Jagen entweihte bzw. auf dem Totenbett die Jagd dem Himmelreich Gottes vorgezogen hat.[149] Nach J. Grimm geht die Sage nicht auf historische Personen zurück, sondern auf "ein mythisches wesen". Er leitet die Namensform 'Hackelberend' von ahd. 'hahhul', altn. 'hǫkull' und ags. 'hacele', 'Gewand, Mantel, Kutte, Rüstung' ab, wonach 'hakolberand', 'Mantelträger' bzw. 'gerüsteter Mann' bedeutet. Da nun Odin in breitkrempigem Hut und weitem Mantel auftritt, liege hier unverkennbar ein altsächsischer Beiname des Gottes Wodan vor. Flurnamen, die mit 'Hackel-' gebildet seien, gingen ebenfalls auf den Wodansbeinamen zurück. Durch diese Argumentation glaubt Grimm, "nicht nur ein wichtiges zeugnis für den Wuotancultus mehr" gewonnen zu haben, "sondern auch neue bestätigung der vom wütenden heer gegebnen deutung".[150] Zu dieser Deutung Grimms ist zu sagen, daß die etymologische Ableitung des Namens sehr gesucht erscheint. Weiterhin kann man nicht behaupten, Flurnamen seien sekundär von dieser mythischen Figur abgeleitet, ohne die zeitliche Relation zwischen dem Auftreten der Hackelbergfigur und den Flurnamen mit 'Hackel' abzuwägen, und drittens ist der Frage nachzugehen, wann der Personenname 'Hackelberg' in den bezeichneten Gebieten auftritt, und wie verbreitet er hier ist.[151]

J. Grimms mythische Erklärung geht an der Tatsache vorbei, daß Flur-, Guts- und Familiennamen, die mit 'Hackel'- gebildet sind, in der Harzgegend sehr früh auftreten. Für das Jahr 941 ist bereits ein "saltus Hakul" belegt, die Flurnamen "Hakelbreite" und "Haculesthorpe" sind für das 14. Jahrhundert bezeugt. Viele Berge und Wälder der Gegend haben Namen, die das Element 'Hackel' enthalten. "Hackelnberg" ist aber auch ein um 1282 bereits urkundlich nachweisbarer Personenname für einen herzoglich-braunschweigischen Münzmeister, dessen Geschlecht über das ganze Mittelalter hin bezeugt ist.[152]

In Mitteldeutschland spricht man in der Regel vom 'wilden Jäger', die Sage kann jedoch auch mit neueren Namen verknüpft werden.[153]

In Bayern und Thüringen kennt man das Jagen der Holzweiblein bzw. Moosleute, die der wilde Jäger verfolgt.[154] Erkühnt man sich, dem wilden Jäger zuzurufen oder ihm seine Mithilfe bei der Jagd anzubieten, findet man am nächsten Morgen als 'Jagdlohn' ein Körperteil

---

149 Zum wilden Jäger Hackelberg siehe auch Br. Grimm, *Deutsche Sagen* 172, 311. Zum Motiv des ewigen Jagens siehe *Deutsche Sagen* 309.

150 Cf. ibid. 2,767-770, 3,280.

151 Siehe dazu die Ausführungen unter Teil 2, 1.2.

152 Cf. Endter (1933) 53 und Förstemann (1913³,1859) 2,1,1204. Zur Hackelbergsage siehe auch Zimmermann (1879) 1-26.

153 Grimm teilt weitere regionale Namen für die wilde Jagd und den wilden Jäger mit. (Cf. *DM* 2,776f.).

154 Siehe Br. Grimm, *Deutsche Sagen* 47-48, 271.

des Moosweibchens an der Türe aufgehängt. Diesen Sagenzug parallelisiert Grimm mit der bei Heinrich Bebel zu Beginn des 16. Jahrhunderts mitgeteilten Erzählung, nach der Pfarrerskonkubinen von den Dämonen in der Luft gejagt werden.[155] Nach Grimm sind die Moosweiblein erst sekundär von den Pfarrersfrauen verdrängt worden. Er setzt damit die Überlieferung, die den Sagen von den Holzweiblein und Moosleuten zugrundeliegt, als primär an. Diese Vorgehensweise erklärt sich aus Grimms Ansicht, die den 'Volkssagen' und überhaupt den 'Volksüberlieferungen' zugrundeliegenden Traditionen reichten in die heidnische Vorzeit zurück und könnten dadurch nicht abhängig von schriftlichen Nachrichten etwa der frühen Neuzeit sein.[156]

Der Zug, daß der wilde Jäger vorwitzigen Leuten Jagdbeute zuteilt, begegnet nicht nur in den Sagen von den Moos- und Holzweibchen. Grimm teilt mehrere Versionen mit, nach denen der wilde Jäger einen Pferdefuß, Pferdeschinken, Menschenschenkel oder ein anderes Stück Kadaver herabwirft.[157] Durch die Begegnung mit dem wilden Jäger kann den Menschen auch körperlicher Schaden zugefügt werden.[158] Umgekehrt heißt es, daß die Durchfahrt bzw. der Durchzug des wütenden Heeres auch Fruchtbarkeit bedeuten kann.[159]

Das Aussehen des wilden Jägers ist oft wild und ungeheuerlich. Bisweilen ist er ohne Kopf gedacht.[160] Die Schar von Gespenstern und Toten, die ihn begleitet, ist häufig gräßlich entstellt und verstümmelt.[161]

Hinter dem in der Lausitz bekannten 'Berndietrich, Dietrich Bernhard oder Diterbenada' ist nach Grimm Dietrich von Bern zu sehen, was zeigt, daß die Sage auf einheimische Helden übergehen konnte.[162] In ihnen sind nach Grimm die Götter "*wiedergeboren*" worden und hätten "ihren reinen, ursprünglichen character ungetrübt" bewahrt.[163] Wahrscheinlicher als die Verbindung mit dem Helden Dietrich von Bern ist jedoch die Herleitung der Figur des wilden Jägers "Perndietrich" von dem historischen Dietrich von Biberstein, dem Gründer von Bernstadt in der sächsischen Lausitz.[164]

Als Führerinnen der wilden Jagd können auch mythische Frauengestalten auftreten. Hier ist zunächst eine 'Frau Gauden', 'Frau Gode' zu nennen. Nach Grimm liegt ihr eine männliche Gottheit 'fro Woden' zugrunde, was ihre Identität mit Wodan als dem wilden Jäger zeige.[165] Der Übergang des wilden Jägers in die weibliche Frau Gaude ist kein singuläres

---

155 Cf. Bebel, lib. 1, Nr. 36, ed. Bebermeyer (1931).
156 Cf. *DM* 2,774f.
157 Cf. ibid. 2,776.
158 Cf. ibid. 3,281.
159 Cf. ibid. 3,283.
160 Siehe dazu auch Brüder Grimm, *Deutsche Sagen* 310.
161 Cf. ibid. 2,766 / Anm. 3, 2,769.776f. und 3,281.
162 Cf. *DM* 2,781f.
163 Cf. *DM* 2,791.
164 Cf. so bereits Endter (1933) 24.
165 Cf. ibid. 2,771-773.

Phänomen, denn auch andere weibliche Wesen können an der Spitze des wütenden Heeres bzw. der wilden Jagd stehen. So ziehen Holda, Perchta, Diana, Herodias und Abundia, Posterli und Sträggele vorwiegend in der Zeit um Weihnachten mit dem wütenden Heer um.[166]

Die Figur des 'treuen Eckhart' steht besonders in Verbindung zu Holda. Er nimmt die Funktion des Warners ein, der die Leute vor dem wütenden Heer schützt.[167]

Die bisherigen Ausführungen Grimms zeigten das wütende Heer, wie er sagt, "in zwei hauptbeziehungen", "als nächtliche jagd männlicher, als feierlichen umzug weiblicher gottheiten". Beide Erscheinungen, insbesondere aber der Umzug der weiblichen Göttinnen, seien an festgelegte Zeiten gebunden. Dazu komme noch eine weitere Bedeutung des wütenden Heeres. Es kann die Funktion eines Kriegsheeres einnehmen, das einen bevorstehenden Krieg ankündigt.[168] Zu diesem Vorstellungskreis gehören die Sagen von verwünschten Bergen, in denen ein Geisterheer, nach Grimm "ein altes geister und götterheer" verschlossen ist. Bis der Zeitpunkt zum Ausbruch gekommen ist, dringt manchmal Lärm von Waffen, Trommeln und Pfeifen nach außen.

J. Grimm versucht auch diese Bedeutung des wütenden Heeres auf den germanischen Gott Wodan / Odin zurückzuführen, indem er an Wodans Funktion als Kriegsgott erinnert und zugleich daran, daß Wuotan, Hackelbernd und Berhtold beritten und in Waffen als wilde Jäger erscheinen. Auf diese Weise wird die Verknüpfung mit dem heidnischen Gott Wodan / Odin assoziativ angedeutet, ohne daß konkretere Verbindungslinien gezogen würden.[169]

Als Kriegsheer tritt das wütende Heer am Odenberg auf.[170] Dieser niederhessische 'Odenberg', dessen Name von Grimm nicht vom altnordischen Odin abgeleitet wird, steht insofern in naher Beziehung zu Wuotan, als er in der Nähe von 'Gudensberg, Wuotansberg' liegt. Die unsichere Beziehung legt für Grimm die Vermutung nahe, daß die Sage ursprünglich mit Wuotan verbunden war und erst sekundär auf Karl den Großen bzw. Karl V. überging.[171] Man erzählt, daß Karl der Große in der Gegend des Odenbergs mit seinem Pferd eine Quelle für das dürstende Heer lostrat. Danach gewann er eine große Schlacht, nach der er mit seinem Heer in den Berg aufgenommen und eingeschlossen wurde. Der König ruht hier mit seinem Heer, zieht aber alle sieben oder alle 100 Jahre aus. Man kann die Krieger bei ihren Waffenübungen beobachten, wenn man durch einen in Form eines Ringes

---

166 Cf. ibid. 2,777-780. Siehe zu diesen weiblichen Figuren das Perchtenkapitel Teil 2, 2.1. der Arbeit. Zu Posterli und Sträggele siehe auch Br. Grimm, *Deutsche Sagen* 270.

167 Cf. *DM* 2,779f. Zum treuen Eckhart als Warner vor dem wütenden Heer siehe auch Br. Grimm, *Deutsche Sagen* 314.

168 Cf. ibid. 2,782.

169 Cf. ibid.

170 Siehe dazu auch Br. Grimm, *Deutsche Sagen* 26.

171 Er spricht dies indirekt aus, wenn er sagt: "Das volk knüpft diesen Odenberg längst nicht mehr an die heidnische gottheit, sondern an den heldenkönig Carl, ja an kaiser Carl 5." (*DM* 2,782).

gebogenen Arm schaut.[172] Gerade dieses letzte Detail zeigt nach Grimm das hohe Alter der Sage bzw. ihren mythischen Charakter und ihre Beziehung auf Wodan / Odin.[173] Als Parallele führt er eine Saxostelle an, nach der Biarco Odin, der dem feindlichen Heer beisteht, sehen möchte und Ruta ihm rät, durch seinen eingestemmten Arm zu blicken.[174] Wenn man die Textstelle (was mir sprachlich nicht eindeutig zu sein scheint) im Sinne Grimms verstehen will, so bleibt es problematisch, das hohe Alter der gesamten Sage aus der Übereinstimmung dieses Details zu folgern. Während er die Detailübereinstimmung herausstellt, übergeht Grimm, daß die Passage bei Saxo sich in einem vollkommen anderen Kontext findet. Es liegen keine strukturell vergleichbaren Erzähleinheiten vor.

Ähnliche Sagen von einem Heer in der Luft sind vom Rothenthaler im Aargau, vom Zug des Rodensteiners nach dem Schnellerts,[175] vom sogenannten 'grauen Mann' im Fuldaer Raum und aus anderen Gegenden bekannt.[176]

Dieselbe Vorstellung findet sich in Skandinavien sowie in Überlieferungen aus Irland, aus dem Baltikum und auch im romanischen Bereich.[177] Grimm bezieht sich hier vor allem auf französische Quellen, u.a. auf Guilielmus Alvernus. In England verbindet sich die Sage von der wilden Jagd mit König Artus, in Dänemark mit König Waldemar oder König Christian. Ein 'Grönjette', der auf der Insel Möen jagt, wird von Grimm nicht, was naheliegend wäre, von der grünen Farbe der Jagdbekleidung oder des Waldes abgeleitet, sondern von altnordisch 'grǫn', 'Bart'. Grimm versucht so, 'Grönjette' auf den Odinsbeinamen 'Grani', der 'Bärtige', zu beziehen und damit wieder eine Verbindungslinie zu seiner Vorstellung von Wodan / Odin als wildem Jäger herzustellen. Aus Norwegen referiert er die Sage vom Gespensterzug 'aaskereia, aaskerej, aaskereida'. An der Spitze des Zuges steht 'Gurorysse', ihr Gefolge bilden Leute, die durch ihre Sünden vom Himmel ausgeschlossen sind, aber keine so großen Verbrechen begangen haben, daß sie zur Höllenstrafe verdammt wurden.[178] Auch der griechische Mythos von Orion, der noch in der Unterwelt seiner

---

172 Cf. *DM* 2,783f. Die Vorstellung vom Heer Karls des Großen, das nach einem Sieg Durst leidet, findet sich schon bei den fränkischen Annalisten. (Cf. *Annales Laurissenses* a. 772, ed. Pertz (1826) 150 und *Annales Fuldenses* a. 772, ed. Pertz (1826) 348) Beide berichten von Trockenheit nach der Zerstörung der "Ermensul" durch Karl den Großen. Die Wasserquelle wird jedoch hier nicht durch Karl den Großen erschlossen, sondern durch göttliche Gnade geschenkt.

173 *DM* 2,783: "An jenem schauen durch den arm erkennt man recht die uralte sage."

174 "Adde oculum propius et nostras prospice chelos, / ante sacraturus victrici lumina signo, / si vis praesentem tuto cognoscere Martem." (Saxo, lib. 2, c. 7, ed. Olrik / Raeder (1931) 1,60).

175 Siehe auch Br. Grimm, *Deutsche Sagen* 170.

176 Cf. *DM* 2,784.

177 Die Zeugnisse, die Grimm aus dem außergermanischen Bereich heranzieht, sind nicht auf die Bedeutung eines Kriegsheeres, das einen bevorstehenden Krieg andeutet, beschränkt.

178 Cf. *DM* 2,784-789. Grimms etymologische Rückführung von "aaskereia" auf "âsgardreid" und damit auf die Asen und seine Deutung der Sage als 'Götterzug' ist ungesichert. (Cf. *DM* 2,789) Wahrscheinlicher ist die Verbindung mit 'oskurtigr', was das Verständnis als 'Schreckensritt' nahelegt. (Cf. de Vries (1970^3, $1956/7^2$, 1935/37) 2,88).

Jagdpassion nachgeht, ist nach Grimm mit den Sagen von der wilden Jagd verwandt.[179] Die Vorstellung von einem Heer, das in der Luft kämpft, findet sich bereits bei Plinius, und Tacitus berichtet in bezug auf die Harier von einem "feralis exercitus".[180] Grimm läßt es hier offen, ob der "feralis exercitus" eine römische Anschauung ist, oder ob es sich um einen ersten germanischen Traditionsbeleg handelt.

Am Ende seiner Ausführungen zum wütenden Heer und der wilden Jagd setzt Grimm zu einer Gesamtinterpretation des Traditionskreises an. Interessant ist, daß er bei seiner Deutung die Traditionen aus dem außergermanischen Bereich nicht berücksichtigt, obwohl er sie - wie dargelegt - referiert hat. Damit engt er das Quellenmaterial ein und erklärt das Phänomen wütendes Heer und wilde Jagd aus germanisch-heidnischen Ursprüngen. Die Grundlage der deutschen und nordischen Traditionen sind nach Meinung Grimms heidnische Götter und Göttinnen. Die zentrale männliche Götterfigur ist Wodan / Odin.[181] In heidnischer Zeit hätte der Umzug zum einen zu heiligen Zeiten des Jahres stattgefunden. Seine Wirkung sei heil- und segenspendend gewesen. Das Volk habe den Göttern, die den Menschen bei dieser Form des Umzugs sichtbar gewesen seien, Gaben und Opfer dargebracht. Zum anderen seien die Götter, unsichtbar für die Menschen, durch die Luft und den Sturm gezogen und hätten sich mit Krieg und Jagd beschäftigt. Diese Art des Umzugs, bei der die Götter den Beschäftigungen der Helden nachgingen, sei mehr an die Naturerscheinung (Grimm denkt hier wohl an die Naturerscheinung des Sturmes) gebunden gewesen als an bestimmte Festzeiten.[182] Die Trennung in die "nächtliche jagd männlicher" und den "feierlichen umzug weiblicher gottheiten" wird durch das von Grimm herangezogene Material nicht bestätigt. So tritt etwa Frau Gaude als wilde Jägerin auf, wie Grimm selber betont.[183]

Die Deutung Grimms erklärt sich aus seiner Konzeption der guten heidnischen Zeit. Die heil- und segenspendenden Züge des wütenden Heeres und der wilden Jagd, auf die sich Grimm beruft, treten nur vereinzelt auf, sind aber keineswegs dominant genug, um sie zum Markstein der Deutung zu machen. Auch der ursprünglich heroische Charakter der Mythen läßt sich nicht nachweisen. Die Divergenz zwischen dem schreckenerregenden Bild des wütenden Heeres und der wilden Jagd, das uns aus den Quellen entgegentritt, und der Deutung Grimms kann er nur durch sein stereotyp angewandtes Erklärungsmuster kompensieren, das Grauenhafte und Schreckliche des wütenden Heeres und der wilden Jagd beruhe auf christlicher Verzerrung des ursprünglichen germanischen Mythos: "Seit dem christen-

---

179 Cf. ibid. 2,791f.
180 Cf. Plinius lib. 2, c. 148, ed. König (1974), Tacitus, *Germania* c. 3, ed. Lund (1988), cf. *DM* 2,792f.
181 Cf. *DM* 2,789f.
182 Cf. ibid. 2,790.
183 Cf. ibid. 2,771-773.782.

thum muste eine verwandlung der fabel eintreten. statt des götterzugs erschien nunmehr ein grausenhaftes gespensterheer mit finstern, teuflischen zuthaten entstellt."[184]
Die Götter selber wurden zu Ungeheuern und Teufeln stilisiert, ihr Gefolge bildeten ungetaufte Kinder, Gesindel, Trinker usw. Einzig die Helden konnten ihren ursprünglichen Status bewahren. Die historischen Personen, mit denen sich der Mythos gewissermaßen in seiner letzten Auszehrung verbunden hat, zeigen sich bei näherer Betrachtung als mythische Wesen.
Die Ähnlichkeit der Sagen in Skandinavien und Deutschland "verbürgt uns" nach Grimm "von neuem den zusammenhang des heidnischen glaubens hier und dort."[185]
Bei dieser Deutung Grimms bleiben viele Fragen offen: Die Verbindung der Sage mit historischen Personen läßt sich nicht übergehen, indem man die historischen Personen zu mythischen Wesen deklariert. Weitere offene Fragen sind: Warum haben die Helden ihr Wesen bewahrt, während doch die Götter verteufelt wurden? Wie erklärt sich das Vorkommen des 'germanischen Mythos' vom wütenden Heer und der wilden Jagd außerhalb des deutschen und germanischen Bereiches? Welche Motive sind für die Sage konstitutiv? Gibt es einen Sagenkern, an den sich fakultativ Motive anlagern können? Sind die von Grimm als christliche Entstellungen bezeichneten Sagenzüge sekundär im philologischen Sinn, d.h. läßt sich diese Interpretation durch die Chronologie der Zeugnisse abstützen? Welche Hinweise gibt es auf zugrundeliegende germanische Mythen, und lassen sich überhaupt germanische Mythen aus dem Traditionskreis erschließen? Welche Intentionen und Aussagegehalte sind aus den Quellen und ihrem kontextuellen sowie soziokulturellen Umfeld zu erkennen? Dies ist der Fragenhorizont, der im Rahmen meiner Untersuchung des Materials erörtert werden soll.[186]

1.2. Kritische Auseinandersetzung mit J. Grimms Konzeption der Wodangestalt

1.2.1. Forschungsgeschichte

Im Anschluß an Grimm entwickelte sich eine reiche mythologische Forschung, die sich mit der Deutung des Gottes Wodan / Odin beschäftigte. Die Hauptlinien dieser Forschungsgeschichte und ihrer Kontroversen sollen im folgenden dargestellt werden.
Die Schüler Grimms standen nicht nur ganz unter dem Einfluß ihres Meisters, sondern sie

184 Cf. ibid. 2,790f.
185 Cf. ibid. 2,791.
186 Cf. Teil 2, 1.3. der Arbeit.

vergröberten und übertrieben seine Thesen. Noch weniger als er waren sie dazu bereit, den fragmentarischen Charakter der Überlieferungen zu Wodan / Odin anzuerkennen. Der Forschungseifer und die Aufbruchstimmung der eben erst etablierten Forschungsrichtung konzentrierte sich vor allem auf die 'mittelbaren' Zeugnisse zu Wodan / Odin. So verwundert es nicht, daß etwa Wolf, der in seiner *deutschen Götterlehre* die Grimmsche Interpretation Wodans als "die alldurchdringende schaffende und bildende Kraft" übernimmt,[187] sich besonders auf die 'Wunsch-Konstruktion' J. Grimms verlegt und in den Märchen eine Reihe von 'Wunschdingen' ausmacht, mit denen Stellvertreter Wodan / Odins die Menschen beschenken.[188] Daneben verfolgt Wolf besonders den bei J. Grimm angelegten Gedanken, daß heidnische Götter- und Heroengestalten auf christliche Heilige übergingen.[189]
Die Hypothesen Grimms wurden nicht mehr hinterfragt, sondern als 'gegeben' vorausgesetzt und weiterentwickelt. Die Schere zwischen quellenkritischem Arbeiten und quellenfernem Spekulieren öffnete sich auf diese Weise immer mehr. Dazu kam, daß sich das Interesse ganz besonders auf die Volksüberlieferungen konzentrierte, die immer deutlicher als heidnisch-germanisch gesehen wurden. Diese Methode beruhte auf dem festen und undifferenzierten Glauben an die Kontinuität heidnischer Überlieferung und verlor in der Forschung im selben Maße an Boden, wie die Kontinuitätstheorie ins Kreuzfeuer geriet.
Beliebt waren auch naturmythologische Deutungen Wodan / Odins.
Von Müllenhoff und Much vertraten die Hypothese, Wodan sei der Nachfolger eines in vor- und urgermanischer Zeit verehrten Himmelsgottes *Tîwaz. Wodan sei erst aufgrund einer Art Götterrevolution zur Herrschaft im germanischen Götterhimmel gelangt und habe den älteren *Tîwaz verdrängt.[190] Der Prozeß des Übergangs von *Tîwaz auf Wodan habe sich allmählich vollzogen. Er läßt sich nach Auffassung Hommels an den antiken Quellen nachweisen.
Drei Stellen bei Tacitus markierten den Übergang: Die ältere Herrschaftsform des Tîwaz sei noch in *Historiae* lib. 4, c. 64,1 angesprochen, wo es in bezug auf die Tencterer heißt "praecipuo deorum Marti grates agimus". Die Übergangsphase sei durch *Annales* lib. 13, c. 57,2 repräsentiert, denn die Feinde werden hier Mars und Mercur gelobt. In *Germania* c. 9 sei der Übergang der Herrschaft auf Wodan bereits von allen Germanen vollzogen, wie die Formulierung "Deorum maxime Mercurium colunt" zeige.[191] Gegen diese Art der Quelleninterpretation läßt sich einwenden, daß die Chronologie der taciteischen Zeugnisse nicht beachtet wird. Wie könnte Tacitus im ältesten seiner drei genannten Werke behaupten,

---

187 Cf. Wolf (1852) *Götterlehre* 18f., cf. auch Uhland (1868) 6,134f., cf. *DM* 1,110.136.
188 Cf. Wolf (1852) *Beiträge* 1-21.
189 Wodan / Odins Wesenszüge seien daher auf die Heiligen Michael, Martin, Georg, Bartholomäus, Petrus transferiert worden. (Cf. Wolf (1852) *Beiträge* 32-58).
190 Cf. Much (1898) 189f. Zur Deutung Wodan /Odins als Himmelsgott siehe W. Müller (1844) 181-184, cf. auch Henne am Rhyn (1891) 365.
191 Cf. Hommel (1941/2) 147-149.

Mercur werde von allen germanischen Stämmen als oberster Gott verehrt, also das Ergebnis des Übergangs vorwegnehmen, während er in den jüngeren *Historien* Mars als dominierenden Gott der Tencterer bezeichnet und in seinem letzten Werk, den *Annalen*, die erst nach 112 begonnen wurden, Mars und Mercur praktisch auf eine Stufe stellt? Zum zweiten ist wohl nicht anzunehmen, Tacitus sei über religionsgeschichtliche Vorgänge und Entwicklungen bei den Germanen und sogar bei den einzelnen Stämmen so genau unterrichtet gewesen, daß er sie derart differenziert in seinem Werk reflektiert. Das von Tacitus praktizierte Verfahren der Interpretatio Romana, das oft geradezu willkürlich von römischen Autoren angewandt wurde, wird hier zu wenig hinterfragt. Zudem ist der Gott Tîwaz in der genannten Form und in seiner Funktion als oberster Gott und Himmelsgott in den Quellen nicht belegt, sondern es handelt sich um eine aus dem aisl. Tyr erschlossene Größe. Die Deutung Wodan / Odins als Himmelsgott bzw. als Nachfolger des Himmelsgottes ist nur eine Seite der naturmythologischen Auffassung des Gottes. Wodan / Odin wurde im Zusammenhang naturmythologischer Spekulationen häufig als Sturm- bzw. Luftgott verstanden, eine Interpretation, die bei J. Grimm grundgelegt ist.[192] Mannhardt versuchte die Entstehung Wodan / Odins als Sturmgott zu erklären: Die Germanen dachten sich den 'Geist' als Lufthauch oder Feuer. Nach dem Tod entflieht der Lebenshauch aus dem Körper, schwebt zur Luftregion empor und verbindet sich mit den Wolken oder dem Sturmwind. Die späteren Hauptgötter der Germanen Wodan und Thor waren ursprünglich wesensgleich mit den in Sturm und Gewitter dahinziehenden Seelen. Die verschiedenen Götterpersönlichkeiten differenzierten sich aus dem Seelenkollektiv durch Anlagerung ethischer Ideen heraus. Die eigentliche Natur Wodans ist demnach die des Sturmgottes, mit dem die toten Seelen durch die Luft fahren.[193] Diese Deutung Wodan / Odins als Sturmgott fand zahlreiche Anhänger in der mythologischen Forschung.[194] Bei der Deutung Wodan / Odins als Sturmgott ging man häufig von den Sagen um den wilden Jäger aus. Die Sagen vom wilden Jäger wurden vor allem deshalb als wichtig erachtet, weil sie nicht nur wesentliche Züge des Heidentums aufzeigten, sondern auch noch den Ursprung des heidnischen Glaubens, nämlich seine Anbindung an die Natur, zu erkennen gäben.

Der Gedanke, daß die Anschauung der Natur eine wichtige Rolle bei der Entstehung religiöser Phänomene gespielt hat, ist religionsgeschichtlich bedeutsam. Das Hauptproblem der naturmythologisch orientierten Forschergeneration war jedoch die Verabsolutierung dieses

---

192 Cf. *DM* 1,120.

193 Cf. Mannhardt (1858) 269f.

194 Cf. Schwartz (1860) 8f.136.159 und 136/Anm. 2. Der gleiche Ansatz liegt auch der Untersuchung Schwartzs (1862[2],1849) *Der heutige Volksglaube und das alte Heidenthum* zugrunde. Cf. ferner Simrock (1869) 163-222, bes. 163f., Zimmer (1876) 164-181, Golther (1895) 283-285.292f, E.H. Meyer (1891) 229-258 und id. (1903) 367-391, A. Wuttke (1900[3],1860) 16-21, Hermann (1903) 254-328, bes. 254f, R.M. Meyer (1910) 224-271, bes. 228, Schütte (1923) 118-127, bes. 119-121, Schlender (1925[4],1898) 91-114 und Mahr (1928) 143-167.

Ansatzes zum ausschließlichen Erklärungsmodell der Mythen und mythologischen Gestalten, so daß man in extremis die Entstehung eines ganzen Götterhimmels auf eine zentrale Naturerscheinung wie den Sturm oder das Gewitter zurückführte. Dadurch war die einseitige Deutung der Götter und Mythen schon vom Ansatz her vorgeprägt. Da im Falle Wodan / Odins weder das deutsche noch das nordische primäre Quellenmaterial eine signifikante Basis zur naturmythologischen Deutung des Gottes bot, stützte man sich auf die Etymologie des Namens und die Volksüberlieferungen. Der Name wurde auf die idg. Wurzel *'va', 'wehen' zurückgeführt, und damit wurde die Etymologie zur tragenden Säule der Deutung. Die etymologische Methode wird dabei umso angreifbarer, je weiter zurück ins Nebulöse ihre Fäden gezogen werden (die etymologische Verbindung von Wodan zu idg. *'va', 'wehen' ist ja keineswegs gesichert), und je weniger der etymologische Befund mit dem Bild, das die Quellen von einer Gottheit oder einem Mythos zeigen, harmoniert. Ein gravierendes Problem bei der naturmythologischen Deutung Wodan / Odins ist gerade die geringe quellenmäßige Bezeugung des postulierten Wesenskerns als Luft- bzw. Sturmgott. Philologisch könnte man die These untermauern, wenn Wodan / Odin sich gerade in den frühen Zeugnissen in seiner Natur als Wind- und Sturmgott zeigen würde. Die naturmythologische Forschungsrichtung umgeht dieses Problem, indem sie sich auf die Sagen vom wütenden Heer und der wilden Jagd beruft: Diese Sagen ließen sich auf die Naturerscheinung des Sturmes und Windes zurückführen und offenbarten so Wodan / Odins wahre Natur als Sturmdämon bzw. Windgott. Dabei wurden die Traditionen um das wütende Heer und die wilde Jagd als gemeingermanische Volksüberlieferungen bewertet und, obwohl sie in den Quellen erst wesentlich später für den germanischen Bereich belegt sind, in die germanische Urzeit projiziert.

Die naturmythologischen Spekulationen beruhen also zum einen auf unsicheren etymologischen Schlußfolgerungen, zum anderen auf einer ahistorischen, die Chronologie der Zeugnisse außer acht lassenden Betrachtungsweise der Quellen.

Dieser unhistorische Umgang mit den Quellen haftet auch der animistischen Forschungsrichtung an. Die Natur wird im Animismus von freundlichen und feindlichen Geistern belebt gedacht. Die Naturgeister sind nichts anderes als Seelendämonen. Nach dem Tod eines Menschen verläßt die Seele den Körper und lebt im Wind weiter, d.h. sie wird zum Seelendämon.[195]

Auch die animistische Deutung ging wie die oben beschriebenen naturmythologischen Ansätze vom Wesen Wodan / Odins als Windgott aus. Betont wurden besonders die chthonischen Züge des Gottes. Er wurde als Toten- und Nachtgott verstanden, bzw. als Führer der Totenschar, der sich aus dem Kollektiv des Seelenheeres entwickelt habe. Dieses Verständnis von Wodan sei im Sagenkreis der wilden Jagd noch präsent. Die Seelen der

195 Cf. Flasdieck (1937) 284.

Verstorbenen, die im Wind weiterlebten, wurden mit Wodan / Odin in Verbindung gebracht, weil ja auch er in seiner Funktion als Windgott dem Element der Luft zugeordnet war. Alle anderen Eigenschaften Wodan / Odins seien gegenüber seinem Wesen als Windgott und Seelenführer sekundär[196].

Es erscheint problematisch, die ursprüngliche Funktion Wodan / Odins als Totengott und Totenführer aus den Sagen von der wilden Jagd ableiten zu wollen, wie es von Anhängern der animistischen Forschungsrichtung immer wieder vertreten und auch in Lexika und Forschungsbeiträgen weitergeschrieben wurde.[197] Daß Odin als Herr der Toten auftritt und über Walhall als Totenreich herrscht, ist einer von mehreren Funktionsbereichen des Gottes. Man kann diese Eigenschaft an den Quellen nachweisen, man kann jedoch nicht zeigen, daß damit die ursprüngliche Funktion und der Wesenskern des Gottes erfaßt ist.

In bezug auf die Erklärung des Phänomens der wilden Jagd und des wütenden Heeres bewirkten der naturmythologische und der animistische Ansatz gegenüber der Deutung J. Grimms, daß man die Sagen nicht mehr als Nachhall des germanisch-heidnischen Glaubens an den Gott Wodan erklärte. Man hatte erkannt, daß die Sagen weit über das ursprüngliche germanische Gebiet hinaus verbreitet waren.

Die animistische Deutung der Sagen vom wütenden Heer wurde im präanimistischen Ansatz weiterentwickelt und modifiziert. Der Animismus arbeitet mit einem abstrakten, geistigen Seelenbegriff, der Präanimismus geht von einer archaischen Todesvorstellung aus. Nach dieser gibt der Tote seinen Körper nicht auf, sondern existiert mit seinem Körper weiter. Dieser Ansatz ließ sich als Erklärungsmodell auf die Sagen von der wilden Jagd anwenden, weil das Totenheer in den Sagen nicht als Zug von Seelen auftritt, sondern in körperlicher Form.[198]

Zu erwähnen ist auch die psychologische Erklärung der Sagen vom wilden Jäger. Sie führte die Erscheinung auf Alptraumerfahrungen und Angstphantasien zurück. Der wichtigste Anhaltspunkt für diese Deutung ist, daß die wilde Jagd Menschen bestraft oder mit sich fortreißt und für eine bestimmte Zeit gewissermaßen unter die Gespenster versetzt.[199]

Daneben gab es auch eine Richtung, die die Rolle Wodan / Odins als Fruchtbarkeitsgott be-

---

196 Cf. Mogk (1918) 559-561, id. (1900^2,1891) 333-337, id. (1907^2,1891) 103f.108-117 und id. (1925) 261. Die animistische Deutung Wodan / Odins wurde ferner vertreten von Sepp (1890) 198, Siebs (1892) 145-157, Helm (1913) 260-264, Plischke (1914) 3-10, Schweda (1915). V. Unwerth akzentuiert die chthonischen Aspekte in den nordischen Zeugnissen von Odin. (Cf. v. Unwerth (1911) 82.99-113).

197 Cf. z.B. von der Leyen (1909) 125f., Clemen (1934) 53, Betz (1962^2,1957) 1568, Steller (1925) 95 und Beitl (1974^3,1936) 981, siehe auch Neumann / Vogt (1973) 77: "Neben der Rolle des siegspendenden Kriegsgottes hat sich Wodans Funktion als Totengott im Führer der Wilden Jagd erhalten." Häufig sind naturmythologische und animistische Deutung ineinander verflochten. (z.B. H. Schneider (1938) 182-184).

198 Cf. Flasdieck (1937) 285.305f. Den präanimistischen Ansatz verfolgt auch Endter in seiner Dissertation. (Cf. Endter (1933)).

199 Cf. Laistner (1889) 223-250.

sonders akzentuierte. Ausgehend von den bei J. Grimm bereits referierten Erntebräuchen, in denen Wodan / Odin auftritt, versuchte man seine Funktion als Erntegott zu rekonstruieren.[200] Das Hauptproblem bei der Deutung Wodan / Odins als Fruchtbarkeitsgott liegt darin, daß es dafür keine Anhaltspunkte in den alten Quellen gibt. Der älteste Beleg stammt, wie bereits dargelegt, aus dem Ende des 16. Jahrhunderts. Es ist also unplausibel, gerade in der Rolle Wodan / Odins als Fruchtbarkeitsgott seinen Wesenskern zu vermuten. Dennoch ist zu fragen, warum Wodan / Odin ab der frühen Neuzeit, die Belege mehren sich in den Volksüberlieferungen des 19. Jahrhunderts, im Kontext der Erntebräuche auftritt. Bei näherer Betrachtung zeigt sich, daß der Brauch, Kornbüschel auf dem Getreidefeld stehenzulassen und ähnliches, nicht grundsätzlich im Zusammenhang mit Wodan / Odin steht. Statt Odin können hier z.B. Elfen, Erd-, Toten- und Hausgeister eingesetzt werden. Daneben treten auch Tiere auf. Die ursprüngliche Form des Ritus könnte also die Opferung an einen unbestimmten Getreidegeist gewesen sein, der im nachhinein individualisiert wurde. Die Figur Wodan / Odins wird sich erst sekundär mit dem Phänomen verbunden haben.[201] Wodan tritt erst Ende des 16. Jahrhunderts im Kontext der Fruchtbarkeitsbräuche auf. Es könnte sein, daß der Protestant Gryse, der wohl keine authentischen Erinnerungen an die Formen der heidnischen Gläubigkeit hatte, Brauchformen, die er im Zuge seiner polemischen Darstellung des Katholizismus als unchristlich darstellen wollte, mit dem zu seiner Zeit aus der gelehrten mittelalterlichen Tradition noch bekannten Namen des heidnischen Gottes Wodan verband, um auf diese Weise eben das Unchristliche, aus seiner Sicht Heidnische am Katholizismus zu unterstreichen. Das Zeugnis Gryses förderte sicherlich die Vorstellung von Wodan / Odin als Fruchtbarkeitsgott.

Einen weiteren Interpretationsansatz trug O. Höfler an die Gestalt Wodans und die Sagen um das wütende Heer heran. Er deutete die Sagen im Kontext seines Versuches, kultische Geheimbünde der Germanen nachzuweisen.[202]

Die altgermanischen Männerbünde, die nach Höfler in Form von Zünften und Gilden bis weit in die historische Zeit hinein maßgebliche Kräfte des gesellschaftlichen Lebens bildeten, seien kultisch-soziale Gebilde, kriegerisch-politische Verbände gewesen. Diese Männerbünde entfalteten ein reiches Brauchtum, das in einem dämonischen Gemeinschaftskult begründet war. Die Totenfeiern seien dabei die zentralen Veranstaltungen der Männerbünde gewesen. In der kultischen Ekstase, die das Individuum seine Grenzen sprengen ließ, sollte die Trennung von Leben und Tod aufgehoben werden, d.h. die am Kult beteiligten Menschen fühlten sich eins mit den Toten, sie maskierten sich und stellten die Toten in ihren Umzügen dar. Dieses Brauchtum sei weder für die Darsteller

200 Cf. Pfannenschmid (1878) 103-108 und cf. Lid (1933).

201 Cf. de Vries (1931) 3-9.60.63.

202 Schon Weiser hatte die These aufgestellt, die Sagen vom wütenden Heer gingen auf ekstatische Kulttänze altgermanischer Männerbünde zurück. (Cf. Weiser (1927) bes. 50f.).

noch für die Zuschauer Spiel gewesen, sondern vielmehr eine dämonische Realität. Für die Zuschauer waren die Maskierten tatsächlich die Toten, und der Träger der Maske identifizierte sich so stark mit dem Dargestellten, daß er in einem mystischen Akt mit dem Toten verschmolz. Die maskierte Darstellung des Totenheeres setzte den Glauben an ein Totenheer zwar voraus, aber Glaube und Kult waren in dieser frühen Zeit nicht zu trennen. Die primären Glaubensinhalte, die Kernmythen, sind nicht aufgezeichnet worden. Aufgrund der strengen Esoterik sahen die Außenstehenden in den Maskierten Dämonen, sie mythisierten die Kultvorgänge und versuchten sie in Erzählungen zu schildern. Auf diese Weise entstanden die Sagen vom wütenden Heer, die so als 'mittelbare' Zeugnisse für das Fortleben der germanischen Geheimkulte zu betrachten sind. Höflers Ziel war es daher, die kultischen Züge aus den Sagen zu erschließen.[203] Diese Deutung der Sagen vom wütenden Heer hat nun auch Konsequenzen für das Verständnis Wodans. Nach Höfler muß Wodan als der "Gott der ekstatischen Männerbünde" verstanden werden.[204] Der Name Wodans wird aus germ. '*woþ', 'wüten' abgeleitet. Dieses 'Wüten' ist keineswegs nur im Sinne eines 'Sturmesbrausens' aufzufassen, sondern dahinter ist in erster Linie das Wüten des ekstatischen Menschen in den Veranstaltungen der kultischen Geheimbünde zu sehen. Als wichtige Stütze seiner Deutung führte Höfler hier die Stelle bei Adam von Bremen an: "Wodan, id est furor".[205] Der Wesenskern Wodans, der in der Ekstase lag, bedingte, daß er auch Herr der Toten war, denn gerade das Heer der Toten wurde ja in den ekstatischen Umzügen dargestellt. Wodans Unberechenbarkeit sei unmittelbar mit seiner dämonisch-ekstatischen Natur verbunden.[206] Ein sehr frühes Zeugnis für die mimisch-kultische Inszenierung des Totenheeres sei die Stelle bei Tacitus *Germania* c. 43.[207]

Der Ansatz Höflers ist insofern als wichtiger forschungsgeschichtlicher Beitrag zur Deutung Wodan / Odins zu bewerten, als er auf das dämonisch-ekstatische Wesen des Gottes hinweist, das sich in seinem Namen, in der Beziehung zu den Berserkern, im 'furor' des Kampfes, in seiner Unberechenbarkeit, und - wie ich meine - auch in der Erregung der geistigen, dichterischen Inspiration manifestiert. Problematisch ist das spekulative Umfeld, in das Höfler diese Erkenntnisse einbettete. So sind gegen seinen Ansatz berechtigte Einwände vorgebracht worden. Ich möchte hier auf die für meine Thematik relevante

203 Cf. O. Höfler (1934) bes. 308-323.
204 Cf. ibid. 324.
205 Adam von Bremen, lib. 4, c. 26, ed. Trillmich / Buchner (1961).
206 Cf. O. Höfler (1934) 326-340.
207 Cf. ibid. 3f. Auf die Problematik des Tacituszeugnisses werde ich im Zusammenhang meiner Quellenstudien zum wütenden Heer eingehen. Cf. Teil 2, 1.3.1. Die ausführlichste Wodanmonographie der älteren Forschung von Ninck steht ganz in der Höflernachfolge. Der Gott Wodan wird hier als Inkarnation der Berserkerekstase gedeutet. Sein ursprünglich berserkerhaft-kämpferisches Wesen wurde im Norden zur Raserei in Sehertum und Dichtung vergeistigt. (Cf. Ninck (1935)). Die Höflersche Deutung wurde z.B. auch aufgenommen in der *Indogermanischen Religionsgeschichte* von Cornelius (1942), heute noch vertreten wird sie bei Simek (1984) 103.463f.

Interpretation der Sagen zum wütenden Heer eingehen. Das Sagenmaterial enthält nur sehr schwache (und darüber hinaus späte Hinweise) auf den von Höfler postulierten, den Sagen zugrundeliegenden Kult.[208] Die strukturellen Parallelen, die Höfler zwischen Sage und Kult zog, bleiben vage und lassen sich, wenn man sie im Detail überprüft, nicht verifizieren. Die Aussagen über das Verhältnis von Sage und Kult bewegen sich letztlich in einem Zirkelschluß. Die Sagen sollen sekundär aus dem Kult entstanden sein, andererseits sollen dem Kult die Kernmythen schon vorausliegen. Es läßt sich nicht klären, ob Kult oder Sage die primäre Ausdrucksform der Glaubensinhalte war. Problematisch ist es, von den Sagen als 'mittelbaren' Zeugnissen auf den Kult zurückzuschließen, ohne unmittelbare Belege dafür zu haben. Höfler konnte seine Idee der kultischen Geheimbünde bei den alten Germanen und ihren kultischen Veranstaltungen, insbesondere den Totenfeiern, nicht durch eindeutige Zeugnisse manifest machen.[209] Es ist nicht a priori auszuschließen, daß kultische Elemente in den Sagen vom wütenden Heer verarbeitet worden sind, es gibt jedoch keinen überzeugenden Grund für die Erklärung des gesamten Sagenkreises aus dieser Wurzel. Trotz aller Vorbehalte einer mangelnden Berücksichtigung von Tiefenschichten, muß sich jede Deutung primär an den Quellen orientieren, so wie diese uns vorliegen.

Die Frage nach dem Alter und im Zusammenhang damit nach der Herkunft des Gottes Wodan / Odin beschäftigte die Forscher verschiedener Generationen. Sie wurde in zweifacher Hinsicht gestellt: War Wodan ein von allen germanischen Stämmen verehrter Gott, oder hatte seine Verehrung ein Zentrum, von dem aus sich sein Kult allmählich verbreitete? War Wodan ein bei den Nordgermanen autochthoner Gott, oder wanderte er ein?

Es soll hier mit der Besprechung der zweiten Frage, der sogenannten Einwanderungshypothese, begonnen werden. Ihre Hauptstütze ist die Erzählung von Odins Einwanderung in Skandinavien, wie sie im Prolog der *Snorra Edda* und in der *Heimskringla* berichtet wird, sowie Odins Bezeichnung als "Saxa goð".[210] Der Prolog erzählt, es habe im Erdteil Asien, genauer im Lande Tyrkland, einen berühmten Hof und Herrschaftsort namens Troja gegeben. Von König Priamus, dem trojanischen Stammvater, stammte in direkter Linie Vóden, den man im Norden Odin nennt, ab. Vóden / Odin, der Gatte der Frígídá / Frigg, wird als ein Mann, der aufgrund seiner Weisheit und seiner Fähigkeiten berühmt ist, dargestellt. Dieser Odin erkannte in seherischer Vorausschau, daß er dazu bestimmt sei, in der Nordhälfte der Welt zu herrschen und dort berühmter als alle anderen Könige zu werden. Deshalb faßte er den Entschluß, aus Tyrkland auszuwandern und über verschiedene Länder, in denen man ihn und die Seinen eher für Götter als für Menschen hielt, nach Saxland zu

208 Im Zusammenhang meiner Quellenuntersuchungen zum wütenden Heer und wilden Jäger wird dies deutlich werden. Cf. Teil 2, 1.3.

209 Cf. die Kritik von F. Ranke (1940) 1-33, Flasdieck (1937) 293f.

210 Cf. *SnE. Prolog* c. 2-5 ed. Lorenz (1984), Snorri, *Hkr. Ynglingasaga* c. 2.5, ed. Aðalbjarnarson (1941) und *Flateyjarbók*, ed. (1868) 3,246.

reisen. Odin machte sich zum Herrn von Saxland, und nachdem er drei Söhne als Herrscher eingesetzt hatte, zog er nach Norden weiter, wo ihm König Gylfi, der von der Ankunft der "Ásíámenn", der "æsir", gehört hatte, soviel Macht einräumte, wie er wollte.

Diese Nachrichten wurden von der älteren Forschung beim Wort genommen, und man wertete sie als die Darstellung historischer, religionsgeschichtlicher Vorgänge in sagenhafter Form. Die These von der Einwanderung Odins im Norden wurde von zahlreichen Forschern vertreten.[211] Man rekonstruierte den historischen Kern, der Wodankult habe sich von Niederdeutschland aus nach Dänemark ausgebreitet und sei von dort in Schweden und Norwegen eingewandert. Die Zeit der Einwanderung des deutschen Wodanglaubens in Dänemark und Skandinavien lasse sich zwar aus den Berichten nicht bestimmen, man dürfe aber im allgemeinen behaupten, daß Odin etwa um 800 in Norwegen bekannt war. Im Wikingerzeitalter wurde er dann in den Mittelpunkt der Dichtung gestellt. Die Tatsache, daß Odins Herrschaftsposition im Norden jung sei, spiegle sich auch in Passagen aus den Sagas, nach denen Thor, nicht Odin als "der am meisten Geehrte" und der "allmächtige Ase" bezeichnet wird, was auch zu Adams von Bremen Bemerkung passe, Thor sei der 'potentissimus deorum'.[212] Auch kultisch scheinen Thor und Freyr wesentlich stärker verehrt worden zu sein als Odin. Dies zeige sich in der gegenüber Thor und Freyr relativ geringen Zahl von theophoren Orts- und Personennamen, die als Komposita mit dem Namen Odins gebildet sind. Für autochthon nordische Herkunft des Gottes trat unter anderem de Vries ein. Seiner Ansicht nach weise die späte Entfaltung des Odinskultes im Norden nicht per se auf fremde Einflüsse hin. Sie beruhe vielmehr auf gesellschaftlichen und religiösen Umwälzungen innerhalb Skandinaviens. Die Träger des Odinkultes seien erst relativ spät in einflußreiche Positionen aufgerückt. Die Komplexität von Odin deute eher auf eine weit zurückreichende Entwicklung im Norden als auf späte Entlehnung hin.[213] Die Haltung Falks lag zwischen den beiden eben umrissenen Positionen. Im Gott Odin, so wie wir ihn aus den Quellen greifen können, seien zwei Schichten zu unterscheiden: eine skandinavische und eine fremde. Skandinavisch sei die Vorstellung von Odin als Zauberer, aus Nord- und Westdeutschland habe man Odin während der Völkerwanderungszeit in seiner

---

211 Cf. Petersen (1876) 85-100, Weinhold (1890) 614.617.625, Golther (1895) 304-306, Mogk (1900², 1891) 329f., Hermann (1903) 256, Krohn (1922) 82.88.95, Schütte (1923) 118, Schomerus (1936) 40, Helm (1946) 41-50.56-59, Brøndsted (1966², 1960) 219.

212 Adam von Bremen, lib. 4, c. 26, ed. Trillmich / Buchner (1961).

213 Cf. de Vries (1970³, 1956/7², 1935/7) 2,90f. Cf. ähnlich bereits Schullerus (1887) 252f. Nach Grönbech war Odin ein Gott der Wikingerzeit. Zwar seien die Einzelelemente seines Kultes alt gewesen, sie seien jedoch in der Wikingerzeit neu gestaltet worden, und diese Neuordnung habe Odin als Gott der heidnischen Spätzeit hervorgebracht, wie wir ihn aus den Quellen kennen. (Cf. Grönbech (1954⁵, 1937-1939) 2,307-310). Im Welt- und Menschenbild Grönbechs wurzelt der romantische Ansatz Kummers, aus den isländischen Familiensagas ein Bild der heidnischen Spätzeit und Odins rekonstruieren zu wollen. (Cf. Kummer (1927)).

Funktion als Kriegsgott sowie in seiner Zuständigkeit für den geistigen Bereich übernommen. Durch diese Einwanderung sei es zum Kampf zwischen Asen und Vanen gekommen.[214]

Der Mythos vom Kampf der Asen und Vanen wurde also im Zusammenhang der Einwanderungshypothese herangezogen. Snorri erzählt, wie Odin mit einem Heer gegen die Vanen zieht. Da diese sich gut verteidigten, sei das Kriegsglück bald auf dieser, bald auf jener Seite gewesen, und so habe man schließlich Frieden geschlossen und sich gegenseitig Geiseln gestellt.[215] Man hat versucht, historische, religionsgeschichtliche Vorgänge aus dem Vanenkrieg zu erschließen und ihn im Sinne einer Auseinandersetzung zwischen zwei Kultformen gedeutet: Neu eindringende Götter geraten in Spannung zu den alteingesessenen. Dies wurde auf die Vorstellung von den unter Odin eingewanderten Asen und ihrem Kult übertragen, der mit der religionsgeschichtlich früheren Stufe des Vanenkultes rivalisierte.[216] Dabei ließ sich gleichzeitig vermuten, daß die rivalisierenden Kulte im Zusammenhang mit Volksverschiebungen zu sehen waren.[217] Nach de Vries ist es plausibler, den Vanenkrieg aus den sozialen Verhältnissen der skandinavischen Gesellschaft zu erklären. Die bäuerliche Schicht der Vanenverehrer tritt hier in Konkurrenz zu den führenden Schichten der Gesellschaft und ihrem Kult. Könige und Königsgefolge verstanden sich als Anhänger des Asenkultes und insbesondere Odins.[218]

Nach der neueren Deutung des Vanenkriegmythos von Schjødt darf das Sinnangebot der Erzählung nicht auf den Aspekt des Konflikts und der Integration zweier Kulte beschränkt bleiben. Die strukturalistische Untersuchung Schjødts erarbeitet, daß Asen und Vanen nicht nur in religiös-kultischer Hinsicht, sondern in umfassenderem soziokulturellem Sinn als Gegensätze zu verstehen sind. Die Gegensätze, die die Asen bzw. die Vanen verkörpern, sind Leben vs. Tod, Kultur vs. Natur, Intellekt vs. Körperlichkeit, Ehe vs. Inzest, hoch vs. niedrig, maskulin vs. feminin. Mit der Orientierung an Leben, Intellekt, Ehe und am Maskulinen repräsentieren die Asen das aktuellere Kulturkonzept, das den Orientierungsrahmen für die Rezeption ergibt.[219]

Als Belege für die Einwanderungshypothese wurden auch die Erzählungen der altnordischen

---

214 Cf. Falk (1927) 34-44.

215 Cf. Snorri, *Hkr.Ynglingasaga* c. 4, ed. Aðalbjarnarson (1941).

216 Cf. Helm (1946) 61.67f.

217 So wurde der Vanenkrieg mit der postulierten Eroberung der Megalithleute durch die indogermanischen Streitaxtleute oder Schnurkeramiker erklärt. (Cf. Schröder (1934) 187-199).

218 Cf. de Vries (1970^3,1956/7^2,1935/7) 2,208-214. Der Vorstellung, daß Odin in der Wikingerzeit der Gott der führenden Schicht, des Königs und seines Gefolges gewesen sei, neigten auch andere Forscher, z.B. Petersen (1876) 98 und Schullerus (1887) 253 zu, ebenso Turville-Petre (1964) 66-69. Der Gegensatz wurde dabei aber nicht immer als Vanenverehrung durch die Bauern und Asenverehrung durch die gehobenen Gesellschaftskreise gesehen. So ging etwa Schullerus von einer Verehrung Thors durch die ländliche Bevölkerung und einem Odinskult der führenden Schichten aus. (Cf. Schullerus (1887) 253).

219 Cf. Schjødt (1991) 303-315.

Quellen herangezogen, die von Odins Verbannung und der Usurpation seines Thrones durch Prätendenten berichten.[220]
Die Geschichte von Odins Verbannung bzw. Abwesenheit ist in drei Fassungen überliefert. Nach der Version in der *Ynglingasaga* führten Odins Brüder Vili und Vé während der Abwesenheit Odins die Herrschaft. Als sie glaubten, er käme nicht mehr wieder, übernahmen sie mit der Herrschaft auch seine Frau. Nach Odins Rückkehr nahm er die Herrschaft und seine Frau wieder in Besitz.[221] Saxo schildert, wie Odin als Strafe für die Verführung der Rinda verbannt wurde und Ollerus (Ullr) an seiner Stelle herrschte. Nach 10 Jahren wurde er von dem zurückkehrenden Odin vertrieben. Ebenfalls bei Saxo findet sich die Version, nach der Frigg ein Liebesverhältnis mit einem Diener hatte und Odin aus Zorn darüber freiwillig außer Landes ging. An seiner Stelle herrschte dann Mitothin, den Odin nach seiner Rückkehr wieder verdrängte.[222] Die drei Geschichten haben deutlich denselben Kern: Der Götterherrscher Odin war abwesend, an seiner Stelle herrschte zeitweilig ein anderer, der nach der Rückkehr Odins wieder verdrängt wurde. Religionsgeschichtliche Erklärungen bieten sich an. Es handelt sich wohl um einen Mythos, dem die Ablösung eines älteren Herrschers, der hier als Ollerus oder Mitothin bezeichnet ist, durch Odin zugrundeliegt. Odins Verbannung ist als Chiffre verstehbar für die Tatsache, daß seine Machtposition nicht unangefochten war.[223]
Es versteht sich, daß man in der Frage, ob Odin in Skandinavien eingewandert sei und wann sein Kult sich durchsetzte, nur zu hypothetischen Ergebnissen kommen kann. Es lassen sich in bezug auf die Einwanderungshypothese - wie so oft auf dem Feld der germanischen Religionsgeschichte - nur die Gründe dafür oder dagegen nach ihrer Plausibilität abwägen. Die These eines bloßen 'Imports' der Odinfigur ist schon deshalb nicht haltbar, weil der in den skandinavischen Quellen bezeugte Odin im Verhältnis zum südgermanischen Wodan eine sehr komplexe Figur ist. Daß Odin gewissermaßen mehr ist als der deutsche Wodan läßt sich nicht allein mit der bruchstückhaften deutschen Überlieferung, die viele Züge nicht überliefert hat, begründen. Der Norden blieb wesentlich länger heidnisch als der Süden - und Wodan und Odin vollkommen gleichzusetzen, hieße den Jahrhunderten skandinavischer Eigenentwicklung keine Rechnung zu tragen. Das Bild der eddischen Mythologie ist eine Momentaufnahme, die vor allem die letzte Phase des nordischen Heidentums spiegelt. Der Odin, den wir aus den nordischen Quellen kennen, ist zu sehr nordisch geprägt, verankert in den nordischen Gesellschaftsverhältnissen und der nordischen Poesie, als daß wir ihn vorbehaltlos mit Wodan gleichsetzen oder einfach als einen in Skandinavien importierten Wodan verstehen könnten.

---

220 Cf. ibid. 30-34.
221 Snorri, *Hkr. Ynglingasaga* c. 3, ed. Aðalbjarnarson (1941).
222 Saxo lib. 3, c. 4, ed. Olrik / Raeder (1931) 1,72f. und ibid. lib. 1, c. 6, 1,25f.
223 Cf. Helm (1946) 61-71.

Weitere Schwierigkeiten ergeben sich aus der Beurteilung der Einwanderungserzählung bei Snorri. Die entscheidende Kritik kam bereits von Heusler. Er legte dar, daß die Einwanderungserzählung ganz im Kontext gelehrter mittelalterlicher Genealogie und Geschichtsschreibung zu sehen ist. Traditionsgeschichtlich bedeutsam für die isländischen Urgeschichtsfabeln, die Heusler zusammenstellte,[224] waren die beiden fränkischen Trojanersagen in den *Gesta Francorum* und bei Fredegar bzw. in von diesen abgeleiteten Werken.[225] Eine wichtige Rolle spielte auch Lehngut aus englischen Genealogien, das zur Füllung der Stammbäume bei der Rückführung auf die trojanischen Väter verwendet wurde.[226] Die Rückführung der Völker und ihrer Herrscher auf trojanische und unter Umständen alttestamentarische Wurzeln ist ein gängiges Muster der mittelalterlichen Geschichtsschreibung. Die genealogische Herleitung der Herrscher aus Troja hat ihr wichtigstes antikes Vorbild in Vergils *Aeneis*. Diese Form der sagenhaften Geschichtsschreibung diente also seit der Antike der Herrschaftslegitimation. Bei den mittelalterlichen Autoren werden trojanische und alttestamentarische Wurzeln verknüpft, um so das Modell in die christliche Heilsgeschichte einzubauen.[227] Auch die Verwendung euhemeristischer Gedanken, nach denen die heidnischen Götter eigentlich historische Persönlichkeiten waren, die als Götter verstanden wurden, erleichtert die Darstellung heidnischer Götter aus christlicher Sicht.[228] Die Ableitung von 'áss-æsir' aus 'Ásíá' und 'Ásíámadr' ist in diesem Kontext eine willkommene gelehrte etymologische Spielerei.[229] Je gelehrter und damit je problematischer die Einwanderungserzählung bei Snorri erscheint, desto fragwürdiger wird sie als beweiskräftiges Zeugnis der Einwanderungshypothese. Auch der Verweis auf Odin als "Saxa goð"[230] bietet keine wirkliche Stütze der Einwanderungshypothese, wie ein Blick auf den Kontext der Stelle zeigt. Zwar ist es noch plausibel, Freyr als "Svía goð" zu bezeichnen, befremdlich ist es jedoch, wenn Thor als "Engilsmanna goð", Skjǫldr als "Skánunga goð" und Goðormr als "Dana goð" benannt wird.[231]

Versucht man nun in einer Art Umkehrung der Einwanderungshypothese und der von ihr angenommenen (relativ) späten Ausdehnung des Odinkultes das hohe Alter Odins nachzuweisen, so hat man dafür nur spärliches und fragwürdiges Material. Es ist spekulativ, Odin auf den bronzezeitlichen Felszeichnungen erkennen zu wollen oder ihn mit den völkerwanderungszeitlichen Darstellungen auf den Gallehushörnern und dem Gundestrupkessel in

224 Cf. Heusler (1908) 13-37.

225 Cf. ibid. 3-12.

226 Cf. ibid. 64-68.

227 Dieses Muster bleibt bis in die frühe Neuzeit hinein aktiv. Siehe dazu z.B. die Ableitung der Bayern von den Trojanern bei Aventin in seinem *Bayrischen Chronicon*, ed. (1881) 1,112.

228 Cf. Simek (1984) 301-303.

229 Cf. Heusler (1908) 39-41.

230 *Flateyjarbók*, ed. (1868) 3,246.

231 Cf. Heusler (1908) 96-101.

Verbindung zu bringen. Auch der Bezug bildlicher Darstellungen vor der Wikingerzeit auf Odin ist nicht eindeutig zu klären.[232] Es wird nicht mehr auszumachen sein, ob überhaupt und wenn ja, in welcher Funktion der Gott Wodan in urgermanischer Zeit existierte. Die Entfaltung der vielschichtigen Persönlichkeit Odins könnte sich über einen langen Zeitraum erstreckt haben, wobei kultisch-mythische und gesellschaftliche Entwicklungen wohl in einer Wechselbeziehung standen. Geht man von einer derartigen Entwicklung aus, so wird man von einem Nebeneinander archaischerer und jüngerer Züge in der Persönlichkeit des Gottes nicht überrascht sein. Die Quellenlage und die späte Aufzeichnung der Quellen läßt darauf schließen, daß die jüngeren Züge in den erhaltenen Quellen stärker repräsentiert sind.

Daß hinter den Mythen vom Asen- und Vanenkrieg und den Erzählungen von Odins Verbannung trotz der novellistischen Motive, mit denen sie angereichert sind, ein religionsgeschichtlicher Kern liegt, ist sehr wahrscheinlich. Es sind wohl die Rivalitäten und Machtkämpfe verschiedener Götter und ihrer Kulte, die möglicherweise bestimmten Gesellschaftsschichten zuzuordnen sind, dahinter zu sehen.[233]

In bezug auf die Stellung Odins heißt dies: Seine Machtposition war keineswegs unumstritten, er mußte sie sich erst erringen.

Wie und wann sich die Machtkämpfe und Machtverschiebungen vollzogen, läßt sich nicht exakt festlegen. Die geringe Zahl von Ortsnamen, die mit Odin gebildet sind, sowie die Tatsache, daß Adam von Bremen (lib. 4, c. 26) Thor als den kultisch am stärksten verehrten Gott herausstellt, könnten Hinweise darauf sein, daß Odin kein volkstümlicher Gott war, sondern vielmehr der Gott der führenden Schichten, der Krieger und Aristokraten.[234]

Nachdem nun das Für und Wider der Einwanderungshypothese erwogen worden ist, soll auf die Frage eingegangen werden, ob Wodan ein von allen germanischen Stämmen verehrter Gott war, oder ob seine Verehrung ein Zentrum hatte, von dem sie ausging. Der wichtigste Verfechter der These von Ausbreitung und Wanderung des Wodankultes war Helm. Da es für Wodan / Odin keine etymologisch vergleichbaren indogermanischen Götter gibt, folgerte er, Wodan sei in nachindogermanischer Zeit entstanden. Ob die Stelle bei Tacitus *Germania* c. 9 dazu berechtigt, Wodanverehrung bei allen Germanen anzunehmen, ist zweifelhaft. Es ist ungewiß, wie gut Tacitus von seinen Gewährsmännern unterrichtet war. Es ist nicht auszuschließen, daß Tacitus seine Informationen, die sich möglicherweise nur auf ein regional begrenztes Gebiet bzw. auf einen oder mehrere Stämme bezogen, bewußt verallgemeinerte, um so eine Gesamtdarstellung zu geben. Auch bei Mercur kann also eine Verallgemeinerung vorliegen, was eine mögliche Spannung zwischen *Germania* c. 9 und

---

232 Eine optimistischere Einschätzung bei de Vries (1970^3,$1956/7^2$, 1935/7) 2,91. Zur Besprechung der archäologischen Zeugnisse für Wodan / Odin cf. Teil 2, 1.2.2.3.

233 Cf. Simek (1984) 305f.

234 Cf. Derolez (1959) 112.

Germania c. 39 erklären würde.[235] Eine Divergenz zwischen diesen beiden Stellen ergibt sich, wenn man den *Germania* c. 39 genannten "regnator omnium deus" der Semnonen nicht auf Wodan bezieht.

Helm versuchte einen Mindestbereich der Wodanverehrung im ersten Jahrhundert auszumachen. Die Aussage des Tacitus (*Germania* c. 9) ließe sich nur für die Rheinstämme und die Chatten als gültiges Zeugnis der Wodanverehrung betrachten, da man nur für diesen Raum einen hinreichend guten Kenntnisstand des Tacitus annehmen könne. Für die übrigen Stämme müsse die Wodanverehrung anhand anderer Zeugnisse nachgewiesen oder ausgeschlossen werden. Die Schlußfolgerungen Helms sind anfechtbar. Zum einen werden die spärlichen antiken Quellen im Sinne seiner Hypothesen überinterpretiert, zum anderen wird aus dem Nichtvorhandensein von Zeugnissen bei einzelnen Stämmen auf die Nichtexistenz der entsprechenden Kulte oder Götter geschlossen. Allzu großzügig angewendete argumenta ex silentio fordern freilich bei einer derart bruchstückartigen Überlieferung zum Widerspruch heraus.[236]

Man kann weder mit J. Grimm und allen, die ihm mittelbar oder unmittelbar nachfolgten, aus späten Quellen unter Hinweis auf die schweigende bruchstückhafte Überlieferung rein heidnische Phänomene und Götter rekonstruieren, noch andererseits das Schweigen der Überlieferung im Sinne einer Nichtexistenz von Kulten oder Mythen interpretieren. Jeder, der eine philologische Methode verfolgt, wird seine Schlüsse aus den vorhandenen Quellen ziehen und diese auf ihre Zeugniskraft für die germanische Religion hin überprüfen. Es wäre allerdings ein Fehlschluß, zu glauben, die germanische, insbesondere die südgermanische Religion ließe sich aus den wenigen Zeugnissen, die man als zuverlässig erkannt hat, rekonstruieren, oder andererseits zu folgern, was nicht überliefert ist, habe auch nicht existiert. Es wäre ebenso verfehlt, aus der Tatsache, daß vieles dunkel bleibt, abzuleiten, es hätte eine möglicherweise bunte südgermanische Götterwelt mit einer Fülle religiöser Ausdrucksformen nicht gegeben. Man muß sich damit begnügen, das Vorhandene auszuwerten, aber sich dabei bewußt sein, daß die überlieferten südgermanischen Quellen nur einen schlaglichtartigen Einblick in die religiöse Welt der Südgermanen bieten. Die Unbekannten sollen dabei schlicht als unbekannt stehenbleiben und nicht durch quellenferne Spekulationen besetzt werden.

Positiv an der Methodik Helms ist, ungeachtet der Mängel in der Ausführung, sein stammesgeschichtlicher Ansatz, den er auch in seiner großangelegten *Altgermanischen Religionsgeschichte* verfolgte.[237] Er ist gegenüber einer pauschalen Untersuchung *der* Religion der Germanen die komplexere Methode, denn die stammesgeschichtliche

---

235 Cf. Helm (1946) 7-12.
236 Cf. de Vries (1970^3,1956/7^2,1935/7) 2,46.
237 Cf. Helm (1913) (1953).

Betrachtungsweise gibt der Möglichkeit eines religiösen Eigenlebens der Stämme Spielraum. Sie geht nicht a priori von einer Identität der süd- und nordgermanischen religiösen Verhältnisse aus, sondern rechnet Sonderentwicklungen im Süden und Norden oder überhaupt Divergenzen in Kult und Religion zwischen verschiedenen germanischen Gebieten und Stämmen ein. Damit steht sie von ihrem Ansatz her nicht so sehr in der Gefahr mit diffusen Größen wie 'den Germanen' zu arbeiten und pauschale Urteile über sie und ihre Religion zu fällen. Verbindungslinien zwischen süd- und nordgermanischer Religion werden erst auf der Basis der Quellenstudien gezogen und nicht a priori angesetzt. Die stammesgeschichtlich-regionale Methode bietet mit anderen Worten mehr Möglichkeiten zur Differenzierung und ist deshalb zu bevorzugen.[238]

Wenn die stammesgeschichtliche Betrachtungsweise, die eine differenzierende Untersuchung des süd- und nordgermanischen Materials einschließt, als praktikables Instrument der Erforschung germanischer Mythen und Religionsformen erscheint, so bedeutet dies nicht die Übernahme der Methodik Helms. Diese war einem evolutionistischen, wissenschaftsgeschichtlich deutlich an Erkenntnissen der Biologie des 19. Jahrhunderts orientierten Denken verpflichtet. Darwins Schema der Entwicklung von niederen zu höheren Lebensformen wurde auf religionsgeschichtliche und kulturelle Zusammenhänge übertragen. Es führt zu einer zwangsläufig sehr eingeengten Betrachtungsperspektive und oft zu einseitigen Werturteilen, wenn man versucht, kulturgeschichtliche Vorgänge in das Schema eines chronologisch verlaufenden Aufstiegs von Niederem zu Höherem zu pressen. In bezug auf die Religionsgeschichte bedeutete dies, daß man aus jedem Gott seine religionsgeschichtlich einfachere und frühere Urstufe rekonstruieren wollte, also aus Wodan den Sturmdämon Wode. Es wurde im Kontext der Besprechung naturmythologischer und animistischer Theorien gezeigt, zu welch spekulativen und nicht mehr durch Quellen abgestützten Thesen man auf diese Weise gelangte.

In der Folgezeit geriet nicht nur der Evolutionismus Helms und seine animistischen Thesen, sondern auch sein historischer und stammesgeschichtlicher Ansatz zugunsten einer phänomenologischen Methode in Mißkredit. Der maßgeblichste Vertreter der phänomenologischen Richtung, der Indogermanist Dumézil, trat mit dem Anspruch auf, die germanische Religionsgeschichte müsse nach seinen Thesen neu geschrieben werden.

Ein wichtiges Argument Dumézils war, man dürfe bei einem indogermanischen Göttervergleich nicht von der Etymologie der Götternamen ausgehen, sondern müsse die mythischen Erzählungen miteinander vergleichen, auch wenn die Handlungsträger etymologisch nicht zusammenpassen. Dies läßt sich unterstreichen, und es wurde im vorausgehenden im-

238 Cf. Gladigow (1992) 24.26, der betont, daß regionale Religionsgeschichten wohl näher an die historischen Gegebenheiten herankommen als pauschale Aussagen über die germanische, römische oder keltische Religion.

mer wieder auf die Fehlschlüsse hingewiesen, auf die die Überbewertung oft fraglicher etymologischer Zusammenhänge führte.
Die Mythen und die Religion eines Volkes sollen stets im Kontext der gesellschaftlichen Verhältnisse, deren Ausdruck und Spiegel sie letztlich sind, gesehen werden.
Die Mythenforschung soll die Mythen nicht in einzelne Motive auflösen und damit zur Motivforschung werden, sondern die mythischen Erzählungen sollen in ihrer Gesamtstruktur untersucht werden.
Der zweite Leitsatz ist der eigentliche Kern der Dumézilschen Lehre. Die Götterordnung entspricht der irdisch-gesellschaftlichen Ordnung eines Volkes. Die These ist auf einem sehr allgemeinen abstrakten Niveau problemlos nachzuvollziehen, die Schwierigkeiten beginnen jedoch, wenn Dumézil sie konkret auf das indogermanische Urvolk anwendet: Einmal ist es fraglich, ob und in welcher zeitlichen und räumlichen Form dieses indogermanische Urvolk existiert hat. Zum anderen ist der Versuch seine gesellschaftliche Struktur als Basis der Mythenforschung rekonstruieren zu wollen, sehr hypothetisch. Es bleibt nur die Möglichkeit, diese Gesellschaftsordnung an indogermanischen Einzelvölkern zu studieren. Dumézil gewinnt seine Thesen vorwiegend an indischem Material. Für Indien geht er von einer dreifachen ständischen Gliederung in eine herrschende Priesterklasse, eine Kriegerklasse und eine Viehzüchter- und Bauernklasse aus. Diese Gliederung wird nun als typisch für das gesamte Indogermanentum verallgemeinert. Die drei irdischen Stände seien in den drei göttlichen Funktionen der Souveränität, des Krieges und der Zuständigkeit für Wohlergehen und Fruchtbarkeit gespiegelt. Bei den Indern ist die Funktion des Kriegsgottes einfach besetzt, die der Fruchtbarkeit durch mehrere Götter und die der Souveränität unter drei Vertreter mit drei Bereichen aufgeteilt. Der erste Souverän ist der düstere, schreckliche, ekstatische Götterkönig (Varuna). Er verkörpert die königliche Willkür. Der zweite Souverän ist der Gott des Vertrages, dessen Natur priesterhaft ist (Mitrá). Der dritte Souverän schützt die soziale Ordnung (Aryaman). Diese Einteilung läßt sich schon nicht vorbehaltlos in den religionsgeschichtlich am nächsten verwandten Religionen etwa bei den Iranern wiederfinden, die Übertragung scheitert aber spätestens an der römischen Mythologie. So nehmen die Posten der Souveräne neben Juppiter als Götterkönig der unbedeutende Dius Fidius als Gott des Vertrages und Iuventas als Hüterin der sozialen Ordnung ein. Fragwürdig ist auch die Festlegung der Fruchtbarkeitsfunktion auf den alten Kultgott der Sabiner Quirinus.
Problematisch an Dumézils Ansatz erscheint daneben die Erweiterung des Göttermythenbestandes durch die Einbeziehung der Heroengeschichten. So läßt sich nach Dumézil beispielsweise das, was über die Stadtkönige von Rom erzählt wird, für die Göttermythen reklamieren, da man etwa hinter Romulus die Funktion Varunas und hinter Numa Pompilius die des Mitrá sehen könne.

In diesem Kontext interessiert besonders, was das Dumézilsche System für die Betrachtung der germanischen Mythologie leisten kann. Bei den Souveränen besetzt Odin die Stelle des Götterkönigs, die des Vertragsbewahrers Mitrá wird Tyr zugewiesen, obwohl er aus den Quellen vor allem als Kriegsgott greifbar ist. Die zweite Funktion wird auf Donar-Thor festgelegt, wobei man seine Zuständigkeit für die Fruchtbarkeit unterdrücken muß. Die 3. Position nehmen die Vanengötter ein. Besonders problematisch ist die Stelle des 3. Souveräns. Dumézil besetzt sie mit dem angeblichen Stammheros der Irminonen Irmin, den schon die ältere Forschung unter die von Germanisten und Mythologen erfundenen Götter eingereiht hat.[239] Interessant ist auch, daß der Bezugspunkt zwischen Aryaman und Irmin die Lautfolge 'r-m-n' sein soll. Hier stellt sich die Frage, ob derartige Parallelen einen Fortschritt gegenüber der traditionellen Etymologie darstellen.

Das Hauptproblem in Dumézils Ansatz liegt in seinem Versuch, die am indischen Material gewonnenen Ergebnisse systematisch auf die Mythologien anderer Völker zu übertragen. Wenn man die Prämisse eines indogermanischen Volkes akzeptiert, heißt dies noch nicht, daß die Gesellschaftsordnung der Inder mit der der Germanen übereinstimmte. Möglicherweise waren bäuerliche und kriegerische Funktion bei den Germanen nicht - wie im indischen Kastenwesen - getrennt, sondern jeder Bauer war auch gleichzeitig Krieger. Die Übertragung der gesellschaftlichen Verhältnisse auf Religion und Mythologie verläuft wohl auch nicht immer in der gleichen, von Dumézil angenommenen schematischen Form. Zudem hat Dumézil ein statisches Verständnis gesellschaftlicher Verhältnisse angelegt. Spezifischen gesellschaftlichen Entwicklungen der einzelnen Völker und überhaupt gesellschaftlichen Veränderungen, die sich - gerade wenn man eine enge Wechselbeziehung zwischen den irdischen Verhältnissen und der Religion annimmt - in einer Art Dynamik auf die Mythologie auswirken müßten, wird nicht Rechnung getragen.

Es wurden jedoch nicht nur die Übertragungen Dumézils kritisiert, sondern auch seine am indischen Material gewonnenen Ergebnisse. So wurde gegen Dumézil eingewendet, Varuna und Mitrá seien nicht als Kontraste von finster und mild gegenüberzustellen, da beide Götter je nach dem menschlichen Verhalten freundlich oder wütend sein können.

Dumézils Kritik an der älteren mythologischen Forschung ist in vielem, zu erinnern ist etwa an seine Kritik der kontextlosen Überbetonung etymologischer Zusammenhänge, berechtigt, die Anwendung seiner Methodik auf die germanische Mythologie wirft jedoch neue Probleme auf.[240] Dumézil deduzierte die Fakten aus seinem Schema, während eine historisch ausgerichtete Methode induktiv von den Fakten auszugehen hat.

---

239 Cf. Helm (1950) 4f.

240 Cf. Dumézil (1959), zu Odin besonders 26-48, cf. die Kritik an Dumézil von Helm (1955) 347-365, Philippson (1962) 189-193 und v. See (1988) 63-68. Die Position Dumézils stärkten unter anderem Polomé (1974) 51-65 und Strutynski (1959) 19-43. Strutynski (1977) 209-219 antwortete auf die Kritik von Philippson. Zu Dumézil und der Forschungsdiskussion um seinen Ansatz siehe auch Lindow (1985) 42-48.

Die bis heute maßgebliche zweite Auflage der *Altgermanischen Religionsgeschichte* von de Vries[241] steht stark unter dem Einfluß Dumézilscher Thesen. Problematisch ist, daß auf der Basis des indogermanistischen, an Dumézil orientierten Ansatzes, den Germanen öfter Religionsformen beigelegt werden, weil andere indogermanische Völker diese ausübten, auch wenn sie für den germanischen Bereich nicht explizit bezeugt sind. Trotz der von de Vries bekundeten Skepsis wird in der Praxis recht vorbehaltlos volkskundliches Material für die germanische Religionsgeschichte ausgewertet. In ähnlicher Weise werden die Thesen O. Höflers einerseits kritisiert und andererseits doch rezipiert.[242] Daß die Scheidung zwischen süd- und nordgermanischen Traditionen hier zugunsten des Entwurfs einer gesamtgermanischen Religion aufgegeben ist, scheint ein Rückschritt gegenüber dem stammesgeschichtlichen Ansatz Helms zu sein. Man sollte das Stückwerk der germanischen Religion als solches lieber stehenlassen, als es durch Generalisierungen zur Gesamtschau verdichten zu wollen.

In Anlehnung an Dumézil entspricht Odin bei de Vries dem indischen Varuna und verkörpert die dunkle Seite des Hochgottes, denn

> "Er ist ja der Gott der schöpferischen Kräfte, die sich in einem Zustand ekstatischer Begeisterung am herrlichsten offenbaren; er ist der Gott der alle Hemmungen sprengenden Erregung...; er ist der Herr des im Wintersturm dahinbrausenden Wilden Heeres, der Herr der Einherjar und der fürstlichen Gefolgschaft; er ist geradezu die Verneinung der gesitteten und gesetzmäßigen gesellschaftlichen Ordnung."[243]

Vergleicht man den hier dargestellten verneinenden Nachtgott mit der von J. Grimm entworfenen Lichtgestalt Wodan / Odins,[244] so wird exemplarisch deutlich, wie die forschungsgeschichtliche Position, die vorgefaßte Prämisse, die Auseinandersetzung mit den Quellen lenkt. Bei J. Grimm ist es die romantische Vorstellung vom naturhaft guten, unverbrauchten, reinen Heidentum, die ihn Odin als helle, lichte Gottheit sehen läßt, bei de Vries ist es das durch Dumézil vorgegebene System indogermanischer Götter und ihrer Funktionen, das ihm Odin in der Position des dunklen, nächtlichen Herrschergottes zeigt.

Auch die neuere Darstellung der *Germanischen und baltischen Religion* von Ström und Biezais ist stark dem Dumézilschen Ansatz verpflichtet. Die drei Dumézilschen Funktionen werden für den süd- und nordgermanischen Bereich aufgeschlüsselt. Im Südgermanischen nehmen Wodan und Ziu die Position der Herrschaft ein, Donar die der Stärke und die in *Germania* c. 43 genannten 'Alci' werden als das 'typisch idg. nährende Götterpaar' auf die Position der nährenden Funktion gesetzt. Der nährenden Funktion wird darüber hinaus auch der ahd. Frô beigesellt.[245] Da Ström / Biezais erkennen, wie schwierig es ist, das

---

241 De Vries (1970^3,1956/7^2,1935/7).
242 Cf. die Kritik von Baetke (1973, zuerst 1957) 37-43.
243 De Vries (1970^3,1956/7^2,1935/7) 2,102.
244 Cf. besonders *DM* 1,110.
245 Cf. Ström / Biezais (1975) 83-90.

Dumézilsche Modell auf die germanische Götterwelt anzuwenden, gehen sie von einer Verschiebung der Positionen im germanischen, besonders aber im nordischen Bereich aus. Diese Verschiebung würde erklären, warum Wodan / Odin als Träger der ersten Funktion so viele Züge eines Kriegsgottes an sich hat und Thor / Donar auch für die Fruchtbarkeit zuständig ist.[246] Je mehr Modifizierungen gegenüber dem Dumézilschen Modell man vornehmen muß, desto deutlicher wird, wie problematisch es ist, ein einheitliches Vergleichsmodell für alle idg. Religionen zu erstellen.[247]

Im folgenden soll nun eine möglichst differenzierte historisch-philologische Analyse der Quellen (und zwar vor allem der Quellen des hier in Frage stehenden südgermanisch-deutschen Raumes) unternommen werden.

1.2.2. Untersuchung der Quellenbelege zu Wodan

1.2.2.1. Diskussion der südgermanischen Zeugnisse

1.2.2.1.1. Antike Zeugnisse

Legt man den Schwerpunkt auf die Untersuchung der Quellen zu Wodan aus dem südgermanisch-deutschen Raum, so stellt sich zunächst das Problem, wie die römerzeitlichen und mittelalterlichen Belege zu bewerten sind, die von der Verehrung Mercurs durch die deutschen Stämme sprechen.

Zu fragen ist, ob und inwieweit das in den Provinzen Germania inferior und superior vorhandene inschriftliche Material zu Mercur für den Gott Wodan reklamiert werden darf. In den altgermanischen Religionsgeschichten wurden insbesondere diejenigen Inschriften herangezogen, die auf den Namen Mercurius noch einen germanischen Beinamen folgen lassen, wie etwa "Mercurius Cimbrianus".[248] Daß J. Grimm hinter allem, was über Mercur in der römerzeitlichen und mittelalterlichen Überlieferung gesagt wird, einen Hinweis auf Wodan vermutet, wurde oben bereits erläutert.[249]

Bei dieser 'Erweiterung' der Quellenbelege zu Wodan beruft man sich auf die schon mehrfach genannte Stelle in der *Germania* des Tacitus c. 9, nach der alle Germanen Mercur als höchsten Gott verehrten und gleichzeitig auf die Tradition, nach der Mercur mit Wodan parallelisiert wurde. Zu denken ist in erster Linie an die Übertragung des Wochentagnamens

---

246 Cf. ibid. 118.

247 Eine neuere germanische Religionsgeschichte fehlt. Sie wäre ein dringendes Forschungsdesiderat.

248 Cf. de Vries (1970^3,$1956/7^2$,1935/7) 2,29-31 und Helm (1953) 251f. Zum inschriftlichen Material aus den Provinzen Germania inferior und Germania superior siehe Teil 2, 1.2.2.3.

249 Cf. Teil 2, 1.1.1.

'dies Mercurii' als 'Wodenesdag' (und ähnliche Formen) sowie an die Gleichsetzungen von Wodan und Mercur in (früh)mittelalterlichen Quellen wie der *Vita Columbani* des Jonas von Bobbio und der *Historia Langobardorum* des Paulus Diaconus.[250]

Die Gleichsetzung von Wodan und Mercur und davon ausgehend das Heranziehen von Mercurbelegen für Wodan ist nun zu hinterfragen.

Die Nachricht bei Tacitus wird dadurch verdächtig, daß Caesar auch von den Galliern und Herodot sogar von den Thrakern meldet, sie verehrten Mercur-Hermes als den höchsten Gott.[251]

An dieser Stelle scheint es angemessen, einige quellenkritische Bemerkungen zur *Germania* des Tacitus einzuflechten, um so das Verhältnis von Historizität und Topik in dieser Schrift zu beleuchten.

Exkurs: Zum Verhältnis von Historizität und Topik in Tacitus' *Germania*

Man wird schnell darin übereinkommen, daß Tacitus keinen wissenschaftlich möglichst exakt recherchierten 'Forschungsbericht' über die Germanen zusammenstellen wollte. Die Frage nach der Intention der *Germania* wird durch das Fehlen eines Prooemiums erschwert, in dem Tacitus die Absichten, die er mit seiner Schrift verfolgt, darlegen würde. Als zu einseitig erwies sich die sogenannte 'Sittenspiegeltheorie', nach der Tacitus die germanischen Verhältnisse seinen Landsleuten mit mahnend erhobenem Zeigefinger vor Augen geführt habe. Die Sittenspiegeltheorie argumentierte mit der deutlichen Kontrastierung der germanischen und römischen Verhältnisse, bei der Tacitus seine Wertschätzung der germanischen 'mores' zum Ausdruck bringt. Zu erinnnern ist an seine Darstellung der germanischen Tapferkeit sowie der Furcht vor Schande, das ausgeprägte Rechtsempfinden der Germanen und ihre äußerst positiv bewertete Ehemoral und Keuschheit (c. 6.12.18f.). Die Schilderung des privaten und öffentlichen Lebens der Germanen wird dabei mit kritischen Bemerkungen über römische Mißstände und Entartungen verbunden.[252] Vernachlässigt bleibt bei dieser Deutung jedoch, daß Tacitus auch auf 'Laster' der Germanen eingeht. So erwähnt er ihre Faulheit, ihre Trunksucht und die damit verbundene Unbeherrschtheit im Streit sowie ihre Spielleidenschaft (c. 15.22f.24).

---

250 Cf. Jonas von Bobbio, lib. 1, c. 27, ed. Krusch (1902) und Paulus Diaconus, lib. 1, c. 8, ed. Waitz (1878).

251 Cf. Caesar, *De bello gallico* lib. 6, c. 17,1, ed. Dorminger (1962^5): "Deum maxime Mercurium colunt. huius sunt plurima simulacra, hunc omnium inventorem artium ferunt, hunc viarum atque itinerum ducem, hunc ad quaestus pecuniae mercaturasque habere vim maximam arbitrantur." Cf. auch Herodot, *Historien* lib. 5, c. 7, ed. Feix (1963).

252 Im Medium der Darstellung der germanischen Ehemoral kritisiert Tacitus indirekt die Ehegesetze des Augustus. (Cf. Lund (1988) 62f.).

Blickt man auf c. 33 und 37, so scheint die politische Dimension des Werkes auf. In c. 37 legt Tacitus dar, welche Mühe die Römer bei ihrer Kriegführung gegen die Germanen hatten. Er faßt diese Schwierigkeiten in der Wendung zusammen, man hätte in letzter Zeit die Siege über die Germanen mehr gefeiert als wirklich errungen, "proximis temporibus triumphati magis quam victi sunt" (c. 37).

Als stärkste Triebkraft des germanischen Widerstandes wird die "libertas", ihr Freiheitsstreben (c. 37), gesehen. So bleibt den Römern als einzige Hoffnung bei der Bekämpfung dieses Feindes nicht das Vertrauen auf eigene Tapferkeit und Stärke, sondern auf die Zerstrittenheit und Uneinigkeit der germanischen Stämme untereinander.[253] Dennoch wäre es überzogen, hierin den Schlüssel zu einer Gesamtdeutung der *Germania* sehen zu wollen, denn Tacitus will mehr als die Römer auf die außenpolitische Gefahr der Germanen hinweisen. Ginge es ihm ausschließlich darum, bliebe es unerklärt, warum er auch Nachrichten über das germanische Siedlungswesen oder über den Kult der Semnonen überliefert (c. 16.39). Jede dieser Deutungen beinhaltet wichtige Teilaspekte der *Germania*, ihre Verabsolutierung führt jedoch zu einer Verzerrung der Aussageabsicht.[254]

Tacitus verfolgte bei der Abfassung seiner Schrift mehrere Intentionen: er wollte die 'mores' der Germanen der dekadenten römischen Gesellschaft entgegenhalten, er wollte außenpolitisch warnen, und er wollte auch Informationen über Germanien und die Germanen vermitteln.

Als römischer Schriftsteller wollte Tacitus Fakten und Ereignisse weniger berichten als deuten. Insofern ist die *Germania* in erster Linie ein Spiegel der taciteischen Wirklichkeitsdeutung.[255] Seine Intention war, den tieferen Sinn bzw. inneren Wahrheitsgehalt, der sich hinter den äußeren Geschehnissen verbirgt, sichtbar zu machen, ja man wird sagen können, daß ihm die äußeren Gegebenheiten häufig als Belegmaterial für die Wahrheiten, die er darstellen wollte, dienten.[256] Eine dieser Wahrheiten, die er vermitteln wollte, ist die Erinnerung an die 'libertas' der römischen Republik im Bild des germanischen Freiheitsstrebens. Tacitus sucht nach Vergleichspunkten, nach Äquivalenzen, zwischen den Römern, und zwar den Römern, wie sie in der früheren Geschichte Roms gewesen sind, und den Germanen. Germanische 'libertas' und 'virtus', 'mores' und 'religio' sind den altrömischen Tugenden, die die Größe Roms bewirkt haben, ähnlich - und gerade diese Ähnlichkeit macht die Germanen zu einem höchst gefährlichen Gegner. Die Chancen für die Überwindung der Germanengefahr sieht Tacitus in ihren 'vitia'.[257]

---

253 Tacitus, c. 33, ed. Lund (1988): "maneat, quaeso, duretque gentibus, si non amor nostri, at certe odium sui, quando urgentibus imperii fatis nihil iam praestare fortuna maius potest quam hostium discordiam."
254 Cf. Timpe (1989) 106-113.
255 Cf. Lund (1988) 14.
256 Cf. Timpe (1989) 123-127.
257 Cf. Wolff (1969) 285f.

Bei der Schilderung der germanischen Verhältnisse bedient er sich des Verfahrens der Interpretatio Romana, um seinen Landsleuten seinen Bericht näherzubringen. Dieses Verfahren beinhaltet zweifellos die Gefahr, römische Anschauungen in die germanische Welt zu projizieren.[258] Die Gefahr ist insbesondere gegeben, da es Tacitus in vielen Fällen weniger um eine Beschreibung der germanischen Verhältnisse, als um eine psychologische Erklärung geht. Er möchte nicht so sehr die Ehe als germanische Institution als die Ehe*moral* und weniger den germanischen Kult als vielmehr die Kult*gesinnung*, die Religiosität darstellen. Gerade in diesem psychologischen Bereich sieht er Äquivalenzen zwischen germanischem und altrömischem Leben. So entspricht die den Germanen zugeschriebene Bilderlosigkeit des Kultes (c. 9) den Vorstellungen von altrömischer 'castitas' im Kult, wie sie etwa Varro zum Ausdruck brachte: "Dicit etiam [Varro] antiquos Romanos plus annos centum et septuaginta deos sine simulacro coluisse, 'Quod si adhuc', inquit 'mansisset, castius dii observarentur.'"[259]

Tempel- und Bilderlosigkeit gehörten zu den Grundvorstellungen der Antike von einem ursprünglichen und noch ganz unverdorbenen Kult. [260]

Auch die Schilderung der germanischen Naturverehrung (*Germania* c. 9) wird von der römischen Vorstellung der 'cognitio dei' in der Stille und Reinheit der Natur, wie sie Tacitus selber im Anschluß an Vergil im *Dialogus* (c. 12f.) schildert, nicht unbeeinflußt sein.[261] In ähnlicher Weise könnte seine Feststellung, die Germanen hätten Grabdenkmäler abgelehnt (c. 27), um ihren Toten das Gewicht zu ersparen, von römischer Denkweise geprägt sein, näherhin von der geläufigen römischen Grabinschrift "Sit tibi terra levis".[262]

Tacitus möchte die "simplicitas" der Germanen herausarbeiten. Sie ist zum einen Charakteristikum kultureller Unberührtheit, zum anderen zeigt sie jedoch die Primitivität der Germanen als Barbaren. Tacitus versucht die Simplizität in den verschiedensten Gesellschaftsbereichen nachzuweisen, so etwa im Bereich der Nahrung ("cibi simplices" in c. 23), der Unterhaltung, bei der sie nur eine Form kennen, ("Genus spectaculorum unum atque in omni coetu idem" in c. 24), in der Tatsache, daß die Germanen nur eine Frau haben (c. 18), eine einfache Art der Wahrsagung ("sortium consuetudo simplex" in c. 10), ein und dieselbe Bekleidung für Männer und Frauen (c. 17), kein privates Eigentumsrecht an Grund und Boden sowie keine abgegrenzten Grundstücke (c. 26) usw.

Diese Stereotypisierung ist von der Prämisse geleitet, Rom sei das Kulturzentrum, und die Kultur nehme mit der Entfernung von diesem Zentrum ab. Daß der archäologische Befund

---

258 Cf. Flach (1989) 39-43, Urban (1989) 94 und Wolff (1969) 243. Zum Problem der Interpretatio Romana siehe Wissowa (1918) 1-49 und Barié (1985) 63-86.

259 Augustinus, *De civitate dei* lib. 4, c. 31, ed. Dombart / Kalb (1981^5).

260 Cf. Bringmann (1989) 71-74.

261 Cf. Wolff (1969) 259f.

262 Cf. Flach (1989) 43.

etwa im Bereich der Bekleidung von Mann und Frau oder in der Frage des Eigentumsrechtes auf Grund und Boden und der Abgrenzung der Äcker von den taciteischen Aussagen abweicht, bestätigt nach Lund, "daß die Beschreibung in weitem Maß auf gelehrter Spekulation und antiken Vorstellungen über die mutmaßliche Lebensweise primitiver Menschen im allgemeinen basiert."[263]

Diese römische Denk- und Interpretationsweise ist nun nicht der einzige Faktor, der sich auf den Quellenwert der Germania als Dokument über Germanien und die Germanen auswirkt. Durch die Forschungen von Norden wurde herausgestellt, daß Tacitus' Schrift zwar zu einem gewissen Teil auf mündlichen Berichten beruht, nämlich auf den militärischen Berichten von Feldherrn und Kriegsteilnehmern sowie auf den Erzählungen von römischen Kaufleuten,[264] daß sie aber andererseits dem Strom der antiken ethnographischen Geschichtsschreibung stark verpflichtet ist. Neben dem Germanenexkurs in Caesars *Bellum gallicum* hat er noch andere heute verlorene Schriften benützt. Seine wichtigste Quelle war wohl das Werk des Plinius (des Älteren) über die Germanenkriege. Plinius seinerseits schöpfte aus dem Germanenexkurs im 104. Buch des livianischen Geschichtswerkes. Damit fußt Tacitus mindestens indirekt auch auf Livius, Norden nimmt jedoch auch direkte Benutzung an. Über Livius nun gelangt man in den Bereich der griechischen Geschichtsschreibung und Ethnographie zurück. Hier ist zunächst Timagenes zu nennen, dem auch Caesar wiederum viele Informationen verdankt. Hinter Timagenes steht Poseidonios, der sich als erster ethnographisch mit den Germanen beschäftigte. Seine Darstellung der Kimbern, die, obwohl er selber die Kimbern noch nicht für Germanen hielt, in der Folgezeit für die germanische Ethnographie ausgewertet wurde, sowie seine Ethnographie des von ihm als 'Germanen' eingestuften Volkes weisen auf eine hippokratische Schrift und die Skythenbeschreibung in den *Historien* des Herodot zurück, deren Basis letztlich Hekataios ist.[265]

Aus den Studien Nordens ergab sich, daß die *Germania* nicht nur am Ende einer langen Tradition der Germanenethnographie stand, sondern auch deren Erbin war. Daher, so Norden, sei sie "von völkerkundlichen Wandermotiven wie übersät". Dieser Befund signalisiert, daß sich vieles oder zumindest einiges, was die germanische Altertumskunde an der *Germania* des Tacitus als spezifisch germanisch bewertete, als ethnographisches Wandermotiv herausstellt. Die Einbindung der *Germania* in die ethnographische Tradition der Antike hat zur Folge, daß das Beschreibungsraster im Sinne einer Typologie mehr oder weniger vorgegeben ist. Als Ethnograph, der fremde Verhältnisse von außen beschreibt, möchte Tacitus gezielt das Fremdartige als das für die Germanen Typische herausarbeiten.

---

263 Lund (1988) 52, cf. ibid. 29f.49-52.
264 Cf. Norden (1959^4,1920) 434-450.
265 Cf. ibid. passim, besonders 42-170 und die Zusammenfassung 429-433.

Die Perspektive seiner Darstellung ist daher kontrastiv, bzw. anders ausgedrückt, seine Wahrnehmung konzentriert sich auf diejenigen germanischen Strukturen, die im Vergleich zu den römischen Verhältnissen seiner Gegenwart 'ganz anders' sind. Daß es ihm bei dieser Kontrastierungstechnik gleichzeitig um die Suche nach Äquivalenzen zwischen der germanischen und altrömischen Gesellschaft geht, die ja ihrerseits im Gegensatz zur zeitgenössischen römischen Gegenwart gesehen wird, wurde bereits angesprochen. Wie jeder Ethnograph, der eine fremde Kultur von außen beschreibt, neigt Tacitus dazu, bei der Charakterisierung dieses Fremden mit Verallgemeinerungen, Stereotypen und Topoi zu arbeiten.[266]

Verschiedene Topoi in der *Germania* wurden von Norden und anderen deutlich gemacht. So weist die Urgeschichte bei Tacitus über die beschriebenen Vermittlungswege auf die Archäologie der Skythen bei Herodot zurück.[267] Einige besonders ins Auge fallende Parallelen zwischen der Skythenethnographie bei Herodot und der Germanenethnographie bei Tacitus seien vorgestellt:

Von dem skythischen Volksstamm der Budiner sagt Herodot: "Die Budinen sind ein großes und zahlreiches Volk mit tiefblauen Augen und rötlich-blondem Haar."[268]

Ganz entsprechend formuliert Tacitus: "habitus quoque corporum, tamquam in tanto hominum numero, idem omnibus: truces et caerulei oculi, rutilae comae."[269]

Herodot stellt zwischen dem skythischen Klima und der Kleinheit und Verkümmertheit der Rinder eine Beziehung her: "damit [i.e. mit der Kälte] hängt auch zusammen, daß die dortige verkrüppelte Rinderrasse keine Hörner bekommt."[270]

Tacitus berichtet, daß das Vieh infolge der klimatischen Bedingungen zwar reichlich, aber unansehnlich sei. Den Rindern fehlten die Hörner, 'der Schmuck der Stirn': "pecorum fecunda, sed plerumque improcera. ne armentis quidem suus honor aut gloria frontis."[271]

Auch die in Frage stehende Passage aus *Germania* c. 9, "Deorum maxime Mercurium colunt", läßt sich auf Herodot, ***Historien*** lib. 5, c. 7 zurückführen, und beiden Berichten stellt sich Caesar, ***Bellum gallicum*** lib. 6, c. 17 an die Seite.[272]

Als weitere wichtige indirekte griechische Quelle für Tacitus hat Norden eine anonyme klimatologische Schrift des *Hippokratischen corpus*, in der das Skythenland geschildert wurde, ausgemacht. Auf diese Schrift läßt sich die Aussage der *Germania* zurückführen, die

---

266 Cf. Lund (1988) 19.

267 Cf. Tacitus, *Germania* c. 1-5, ed. Lund (1988) und Herodot, *Historien* lib. 4, c. 5-15, ed. Feix (1963), cf. Norden (1959^4,1920) 48-52.

268 Herodot, lib. 4, c. 108, ed. Feix (1963) .

269 Tacitus, c. 4, ed. Lund (1988).

270 Herodot, lib. 4, c. 29, ed. Feix (1963).

271 Tacitus, c. 5, ed. Lund (1988). Tacitus' Bemerkung scheint jedoch nach dem archäologischen Befund nicht falsch zu sein. Ein Zufall? (Cf. Lund (1988) 126).

272 Cf. Norden (1959^4,1920) 52f.

Germanen hätten zwar große Körper, die zum Krieg tauglich seien, sie hätten jedoch nicht dieselbe Ausdauer für Strapazen und mühevolle Arbeit: "magna corpora et tantum ad impetum valida. laboris atque operum non eadem patientia".[273]
In der Schrift des Hippokrateers heißt es: "um harte Mühsal auszuhalten, dafür ist ihr Körper zu arbeitsunlustig."[274]
Auch die traditionsgeschichtlich bedeutsame und im Sinne von Rassereinheit interpretierte taciteische Wendung, die Germanen seien rein und nur sich selbst ähnlich geblieben, "tantum sui similem gentem extitisse arbitrantur" (c. 4), da sie sich nicht durch Heiraten mit fremden Stämmen vermischt haben, hat ihr Vorbild in der Schrift des Hippokrateers, die ähnliche Gedanken über die Skythen äußert: "Der skythische Volksstamm unterscheidet sich sehr von den übrigen Menschen und ist nur sich selbst ähnlich, wie der ägyptische."[275]
Norden erklärt diese Zusammenhänge zwischen Tacitus und Herodot bzw. dem Hippokrateer über die von ihm dargelegten Vermittlungslinien. Eine wichtige Rolle im Tradierungsprozeß spielte Poseidonios, dessen Ausführungen zur Skythen- und Keltenethnographie auf die Germanen transferiert wurden.[276]
Tacitus übernimmt den zuletzt genannten Topos jedoch nicht unreflektiert, sondern er setzt ihn kompositionell gezielt ein:
Die physische Reinheit der Germanen ist Ausdruck der bereits in c. 1 akzentuierten geographischen Isolation des Landes Germanien, das durch Flüsse, den Ozean und Gebirge als natürliche Grenzen und durch wechselseitige Furcht von der Außenwelt abgeschieden ist. Die Flüsse Rhein und Donau wurden dabei im ethnographischen Erkenntnissystem der Römer nicht nur als natürliche Grenzen, sondern als Kulturscheiden bewertet. Die Germanen sind dadurch als Barbaren von der zivilisierten Welt der Römer abgeschnitten. In c. 2 wird, dieser geographischen Abgeschiedenheit entsprechend, die Vermutung geäußert, die Germanen seien die ursprünglichen Einwohner des Landes, "indigenae", die sich nicht durch Zuwanderung anderer Volksstämme oder durch Aufnahme Fremder vermischt hätten "minimeque aliarum gentium adventibus et hospitiis mixtos" (c. 2) - Angaben, durch die die Konstatierung der Rassereinheit in c. 4 unmittelbar vorbereitet ist. Tacitus bleibt jedoch nicht bei der Aussage stehen, die geographischen und ethnischen Grenzen Germaniens seien deckungsgleich, sondern er leitet daraus ab, daß ihr äußeres Erscheinungsbild homogen ist, "unde habitus quoque corporum, tamquam in tanto hominum numero, idem omnibus" (c. 4). Das Bestreben des Tacitus, die Germanen als äußerlich gleich darzustellen, geht soweit, daß er keinen Unterschied zwischen Männern und Frauen macht, sondern ihnen dieselbe Jugendkraft, entsprechend hohen Wuchs und ebenbürtige Stärke zuerkennt, "eadem

273 Tacitus c. 4, ed. Lund (1988).
274 Hippokrateer 15, zit. nach Norden (1959^4,1920) 54.
275 Ibid. 54f.
276 Cf. ibid. 115.

iuventa, similis proceritas. pares validaeque miscentur" (c. 20). Die Art des äußeren Erscheinungsbildes, die drohenden blauen Augen, das rotblonde Haar und der große Körper (c. 4) entspricht dem 'homo iracundus', wie ihn Seneca in seiner Schrift *De ira* (2,15) bezeichnenderweise anhand der Nordvölker Germanen und Skythen erklärt. Aus diesem Temperament leiten sich für Tacitus die Charaktereigenschaften der Germanen ab, wie etwa ihr ungebändigtes Freiheitsstreben oder ihre Disziplinlosigkeit sowie ihre Faulheit. Es versteht sich, daß die Gleichheit der germanischen 'mores' ihrer physischen Homogenität entspricht.[277] Der Topos von den Germanen, die nur sich selbst ähnlich sind, fügt sich also sinnvoll in diese Kompositionsbezüge ein.[278]

Das eigentlich nicht beabsichtigte[279] Ergebnis der Untersuchungen Nordens war, daß der Quellenwert der *Germania* in der Folgezeit geringer veranschlagt wurde. Man sollte sich durch die Forschungen Nordens nicht dazu verleiten lassen, die *Germania* pauschal als topisch und historisch unglaubwürdig abzuurteilen. Norden selbst weist ja auf die mündlichen Berichte hin, die den Strom der literarischen Traditionen bereicherten und wohl auch modifizierend korrigierten.[280] Darüber hinaus ist ein Topos nicht als gewissermaßen 'unwahr' und losgelöst von der Realität zu betrachten. So entspricht es der mediterranen Perspektive bei der Beobachtung von Nordvölkern, an ihnen insbesondere ihre hellen / bläulichen Augen und die rötlichen Haare wahrzunehmen. Topos und historische Faktizität liegen hier wohl eng beisammen, in vielen Fällen jedoch wird die Schere weiter auseinanderklaffen.[281]

Die individuellen und besonderen Züge in der taciteischen Übernahme von Topoi sind nicht zu übersehen. Gerade in dem - wie ich formulieren möchte - taciteischen Sondergut eines Topos zeigt sich seine individuelle ethnographische Reflexion.

Umgekehrt sollten die traditionsgeschichtlichen Zusammenhänge, die literarischen Wandermotive, auf die Norden aufmerksam gemacht hat, sowie die herausgestellten ethnographischen Prämissen des Tacitus vor einem naiven Verständnis der taciteischen Schrift warnen. Wo immer möglich, ist die Archäologie als wichtiges Korrektiv miteinzubeziehen.

277 Cf. Lund (1988) 20-28.

278 Auch die taciteischen Ausführungen zum bardischen Schildgesang (c. 3), zum Gefolgschaftswesen (c. 12f.), zu Beratungen und Gelage (c. 22) sowie zur germanischen Gastfreundschaft (c. 21) führt Norden auf griechische Quellen zurück. (Cf. Norden (1959^4,1920) 115-142).

279 Cf. ibid. XIIf.: Vorwort zum zweiten Abdruck.

280 Unabhängig vom erzählerischen Rahmen und der Gesamtdeutung, die eher als römisch anzusetzen sind, können die Einzelinformationen, die Tacitus in der *Germania* gibt, durchaus authentisch sein. (Cf. Timpe (1992) 484f.). Der Quellenwert der *Germania* ist in jedem Fall höher einzuschätzen als die wenigen Angaben bei Caesar (*De bello gallico* lib. 6, c. 21), die deutlich von dem Ziel geleitet sind, die Germanen als reine Barbaren hinzustellen. (Siehe dazu Polomé (1992) 410).

281 Cf. Bringmann (1989) 65-71.

Um auf die Stelle zurückzukehren, die Ausgangspunkt und Anlaß des Exkurses war (*Germania* c. 9), so ist der Verdacht nicht völlig von der Hand zu weisen, es könnte sich um einen Topos der Religionsbeschreibung von Provinzvölkern handeln, weswegen man vorsichtig sein sollte, aus *Germania* c. 9 zu folgern, Wodan, nach der Interpretatio Romana Mercur, sei in taciteischer Zeit bereits der höchste Gott im gesamten germanischen Gebiet gewesen.[282]

Es wurde nun schon darauf hingewiesen, daß das Verfahren der Interpretatio Romana die Gefahr römischer Projektionen in sich birgt. Oft bedingten nur undeutliche bzw. willkürliche Assoziationen die Zusammenstellung germanischer und römischer Götter.[283]

Insofern ist es problematisch, aus der Interpretatio Romana die einheimischen Götter der Provinzbevölkerung erkennen zu wollen. Man sollte also davon absehen, hinter dem bei Tacitus genannten Mercur den Wodan der späteren Quellen zu sehen.[284]

Das Spektrum der inschriftlichen Überlieferungen, die an keiner Stelle den Gott Wodan direkt nennt, deutet für die provinzialrömische Zeit ohnehin eher auf eine Fülle von Lokalgottheiten hin als auf die aus Tacitus zu entnehmende Konzentration auf wenige Hauptgötter bei den Germanen.[285] Die im allgemeinen zweifelhafte Methode der Interpretatio Romana ist im speziellen Fall der Gleichsetzung von Wodan-Mercur nicht plausibler:

Die ältere Forschung stellte zahlreiche Spekulationen über den Vergleichspunkt zwischen den beiden Göttern an.[286] Der griechische Hermes war Götterbote, Schutzherr der Wanderer und Reisenden, Gott der Hirten sowie der Gott des glücklichen Fundes und schlauen Diebstahls. Hermes galt als der besondere Schutzherr der Diebe und Kaufleute. Als Gott der Schlauheit und des glücklichen Fundes wird er auch zum Erfinder z.B. der Leier und Hirtenflöte. Der griechische Hermes hat aber als Seelengeleiter, Psychopompos, der die Seelen auf dem Weg in die Unterwelt begleitet, auch eine chthonische Funktion, Zauber- bzw. Heroldstab, Flügelschuhe und der Petasos, ein Reisehut, bestimmen seine

---

282 Man sollte über die dargelegten Probleme nicht einfach wie de Vries mit der Bemerkung hinweggehen, es sei wohl richtig, "daß Tacitus die Stelle bei Cäsar gekannt und benutzt hat, aber das braucht noch nicht so ausgelegt zu werden, daß sie nicht den germanischen Verhältnissen entsprochen hätte." (Cf. de Vries (1970[3],1956/7[2],1935/7) 2,27).

283 Cf. Wissowa (1918) 24f.

284 Methodisch reflektiert folgert Lund im Gegensatz zu anderen auch neueren *Germania*kommentaren: "Dementsprechend entbehrt es jeder Grundlage, die im 9. Kapitel *interpretatione Romana* erwähnten Götter Mercurius, Hercules und Mars mit *Wotan, *Donar und *Ziu gleichsetzen zu wollen, denn dieser Identifikation fehlen Belege synchroner Art." (Cf. Lund (1988) 68f.). Ähnlich problematisch ist es, aus den c. 43 genannten "Alci" oder "Alces", die mit Castor und Pollux verglichen werden, germanische Zwillingsgötterverehrung ableiten zu wollen. (Cf. dazu Biezais (1969) 22-36).

285 Cf. Teil 2, 1.2.2.3.

286 Cf. z.B. R.M. Meyer (1910) 228f., Collitz (1924) 574-587.

äußere Gestalt. Bei den Römern wurde der Hermes entsprechende Mercur besonders als Gott des Handels und Verkehrs verehrt.[287]
Es ist in der Tat schwierig, hier eine tragfähige Verbindungslinie zu Wodan / Odin zu ziehen. Die animistische Forschungsrichtung, die die Funktion des Toten- bzw. Seelenführers als Wurzel der Persönlichkeit Wodan / Odins betrachtete, glaubte den Schlüssel zur Parallele von Wodan / Odin und Mercur gefunden zu haben, indem sie auf das Amt des Hermes als Psychopompos hinwies.[288] Diese These ist aus zwei Gründen nicht haltbar: Erstens tritt die Seelenführerfunktion des Hermes im römischen Bereich so stark zurück, daß sie keine plausible Anknüpfungsmöglichkeit für die Interpretatio Romana darstellte. Zweitens ist die Seelenführung Wodans keine in den unmittelbaren Zeugnissen belegte Funktion, sondern ein vor allem aus dem Sagenkreis der wilden Jagd und des wütenden Heeres als Totenheer erschlossenes Konstrukt der älteren Forschung. Erkannte man dieses Problem, verblieb noch der Verweis auf das angeblich ähnliche Erscheinungsbild von Wodan / Odin und Mercur-Hermes. Als Parallelen wurde auf die Bekleidung mit Hut und Mantel hingewiesen.[289] Es ist fast überflüssig zu betonen, daß damit keine signifikante Vergleichsbasis gegeben ist. Abwegig ist auch die von J. Grimm ins Leben gerufene Verbindung von Wodan / Odin und Mercur über den caduceus und die Wünschelrute. Die Absicht Grimms, Wodan / Odin über den Fund der Runen hinaus als Gott der Erfindungen herauszustellen oder die Verbindung zwischen Mercur und Wodan / Odin über die Sagen von den Götterwanderungen auf Erden abzuleiten,[290] scheint zu deutlich vom Wunsch, eine Parallele zwischen Wodan / Odin und Mercur-Hermes zu konstruieren, geleitet. Insgesamt gesehen haben der germanische Wodan / Odin und der antike Mercur fast nichts miteinander gemein. Es drängt sich der Verdacht auf, daß die Nennung Mercurs als oberster Gott der Germanen, Gallier und Thraker mehr vom griechisch-römischen Denken der antiken Geschichtsschreibung ausging als von den fremden religiösen Gegebenheiten, die zu beschreiben waren. Die römische 'Realität', die hinter der Darstellung Mercurs als höchstem Gott stünde, könnte sein, daß Mercur als Gott des Handels und der Kaufleute eine ganz besondere Bedeutung für die römischen Händler und Kaufleute in den Provinzen hatte. Ihr Schutzherr könnte dann in Form der Interpretatio Romana zum römischen Vergleichsgott der einheimischen Provinzbevölkerung gemacht worden sein. Es erschiene daher nicht unplausibel, die germanischen Beinamen in Mercurinschriften (wie "Mercurius Cimbricus") eher als Zeugnisse für Lokalgötter zu verstehen denn als Belege für einen allen Germanen gemeinsamen obersten Gott Wodan.

Eine Untersuchung, die nur auf sichere Zeugnisse bauen will, muß darauf verzichten,

287 Cf. Hunger (1953) 143f.
288 Cf. z.B. Mogk (1925) 260f., cf. auch *DM* 1,124.
289 Cf. Helm (1913) 264f.
290 Cf. *DM* 1,XXIX-XXXIII, 1,124f. und 2,841.

Belege für Mercur zur Rekonstruktion des germanischen Gottes Wodan / Odin heranzuziehen, sofern nicht Mercur und Wodan explizit nebeneinandergestellt werden. Es bleibt nun noch zu fragen, wie man die Gleichsetzung von Wodan und Mercur bei den mittelalterlichen Autoren und die Übertragung des Wochentagsnamens 'dies Mercurii' in 'Wodanesdag' erklären will, wenn man nicht von einer wesensmäßigen Vergleichbarkeit der Götter ausgeht.

Nach den bei Tacitus bezeugten römischen Vorstellungen verstand man Mercur als den höchsten Gott der Germanen, und deshalb konnte man Mercur wohl mit dem Gott gleichsetzen, der (inzwischen) auf den ersten Platz der germanischen Götterhierarchie gekommen war bzw. den man für den höchsten Gott hielt. Die Gleichsetzung bürgerte sich als Formel ein und wurde weitertradiert. Die Parallelisierung hätte danach in der Tat nichts mit einer wesensmäßigen Ähnlichkeit der Götter zu tun, sondern würde ganz auf der Stellung Wodans in der Götterhierarchie beruhen. Wenn es bei Paulus Diaconus heißt, dieser Wodan-Mercurius werde von allen germanischen Stämmen als Gott verehrt,[291] so ist diese Bemerkung nicht unbedingt als persönliche Kenntnis der religiösen Verhältnisse bei den verschiedenen deutsch-germanischen Stämmen zu werten, sondern es könnte sich auch um eine Reminiszenz an Tacitus handeln, der seinerseits eine Aussage über die Germanen in ihrer Gesamtheit trifft.

Als weiteres mögliches antikes Zeugnis für Wodan wurde der Tacitus, *Germania* c. 39, als höchste Gottheit der Semnonen genannte "regnator omnium deus" in der Forschung diskutiert. Tacitus beschreibt in diesem Kapitel die mit Menschenopfern verbundenen religiösen Handlungen in einem heiligen Hain der Semnonen.

Es wurde in der Forschung kontrovers beurteilt, ob sich hinter der Formel "regnator omnium deus" der rekonstruierte Himmelsgott Tîwaz[292] oder Wodan[293] verberge, oder ob die Formel so stark vom römischen Denken geprägt sei, daß sie auf die germanischen Verhältnisse übertragen 'inhaltsleer' sei.[294] Gegen die Deutung als *Tîwaz und für Wodan hat man eingewendet, daß *Tîwaz-Mars nach *Germania* c. 9 nur mit Tieropfern verehrt wurde, während Menschenopfer, von denen im Zusammenhang der Semnonenfeier die Rede ist, nur Mercur-Wodan zukämen. Daß dem Semnonengott Menschenopfer dargebracht werden, spricht nicht zwingend für den *Germania* c. 9 genannten Mercur, der im traditionellen Verständnis als Wodan gedeutet wurde, denn c. 9

---

291 Cf. Paulus Diaconus, lib. 1, c. 9, ed. Waitz (1878): "Wotan sane, ..., ipse est, qui apud Romanos Mercurius dicitur et ab universis Germaniae gentibus ut deus adoratur". Weitere Belege, in denen Wodan / Odin und Mercur gleichgesetzt werden, bei Grimm, *DM* 1,100.

292 Cf. z. B. Weinhold (1890) 612, Golther (1895) 202f., Mogk (1900^2,1891) 315, Trathnigg (1937) 226-249 und Much / Jankuhn / Lange (1967^3,1937) 436f.

293 Cf. de Vries (1970^3,1956/7^2,1935/7) 2,3.33f.

294 So Norden (1959^4,1920) 127/8 Anm. 3.

schließt nicht aus, daß es noch andere Götter gab, die durch Menschenopfer verehrt wurden.[295]

Es könnte sich in c. 39 um einen spezifischen Ritus der Semnonen handeln, um Opfer, die ihrem Stammesgott dargebracht wurden. Gerade die Hypothesen zu c. 39 zeigen das Bemühen der mythologischen Forschung um Systematisierung der südgermanischen Zeugnisse in einem übergeordneten Göttersystem. Bezieht man den Semnonengott auf Mars-Ziu oder Mercur-Wodan, so kann man ihm einen Platz im angenommenen mythologischen System zuweisen. Faßt man den c. 39 angesprochenen Gott demgegenüber als Lokalgott auf, so läßt er sich kaum in das System der Hauptgötter einordnen. Zu bedenken ist, daß Tacitus ja in c. 27 explizit betont, er wolle im zweiten Teil seiner Schrift die "singularum gentium instituta ritusque, quatenus differant" darstellen.

Für den Gang der Untersuchung ziehe ich aus diesen Überlegungen den Schluß, daß die Schilderung der Semnonenfeier in Tacitus' *Germania* c. 39 nicht unter die südgermanischen Belege für Wodan einzureihen ist.

Man wird wohl annehmen dürfen, daß es in taciteischer Zeit noch eine Fülle von Lokalkulten gab (was besonders der inschriftliche Befund nahelegt), die sich kaum in ein mythologisches System pressen lassen, auch wenn dies den Mythologen noch so erwünscht wäre.

1.2.2.1.2. (Früh-)mittelalterliche Zeugnisse

Die Überlieferung der Goten sowie auch die der Bayern hat uns keine Nachricht über Wodan vermittelt.

Im gesamten oberdeutschen Bereich findet sich keine germanisch-heidnische Benennung des 4. Wochentages. Der 'dies Mercurii' wird durch das blasse Mittwoch wiedergegeben. Da im Oberdeutschen die Tagesnamen aber nicht grundsätzlich durch Abstrakta ersetzt werden und man sehr wohl Götternamen wie Donnerstag und Freitag kennt, hat man gefolgert, das Fehlen eines oberdeutschen 'Wuotanestac' zeige an, daß die oberdeutschen Stämme eben keine Gottheit verehrten, die sie für Mercur hätten einsetzen können, so wie auch der Saturnus des 'dies Saturni' bei keinem germanischen Stamm eine mythologische Entsprechung fand.[296]

Diesem negativen Befund steht jedoch ein positives oberdeutsches Zeugnis entgegen. Jonas

295 Zur Deutung der in Mooren gefundenen Leichen als Menschenopfer oder Moorleichen siehe Struve (1984) 5,213-216.

296 Cf. Mogk (1900^2,1891) 329.

von Bobbio beschreibt in seiner in der ersten Hälfte des 7. Jahrhunderts abgefaßten *Vita Columbani*, wie Columban im Gebiet der Donauschwaben, der Suaevi, missionierte.
Columban wurde Zeuge eines heidnischen Opfers der Sueben. Da ein großes mit Bier gefülltes Gefäß in ihrer Mitte stand, ist am ehesten von einem Trankopfer auszugehen. Die Sueben teilten Columban auf seine Frage hin mit, sie wollten ihrem Gott Wodan opfern, den andere Mercur nennen würden:

> "Sunt etenim inibi vicinae nationes Suaevorum. Quo cum moraretur et inter habitatores loci illius progrederetur, repperit eos sacrificium profanum litare velle, vasque magnum, quem vulgo cupam vocant, qui XX modia amplius minusve capiebat, cervisa plenum in medio positum. Ad quem vir Dei accessit sciscitaturque, quid de illo fieri vellint. Illi aiunt se Deo suo Vodano nomine, quem Mercurium, ut alii aiunt, autumant, velle litare."[297]

Gegen die Glaubwürdigkeit dieses Zeugnisses als Hinweis auf Wodanverehrung im oberdeutschen Raum wurde eingewendet, daß Agathias, der im allgemeinen gut informiert sei, im 6. Jahrhundert noch nichts von einer Wodanverehrung der Alemannen wüßte. Da Agathias gleichzeitig erwähnt, die Franken hätten die religiösen Vorstellungen der Alemannen beeinflußt,[298] wurde geschlossen, daß die Franken, die mit Sicherheit Wodanverehrer waren, diesen Kult im Zuge der Kolonisierung an die Alemannen bzw. an einige alemannische Gegenden weitergegeben hätten. Wenn der Kult erst ein Ergebnis der fränkischen Kolonisierung gewesen wäre, hätte er bei den Alemannen keine tieferen Wurzeln mehr schlagen können, da sie bald nach der Übernahme der Wodanverehrung schon christianisiert wurden.[299] Zudem könnte der Verfasser der *Vita Columbani*, selbst ein Langobarde, den Namen Wodan, den er aus der langobardischen Tradition kannte, willkürlich in die Beschreibung des Alemannenopfers übertragen haben.[300] Fiel das Zeugnis des Jonas von Bobbio aus diesen Überlegungen weg, so konnte man folgern, daß Niederdeutschland, Teile Mitteldeutschlands, Dänemark und der skandinavische Norden das eigentliche Gebiet der Wodanverehrung darstellten.[301]
Diese Folgerung ist zu wenig gesichert. Das Zeugnis ist zwar kein Beweis für oberdeutsche Wodanverehrung, wie sich überhaupt die historische 'Wahrheit' germanischer Religiosität aus den spärlichen, oft topischen, christlich gefärbten Berichten kaum erschließen läßt. Zudem ist es methodisch problematisch, aus der textuellen Verfaßtheit der Berichte auf historische Wirklichkeit kurzzuschließen. Dennoch sind die wenigen Nachrichten aus der

297 Jonas von Bobbio, lib. 1, c. 27, ed. Krusch (1902). Bei dem Zusatz "quem Mercurium, ut alii aiunt, autumant" ist der textkritische Befund nicht eindeutig. Der Zusatz findet sich nicht in allen Handschriften. Während Krusch die Passage akzeptiert, ist sie nach der Textauffassung von de Vogüé zu tilgen. Nach de Vogüé handelt es sich wahrscheinlich um eine Glosse, die in Anlehnung an Paulus Diaconus lib. 1, c. 9 eingefügt wurde. (Cf. ed. Krusch (1902) 102 und de Vogüé (1988) 159 / Anm. 9).
298 Cf. Agathias, lib. 1, c. 7, ed. Keydell (1967).
299 Cf. Mogk (1900^2,1891) 329.
300 Cf. Helm (1953) 253.
301 Cf. Mogk (1900^2,1891) 329.

Übergangszeit der Christianisierung als Hinweise auf die germanische Religion bzw. Götterverehrung zu werten.
Selbst wenn die besprochene Schilderung des Alemannenopfers nicht überliefert wäre und man kein explizites Zeugnis für die Wodanverehrung im oberdeutschen Raum hätte, wäre es gefährlich, e silentio zu schließen, Wodan sei in Oberdeutschland unbekannt gewesen. Die Tradierung der germanischen Religionsgeschichte im deutschen Bereich ist im allgemeinen zu fragmentarisch und zu sehr von einer Zufallsauslese bestimmt, als daß das Schweigen der Überlieferung als Beleg für die Nichtexistenz eines Gottes oder einer Kultform (in einem bestimmten Raum) gewertet werden dürfte.
Die Textstelle bei Jonas von Bobbio soll nun jedoch noch unter dem Aspekt der Funktion der Erzähleinheit betrachtet werden. Die Erzählung hört nicht damit auf, daß Columban von den 'Suaevi' erfährt, sie veranstalteten ein Wodansopfer: Der Missionar bringt das Opfergefäß durch Anblasen zum Zerspringen. "Ille pestiferum opus audiens vas insufflat, miroque modo vas cum fragore dissolvitur et per frustra dividitur, visque rapida cum ligore cervisae prorumpit".[302]
Die Erzählung läuft also auf eine Manifestation missionarischer Macht und damit indirekt auf den Erweis der Macht des christlichen Gottes zu. Durch das Wunder soll deutlich werden, daß der christliche Gott und diejenigen, die auf seiner Seite stehen, den heidnischen Göttern überlegen sind, ja daß der heidnische Götterkult nur Teufelswerk ist: "manifesteque datur intelli diabolum in eo vase fuisse occultatum, qui per profanum ligorem caperet animas sacrificantum".[303]
Angesichts der augenfälligen Hilflosigkeit, mit der die heidnischen Götter die Störung ihres Kultaktes hinnehmen und der Machtdemonstration des Christengottes (durch den Missionar als sein Werkzeug) bleibt den 'Barbaren' nur das Staunen über diese Macht, die vom Missionar geforderte Abkehr vom heidnischen Kult und letztlich die Bekehrung.[304]
Die Schlüsselwörter, die den Prozeß der Abkehr der Barbaren vom heidnischen Götterkult und ihre Hinwendung zum Christentum signalisieren, sind:
'videre, stupere, ab his sacrificiis segregare, ad Christi fidem convertere, baptismum consequi'.
Man könnte von einer Zweiteilung der Erzählung sprechen, bei der der erste Teil, die Schilderung des heidnischen Opfers, ganz auf den zweiten Teil, das Machtwunder des Missionars und den damit verbundenen Missionserfolg angelegt ist.
Fragt man nun nach der Historizität einer solchen Erzählung, so ist es bemerkenswert, daß sich für das Wunder Columbans unmittelbare Parallelen beibringen lassen.

302 Jonas von Bobbio, lib. 1, c. 27 ed. Krusch (1902).
303 Ibid.
304 Cf. ibid.

Zunächst ist festzuhalten, daß es sich beim Wunder in der *Vita Columbani* lib. 1, c. 27 um eine Wiederholung von lib. 1, c. 19 handelt. Nach einem Zerwürfnis mit Theudericus und Brunichilde lehnt Columban die vom König gesandten Speisen und Getränke mit der Begründung ab, er wolle keine Geschenke von Gottlosen annehmen. Es sei göttlicher Diener unwürdig, ihren Mund mit den Speisen dessen zu besudeln, der den Dienern Gottes nicht nur den Zugang zu seinem eigenen, sondern auch zu den Häusern anderer verwehre.[305] Bei diesen Worten gehen alle Gefäße zu Bruch, Wein und Flüssigkeiten laufen aus, und das Übrige wird verstreut: "His dictis, vascula omnia in frustra disrupta sunt, vinaque ac sicera solo diffusa ceteraque separatim dispersa."[306]

Die Machthandlung führt hier ebenfalls zur Unterwerfung der gegnerischen Partei.[307]

Auch in den *Dialogi* Gregors des Großen findet sich das Motiv, daß ein Trinkgefäß (das hier einen tödlichen Trunk enthält) durch göttliche Macht zerspringt.[308]

Für das Wunder Columbans lassen sich jedoch nicht nur derartige motivische Parallelen anführen, sondern es ist auch aufschlußreich, einen Blick auf die Gattung zu werfen, in die es einzuordnen ist. Es gehört in eine Gattung von Wundern, die im Zusammenhang der Bekehrungsgeschichte beliebt waren, in die Kategorie der Machtproben. Sie werden sowohl im kontinentalen wie im nordischen Bereich häufig erzählt und funktional eingesetzt, um die Macht des christlichen Gottes der Ohnmacht der heidnischen Götter bzw. Götterbilder entgegenzustellen.

Exkurs: Zur Darstellung heidnischer Religion in (früh)mittelalterlichen Geschichtsquellen

Es ließen sich zahlreiche Beispiele von Erzählungen anführen, die nach Struktur und Funktion Analogien mit der besprochenen Texteinheit der *Vita Columbani* aufweisen.

In der Regel wird eine Kulthandlung bzw. ein Kultobjekt der Heiden geschildert oder zumindest erwähnt. Im zweiten Erzählschritt, auf den der erste funktional bezogen ist, wird die Ohnmacht der heidnischen Kulthandlung bzw. des heidnischen Kultobjektes im Verhältnis zur Machtfülle des christlichen Gottes und derer, die ihm dienen, herausgearbeitet.

Einige wenige Querbelege sollen angeführt werden:

In Rimberts *Vita Anskarii*, die in der zweiten Hälfte des 9. Jahrhunderts abgefaßt wurde,

---

305 Cf. ibid. lib. 1, c. 19, ed. Krusch (1902).
306 Ibid.
307 Cf. ibid.
308 Cf. Gregor der Große, lib. 2, c. 3,4, ed. de Vogüé (1979). Belege für weitere Parallelen bei de Vogüé (1988) 159 / Anm. 10.

wird berichtet, wie Christen sich während der priesterlosen Zeit in Birka gegen die Schmähungen der Heiden zur Wehr setzen. Als die Heiden ihre Götter loben und den Christen Hergeir für seinen sinnlosen Glauben tadeln, ruft er sie zur Machtprobe zwischen ihren Göttern und seinem Herrn Jesus Christus auf.[309] Beide Parteien sollen bei einem Regenguß von ihrem Gott bzw. ihren Göttern erbitten, nicht vom Regen getroffen zu werden. Während die Heiden durch den Regen klatschnaß werden, bleibt Hergeir vollkommen trocken. Die Reaktion der Heiden darauf ist Verwirrung und staunende Bewunderung (als Vorstufen der Bekehrung): "Quo facto, confusis illis et admirantibus: 'Ecce', inquit, 'videtis, quid sit deus'".[310]

Bei einer Belagerung der Stadt Birka durch die Dänen versuchen die Einwohner durch Gelübde und reiche Opfer vergebens Hilfe von ihren Göttern zu erlangen.[311]

Rettung wird der Stadt erst zuteil, als man sich angesichts der Tatenlosigkeit der heidnischen Götter auf den Rat des Christen Hergeir hilfesuchend an den christlichen Gott wendet und ihm Fasten und Almosen gelobt.

> "Accepto itaque ab eo consilio, cuncti unanimes et voluntarii exeuntes, sicut sibi consuetudinis erat, in campum, pro liberatione sui ieiunium et elemosinas domine Christo devoverunt... Sicque Domini gratia propter fidem servi sui Herigarii populum illius loci ab hostium incursu liberans, bonis suis restituit."[312]

Nach einem ähnlichen Strukturmuster wird in c. 30 der *Vita Anskarii* berichtet, wie die Schweden, als sie eine Stadt in Kurland einnehmen wollten, beim Losorakel keinen heidnischen Gott finden konnten, der ihnen beigestanden hätte.[313] In dieser Not wenden sie sich, von ihren Göttern im Stich gelassen, an Christus und gewinnen die Stadt daraufhin kampflos durch Vertrag.[314]

Die Botschaft solcher Texte ist deutlich: Sieg und Wohlergehen im Zeichen Christi, Niederlage und Unheil im Zeichen der alten Götter.[315]

Als besondere Demonstration der Macht des christlichen Gottes galt die Zerstörung heidnischer Kultgegenstände und Kultbilder durch Christen bzw. Missionare. Für dieses Motiv, das auch in der besprochenen Erzählung aus der *Vita Columbani* lib. 1, c. 27 zentral ist, ließen sich zahlreiche Belege aus der frühmittelalterlichen Literatur, die sich mit dem Thema Bekehrung beschäftigt, anführen. Exemplarisch soll hier auf eine Episode aus den *Historiae* Gregors von Tours hingewiesen werden. Der Diakon Wulfilaich hatte sich nach

309 Rimbert, c. 19, ed. Trillmich / Buchner (1961).

310 Ibid.

311 Ibid.: "Coeperunt quoque diis suis, immo daemonibus, vota et sacrificia plurima promittere et offerre, quo eorum auxilio in tali servarentur periculo... cum nullo modo vires haberent resistendi, nullaque eis spes esset refugii, ad vota et sacrificia maiora diis suis offerenda se invicem cohortabantur."

312 Ibid.

313 Ibid. c. 30: "Missis itaque sortibus, neminem deorum, qui eis subsidio esse vellet, repperire potuerunt."

314 Cf. ibid.

315 Cf. auch Adam von Bremen lib. 5, c. 28 ed. Trillmich / Buchner (1961).

dem Vorbild der sogenannten Säulenheiligen auf einem Berg, auf dem sich ein Götzenbild der Diana befand, das das ungläubige Volk gleichsam als Gott verehrte, eine Säule errichtet. Auf dieser Säule harrte er in einer Art Gottesdienst selbst bei strengster Kälte aus.[316] Von seiner Säule herab predigte Wulfilaich gegen den Götzendienst derer, die das Dianabild verehrten. Um die Menschen, die seinen Worten bereits mehr und mehr Gehör schenkten, vollends vom christlichen Glauben zu überzeugen, unternahm er es, das gewaltige Götzenbild mit ihrer Hilfe zu stürzen.[317] Das Stürzen des Götzenbildes wird nun dramatisch ausgemalt: Menschlicher Macht vermag das Götzenbild zu widerstehen. Die Versuche, es mit Stricken umzureißen, scheitern. Aber nachdem Wulfilaich die göttliche Hilfe unter Tränen angefleht hat, stürzt es fast ohne menschliche Anstrengung auf die Erde und kann mit Eisenhammern gänzlich zerstört werden:

> "Tunc ego ad basilicam propero, prostratusque solo, divinam misericordiam cum lacrimis flagitabam, ut, quia id humana industria evertere non valebat, virtus illud divina destrueret. Egressusque post orationem, ad operarius veni, adprehensumque funem, ut primo ictu trahere coepimus, protenus simulacrum ruit in terra, confractumque cum malleis ferreis in pulverem redegi."[318]

Es ist schwierig, den religionsgeschichtlichen Quellenwert dieser und ähnlicher Erzählungen angemessen einzuschätzen.

Der Erweis der im Verhältnis zu den Heidengötzen größeren Macht des christlichen Gottes ist sicherlich ein zentrales Anliegen der Bekehrung gewesen. Die Spiegelung dieses Anliegens in der frühmittelalterlichen Geschichtsschreibung und Vitenliteratur ist daher weder überraschend noch in ihrem Kern als unhistorisch zu betrachten. Daß eine Erzähltradition topisch ist, heißt ja noch nicht, daß sie deshalb als 'unhistorisch', 'unwahr' zu betrachten ist.

Eine andere Frage ist es, ob jeder der in den Quellen dargelegten Erzählungen ein entsprechendes historisches Ereignis zugrundeliegt oder ob sich die beschriebenen Erzählstrukturen nicht in mehr oder weniger variierter Form als literarische Muster verselbständigten, die dann von den Geschichtsschreibern nach dem Vorbild anderer Quellen auch eingesetzt werden konnten, wenn kein konkretes Ereignis zugrundelag.

Entscheidend ist in diesem Zusammenhang, daß bei einem frühmittelalterlichen christlichen Geschichtsschreiber kein Bewußtsein für 'Erfindungen' im Sinne der modernen Geschichtswissenschaft vorauszusetzen ist. Das Ziel, 'Wahres' zu schreiben, wird nicht über Historizität in unserem heutigen Sinne vermittelt.[319] Die Darstellung historischer Ereignisse

---

316 Gregor von Tours, lib. 8, c. 15, ed. Krusch / Buchner (1990^8,1956): "Repperi tamen hic Dianae simulacrum, quod populus hic incredulus quasi deum adorabat..."

317 Ibid.: "Tunc convocatis quibusdam ex eis, simulacrum hoc inmensum, quod elidere propria virtute non poteram, cum eorum adiutorio possim eruere; iam enim reliqua sigillorum, quae faciliora fuerant, ipse confringeram."

318 Ibid.

319 Zum mittelalterlichen Wahrheitsverständnis siehe u.a. Schreiner (1966) 1-53.

ist damit kein Selbstzweck, sondern das Ergebnis lebt erst durch seine Deutung und Bedeutung im christlichen Horizont. Was heute als topisch, als literarische Übernahmen und stereotype Erzählmuster erscheint, ist im Kontext dieser Bedeutungszusammenhänge wahr - vollkommen unabhängig von der Frage nach seiner Historizität.

Umso problematischer ist es, diese Quellen im Sinne der Philologie des 19. Jahrhunderts als Steinbruch für eine positivistische Rekonstruktion von 'Wirklichkeit' auf der Grundlage des modernen Geschichts- und Wahrheitsverständnisses auszuwerten.

Eine weitere entscheidende Frage ist, daran anknüpfend, bis zu welchem Grad wir uns aus dem Corpus von Erzählungen der geschilderten Art Aufschluß über die Charakteristika der heidnischen Religion erhoffen dürfen.

Zu bedenken ist, daß die Erzählungen intentional auf die Darlegung der christlichen Macht angelegt sind und nicht auf die Schilderung heidnischer Kultakte, Kultgegenstände oder Kultbilder. Diese bilden gewissermaßen nur den szenischen Hintergrund, vor dem sich die Macht des christlichen Gottes entfalten kann. Nicht selten machen die oft auf bloße Andeutungen, Erwähnungen, reduzierten Erzählungen den Eindruck, als seien sie beliebige Staffage. Es können auf diesem Wege Informationen über heidnische Religionsformen tradiert werden, man kann jedoch kein unbedingtes Vertrauen in die 'historische Treue' dieser Überlieferungen setzen, sondern muß vielmehr mit Brechungen rechnen, durch die heidnischer Kult und heidnische Religiosität nur mittelbar aufscheinen.

Man kann, um auf die Erzählung aus der *Vita Columbani* zurückzukommen, eine heidnische Kultform, wohl ein Trankopfer, aus dem, was hier berichtet wird, vielleicht erahnen, man wird sie aber keinesfalls rekonstruieren können.[320]

Bei den hier kurz vorgestellten Erzählungen wurde deutlich, daß sie alle mehr oder weniger stark legendenhafte Züge tragen, die den Blick auf den historischen Gehalt verdunkeln können. Personen und Ereignisse werden in der frühmittelalterlichen Geschichtsschreibung häufig stilisiert bzw. durch ihre Einordnung in christliche typologische Zusammenhänge gedeutet.[321]

Diese Stilisierung soll in ihren Konsequenzen für die Möglichkeit, authentisch heidnische Religiosität zu erkennen, im folgenden noch exemplarisch am Beispiel der Bekehrung und Taufe des Frankenherrschers Chlodwig / Chlodovech in den *Historiae* Gregors von Tours erörtert werden.[322] Gregor schildert zunächst in lib. 2, c. 29, wie König Chlodovech gegenüber den Bekehrungsversuchen seiner Gemahlin Chrodichilde verstockt bleibt. Chrodichilde versucht ihn durch eindringliches Zureden von der Nichtigkeit seiner Götter zu überzeugen.

---

320 Cf. dazu *DM* 1,45f.

321 Zur Relevanz der typologischen Denkform bei Gregor von Tours siehe Thürlemann (1974) 86-94.

322 Cf. Gregor von Tours, lib. 2, c. 29-31 ed. Krusch / Buchner (1990[7],1955).

Die heidnischen Götter seien ohnmächtig und nichts als bloße Gebilde aus Stein, Holz oder Metall. Ursprünglich seien sie Menschen, nicht Götter gewesen, wie Saturn, der vor seinem Sohn floh, um sein Königreich nicht zu verlieren, und Juppiter selber mit seinem schmutzigen und ehebrecherischen Lebenswandel. (Juppiter wird als Ehebrecher, Homosexueller und Blutschänder dargestellt.) Mars und Mercur seien bloße Zauberer gewesen, hätten aber keine göttliche Macht gehabt. Demgegenüber sei der christliche Gott, dessen machtvolles Schöpfungswerk erläutert wird, zu verehren:

> "Nihil sunt dii quos colitis, qui neque sibi neque aliis potuerunt subvenire. Sunt enim aut ex lapide aut ex ligno aut ex metallo aliquo sculpti. Nomina vero quae eis indedistis homines fuere, non dii, ut Saturnus, qui a filio ne a regno depelleretur, per fugam elapsus adseritur, ut ipse Iovis omnium stuprorum spurcissimus perpetratur, incestatur virorum, propinquarum derisor, qui nec ab ipsius sororis propriae potuit abstenere concubitum, ut ipsa ait: *Iovisque et soror et coniux*. Quid Mars Mercuriusque potuere? Qui potius sunt magicis artibus praediti, quam divini nominis potentiam habuere. Sed ille magis coli debit, *qui caelum et terram, mare et omnia quae in eis sunt* verbo ex non extantibus procreavit"[323]

Die Reden Chrodichildes bewirken keine Veränderung in der christentumsfeindlichen Haltung des Königs, ja sein Mißtrauen und Unwillen gegen den christlichen Gott erhöhen sich noch, als sein Sohn, den Chrodichilde hat taufen lassen, kurz nach der Taufe stirbt.[324] Gregor spitzt seine Schilderung noch weiter dramatisch zu, als auch der zweite Sohn kurz nach der Taufe zu sterben droht. Die Erzählung gelangt hier jedoch an ihren ersten Wendepunkt, als das Kind durch das Gebet der Königin genest. Hierin liegt bereits ein Vorverweis auf die im folgenden c. 30 geschilderte Bekehrung Chlodovechs, den eigentlichen Wendepunkt der Erzählung.

Chlodovech bekehrt sich in einer militärischen Notlage während des Alemannenkrieges. Als sein Heer nahe daran ist, vernichtet zu werden, wird er im Innern erschüttert und gelobt dem christlichen Gott Glauben und Taufe, wenn er ihm Hilfe und Sieg verleiht.

> "'Invocavi enim deos meos, sed, ut experior, elongati sunt ab auxilio meo; unde credo, eos nullius esse potestatis praeditos, qui sibi oboedientibus non occurrunt. Te nunc invoco, tibi credere desidero, tantum ut eruar ab adversariis meis'".[325]

Nach diesen Worten wendet sich, wie nicht anders zu erwarten, das Kriegsglück, Chlodovech ist siegreich und läßt sich taufen, was Gregor als feierlichen Festakt schildert.[326]

Hellhörige Leser fühlen sich bei der Darstellung der Bekehrung Chlodwigs zweifellos an das Bekehrungserlebnis Constantins des Großen und das berühmte 'In hoc signo vinces' in der Entscheidungsschlacht gegen Maxentius an der Milvischen Brücke (312) erinnert. Die

---

323 Cf. ibid. c. 29. *Iovisque et soror et coniux* cf. Vergil, *Aeneis* 1,46f.
324 Ibid. c. 29.
325 Ibid. c. 30.
326 Cf. ibid. c. 31.

Stilisierung Chlodwigs nach Constantin, man könnte auch sagen, der typologische Bezug zwischen Constantin und Chlodwig, ist von Gregor klar intendiert, wie vor allem in der Bezeichnung Chlodwigs als "novus Constantinus" beim Taufakt deutlich wird.[327] Gregor will zeigen, daß die Bedeutung der Bekehrung des Frankenherrschers Chlodwig in Analogie zum Übertritt Constantins zum Christentum zu sehen ist. Wie das Christentum ausgehend von der Bekehrung Constantins letztlich Staatsreligion im römischen Reich wurde, so wird es durch die Taufe Chlodwigs die Religion des aufstrebenden Frankenreiches.

Fragt man nun nach dem religionsgeschichtlichen Wert dieser Schilderungen Gregors von Tours, so ist die Stilisierung so stark, daß der Versuch, daraus Erkenntnisse über die heidnischen Götter und den heidnischen Kult zu gewinnen, aussichtslos erscheint.

Auch J. Grimm erkannte, daß die Erzählung Gregors "sichtbar verziert" ist.[328] Doch trotz dieser Vorbehalte bemühte er sich, heidnisch-germanischen Kult daraus zu rekonstruieren, denn:

> "Solch ein umständlicher bericht von Chlodovichs heidenthum, kaum hundert jahre nach dem ereignis und aus dem mund eines unterrichteten geistlichen, wäre abgeschmackt, wenn ihm gar nichts wahres unterläge".[329]

Nach Grimm verweist Gregor im Medium der Interpretatio Romana auf germanische Götter.[330] Letztlich rekonstruiert Grimm aus der Rede Chrodichildes die Verehrung eines germanischen Saturnus, Juppiter (Donar), Mars (Ziu) und Mercur (Wodan) sowie die Existenz von Götterbildern aus Stein, Holz und Metall.[331]

Ein weiteres Problem, das die Möglichkeiten, authentisch heidnischen Gehalt in der (früh)mittelalterlichen Geschichtsschreibung und Vitenliteratur zu erkennen, erschwert, ist, daß die Verfasser mit stereotypen Heidenbildern bzw. mit typisierten Vorstellungen heidnischer Verhältnisse arbeiten.

Dies läßt sich auch für den in der Regel als zuverlässigen Berichterstatter eingestuften Adam von Bremen zeigen:

Die Heiden werden als negatives Zerrbild der Christen gezeichnet, als "barbari". Sie verkörpern all die Eigenschaften, die einem guten Christen nicht zukommen, wie rohe

---

327 Ibid.
328 Cf. *DM* 1,88.
329 Cf. ibid. 89.
330 Cf. ibid.
331 Cf. ibid. 88f.100. Methodisch werden die Quellen von der Philologie des 19. Jahrhunderts ohne Rücksicht auf ihre textuelle Verfaßtheit, ihre Brechungen durch christliche Trägergruppen und den Wechsel des Weltbildes für die Rekonstruktion historischer Wirklichkeit verwendet. Ähnlich noch Weidemann (1982) 2,157f. Die Götternamen und Götterbilder aus Gregor von Tours, lib. 2, c. 29 werden hier unter den Stellen, die die "Fortdauer heidnischer Glaubensvorstellungen und heidnischen Brauchtums" bei Gregor illustrieren, erwähnt und nicht weiter problematisiert.

Wildheit, Grausamkeit, Tyrannei, kriegerisches Wüten, Götzenverehrung, Zauberei, Wahrsagerei, Treulosigkeit, Hochmut, Polygamie, Schlemmerei.[332]

Die Unzivilisiertheit der Heiden, die Adam schildert, entspricht der geographischen Lage Skandinaviens, ihres Wohnraumes, in den Randzonen der bewohnten Welt, die seit der antiken Ethnographie der klassische Raum der Wilden und Fabelvölker waren.[333]

In der antiken Ethnographie wurde Rom als Zentrum der zivilisierten Welt gesehen, von dem aus die Kultur mit zunehmender Entfernung abnahm.[334] Im Mittelalter wurde dieses Kulturmodell durch die Antithese Heiden-Christen ersetzt.[335] Die Perspektive, unter der die Heiden gesehen werden, könnte man dementsprechend als christozentrisch bezeichnen.

Eine Schilderung der Randzonen der Welt kann nicht um ihrer selbst willen interessieren. Sie interessiert vielmehr, um daran das 'ganz andere', das Fremde, als das Typische der zu beschreibenden Kultur herauszuarbeiten. Ein Geschichtsschreiber wie Adam von Bremen möchte in der Beschreibung der Heiden ein Kontrastbild der Christen zeichnen. Unter dem Gesichtspunkt des Heidentums erscheinen die Nordvölker undifferenziert als ein Volk, "arctoa gens".[336]

Diese Kontrastierung von Heiden und Christen wird jedoch noch von einem anderen Wahrnehmungsraster überlagert, dem der Menschheit bzw. des Menschlichen. Unter dem Aspekt des Menschlichen, des Allgemeinmenschlichen, wird den Barbaren Positives, Humanität wie Hilfsbereitschaft oder Gastfreundschaft zugestanden[337] bzw. es werden umgekehrt negative Eigenschaften an Christen dargestellt.[338] Das Aufscheinen von 'humanitas' bei den Barbaren ist jedoch die überraschende Ausnahme, was sich in Formulierungen Adams zeigt wie "A quibus contra spem, quia pagani erant, humane receptus".[339] In der Regel stellt sich Humanität erst nach der Bekehrung ein, worin deutlich wird, daß Bekehrung einen Fortschritt im ethischen Bereich markiert.

> "Ecce illa ferocissima Danorum sive Nortmannorum aut Sueonum natio, quae iuxta verba beati Gregorii 'nihil aliud scivit nisi barbarum frendere, iam dudum novit in Dei laudibus alleluia resonare'. Ecce populus ille pyraticus, a quo totas olim Galliarum et Germaniae provintias legimus depopulatas, suis nunc finibus contentus est, dicens cum apostolo: 'Non habemus hic manentem civitatem, sed futuram inquirimus', et: 'Credimus videre bona Domini in terra viventium'. Ecce patria illa horribilis, semper inaccessa propter cultum ydolorum, -, et Scythicae non mitior ara Dianae', deposito

332 Cf. Adam von Bremen, lib. 1, c. 38f.59.63, lib. 2, c. 21.31.61, lib. 3, c. 17.50f., lib. 4, c. 6.16f.21.26-28.30-32.37.44., ed. Trillmich / Buchner (1961), cf. Theuerkauf (1988) 131f.

333 Cf. z.B. Tacitus, *Germania* c. 46, ed. Lund (1988); cf. Lund (1988) 50f. Adam übernimmt die gängigen Topoi über Völker in den Randzonen der Welt. So erwähnt er Amazonen, Menschenfresser, Hundsköpfe auf den baltischen Inseln. (Cf. Adam von Bremen, lib. 4, c. 19, ed. Trillmich / Buchner (1961)).

334 Cf. Lund (1988) 49f.

335 Cf. auch Theuerkauf (1988) 131f.

336 Cf. Adam von Bremen, lib. 3, c. 68, ed. Trillmich / Buchner (1961).

337 Cf. ibid. lib. 2, c. 27f., lib. 4, c. 18.21, cf. Theuerkauf (1988) 134f.

338 Cf. ibid. lib. 1, c. 63, lib. 3, c. 2.33.36-39.46f.56-58.62, lib. 4, c. 23; cf. Theuerkauf (1988) 133f.

339 Ibid. lib. 2, c. 28.

iam naturali furore predicatores veritatis ubique certatim admittit, destructisque demonum aris ecclesiae passim eriguntur, et nomen Christi communi ab omnibus effertur preconio. Nimirum 'haec est mutacio dexterae Excelsi' "[340]

Bekehrung bzw. Bekehrungsgeschichte sind der zentrale Aspekt bei der Darstellung der Nordvölker in Buch 4 der *Gesta*. In Buch 1 sagt Adam explizit, daß ihn nicht die Geschichte der heidnischen Völker per se interessiert, sondern ihre Bekehrungsgeschichte.[341]

Diese religiöse Perspektive, die bei Adam durch das ihr untergeordnete System der Politik und das etwas außerhalb dieser beiden Systeme stehende System Handel ergänzt bzw. gekreuzt werden kann,[342] wirkt sich, wie im Bereich des Heidenbildes gezeigt, auf die Darstellung religiöser Verhältnisse aus. Sie führt, insbesondere da sie ja auch durch andere Erkenntnisinteressen wie den Aspekt des Allgemeinmenschlichen durchbrochen wird, nicht zwingend zu einer verzerrenden Darstellung der Religion oder der Charaktereigenschaften der Heiden.[343] Die Typisierung des Heiden und des Heidnischen bei Adam und anderen mittelalterlichen Geschichtsschreibern ist jedoch zweifellos eine Barriere beim Versuch, den authentischen Gehalt des Heidnischen in den Texten zu ermessen.

Nach diesen Exkursen nun zurück zur Besprechung der Wodanzeugnisse. Als nächstes ist auf die Runeninschrift der Nordendorfer Bügelfibel I einzugehen.

Sie wird auf die erste Hälfte des 7. Jahrhunderts datiert, ihre alemannische Herkunft ist wahrscheinlich, aber nicht gesichert. Die Inschrift umfaßt die Namen "logaþore", "wodan", "wigiþonar" und die Widmung "awa leubwini". "Awa" wird als Koseform eines weiblichen Personennamens gedeutet, "Leubwini" als männlicher Personenname. Die in der Forschung übliche Auffassung ist, daß die Namen "logaþore", "wodan" und "wigiþonar" eine Götterdreiheit bezeichnen, nämlich die Göttertrias Loki, Wodan und Donar bzw. Lóðurr, Wodan und Donar. In Wodan und Donar haben wir wertvolle religionsgeschichtliche Belege für Götternamen. "Wigiþonar" hängt mit *germ. 'wîgian' und ahd. 'wîhen' für 'weihen' zusammen und läßt sich als "Weihedonar" oder als Imperativ "Weihe Donar!" auffassen. Letzteres erscheint jedoch wegen der parallelen Stellung zu den anderen Namen als eher unwahrscheinlich. Was "logaþore" betrifft, so ist es schwierig, eine etymologische Verbindung zu den altnordischen Göttern Loki oder Lóðurr herzustellen. Plausibler ist der Zusammenhang mit dem altenglischen Glossenwort 'logþor', 'logþer', 'logeþer', was soviel

---

340 Cf. ibid. lib. 4, c. 44; cf. Theuerkauf (1988) 132-136.

341 Cf. ibid. lib. 1, c. 61: "Meo autem arbitratu, sicut inutile videtur eorum acta scrutari, qui non crediderunt, ita impium est preterire salutem eorum, qui primum crediderunt, et per quos crediderunt."

342 Cf. Theuerkauf (1988) 123-129.

343 Wie differenziert Adams Darstellung ist, hängt sehr stark auch davon ab, welchen Quellen er für einen bestimmten Beschreibungsinhalt verpflichtet ist. (Siehe dazu Hallencreutz (1984) 6-13).

heißt wie 'Ränkeschmied', 'Übeltäter'.[344] Liest man den Sinngehalt der Inschrift als "Ränkeschmiede bzw. Zauberer (logaþore) (das sind) Wodan und Weihe-Donar", so wäre sie in den Kontext der Bekehrung und der Abschwörung von den heidnischen Göttern einzuordnen.[345]

Die Wodanverehrung bei den Langobarden ist - wie schon erwähnt - in Form einer Göttersage, der einzigen südgermanischen Göttersage überhaupt, überliefert.[346] Die Erzählung, wie Wodan den Winnilern durch eine List Freas den Sieg über die Wandalen zuerkennt, findet sich bei Paulus Diaconus in seiner *Historia Langobardorum* (Ende 8. Jahrhundert) und bereits in der nach 650 abgefaßten *Origo gentis Langobardorum.*[347] Es handelt sich um eine typische Stammessage, die den Namen des Stammes in Form einer archaischen Erzählung erklärt. Paulus Diaconus wertet die Sage aus seiner Sicht als "ridicula fabula" ab. Sie ist jedoch ein wichtiges religionsgeschichtliches Dokument für die frühmittelalterliche Zeit und den südgermanischen Götterglauben. Das Eingreifen Wodans in ein Kampfgeschehen und das Verleihen des Sieges ist sowohl süd- wie nordgermanisch und früh- wie hochmittelalterlich bezeugt, und man wird daher annehmen dürfen, daß die Verbindung mit Krieg und Sieg zu den Wesenskonstanten Wodan / Odins gehört. Im Anschluß an die Erzählung der Sage fällt die bereits erwähnte und diskutierte Bemerkung des Paulus Diaconus, nach der Wodan mit Mercur parallelisiert wird:

> "Wotan sane, quem adiecta littera Godan dixerunt, ipse est qui apud Romanos Mercurius dicitur et ab universis Germaniae gentibus ut deus adoratur; qui non circa haec tempora, sed longe anterius, nec in Germania, sed in Graecia fuisse perhibetur."[348]

Gerade der Zusatz, Wodan sei lange vor dieser Zeit nicht in Germanien gewesen, sondern in Griechenland, zeigt, daß Paulus Diaconus offensichtlich nur geringe eigene Kenntnis der germanischen Religion hatte, und erhärtet den Verdacht, daß er mit der Parallelisierung von Wodan und Mercur nur gelehrte Traditionen referiert. Es scheint, als ginge Paulus Diaconus von einer tatsächlichen personalen Identität Mercurs und Wodans aus.

Ein wichtiges Zeugnis der Wodanverehrung aus dem fränkischen Herrschaftsgebiet, genauer aus Thüringen, stellt der *2. Merseburger Zauberspruch* dar. Er ist in einer Handschrift aus der Zeit um 900 überliefert.[349] Der Spruch soll zunächst im Wortlaut referiert werden:

---

344 Cf. W. Krause / Jankuhn (1966²,1937) 292-294, Düwel (1983²,1968) 39f.

345 Cf. Düwel (1983²,1968) 128, der diesen Versuch einer Neudeutung referiert. Allgemein zu den Möglichkeiten und Grenzen, Runeninschriften als Quellen der germanischen Religionsgeschichte auszuwerten, siehe Düwel (1992) 336-364.

346 Siehe dazu auch Br. Grimm, *Deutsche Sagen* 390.

347 Cf. Paulus Diaconus, lib. 1, c. 8 und *Origo gentis Langobardorum* c. 1, beide ed. Waitz (1878).

348 Paulus Diaconus, lib. 1, c. 9, ed. Waitz (1878).

349 J. Grimm nimmt die 'Merseburger Formel' unter dem c. 38 "Sprüche und Segen" in die *Deutsche Mythologie* auf. (Cf. *DM* 2,1030). Er behandelte beide Merseburger Sprüche 1842 in dem Aufsatz *Über zwei entdeckte gedichte aus der zeit des deutschen heidenthums*, KS 2,1-28.

"Phol ende Uuodan uuorun zi holza.
du uuart demo Balderes uolon sin uuoz birenkit.
thu biguolen Sinthgunt, Sunna era suister,
thu biguolen Friia, Uolla era suister,
thu biguolen Uuodan, so he uuola conda:
sose benrenki, sose bluotrenki, sose lidirenki:
ben zi bena, bluot zi bluoda,
lid zi geliden, sose gelimida sin!"[350]

Es wird berichtet, daß Phol und Wodan in den Wald ritten und das Fohlen des Herren bzw. Balders sich das Bein verrenkte. Sinhtgunt (Sinthgunt), ihre Schwester Sunna, Friia und ihre Schwester Volla besprachen das Pferd - offensichtlich erfolglos. Da besprach es Wodan und heilte es.

Was die Herkunft des Spruches betrifft, so wird er in der Forschung allgemein als heidnisch-germanisch betrachtet.[351]

Von den sieben als Götternamen in Frage kommenden Namen Phol, Uuodan, Balder, Sinhtgunt / Sinthgunt, Sunna, Friia, Uolla sind zwei, nämlich Phol und Sinhtgunt, nur hier belegt. Es fehlen Seitenstücke in der süd- und nordgermanischen Tradition. Von diesen beiden hat besonders Phol die Forschung beschäftigt. Zahlreiche Spekulationen sind über ihn angestellt worden: J. Grimm verstand Phol und Balder / Paltar über waghalsige Etymologien und angeblich parallele außergermanische Götter als ursprünglich identisch und versuchte die südgermanischen Spuren des Gottes in Flurnamen wie 'Pholesauwa', 'Pholesouwa' und einem thüringischen 'Pholesbrunnen' zu verfolgen.[352] Die Grimmsche Identifikation von Phol und Balder fand zahlreiche Anhänger.[353] Phol wurde auch als Entstellung aus Apollo[354] oder aus Paulus gedeutet,[355] bzw. als Reittier (Füllen) Wodans aufgefaßt.[356] Kurios war auch die Deutung Gutenbrunners, der Phol in 'hol' konjizierte, dieses ahd. 'hol, hola' mit dem aisl. 'haull' verglich, das Wort so als 'Bruch, Leistenbruch' verstand und ausgehend davon als Heilmittel für den Bruch bzw. bestimmte Formen des Bruches, hinter denen er Unfruchtbarkeit und Kinderlosigkeit vermutete.[357] Die beste Erklärung ist es nach de Vries, Phol als 'Fol, Vol' zu lesen. Fol und die ebenfalls im *2. Merseburger Spruch* genannte Folla wären dann südgermanische Entsprechungen zum skandinavischen Götterpaar Freyr und Freyja.[358] Ob sich auf diese Weise eine südgermani-

350 *2. Merseburger Spruch*, aus Steinmeyer (1971^3,1916) 365f.
351 Zum Forschungsstand zu den beiden *Merseburger Zaubersprüchen* siehe Steinhoff (1987) 6,410-418; zur Tradition der Zaubersprüche und Segen siehe Masser (1984) 4,957-965.
352 Cf. *DM* 1,186-189 und J. Grimm, *Ueber zwei entdeckte gedichte aus der zeit des deutschen heidenthums*, KS 2,12-16.
353 Cf. z.B. E.H. Meyer (1891) 262 (mit Einschränkungen) oder R.M. Meyer (1910) 311.
354 Cf. z.B. Gering (1894) 146.
355 Cf. Bugge (1889) 301f. und Christiansen (1914) 211.
356 Cf. Preusler (1922) 44f.
357 Cf. Gutenbrunner (1943) 1-3.
358 Cf. de Vries (1970^3,1956/7^2,1935/7) 2,171f.

sche Wanenverehrung nachweisen läßt, was letztlich als Absicht hinter der Argumentation steht, ist zweifelhaft. Der als Pendant zu Freyr erschlossene Frô[359] wird von Helm in die Reihe der von Germanisten und Mythologen erfundenen Götter eingeordnet.[360] Die Hypothese, Phol gehöre als Fol zu Folla und beide entsprächen dem Geschwisterpaar der nordgermanischen Mythologie Freyr und Freya, entspringt dem immer wieder zu beobachtenden Wunsch der mythologischen Forschung nach Systematisierung der religiösen Traditionen sowie dem Bestreben, den südgermanischen Götterhimmel nach der Schablone des nordgermanischen zu strukturieren.

Am besten wäre es daher zu akzeptieren, daß uns in Phol wie auch in Sinhtgunt Götternamen überliefert sind, für die wir weder in der süd- noch in der nordgermanischen Tradition weitere Belege haben. Auf der Basis dieses Verständnisses eröffnet der *2. Merseburger Spruch* im Falle von Phol und Sinhtgunt einen schlaglichtartigen Blick auf uns sonst unbekannte südgermanische Götternamen. Die Götterwelt Südgermaniens muß ja nicht den reißbrettartigen Vorstellungen der Mythologen entsprochen haben.

Die nordgermanische Parallele zu Sunna ist wohl die weibliche Sonnengottheit Sól, und Volla entspricht der nordgermanischen Fulla. Fulla ist im *2. Merseburger Spruch* die Schwester Friias, bei Snorri erscheint sie als Dienerin der Frigg.[361] Bei Fulla und Sunna lassen sich also Verbindungslinien zur nordgermanischen Mythologie ziehen, wobei die grundsätzliche Zuordnung Sunnas zu Frigg / Friia und die gleichzeitig unterschiedliche Funktion der Figur Ähnlichkeiten und Divergenzen zwischen süd- und nordgermanischer Mythologie zugleich aufdecken.

Es ist nun auf den Balder der zweiten Zeile des Spruches einzugehen. J. Grimm hat Balder als südgermanische Entsprechung zum nordgermanischen Baldr aufgefaßt. Der *2. Merseburger Spruch* lieferte ihm sozusagen den Beweis für seine Annahme einer südgermanischen Balderverehrung, deren Ausläufer er in dem ahd. Eigennamen 'Paltar' sah.[362]

Inzwischen ist das Verständnis Balders als Göttername jedoch nicht mehr gesichert, denn Balder könnte auch ein Appellativum 'Herr, Fürst' sein, das dem ags. 'bealdor, baldor' entspräche.[363] Bei dieser Erklärung des Namens ist die Struktur des Spruches stimmiger. Als Protagonisten treten in der ersten Zeile Phol und Wodan auf. Wenn Balder als Appellativum aufzufassen ist, so bezieht es sich auf einen der beiden Götter, die Beinverrenkung wäre wohl dem Füllen Phols zuzuordnen, da Wodan ja die Funktion des Heilgottes einnimmt.

---

359 Cf. *DM* 1,173-181.
360 Cf. Helm (1950) 6.
361 Cf. de Vries (1970^3,$1956/7^2$,1935/7) 2,172.327f.
362 Cf. *DM* 1,182-186.
363 Cf. Bugge (1889) 312 / Anm. 2, Kauffmann (1891) 207 und Preusler (1922) 44. Nach Helm gehört die südgermanische Balderverehrung in die Rubrik 'erfundene Götter'. (Cf. Helm (1950) 5).

Träte nun in der zweiten Zeile ein Gott Balder auf, dessen Füllen zu Schaden kommt, wäre die Rolle Phols überflüssig. Es ist wenig wahrscheinlich, daß man den Spruch mit einem funktionslosen Statisten beginnen ließe, der noch dazu den Hauptstab der ersten Zeile trägt.[364]

Wenn der Spruch nicht von Balder, sondern von einem unbekannten Phol erzählt wird, fällt er aus dem Rahmen der nordgermanischen Mythen. Gibt man der Erklärung Balders als Appellativum den Vorzug, setzt man allerdings voraus, daß das Kriterium kompositorischer Stimmigkeit für die Tradition der ahd. Zaubersprüche Geltung hat.

Letztlich wird sich weder die Deutung von 'balderes' als Appellativum noch als Gottesname zwingend nachweisen lassen. Die Konsequenz, die man aus diesem Untersuchungsbefund ziehen sollte, ist, daß man den *2. Merseburger Zauberspruch* jedenfalls nicht als 'Kronzeugen' für eine deutsche Balderverehrung heranziehen kann. Es gibt damit keinen gesicherten Beweis für eine Balderverehrung in Deutschland,[365] wie Grimm sie vor allem aus dem Spruch gefolgert hatte:

> "Das erlahmte, in seinem gang aufgehaltne pferd Balders empfängt vollen sinn, sobald man ihn sich als lichtgott oder taggott vorstellt, durch dessen hemmung und zurückbleiben großes unheil auf der erde erfolgen muß. wahrscheinlich wuste es die sage im zusammenhang zu berichten; dem zwecke der zauberformel war nichts daran gelegen."[366]

Die Rolle, in der Wodan hier auftritt, ist die des Heilgottes. Der Spruch macht deutlich, daß die Heil- bzw. Zauberkunst Wodans der der Göttinnen, die keine Abhilfe für das Unglück schaffen können, übergeordnet ist. Wodans Position ist machtvoller. Sowohl die Überordnung über die anderen Götter als auch die Funktion Wodans als zauberkundiger Gott läßt sich mit dem Bild, das die nordgermanischen Quellen von Wodan überliefern, vereinbaren.[367]

Dieser Zauberspruch wurde von den Mythologen, die den Akzent ihrer Untersuchungen auf die Übereinstimmung der süd- und nordgermanischen Mythologie legen, als besonders wichtige Stütze ihrer Argumentation betrachtet.[368]

Bei Wodan läßt sich von seiner Position und seiner Zauberkraft her eine deutliche Parallele zum nordgermanischen Odin ziehen. Die Frage ist allerdings, ob das Auftreten der heidni-

---

364 Schröder versucht Balder als Gottesnamen zu retten, indem er eine sekundäre Verbindung eines Pholspruches mit einer Balderüberlieferung annimmt, was die Unstimmigkeit in der Komposition des Spruches erklären würde. (Cf. Schröder (1953) 166-183). Von See, der die wortgeschichtlichen Bedenken gegen die Ansetzung des Gottesnamens Balder nicht akzeptiert, neigt der Ansicht zu, man könne in dem Spruch "das Fragment eines deutschen Balder-Mythos" erkennen. (Cf. v. See (1981, zuerst 1968) 99f.).

365 Cf. Schier (1976) 2,3.

366 *DM* 1,186. Cf. auch die naturmythologische Deutung des Spruches, die Balder als Lichtgott ins Zentrum stellt, bei Niedner (1899) 106-112.

367 Cf. Genzmer (1948) 65, de Vries (1970^3,$1956/7^2$,1935/7) 2,173f.

368 Cf. de Vries (1970^3,$1956/7^2$,1935/7) 2,170.

schen Götter als Zauberer hier ihren authentisch heidnischen Funktionsbereich wiedergibt, oder ob die Götternamen nach dem gängigen Muster, heidnische Götter = Zauberer, (ohne Referenz auf ihre ursprüngliche Funktion) in den Spruch eingesetzt werden. Für letzteres würde sprechen, daß nicht nur Wodan, sondern auch die Göttinnen (und im *1. Merseburger Zauberspruch* die "idisi") als Zauberinnen auftreten. Daß Wodans Zauberkraft im Gegensatz zu der der Göttinnen wirkungsvoll ist, erklärt sich aus seiner übergeordneten Machtposition.

Der Spruch als erzählerische Einheit hat keine Parallele unter den nordgermanischen Mythen.[369] Als Fazit ergibt sich, daß wir nur im Falle Wodans eine greifbare motivische Ähnlichkeit haben. Weitere Parallelen erstrecken sich nur auf die Götternamen. Was man von diesen Göttern erzählt hat, wissen wir nicht. Wir wissen auch nicht, wie reich die Überlieferungen über sie waren und wieweit sie entfaltet waren. Die Erzählung des *2. Merseburger Spruches* zeigt jedenfalls, daß es durchaus eigene spezifisch südgermanische Überlieferungen gegeben hat, für die sich nicht unbedingt strukturelle Parallelen im Norden finden lassen. Die Erzählung spielt auf keinen uns sonst irgendwie aus der germanischen Überlieferung bekannten Mythos an.

Ein Zeugnis für die Wodanverehrung bei den Sachsen, haben wir in der sogenannten *Abrenuntiatio*, dem altsächsischen Taufgelöbnis aus dem Ende des 8. oder dem Beginn des 9. Jahrhunderts:

> "Forsachistu diobolae? et respondet: ec forsacho diabolae. end allum diobolgelde? respondet: end ec forsacho allum diobolgeldae.
> end allum dioboles uuercum? respondet end ec forsacho allum dioboles uuercum and uuordum. Thunaer ende Uuoden ende Saxnote ende allum them unholdum, the hira genotas sint."[370]

Die Reihenfolge Thunaer, Uuoden, Saxnot deutet darauf hin, daß die Sachsen Thunaer als höchsten Gott verehrten, und nicht Uuoden. Saxnot war offensichtlich sächsischer Stammesgott. Dies zeigt schon sein Name, der wohl aus 'Sahsginot' zu erklären ist, ursprünglich Schwertgenosse bedeutete und damit in enger Beziehung zum Stammesnamen der Sachsen steht. Saxnot, der hier in engem Konnex zu Uuoden genannt wird, ist besonders insofern interessant, als wir in ihm wiederum (wie schon bei zwei Göttern des *2. Merseburger Zauberspruches*) einen spezifisch südgermanischen Gott, einen Stammesgott greifen, der keine nordgermanische Parallele hat. Werden mehrere Götter in den südgermanischen Zeugnissen zusammen genannt, so zeigt sich, daß eine teilweise Übereinstimmung mit den nordgermanischen Göttern zu verzeichnen ist, daß aber gleichzeitig ein Stück südgermani-

---

369 Der Anfang des Spruches mit dem Ausritt der Götter und der Verletzung des Pferdes könnte Teil eines sonst nicht überlieferten Mythos sein.

370 Sächsisches Taufgelöbnis aus Steinmeyer (1971³,1916) 20.

scher Götterwelt aufscheint. Gerade im Fall Saxnots liegt wohl eine Stammes- bzw. Lokaltradition zugrunde.

Es versteht sich, daß die Mythologen seit Grimm, die die Übereinstimmung von süd- und nordgermanischen Traditionen nachweisen wollten, bestrebt waren, Saxnot einem nordischen oder gemeingermanischen Gott an die Seite zu stellen und ihm einen angemessenen Platz in der Götterhierarchie einzuräumen.

J. Grimms Deutung geht von einer Assoziation aus. Es ist das in der *Snorra Edda*[371] Freyr als Attribut beigelegte Schwert und der im Namen Saxnot gegebene Bezug zum Schwert, was ihn auf den Gedanken bringt, Saxnot als Parallele zu Freyr und damit als Beleg für eine deutsche Wanenverehrung und den erschlossenen Frô zu verstehen:

> "Die edda legt dem Freyr ein trefliches *schwert* bei,... von diesem schwert mögen noch andere überlieferungen umgegangen sein, und der gedanke liegt nicht ab, seinetwegen die bekannte trilogie Thunaer, Wodan, Saxnôt der des Adam von Bremen Wodan, Thor und Fricco oder jenem eddischen Odinn, Asabragr, Freyr an die seite zu setzen, d.h. Freyr, *Fricco* = *Frô* auch für *Sahsnôt*, den besitzer des schwertes zu nehmen."[372]

Es entspricht der Argumentationsweise Grimms, daß er im gleichen Atemzug vermutet: "Andere gründe reden aber desto stärker für Sahsnôz = Zio".[373]

Als Hauptgrund dafür sieht er offensichtlich an, daß Saxnot in den ags. Stammtafeln als Sohn Wodans angeführt wird, was ja nicht zu Freyr, der Sohn Njörd ist, passen würde. Die Art der Grimmschen Quellenbetrachtung zeigt sich gerade in der Authentizität, die er den Verwandtschaftsverhältnissen, wie sie die ags. Stammtafeln repräsentieren, zumißt. Die ags. Stammtafeln wollen ihre Könige im Sinne des mittelalterlichen genealogischen Denkens auf Götter zurückführen, um ihnen so ihre Herrschaftslegitimation zu sichern, es geht ihnen aber nicht um die Abbildung von Verwandtschaftsverhältnissen im Sinne des Faktizitätsverständnisses des 19. Jahrhunderts.

Für de Vries *kann* der in der *Abrenuntiatio* in einer Linie mit Thunaer und Uuoden genannte Saxnot kein Lokalgott sein. De Vries formuliert genauer, es könne sich nicht um einen "unbedeutenden Lokalgott" handeln. Hier ist einzuwenden, die Tatsache, daß die Verehrung eines Gottes regional begrenzt ist, heißt noch nicht, er müsse unbedeutend gewesen sein. Er kann im Gegenteil für dieses Gebiet als Stammesgott von hoher Bedeutung gewesen sein. So leuchtet auch die Schlußfolgerung von de Vries nicht ein, mit der er Saxnot auf Tîwaz bezieht: "Da kann man aber nur an *Tîwaz* denken, als den einzigen Gott, der diese Rangstelle haben konnte."[374]

An dieser Argumentation wird wieder deutlich, wie unerwünscht Lokaltraditionen sind, die das von den Mythologen aufgestellte System gewissermaßen unterlaufen. Man eliminiert ih-

---

371 Cf. *Skm.* 8f. und *SnE. Gylfaginning* c. 51, ed. Lorenz (1984).

372 *DM* 1,178f.

373 Ibid. 1,179.

374 De Vries (1970³,1956/7²,1935/7) 2,18.

ren spezifischen Charakter, indem man sie auf die bereits vorhandenen Punkte im Koordinatensystem bezieht und glättet somit die Traditionen im Sinne des Systems.

Nach diesem Exkurs über Saxnot ist zur Wodanverehrung der Sachsen zurückzukehren. Das Taufgelöbnis ist zweifellos ein sehr wertvolles religionsgeschichtliches Dokument der sächsischen Wodanverehrung. Es überliefert uns den Götternamen, allerdings ohne weitere Informationen zum Wesen des Gottes.[375]

Wie die Sachsen sind auch die Angelsachsen in den Quellen als Wodanverehrer ausgewiesen.[376]

Hier ist zunächst noch einmal auf die Stellen hinzuweisen, die nach der oben besprochenen gelehrten Tradition Mercur und Wodan parallelisieren. Bei Galfredus Monemutensis (Geoffrey of Monmouth) berichten die Helden Hengist und Horsa nach ihrer Ankunft in Britannien, sie hätten den Weg unter Führung Mercurs zurückgelegt. Es wird dann näher erläutert, dieser Mercur heiße in ihrer Sprache Woden und nach ihm sei der 4. Wochentag benannt:

> 'Deos patrios, Iovem, Saturnum, Mercurium atque ceteros quos coluerunt patres nostri veneramur atque colimus, maxime Mercurium, quem Woden lingua nostra appellamus. Huic maiores nostri quartam feriam dicaverunt, quae usque in hodiernum diem lingua nostra nomen Wodenesdei de nomine ipsius sortita est. Post hunc colimus deam inter ceteras potentissimam, nomine Fream, cui etiam dicaverunt sextam feriam, quam de nomine ipsius Fridei appellamus."[377]

Bei Matthaeus Westmonasteriensis wird in Anlehnung an Beda gesagt, die Führer der Angeln, Sachsen und Jüten seien Hengist und Horsa gewesen, die genealogisch auf Woden zurückzuführen seien. König Vortigernus fragt die Ankömmlinge nach Glauben und Religion ihrer Völker:

> "Cui Hengistus, deos patrios, scilicet, Saturnum, Iovem, atque ceteros, qui mundum gubernant, colimus, maxime autem Mercurium, quem lingua nostra Woden appellamus. Huic patres nostri veteres dedicaverunt quartam feriam septimanae, quae in hunc hodiernum diem Wodenesday appellatur. Post illum colimus deam, inter caeteras potentissimam, vocabulo Fream, ex cui vocabulo Friday appellamus."[378]

---

375 De Vries (1970³,1956/7²,1935/7) 2,38 möchte auch zwei Kapitelüberschriften des aus dem 8. Jahrhundert stammenden *Indiculus superstitionum et paganiarum* als Belege für die Wodanverehrung der Sachsen anführen, nämlich "8. De sacris Mercurii vel Iovis" und "20. De feriis quae faciunt Iovi vel Mercurio". (Ed. Clemen (1928) 43, cf. *DM* 1,100). Nach der methodischen Leitlinie, die dieser Untersuchung zugrundegeliegt, sind Belege, die nicht ausdrücklich Wodan und Mercur gegenüberstellen, nicht als gesicherte Wodanzeugnisse aufzunehmen. 'Mercur vel Juppiter' können hier als Chiffren für das Heidnische oder die heidnischen Götter stehen, aus denen sich nicht auf Wodan und Ziu schließen läßt.

376 Die Angelsachsen werden hier, obwohl sie nicht mehr zu den 'deutschen' Stämmen im engeren Sinn gehören, aufgrund ihrer stammesgeschichtlichen Verflechtung mit den Sachsen mitbehandelt.

377 Galfredus Monemutensis, lib. 6, c. 1, ed. Hammer (1951).

378 Matthaeus Westmonasteriensis, (1573) zu AD 449, 154f. Die Fassung ähnelt stark der bei Galfredus Monemutensis. Die Fassung bei Wilhelmus Malmesbiriensis, lib. 1, §5, ed. Stubbs (1887) wurde schon unter Teil 2, 1.1.1. zitiert. Alle drei Belege in *DM* 1,106.

Der im Angelsächsischen nach Wodan benannte 4. Wochentag 'Vôdnes dæg', 'Vodenes dæg'[379] lebt im Englischen bis heute als Wednesday fort.

In der Chronik des Aethelweard wird Wodan als Siegverleiher und Gott der Kampfestüchtigkeit verstanden. Wie Wilhelmus Malmesbiriensis sieht er Hengist und Horsa als Nachkommen des Königs Wodan an, den die Heiden wie einen Gott verehrten. Nach Aethelweard brachten sie ihm Opfer dar, um Sieg und Kampftüchtigkeit zu erlangen:

> "Hi nepotes fuerunt Uuoddan regis barbarorum, quem post infanda dignitate ut deum honorantes, sacrificium obtulerunt pagani, victoriae causa sive virtutis... Wothen qui et rex multarum gentium, quem pagani nunc ut deum colunt aliqui."[380]

Die Nachrichten bei Aethelweard und Wilhelmus Malmesbiriensis sind in die Tradition der angelsächsischen Stammtafeln einzuordnen, die ihre Königsgeschlechter auf Wodan zurückführen wollten. Beda Venerabilis hat als erster in seiner *Historia Ecclesiastica* die kentischen Könige genealogisch von Wodan hergeleitet:

> "Duces fuisse perhibentur eorum primi duo fratres Hengist et Horsa;... Erant autem filii Uictgisli, cuius pater Uitta, cuius pater Uecta, cuius pater Uoden, de cuius stirpe multarum prouinciarum regium genus originem duxit."[381]

Auf Beda gehen die genealogischen Bemerkungen zu Hengist und Horsa bei Matthaeus Westmonasteriensis, Wilhelmus Malmesbiriensis und Aethelweard wohl zurück. In der Nachfolge Bedas wurden alle herrschenden angelsächsischen Geschlechter von den Annalisten auf Wodan zurückgeführt. Die Traditionen konnten dabei über Wodan hinaus noch beträchtlich erweitert werden. Man stellte ihm eine Reihe von Ahnen voran und band die Stammtafeln schließlich in die christliche Heilsgeschichte ein, indem man sie bis auf Noah und Adam zurückführte.[382]

Religionsgeschichtlich interessant sind nicht die konstruierten Verwandtschaftsverhältnisse, sondern das Phänomen, daß ein germanisch-heidnischer Gott als Ahnherr christlicher Königsgeschlechter fungieren kann. Möglich war dies auf der Grundlage des Euhemerismus,[383] der in der zitierten Passage aus Aethelweards Chronik deutlich aufscheint. Indem die heidnischen Götter als Menschen verstanden wurden, die von den Heiden als Götter verehrt wurden, bot der Euhemerismus ein Modell, sich mit der

379 Belege bei Bosworth / Toller (1898) 1261.

380 Aethelweard, *Chronica* lib. 2, c. 2, zit. nach Philippson (1929) 150. Die Passage ist wesentlich kürzer in der auf der Ausgabe von Savile, London 1596 und Frankfurt 1601 beruhenden Edition von Campbell (1962) lib. 2, c. 2.

381 Beda, lib. 1, c. 15, ed. Colgrave / Mynors (1969).

382 Cf. Philippson (1929) 152 und Helm (1953) 255. Die Zeugnisse sind gesammelt bei Grimm, *DM* 3,377-401; cf. auch J. Grimms Rezension *Über die stammtafel der Westsachsen von John M. Kemble*, KS 5,240-245. Grimm war sehr optimistisch, was den Ertrag der Stammtafeln für die *Deutsche Mythologie* betrifft. Welche der auftretenden Namen als heidnische und speziell als deutsche Götter zu verstehen sind, ist jedoch schwer zu entscheiden.

383 Cf. v. See (1988) 69-79, bes. 76f.

Verehrung heidnischer Götter aus christlicher Perspektive auseinanderzusetzen, ja sie sogar ohne pejorative Wertungen als Ahnherrn an die Spitze bedeutender Geschlechter zu stellen. Während die weltanschauliche Zäsur, die die Einführung des Christentums bedeutete, in den Bekehrungsgeschichten besonders durch die Stilisierung der Heiden zu Barbaren betont wird, ist durch die Genealogie der Stammtafeln Kontinuität und zwar personale Kontinuität zwischen heidnischer und christlicher Welt angezeigt. Der Übergang vom Heidentum zum Christentum wird also in den Texten einerseits über Kontrastbilder, andererseits über Kontinuitätsmuster reflektiert.

Wie im *2. Merseburger Zauberspruch*, so tritt Wodan im ae. Neunkräutersegen als Zauberer auf:

"Wyrm com snican, toslat he man
da genam Woden VIIII wuldortanas
sloh da næddran, þæt heo on VIIII tofleah"[384]

Hier wird mitgeteilt, wie eine Schlange geschlichen kam und einen Mann tötete. Daraufhin nahm Wodan 9 'Machtstäbe' und schlug die Natter damit, so daß sie in neun Stücke zerbarst.[385]

Die Frage, ob Wodan in den altenglischen Denksprüchen des *Exeterbuches* in seiner Funktion als heidnischer Weltschöpfer auftritt, ist negativ zu beantworten. Die Stelle lautet:

"hæþnum synne.
Woden worhte weos, wuldor alwalda,
rume roderas"[386]

Schon das einleitende "hæþnum synne" zeigt die christliche Perspektive an. Die Stelle ist wohl im Zusammenhang mit Ps 95/96,5 zu sehen, wo es heißt "quoniam omnes dii gentium daemonia at vero Dominus caelos fecit". In Anlehnung daran sagt der Spruch, Wodan habe nur Götzen gemacht, während der allmächtige Christengott die Weite des Himmels schuf.[387] Das "dii gentium" wird hier durch eine einheimische Tradition spezifiziert. Wenn heidnische Götternamen nach dem im gesamten Mittelalter verbreiteten Modell der Deutung heidnischer Götter als Dämonen[388] in christliche Traditionen eingesetzt werden, stehen sie in einem fremden Kontext und sind nur insofern von Interesse, als der Name eines Gottes überliefert wird. Es lassen sich jedoch keine Rückschlüsse ziehen auf den ursprünglichen Zuständigkeitsbereich eines Gottes.

---

384 Ed. Cockayne (1866) 34.

385 De Vries (1970^3,$1956/7^2$,1935/7) 2,40 äußert hier Bedenken, ob der Segen original heidnisch war oder ob Wodan sekundär mit ihm verbunden wurde. In eine im 19. Jahrhundert aufgezeichnete Formel über Fieberkrankheit wurden die Namen mit Sicherheit sekundär eingesetzt, um den Spruch geheimnisvoller zu machen.

386 Aus den Denksprüchen des *Exeterbuches* 2, VV. 132-134, ed. Grein (1881^2,1857).

387 Cf. schon Philippson (1929) 154.

388 Cf. v. See (1988) 71f.

Zu den ags. Belegen ist noch anzumerken, daß man sie nicht grundsätzlich auf den Wodan der ags. Vorzeit beziehen kann. Durch die Wikingerinvasionen, die im englischen Bereich auch zur Gründung von Wikingerkolonien bzw. Wikingerreichen führten, wurde der skandinavische Odin in England bekannt. Er war den angelsächsischen Christen wie die skandinavischen Eindringlinge selbst verhaßt, und diese ablehnende Haltung schlug sich auch in den Quellen nieder. In Aelfrics Homilie *De falsis deis* wird Odin mit Mercur, dem Gott der Diebe, gleichgesetzt und sein betrügerischer Charakter in schwarzen Farben gezeichnet.[389]

Sehr sorgfältig zu prüfen sind auch die von Grimm als Wodanbelege herangezogenen Ortsnamen. Das südgermanische Orts- und Flurnamenmaterial ist gegenüber den oben besprochenen literarischen Zeugnissen für Wodan jedenfalls als sekundär zu betrachten, da die Erschließung eines Götterkultes über Orts- und Flurnamen mit großen Unsicherheiten behaftet ist. J. Grimm sah in ihnen eine reiche Quelle, aus der er für seine *Deutsche Mythologie* schöpfen konnte.[390] Inzwischen schätzt man den religionsgeschichtlichen Wert der deutschen Orts- und Flurnamen wesentlich geringer ein.[391] Das Material, das im deutschen Bereich für die Deutung als theophor in Frage kommt, beschränkt sich auf die Wodan- und Donarnamen.[392] In diesem Zusammenhang interessieren vor allem die Wodannamen. Grimm hat die Belege für 'Wôdenesweg', 'Wôdenesberg', 'Wôdenesholt', 'Wôdeneshûsun', Wôdenstorp' und 'Wunstorp' zusammengestellt.[393] Mit Skepsis werden inzwischen die Ableitungen auf -holt, -husen und -dorp betrachtet. Bei diesen Bildungstypen liegen den Namen vermutlich Personennamen von Siedlern und nicht ein heidnischer Göttername zugrunde.[394] J. Grimm gab einer theophoren Ableitung grundsätzlich den Vorzug vor der Erklärung aus einem Personennamen: "es ist sehr unwahrscheinlich, daß sie [die in Frage stehenden Orts- und Flurnamen] statt auf den gott auf menschen bezogen werden müsten, die wie er geheißen hätten".[395]

Der Name 'Wotan' ist aber tatsächlich schon im 9. Jahrhundert als Personenname bezeugt.[396] Daneben gibt es eine Reihe weiterer Personennamen, die von dem Stamm 'Wod-' gebildet sind. Es ist unklar, ob diese Namen überhaupt etymologisch mit Wodan / Odin zu-

---

389 Cf. Aelfric, *De falsis deis*, in: Kluge (1888) 60, cf. auch Philippson (1929) 161 mit weiteren Belegen.

390 In bezug auf Wodan / Odin cf. *DM* 1,126-128.130-132, *DM* 3,58-60.

391 Bereits Bach und andere haben den "oft allzu reichlichen Gebrauch", den J. Grimm vom Verfahren der mythologischen Ortsnamendeutung gemacht hat, kritisiert und darauf hingewiesen, daß gerade der deutsche Lokalnamenschatz nur geringe und zweifelhafte Reste germanischer Götternamen bewahrt hat. (Cf. Bach (1953) 2,1,362f.) Zu Jacob Grimm als Begründer der Namenforschung siehe auch Lohse (1990) 28-50.

392 Cf. im Unterschied dazu die Versuche Grimms, südgermanischen Balder- und Pholskult über Ortsnamen nachzuweisen. (*DM* 1,186-188).

393 Cf. *DM* 1,126-128.130-132, *DM* 3,58-60.

394 Cf. Helm (1953) 176 und Bach (1953) 2,1,363.

395 *DM* 1,131.

396 Cf. Förstemann (1900^2,1856) 1,1630 für a. 800.819.821.823 etc.

sammenhängen. Förstemann leitet sie aus dem got. 'vôtheis, vôthja' für 'lieblich, süß, angenehm' ab, räumt aber ein, daß eine Erklärung aus altnordisch 'óðr', 'wütend' nicht zwingend auszuschließen sei.[397] Bei der zweiten Erklärungsmöglichkeit wäre ein Bezug auf Wodan / Odin gegeben. Gegen diese zweite Möglichkeit spricht allerdings, daß es auch im nordischen Bereich nur ganz vereinzelt theophore Odinspersonennamen gibt. Aber selbst wenn die Flur- und Ortsnamen auf theophore Personennamen zurückgingen, fielen sie als unmittelbarer Hinweis auf Kultstätten für Wodan aus. Unter den mit Wodan zusammengesetzten Bergnamen führt Grimm[398] unter anderem ein 1131 urkundlich genanntes 'Gudenesberg', heute 'Godesberg' bei Bonn an. Dieses 'Gudenesberg' wurde auch 'Wôdenesberg' genannt. Caesarius von Heisterbach nennt beide Namen: "in Gudinsberg, vel ut alii dicunt in Wudinsberg".[399] In Hessen liegen ein 1154 urkundlich bezeugter 'Wuodenesberg', später 'Gudensberg' bei Fritzlar, ein 'Gudensberg' bei Oberelsungen sowie ein weiterer 'Gudensberg' bei Erkshausen.[400] Bei den als theophore Wodansnamen gedeuteten Belegen mit 'Gudins-', 'Gudens-', 'Goden-', bei denen keine parallelen Formen mit 'W-'Anlaut überliefert sind, scheint die Ableitung vom Gott 'Wodan' nur eine Möglichkeit unter mehreren zu sein. Es könnten ebenso 'God' bzw. 'Gud' zugrundeliegen, die zu got. 'guþs', 'deus' und 'gôds', 'bonus' gehören. So gibt es bei Förstemann eine Reihe von Belegen für 'Gutinberc', 'Guotenberg', 'Gudenberg' und ähnliches, die auf diese Etyma zurückgeführt werden.[401] In der Regel läßt es sich nicht schlüssig nachweisen, ob ein derartiger Name vom Gott Wodan abzuleiten ist oder nicht. Es erscheint daher und auch aufgrund der geringen Zahl der Namen sowie ihrer unregelmäßigen und zufälligen Überlieferung sehr problematisch, aus diesem Material Schlüsse für das Verbreitungsgebiet der südgermanischen Wodanverehrung ziehen zu wollen, wie J. Grimm es versuchte.

Anders ist die Lage in Skandinavien, wo wesentlich mehr und gesichertere theophore Ortsnamen mit Odin überliefert sind.[402] Gute Belege sind die mit 'vé', 'salr', oder 'hof' zusammengesetzten Namen wie 'Odense', 'Odinshof', 'Odinssalr', die im ersten und zweiten Namensbestandteil einen kultischen Hinweis enthalten. Man hat aus der Tatsache, daß sich die mit Odin zusammengesetzten Ortsnamen auf Dänemark und Südschweden

397 Cf. ibid. 1,1629.

398 Cf. *DM* 2,782-784 und 1,126, cf. Helm (1953) 175f., Bach (1953) 363 und Philippson (1929) 156. Das ags. Orts- und Flurnamenmaterial bespricht Philippson (1929) 156-161.

399 Caesarius von Heisterbach, distinctio 8, c. 46, ed. Strange (1851).

400 Cf. *DM* 1,126.

401 Cf. Förstemann (1900^2,1856) 1,659-663.676-690, id. (1913^2) 2,1,1071-1077.1120-1122.

402 Der Erschließung der skandinavischen Ortsnamen aus mythologischer Sicht waren besonders die Arbeiten von Olsen gewidmet. Cf. etwa Olsen (1915) *Hedenske kultminder i norske stedsnavne*, id. (1926, engl. Übersetzung 1928) *Ættegard og helligdom* (*Farms and Fanes of Ancient Norway*). In neuerer Zeit beschäftigen sich u.a. Holmberg, Andersson und Reichert mit den theophoren Orts- und Personennamen. (Cf. Holmberg (1991) 149-159; eadem (1992) 541-551; Andersson (1992) 508-540; Reichert (1992) 552-574).

konzentrieren und daß die Anzahl der Ortsnamen, die sich auf Thor und Freyr beziehen, die theophoren Odinsortsnamen bei weitem überwiegt, Rückschlüsse auf Verteilung, Alter und Intensität des Kultes gezogen.

Schon früh erkannte man, daß von der Bedeutung und Stellung, die Odin in der mythologischen Dichtung einnimmt, nicht unmittelbar auf seine kultische Verehrung geschlossen werden kann. Edden und Skaldenpoesie sind hohe Dichtung, mit der man nicht den Volksglauben identifizieren kann. Odin ist wohl vor allem der Gott der oberen Gesellschaftsschichten, der Könige, Jarle und der Skalden gewesen, während die Sagas und die Verteilung der Ortsnamen zeigen, daß Thors- und Freyrskult namentlich in Westskandinavien stärker ausgeprägt waren.[403] Die relativ geringe Dichte an theophoren Ortsnamen in Skandinavien, die mit Odin gebildet sind, ist also ein Hinweis auf mögliche Divergenzen zwischen der hohen Machtposition, die Odin in den literarischen Quellen der Mythologie, namentlich in der ganz auf Kosmologie und Eschatologie ausgerichteten *Snorra Edda*, einnimmt, und dem Grad seiner kultischen Verehrung.[404]

Die Verfechter der These, Odin sei erst spät von Sachsen aus nach Skandinavien eingewandert, sehen in der gegenüber den Thors- und Freyrsnamen verhältnismäßig geringen Zahl von Ortsnamen, die mit Odin gebildet wurden, eine Bestätigung ihrer These.[405] Dazu würde auch passen, daß es in Westskandinavien keine, in Ostskandinavien nur vereinzelt theophore Personennamen gibt, die von Odin abgeleitet sind.

Man könnte auch argumentieren, der spezifische Charakter des Gottes, insbesondere seine Unberechenbarkeit, habe die Menschen aus religiöser Scheu davon abgehalten, seinen Namen bevorzugt für die Bildung von Orts- und Personennamen heranzuziehen. Der Funktionsbereich der Vanengottheiten dagegen, die für Fruchtbarkeit und Wohlstand zuständig waren, legt ihr Auftreten in theophoren Ortsnamen geradezu nahe.

Auch die Verteilung der Wochentagnamen wurde als Beleg für die Hypothese von Wanderung und Verbreitung des Wodankultes gewertet.[406] In ganz Oberdeutschland und in weiten Teilen Mitteldeutschlands fehlt ein dem 'dies Mercurii' entsprechender heidnischer Tagname. J. Grimm kann keinen Beleg eines 'Wuotanestacs' im hochdeutschen Raum an-

---

403 Cf. Mogk (1925) 258-272, cf. auch Derolez (1959) 112.

404 Cf. Schier (1981) 410. Auf die generellen Probleme der Auswertung von Ortsnamen als religionsgeschichtliche Quellen weist Holmberg hin. Die ältere Forschung analysierte das Ortsnamenmaterial häufig nach sprachlich und methodisch unzureichenden Kriterien. So wurden außerlinguistische Fragen, etwa nach den bezeichneten Lokalitäten, und namentypologische Untersuchungen, die nach der Verbindung der Morpheme untereinander und ihrer Plazierung innerhalb der Namen fragen, zu wenig berücksichtigt. Holmberg kritisiert auch die Neigung der älteren Forschung, Ortsnamen, denen sakrale und profane Bedeutung zukommt, (z.B. 'harg' / 'horg-') vorschnell als sakral zu klassifizieren. (Cf. Holmberg (1991) 149-155).

405 De Vries weist diese Hypothese strikt zurück. (Cf. De Vries (1970^3,1956/7^2,1935/7) 2,54) Ähnlich Schier (1981) 409f.

406 Die Belege, die frühestens bis ins 13. Jahrhundert zurückreichen, sind bei Grimm, *DM* 1,103f. und *DM* 3,47 zusammengestellt und unter Teil 2, 1.1.1. besprochen.

führen.[407] Aus diesem Quellenbefund wurde abgeleitet, Wodan sei in den Gebieten, in denen der entsprechende Wochentagname fehle, nicht verehrt worden.[408] Dieser Argumentation steht, wie bereits ausgeführt, für Oberdeutschland das positive Zeugnis des Jonas von Bobbio im Weg.

Grundsätzlich ist davon auszugehen, daß sich die Übernahme der planetarischen lateinischen Wochentagnamen und ihre Substituierung durch germanische Gottheiten in heidnischer Zeit vollzog. Es wäre nicht zu erklären, warum man in christlicher Zeit die Namen germanischer Götter für die Wochentage verwendet und damit die heidnischen Traditionen, die man zurückdrängen wollte, gefördert hätte. Die Übernahme von den Römern vollzog sich wohl zunächst in den römisch geprägten oder zumindest grenznahen Gebieten. Die planetarische Bezeichnung der Wochentage muß die einzelnen deutschen Stämme dann zu unterschiedlicher Zeit erreicht haben. Bei den Sachsen ist als terminus ante quem wohl ihre Auswanderung nach Britannien anzunehmen, da die ags. Belege 'Vôdenes, Vôdnes dæg', 'Thunares dæg' und 'Frige dæg' nicht auf eine ags. Sonderentwicklung oder auf spätere Übernahme deuten, sondern eher auf eine mit dem kontinentalen Niederdeutschland gemeinsame Basis, die sie bereits bei ihrer Einwanderung mitbrachten.

Bei der Verbreitung der Tagenamen gibt es dann wiederum verschiedene gedankliche Möglichkeiten:

1) Die Namen breiteten sich nur dort aus, wo auch der entsprechende Kult beheimatet war.

2) Die Namen wurden als Namen, als Significanten, d.h. als bloße sprachliche Konventionen übernommen, auch wenn ein Stamm den entsprechenden Kult nicht kannte.

3) Die Ausbreitung war zunächst an die gleichzeitige Kultausübung gebunden, nachdem die Namen aber fest etabliert waren, wurden sie auch ohne die Verehrung des Gottes eingeführt.

Überhaupt erscheint es möglich, daß es im Bereich der Wochentagnamen eine Fülle von Namensbezeichnungen gab, die aus Lokaltraditionen (und eventuell aus Lokalgöttern abgeleitet waren). Bair. 'Eretag', 'Pfinztag','Pherintag'[409] oder alemannisch 'Ciesdac' sind Reste, die wir noch greifen können. Viele Lokaltraditionen sind uns wohl durch den großporigen Filter der Überlieferung verloren gegangen oder sie sind durch Ausgleichsbewegungen, im Zuge derer überregional geltende Namen etabliert wurden, verschwunden.

Was die These betrifft, das Wodanverehrungsgebiet nach der Ausbreitung der Wochentagnamen abzustecken, so wurde ausführlich erörtert, wie problematisch sie ist. Man müßte die Wodanverehrung nicht nur für Oberdeutschland, sondern auch für weite Teile

---

407 Cf. *DM* 1,103.

408 Cf. Mogk (1900^2,1891) 329 und Helm (1953) 254.

409 Zur Rückführung von 'Pfinztag' und 'Pherintag' auf das Griechische und zum Einfluß der gotischen Missionare auf Bayern siehe bereits Kluge (1909) 124-160.

Mitteldeutschlands gegen das Vorhandensein positiver Zeugnisse negieren, wenn man die These konsequent vertreten wollte.

Die ursprünglich vorhandenen mythischen Traditionen hatten wohl wenig zu tun mit dem systematisierten Bild der germanischen Religion, das uns von neuzeitlichen Mythologen erbaut worden ist, und sie sind ebenfalls nicht gleichzusetzen mit dem von Mythologen wie Snorri systematisierten Bild, das uns die erst im Hochmittelalter aufgezeichneten nordgermanischen Quellen vermitteln.

Vergleicht man das reiche provinzialgermanische inschriftliche Material mit Tacitus, so ist es wenig wahrscheinlich, daß die Konzentration auf einige gemeingermanische Götter der religiösen Realität seiner Zeit entsprach, ja in dem Teil seines Werkes, der der spezifischen Betrachtung einzelner Stämme und ihrer Traditionen gewidmet ist, öffnet sich gelegentlich der Blick auf regional ausgeprägte Kultformen, wie auf Nerthus oder den "regnator omnium deus". Man darf jedoch davon ausgehen, daß im Laufe der Zeit durch Kultausgleich und Kultüberlagerung verschiedene Götter zu überregionaler Bedeutung gelangten. Es wäre wohl verfehlt, sich die germanische Religion im ersten Jahrtausend als ein statisches Gebilde vorzustellen. Vielmehr ist anzunehmen, daß es Spaltungen, Schichtungen, Mischungen und Überlagerungen von Kulten gab.[410] Sieht man einmal von der letztlich nicht eindeutigen Stelle bei Tacitus, *Germania* c. 9 ab und geht eher von Göttertraditionen aus, wie sie uns das inschriftlich bezeugte Material der Römerzeit überliefert oder auch Tacitus durchscheinen läßt, wenn er Lokaltraditionen referiert,[411] und vergleicht diesen Pol der Überlieferung mit dem nordgermanischen Pantheon, wie es Snorri vorstellt, so ist deutlich, daß es - wie auch immer geartete - vielfache Entwicklungen gab. Man könnte also durchaus an eine allmähliche Ausbreitung und Machtzunahme der Wodanreligion im südgermanischen und nordgermanischen Raum denken, aber man wird das wie, wann und wo offenlassen müssen.

Es ist durchaus wahrscheinlich, daß es im Norden Spannungen zwischen verschiedenen Kulten, Kultüberlagerungen und Kultausgleiche gab,[412] in deren Zusammenhang Odin groß wurde, (möglicherweise insbesondere als Gott der herrschenden Gesellschaftskreise), aber man wird selbst aus dem im Gegensatz zum südgermanischen Gebiet wesentlich reicheren Quellenmaterial den genauen Verlauf derartiger Entwicklungen nicht aufschlüsseln können. Ob und inwieweit es sich hier um innerskandinavische, möglicherweise mit gesellschaftlichen Spannungen verbundene Vorgänge handelt, welche Rolle Impulse von außen spielten, wird nicht mit letzter Sicherheit zu entscheiden sein. Man wird dabei derjenigen

---

410 So bereits Helm (1925) 1-20.

411 Cf. etwa die Zeugnisse bei Tacitus über die Göttinnen Baduhenna und Tamfana, *Annales* lib. 1, c. 51 und lib. 4, c. 73, ed. Koestermann (1971^3,1960).

412 Zu erinnern ist an die Mythen von Odins Verbannung und vom Vanenkrieg oder auch an die Passagen, in denen Thors Macht besonders hervorgehoben wird.

Forschungsposition zuneigen, die davon ausgeht, daß die entfaltete Persönlichkeit Odins, wie sie uns in den nordgermanischen Quellen entgegentritt, in vielem auf skandinavischer Entwicklung beruht. Andererseits zeigen die Verbindungslinien, die sich trotz aller Divergenzen im Quellenmaterial zwischen dem nordgermanischen Odin und dem südgermanischen Wodan ziehen lassen, daß es sich im Kern um eine alte Götterpersönlichkeit handelt, wobei noch nichts über das ursprüngliche Wesen und die Stellung Wodans ausgesagt ist.

Das Bild, das uns die südgermanischen Quellen von Wodan vermitteln, nimmt sich gegenüber den nordgermanischen Traditionen bescheiden aus. Es soll im folgenden zum einen mit dem Quellenmaterial der nordgermanischen Traditionen verglichen werden, zum anderen soll es mit den Ergebnissen und Schlußfolgerungen, zu denen Grimm in seinem Wuotankapitel gelangt, konfrontiert werden.

Ein Teil der südgermanischen Quellen überliefert uns nur den Namen Wodans. Dies ist der Fall bei den Wochentagsbezeichnungen, der Runeninschrift auf der Nordendorfer Spange und dem altsächsischen Taufgelöbnis sowie auch beim Ortsnamenmaterial. Man hat ausgehend von diesen Zeugnissen zwar Überlegungen anstellen können, die die Ausbreitung der Wodanreligion und die Stellung des Gottes betreffen, aber sie sagen nichts aus über seine Persönlichkeit.

Erkenntnisse über das Wesen des Gottes lassen sich nur aus den Quellen gewinnen, die Wodan in den Kontext einer Erzählung stellen. So erfahren wir aus Jonas von Bobbio, daß Columban die Heiden vorfand, wie sie gerade ein (Trank)Opfer für Wodan veranstalteten. Wir können hieraus allenfalls ersehen, daß dem heidnischen Gott Wodan Opfer dargebracht wurden, aber es wird (der erläuterten Textintention entsprechend) nicht weiter ausgeführt, warum und zu welchem Zweck man opferte und in welcher Funktion man sich an Wodan wandte.

Ergiebiger ist hier der einzige uns überlieferte südgermanische Göttermythos bei Paulus Diaconus. Er führt uns Wodan in der Funktion des Kriegsgottes und Siegverleihers vor. Da dieser Zuständigkeitsbereich auch in den nordgermanischen Quellen auf breiter Basis belegt ist und wir ihn darüber hinaus in der ags. Chronik des Aethelweard bestätigt sehen, greifen wir hier wohl eine Grundkonstante von Wodan / Odins göttlichem Wesen.

Wenn Wodan in den ags. Geschichtswerken als Ahnherr der Königsgeschlechter auftritt, so ist diese Funktion zu sehr vom mittelalterlich genealogischen Denken der Geschichtsschreiber und ihrem Wunsch, die Herrschaft der Königsfamilien zu legitimieren und ihr Herkommen über die christliche Zeit hinaus zu sichern, bestimmt, als daß man daraus einen originalen Wesenszug Wodans ablesen könnte.

Es verbleibt noch auf die im *2. Merseburger Zauberspruch* und im ae. *Neunkräutersegen* bezeugte Funktion Wodans als Zauberer hinzuweisen. Von der Funktion Wodans als zauberkundiger Gott läßt sich eine Verbindungslinie zum Bild Odins in den nordgermanischen Quellen ziehen. Bei der Diskussion des Zauberspruches wurde die Frage aufgeworfen, ob die Darstellung Wodans in den Zaubersprüchen auf einen spezifischen Wesenszug des Gottes zielt, oder ob heidnische Götter hier nach dem Muster 'Götter als Zauberer' als Personal eingesetzt sind, ohne daß damit ihr ursprünglicher Funktionsbereich reflektiert wird. Daß nicht die Figuren, sondern der Zauberspruch an sich den Kern der Überlieferung bildet, wird schon durch die zahlreichen christlichen Varianten, in denen das Personal ausgetauscht ist, deutlich. Ein Blick auf den *1. Merseburger Spruch* zeigt,[413] daß hier die "idisi" als zaubermächtige Frauen auftreten. Die Vermutung liegt nahe, man habe mehr oder weniger beliebig Götter und götterähnliche Wesen eingesetzt, weil man ihnen ganz allgemein Zauberkraft zusprach. Damit würde es aber für die Rekonstruktion des göttlichen Wesens von Wodan nicht sehr viel aussagen, wenn auch er, seiner bedeutenden Stellung gemäß, als besonders mächtiger Zauberer in diesem Kontext auftritt.

Damit läßt sich also aus den südgermanischen Quellen deutlich das Wesen Wodans als Kriegsgott und Siegverleiher ablesen (was zu einem vielleicht in der Völkerwanderungszeit großgewordenen Gott sehr gut passen würde). Daneben ist mit den besprochenen Vorbehalten seine Funktion als Zaubergott erkennbar.

Dies ist ein sehr mageres Ergebnis, verglichen mit dem Bild, das J. Grimm von Wodan entwirft. Durch keines dieser Zeugnisse wird er als "die *alldurchdringende schaffende* und *bildende kraft*" nachgewiesen, die Grimm sich unter Wodan vorstellt, nirgends als der, "der den menschen und allen dingen gestalt wie schönheit verleiht". Es läßt sich kein stichhaltiges südgermanisches Zeugnis beibringen, das Wodan als den Gott zeigte, "von dem ... auch die fruchtbarkeit des feldes, ja der wunsch, alle höchsten güter und gaben, abhängen." Die einzige Eigenschaft von den in J. Grimms zusammenfassender Interpretation ausgeführten Charakterzügen Wodans, die durch ein gesichertes südgermanisches Quellenzeugnis ausgewiesen ist, ist die Vorstellung von Wodan als dem, von dem "lenkung des kriegs und siegs" ausgeht.[414]

Alles andere entspringt letztlich J. Grimms persönlichen, christlich gefärbten und romantisch bestimmten Ideen von Wodan und wird mit randständigen, bisweilen auch im Sinne seiner Thesen manipulierten Belegen ausgeführt oder durch Berufung auf die nordgermanischen Quellen kompensiert. Die Argumentation trennt nicht zwischen den süd- und nordgermanischen Überlieferungen und fließt, ihre Identität voraussetzend, zwischen beiden hin und her. Auf diese Weise bleibt unklar, wie dürr die südgermanischen Zeugnisse für Wodan tatsächlich sind. Statt dessen entsteht der Eindruck, man könne ein plastisches Bild der Persönlichkeit Wodans und überhaupt der deutschen Mythologie bzw. Religion rekonstru-

413 Cf. Steinmeyer (1971^3,1916) 365.
414 Cf. *DM* 1,110.

ieren. Beim Quellenbefund zu Wodan ist dazu noch zu bedenken, daß es sich immerhin um eine, wenn nicht um *die* Hauptgottheit handelt und daß das, was nach einer kritischen Überprüfung der Grimmschen Aufzeichnungen zu Wodan übrigbleibt, im Verhältnis zu dem Material, das für andere Götter von ihm herangezogen wird, noch reich und gesichert ist. Besonders spekulative Kapitel der *Deutschen Mythologie* sind etwa die über südgermanische Balder- und Frotraditionen. Das mit den von E.H. Meyer ausgewerteten Nachtragszetteln über 1500 Seiten starke Werk der *Deutschen Mythologie* vermittelt keinen adäquaten Eindruck von der tatsächlichen Überlieferungslage der südgermanischen Religion - und dies nicht nur durch die oft mit fragwürdigen Zeugnissen erweiterte Materialfülle, sondern auch durch die Systematik, das korsettartige durch die nordgermanische Mythologie bzw. ihre eddische Stufe vorgegebene System, in das die gesicherten und die weniger gesicherten Belege eingeordnet werden. Die *Deutsche Mythologie* ist damit ein 'Steinbruch', wertvoll, weil sie in einem sehr weiten Umfeld Belege, darunter auch viele wichtige Belege, sammelt, problematisch, wenn man die Grimmsche Argumentation und seine Quellendeutung nicht hinterfragt und seine Einschätzung der Zeugnisse übernimmt. Erst wenn man erkennt, daß hier nicht 'getreu' gesammelt wird, sondern daß Prämissen wie der Wunsch, die Einheit des Vaterlandes durch ein gemeinsames kulturelles Erbe auch auf dem Gebiet der Religion zu stiften, oder eigene religiöse Ideen sowie eine romantisch bestimmte Sicht des Heidentums die Auswahl und Deutung des Materials, ja überhaupt die ganze Argumentation leiten, wird man die nötige Distanz zur kritischen Sichtung der von Grimm dargebotenen Materialfülle gewinnen.

Nachdem der Ertrag der südgermanischen Wodanzeugnisse nun mit den Ausführungen Grimms zu Wodan verglichen und konfrontiert worden ist, soll noch ein Vergleich mit dem Bild, das die nordgermanischen Quellen von Odin entwerfen, angestellt werden. Die reichen Traditionen, die eine schillernde Persönlichkeit zeigen, sollen hier nur umriß- und skizzenhaft vorgestellt werden,[415] um erstens den Kontrast zum südgermanischen Wodanbild zu akzentuieren und zweitens zu prüfen, ob J. Grimms Vorstellung von Wodan durch die nordgermanischen Quellen gedeckt ist.

1.2.2.2. Zu den nordischen Traditionen[416]

Im allgemeinen geht man davon aus, daß Odins Anhänger insbesondere die führenden Gesellschaftsschichten Skandinaviens waren, die Könige und ihr Gefolge, die Wikinger und

415 Die Zielsetzung meiner Arbeit ist ja nicht die Untersuchung oder Darstellung der nordgermanischen Mythologie.

416 Eine neuere Monographie zu Odin fehlt ebenso wie eine neuere germanische Religionsgeschichte.

Skalden.[417] Es ist sicherlich überzogen zu sagen, Odin trete als Kriegsgott und Gott der Dichtung hervor, weil ihn seine Verehrer dazu gemacht haben, aber dennoch ist die Wechselbeziehung von Verehrern und Funktionsbereich nicht zufällig.

Wie im südgermanischen Bereich war Odin auch im Norden Gott des Krieges und Siegverleiher. Seine Beziehung zu Krieg, Kampf und Sieg drückt sich in Beinamen wie 'Sigmunðr', 'Herfǫðr' u.a. aus.[418] Nach Snorri ist Odin selber ein berühmter Krieger gewesen, der in jedem Kampf siegreich war.[419] Adam von Bremen teilt mit, daß er, der die Kampfeswut repräsentierte, im Tempel von Uppsala in Kriegsrüstung dargestellt war.[420] Nach dem *Edda*lied *Grímnismál* ist er der 'kampfstolze', 'waffenstrahlende' Kriegsgott.[421] Er nimmt aber nicht nur selber mit Stärke am Kampf teil, sondern er beendet einen Kampf mitunter auch zugunsten seiner Schützlinge mit List, Schlauheit und einer Art Kriegszauber. Er kann bewirken, daß seine Feinde blind, taub oder erschreckt werden, ja daß ihre Waffen stumpf wie Stöcke werden.[422] In dem großen Kampf am Ende der Zeit, in den 'Ragnarǫk', führt Odin die Asen und Einherjar in den Kampf. Er ist mit Goldhelm und Brünne sowie mit seinem Speer Gungnir gerüstet. Odin selber stirbt in dem Kampf. Er wird vom Fenriswolf verschlungen.[423] Nach der *Vǫlospá* ist es auch Odin, der den ersten Krieg eröffnet, indem er seinen Speer ins gegnerische Heer wirft.[424] Als Heervater spendet er dem Gefolge sein Gold, er kann aber auch bestimmte Helden besonders an sich binden und sie durch Geschenke und Gaben auszeichnen. So gab er Hermod Helm und Panzer, Sigmund ein scharfes Schwert,[425] oder er lehrt z.B. Helden wie Sigurd, Harald Kampfzahn und Hadingus die berühmte keilförmige Schlachtordnung.[426]

Gerade das Verhältnis Odins zu den von ihm erwählten Helden zeigt aber deutlich die Unberechenbarkeit seines Wesens. Die Helden, die er zunächst beschützt hat, gibt er plötzlich dem Untergang preis und wirkt unter Umständen sogar aktiv an ihrer Vernichtung mit. Ein signifikantes Beispiel für dieses tückische, willkürliche Wesen ist Odins Verhalten gegenüber König Harald Kampfzahn. Odin hatte Haralds Kriegsruhm begründet, indem er ihn schon als Knaben unverwundbar gegen Eisen gemacht hatte. Die Beziehung zum Gott ist bei Saxo in Form eines Wechselverhältnisses geschildert: Harald verspricht Odin für

---

417 Cf. de Vries (1970³,1956/7²,1935/7) 2,48.
418 Cf. *Vǫlospá* (*Vsp.*) 43, *Vafþruðnismál* (*Vm.*) 2, *Grímnismál* (*Grm.*) 19.25f. Die Eddalieder zitiere ich nach den gängigen Abkürzungen.
419 Cf. Snorri, *Heimskringla* (zit. *Hkr.*). *Ynglingasaga* c. 2, ed. Aðalbjarnarson (1941).
420 Cf. Adam von Bremen, lib. 4, c. 26, ed. Trillmich / Buchner (1961).
421 Cf. *Grm.* 19.
422 Cf. Snorri, *Hkr. Ynglingasaga* c. 6, ed. Aðalbjarnarson (1941).
423 Cf. *Snorra Edda* (zit. *SnE.*). *Gylfaginning* c. 51, ed. Lorenz (1984).
424 Cf. *Vsp.* 24.
425 Cf. *Hyndlolióð* (*Hdl.*) 2.
426 Cf. *Rm.* 23; Saxo, lib. 7, c. 10, ed. Olrik / Raeder (1931) 1,207; Saxo, lib. 1, c. 8, ed. Olrik / Raeder (1931) 1,31.

seinen Beistand in der Schlacht im Gegenzug die Seelen der Gefallenen. Harald kann die Kleinkönige Dänemarks besiegen, weil Odin ihn die keilförmige Schlachtordnung gelehrt hat. Odin wendet sich aber ohne ersichtlichen Grund von Harald ab und stiftet Feindschaft zwischen Harald und seinem Neffen Sigurd Hring. König Harald muß schließlich erkennen, daß Odin das feindliche Heer nun auch die keilförmige Schlachtordnung gelehrt hat. Gegen seine Bitten, das Kriegsglück doch noch einmal zugunsten der Dänen zu wenden, bleibt Odin taub, stößt den König selbst vom Wagen und tötet ihn.[427] In ähnlich tückischer Weise läßt Odin Sigmund umkommen, indem er das Schwert, das er Sigmund früher geschenkt hat, an seinem Speer zerstört.[428] So ist es kein Wunder, daß Odin der Stifter allen Unheils, 'Bǫlvercr' genannt wird[429] oder Loki ihm vorwirft, er teile den Sieg nicht auf gerechte Weise zu.[430] In diesem Sinne wird er von den Skalden als der Bösartige, Boshafte, "illúðigr" bezeichnet.[431] Die Reihe von Beispielen für die Treulosigkeit Odins ließe sich noch weiterführen. Es soll hier nur noch auf die Anklage Odins im Lied des Skalden Egil nach dem Tod seines Lieblingssohnes hingewiesen werden. Egil klagt, er habe sich gut mit Odin verstanden und ihm vertraut, bis der Gott die Freundschaft mit ihm gebrochen habe.[432]

Diese Züge Odins, die sein Wesen als Kriegsgott und Siegverleiher geradezu ausmachen, lassen sich nur schwer in J. Grimms romantisches Bild des Heidentums integrieren. Es wurde oben herausgearbeitet, daß J. Grimm Wodan / Odin (wie die germanischen Götter überhaupt) als Lichtgestalt verstehen will, als väterlich-gütigen Gott, zu dem die Menschen in einem liebevoll-freundlichen Verhältnis stehen. So kann es nicht verwundern, daß er die beschriebenen Eigenschaften des Gottes nur ganz am Rande in seine Darstellung aufnimmt. Unberechenbarkeit, Tücke und Bösartigkeit des Gottes finden keinen Niederschlag in seiner Interpretation.

Nach den Quellen erscheint Odin ebenso unberechenbar wie das Kriegsglück, ja das Schicksal selbst sich den heidnischen Kämpfern wohl darstellte.

Er heißt "Yggr", der Schreckliche, und ihm fallen die Toten zu, die im Kampf getötet werden.[433] (Nach anderer Darstellung bekommt er nur die Hälfte der Gefallenen, die andere Hälfte Freyja.[434]) Er empfängt die Krieger in Walhall, worunter man sich einen prächtigen Palast mit 540 Toren vorgestellt hat. Die Einherjar, die Odins Gefolge und Heer bilden, mit

---

427 Cf. Saxo, lib. 7, c. 12 - lib. 8, c. 4, ed. Olrik / Raeder (1931) 1,213-220.
428 Cf. *Vǫlsunga saga* (*Vols.*) c. 11, ed. Ebel (1983).
429 Cf. *Grm.* 47 und *Helgaqviða Hundingsbana ǫnnor* (*HH.II*) 34.
430 Cf. *Lokasenna* (*Ls.*) 22.
431 Cf. Eyvindr Finnson skáldaspillir, *Hákonármal* 15, ed. Jónsson (1912) 59.
432 Cf. Egil Skallagrímsson, *Sonatorrek* 22, ed. Jónsson (1912) 37, deutsche Übersetzung bei Schier (1978) 271.
433 Cf. *Grm.* 53f.
434 Cf. *Grm.* 14 und *SnE. Gylfaginning* c. 24, ed. Lorenz (1984).

dem er den großen Kampf Ragnarǫk bestreitet, führen in Walhall ein kämpferisches und zugleich üppiges Leben. Zum Zeitvertreib kämpfen sie täglich miteinander, erschlagen sich gegenseitig und sitzen dann wieder lebendig und versöhnt beieinander. Odin speist sie mit dem Fleisch des Ebers Sæhrímnir, der täglich gekocht wird, aber am Abend wieder lebendig ist. Getrunken wird Met aus dem Euter der Ziege Heiðrún.[435] Als Herr der gefallenen Krieger heißt Odin "Valfǫðr", denn seine im Kampf gefallenen Helden, die Einherjar, sind seine Adoptivsöhne.[436] Die reiche Ausgestaltung der Walhallvorstellungen wird in der Forschung im allgemeinen als Produkt der Spätzeit des Heidentums betrachtet.[437]
Odin ist der Gott der Kampfes- und Kriegswut. Dies meint Adam von Bremen, wenn er sagt, "Wodan, id est furor" und 'furor' dann folgendermaßen spezifiziert: "bella gerit hominique ministrat virtutem contra inimicos."[438] In ekstatische Kampfwut können namentlich die 'Berserker' geraten, die von Snorri als Odins 'eigne Mannen' bezeichnet werden.[439] Snorri beschreibt den sogenannten 'Berserkergang' in der *Ynglingasaga*: Odins 'eigne Mannen' gingen ohne Rüstung. Ihre Wildheit wird mit der von Hunden und Wölfen verglichen, ihre Stärke mit der von Bären oder Stieren. Ihre Kampfwut machte sie unempfindlich gegen Feuer und Stahl.[440] Als mächtigem Kriegsgott brachte man Odin Menschenopfer dar, um den Sieg zu erlangen.[441] Bei Saxo weiht der Dänenkönig Harald Odin die Seelen aller gefallenen Feinde.[442] Nach Adam von Bremen opferten die Schweden Wodan bei drohender Kriegsgefahr.[443] Die Odinsopfer mußten aber nicht zwingend im Zusammenhang mit Krieg oder Kriegsgefahr stehen. So verbrannten die Schweden nach der *Ynglingasaga* ihren König Óláfr trételgja als Odinsopfer, um so reiche Ernte zu bekommen.[444] Ebenfalls nach der *Ynglingasaga* opferte König Aun von Uppsala seine Söhne in der Absicht, sein Leben zu verlängern.[445] Auch die Opferung König Vikarrs durch Odins Günstling Starkaðr steht im Kontext des Motivs der Lebensverlängerung.[446] Die Opferung erfolgt in der Erzählung von Vikarr durch Hängen und Durchbohren mit einem

---

435 Cf. *SnE. Gylfaginning* c. 38-41.51, ed. Lorenz (1984); *Vm.* 41; *Grm.* 8f.18.23-26; *HH.* II pr.n.38.
436 Cf. *SnE. Gylfaginning* c. 20, ed. Lorenz (1984).
437 Cf. de Vries (1970[3],1956/7[2],1935/7) 2,59. Die Trennung, gefallene Krieger kämen zu Odin und Leute, die eines natürlichen Todes gestorben sind, zu Hel, entspricht nicht stringent der Quellenlage. (Cf. *SnE. Gylfaginning* c. 14, ed. Lorenz (1984) und *Grm.* 14).
438 Adam von Bremen, lib. 4, c. 26, ed. Trillmich / Buchner (1961).
439 Cf. Snorri, *Hkr. Ynglingasaga* c. 6, ed. Aðalbjarnarson (1941).
440 Cf. ibid., cf. auch die berserkerhaften Anfälle von Wut und die Fähigkeit, die Gestalt zu wechseln, die in der Egilssaga beschrieben sind. (Z.B. c. 40, deutsche Übersetzung von Schier (1978). Auf Odins Beziehung zu den Berserkern haben sich die Deutungen bezogen, die ihn als Schamanen, als Gott der Ekstase verstanden. (Cf. Höfler (1934), Ninck (1935) oder Simek (1984), cf. auch Eliade (1951)).
441 Cf. z.B. *HH.II*, pr.n. 24 und *Hervarar saga* , ed. Helgason (1924) 44.
442 Cf. Saxo, lib. 8, c. 4, ed. Olrik / Raeder (1931) 1,220.
443 Cf. Adam von Bremen, lib. 4, c. 27, ed. Trillmich / Buchner (1961).
444 Cf. Snorri, *Hkr. Ynglingasaga* c. 43, ed. Aðalbjarnarson (1941).
445 Cf. ibid. c. 25.
446 Cf. Saxo, lib. 6, c. 5, ed. Olrik / Raeder (1931) 1,152f.; *Gautreks saga* c. 2, ed. Ranisch (1900) .

Speer. Beide Opferarten sind wohl typisch für Odinsopfer gewesen.[447] Odinsbeinamen wie 'Hangaguð'[448] zeigen seinen Bezug zur Opferform des Hängens. Den Tod durch Ritzung mit dem Speer zogen kranke Krieger nach dem Vorbild Odins dem wenig heldenhaften Tod durch Krankheit vor.[449] Als Kriegsgott kommt Odin der Speer Gungnir als Attribut zu.[450] Sein achtbeiniges Pferd Sleipnir wird als das beste aller Rosse beschrieben.[451] Odins Begleittiere sind Wölfe und Raben.[452]

Odins Persönlichkeit ist in den nordischen Quellen auch stark geistig geprägt: Er ist der Gott der Dichtkunst, der Weisheit und der Magie. Sein Bezug zur Dichtung zeigt sich u.a. darin, daß in der *Ynglingasaga* von ihm berichtet wird, er habe selber nur in Form von Poesie gesprochen,[453] sowie auch in der Erzählung von Odins Raub des Dichtermets, die in *Hávamál* angedeutet und bei Snorri breit ausgeführt ist.[454] Aufgrund des engen Zusammenhangs, der zwischen Odin und der Dichtkunst gesehen wird, kann die Poesie von Snorri als "feng Oðins ok fvnd ok dryck hans ok giǫf hans ok dryck asana", d.h. als Odins Beute, seinen Fund, Trunk, die Gabe, den Trunk der Asen u.ä. bezeichnet werden.[455]

Als Gott der Weisheit, dem niemand gewachsen sein kann, wird Odin im Wettstreit mit dem Riesen Vafþrúðnis, dem er letztlich an Wissen überlegen ist, dargestellt.[456] Das im Zusammenhang mit dem Vanenkrieg abgeschlagene Haupt Mimirs wird von Odin einbalsamiert und mit Zaubersprüchen behandelt, so daß er mit ihm reden und es ihm geheime Dinge anvertrauen konnte.[457] In den *Hyndlolióđ* wird gesagt, daß Odin es ist, der den Skalden Dichtkunst verleiht.[458] Ein nahezu persönliches Verhältnis hat der Skalde Egil Skallagrímsson zu Odin. Er macht Odin zwar verantwortlich für den Verlust seines Sohnes, aber Odin hat ihm in der Dichtung auch ein Linderungsmittel gegeben für sein Leid:

"aber Mims Freund
gab Vergeltung
mir für das Übel,
die höher ich schätze.

Wolfs Feind,
kampfgewohnt,
gab Kunst mir

---

447 Cf. de Vries (1970^3,$1956/7^2$,1935/7) 2,49f.
448 Cf. *SnE. Gylfaginning* c. 20, ed. Lorenz (1984).
449 Cf. Snorri, *Hkr. Ynglingasaga* c. 9, ed. Aðalbjarnarson (1941) und de Vries (1970^3,$1956/7^2$,1935/7) 2,49f.
450 Cf. *SnE. Gylfaginning*, c. 51, ed. Lorenz (1984) oder *HH.II* pr.v. 30.
451 Cf. *Grm.* 44 und *SnE. Gylfaginning* c. 42, ed. Lorenz (1984).
452 Cf. *Grm.* 19f. und *SnE. Gylfaginning* c. 38, ed. Lorenz (1984).
453 Cf. Snorri, *Hkr. Ynglingasaga* c. 6, ed. Aðalbjarnarson (1941).
454 Cf. *Hávamál* (*Háv.*) 104-110, *SnE. Skáldskaparmál* c. 5f., ed. Jónsson (1931) 82-85.
455 Cf. *SnE. Skáldskaparmál* c. 6, ed. Jónsson (1931) 85.
456 Cf. *Vm.* bes. 54f.
457 Cf. Snorri, *Hkr. Ynglingasaga* c. 4, ed. Aðalbjarnarson (1941).
458 Cf. *Hdl.* 3.

ohne Fehl
und solchen Geist
daß offne Feinde
ich mir schuf
aus Ränkeschmieden."[459]

Die Vorstellung von Odins Weisheit dominiert auch in der Erzählung vom sogenannten Selbstopfer Odins. Der Gott berichtet, wie er neun Nächte lang am windigen Baum hing, verwundet mit dem Ger und sich selbst geweiht. Niemand reichte ihm Speise und Trank. Da neigte er sich und nahm die Runen schreiend auf. Hieraus wurde immer wieder die Vorstellung von Odin als Gott der Runen abgeleitet. Es wird weiter berichtet, daß er einen Trunk vom edlen Met Óðroerir nahm, daß er wuchs, gedieh und weise wurde.[460] Auch das Verbergen von Odins einem Auge in Mimirs Quelle, worauf die *Vǫlospá* anspielt, steht im Zusammenhang mit dem Weisheitserwerb Odins.[461]

Odins Weisheit wird in enger Verbindung zur Zauberei gesehen. In *Baldrs draumar* wird er dementsprechend "galdrs fǫður" genannt.[462] Snorri gibt in der *Ynglingasaga* einen Überblick über Odins Zauberkünste. Er konnte sich in verschiedene Tiere verwandeln, sich in ferne Länder versetzen, durch Worte Feuer löschen, das Meer beruhigen, die Winde lenken, Tote erwecken u.a. Odin übte die Zauberkunst selber aus und lehrte sie andere durch Runen und Zauberlieder. Er konnte mit Hilfe seiner Zauberkunst das Schicksal der Menschen und künftigen Ereignisse prophetisch vorhersehen oder den Menschen Krankheit, Unglück und Tod verursachen. Er vermochte Verstand und Kraft zu nehmen und zu geben. Snorri spricht Odin dabei den Zauber von guter Wirkung und auch den verderblichen Zauber zu.[463] Seine Verwandlungs- und Zauberkünste setzt Odin auch im Zusammenhang mit seinen Liebesabenteuern ein. So versucht er Rinda, die den Rächer Baldrs gebären soll, in verschiedener Gestalt zu gewinnen, betört sie mit Zaubersprüchen und gelangt in weiblicher Verkleidung in ihre Nähe.[464]

Für die besonders in der älteren Forschung populäre Vorstellung von Odin als Wachstumsgott, lassen sich in den Quellen kaum Anhaltspunkte finden.[465] Bezeichnend ist in diesem Zusammenhang auch, daß Freyja unter den Gaben, die Odin verleiht, zwar Sieg, Besitz, Weisheit, günstigen Fahrwind, Dichtkunst und Mut aufzählt, aber ihn nicht als Spender von Fruchtbarkeit darstellt.[466]

---

459 Egil, *Sonatorrek* 23f., deutsche Übersetzung von Schier (1978) 271f.

460 Cf. *Háv.* 138-141. Nach den von Schjødt (1986) 103f. aufgestellten Charakteristika läge die Darstellung eines Initiationsritus vor.

461 Cf. *Vsp.* 28 und cf. *SnE. Gylfaginning* c. 15, ed. Lorenz (1984).

462 *Baldrs draumar* (*Bdr.*) 3.

463 Cf. Snorri, *Hkr. Ynglingasaga* c. 7, ed. Aðalbjarnarson (1941).

464 Cf. Saxo, lib. 3, c. 4, ed. Olrik / Raeder (1931) 1,70-72. Zu Odins Bezug zur Magie siehe auch Schmidt Poulsen (1986) 168-179.

465 Cf. de Vries (1970[3],1956/7[2],1935/7) 2,76-78.

466 Cf. *Hdl.* 3.

Es wurde bereits erörtert, daß es verschiedene Mythen und Stellen in den altnordischen Quellen gibt, in denen Odins Machtposition nicht als unangefochten erscheint.[467] Dennoch ist er zu der Zeit, von der die Quellen berichten, der Herrscher im nordischen Götterhimmel. Seine Machtposition wird besonders von Snorri in der *Gylfaginning* unterstrichen. Odin wird hier als der oberste Asengott dargestellt, der über alle Dinge, über die Menschen und die anderen Götter herrscht. Obgleich auch die anderen Götter mächtig sind, dienen sie doch Odin wie Kinder ihrem Vater. Deshalb heißt Odin Allvater ("Allfǫðr"), er ist der Vater aller Götter und Menschen. Die vielen Beinamen Odins, die ja gewissermaßen auch Kennzeichen seiner Macht sind, werden dadurch erklärt, daß Menschen verschiedener Sprachen Odin in ihrer eigenen vertrauten Sprache anrufen und benennen wollten.[468] Die Vorstellung von Odin als Allvater findet sich etwa auch im jüngeren Lied von Helgi dem Hundingstöter oder in *Grímnismál*.[469] In c. 3 der *Gylfaginning* heißt es von Allfǫðr, der durch die Odinsbeinamen als Odin ausgewiesen ist, er lebe zu allen Zeiten, lenke sein Reich und trage die Entscheidungen über alles, große und kleine Dinge.[470] Odin und seine beiden Brüder Vili und Vé werden als Söhne Borrs und der Bestla bezeichnet. Sie waren von Anfang an dazu bestimmt, Himmel und Erde zu lenken.[471] Von seinem himmlischen Hochsitz Hliðskjálf aus kann Odin die ganze Welt sowie die Verhaltensweise eines jeden Menschen beobachten.[472]

Dieser Machtposition entspricht die Darstellung Odins als Schöpfergott. In c. 3 der *Gylfaginning* heißt es, er habe Himmel, Erde, Luft und alles andere gemacht. Seine bedeutendste Tat aber sei die Erschaffung des Menschen gewesen, dem er eine unvergängliche Seele gab, die auch nach dem Zerfall des Körpers zu Staub und Asche, weiterleben wird. Alle guten Menschen sollen bei ihm, in seinem Bereich, in Gimlé oder Vingólf leben, die bösen werden zur Hel bzw. nach Niflhel gelangen.[473]

Beide Schöpfungen, die des Kosmos und die der Menschen, werden in der *Snorra Edda* auch näher ausgeführt. Das Schöpfungswerk wird hier nicht von Odin alleine, sondern von ihm und seinen Brüdern Vili und Vé vollbracht. C. 8 der *Gylfaginning* berichtet, wie Himmel und Erde (Festland und Meer), die Gestirne und Midgard, d.h. das für die Menschen bestimmte umfriedete bewohnte Land, geschaffen werden. Was außerhalb Midgard liegt, also Utgard, ist das den Riesen zugewiesene Gebiet.[474] C. 9 behandelt die

---

467 Siehe dazu die obigen Ausführungen zum Vanenkrieg, zu den Verbannungen bzw. Abwesenheiten Odins sowie zum Spannungsverhältnis zu Thor.

468 Cf. *SnE. Gylfaginning* c. 9.20, ed. Lorenz (1984).

469 Cf. *Helgaqviða Hundingsbana in fyrri* (*HH.I*) 38, *Grm.* 48.

470 Cf. *SnE. Gylfaginning* c. 3, ed. Lorenz (1984).

471 Cf. ibid. c. 6.

472 Cf. ibid. c. 9.17

473 Cf. *SnE. Gylfaginning* c. 3, ed. Lorenz (1984).

474 Cf. ibid. c. 8; *Grm.* 40f.; *Vsp.* 3-5; *Vm.* 20f.

Schöpfung der Menschen, die ebenfalls als Gemeinschaftswerk der drei Brüder dargestellt wird. Sie erschufen die beiden ersten Menschen aus zwei Hölzern, wobei der erste Bruder ihnen Atem (Seele) und Leben, "ǫnd ok líf", der zweite Verstand und die Fähigkeit, sich zu bewegen, "vit ok hroering", der dritte die äußere Gestalt, "ásiánu", die Sprache, "mál", sowie das Seh- und Hörvermögen, "sión" und "heyrn" verlieh.[475] Die Quelle Snorris für diese Passage sind wohl zwei Strophen aus der *Vǫlospá*, die inhaltlich von der Version bei Snorri abweichen.[476] In diesem Zusammenhang ist interessant, daß die Schöpfergötter in der *Vǫlospá* nicht Odin, Vili und Vé sind, sondern Odin, Hoenir und Lóðurr. Auch die Art der verliehenen Gaben differiert. Vermutlich hat Snorri im Zuge einer Vereinheitlichungsabsicht Borrs Söhne, denen er schon die Erschaffung des Kosmos zugeschrieben hat, auch als Personal der Menschenschöpfung auftreten lassen.[477]

Überblickt man nun den Funktionsbereich, den Odin in den nordischen Quellen einnimmt, so erscheint er als (unberechenbarer) Kriegsgott und Siegverleiher, als Gott der Dichtkunst, der Weisheit und Magie, als oberster Gott, als Vater von Göttern und Menschen sowie als Schöpfer des Kosmos und der Menschen.

Man darf wohl behaupten, daß es sich bei Odin um eine schillernde, vielschichtige Götterpersönlichkeit handelt.[478]

Die Forschungsgeschichte zu Wodan / Odin ist seit Grimm darauf bedacht, den Wesenskern des Gottes zu entdecken und aus ihm wie aus einem Zentrum alle Charaktereigenschaften des Gottes zu entwickeln. Gleich, ob man Wodan / Odin nun primär als Totengott oder als Windgott ansah, es ließen sich Entwicklungsreihen aus dieser Wurzel konstruieren.[479] Darauf soll hier verzichtet werden, denn die Suche nach einer derartigen Entwicklungslinie ist angesichts der Quellenlage verfehlt. Man muß sich damit begnügen, Wodan / Odin in der schillernden Vielfalt, in der ihn die nordgermanischen Quellen darbieten, zur Kenntnis zu nehmen. Es ist davon auszugehen, daß seine Persönlichkeit sich in der Zeit entfaltete - im Wechselspiel mit geschichtlichen Abläufen etwa der Wikingerzeit und mit den Kreisen bzw. Gesellschaftsschichten, die ihn verehrten. Die Quellenlage, die uns weniger Entwicklungen als Momentaufnahmen zeigt, läßt es jedoch nicht zu, diesen Prozeß im Sinne einer bestimmten Entwicklungslinie zu konkretisieren.

Die südgermanischen Quellen liefern uns nur Ansätze dieser Persönlichkeit, und es ist bei

475 Cf. *SnE. Gylfaginning* c. 9, ed. Lorenz (1984).

476 Cf. *Vsp*. 17f. Steinsland (1983) 96 nimmt an, Snorris *Vǫlospá*vorlage habe dem heutigen *Vǫlospá*text weitgehend entsprochen.

477 Cf. den Kommentar von Lorenz (1984) 169f. Zu den Unterschieden zwischen der Menschenerschaffung bei Snorri, *SnE. Gylfaginning* c. 9, und in der *Vsp*. 17f. siehe die eingehenden Analysen von Steinsland (1983) 80-107.

478 Zu den verschiedenen widersprüchlichen Rollen bzw. Masken Odins siehe auch Hagen (1983) 3-24, bes. 19.

479 Cf. Teil 2, 1.2.1.

der fragmentarischen Quellenlage nicht zu entscheiden, was die Südgermanen über das Überlieferte hinaus möglicherweise noch von Wodans Wesen wußten. So, wie Odin in den nordischen Quellen erscheint, ist er jedoch zweifellos ein stark skandinavischer, von skandinavischer Gesellschaft und Geschichte geprägter Gott, dessen Wesenszüge man nicht ohne weiteres als südgermanisch reklamieren darf. Eine wichtige Rolle spielt hier die im Vergleich zum deutschen Raum längere Dauer der paganen Phase in Skandinavien, die die Mythenbildung und Mythentradierung und auch die Entstehung spezifisch nordgermanischer Sondertraditionen in Jahrhunderten, in denen die südgermanischen Stämme bereits missioniert waren oder zumindest schon im Missionierungsprozeß standen, begünstigte. Es wäre eine zu statische Vorstellung von der germanischen Mythologie, wenn man davon ausginge, daß sie bereits vor der Christianisierung der südgermanischen Stämme in eben der Form, wie sie im Norden Jahrhunderte später aufgezeichnet worden ist, vorgelegen hätte. Man würde damit übergehen, daß viele Züge der nordgermanischen Mythologie, wie sie uns in den Quellen vorliegen, wohl auf die Wikingerzeit oder die darauffolgende Zeit zurückgehen - und damit auf Zeiträume, die die südgermanische heidnische Kultur nicht mehr erreichte, weil die Stämme schon missioniert waren oder gerade bekehrt wurden. Darüber hinaus kann man nicht damit rechnen, daß die nordgermanischen Quellen, die in christlicher Zeit aufgezeichnet worden sind, die heidnischen Traditionen sozusagen in rein-heidnischer Form bewahrt haben. Sie zeigen vielmehr häufig christliche Spuren und christliche Brechungen.

Besonders deutlich scheint dies in einigen Passagen der Darstellung zu sein, die Snorri in der *Gylfaginning* von Odin gibt. Die Aussagen, die Snorri in c. 3 über Odin macht, muten wie auf Odin projizierte Artikel des christlichen Glaubensbekenntnisses an:

> "In unserer Sprache heißt er Allvater;... Er lebt zu allen Zeiten (in Ewigkeit) und lenkt sein Reich und entscheidet über alles, Großes und Kleines... Das aber ist das bedeutendste, daß er den Menschen machte und ihm eine Seele gab, die leben und nie zugrunde gehen wird, wenn auch der Körper zu Staub wird oder zu Asche verbrennt. Und alle rechtschaffenen Menschen sollen leben und mit ihm in Gimlé oder Víngólf sein, die bösen Menschen aber werden zu Hel kommen und von dort nach Niflhel - das ist unten in der neunten Welt."[480]

Aus der christlichen Glaubenslehre, die ja ihrerseits auf der spätantiken Synthese mit der griechischen Philosophie aufbaut, lassen sich die Vorstellungen von Gott als dem Allvater, von der Ewigkeit Gottes, der Schöpfung von Himmel und Erde, der Menschenerschaffung, der unsterblichen Seele, die in Kontrast zu dem vergänglichen Leib gesehen wird, der

480 Cf. *SnE. Gylfaginning* c. 3, mit deutscher Übersetzung bei Lorenz (1984) 86f. "Sá heitir Allfǫðr...Lifir hann of [allar] alldir ok stiórnar ǫllu ríkí sínu ok ræðr ǫllum hlutum, stórum ok smám... Hann smíðaði himin ok iǫrð ok loptin ok alla eign þeirra... Hitt er mest er hann gerði manninn ok gaf honum ǫnd þá er lifa skal ok alldri týnaz, þótt líkaminn fúni at moldu eða brenni at ǫsku. Ok skulo allir menn lifa þeir er rétt eru siðaðir ok vera með honum siálfum þar sem heitir Gimlé eda Vingólf, en vándir menn fara til Heliar ok þaðan í Niflhel, þat er niðr í enn níunda heim."

schließlich zu Asche zerfällt, sowie der Gedanke, daß die Gerechten in der Gemeinschaft mit Gott leben und die Bösen zur Hölle fahren müssen, ableiten. Gimlé hat hier wie auch in *Gylfaginning* c. 17 und 52 die Funktion eines Paradieses, es wurde in der Forschung häufig an das himmlische Jerusalem gedacht.[481] Dieses Paradies wird scharf geschieden von der Hel, die wie im Christentum als Höllenraum für Verbrecher geschildert wird.[482]

Die Frage, warum und aus welchem geistigen Hintergrund heraus Snorri Odin auf diese Weise geschildert hat, läßt sich verschieden beantworten.

Eine erste Antwort wäre, daß Snorri das christliche Gottesbild in die heidnische Mythologie hineinprojizierte, um die heidnischen Traditionen so im christlichen Sinne zu idealisieren und christlichem Denken anzunähern.[483] Möglicherweise floß christliches Gedankengut aus dem historisch-kulturellen Umfeld Snorris, auch ohne daß er eine christliche Durchdringung der Mythen beabsichtigte, ein. Eine wirkliche Synthese zwischen beiden Traditionssträngen wurde nicht erreicht, wie die verbleibenden Widersprüche zeigen. Unvereinbar steht die Aussage in c. 3, daß Odin ewig leben würde, neben der Erzählung von seiner Geburt in c. 5 und seinem Tod in Ragnarǫk in c. 51. In bezug auf Hel divergieren die Aussagen von c. 3 von c. 34. Während in c. 3 die bösen Menschen zur Hel gelangen, sind es in c. 34 im Sinne der wohl ursprünglicheren Auffassung die an Alter und Krankheit gestorbenen Menschen, die im Unterschied zu den gefallenen Kriegern zur Hel gelangen. Christliche und heidnische Traditionen werden zwar auf Odin angewendet, aber sie werden nicht nahtlos ineinandergefügt. Dies zeigt sich besonders deutlich, wenn nach den beschriebenen christlich anmutenden Ausführungen in c. 3 am Ende des Kapitels auf die Frage, was Allvater tat, bevor es Himmel und Erde gab, unvermittelt geantwortet wird: "Da war er bei den Reifriesen" ("með hrímþussum").

Baetke ging davon aus, daß die Konzeption des Prologs der Schlüssel zum Verständnis der Odinsgestalt in der *Gylfaginning* sei. Der Prolog erkläre die heidnische Religion im Sinne der natürlichen Theologie. Es wird berichtet, daß die Menschen sich nach der Sintflut erneut von Gott abwandten und ihren sündhaften Neigungen nachgingen. Die Entfernung von Gott war schließlich so groß, daß niemand mehr etwas vom Schöpfer wußte und man seinen Namen völlig vergessen hatte. Aus der Anschauung der Schöpfung selber schloß man kraft der Vernunft auf Gott, und es bildete sich durch natürliche Erkenntnis eine neue Gottesvorstellung aus, die sich nach der Verteilung der Völker und der Verzweigung der Sprachen veränderte.[484] Für Baetke ist Odin, wie er in der *Gylfaginning* von Snorri dargestellt wird, der Gott der natürlichen Religion, die im Prolog entwickelt wird. Den

---

481 Die Vorstellung von Gimlé als Paradies findet sich auch in der *Vǫlospá*. (Cf. *Vsp*. 64. Snorri bezieht sich auf diese Strophe in *Gylfaginning* c. 17).

482 Cf. *SnE*. *Gylfaginning* c. 52, ed. Lorenz (1984).

483 Cf. v. See (1988) 34-38, ähnlich bereits Schomerus (1936) 133-135.

484 Cf. *SnE*. *Prolog* c. 1, ed. Lorenz (1984).

Gedanken, daß die Heiden fähig seien zur natürlichen Religion zu gelangen, habe Snorri aus der christlichen Tradition aufgegriffen. Er geht auf Paulus, Rö 1,20. 2,14f. und Apg 17,16-34, bes. 23 zurück. Um die Spannung zwischen dem Monotheismus der natürlichen Religion und dem tradierten Polytheismus zu mildern, habe Snorri Odin zum Vater der anderen Götter gemacht. Die oben ausgeführten Widersprüche zwischen den erhabenen Gedanken des Odinischen Gottesbildes und den konkreteren heidnischen Zügen erklärte Baetke mit dem Hinweis auf die unvollkommene irdische, nicht geistliche Erkenntnismöglichkeit der Heiden im Rahmen der natürlichen Religion.[485] Die Interpretation Baetkes fußte zu sehr auf dem Prolog, bei dem es bis heute nicht völlig geklärt ist, ob er ursprünglich zur *Gylfaginning* gehörte.[486] Die theologischen bzw. mythologischen Konzeptionen von Prolog und *Gylfaginning* werden von Baetke - zugespitzt auf die Figur Odins - in vereinfachender Weise zu sehr harmonisiert. Die *Gylfaginning* repräsentiert doch mit der systematischen Entfaltung der traditionellen polytheistischen Mythologie, in die Odin eingebaut ist, ein anderes Konzept als das der natürlichen Religion, in der aus der Beobachtung der Natur ein Schöpfergott erkannt wird.[487]

Die Tendenz, christlich-theologische Theoriekonzepte in der altnordischen Literatur zu sehen, hat sich in der Forschung noch verstärkt.

Für Holtsmark ist die Darstellung der heidnischen Mythologie durch Snorri der Versuch, diese auf der Basis der mittelalterlich-christlichen Dämonenlehre als teuflische Pervertierung des wahren christlichen Glaubens vorzuführen.[488] U. und P. Dronke gingen soweit, im Prolog der *Snorra Edda* die Lehren der Kirchenväter wie die Lehren der Schule von Chartres oder den christlichen Neuplatonismus des 12. Jahrhunderts verarbeitet zu sehen.[489] Clunies Ross versuchte - an ihre vorausgehenden Untersuchungen zur *Snorra Edda*[490] anknüpfend - in ihrem Buch *Skáldskaparmál* zu zeigen, daß Snorri mit seinem Werk in erster Linie das Kenningsystem der Skaldendichtung als "natürliche" Antizipation christlichen Gottes- und Weltverständnisses erklären wollte.[491] Das Ziel Webers war es, in einer Reihe von Aufsätzen[492] den Nachweis zu erbringen, Snorris religionsgeschichtliches Modell sei in vollkommen orthodoxer Weise übereinstimmend mit den christlichen Vorstellungen von Euhemerismus, natürlicher Religion, Nekromantie, Idolatrie und Dämonologie.[493]

---

485 Cf. Baetke (1973, zuerst 1950) 230-245.
486 Zur Echtheitsfrage siehe Lorenz (1984) 24-28 und v. See (1988) 18-30.
487 Zur Forschungsdiskussion um den Prolog cf. Lorenz (1984) 21-28. Weitere Forschungsansichten zur *Gylfaginning* c. 3.6.9 bei Lorenz (1984) 87-102.137-151.169-180.
488 Cf. Holtsmark (1964).
489 Cf. U. und P. Dronke (1977) 153-176, cf. auch Faulkes (1983) 283-314.
490 Cf. Clunies Ross (1978) 149-165 und eadem (1983) 47-66.
491 Cf. eadem (1987).
492 Cf. etwa Weber (1981) 474-505 und id. (1986) Sidaskipti 309-329.
493 Cf. id. (1986) 312.

Gegen derartige Ansätze, die altnordische Literatur mit theologisch-christlichen Theorien überfrachten zu wollen und so ihre Besonderheit zu verwischen, wandte sich zu Recht v. See:[494] Eine Wertung der heidnischen Götter als Dämonen läßt sich in den Texten Snorris nicht feststellen. Snorri diente der Euhemerismus als Integrationsmodell, und es bliebe unklar, warum er eine ausführliche Darstellung der heidnischen Mythologie gegeben hat und darüber hinaus die skaldische Dichtung der Heidenzeit bewahren wollte, wenn er heidnische Mythologie lediglich als Teufelswerk verstanden hätte.[495]
Das nordische Kulturbewußtsein gründet nach v. See gerade in der durch die lange Dauer des Heidentums bedingten reichen Fülle heidnischer Traditionen. Das Bewahren der heidnischen Mythen durch Snorri ist in kausalem Zusammenhang mit dem Festhalten an dieser nordischen Identität zu sehen. Die mythischen Traditionen und die Skaldenpoesie aufzugeben, wäre einer weitgehenden Preisgabe spezifisch nordischen Geschichtsbewußtseins gleichgekommen. Demnach erklärt sich der tolerante Umgang mit den Traditionen der heidnischen Vorzeit aus den historischen Gegebenheiten des Nordens.[496]
Wenn Snorri in für kontinentaleuropäische Verhältnisse völlig ungewöhnlicher Weise heidnische Mythen überliefert, so möchte er die heidnischen Traditionen in die christliche Vorstellungswelt integrieren, um so dem Verlust der eigenen Geschichte entgegenzuwirken. Nach v. See hat Snorri die heidnischen Traditionen in dieser Intention so weit möglich christlichen Vorstellungen zu assimilieren versucht.[497]
Auch wenn einzelne christliche Züge schon vor Snorri durch den Verkehr mit den Christen in die Persönlichkeit Odins einflossen, so wurden wohl v. a. durch Snorri der alte nationale Odinsglaube in seiner spätesten Ausprägung und das inzwischen eingeführte Christentum so verbunden, daß die beiden Traditionsstränge oft nur schwer zu trennen sind.
Im Gegensatz zu den älteren Arbeiten Mogks und Baetkes, die den hohen Quellenwert der *Snorra Edda* in Abrede stellten,[498] wird die religionsgeschichtliche Zeugniskraft Snorris in der neueren Forschung im allgemeinen wieder höher eingeschätzt.[499]
Um die "Rehabilitierung Snorris" bemühte sich v.a. Dumézil aus der Perspektive seines in-

494 Cf. v. See (1981) 13-17.
495 Cf. ibid. 79-81.
496 Cf. ibid. 103-111.
497 Cf. ibid. 121-136. Die oben vorgestellte Passage aus *SnE. Gylfaginning* c. 3, ed. Lorenz (1984) könnte man als Exemplifikation zu dieser These lesen.
498 Cf. vor allem Mogk (1923) 3-33. Er stellte die Hypothese auf, die Mythen, die in *Snorra Edda* und *Ynglingasaga* erzählt werden, seien primär von der Erzählkunst Snorris und seiner Schule her zu verstehen. Snorri habe zwar aus alten Quellen geschöpft, aber er habe sie frei verarbeitet, vieles Neue aus seiner dichterischen Phantasie oder aus fremden Stoffen hinzugefügt und ursprünglich unabhängige Erzähleinheiten durch kausale Übergänge verknüpft. Auf diese Weise sei Snorri der Schöpfer einer neuen Gattung geworden, die Mogk als "mythologische Novelle" bezeichnete. Cf. auch Baetke (1973, zuerst 1950) 206-246, der die Quellenkritik Mogks in modifizierter Form weitergeführt hat.
499 Den neuesten Forschungsstand bietet Clunies Ross (1992) 633-655.

dogermanistisch strukturalistischen Ansatzes.[500] Durch Vergleich mit idg. Material versuchte er auch Mythen, die nur bei Snorri überliefert sind, als alt zu erweisen. Hinzuweisen wäre etwa auf seinen Vergleich zwischen Tyrs Verlust seiner Schwurhand im Maul des Fenriswolfes und der römischen Sage von Mucius Scaevola.[501]

In der neueren Forschung gilt mehr oder weniger unausgesprochen der Grundsatz, daß eine bei Snorri belegte Mythenversion so lange akzeptiert wird, bis das Gegenteil erwiesen ist.[502]

Nach Schier ist es von einem christlichen Gelehrten des 13. Jahrhunderts, wie Snorri es war, nicht ohne weiteres zu erwarten, daß sein christliches Erziehungs- und Bildungsgut nicht als verändernder Faktor auf seine Mythendarstellung einwirkte, auch wenn er eine christliche Färbung nicht intendierte und den Mythen bzw. ihrem heidnisch-mythologischem Gehalt wohl nach Rö 2,14f. einen relativen Wahrheitsgehalt zumaß. Das historische Umfeld Snorris macht also den christlichen Einfluß, der sich faktisch an vielen Stellen der *Snorra Edda* nachweisen läßt, wahrscheinlich.[503]

Eine andere Frage ist es, welchem geistigen bzw. religiösen Horizont die Quellen Snorris zuzurechnen sind, und ob und inwiefern die geistige Prägung der Quellen die Darstellungsweise Snorris beeinflußte.[504] Snorri präsentiert den mythischen Stoff in Form eines mythologischen Systems, dessen Schwerpunkte einerseits auf der Kosmogonie und andererseits auf der Eschatologie liegen. Das mythologische System dominiert die Einzelmythen, insofern die einzelnen Mythen dem Gesamtsystem kausal und chronologisch untergeordnet sind. Odin kommt die zentrale Machtposition im Göttersystem zu. Bei derartigen mythologischen Systemen liegt es nahe, zu vermuten, daß sie nicht die lebendige, in der Regel wesentlich uneinheitlichere, oft varianten- und widerspruchsreiche religiöse Überlieferung widerspiegeln, sondern diese bewußt nach einer mythologischen Konzeption gestalten.[505] Im Fall der *Snorra Edda* gibt es nun zwei Erklärungsmöglichkeiten für diese mythologische Konzeption: Die erste wäre, daß Snorri selber dieses mythologische System

500 Cf. Dumézil (1959) *Loki* 53-76. Mit einem sehr hohen Quellenwert der *Snorra Edda* rechnete auch H. Kuhn, der annahm, daß die heidnischen Traditionen im Zuge eines heidnisch-christlichen Synkretismus in den ersten Jahrhunderten nach der Bekehrung Islands lebendig geblieben seien. (Cf. H. Kuhn (1942) 133-166).

501 Cf. Dumézil (1959) *Loki* 61-66, cf. auch Schier (1981) 411-413. Cf. die scharfe Kritik v. Sees (1988) 56-63 daran. Nicht nur die angeblichen strukturellen Parallelen zwischen den Versionen bei Snorri (*SnE. Gylfaginning* c. 25, c. 34, ed. Lorenz (1984)) und der römischen Sage können einer genauen Lektüre der Texte nicht standhalten, sondern auch die zugrundeliegende Prämisse von der Rechtsgott-Natur Tyrs wurde von der Rechtsgeschichtsforschung als hinfällig erwiesen.

502 Cf. Lindow (1985) 43. Zum Forschungsstand siehe Weber (1986) *Jüngere Edda* 408-411. Weber betont, daß Snorris Mythenversionen im Horizont der sein Werk leitenden geschichtsphilosophischen und religiös-theologischen Ideen gesehen und dementsprechend analysiert werden müssen.

503 Cf. Schier (1981) 406f.

504 Liedtradition, Skaldendichtung und orale Überlieferungen sind als religionsgeschichtliche Quellen für Snorris *Gylfaginning* anzusetzen. (Cf. Beck (1992) 608-617).

505 Cf. ibid. 408f.

unter Verarbeitung christlich beeinflußter kosmogonischer und eschatologischer Vorstellungen geprägt hat, was durchaus erwägenswert ist.
Die zweite Möglichkeit, die von Schier vertreten wird, ist, Snorri habe die mythologische Konzeption und die geistige Prägung seiner Mythen bereits in den von ihm verwendeten Quellen vorgefunden. Nimmt man das Quellenmaterial Snorris in den Blick, so zeigt sich, daß er für die *Gylfaginning* neben anderen *Edda*liedern v.a. *Vǫlospá*, *Vafþrúðnismál* und *Grímnismál* benützt hat, während er in den *Skáldskaparmál* primär Skaldenstrophen verwendete. Snorri beruft sich, was mythologisch bedeutsame Stoffe und Kenningar betrifft, vor allem auf Skalden, die fast alle dem späten 10. Jahrhundert angehören und in der Regel aus dem Umkreis der Jarle von Hlaðir, die im 10. Jahrhundert gewissermaßen eine heidnische Opposition zum christlichen norwegischen König bildeten, stammen.[506] Snorris Quellenmaterial weise damit, sowohl was die von ihm verwendeten Skaldenstrophen betrifft, als auch im Blick auf die *Vǫlospá*, auf den Bereich der Jarle von Hlaðir und damit auf die spezifische geistige und religiöse Situation des 10. Jahrhunderts zurück.[507] Die Skalden des 10. Jahrhunderts, auf die Snorri sich für seine mythologische Darstellung beruft, waren wohl ebensowenig wie die *Vǫlospá* frei von christlichem Einfluß. Schier geht jedoch nicht von einer unmittelbaren christlichen Gestaltung etwa bei der Darstellung des Weltendes und der Entstehung der neuen Welt in der *Vǫlospá* aus, sondern gewissermaßen von einem mittelbaren Einfluß, der in der eschatologischen 'Gestimmtheit' des 10. Jahrhunderts, der brennenden Erwartung des Weltunterganges im Jahre 1000 (ausgehend von Apk 20) lag.[508] Diese geistige Stimmung des 10. Jahrhunderts habe zu einer Akzentverlagerung der nordischen Mythologie auf Kosmogonie und vor allem Eschatologie geführt, was in der *Vǫlospá* und Skaldik deutlich sei. Es handele sich jedoch nicht um Entlehnungen aus dem Christentum, sondern um Aktivierung eigener Mythen. Die mythologische Konzeption der *Snorra Edda* mit ihren Schwergewichten auf Kosmogonie und Eschatologie wäre also bereits in den Quellen Snorris vorgeprägt.[509]
Die in der älteren Forschung weitverbreitete Auffassung, das ferne Island sei gewissermaßen ganz auf sich und seine autochthonen Traditionen gestellt und von der christlich-abendländischen Kultur abgekoppelt gewesen, wurde zunehmend in Frage gestellt. Als Snorri in der ersten Hälfte des 13. Jahrhunderts schrieb, war das Christentum in Island über 200 Jahre offiziell eingeführt, und mit dem Christentum war die abendländische gelehrte Bildung nach Island gekommen. Die gelehrten Traditionen gelangten mit den Bischöfen und

506 Nach Helmut de Boor zeigt auch die religiöse Sprache der *Vǫlospá* wichtige Übereinstimmungen mit den Skaldendichtungen dieses Kreises. (Cf. de Boor (1964, zuerst 1930) 209-283).
507 Cf. Schier (1981) 411-416.
508 Die eschatologische Furcht um das Jahr 1000 läßt sich in der altnordischen Literatur jedoch nicht explizit belegen. (Cf. Schach (1983) 109f.).
509 Cf. ibid. 417-420. Zur Forschungsauseinandersetzung um den Quellenwert der *Snorra Edda* siehe auch Lorenz (1984) 12-14 und Lindow (1985) 36-43.

Geistlichen ins Land, die ihre Bildung häufig im Ausland, z.B. in Deutschland und Frankreich, erfahren hatten. Gepflegt wurde die abendländische Kultur vor allem in den Klosterschulen. Die altnordisch-isländische Literatur ist insofern nicht nur, wie die ältere Forschung es vertrat, als Relikt germanisch-heidnischen Erzählens, ja als möglichst repräsentatives 'Archiv' gesamtgermanischer Traditionen zu betrachten, sie verdankt ihre Entstehung vielmehr dem Zusammenwirken verschiedener Faktoren.[510]
Günstig für die Entstehung und Tradierung von germanischen Stoffen und Mythen war nicht nur die späte Christianisierung im Norden, sondern auch die spezifische, im europäischen Kontext ungewöhnliche Form des Übergangs zum Christentum in Island. Die Quellen berichten uns, daß im Jahre 1000 in Island auf dem Allthing das Christentum per Beschluß angenommen worden ist. Um Frieden und Rechtsgemeinschaft aufrechtzuerhalten, einigte man sich auf folgenden Kompromiß:

- Alle Menschen in Island sollen sich christlich taufen lassen und an einen Gott glauben.
- Es sollen aber auch bestimmte heidnische Sitten weiterhin gestattet sein, nämlich heimliches Opfer, Genuß von Pferdefleisch und das Aussetzen neugeborener Kinder.[511] Aus der *Ólafs saga helga* läßt sich erschließen, daß es allerdings bald Bestrebungen gab, diese Zugeständnisse zurückzunehmen.[512] Auch *Íslendingabók* und *Kristnisaga* berichten uns, daß die heidnischen Praktiken bald von niemandem mehr geübt wurden.[513]

Inwieweit die historische Situation hiermit wiedergegeben wird, ist schwer zu entscheiden. Im allgemeinen wird die Bekehrung Islands als komplizierter und langwieriger Prozeß angesehen. Das Christentum wurde ja zunächst auf eine recht äußerliche und dazu gegenüber dem Heidentum tolerante Weise angenommen. Die Ordnung des Kirchenwesens wurde durch die geringe Zahl der Geistlichen, ihre Abhängigkeit von den Großbauern, die große Entfernung des Landes vom zuständigen Erzbischof in Lund und die geographischen Bedingungen der Insel, die die Gemeindebildung behinderten, erschwert.
Die ältere Forschung rechnete mit einem kontinuierlichen Fortleben des Heidentums nach der Bekehrung Islands. Man vertraute auf die mündliche Überlieferung, die in lückenloser Form von der heidnischen Zeit bis zur schriftlichen Abfassung der altnordischen Literatur gereicht hätte, und nahm an, daß sich im Volksglauben manche heidnischen Traditionen bis heute gehalten hätten.[514] Es ist zum einen die Vorstellung von der Treue dieser Überlieferung, zum anderen der Gedanke an die oben beschriebenen Schwierigkeiten bei der Missionierung Islands sowie an die im Verhältnis zum Kontinent liberalen Bedingungen

510 Zur spezifischen Art und Weise der Christianisierung Islands als Voraussetzung für die Entstehung der isländischen Literatur siehe Schier (1991) 136-145.
511 Cf. *Íslendingabók* c. 7, ed. Benediktsson (1968), cf. *Kristnisaga* c. 12, ed. Kahle (1905).
512 Cf. Snorri, *Hkr. II. Ólafs saga helga* c. 60, ed. Aðalbjarnarson (1945).
513 Cf. *Íslendingabók* c. 7, ed. Benediktsson (1968), cf. *Kristnisaga* c. 12, ed. Kahle (1905).
514 Cf. H. Kuhn (1942) 149f.

des Glaubenswechsels, wodurch H. Kuhn u.a. zu der Ansicht geführt wurden, das Heidentum sei in den ersten christlichen Jahrhunderten im Sinne eines heidnisch-christlichen Synkretismus noch sehr aktiv gewesen.[515] Kuhn veranschlagte für den Prozeß der Christianisierung einen wesentlich längeren Zeitraum als Baetke[516] und hielt den Einfluß kirchlicher Schriften und überhaupt das Eigenleben der kirchlichen Literatur auf Island für gering.[517] Die phantastischen Göttergeschichten der Sagas aus dem 13. und 14. Jahrhundert, in denen Odin und andere Götter auftreten,[518] zeugten für H. Kuhn letztlich von dem im Grunde ungebrochenen Glauben der Isländer - und zwar des sogenannten einfachen Volks wie auch der Gelehrten - an die heidnischen Götter. Auch Snorri glaubte danach an die Mythen, die er in der *Gylfaginning* erzählte. Er schrieb nicht nur aus antiquarischem Interesse, er war Christ, aber gleichzeitig hing er auch noch dem heidnischen Glauben an.[519]

Letztlich ist es mit wissenschaftlichen Methoden kaum mehr auszumachen, wieviel 'echtes' Heidentum im Sinne eines noch aktiven heidnischen Glaubens der Verfasser sich in den spät aufgezeichneten altnordischen Quellen findet. Allerdings ist es schwer vorstellbar, daß ein gelehrter Mann wie Snorri, der auf der Höhe der geistigen Bildung seiner Zeit stand, über 200 Jahre nach der Einführung des Christentums noch an die alte Religion geglaubt hätte.[520]

Plausibel erscheint es allerdings, daß Snorri, wie möglicherweise überhaupt die Gebildeten seiner Zeit, den heidnischen Mythen aus einer Haltung der Toleranz heraus, einen gewissen, relativen Wahrheitsgehalt zusprach,[521] wie er nach dem Prolog und der Rahmenerzählung der *Gylfaginning* auf der Basis von biblischen Aussagen wie Rö 2,14f. Formen der natürlichen Gotteserkenntnis zukommt. Hierzu paßt auch Snorris berühmter Satz:

"Nicht aber sollen Christen an heidnische Götter glauben und nicht an die Wahrheit

---

515 Cf. ibid. 149-166.

516 Cf. Baetke (1973, zuerst 1950) 208-215. Die ältere Forschungsdiskussion polarisierte sich v. a. in den gegenläufigen Positionen von Kuhn und Baetke.

517 Cf. H. Kuhn (1942) 152f.

518 Cf. z.B. *Saga Hákonar Sverrissonar, Guttorms Sigurðarsonar ok Inga Bárðarsonar, Fornmanna sögur* (1835) 9,55f. Die Götter sind in solchen Erzählungen nach Baetke nicht mehr Gegenstand des wirklichen Glaubens, sondern sie sind zu bloßen Sagengestalten verkümmert. Die Erzählungen von den Erdenwanderungen der Götter sah Baetke als späte nordische Erzeugnisse an, die unter antikem und christlichem Einfluß stünden und somit eher volkskundlichen als religionskundlichen Wert hätten. (Cf. Baetke (1973, zuerst 1950) 210).

519 Cf. H. Kuhn (1942) 157.162-165. Weitere Forschungsmeinungen zur Frage nach dem Fortleben des heidnischen Glaubens zur Zeit Snorris bei Lorenz (1984) 9-11.

520 Cf. Lorenz (1984) 10f. Nach Lindow hat die These H. Kuhns, die dieser später selbst relativiert hat, wenige Anhänger gefunden. (Cf. Lindow (1985) 36).

521 Diese These vertritt auch Beck (1992) 615.

dieser Mythen, anders als so, wie es am Anfang dieses Buches dargelegt ist, wo gezeigt ist, aus welchen Gründen die Menschen vom wahren Glauben abirrten."[522]

Durchaus vorstellbar ist es allerdings, daß es noch lange nach der Bekehrung auf Island auch Bevölkerungsteile gab, die noch an die Existenz der heidnischen Götter als Unholde und Dämonen glaubten.[523] Daß man aus Literatur, die diesen Götterglauben reflektiert, nicht das authentische Heidentum der vorchristlichen Zeit rekonstruieren kann, ist eine andere Frage.[524]

Entscheidend ist, daß der späte und relativ liberale Übergang zum Christentum in Island, der die Bevölkerungsstruktur und die alten Familienbindungen kaum beeinträchtigte,[525] Spielraum ließ für das Bewahren, Tradieren und Aufzeichnen der eigenen Traditionen.

Die Skaldenpoesie, die in christlicher Zeit weitergeführt wurde, zeigt beispielhaft, wie heidnische Traditionen die Schwelle der christlichen Bekehrung überschritten. Da die Kenningar, mit denen die Skaldenpoesie arbeitete, häufig auf Mythen basierten, wurden mythische Gehalte zum einen mit den Skaldendichtungen tradiert. Zum anderen war der Skaldendichtung ein Interesse an der Mythentradierung immanent, weil sie ohne Kenntnis der Mythen nicht mehr verständlich war. Eben dieses Interesse leitete schließlich Snorri Sturluson bei seiner systematischen Aufzeichnung der Mythen.[526] Es kann kein Zweifel darüber bestehen, daß auch die eddische Lieddichtung und die reiche altnordische Sagaliteratur ohne diese Tendenz zur Bewahrung der eigenen Traditionen und Stoffe, verbunden mit einer wohl hoch entwickelten mündlichen Erzählkunst, nicht denkbar wären.

Sie wären aber ebensowenig denkbar ohne den Literarisierungsprozeß, der in den Händen der Geistlichen lag. Es waren Geistliche, Christen, die die alten Traditionen aufzeichneten und die die Aufzeichung durch ihre literarischen Kenntnisse und Praktiken erst ermöglichten. Insofern sollte man nicht von einer prinzipiellen Frontstellung zwischen Kirche und Heidentum in Island ausgehen, wie die ältere Forschung das Verhältnis zum Teil akzentuierte,[527] sondern vielmehr sehen, daß die Beziehung zwischen den Geistlichen und den Trägern der alten Überlieferungen ungewöhnlich spannungslos gewesen sein muß. Es spricht für die Weltoffenheit und Toleranz der Geistlichen, daß sie die alten Traditionen aufgezeichnet haben. Hinzuweisen ist hier besonders auf die Bedeutung des Benediktinerordens für diesen Prozeß. Es ist wohl zu einem guten Teil benediktinische

522 "en eigi skulu kristnir menn trúa á heiðin goð, ok eigi á sannindi þessar sagnar, annan veg en svá sem hér finnst í upphafi bókar, er sagt er frá atburðum þeim, er mannfólkit villtist frá réttri trú." (*SnE.*, hier zitiert nach der Arnamagnäanischen Ausgabe (1848) 1,224).

523 Cf. bereits Schomerus (1936) bes. 101.

524 Cf. ibid. 72-130.

525 Cf. Schier (1991) 137 und id. (1981) 406.

526 Cf. id. (1981) 406.

527 Cf. Kummer (1927).

Gelehrsamkeit, benediktinische Hinwendung zu Wissenschaft und Geschichte gewesen, die die Überlieferung ermöglichte.[528]

Mit den Geistlichen gelangte, wie schon angedeutet, die abendländische Kultur und Bildung nach Island. Fremde Stoffe, internationale Erzählmotive wurden rezipiert und mit den einheimischen Traditionen verbunden.

Überblickt man die Reihe der rezipierten ausländischen Schriften, so kann man sich vorstellen, daß christliche und antike Motive in die Mythen und ihre Darstellung eingingen. Der Einfluß der mittelalterlich abendländischen Literatur auf die nordischen Sagas darf nicht unterschätzt werden.[529] Ab 1226, als der Tristanroman auf Veranlassung des norwegischen Königs Hákon Hákonarson, der sein Land wirtschaftlich und geistig an Mitteleuropa anschließen wollte, ins Norwegische übersetzt wurde, hat man die großen höfischen Romane und Romanstoffe des Auslands systematisch rezipiert. Es entstand mit den Riddarasögur eine ganze Tradition von Übersetzungen und Bearbeitungen literarischer Werke aus dem französischen oder anglonormannischen Bereich. Im Anschluß daran entwickelte sich die reiche Gruppe der die Riddarasögur nachahmenden isländischen Neuschöpfungen. Sie gingen von der genannten Übersetzungsliteratur aus, nahmen internationale Erzählstoffe auf und schufen letztlich in der Adaptation des Fremden isländische Literatur. Hinzuweisen ist auch auf die historische bzw. pseudohistorische Übersetzungliteratur, die vor allem auf lateinischen Quellen fußte. Darunter sind z.B. Werke wie die *Trójumanna saga* oder die *Alexanders saga* zu subsumieren.[530] Schon um die Mitte des 12. Jahrhunderts, also deutlich vor der schriftlichen Abfassung der ältesten uns bekannten Isländersagas, setzt die Tradition der Heiligensagas ein.[531] Dies alles waren Traditionsstränge, die in sehr engem Konnex zur abendländischen Literatur und Gelehrsamkeit standen, und man wird wohl folgern dürfen, daß sich die verschiedenen Formen der Übersetzungsliteratur einerseits und die Íslendinga- und Konungasögur andererseits gegenseitig beeinflußten. Der Anstoß zur schriftlichen Abfassung von Íslendinga- und Konungasögur ging wohl von der Übersetzungsliteratur aus, andererseits wirkten aber auch Stil und Form ihrer mündlichen Gestaltung auf die Darstellung der Episoden in der geistlichen Literatur prägend.[532] Einheimisch mythologisches Erbe konnte zum Teil auch in die geistliche Literatur des Nordens eingehen. So wurden die klassisch antiken Götternamen z.B. in den *Heilagra manna sögur* und den *Postola sögur*

528 Cf. Schier (1991) 141-145. Schier hebt besonders die Bedeutung des Benediktinerklosters Þingeyrar hervor.

529 Cf. Clover (1985) 251-253.

530 Cf. Schier (1970) 92-120. Zu den Versionen der *Trójumanna saga* und ihren Intentionen siehe Würth (1992) 1-26. Zu den Riddarasögur cf. auch Kalinke (1985) 316-363.

531 Cf. Schier (1970) 121-129.

532 Cf. ibid. 122. Kristjánsson (1986) 192-195 weist im Hinblick auf die Entstehung der isländischen Sagas besonders auf die Rolle der Übersetzungen von Heiligenleben hin.

von den isländischen Übersetzern durch nordische Götternamen ersetzt.[533]
Fragt man nun nach dem authentisch heidnischen Gehalt in den verschiedenen Gattungen der altnordischen Literatur, so wird man nicht an der Tatsache der späten Aufzeichnung der Mythen (erst ab dem 13. Jahrhundert, also über 200 Jahre nach der Einführung des Christentums in Island), der Rezeption ausländischer Literatur und internationaler Erzählstoffe sowie der christlichen Bildung und den gelehrten Kenntnissen der Verfasser der altnordischen Literatur vorbeisehen können. All dies sind Faktoren, die Brechungen, Veränderungen, Weiterbildungen der alten Mythen bedingen konnten.
Trotz der auch mit diesen Gattungen verbundenen Probleme ist der Quellenwert bezüglich des heidnischen Gehalts im Bereich der Skaldik und der eddischen Dichtungen wesentlich höher anzusetzen als im Bereich der Sagaliteratur.[534]
Den religionsgeschichtlichen Gehalt der Skaldendichtung in der Übergangszeit vom Heidentum zum Christentum untersucht u.a. Fidjestøl. Seine Materialbasis sind norwegisch-isländische Skaldengedichte im Zeitraum zwischen 900 und 1000.[535] Nach den Studien Fidjestøls variiert der religiöse Zeugniswert der Skaldengedichte beträchtlich. Während *Eiriksmál* und *Hákonarmál* genuin religiöse Vorstellungen der spätheidnischen Zeit von Odin und den Walküren in Walhall überlieferten,[536] sei die einzige direkte religiöse Aussage über Odin als Gott der gefallenen Krieger im *Haraldskvæði* (Str. 12) vermutlich nur eine literarische Phrase.[537]
Bei der Bestimmung der religiös-heidnischen Elemente in der *Edda*dichtung ist nach Sørensen nicht unbedingt von der späten schriftlichen Aufzeichnung der Lieder in der uns überlieferten Form auszugehen. Der einzelne oft nur anzitierte Mytheninhalt kann deutlich älter sein als das Lied in seiner Gesamtkomposition.[538] Das Problem bei den Ausführungen Sørensens ist allerdings, daß weiterhin unklar bleibt, nach welchen Kriterien ein Mythos als alt und vorchristlich einzustufen ist.
Der religionsgeschichtliche Wert der Aussagen, die in den Sagas über das nordische Heidentum und seine Auseinandersetzung mit dem Christentum gemacht wurden, ist in der Forschung im Kontext der sogenannten Buch- bzw. Freiprosalehre kontrovers beurteilt worden. Die älteren Forschungspositionen polarisierten sich vor allem in H. Kuhn und Baetke. H. Kuhn nahm, wie schon angesprochen, die z.T. phantastischen Göttergeschichten

533 Cf. Hallberg (1987) 123-125.
534 Cf. Lindow (1985) 22-33.53f. Über den Quellenwert der *Snorra Edda* wurde ja bereits verhandelt. Zusammenfassend zum Forschungsstand zur *Älteren Edda* siehe Schier (1986) 355-394 und zum Forschungsstand zur *Jüngeren Edda* Weber (1986) 394-412.
535 Cf. Fidjestøl (1991) 116-120. Den religionsgeschichtlichen Quellenwert der Skaldendichtung erarbeitet auch Marold (1992) 685-719.
536 Cf. Fidjestøl 120-123.
537 Cf. ibid. 120-125.
538 Cf. Sørensen (1991) 218-224. Zum religionsgeschichtlichen Wert der *Edda*dichtungen siehe jetzt auch Dronke (1992) 656-684.

in den Sagas des 13. und 14. Jahrhunderts sehr ernst. Er faßte sie auf der Basis seiner Hypothese eines heidnisch-germanischen Synkretismus in den ersten Jahrhunderten nach der Bekehrung als echte Glaubenszeugnisse auf.[539]

Nach Baetkes Meinung können wir weder in den Konunga- und Fornaldarsögur noch in den Isländersagas authentisch heidnisch-germanische Traditionen greifen. Daß man den Isländersagas von allen Sagagruppen den höchsten religionsgeschichtlichen Wert zugesprochen habe, sei zum einen durch die realistische Erzählweise, zum anderen durch die Freiprosatheorie der älteren Forschung, die großes Vertrauen in die Überlieferungsdauer und Überlieferungstreue mündlicher Sagaformen gesetzt hatte, bedingt gewesen. Nachdem man im Sinne der Buchprosatheorie die Entstehung der Sagas wesentlich später angesetzt habe, müsse man auch für die Bewertung der religiösen Aussagen Konsequenzen ziehen. Die Schreiber der Sagas stünden dem Heidentum immerhin in einer Distanz von über 200 Jahren gegenüber.[540] Sie seien Christen gewesen und hätten nur noch diffuse Vorstellungen vom Heidentum gehabt. Die Darstellung heidnischer Religionsformen erfolgte demgemäß aus christlicher Perspektive und unter christlichem Vorzeichen. Besonders deutlich sei die christliche Sichtweise, wenn Vorgänge der Christianisierung dargestellt werden. Die heidnischen Religionsformen würden in der Regel nicht um ihrer selbst willen mitgeteilt, sondern neben die christlichen gestellt, um diese mächtiger und strahlender herauszuheben. Es soll wie in den lateinischen Bekehrungsgeschichten des Kontinents die Überlegenheit des christlichen Gottes über die heidnischen Götter und der Christen über die Heiden dargestellt werden.[541] Interessant ist in diesem Zusammenhang eine Erzählung aus der Sturlaschen Redaktion der *Landnámabók*: Als der christliche Landnehmer Örlyg auf der Fahrt nach Island mit seinem Schiff verschlagen wird, betet er zu seinem Patron, wird erhört und findet kurze Zeit später Land. Demgegenüber erleidet Örlygs heidnischer Landsmann Koll nach der Version der *Hauksbók* Schiffbruch, als er in der Not Thor anruft.[542] Die Wirkungslosigkeit der Anrufung eines Heidengottes wird hier mit der Macht des christlichen Gebets konfrontiert.

Eine ähnliche Gegenüberstellung findet sich in der *Eiríks saga rauða*. Nachdem Thorhall, von Hunger geplagt, Thor um Nahrung gebeten hat, treibt ein Walfisch heran. Das Mahl bekommt allen, die davon essen, schlecht, und die Christen werfen das Fleisch ins Meer, als bekannt wird, daß es von Thor stammt. Die Christen werden ihrerseits in ihrem Gebet erhört und finden, als ein Wetterumschwung Fischfang ermöglicht, bekömmliche Nahrung.[543] In beiden Fällen liegt die Vermutung nahe, daß heidnische Religiosität hier

539 Cf. H. Kuhn (1942) 157f.
540 Cf. Baetke (1973, zuerst 1951) 319-329.
541 Cf. ibid. 349f.
542 Cf. *Landnámabók* S15/H15, ed. Benediktsson (1968) 52-55.
543 Cf. *Eiríks saga rauða* c. 8, ed. Sveinsson (1935); englische Übersetzung von Magnusson / Pálsson

nicht um ihrer selbst willen referiert wird, sondern funktional auf die Darstellung christlicher Macht hingeordnet ist.

Wahrscheinlich stehen christliche Analogiebildungen hinter manchen Erscheinungsformen, die in der Forschung lange Zeit als heidnisch-altnordisch betrachtet wurden. Zu denken ist z.B. an die altnordische Wasserweihe. Wenn man in den Sagas mehrfach auf die Vorstellung stößt, daß neugeborene Kinder bei der Namengebung mit Wasser besprengt würden, so liegt hier wohl keine authentisch heidnische Sitte vor, sondern eine nach christlichem Vorbild konstruierte Analogie zur christlichen Taufe.[544] Auch das heidnische Segnen des Opfermahles mit dem Thorshammer ist mit Skepsis zu betrachten.[545] Christliche Projektionen sind auch dort nicht auszuschließen, wo heidnischer Kult als Zauber, als böser Zauber böser oder gefährlicher Menschen dargestellt wird.[546] Weiterhin liegt Verdacht auf christlichen Einfluß nahe, wenn christliches Ethos, wie Versöhnlichkeit, Demut, der Zusammenhang von sittlicher Schuld und Strafe, die möglicherweise sogar ins Jenseits verlegt wird, betont werden.[547]

Eine Reihe neuerer Forschungen rechnen mit im Vergleich zur Freiprosalehre veränderten theoretischen Voraussetzungen wieder mit einer größeren Bedeutung mündlicher Vorformen und Vorstufen der Sagas.[548] Gerade in den sehr heterogenen Fornaldarsögur sind neben recht späten Traditionsschichten auch archaischere Elemente erkennbar. Im Blick auf Odin ist hier z.B. an die Vikarrepisode in der *Gautreks saga* zu denken. Hinter der Erzählung von der geplanten Scheintötung König Vikarrs, die dann doch zum realen Opfer wird, läßt sich die sagenhafte Umgestaltung eines ursprünglichen Odinsopfers vermuten, eine These, die sich durch die Parallelüberlieferung bei Saxo stützen ließe.[549] Gerade derartige Parallelüberlieferungen zwischen Saxo und den Fornaldarsögur sind ein Hinweis auf eine gewisse Beständigkeit der Überlieferung.

Von See erklärt die Existenz der Prosasagas in Skandinavien als "ein im engeren Sinne literaturgeschichtliches Phänomen".[550] Den entscheidenden Einfluß auf die Entstehung der

---

(1965) 96; cf. Baetke (1973, zuerst 1951) 334.

544 Cf. *Laxdoela saga* c. 25, ed. Sveinsson (1934); *Egils saga* c. 31, ed. Nordal (1933), deutsche Übersetzung Schier (1978) 86; cf. *Eyrbyggja saga* c. 11, ed. Sveinsson / Þórdarson (1935).

545 Der locus classicus dafür entstammt Snorris *Heimskringla I. Hákonar saga góða* c. 14.17, ed. Aðalbjarnarson (1941).

546 Cf. Baetke (1973, zuerst 1951) 330-349.

547 Cf. z.B. *Njáls saga* c. 88, ed. Sveinsson (1954), cf. Baetke (1973, zuerst 1951) 340-345. Neuere Forschungsansätze zur Sagaethik werden besprochen bei Clover (1985) 263-269. Siehe auch Sørensen (1988) 247-266.

548 Cf. Clover (1985) 272-288.292f. Diese Ansätze kritisiert v. See (1988) 137-147 als neoromantisch. Cf. auch die kritische Auseinandersetzung von Sees (1981, zuerst 1977) 461-485 mit den Versuchen, mündliche Sagavorstufen aus Hypothesen zur Begleitprosa von Skaldenstrophen zu rekonstruieren.

549 Cf. *Gautreks saga* c. 2, ed Ranisch (1900), Saxo, lib. 6, c. 5, ed. Olrik / Raeder (1931) 1,152f; cf. de Vries (1970^3,$1956/7^2$,1935/7) 1,410.

550 V. See (1988) 143, cf. v. See (1981, zuerst 1977) 463f.

Prosagattung hätte das Vordringen anderer prosaischer Literaturgattungen (Heiligenviten, Geschichtschroniken, Legenden, Homilienbücher, theologische und naturwissenschaftliche Lehrbücher) ausgeübt.

Es wird in der Forschung letztlich umstritten bleiben, wie weitgehend und in welcher Form christliches Gedankengut in die nordische Mythologie einging bzw. in welchem Maße die christliche Perspektive der Verfasser verändernd auf die Mythen einwirkte. Die Forschungspositionen hierzu gehen stark auseinander.

Mit seiner einseitigen, heute im allgemeinen abgelehnten Rückführung der nordischen Mythologie auf christliche und antike Vorstellungen und Motive forderte Bugge die Forschungsdiskussion heraus.[551] Ähnlich einseitig wie von Bugge wurde der christliche Gehalt der Mythen in den Forschungen von Krohn betont.[552] Liest man die Arbeiten Krohns, gewinnt man den Eindruck, die nordische Mythologie sei nichts als ein Konglomerat von nordisch verbrämten christlichen und antiken Motiven. Differenzierter im Urteil waren die Ragnarǫkstudien Olriks.[553] Olrik bemühte sich um eine Scheidung der christlichen und heidnischen Motive in der nordischen Ragnarǫkvorstellung. Als christlich bewertete Olrik insbesondere das Motiv der Verderbnis der Menschheit, das Gjallarhorn, das den Weltuntergang verkündet, das Schwarzwerden der Sonne und das Herabfallen der Sterne, den Weltbrand, die Wohnung der Glückseligen und das Kommen des Mächtigen. Die heidnischen Motive, für die sich nach Olrik zum Teil keltische und kaukasische Parallelen beibringen lassen, seien gegenüber den christlichen aber die eigentlich tragenden. Heidnisch seien unter anderem die Verschlingung der Sonne, der Fimbulwinter, das Versinken der Erde im Meer, das Loskommen Lokis, die Schlange in der Tiefe, der Götterkampf mit dem Fall des Götterkönigs und der Rache für ihn, Surts Lohe, das neue Göttergeschlecht und das überwinternde Menschengeschlecht.[554]

Lorenz warnt davor, alles was christlich aussieht, auch als christlichen Einfluß zu werten und nimmt an, daß christliche Durchdringung nur bei den Stoffen stattfand, bei denen vorhandene Analogien, die entweder durch gemeinsames indogermanisches Erbe oder durch unabhängige Entwicklung unter ähnlichen gesellschaftlichen Bedingungen entstanden waren, dazu einluden.[555]

In ähnlicher Weise betont Schier, daß der Baldermythos oder Motive der Ragnarǫk, wie die Erneuerung der Welt nach dem Untergang der alten Ordnung, die sittliche Verworfenheit der Menschen am Ende der Zeit, das Gjallarhorn, dessen Ton die Götterdämmerung

551 Cf. Bugge (1889) bes. 8-33; Balderstudie 34-313; Studie über Odin am Galgen und die Yggdrasillesche 315-561.

552 Cf. Krohn (1922) *Skandinavisk mytologi* sowie die Untersuchungen Krohns zum *Kalevala-Epos*, Krohn (1924-1928) *Kalevalastudien* 1-6.

553 Cf. Olrik (1922, deutsche Übersetzung der Untersuchungen von 1902 und 1913).

554 Cf. Olrik (1922) 131.

555 Cf. Lorenz (1984) 38-40 mit weiteren Forschungsmeinungen zur Frage der Entlehnung.

einleitet, Gimlé als Wohnstätte der Glückseligen u.a., zwar deutliche Übereinstimmungen, 'Affinitäten', mit biblisch-christlichen Vorstellungen zeigen, jedoch nicht unbedingt aus dem Christentum entlehnt sein müssen. Für viele Motive ließen sich Parallelen aus außerchristlichen Kulturen beibringen.[556]

Einleuchtend ist der Vorschlag Hultgårds, volkssprachliche homiletische Literatur und ikonographisches Material (wie Kirchenmalereien, Runensteine, Bildsteine) als Referenztexte zur Bestimmung christlicher und heidnischer Elemente in den eschatologischen Vorstellungen der Ragnarǫktradition heranzuziehen. Bevor diese naheliegenden Vergleiche nicht durchgeführt sind, sollte man die Untersuchung nicht zu sehr auf idg. Material als Referenzbasis ausrichten.[557]

Nach Steinsland werden die Kontraste zwischen Heidentum und Christentum in denjenigen Forschungsbeiträgen, die eine christliche Überformung bzw. Beeinflussung der heidnischen Mythen annehmen, zu sehr verwischt.[558] Die Endzeitvorstellungen der eddischen Dichtung seien als konstitutiver heidnischer Bestandteil der Mythologie in der Wikingerzeit zu betrachten. Wenn Steinsland diesen Gedanken an der in der Regel christlich interpretierten Str. 65 der *Vǫlospá*[559] (nach der *Hauksbók*-Version) zu erhärten versucht, ist ihre Interpretation der mächtigen Herrschergestalt, die von oben kommt, als Heimdallr doch deutlich gesuchter als der Gedanke an eine christliche Weiterentwicklung der *Vǫlospá*,[560] zumal wenn man den eindeutig christlichen Gehalt von Str. 51 der *Hauksbók*-Version mitbedenkt.[561]

Die Grundfrage bei der Bewertung des christlichen Einflusses auf die nordische Mythologie ist letztlich, ob man eine eher indirekte Wirkung christlicher Vorstellungen annimmt, also etwa die Aktivierung bestimmter eigener nordischer Traditionen als Reaktion auf zentrale christliche Ideen,[562] oder eine eher unmittelbare Wirkung, die zu einer mehr oder weniger starken (und im Einzelfall zu überprüfenden) christlichen Durchdringung bzw. Überformung der nordischen mythischen Traditionen führte. Daß das historisch-kulturelle Umfeld der Schreiber der altnordischen Traditionen eben das christliche war und daß sie auf dem Hintergrund einer bereits 200jährigen, christlichen Bekehrungsgeschichte schrieben, muß sich auf das Quellenmaterial ausgewirkt haben, wenn man von einer Wechselbeziehung

---

556 Cf. Schier (1981) 417f.

557 Cf. Hultgård (1991) 161-168.

558 Cf. Steinsland (1991) 340.

559 "þa kemr hinn ríki / at regindómi / ǫflugt ofan, / sá er ǫllu roeðr." (zitiert nach Steinsland (1991) 341). Arbeitsübersetzung: 'Da kommt der Mächtige / zur Herrschaft / kraftvoll von oben / derjenige, der alles lenkt.'

560 Cf. Steinsland (1991) 340-345.

561 Zum Verhältnis heidnischer und christlicher Elemente in der *Vǫlospá* siehe auch Schach (1983) 109-113. Die eindeutig christliche Strophe *Vsp.* 51 findet sich nur in der Überlieferung H (*Hauksbók*). (Cf. Schach (1983) 110).

562 Cf. Schier (1981) 418-420 und Steinsland (1991) 345.

zwischen gesellschaftlich-historischen Entwicklungen und literarischen sowie auch mythologischen Traditionen ausgeht. Beide Versuche, die eben vorgestellt wurden, sich diesem 'Wie' des christlichen Einflusses zu nähern, beinhalten ihre Chancen und auch ihre Probleme.

Erkennt man in den mythischen Traditionen des Nordens häufig christlichen Einfluß bzw. christliche Formung und Entlehnung, so läuft man Gefahr, den Eigenwert, das Charakteristische der nordischen Mythologie und ihre archaischen Elemente zu verkennen. Versucht man umgekehrt auch Traditionen, die stark christlich anmuten, als autochthon nordisch zu erklären, könnte man faktisch christliche Züge als gegebene christlich germanische Analogien interpretieren. Ein gewisser Leitsatz könnte sein, daß die Behauptung der Unabhängigkeit eines Motivs der nordischen Mythologie umso problematischer wird, je deutlicher die Ähnlichkeit zwischen der nordischen und der christlichen Tradition hervortritt.

Man wird auch berücksichtigen müssen, daß der Kulturaustausch zwischen dem christlichen Bereich und dem germanischen Norden bereits vor der Bekehrung in heidnischer Zeit einsetzte. Die im Laufe der Jahrhunderte vor der Bekehrung zunehmenden Kontakte zwischen Skandinaviern und Christen waren entscheidende Wegbereiter der Bekehrung. Die Begegnung zwischen der nordischen und christlichen Kultur wurde besonders im 10. Jahrhundert durch skandinavische Auslands- und Wikingerfahrten intensiviert.[563]

Es soll nun erneut ein Blick auf J. Grimms Arbeitsweise in seiner *Deutschen Mythologie* geworfen werden. J. Grimm verwendet die nordische Mythologie, wie er im Vorwort seines Werkes betont, als "einschlag" zum "zettel", also zu den Resten der deutschen Mythologie, und er will durch seine Untersuchung zeigen, daß beide Mythologien "alt" und "echt" sind. In der Theorie erkennt er an, daß die nordische und deutsche Mythologie zwar weitgehend übereinstimmen, aber andererseits auch Eigenarten und Verschiedenheiten aufweisen.[564] In der Praxis trägt er diesen Besonderheiten wenig Rechnung, und gerade die Analyse seines Wuotankapitels hat deutlich gemacht, wie seine Argumentation gewissermaßen nahtlos zwischen beiden Traditionssträngen hin- und herschwimmt. Er bereichert sein Wuotanbild durch die nordischen Traditionen, ja Wuotan gewinnt erst durch die Einbeziehung der nordischen Mythen Plastizität. Da die nordischen Traditionen fast übergangslos in die deut-

---

563 Cf. Gschwantler (1976) 2,198f.202f. und Jankuhn (1986^6,1936). Die Verbindung christlicher und heidnischer Elemente im Bekehrungszeitraum ist nicht nur in literarischen Quellen schwer zu sondieren, sondern auch aus archäologischer Sicht oft kaum zu bestimmen. So zeigen z.B. Gräslunds Untersuchungen des Grabmaterials, daß die Kriterien, die gewöhnlich zur Klassifizierung eines Grabes als heidnisch oder christlich herangezogen werden - Erd- oder Feuerbestattung, westöstliche Ausrichtung des Grabes, Hügelform, Art der Grabbeigaben, Lokalisierung des Friedhofes - keine eindeutigen Zuordnungen erlauben. Vielfach sind Überlagerungen heidnischer und christlicher Elemente in den Bestattungsriten erkennbar. (Cf. Gräslund (1991) 142-146).

564 Cf. Vorrede zur *DM* 1,VIIf.

schen eingearbeitet werden, wird das tatsächlich höchst fragmentarische Bild der südgermanischen Wodanüberlieferung verwässert. Die Rezipienten, die J. Grimms Werk unter dem Aspekt einer Rekonstruktion der deutschen Mythologie, d.h. der Mythologie bzw. richtiger der Religion der deutschen Stämme, benutzen, gewinnen durch diese Argumentationsweise den Eindruck einer respektablen Überlieferungslage - was Grimm sicherlich intendiert. Gelegentlich räumt Grimm das Einfließen einzelner christlicher Vorstellungen in die nordische Mythologie ein: So stehen ihm etwa die Gedanken, daß Odin als Allvater die Menschen mit einer unsterblichen Seele und einem vergänglichen Leib geschaffen hat und daß die guten Menschen nach ihrem Tod bei Odin in Gimlé leben, während die Bösen zur Hel eingehen, im Verdacht christlich zu sein,[565] und auch die Darstellung des Weltuntergangs sowie die Entstehung der neuen Welt in *Vǫlospá* hat, so Grimm, "unbestreitbare ähnlichkeit" mit dem christlichen Weltgericht und dem neuen Jerusalem.[566] Grimm zieht jedoch daraus keine Konsequenzen für seine Argumentationsweise oder die Bewertung von Alter und Authentizität der nordischen Mythologie. Die Frage, ob und inwiefern das christliche Umfeld der Schreiber die Mythen hätte beeinflussen können, wird nicht berührt. Im allgemeinen ist Grimm bestrebt, die Möglichkeit christlicher Einflüsse zurückzudrängen und Ähnlichkeiten der nordischen Mythologie mit christlichen oder antiken Vorstellungen als Analogien zu betrachten. Dem Gedanken der Urverwandtschaft mythologischer Vorstellungen wird dabei in der Regel der Vorzug vor Entlehnungen gegeben.[567]

Das Dogma von der Urverwandtschaft der Mythologien und die Überzeugung von der weitgehenden Identität der nordischen und deutschen Mythologie führen Grimm dazu, vieles, was im deutschen Bereich nicht überliefert ist, zu postulieren - weil es eine Parallele zur nordischen Mythologie gegeben haben *muß*.[568]

1.2.2.3. Hinweise auf archäologische Zeugnisse[569]

Der Besprechung möglicher archäologischer Zeugnisse für Wodan / Odin ist vorauszuschicken, daß gerade der Bereich der germanischen Götter archäologisch nur schwach re-

565 Cf. *DM* 2,671.
566 Cf. ibid. 2,680.
567 Cf. Vorrede zur *DM* 1,XXII-XXVIII.
568 So wird - um noch einmal zwei Beispiele zu geben - das deutsche Walhall eben aus dem christlichen Himmel als Freudensaal rekonstruiert oder der Thron Gottes im Märchen, von dem aus man die Welt überblicken kann, auf den nordischen Hliðskjálf bezogen.
569 Der von Steinsland (1986) edierte Sammelband *Words and objects* verfolgt insbesondere das Ziel, die Forschungen von Archäologen, Religionshistorikern und Philologen zu koordinieren, was besonders bei der zunehmenden Spezialisierung der Disziplinen dringend erforderlich ist.

präsentiert ist und daß die Interpretation der Funde als Götterdarstellungen in vielen Fällen stark hypothetisch bleibt.[570]
So lassen sich die auf bronzezeitlichen Felszeichnungen Skandinaviens in überdimensionaler Größe dargestellten waffentragenden Figuren als Häuptlinge, Priester oder Götter verstehen. Bei der Deutung der Figuren als Götter hat man in dem Mann mit der großen Axt einen Vorläufer Thors gesehen. Von der speertragenden Figur wurde eine Brücke zur mittelalterlichen Vorstellung von Odin und seinem Speer geschlagen und das Schwert, das ja in der mittelalterlichen Überlieferung Attribut des Fruchtbarkeitsgottes Freyr ist, soll auch seinen bronzezeitlichen Träger als Fruchtbarkeitsgott ausweisen.[571] Damit ließe sich dann bereits die bei Adam von Bremen bezeugte Göttertrias Thor, Odin und Freyr in keimhafter Form auf den bronzezeitlichen Felszeichnungen finden. Daneben hat man in Figuren, die mit einem Arm dargestellt wurden, auch den einarmigen Gott Tyr wiedererkennen wollen, obwohl man das gleichzeitige Fehlen von Armen bei anderen Figuren, die man z.B. als Thor identifizierte, als Nachlässigkeit des Zeichners gewertet hat.[572] Derartige Hypothesen sind, gleichgültig, ob sie die wikingerzeitlichen Götter unmittelbar in den Felszeichnungen zu erkennen versuchen oder in den bronzezeitlichen Figuren ihre Vorläufer sehen, als sehr problematisch zu bewerten. Das wichtigste Kriterium für ihre Unwahrscheinlichkeit ist die zeitliche Lücke von über 1000 Jahren. Mit Kontinuitäten in diesen Größenordnungen kann man nur rechnen, wenn man den Topos vom starren Festhalten der Germanen an ihren religiösen Vorstellungen a priori voraussetzt bzw. annimmt, einmal gewonnene Anschauungsformen seien stets kontinuierlich weiterentwickelt worden. Daß es in der Geschichte auch Brüche und Diskontinuitäten geben kann, wird von den Vertretern solcher Kontinuitätshypothesen zu wenig bedacht.
Gerade im Fall der bronzezeitlichen Felszeichnungen stellt nun nicht nur die zeitliche, sondern auch die ethnische Kontinuität ein Problem dar. Man kann davon ausgehen, daß es sich bei den Gestaltern der südskandinavischen Felszeichnungen, linguistisch gesehen, um eine indogermanische Splittergruppe handelt. Ob die skandinavische Bevölkerung der Bronzezeit jedoch bereits als 'germanisch' angesehen werden kann, ist unklar.[573]
Hier sei exkursartig der Forschungsstand zum Problem der Herausbildung der Germanen referiert. Legt man einen sprachwissenschaftlichen Germanenbegriff zugrunde und versteht unter Germanen diejenigen, die germanische Sprachen bzw. Dialekte sprechen, so ist das entscheidende Kriterium für die Herausbildung der Germanen die Absonderung des

570 Zur Beurteilung der Möglichkeiten und Grenzen, aus archäologischen Zeugnissen auf Formen religiöser Verehrung zu schließen, siehe etwa Johansen (1986) 67-77 und Ellmers (1992) 95-117.
571 Cf. Gelling / Davidson (1969) 27-39.145-150.
572 Dies wird schon bei Almgren (1934) 143 kritisiert.
573 Cf. Polomé (1986) 271.

*Germanischen aus dem *Indogermanischen.[574] Das wichtigste sprachliche Kriterium der Abgrenzung ist dabei die erste oder germanische Lautverschiebung. Parallel dazu sind die Vereinfachung des Verbalsystems sowie der Wechsel des musikalischen Akzents zum Stammakzent und andere sprachliche Erscheinungen anzusetzen. Die absolute Datierung der Ausgrenzung des *Germanischen aus dem *Indogermanischen ist freilich eine in der Wissenschaft noch immer offene Frage.[575] Man tendiert jedoch in der neueren Forschung dazu, sie in der zweiten Hälfte des letzten Jahrtausends vor Chr., also während der vorrömischen Eisenzeit anzunehmen.

Zum Germanenbegriff der Ur- und Frühgeschichtsforschung ist zu sagen, daß man die Herausbildung der germanischen Stämme zunächst als das Ergebnis eines Verschmelzungsprozesses der Träger der nordischen Megalithkultur mit den sogenannten Einzelgrableuten verstand. Die 'Volkswerdung' der Germanen hatte also nach dieser Theorie schon am Ende der Jungsteinzeit begonnen und war um 1200 abgeschlossen. Dementsprechend war es die gängige Lehrmeinung der 30er Jahre, das nordische Bronzezeitalter unumschränkt als Quelle für das Germanische zu betrachten.[576] Noch in der Nachkriegszeit wurde diese Prämisse von anderen Wissenschaftsdisziplinen übernommen. Seit den 70er Jahren aber setzt man in der Ur- und Frühgeschichtsforschung die Herausbildung der germanischen Stämme erst im Laufe der vorrömischen Eisenzeit an. Damit wäre sie parallel zur Entstehung der Jastorfkultur zu sehen. Ob die Entwicklung autochthon verlief, oder ob es Einwanderungen gab, ist nicht geklärt.[577]

Es versteht sich, daß es daher zweifelhaft ist, die bronzezeitlichen Felszeichnungen als 'germanisch' einzustufen. Will man Parallelen zu den germanischen Göttern der eddischen Religionsstufe ziehen, so müßte man also nicht nur eine große zeitliche Kluft überbrücken, sondern unter Umständen auch mit Kontinuitäten über verschiedene Ethnien hinweg rechnen, was einen weiteren Unsicherheitsfaktor in der Überlieferung von Traditionen bedeutet.[578]

Zurückhaltende Interpretationen der bronzezeitlichen Felszeichnungen sind ein angemessenerer methodischer Zugang als die weitausgreifenden Hypothesen der älteren und eines Teils der neueren Forschung. Thesen wie die Almgrens, die bronzezeitlichen Felszeichnungen spiegelten das große Jahreszeitendrama von Hochzeit, Tod und Wiederauferstehung des Fruchtbarkeitsgottes,[579] gehen weit über die Möglichkeiten hinaus, die das Material bietet, und scheinen eher an den räumlich und zeitlich breitgefächerten und sehr oft frag-

574 Cf. Seebold (1986) 177f.
575 Cf. ibid. 178f.
576 Eine gute Übersicht über die ältere Forschung bietet Jankuhn (1986) 298-309.
577 Cf. Krüger (1983[4],1978) 2,30-33.
578 Cf. Polomé (1986) 271.
579 Cf. Almgren (1934) vor allem 118-125.

würdigen religionsgeschichtlichen Parallelen, die als 'Vergleichsmaterial' herangezogen werden, gewonnen zu sein als an den bronzezeitlichen Felsbildern selbst. Schjødt moniert,[580] daß diese Verfahrensweise in neueren phänomenologischen Untersuchungen fortlebt.[581]

Ein Neuansatz in der Forschung ist es, die Felszeichnungen im Kontext eines größeren religiös-kulturellen Ganzen zu beurteilen. Um die möglichen sozialen und religiösen Funktionen der Felszeichnungen bestimmen zu können, ist - soweit verfügbar - chronologisch vergleichbares anderes Fundmaterial aus der jeweiligen räumlichen Umgebung der Felszeichnungen in die Interpretation einzubeziehen. Bedeutsam ist daher auch die Frage, ob die Felszeichnungen sich in der Nähe einer Siedlung, eines Grabplatzes oder Kultplatzes befinden.[582]

Als Götter wurden auch die menschengestaltigen Holzfiguren gedeutet, die man in Mooren bzw. Moorheiligtümern gefunden hat.[583] Wo sich das Alter solcher Holzfiguren näher eingrenzen läßt, gehören sie in die Jahrhunderte um Christi Geburt. Am bekanntesten ist in diesem Zusammenhang das Götterpaar, das im Braaker Moor in der Nähe von Eutin in Schleswig-Holstein ausgegraben wurde.[584] Man kennt inzwischen über zwei Dutzend solcher Holzfiguren aus der 'Germania libera'. Sie wurden fast alle in Mooren gefunden. Die künstlerische Ausführung dieser Holzidole ist sehr einfach und steht im Gegensatz zu den technisch ausgefeilteren germanischen Metallarbeiten aus Gold, Silber und Bronze in Form von Waffen, Gebrauchsgegenständen und Schmuckstücken. Die meisten der in den letzten Jahrzehnten gefundenen Holzfiguren sind weniger realistisch als das sogenannte Götterpaar von Braak, das wie die Göttin des thüringischen Heiligtums von Oberdorla[585] immerhin deutlich hervortretende menschliche Züge (wie Geschlechtsmerkmale) aufweist. In der Regel handelt es sich um nichts anderes als Pfähle, die oft gabelförmige Gestalt haben.[586]

580 Cf. Schjødt (1986) *Rock carvings* 180-196.

581 So versucht Mandt (1986) 111-126 zwar nicht, ein Pantheon bronzezeitlicher Götter aus den Felsbildern und Votivsteinen zu erschließen, sie ist jedoch bemüht, die Verehrung weiblicher Gottheiten auf einer allgemeinen phänomenologischen, stark an religiösen Symbolen orientierten Ebene nachzuweisen.

582 Cf. Finnestad (1986) 25-30, cf. auch Bertilsson (1986) 9-20. Ein weiterer methodischer Ansatz ist es, sich den skandinavischen Felszeichnungen über den Vergleich mit motivisch ähnlichen Felszeichnungen aus Nordamerika, Südafrika und Australien zu nähern. (Cf. Hultkrantz (1986) 49-61). Die Kooperation von Archäologen und Religionshistorikern ist zwingend erforderlich, um die Kenntnisse über die nordischen Felszeichnungen zu erweitern. (Cf. Nordbladh (1986) 142-149). Den neuesten Forschungsstand zu den skandinavischen Felsbildern als Quellen für die germanische Religionsgeschichte bietet Schier, der auch auf Desiderate der Felsbildforschung aufmerksam macht. (Cf. Schier (1992) 162-228).

583 Zum Komplex der Moor-, Quell- und Flußfunde bzw. den Moor-, Quell- und Flußheiligtümern siehe den Sammelband *Vorgeschichtliche Heiligtümer und Opferplätze in Mittel- und Nordeuropa*, ed. Jankuhn (1970). Den neuesten Forschungsstand mit Hinweisen auf weitere Literatur bieten Bemmann / Hahne (1992) 29-69.

584 Cf. Jankuhn (1950) 10f.

585 Cf. Behm-Blancke (1973) 153.

586 Cf. Struve (1975) 88f.

Akzeptiert man die Interpretation der Holzfiguren als Götter (im Gespräch war auch die Deutung als Ahnendarstellungen), so wird die Behauptung des Tacitus, die Germanen hielten es der Hoheit der himmlischen Götter nicht für angemessen, Götter der menschlichen Gestalt nachzubilden, durch die Archäologie widerlegt.[587] Anstatt - wie versucht worden ist - Verbindungslinien zu Göttern der Edden wie Freyr und Freyja, zur Göttertrias Wodan, Thor und Fricco oder zu angeblichen germanischen Gottheiten wie Frau Holle zu ziehen,[588] ist eher zu konstatieren, welche Kluft die einfachen Holzfiguren, die oft wenig mehr als eine Astgabel darstellen, von der hochentwickelten Mythologie der *Edda*lieder und der *Snorra Edda* trennt. Wenn der Versuch unternommen wird, Brücken zu den eddischen Göttern zu schlagen, basiert er noch immer auf den Prämissen der älteren Forschung, die davon ausging, "daß die wesentlichen und kennzeichnenden Züge des germanischen Glaubens bereits zu Tacitus Zeiten ausgebildet waren" und daß die "germanische Götterverehrung" damals schon ihre "Hochform" gefunden hatte.[589]
Die spärliche Ausbeute an archäologischen Zeugnissen für germanische Götter führt bei dem gleichzeitigen Wunsch, ihre Verehrung in bestimmten Gebieten archäologisch nachzuweisen, oft zu spekulativen Deutungen. Beispielsweise versuchte Behm-Blancke die Wodanverehrung bei den Hermunduren durch seine Interpretation eines Bernsteinanhängers zu beweisen.[590] Der Bernsteinanhänger, an dessen Seite sich zwei Köpfe befinden, hat die Form eines menschlichen Kopfes ohne Augen. Durch dieses 'Gesicht' läuft von hinten ein Silberdraht, der in einer Silberniete endet. Die Silberniete wurde als das eine Auge Wodans gedeutet und die ganze Darstellung folglich als ein 'einzigartiger' Beweis für den Wodanskult. Der Angelpunkt der Argumentation, die Deutung der Silberniete als das eine Auge Wodans, ist nicht nur keineswegs als Beweis anzusehen, sondern erscheint hoch spekulativ, und es drängt sich die Frage auf, ob eine Deutung von Silberdraht und Silberniete, die beide schlicht mit der Aufhängung des Schmuckstücks erklärt, nicht naheliegender wäre.

Daß auch mangelnde kritische Prüfung des Originals zu ähnlichen Fehlschlüssen führen kann, zeigt die Interpretation der drei herrscherlichen Gestalten des schwedischen Bild-Teppichs von Skog. Diese wurden nur deshalb mit den drei Göttern Odin, Thor und Freyr identifiziert, weil man am Original des angeblichen Odin die vorhandenen Spuren von Wollfäden des zweiten Auges nicht sah.[591]

---

587 Cf. Tacitus, *Germania* c. 9, ed. Lund: "neque in ullam humani oris speciem assimulare ex magnitudine caelestium arbitrantur", cf. Jankuhn (1966) 421f. und Johansen (1986) 68-72.

588 Cf. Struve (1975) 88f., Jankuhn (1950) 12 und Behm-Blancke (1973) 153.

589 Schneider (1938) 223. Zu weiteren plastischen Darstellungen aus der Bronzezeit und der jüngeren nordischen Eisenzeit, die für die Deutung als Götter in Frage kommen, siehe Brøndsted (1963) 3,116.313f. Kritisch dazu Mandt (1986) 111-126.

590 Cf. Behm-Blancke (1973) 148f. und Tafel 23/24.

591 Cf. Hauck (1976) 2,578.

Als mögliche Zeugnisse für Odin kommen die bildlichen Darstellungen auf Brakteaten der Völkerwanderungszeit in Frage. Das Hauptverbreitungsgebiet der Brakteaten ist Skandinavien. Es gibt jedoch auch eine Anzahl von Funden aus Norddeutschland, dem niederländischen Friesland und England.

Nachdem die Versuche der älteren Forschung, Götter wie Odin, Tyr, Thor oder Freyr auf den Brakteaten zu erkennen, nicht beweisbar waren,[592] bezog man ab den 40er und 50er Jahren unseres Jahrhunderts eine vorsichtigere Position, die darauf hinauslief, man könne die Bildinhalte der Brakteaten heute nicht mehr entschlüsseln.[593] Dieser Haltung tritt Hauck mit der These entgegen, die Brakteaten stellten zwar nicht ausschließlich, aber hauptsächlich *eine* Gottheit dar, nämlich Odin.[594] Das entscheidende Kriterium für diese Interpretation sind die traditionell häufig als Zungen verstandenen Gebilde in der Nähe von Mund oder Nase, die von Hauck als Atem- bzw. Windchiffren betrachtet werden. Da diese Atemchiffren auf Brakteaten der Typen A, B und C vertreten sind und auch die Anwesenheit eines Vogels als Nebenfigur zur Hauptgestalt bezeugt ist, erscheint für Hauck die Identifikation der Zentralfigur mit Odin gerechtfertigt. Die argumentativen Pfeiler der Identifikation sind die Traditionen von Odin und seinen Raben sowie religionsgeschichtliche Parallelen zu mithräischen Windgottheiten, die die Figur mit der Atemchiffre als Wind- und Luftgottheit und damit als Odin ausweisen sollen.[595] Diese Deutung arbeitet stark mit spekulativen Größen. Zum einen ist die Interpretation der pfeil- bzw. strichartigen Gebilde bei Mund und Nase der Hauptgestalt als 'Atemchiffren' (statt Zungen) nicht zwingend. Sollte es sich tatsächlich um 'Atemchiffren' handeln, bleibt die Deutung der Hauptgestalt der A-, B- und C- Brakteaten als Windgottheit (trotz des angeführten religionsgeschichtlichen Vergleichsmaterials) fraglich. Zudem ist das Verständnis von Odin als Windgott, das Hauck seiner Deutung zugrundelegt, durch die Quellen so gut wie nicht abgesichert.[596]

Seebold interpretiert das verbreitetste Motiv der Goldbrakteaten der Völkerwanderungszeit, den Kopf über einem Pferd, also den sogenannten Typ C der Brakteaten-Stempel. Die Deutung der Brakteatenfigur als Odin ist nach Auffassung Seebolds zu speziell. Wahrscheinlicher ist es, daß das Bild des römischen Kaisers auf den zugrundeliegenden römischen Münzbildern zu einem germanischen König umstilisiert worden ist.[597]

592 Dies konstatierte schon Zeiß (1941) 27.
593 Cf. Hauck (1978) 3,365.
594 Cf. ibid. 3,365f.
595 Cf. ibid. 3,380-382 und id. (1970) 301-306.
596 Siehe dazu Teil 2, 1.1.1. und Teil 2, 1.2.1. Hochspekulativ erscheint auch Haucks weitere Brakteatenikonologie, die auf dieser Deutung aufbaut und von einem geschlossenen religiösen Gesamtprogramm hinter den Brakteaten ausgeht. (Cf. Hauck (1978) 3,367-399). Den hohen Quellenwert der Brakteaten für die germanische Religionsgeschichte betont auch Hauck (1992) 229-269.
597 Cf. Seebold (1992) 270-335.

Deutlichere Bezüge zu eddischen Göttern und eddischen Mythen lassen sich wohl ausgehend von den Bildinhalten der gotländischen Bildsteine ziehen.[598] Als Quellen für die Darstellung mythologischer Gehalte kommen Bildsteine der Gruppen C und D in Frage. Die Datierung der C- Steine ist unsicher. In der älteren Forschung datierte man sie ab 700, heute setzt man sie etwas früher an. Die jüngsten Exemplare dieser Gruppe stammen wohl erst aus dem 11. Jahrhundert.[599] Von Lindqvist werden die D- Steine in die 2. Hälfte des 8. Jahrhunderts datiert, was jedoch nicht als gesicherte Chronologie gelten kann.[600]
Was Darstellungen des Gottes Odin auf den Bildsteinen betrifft, so geht man davon aus, daß er auf Lärbro Hammars III in Vogelgestalt mit Suttung und dessen Tochter erscheint.[601] In ähnlicher Weise sei er in der Opferszene von Lärbro Stora Hammars I als Vogel präsent. Man kann an der Darstellung erkennen, daß bereits ein Hängeopfer vollzogen ist und ein weiterer Mensch gerade geopfert wird. Es sieht so aus, als sollte auch noch ein großer Vogel als Opfertier verwendet werden.[602] Während die Versuche, Walhall auf den Bildsteinen zu identifizieren, hypothetisch bleiben,[603] ist Odins charakteristisches achtbeiniges Pferd Sleipnir unschwer zu erkennen. Es findet sich zum Beispiel auf Alskog Tjängvide I, Ardre VIII oder Ardre I.[604] Gängig ist die Szene, daß ein Reiter auf einem Pferd, das gelegentlich Sleipnir sein kann, von einer in der Forschung als Walküre gedeuteten weiblichen Person mit Trinkhorn oder Eßkorb in Empfang genommen wird. Die Szene soll wohl den Empfang des Toten im Jenseits vorstellen. Die Walküre ist diejenige mythische Figur, die ab 700 am häufigsten auf den gotländischen Bildsteinen, z.B. auf Lärbro Hammars IV und Klinte Hunninge I, auftritt.[605] Die Bezüge dieser Bildsteine auf Odin lassen sich durch weitere Referenzen zur nordischen Götter- und Heldenmythologie ergänzen. So zeigt der Bildstein Ardre VIII aus der von Lindqvist auf die zweite Hälfte des 8. Jahrhunderts datierten Gruppe D möglicherweise Thors Fischzug: Thor und der Riese Hymir sitzen in einem Boot, aus dem ein Stierkopf als Köder für die allerdings auf Ardre VIII nicht abgebildete Midgardschlange heraushängt. Dieses Bild korrespondiert zu der in Bragis Schildgedicht beschriebenen Szene,[606] nach der wie auf Ardre VIII Thor und der Riese Hymir in einem Boot sitzen und mit einem Stierkopf als Köder ausziehen, um die Midgardschlange zu fangen.[607] Auch aus dem Bereich der Heldensage sind wohl einige

598 Zu den gotländischen Bildsteinen siehe Lindqvist (1941) Bde. 1 und 2 und Holmqvist (1976) 2,561-570.
599 Cf. Holmqvist (1976) 2,563f. und Lindqvist (1941) 1,40-48.117f.
600 Cf. Lindqvist (1941) 1,49-51. 119-122 und Holmqvist (1976) 2,564.
601 Cf. Lindqvist (1941) 1,95 und Holmqvist (1076) 2,566.
602 Cf. Hauck (1976) 2,586.
603 Cf. ibid. 2,582 und Lindqvist (1941) 1,96.
604 Cf. Lindqvist (1941) 1,99 und Holmqvist (1976) 2,566.
605 Cf. Lindqvist (1941) 1,96-99 und Hauck (1976) 2,587.
606 Cf. Vogt (1930/1) 14-17.
607 Cf. Holmqvist (1976) 2,566, Lindqvist (1941) 1,95 und Hauck (1976) 2,580. Snorri referiert den Mythos in c. 32 der *Gylfaginning*. Sørensen (1986) 257-278 vergleicht die Mythenversionen bei Snorri,

Szenen identifizierbar. So könnte Lärbro St. Hammars I Bilder aus der Hildesage zeigen. Es wird wohl Hilds Entführung und dann die Vorbereitung zum Rachekampf mit der oben bereits beschriebenen Opferszene geschildert.[608] Eine nur fragmentarisch erhaltene Zeile des Steins Stenkyrka Smiss I läßt vermuten, daß hier ursprünglich Gunnar in der Schlangengrube dargestellt wurde.[609] Die Bildfolgen auf Ardre VIII könnten unter anderem auf Szenen aus der Wielandsage verweisen. Erkennbar ist eine Schmiede mit Hämmern und Zangen. Die enthaupteten Gestalten daneben könnte man als die Söhne Niduds, an denen sich der Schmied rächte, verstehen.[610] Von den wenigen Bildsteinen des schwedischen Festlandes sei nur auf diejenige Gruppe von Steinen aus der Zeit der Christianisierung hingewiesen, die den Drachenkampf Sigurds darstellen. Zu nennen sind etwa die Steinritzung von Ramsundsberg oder der Okelbostein.[611]

Was wir über die Verehrung der Götter in den germanischen Provinzen des Imperium Romanum wissen, leitet sich zum allergrößten Teil von den Bodenfunden im weiteren Sinne her. Die wichtigste Kategorie der Funde sind die Inschriften, die sich als Weihinschriften auf Tempeln, Altären und Bildwerken oder auch auf kleineren Gaben wie Schalen, Bechern, Gefäßen, Geräten aus verschiedenen Metallen oder Ton, auf metallenen Votivbildern sowie auf Schmuckstücken finden. Die Inschriften, die im CIL XIII zusammengestellt sind, enthalten in der Regel den Namen des Gottes, des Weihenden und häufig das Datum der Weihe. Weitere religiöse Zeugnisse in den Provinzen sind die Weihegaben ohne Inschriften - die vielen kleinen Steinreliefs mit dem Bild der Gottheit oder die zahlreichen Bronze- und Tonstatuetten. Das Erkennen der Gottheiten ist bei solchen Weihegaben schwierig, und man wird nur die typischen und bekannten Götter ausmachen können.[612]

Ein Hauptproblem bei der Identifizierung germanischer Gottheiten im provinzialrömischen Gebiet stellt das Phänomen der germanisch-keltisch-römischen Mischbevölkerung dar, das die kulturelle Zuordnung der Funde und die sprachliche Erklärung der Inschriften erschwert. Die sprachliche Untersuchung des Materials führt nur in relativ wenigen Fällen zu

---

in der Skaldik und auf den Bildsteinen.

608 Cf. Lindqvist (1941) 1,104-106 und Hauck (1976) 2,593f.

609 Cf. Hauck (1976) 2,594.

610 Cf. Lindqvist (1941) 1,107, Hauck (1976) 2,594 und Holmqvist (1976) 2,566.

611 Cf. Hauck (1976) 2,596. Zu den wenigen norwegischen Bildsteinen und dem dänischen Jellingestein siehe Holmqvist (1976) 2,567-570. Gerade die Verbindungen zwischen den archäologischen Zeugnissen der Wikingerzeit und der literarischen Mythenaufzeichnung des Nordens zeigen die Notwendigkeit der Zusammenarbeit von Archäologen und Religionshistorikern an. (Cf. Roesdahl (1991) 293-301) Wenn Johansen (1991) 170f. fordert, religionswissenschaftliche Schlüsse nicht aus dem archäologischen Material *einer* Periode zu ziehen, sondern das Material der vorausliegenden Perioden in die Deutung miteinzubeziehen, so könnte ein derart auf Kontinuitäten ausgerichteter Interpretationsansatz die Gefahr der Vereinheitlichung heterogenen Materials beinhalten.

612 Cf. Drexel (1923) 1-3.

einem eindeutigen Ergebnis. Häufig fällt die Entscheidung schwer, ob es sich um keltische oder germanische Sprachdenkmäler handelt.[613]
Eine weitere Barriere beim Versuch, germanische Götternamen und Götterbilder zu erkennen, ist das Verfahren der Interpretatio Romana. Es wird nicht nur von antiken Autoren wie Caesar und Tacitus, sondern auch in zahlreichen Inschriften und auf Votivsteinen verwendet. Es wurde bereits angesprochen,[614] daß es sich beim Verfahren der Interpretatio Romana um eine mit zahlreichen Unsicherheiten belastete Methode handelt. Die Gleichsetzungen, mit denen die Interpretatio Romana arbeitet, sind häufig durch vage Assoziationen und Eindrücke bestimmt.
Zwei Beispiele sollen dies verdeutlichen: Der keltische Lenus, der einerseits als Lenus Mars romanisiert wurde, war andererseits nach einer Inschrift aus Pommern ein Heilgott. Die Göttin der britannischen Brigantes wurde teils als Victoria Brigantia, teils als Nympha Brigantia auf römische Verhältnisse übertragen. Gerade die Verdeutlichung von ein und derselben einheimischen Gottheit durch funktional bzw. wesensmäßig weit voneinander entfernte römische Götter zeigt, wie willkürlich die Methode der Interpretatio Romana war und wie gefährlich es ist, aus den Romanisierungen auf das Wesen und den Zuständigkeitsbereich der uns unbekannten einheimischen Götter der Provinzbevölkerung zurückzuschließen. Die Interpretatio Romana ist eher als Schlüssel zu betrachten, mit dem man Erkenntnisse über die Art des römischen Denkens gewinnen kann denn als Zugang zur keltischen oder germanischen Religion.[615] Problematisch ist, daß bei zweigliedrigen Götternamen eine geringe Zahl immer wieder genannter römischer Götter (ihre 'Stammgruppe' beläuft sich auf drei bis fünf Gottheiten) auf der römischen Seite einer großen Fülle von göttlichen Namen bzw. Beinamen auf der keltischen und germanischen Seite gegenübersteht. Es gibt nun grundsätzlich zwei Möglichkeiten, diese Erscheinung zu erklären. Entweder es handelt sich lediglich um verschiedene lokale germanische oder keltische Bei-namen derselben durch den römischen Götternamen repräsentierten einheimischen Gottheit oder aber eine große Zahl der Gottheiten, die inschriftlich mit Mercur, Mars, Apoll und anderen verbunden sind, waren selbständige Gottheiten der einheimischen Religionen. Es ist nun - v. a. aus der räumlich oft eingegrenzten Verbreitung der Namen - eher anzunehmen, daß es eine große Zahl lokaler einheimischer Gottheiten gab. Diese Gottheiten, deren Zuständigkeitsbereich wohl auf einzelne Stämme und Gebiete beschränkt war, wurden von den Römern durch lose gedankliche Verbindungen an Mercur, Mars,

---

613 Zu den als germanisch eingestuften Götternamen und göttlichen Beinamen siehe Gutenbrunner (1936) *Die germanischen Götternamen der antiken Inschriften*, zu den Matronennamen und der Matronenverehrung siehe auch die Beiträge des Sammelbandes *Matronen und verwandte Gottheiten*, ed. Bauchhenss / Neumann (1987).

614 Cf. Teil 2, 1.2.2.1.1.

615 Cf. Wissowa (1918) 24f.27f.

Apoll usw. angebunden. Man sollte auch zurückhaltend mit der Folgerung sein, hinter Diana Abnoba, Diana Arduinna usw. bloße Teilerscheinungen *einer* keltischen Gottheit zu sehen. Zweifelhaft ist es, ob man aus den bei Caesar für Gallien, bei Tacitus für Germanien bezeugten Hauptgöttern[616] auf die Spitze des gallischen bzw. germanischen Götterhimmels schließen kann.

Es läßt sich aufgrund der gesamten inschriftlichen und bildlichen Überlieferung für Gallien und Germanien eher folgern, daß es ursprünglich kein einheitliches Göttersystem gab. In Analogie zur politischen Zersplitterung in verschiedene Stämme und Bezirke zerfiel wohl auch die Religion in eine Reihe von lokalen Kulten und lokal begrenzten religiösen Traditionen. Der Charakter vieler inschriftlich bezeugter gallischer und germanischer Götter als Lokalgottheiten ergibt sich aus der sprachlichen Verwandtschaft ihrer Namen mit Orts- oder Stammesnamen. Daß die begriffliche Verengung des Gottesnamens noch weiter gehen konnte, zeigen Inschriften wie "Marti suo". Der angesprochene Gott ist hier nicht als Stammes- oder Lokalgott zu verstehen, sondern als ein ganz persönlicher Schutzgott.[617]

Interessant für die hier zu behandelnde Thematik ist besonders der Aspekt, daß die Vielzahl der inschriftlich überlieferten germanischen Namen und Beinamen so gut wie gar nicht mit den germanischen Mythengestalten, die uns aus den spärlichen Zeugnissen in (früh)-mittelalterlich christlichen Texten oder aus den reichen nordischen Traditionen bekannt sind, übereinstimmt. Gerade dadurch wird deutlich, wie unsicher es ist, die Mythologie der Edden für die taciteische Zeit oder auch die Spätantike anzusetzen. Freilich kann man argumentieren, die großen Götter seien von der Interpretatio Romana gewissermaßen aufgesogen worden. Damit setzt man aber voraus, daß hinter jedem Mercur ein Wodan oder hinter jedem Hercules ein Donar steht, während eine nähere Beschäftigung mit der Interpretatio Romana gerade wahrscheinlich macht, daß die römischen Götter oft Chiffren waren, die möglicherweise für durchaus unterschiedliche Figuren gesetzt wurden.

Die Vielzahl der Namen, die häufig örtlich gebunden sind, legt den Gedanken an eine Fülle von Lokaltraditionen und Lokalgöttern jedenfalls eher nahe als die Vorstellung eines geschlossenen Systems mit feststehenden Hauptgottheiten. Es versteht sich, daß man von den provinzialrömischen Verhältnissen nicht ohne weiteres auf das freie Germanien schließen kann. Die Kulte des provinzialrömischen Bereiches bilden lokale Sonderformen, die nicht von der angedeuteten spezifischen ethnischen Situation zu trennen sind. Es wäre also falsch, nach Parallelen etwa zum Matronenkult zu suchen oder auf solche zu schließen. Nicht

---

616 Cf. Caesar, *Bellum gallicum* lib. 6, c. 17, ed. Dorminger (1962^5) und Tacitus, *Germania* c. 9, ed. Lund (1988).

617 Cf. Drexel (1923) 13-15. Die Argumentation Drexels für Gallien läßt sich meiner Ansicht nach auch auf Germanien übertragen. Bei der bildlichen Darstellung der Götter in römischer Art sind Hinweise dafür, daß Götter der Provinzen in Form der Interpretatio Romana dargestellt werden sollen, das Auftreten von Attributen, die für römische Verhältnisse untypisch sind. Beispiele dafür wären der keltische Gott mit dem Hammer bzw. Schlägel oder der keltische Radgott. (Cf. ibid. 21-24).

abwegig dagegen scheint es, auf einer allgemeineren gewissermaßen phänomenologischen Ebene ausgehend von dem Bild einer Fülle von Lokaltraditionen, das sich für den provinzialrömischen Bereich abgezeichnet hat,[618] ähnliche religiöse Strukturen bei den Stämmen der 'Germania libera' zu vermuten. Es wäre also denkbar, daß auch im freien Germanien zur selben Zeit mit einer Vielfalt lokaler, wohl oft stammesgebundener religiöser Göttertraditionen und nicht mit einem stammesübergreifenden mythologischen System zu rechnen ist.

618 Zu denken ist - um nur einige Beispiele zu nennen - etwa an die weiblichen Göttinnen Alateivia, Arvolecia, Garmangabis, Hariasa, Harmella, Idiangabis, Ricagambeda, Sandraudiga, Vihansa, Hludana, Vagdavercustis, Sunucsalis, Nehalennia oder an Matronennamen wie Albiahenae, Aumenahenae, Nersihenae, Renahenae, Frisavae, Hamavehae, Kannanefates, Suebae, Treveri, Vangiones. die Gabiae, Alagabiae und Arvagastiae u.a. (Siehe dazu Gutenbrunner (1936) und ed. Bauchhenss / Neumann (1987)).

1.3. Überlegungen zum Sagenkreis der wilden Jagd und des wütenden Heeres

J. Grimms Deutung des wütenden Heeres wurde unter 1.1.2. dargelegt. Die Grundzüge seiner Erklärung waren:
Es handelt sich um ein ursprünglich heidnisch-germanisches Phänomen. Hinter den bis heute überlieferten Sagen standen germanische Göttermythen insbesondere von Wodan / Odin, aber auch von anderen Göttern und Göttinnen. Diese Mythen sind in christlicher Zeit verzerrt, zu Gespenstersagen herabgewürdigt und mit christlichen Motiven angereichert worden. Historische oder halbhistorische Personen, die sich mit dem Sagenkreis verbanden, sind nur Stellvertreter der Götter und lassen sich bei genauerer Betrachtung auf mythische Figuren zurückführen. Die nordischen und deutschen Sagen vom wütenden Heer und der wilden Jagd sind erneut ein Beleg für die Übereinstimmung beider Mythologien.[1]
Unter 1.2.1. wurde gezeigt, wie die Deutung des wilden Jägers und des wütenden Heeres forschungsgeschichtlich mit der Untersuchung des Gottes Wodan / Odin verflochten war, und wie man nicht selten - etwa bei naturmythologischen und animistischen Ansätzen - in diesen Sagen den Schlüssel zu Verständnis und Wesen der Göttergestalt sah.
Wenn sich die Deutung Grimms halten ließe, so würde der vielschichtige Sagenkreis tatsächlich eine große Bereicherung für die *Deutsche Mythologie* darstellen, und das spärliche Bild, das die deutschen Quellen von Wodan überliefern, träte plastischer hervor.
Der Sagenkreis soll hier auf zweifache Weise untersucht werden - zum einen in einer historisch-chronologischen, zum anderen in einer mehr systematischen Betrachtungsweise.[2] Durch diese doppelte Perspektive sollen die Mängel der jeweils anderen Darstellungsart aufgefangen werden. Eine bloß historisch-chronologische Betrachtung wird zwar der Eigenart der Texte gerecht, läuft jedoch Gefahr, im Material zu versinken, die Ordnung der Texte untereinander zu wenig zu beachten und größere Fragehorizonte nicht zu eröffnen. Anhand einer nur systematischen Untersuchung, die sich exemplarisch auf einige wenige Texte oder ein Konglomerat von Textstellen bezieht, ließe sich der bisherige seit Grimm fortgeschriebene Forschungsstand nur sehr unzureichend überprüfen.
Die historische Analyse behandelt die Quellen nach ihrer zeitlichen Abfolge. Der Schwerpunkt der Untersuchung soll damit nicht auf den massenhaft verbreiteten Aufzeichnungen der Sagen vom wütenden Heer im 19. Jahrhundert liegen, sondern auf dem zeitlich früheren Material. Das Textkorpus soll möglichst repräsentativ sein, ohne daß in neopositivistischer Me-

---

1 Cf. *DM* 2, bes.790f.

2 Hilfreich für die folgende Untersuchung war die Quellensammlung von Meisen (1935). Als Grundlage für die kurzen Informationen zu den einzelnen Autoren verweise ich auf die entsprechenden Artikel von ADB, NDB und Verfasserlexikon (V und V²).

thodik der Anspruch erhoben wird, die - utopische - Gesamtzahl der Varianten zu dokumentieren.[3]

Der Fragehorizont der Untersuchung ist folgendermaßen zu umreißen:

Wann und in welchem Umkreis treten die Sagen von einem Geisterheer auf? Wann fällt der Begriff des wütenden Heeres bzw. der wilden Jagd oder des wilden Jägers und in welchem Kontext? Gibt es historisch-philologische Hinweise für die von Grimm postulierte Abfolge heidnischer und christlicher bzw. heidnischer und historischer Führergestalten? Welche räumliche Verbreitung läßt sich anhand des Quellenmaterials erkennen? Zu untersuchen ist auch das Verhältnis von wütendem Heer und wilder Jagd sowie die Frage, ob sich in dem großen und verschwommenen Traditionskreis wütendes Heer / wilde Jagd Subkategorien finden lassen.

Die Texte sollen nicht als Derivate eines möglicherweise zugrundeliegenden Urmythos' betrachtet werden.[4] Sie sind als Erzähleinheiten nach ihrer Struktur zu untersuchen. Es wird nach den Erzählmotiven, ihrer Herkunft, Funktion für die Erzählung und ihrer strukturalen Beziehung zueinander gefragt werden sowie nach den auftretenden Führergestalten und dem Personal. Im einzelnen ist zu prüfen: Bleibt der Traditionskreis nach Struktur und Inhalt über die Jahrhunderte hinweg konstant, oder lassen sich Veränderungen feststellen, z.B. Motivzuwachs bzw. Motivverlust, Veränderungen in der strukturellen Komplexität (Erweiterungen, Verkürzungen...), Wandel der von den Textzeugen geleisteten Erklärung der Tradition? Die Frage nach dem Wandel von Erzähltraditionen und damit verbunden nach dessen möglichen kulturgeschichtlichen und erzähltechnischen Bedingungen erscheint gegenüber dem Festhalten und Feststellen möglichst weitgreifender Kontinuitäten als ein wesentliches Desiderat der neueren Sagenforschung.[5] Im Gegensatz zur Methodik Grimms sind besonders die Kontexte der Erzähleinheiten zu berücksichtigen, da sie Aufschluß über die den Texten zugrundeliegenden soziokulturellen Voraussetzungen bieten können. Zu stellen ist hier auch die Frage nach den Funktionen der Texte und damit verbunden nach ihrem möglichen Rezeptionsangebot: Welche Funktionen soll die Erzählung im Erzählkontext erfüllen? Kommt den Traditionen konstant dieselbe Funktion zu, oder sind sie je nach Erzählkontext, Textsorte und sozialem Milieu unterschiedlich funktionalisierbar? Welche Rezeptionsmöglichkeiten eröffnen die Erzählungen? Von Interesse ist dabei auch, ob und auf welchen Ebenen sich Parallelen zu anderen Traditionskreisen und Textsorten ziehen lassen. Es versteht sich, daß es zu Überlagerungen zwischen der historisch-chronologischen und der systematischen Betrachtungsweise kommt.[6]

---

3 Röhrich (1973) 18 kritisiert diese Art von neopositivistischer Sagenforschung.

4 Graf moniert, daß im Bereich der Sagenforschung die "Fixierung auf eine einzige ursprüngliche Fassung" die Wahrnehmung der verschiedenen Formen und Versionen einer Tradition bzw. eines Traditionskreises gerade blockiere. (Cf. Graf (1988) 26).

5 Cf. ibid. 19.

6 Als methodisch leitend für die Untersuchung sei auf die Überlegungen von Graus zum Umgang mit histori-

1.3.1. Historisch-chronologische Betrachtung der Quellen

1.3.1.1. Antike Zeugnisse

Zunächst ist zu untersuchen, ob und welche antiken Traditionen es von Geisterheeren gab. Dabei ist zwischen der Vorstellung geisterhafter Kriegsheere und dem Umzug gespensterhafter Toter zu differenzieren.[7]

In der Forschungsgeschichte zum wütenden Heer wurde seit J. Grimm[8] immer wieder die Stelle aus c. 43 der taciteischen *Germania* diskutiert, nach der die Hariier ihre Wildheit durch eine List und die geschickte Wahl der Kampfzeit steigern. Sie kämpfen mit schwarzen Schilden, dunkelgefärbten Körpern und wählen als Kampfzeitpunkt dunkle Nächte. Indem sie auf diese Weise den Eindruck eines Totenheeres erwecken, versuchen sie die Feinde zu erschrecken:

> [Harii] "truces: insitae feritati arte ac tempore lenocinantur: nigra scuta, tincta corpora; atras ad proelia noctes legunt ipsaque formidine atque umbra feralis exercitus terrorem inferunt"[9]

J. Grimm läßt die Frage offen, ob das 'Totenheer' oder 'Höllenheer' auf römischer Anschauung beruhte, oder ob es sich um eine germanische Vorstellung handelt, die mit den Nachrichten über die Harier überliefert wurde.[10] In der an Grimm anknüpfenden Forschung wurde die Textstelle immer deutlicher als Reflex germanischer Religiosität, ja als Zeugnis für den kultischen Brauch eines Kriegerbundes betrachtet.[11]

Der taciteische Text bietet keinen wirklichen Hinweis darauf, daß es sich hier um den kultischen Brauch eines Kriegerbundes handelt. Ein unbefangener Leser, der nicht von den Thesen Höflers oder ähnlichen Ansätzen beeinflußt ist, wird darin eine Kriegslist sehen, die für die Kampfart der Harier typisch war. Die Stelle sagt nicht, daß die Harier sich tatsächlich als "feralis exercitus" gebärdeten, sondern es handelt sich um eine taciteische Metapher: die Harier erschreckten ihre Gegner, indem sie sich den Anschein eines Totenheeres gaben "umbra feralis exercitus". Dies wird auch deutlich durch die folgende Passage, in der Tacitus erläutert, die Harier boten ihren Feinden gleichsam einen Anblick, als seien sie aus der Unterwelt,

---

schen Überlieferungen verwiesen. (Cf. Graus (1975) 1-28, bes. 11-19). Wenn Graus die Suche nach ursprünglichen '"Kernen"' und hypothetischen Vorstufen für die historischen Überlieferungen ablehnt und statt dessen zur Orientierung im Material eine 'Phänomenologie der gegebenen Erscheinungsformen' fordert, die sich der fließenden Grenzen zwischen gelehrter und mündlicher Traditionen bewußt bleibt, so können diese Überlegungen auch für die dämonologischen Sagen von wütendem Heer und wilder Jagd fruchtbar gemacht werden.

7 Auch Grimm bespricht die Überlieferungen von einem in der Luft kämpfenden Kriegsheer als eigene Gruppe innerhalb des Sagenkreises vom wütenden Heer. (Cf. *DM* 2,782-785).

8 Cf. *DM* 2,792f.

9 Tacitus, c. 43, ed. Lund (1988).

10 Cf. *DM* 2,793.

11 Cf. Weniger (1906) 201-215, Plischke (1914) 21, Endter (1933) 7f., de Vries (1962) 37f.

"velut infernum aspectum". Aus dem Zeugnis läßt sich jedoch schließen: Tacitus muß die Vorstellung eines Totenheeres gekannt haben, denn andernfalls hätte er sie nicht in metaphorischem Sinn auf die Harier anwenden können.

Daß die Vorstellung eines Gespensterheeres in der Antike bekannt war, ist durch weitere Stellen bezeugt.

Pausanias berichtet in seiner Beschreibung Griechenlands, daß man in Marathon die ganze Nacht hindurch gefallene Krieger und wiehernde Pferde im Kampf beobachten könne. Die Kämpfer würden als 'Dämonen' bezeichnet. Im Hinblick auf die späteren Traditionen zum wütenden Heer und zur wilden Jagd ist auch der Zug interessant, daß Menschen, die die Geisterkämpfe absichtlich beobachten, bestraft werden, während Personen, denen die Erscheinung zufällig zuteil wird, straflos davonkommen.[12]

Plinius der Ältere überliefert in den *Naturalis historiae* die Vorstellung von einem in der Luft kämpfenden Heer im Kontext seiner Ausführungen zu seltsamen Himmelserscheinungen. Die verschiedenen Kampfparteien hätte man hören und auch sehen können.[13] Der Tradition kommt hier deutlich der Charakter eines Zeichens zu, das auf kriegerische Auseinandersetzungen wie die Kimbernkriege verweist.

Der griechische Philosoph Damaskios von Damaskos (6. Jahrhundert n. Chr.) erzählt in seiner *Vita Isidori* von einer blutigen Schlacht zwischen den Römern und den Skythen unter Attila. Das Besondere an der Schlacht war, daß die Kämpfer, die gefallen waren und ihren Körper verloren hatten, noch drei Tage und Nächte lang mit ihrem Geist weiterkämpften. Man hätte gehört und gesehen, wie die "Bilder der Seelen" miteinander kämpften. Ähnliche, allerdings lautlose Erscheinungen von kämpfenden toten Kriegern seien aus verschiedenen anderen Gegenden bekannt.[14]

In diesem Zusammenhang könnte man auch an die in den *Historien* bei Herodot und bei Polyainos in seinem Werk *Strategemata* überlieferte Kriegslist der Phoker denken. Als die Phoker auf dem Parnaß eingeschlossen waren, ersann der Seher Tellias die List, 600 der tapfersten phokischen Krieger und ihre Waffen mit Gips weiß anzustreichen und sie gegen die Thessaler kämpfen zu lassen. Die Thessaler fürchteten sie, weil sie sie für Gespenster hielten, und so konnten die Phoker sehr viele von ihnen töten.[15] Hier wie in der Tacitusstelle wird nicht gesagt, es seien tatsächlich Gespensterheere erschienen, sondern, daß die Kriegslist bei den Gegnern den Eindruck eines Geisterheeres erweckt habe.

---

12 Cf. Pausanias, lib. 1, c. 32,4, ed. Rocha-Pereia (1989), deutsche Übersetzung von E. Meyer / Eckstein (1986^3,1954).

13 Plinius der Ältere, lib. 2, c. 148, ed. und übersetzt v. König (1974): "Armorum crepitus et tubae sonitus auditos e caelo Cimbricis bellis accepimus, crebroque et prius et postea. tertio vero consulatu Mari ab Amerinis et Tudertibus spectata arma caelestia ab ortu occasuque inter se concurrentia, pulsis quae ab occasu erant."

14 Cf. Damaskios, § 63, ed. Westermann (1850) mit lateinischer Übersetzung.

15 Cf. Herodot, lib. 8, c. 27 ed. und übersetzt von Feix (1963) und Polyainos, lib. 6, c. 18, ed. Woelfflin / Melber (1887).

Die Vorstellung eines Geisterheeres, das in der Luft kämpft (und sich aus gefallenen Kriegern rekrutiert), war - wie die besprochenen Stellen zeigen - der Antike nicht fremd. Diese Quellen stehen dem Traditionskreis des wütenden Heeres näher als der nordische Walhallmythos, nach dem die toten Helden sich täglich bekriegen, töten und wiederauferstehen oder die nordische Bezeichnung der Schlacht als 'Sturm' bzw. 'Unwetter', aus deren Vorbild Grimm die deutschen Überlieferungen ableitet.[16]

Die Vorstellung eines in der Luft kämpfenden Kriegsheeres, dem im Sinne eines Prodigiums zeichenhafte Bedeutung zukommt, wobei das Zeichen auf vergangene Kampfhandlungen zurückweisen oder sich auf gegenwärtige bzw. künftige Kriege beziehen kann, ist nicht nur aus der griechisch-römischen Antike, näherhin aus Werken mit historiographischer Funktion, sondern auch aus dem Bereich jüdischer Historiographie bekannt. Zu denken ist etwa an 2 Makk 5,1-10, wo das Auftreten von in der Luft kämpfenden Reiterscharen den Bürgerkrieg in Jerusalem ankündigt.[17]

Es handelt sich also nicht um eine spezifisch germanische Tradition, die nur aus ihrer Verbindung mit germanischen Göttermythen erklärbar wäre.

Dieses Urteil bestätigt sich auch durch parallele mittelalterliche Überlieferungen aus dem romanischen Bereich, auf die noch einzugehen ist.

An der Vorgehensweise J. Grimms fällt auf, daß er die romanischen Traditionen und zum Teil auch die antiken zitiert, sie aber bei seiner Deutung nicht berücksichtigt. Möglicherweise befürchtet er, das Phänomen nicht mehr als spezifischen Ausfluß der heidnisch-germanischen Mythologie erklären zu können, wenn er die Verflechtungen mit Überlieferungen des antiken oder romanischen Bereiches in seine Deutung einbezieht.

Antike Anknüpfungen lassen sich nicht nur für die in der Luft kämpfenden Kriegsheere finden, sondern auch für den Umzug gespensterhafter Toter. Öfter ist in den Quellen vom Herumschweifen der Unterweltsgöttin Hekate mit ihrem Schwarm die Rede. In einem Tragikerfragment aus dem 5. / 4. Jahrhundert v. Chr. ist die Rede vom "Schwarm der unterirdischen Hekate", den man beschwören kann.[18] Ein Scholiast zu Apollonios von Rhodos schreibt, Hekate würde gespenstische Erscheinungen aussenden.[19] Bei Eusebios von Caesarea wird als Meinung des Neuplatonikers Porphyrios referiert, die Führer der bösen Dämonen seien Serapis und Hekate, nach der heiligen Schrift der Beelzebul.[20] Interessant ist auch eine Stelle aus

---

16 Cf. *DM* 2,785. Über den Walhallmythos sagt Grimm hier: "dies scheint mir unter allen das älteste vorbild eines in den wolken streitenden heers."

17 2 Makk 5,2-4: "Da erschienen fast vierzig Tage lang über der ganzen Stadt Reiter, die durch die Lüfte jagten, ... Lanzenträger rückten in Abteilungen zum Kampf aus, Schwerter zuckten. ... Angriffe wurden gemacht, von beiden Seiten rannte man gegeneinander an, ... Alle beteten deshalb, die Erscheinung möge etwas Gutes bedeuten."

18 Cf. *Fragmentum adespotum* 375, ed. Kannicht / Snell (1981).

19 Cf. Scholiast zu Apollonios von Rhodos, 3,861, ed. Keil (1854).

20 Cf. Eusebios von Caesarea, *Praeparatio evangelica* lib. 4, c. 22, PG 21,303C, cf. auch den *Orphischen Hymnus I*, V. 3, ed. Abel (1885) 58, wo Hekate als die gepriesen wird, die mit den Geistern der Toten umherzieht.

einem Liebeszauber des 4. Jahrhunderts n. Chr., wo Hekate zusammen mit den vorzeitig Verstorbenen sowie den Unvermählten und Kinderlosen angerufen wird.[21]
Daß die Verstorbenen nach dem Glauben der Römer nachts umherschweiften, geht weiterhin aus einer Stelle bei Properz hervor. Der Schatten der verstorbenen Geliebten erscheint dem Dichter nachts und erzählt ihm, daß die Nacht die Gestalten der Unterwelt befreien würde.[22]
Besonders wesentlich für diese Untersuchung sind die Ausführungen Tertullians in *De anima*. Er gibt hier die Meinung wieder, die Seelen derer, die eines vorzeitigen Todes gestorben sind, würden so lange herumschweifen, bis der Rest ihrer Lebenszeit erfüllt sei, d.h. sie schweifen so lange herum, wie sie gelebt hätten, wenn sie nicht vorzeitig gestorben wären.[23] Tertullian selber entscheidet sich dafür, daß die Seelen dieser Gruppen die ihnen verbleibende Zeit in der Unterwelt verbringen. Denkt man sich die Unterwelt als gut - Tertullian erörtert die Frage, ob die Unterwelt gut oder böse sei - so gäbe es keinen Grund, die Seelen derer, die vor der Zeit und ehelos verstorben sind, also rein und unschuldig waren, aus der Unterwelt zu verbannen.[24]
In gleicher Weise seien auch die Seelen derer, die auf gewaltsame Weise ums Leben gekommen sind, nicht als ausgeschlossen von der Unterwelt zu betrachten.[25] Aus dieser Stelle läßt sich indirekt darauf schließen, daß auch der Ausschluß der gewaltsam getöteten Seelen und ihr Herumschweifen diskutiert wurde.
Aus den antiken Berichten geht also hervor, daß es neben der Tradition von in der Luft kämpfenden (und möglicherweise aus toten Kriegern bestehenden) Heeren auch die Vorstellung von nachts umherschweifenden toten Seelen gab, als deren Anführerin öfter die Unterweltsgöttin Hekate gedacht ist. Die Tertullianstelle zeigt: Man dachte sich insbesondere diejenigen Seelen als herumziehende Gespenster, die das Telos ihres Lebens nicht erreicht haben, die also vor der ihnen zugemessenen Lebenszeit gestorben sind. In enger Verbindung mit diesen werden die Ehelosen gesehen, die das Lebensziel der Fortpflanzung nicht eingelöst haben, sowie die, die auf gewaltsame Weise verstümmelt aus dem Leben schieden.

21 Cf. ed. Preisendanz (1973[2],1928) 1,158-161.
22 Properz, lib. 4,7,V. 89f, ed. Hanslik (1979): "nocte vagae ferimur, nox clausas liberat umbras, / errat et abiecta Cerberus ipse sera."
23 Tertullian c. 56, CSEL 20, 389f.: "aiunt et inmatura morte praeuentas eo usque uagari istic, donec reliquatio compleatur aetatis, quam tum peruixissent, si non intempestiue obissent."
24 Ibid. 391: "si bonos, cur idem animas immaturas et innuptas et pro condicione aetatis puras et innocuas interim indignas inferis iudicas?"
25 Ibid.: "perinde extorres inferum habebuntur quas ui ereptas arbitrantur, praecipue per atrocitates suppliciorum, crucis dico et securis et gladii et ferae; nec isti porro exitus violenti quos iustitia decernit, uiolentiae uindex."

1.3.1.2. Mittelalterliche und neuzeitliche Zeugnisse

1.3.1.2.1. Traditionen aus dem romanischen Bereich

Blickt man nun auf die mittelalterlichen Traditionen, die sich dem Vorstellungskreis vom wütenden Heer und wilden Jäger zuordnen lassen,[26] so zeigt sich, daß die frühen Nachrichten sich nicht auf den deutschen Boden beschränken.

Der 1075 in England geborene, aber seit seinem 10. Lebensjahr in dem französischen Kloster St. Evroult in Ouche lebende Mönch Ordericus Vitalis berichtet im 8. (wohl in den 30er Jahren des 12. Jahrhunderts geschriebenen) Buch seiner *Historiae ecclesiasticae*[27] von der Begegnung eines Priesters mit einem Gespensterheer, der "familia Herlechini". Die Erzählung soll im folgenden vorgestellt und nach ihrer Struktur untersucht werden.[28]

Der Priester Gualchelinus wird am 1. Januar 1091 nachts zu einem Kranken gerufen. Auf dem Rückweg hört er Lärm wie von einem riesigen Heer und denkt (zunächst), es sei die Schar des 'Rodbertus Belesmensis', des Robert von Bellême, die zur Belagerung von Courcy unterwegs sei.[29] Der Erzähler schildert die psychische Wirkung, die die Erscheinung in dem Priester hervorruft. Angst erfaßt ihn und er schwankt zwischen Flucht und Verteidigung:

> "Audito itaque tumultu inordinate properantium timuit, et plurima secum tractare cepit. an fugeret ne a uilibus parasitis inuaderetur, et inhoneste spoliaretur aut ualidam manum pro defensione sui erigeret si ab aliquo impeteretur."[30]

Sein Versuch, sich zu verstecken, wird vereitelt, da ein riesenhafter Mann ihn verfolgt und ihn mit einer Brechstange bedroht, "Sta, nec progrediaris ultra."[31] Neben dem Riesen stehend, sieht er von seinem erzwungenen Beobachterposten aus ein Heer, das nach Abteilungen gegliedert ist. Als erste Abteilung zieht eine riesige Geisterschar vorbei, beladen mit Gerätschaften verschiedener Art, jammernd und sich gegenseitig zur Eile antreibend. Der Presbyter erkennt unter ihnen viele seiner Nachbarn, die vor kurzem gestorben sind, und er hört sie über die schweren Strafen klagen, mit denen sie für ihre Untaten gequält werden.

> "Omnes nimirum lamentabantur seseque ut festinarent cohortabantur. Multos etiam uicinorum suorum qui nuper obierant presbiter ibidem recognouit et merentes pro magnis suppliciis quibus ob facinora sua torquebantur audiuit."[32]

Darauf folgt eine Schar von Leichenträgern, in die sich der genannte Riese plötzlich einfügt.

---

26 Die in der Luft kämpfenden Kriegsheere möchte ich als Untergruppe der Vorstellung vom wütenden Heer betrachten.

27 Zu Ordericus Vitalis und seinem Werk cf. Chibnall (1980) 1-125.

28 Cf. Ordericus Vitalis lib. 8, c. 17, ed Chibnall (1973) 4,236-250.

29 Ibid. 236.238: "Vnde dum solus rediret, et longe ab hominum habitatione remotus iret, ingentem strepitum uelut maximi exercitus cepit audire et familiam Roberti Belesmensis putauit esse, quae festinaret Curceium obsidere."

30 Ibid. 238.

31 Ibid.

32 Ibid.

Sie tragen etwa 500 Bahren, auf denen Menschen liegen, klein wie Zwerge, mit Köpfen groß wie Fässer. Sie werden von Dämonen mit feuerglühenden Stacheln gequält. In einem der Gefolterten erkennt Gualchelinus einen Mörder, der für seine Tat sühnen und büßen muß, da er starb, ohne seine Buße vollendet zu haben.

Es folgt eine berittene Schar Frauen, deren Zahl dem Presbyter unermeßlich erscheint. Auch sie werden auf grausame Weise mit glühenden Nägeln und Stacheln gefoltert. Bei den Frauen werden - das versteht sich - Vergehen aus dem erotischen Bereich angeführt, für die sie büßen. Statt der Verführungen und unsittlichen Ausschweifungen, die sie im Übermaß genossen haben, müssen sie nun unter Feuer, Gestank und anderen Züchtigungen leiden.[33] In diesem Zug sieht der Priester auch verschiedene ihm bekannte Frauen der vornehmen Gesellschaft.

Der Erzähler schiebt, bevor er die Schilderung der Heeresabteilungen, die er durchgängig mit militärischen Ausdrücken wie "turba peditum", "turma vespilionum", "cohors mulierum", "agmen clericorum et monachorum" bezeichnet, fortführt, erneut ein, welche Wirkung die Erscheinung auf den Presbyter ausübt. Er bebt vor Angst, und, was im Sinne des Erzählers bedeutsam ist, er beginnt in sich zu gehen, "Stans presbiter talibus uisis contremuit et multa secum reuoluere coepit."[34]

Es folgt die große Zahl der Geistlichen und Mönche mit ihren 'Vorgesetzten', den Bischöfen und Äbten, alle schwarz gekleidet. Auch sie seufzen und klagen und dringen in Gualchelinus, er möchte im Gedanken an den früheren vertrauten Verkehr mit ihnen für sie beten. Unter diesen sieht Gualchelinus viele, die zu ihren Lebzeiten hohes Ansehen genossen und von denen man glaubte, sie seien schon längst im Himmel. Eingang ins Paradies können die Seelen jedoch erst finden, wenn sie - wie ein Gefäß vom Rost - von allen Fehlern gereinigt sind.

> "In regno aeternae beatitudinis perpetua claritas omnia irradiat... Vnde quicquid inconueniens faex carnalis commisit purgatorio igne decoquitur, uariisque purgationibus prout aeternus censor disponit emundatur. Et sicut uas excocta rubigine mundum et diligenter undique politum in thesaurum reconditur sic anima omnium uitiorum a contagione mundata paradisum introducitur"[35]

Unter diesem Aspekt wird deutlich, daß die Toten, die an Gualchelinus vorbeiziehen, gerade derartigen Reinigungen ("variisque purgationibus", "purgatorio igne") unterzogen werden.

Die psychische Verfassung des Priesters, auf die der Erzähler wiederholt hinweist, ist durch die Erscheinungen beim Zustand völliger Verwirrung angelangt. Im Presbyter, der den Heereszug an sich vorbeigleiten sieht wie einen Film, wird den Lesern eine Identifikationsfigur an

---

33 Ibid. 238.240: "Deinde cohors mulierum secuta est, cuius multitudo innumerabilis presbitero uisa est... Illae autem candentibus clauis in natibus uulnerabantur, et punctionibus ac adustione horribiliter tortae 'Vae Vae' uociferabantur et flagitia pro quibus sic penas luebant palam fatebantur. Sic nimirum pro illecebris et delectationibus obscenis quibus inter mortales immoderate fruebantur nunc ignes et fetores et alia plura quam referri possunt supplicia dire patiuntur, et eiulantes miserabili uoce penas suas fatentur."

34 Ibid. 240.

35 Ibid.

die Hand gegeben. So wie die Erscheinung auf den Presbyter wirkt, soll sie auch die Leser beeindrucken. Den Lesern wird, wie dem Presbyter, keine abstrakte Lehre von den Qualen, die die sündige Seele nach dem Tod erwarten, gegeben, sondern die Strafen werden sinnlich vor Augen geführt und bis ins Detail beschrieben.

Die Gliederung der Erzählung orientiert sich an der Anordnung nach Heereszügen. Indem Gestalten aus dem Heereszug Gualchelinus ansprechen, bleibt er nicht länger nur Zuschauer, sondern er wird direkt in das Geschehen involviert. Über Gualchelinus wird den Leserinnen und Lesern auf diese Weise vermittelt, daß sie in der Frage ihres Schicksals nach dem Tod nicht nur eine Beobachterposition einnehmen können, aus der sich die Peinigung der Seelen aus der Distanz heraus betrachten läßt.

Es folgt als weitere Heeresabteilung ein Zug von bewaffneten Rittern, die schwarz und feuerglühend aussehen. Gualchelinus sieht auch unter ihnen wieder einige kürzlich verstorbene Bekannte. Einer von ihnen, ein gewisser Landricus, bittet ihn eindringlich, seiner Frau bestimmte Botschaften zu übermitteln. Es wird ausgeführt, daß dieser Landricus zu Recht ("merito") Strafen erleide, weil er im Leben ein schlechter Advokat war, der in Gerichtsprozessen nach Willkür verfuhr und sich bestechen ließ.

Das Vorbeiziehen des Kriegsheeres bringt in Gualchelinus nun die Überlegung in Gang ("intra semetipsum sic cogitare cepit"), es müsse sich um eine Erscheinung der "familia Herlechini" handeln. Um einen Beweis für seine Begegnung zu haben, möchte er ein Pferd mitnehmen. Der Versuch des Presbyters, ein Pferd aus dem Heer zu erlangen, bringt ihn in Lebensgefahr und in die Gefangenschaft der Dämonen.

Einer der dämonischen Ritter, der als Guillelmus de Glotis namentlich ausgewiesen wird, setzt sich für die Freilassung des Gualchelinus ein, wenn er im Gegenzug Botschaften an seine Familie übermittelt. Guillelmus berichtet von den Qualen, die er für seine Sünden, namentlich die Unterschlagung einer Mühle, leide. Deshalb trage er ein brennendes Mühleisen im Mund, das ihm schwerer erscheine als die Burg von Rouen.[36] Gualchelinus soll nun seine Frau und seinen Sohn veranlassen, die Mühle dem rechtmäßigen Besitzer zurückzugeben und so seine Qualen zu erleichtern. Als sich der Presbyter weigert, die Aufträge eines Verdammten zu übermitteln, wird er erneut bedroht, kann sich aber durch Anrufung Mariens aus der Gefahr retten.[37]

Es erscheint überraschend ein Ritter, der die Angreifer des Gualchelinus vertreibt, ihn in Schutz nimmt und sich als sein Bruder Rodbertus vorstellt. Rodbertus erläutert Gualchelinus, daß er für den versuchten Pferderaub eigentlich verdient hätte zu sterben und unter Peinigun-

36 Ibid.: "Praeiudiciis et rapinis inter mortales anhelaui multisque facinoribus plus quam referri potest peccaui. Ceterum super omnia me cruciat usura. Nam indigenti cuidam pecuniam meam erogaui, et quoddam molendinum eius pro pignore recepi, ipsoque censum reddere non ualente tota uita mea pignus retinui, et legitimo herede exheredato heredibus meis reliqui. Ecce candens ferrum molendini gesto in ore quod sine dubio michi uidetur ad ferendum grauius Rotomagensi arce."

37 Cf. ibid. 246.

gen mit dem Geisterheer zu ziehen. Einzig, daß er die Messe am selben Tag gesungen hätte, hätte ihn vor dem Untergang bewahrt:

> "'Merito debuisses mori nostrarum particeps poenarum nunc nobiscum uehi quia res nostras nefaria temeritate inuasisti. Hoc nullus alius inchoare ausus fuit sed missa quam hodie cantasti ne perires te saluauit.'"[38]

Anhand dieser Episode werden Gualchelinus und damit den Lesern die Gefahren eines allzu dreisten Umgangs mit der Geisterwelt aufgezeigt. Der Erzähler macht deutlich, wie der Wunsch nach einem Beweismittel für die Erscheinung den Priester zunächst auf den Gedanken des Pferderaubs bringt, wie sich dieser Plan dann aber zur Mut- und Kraftprobe des Gualchelinus verselbständigt. Der Gefahr kann Gualchelinus nicht durch seine eigenen Kräfte entgehen, sondern nur durch die Anrufung Mariens, die Hilfe Christi und den Schutz, den die Messe gewährt - d.h. letztlich durch den Schutz des Glaubens und der Kirche. Der Erzähler legt also nicht nur die Gefahren des Verkehrs mit Geistern dar, sondern es wird gleichzeitig gezeigt, wie man sich durch göttliche Hilfe und kirchlichen Beistand diesen Gefahren entziehen kann.

Nach der Erkennungsszene schildert auch Rodbertus detailliert die Strafen, die er für seine Sünden zu erleiden hat: Er berichtet, daß die Waffen, die er und die anderen tragen, feurig sind, scheußlichen Gestank ausströmen, sie mit ihrem Gewicht niederdrücken und mit ihrer Hitze verbrennen. Gleichzeitig teilt er mit, daß die Lebenden, indem sie für die Verstorbenen Messen hielten, die Möglichkeit hätten, ihre Qualen zu beenden oder zumindest zu erleichtern. So seien auch sein Vater und er selbst durch die erste Messe des Gualchelinus von Strafen erleichtert worden.

> "'pro peccatis quibus nimis oneratus eram immania supplicia pertuli. Arma quae ferimus ignea sunt et nos foetore teterrimo inficiunt, ingentique ponderositate nimis opprimunt, et ardore inextinguibili comburunt. Hactenus itaque huiuscemodi poenis inenarrabiliter cruciatus sum. Sed quando in Anglia ordinatus fuisti, et primam missam pro fidelibus defunctis cantasti, Radulfus pater tuus suppliciis ereptus est et scutum meum quo uehementer angebar elapsum est. Ensem hunc ut uides adhuc fero sed in hoc anno relaxationem ab hoc onere fiducialiter expecto.'"[39]

Hier wird Gualchelinus und mit ihm den Lesern vor Augen geführt, wie sie mildernd auf das Schicksal der geplagten toten Seelen einwirken können. Rodbertus fordert seinen Bruder nach einer erneuten Schilderung seiner Qualen auf, ihm durch fromme Fürbitten und Almosen beizustehen ("precibusque piis et elemosinis succurre michi"), damit er, wie er es hoffe, vom Palmsonntag an gerechnet in Jahresfrist von allen Qualen befreit werde.

Gualchelinus wird darüber hinaus der Ratschlag erteilt, er solle seinen eigenen lasterhaften Lebenswandel ändern. Damit ist der Höhepunkt der Erzählung erreicht, und die Erscheinung löst sich auf, nachdem Gualchelinus noch eine Schweigepflicht auferlegt worden ist.

---

38 Ibid.

39 Ibid. 246.248.

Wie von der Struktur der Erzählung her nicht anders zu erwarten, wird nun die Wirkung auf den Presbyter geschildert. Sie ist so stark, daß er schwer erkrankt. Der Erzähler betont die Authentizität seiner Geschichte, indem er erwähnt, Gualchelinus persönlich habe sie ihm mitgeteilt, und er habe auch die Gesichtsverletzung gesehen, die dieser während der Begegnung mit der "familia Herlechini" erlitten habe.

Gewissermaßen zum Beschluß der Erzählung wird die katechetische Funktion der Erbauung, auf die die Erscheinung zulaufen soll, benannt: "Haec ad aedificationem legentium scripsi ut in bonis consolidentur iusti, et a malis resipiscant peruersi."[40]

An dieser Stelle wird bestätigt, daß die Erzählung sich der Figur des Gualchelinus bedient, um sich über ihn an die Leser zu wenden. Zugrundeliegt wohl der Gedanke, daß der sinnlich-konkret ausgeführte Blick in die Welt der Verdammten eine nachhaltigere Katechese bietet als das Dozieren einer abstrakten Lehre von den letzten Dingen.

Die Erzählung ist nach ihrer Struktur, Motivik und den erkennbaren Textfunktionen durchgängig christlich. Viele der in späteren Sagen vom wütenden Heer und vom wilden Jäger wiederkehrenden Strukturmomente sind hier bereits präsent:

- Es liegt die Vorstellung eines Totenheeres vor. (Eine spezifische Führergestalt ist nicht erkennbar.)
- Es wird eine Begründung gegeben für das Herumziehen der Toten in diesem Heer. Nicht erst in den späten Quellen, sondern bereits in dieser frühen mittelalterlichen Tradition wird ein Kausalzusammenhang hergestellt zwischen dem Verhalten im Leben und dem Umzug mit dem Totenheer. Die Verbindung wird im christlich moralischen Sinn gezogen: Der Umzug mit dem Totenheer ist als Sühne, Reinigung der Seele, zu verstehen für die Sünden, die die Menschen im Leben auf sich geladen haben. Die Sünde im Leben und die Strafe nach dem Tod, die die Seelen bei ihrem Umzug mit dem Totenheer dafür erleiden, sind dabei gelegentlich in einer Art Detailrealismus aufeinander bezogen. Im Leben hatte der Bruder des Gualchelinus wertvolle und spitze Reitsporen benützt, um mit ihnen zum Blutvergießen zu eilen. Jetzt ist er an seinen Fußknöcheln mit einer Last beschwert, die so drückend ist, daß er sie keinem Menschen beschreiben kann, ja sie erscheint ihm schwerer als der Mons Sancti Michaelis.[41]
- Das Totenheer erscheint einem Lebenden.
- Der Zeitpunkt der Erscheinung ist nachts, der Ort abgelegen.
- Die Wirkung der Erscheinung auf den Priester ist Schrecken, Verwirrung, verbunden mit innerer Einkehr und Krankheit.

---

40 Ibid. 248.250.

41 Ibid. 248: "et maioris michi uidetur esse ponderis quam si ferrem super me Montem Sancti Michahelis. Et quia preciosis et acutis utebar calcaribus ut festinarem ad effundendum sanguinem iure sarcinam in talis baiulo enormem, qua intolerabiliter grauatus nulli hominum depromere ualeo penae quantitatem." In ähnlicher Weise hat der Ritter, der eine Mühle unterschlagen hat, ein brennendes Mühleisen im Mund. (Cf. ibid. 244).

- Die Lebenden haben über Formen der Fürbitte, insbesondere das Meßopfer, die Möglichkeit, die Leiden der Toten zu lindern bzw. sie zu retten. Die Toten bedrängen die Lebenden ihrerseits mit Bitten um Hilfe. Sie teilen auch mit, ob und welche Wirkungen die Hilfe der Lebenden für sie hatte.[42]
- Das Aussehen des Heeres wird als unheimlich beschrieben. Eine wichtige Rolle spielen die Farbe schwarz, Feuer, Hitze, Gestank und Kälte.

Als Textfunktionen ließen sich 'terrere' und 'monere', 'aedificare' erkennen.

Ordericus Vitalis ist nicht die einzige Quelle aus dem romanischen Bereich, die die Tradition der "familia Herlechini" kennt. Der 1135 in Frankreich geborene Theologe und Staatsmann Petrus von Blois, der ab 1170 in England tätig war, erwähnt die "milites Herlewini" in einem Brief an Geistliche, die am englischen Königshof tätig sind. Um die Briefstelle zu verstehen, muß ihr Kontext kurz erläutert werden: Petrus selber hat während einer schweren Krankheit, die für seine geistliche Gesinnung ein 'beneficium' war, die Gefahren des Hoflebens erkannt, die er in ihrer vielfach ausgeprägten 'vanitas' ausführlich beschreibt. Er ermahnt seine Adressaten, sie sollten sich an seinem Beispiel orientieren und diesen entsagen. Er schilt die Höflinge, die sich für bloße Eitelkeit ("Pro hac vanissima vanitate") abarbeiteten und so auf dem Weg zur Hölle seien. Sie seien gewissermaßen als pervertierte Märtyrer anzusehen, als Märtyrer der Weltlichkeit, als Lehrer, deren Tätigkeit auf die Welt bezogen ist, und als Schüler des Hofes. In diesem Zusammenhang werden die Höflinge als "milites Herlewini" bezeichnet:

> "Nunc autem sunt martyres saeculi, mundi professores, discipuli curiae, milites Herlewini. Per multas siquidem tribulationes intrant justi in regnum coelorum, hi autem per multas tribulationes promerentur infernum."[43]

Es ist deutlich, daß die "milites Herlewini" hier negativ konnotiert sind, denn es werden die Leute so bezeichnet, die auf dem besten Weg zur Hölle sind. Wie bei Ordericus Vitalis werden die "milites Herlewini" also auch hier, allerdings lose und auf einer metaphorischen Ebene, in den Kontext von Hölle und Verdammnis gestellt.

Auch der um 1150 geborene und zwischen 1221 und 1229 gestorbene Helinand von Froidmont kennt die "familia Hellequini" und berichtet darüber in seiner Schrift *De cognitione sui*. In c. 10 geht er auf die Seelen ein, die nach dem Tod erscheinen. Ausgehend von der Vergilstelle *Aeneis* lib. 6, VV. 653-655,[44] nach der die Menschen im Tod den gleichen Beschäftigungen nachgehen wie im Leben, habe sich die falsche Meinung gebildet, daß die Seelen der Verstorbenen, die die Strafen für ihre Sünden abbüßten, vielen Menschen in der äußeren Erscheinung und Eigenschaft begegneten, wie sie früher gelebt hatten, d.h. die Bauern als Bauern und die Soldaten als Soldaten. Dies behaupte das Volk von der "familia Hellequini".

---

42 Zur Erlösung in den Sagen siehe Röhrich (1984) 4, 209-212.

43 Petrus von Blois, *Epistolae* 14, Pl 207,42-51, hier 44B.

44 Vergil, *Aeneis* lib. 6, VV. 653-655, ed. Götte (1983[6],1955): "Quae gratia currum, / Armorumque fuit vivis, quae cura nitentes / Pascere equos, eadem sequitur tellure repostos."

"Haec autem falsitas opinionis, vel opinio falsitatis, inde, nisi fallor, sumpsit initium, quod animae defunctorum suorum peccatorum poenas lugentes multis apparere solent in eo habitu, in quo prius vixerant: id est rustici in rusticano, milites in militari, sicut vulgus asserere solet de familia Hellequini"[45]

Die nun folgende Erzählung[46] von der Erscheinung der "familia Hellequini" ist als "exemplum", als Illustration dieser falschen Meinung gedacht. Gleichzeitig wird aber deutlich, daß die Tradition um die "familia Hellequini" auf dem angegebenen Kausalzusammenhang zwischen Leben und Tod beruht: Die Seelen der Toten, die den Lebenden erscheinen, müssen die Strafen für ihre Sünden abbüßen. Die Erscheinungen werden damit in den Zusammenhang christlicher Buß- und Sühnevorstellungen gerückt. Wie Ordericus Vitalis verleiht Helinand seiner Geschichte den Anschein der Authentizität, indem er betont, die Erzählung gehe auf den direkten Bericht des Geistlichen, der sie erlebte, zurück:

Der Kanonikus Joannes hat seinen Verwalter Natalis dem Archidiakon Burchardus für eine Romreise überlassen. Joannes schließt mit Natalis, der der Reise nur widerstrebend zustimmt, einen Geheimvertrag ab, nach dem derjenige von ihnen, der als erster stürbe, dem anderen binnen von 30 Tagen erscheinen solle.[47] Auf der Reise kommt es zu Streitigkeiten zwischen Burchardus und Natalis. In seinem Zorn vertraut Joannes sich den Daemonen an. Noch am gleichen Tag ertrinkt er und erscheint in der folgenden Nacht wie vereinbart am Bett des Joannes. Natalis bittet ihn dringend um Hilfe, denn er befinde sich in schweren Qualen, "sed precor, ut succurratis mihi; ego enim in magnis tormentis sum."[48]

Da er einen sonst rechtschaffenen Lebenswandel geführt und alle Sünden gebeichtet hätte, sei der einzige Grund für diese Qualen, daß er sich den Dämonen anvertraut habe. Im Gespräch wird auch deutlich, daß seine Kapuze schwerer und drückender als ein Turm sei. Das schöne Aussehen der Kapuze bedeute seine Hoffnung auf Verzeihung und Hilfe:

"haec cappa, quae tam pulchra vobis videtur, ponderosior et gravior est mihi, quam turris Parmensis, si mihi superposita esset. Pulchritudo autem ista spes est veniae quam habeo propter confessionem, quam feci: si tamen mihi succurratur."[49]

Joannes äußert daraufhin seine grundsätzliche Bereitschaft zur Hilfe, beschwört Natalis aber, ihm zu sagen, ob er der 'militia Hellequini' zugewiesen sei. Natalis verneint und erklärt, die "militia Hellequini" ziehe seit kurzem nicht mehr um, weil sie ihre Buße vollendet habe, "Non, domine. Illa militia jam non vadit, sed nuper ire desiit, quia poenitentiam suam peregit."[50]

---

45 Helinand von Froidmont, c. 10, PL 212,731C.

46 Ibid. c. 11, Pl 212,731-733.

47 Es ist hier anzumerken, daß das Motiv des Paktes zwischen zwei Lebenden, die sich gegenseitig versichern, nach ihrem Tod den Überlebenden von ihrem Schicksal und ihren Erfahrungen im Jenseits zu unterrichten, in der Visionenliteratur bzw. im Kontext der Darstellung des Jenseits häufiger begegnet. (Cf. Le Goff (1981) 224). Siehe zu diesem Motiv AaTh 470 auch Petschel (1987) 5,282-287.

48 Helinand, c. 11, PL 212,732C.

49 Ibid. 732D.

50 Ibid. 732D

Das Herumziehen mit der 'militia Hellequini' und überhaupt die Erscheinungen der Seelen werden auch hier - wie vorab schon gesagt - im Kontext christlicher Sühnevorstellungen gesehen: Am Exempel des Natalis wird gezeigt, welche Qualen er für seine Sünde zu erleiden hat. Eine Parallele zu Ordericus Vitalis ist durch das Motiv gegeben, daß die Schwere der Sünde sich für die geplagte Seele ganz konkret als Schwere der Last (hier in Form der Kapuze) ausdrückt, die sie mit sich herumschleppen muß. Die Leser werden auf diese Weise vor ähnlichen Sünden gewarnt. Die Identifikationsfigur für den Leser ist wiederum der Kleriker, dem die Erscheinung zuteil wird.

Das Ende von c. 11 führt als Zusatz zur Rede des Natalis noch eine Erklärung des Namens "Hellequinus" an: Es sei eine Entstellung aus "Karlequinus", "Carolus quintus", der über einen langen Zeitraum Buße für seine Sünden geleistet habe, aber vor kurzem durch die Vermittlung des heiligen Dionysius befreit worden sei.

> "Corrupte autem dictus est a vulgo Hellequinus, pro Karlequinus. Fuit enim Carolus quintus, qui peccatorum suorum longam egit poenitentiam, et nuper tandem per intercessionem beati Dionysii liberatus est"[51]

Bei dieser Erklärung muß es sich um einen späteren Zusatz handeln, da der französische König Karl V. von Frankreich erst in der zweiten Hälfte des 14. Jahrhunderts (1364-1380) regierte. Die Namenserklärung ist damit, wie bereits Grimm erkannte, sekundär.[52]

In c. 12 und 13 bringt Helinand noch weitere Exempel für das Erscheinen verstorbener Seelen. In c. 12 wird nach dem nun schon bekannten Schema berichtet, wie der Onkel des Erzählers und sein Diener eine furchterregende Begegnung mit dem Totenheer hatten. Der Erzbischof, der Herr des Onkels, wird vom Geschrei der Dämonen gewissermaßen schon eingefordert. Er überlebt die Erscheinung um keine 15 Tage.[53] Von den toten Seelen wird gesagt, daß sie auf Dämonen reiten, die sich in Pferde verwandelt haben. Die Dämonen verwandelten sich gerade in Pferde, weil das Pferd (in theologischer Auffassung) als hochmütiges, halsstarriges und libidinöses Tier galt:

> "Sunt enim daemones se in equos transformantes, quorum sessores sunt animae miserrimae... Certum est autem equum animal esse superbum, et contumax, contentionis et belli cupidum, ferventem ad coitum, et in libidine praepotentem."[54]

Der Zustand der toten Seelen wird als bedrückt beschrieben. Sie sind mit Waffen wie mit der Last ihrer Sünden beladen. Dieses Motiv, das sich schon bei Ordericus Vitalis fand, wird hier biblisch untermauert. Es wird auf das Prophetenwort "descenderunt ad infernum cum armis suis" (Ez 32,27) zurückgeführt und in dem Sinne erklärt, daß die toten Seelen dieselben Waf-

51 Ibid. 732D-733A.

52 Cf. Meisen (1935) 49 / Anm. 1, cf. *DM* 2,786. Die gleiche Namensableitung findet sich auch in der *Exposition de la doctrine chrétienne* aus dem 14. Jahrhundert, ed. Roux de Lincy (1836) 241f. und in der *Emeis* des Geiler von Keisersberg (1516) Bl. 37r.

53 Cf. Helinand von Froidmont, c. 12, PL 212,733C.

54 Ibid. 733D.

fen nun in ihrer Verdammnis als drückende Last mit sich führen müssen, mit denen sie zu ihren Lebzeiten sündigten und Unrecht begingen.

> "sunt animae miserrimae peccatis oneratae, tanquam armis quibusdam et clypeis onustatae (sed revera propriis sceleribus informis talibus onustatae). Juxta illud propheticum: *Descenderunt in infernum cum armis suis* (Ezech. XXXII), id est cum membris suis, quae fecerunt arma iniquitatis peccato, nolentes ea facere arma justitiae Deo."[55]

Die Erzählung fügt sich damit in die aus Vergil abgeleitete Meinung ein, nach der die Seelen auch nach dem Tod dieselbe Beschäftigung wie im Leben ausübten.

C. 13 erzählt von der Erscheinung eines ehebrecherischen Paares.[56] Die Szene wiederholt sich jede Nacht. Eine nackte Frau tritt auf und wird von einem Ritter auf einem schwarzen Pferd mit entblößtem Schwert verfolgt. Die fliehende wird von dem Ritter ergriffen, mit dem Schwert durchbohrt und getötet. Er wirft sie ins Feuer, zieht sie verbrannt wieder heraus, setzt sie vor sich auf das Pferd und verschwindet mit ihr. Der Ritter erzählt den Beobachtern der Erscheinung, die Frau hätte ihren Gatten aus Liebe zu ihm getötet. Beide seien beim ehebrecherischen Geschlechtsakt gestorben. Jetzt büßten sie, und die Frau müßte jede Nacht unter unmenschlichen Schmerzen von ihm getötet und verbrannt werden. Besondere Qual gehe auch von ihrem Pferd aus, es sei nämlich ein Teufel.

> "Ego sum vester ille miles, et haec est illa mulier nobilis, uxor illius militis, quem pro amore meo interfecit, ut licentius ac frequentius meo concubitu frueretur. Et in hoc peccato ambo mortui sumus: nisi quod, heu sero! in hac ipsa morte poenituimus. Tale autem nunc tormentum patitur, quod singulis noctibus a me interficitur et comburitur. Tantum enim dolorem patitur in ictu gladiii, quo eam ferio, quam nullus unquam in morte sua passus est, et multo majorem in combustione. Ad haec comes: Quis est ille equus, super quem sedes? Diabolus, inquit, quidam est, qui nos ineffabili vexatione torquet."[57]

Daß das Pferd als Teufel auftreten kann, hängt einerseits mit seiner häufig bezeugten pejorativen 'significatio' in der mittelalterlichen Bedeutungslehre zusammen. Das Pferd wurde ja besonders mit dem menschlichen Hochmut, der superbia, in Verbindung gebracht, wie Helinand bereits in c. 12 im Zusammenhang des Exempels über den Erzbischof ausgeführt hat.[58] Zum anderen liegt möglicherweise ein Anschluß an das schwarze apokalyptische Roß vor (Apk 6,5).

Auch das Exempel des ehebrecherischen Paares beinhaltet die dringende Bitte der Büßenden um Hilfe. Die beiden Gefährten, denen das Paar erschienen ist, sollen für sie beten, Messen lesen und Psalmen absingen lassen. Auf einer psychologischen Ebene sind auch hier Sünde und Strafe kausal aufeinander abgestimmt. Der erotischen Liebe und dem Genuß des Beischlafes im Leben entspricht die Verfolgung der Geliebten und ihre qualvolle Durchbohrung mit dem 'evaginatus gladius' (als Penissymbol) im Tod. Zum verzehrenden Gefühl der Liebe,

---

55 Ibid.
56 Cf. ibid. 734-736.
57 Ibid. 734CD.
58 Cf. auch Pitra (1835) 3,8.

das die Frau bis zum Gattenmord trieb, korrespondiert ihre Verbrennung.

An allen bisher besprochenen Figuren war erkennbar, daß sie zwar büßen, aber nicht in alle Ewigkeit verdammt sind, denn es besteht für sie prinzipiell die Möglichkeit der Rettung. Daran wird deutlich: Es handelt sich um Fegfeuervorstellungen.

Das Motiv der Verfolgung einer (nackten) Frau tritt in den späteren Erzählungen und Sagen vom wilden Jäger öfter auf. Das Exempel aus Helinand wird in veränderter Form in Boccaccios *Decamerone* erzählt. Obgleich die Motivik von Verfolgung und Tötung einer nackten Frau durch einen Ritter bei Boccaccio durchaus ähnlich wie bei Helinand ausgeführt ist und auch der Kontext von Sühne und Strafe gegeben ist, wird sie doch anders funktionalisiert. Die Frau versündigt sich zwar auch bei Boccaccio auf dem Gebiet der Erotik, die Pointe der Erzählung liegt jedoch gerade darin, daß die Frau sich der Liebe verweigert und durch diese Härte schließlich ihren Verehrer in den Tod treibt. Die Strafe erfolgt bei Boccaccio also aufgrund der stolzen Enthaltsamkeit, während sie bei Helinand in ausschweifender verbrecherischer Erotik begründet ist. Die Leserinnen und Leser Helinands sollten durch das Exempel vor 'unzüchtiger Liebe' und ihren Folgen gewarnt werden, bei Boccaccio wird die Erzählung vom wilden Jäger, der eine Frau verfolgt, dagegen funktional eingesetzt, um die hartherzige Freundin des Visionärs Nastagio und damit die Leserinnen zur erotischen Liebe zu ermuntern. Nastagios grausame Geliebte und die Damen von Ravenna erkennen, durch den Auftritt des wilden Jägers und der verfolgten Frau erschreckt, ihre 'Schuld' und beschließen, den Wünschen der Männer in Zukunft bereitwilliger entgegenzukommen.[59]

Interessant ist, daß der Kontext von Schuld und Strafe nach dem Tod bei Boccaccio nicht aufgegeben, sondern in pointierter Form verlagert, gewissermaßen säkularisiert, wird. Die Beibehaltung der Vorstellung von Schuld und Strafe deutet darauf hin, daß der Buß- und Sühnekontext zum Kern der Erzählung gehörte.

Auch Guilielmus Alvernus (Wilhelm von Auvergne) erwähnt in seinem zwischen 1231 und 1236 abgefaßten Werk *De universo* die nächtlich auftretenden Ritter, "qui vulgari Gallicano hellequin, & vulgari Hispanico exercitus antiquus vocantur."[60] Er überliefert auf diese Weise nebenbei, daß die Vorstellung des wütenden Heeres auch in Spanien bestand und eine eigene Bezeichnung "exercitus antiquus" führte.[61] Die Nachricht bei Guilielmus deckt sich mit dem, was der Franziskaner Alfons von Spina im 15. Jahrhundert in seinem Werk *Fortalitium fidei contra iudeos, saracenos aliosque christianae fidei inimicos* mitteilt. Er erwähnt, die Erscheinungen großer Dämonenheere würden im Volk "huesta antigua" genannt.[62]

In *De universo* c. 24 wird der Versuch unternommen, das Wesen der Geister zu erklären, die als riesige kämpfende Heere oder bisweilen auch als eine kleine Schar von Reitern auftreten.

59 Cf. Boccaccio, 5,8, deutsche Übersetzung von Wesselski (1972).
60 Guilielmus Alvernus (1674) pars 3, c. 12, 1,1037.
61 Cf. ibid. und eine zweite Passage ibid. pars 3, c. 25, 1,1073.
62 Alfons von Spina (1494) lib. 5, consideratio 10, Bl. 283r.

Guilielmus befaßt sich zunächst mit dem Ort der Erscheinung. Die Geister bevorzugen Kreuzwege oder öffentliche Straßen, die wegen der vielen Menschen, die sich dort aufhalten, weniger rein seien als die Äcker.[63]

Im folgenden geht Guilielmus auf das Wesen der Geister ein. Diese Passage ist nun für den Gang der Untersuchung besonders bedeutsam. Die Geister erscheinen im Bild von Menschen, die gewaltsam getötet worden sind. Guilielmus autorisiert diese Vorstellung durch die Meinung Platons, nach der die Seelen der gewaltsam Verstorbenen durch Herumschweifen die Zeitspanne vollenden, die ihnen verblieben wäre, wenn sie nicht ein gewaltsamer Tod aus dem Leben gerissen hätte.

> "De hoc autem, quod in similitudine hominum apparent, hominum dico mortuorum, & maxime gladio interfectorum, videatur forsitan alicui juxta sententiam Platonis, quod agere viderentur numeros dierum, vel temporum debitorum animae mortuorum hujusmodi, temporum dico, quibus in corporibus victurae erant, eas nisi mortis hujusmodi violentia expulisset."[64]

Die kriegerische Gestalt der gewaltsam Getöteten erkläre sich aus dem Gedanken, daß sie in Waffen Buße tun, weil sie in Waffen gesündigt haben.[65]

Zwei Gedanken werden also von Guilielmus zentral zur Erklärung der Erscheinungen herangezogen: Zum einen die antike Vorstellung, nach der dem menschlichen Leben eine bestimmte Zeit zugemessen ist, die die Seelen im Tod durch Herumschweifen erfüllen müssen, wenn sie vorzeitig und gewaltsam sterben. Diese Auffassung wurde auch in der besprochenen Stelle bei Tertullian (*De anima* c. 56) vertreten. Zum anderen liegt die bei Helinand aus Vergil zitierte Meinung zugrunde, die verstorbenen Seelen gingen nach dem Tod denselben Beschäftigungen nach wie im Leben. Sie wird im Zusammenhang mit der ebenfalls bei Helinand referierten Passage aus Ez 32,27 ("descenderunt ad infernum cum armis suis") in eine christliche Bußvorstellung eingebaut. Die Seelen gehen nicht nur derselben Tätigkeit nach wie im Leben oder treten in ähnlichem Habit auf, sondern es besteht eine Analogie zwischen Sünde und Buße, wie schon mehrfach gezeigt. Der bei Vergil hergestellte Kausalzusammenhang zwischen Leben und Tod wird im christlichen Sinne als moralisch-sittliche Verknüpfung zwischen sündiger Lebensweise und Form der Buße verstanden. Der Gedanke, daß Sünde und Strafe, im christlichen Verständnis Buße, in Form einer Analogie aufeinander bezogen sind, wird biblisch verankert, und Guilielmus zitiert die entsprechende Stelle aus Weisheit 11,17: "& sermo Sapientis, quo dictum est: Per quae peccat quis, per haec et torquetur, adjuvare videtur opinionem istam."[66]

Es sei charakteristisch für die Erscheinungen, daß die Seelen ihre Strafen und den Grund für

---

63 Guilielmus Alvernus (1674) pars 3, c. 24, 1,1067.

64 Ibid.

65 Cf. ibid.: "& quoniam illi, vel soli, vel potissimum illi apparent in exercitibus istis, qui armis interempti sunt, disgladiatos eos vulgus vocat, creduntur autem poenitentiam agere in armis, quoniam in armis peccaverunt."

66 Ibid.

diese enthüllen. Guilielmus, der in diesem Kapitel im Gegensatz zu Helinand von Froidmont und Ordericus Vitalis nicht in erzählender Form von Erscheinungen berichtet, sondern ihr Wesen erklären will, bringt nun auch die den Erscheinungsberichten zugrundeliegende Erzählfunktion und ihre Stellung im Kontext von christlicher Sühne und Buße auf den Punkt. Er sagt explizit, daß es sich um Erscheinungen aus dem Fegfeuer handelt. Die in diesem Leben begonnene Buße wird im Jenseits vollendet, die 'purgatio', der sich die Seelen unterziehen, ist gewissermaßen eine Ergänzung der noch nicht abgeleisteten Buße am "locus purgatorii", "quia purgatio hujusmodi suppletio poenitentiae est inexpletae, quare poenitentia in hac vita inchoata ibi perficitur."[67]

Die Erscheinungen der bewaffneten Heere dienen dem Zweck, die Lebenden zu erschrecken, die selber Waffen tragen.

> "Fiunt autem apparitiones istae, scilicet exercituum armatorum ad terrorem eorum, qui armis utuntur, ut per poenae, quas abusores armorum visionibus istis pati conspiciunt, deterreantur a similibus"[68]

Neben der moralischen Besserung des eigenen Lebens wird auch der Einsatz für die verstorbenen Seelen von den Lebenden verlangt. Die Seelen bitten ihre Angehörigen um Hilfe in Form von Suffragien, und sie berichten ihnen von ihrer Befreiung, wenn die Suffragien wirksam waren.

Im *Tractatus de diversis materiis praedicabilibus*, den Étienne von Bourbon zwischen 1250 und 1260 verfaßte, wird berichtet, wie Teufel sich zum Possenspiel in Soldaten der "familia Allequini... vel Arturi" verwandelten und in dieser Gestalt ihren Schabernack mit einem Bauern trieben. Als der Bauer eine Holzfackel gegen den Mond hielt, sah er die wilde Jagd. Er erfuhr, daß die Mitglieder der "familia regis Arturi" unterwegs zum nahen Hof waren. Der Bauer folgte ihnen, betrat den Palast und fand eine Wunderwelt an irdischen Verlockungen vor. Als er auf dem Höhepunkt seiner Reise zu einem sehr kostbar geschmückten Bett geführt wurde, in dem eine wunderschöne Frau lag und er dort eingeschlafen war, wurde seine Illusion zerstört: Er fand sich am Morgen, getäuscht, über der Holzfackel liegend vor.[69]

Étienne de Bourbon bringt diese Erzählung im Rahmen einer Exempelreihe *De supersticione*, mit der er illustrieren möchte, wie der Teufel durch verschiedene Arten von Mantik und Magie die Christen bekämpft.[70]

Die *Miracles de Saint-Éloi* aus der zweiten Hälfte des 13. Jahrhunderts erzählen vom nächtlichen Überfall einer Abtei durch eine Schar Teufel. Der zurückkehrende Abt muß erkennen, daß neben der Zerstörung der Abtei auch geistlicher Schaden entstanden ist. 14 seiner Untergebenen haben ihr Mönchtum auf den Rat des "Herlekin" verlassen.[71] Der Name "Herlekin"

---

67 Ibid.
68 Ibid.
69 Cf. Étienne de Bourbon, ed. Lecoy (1877) 321f., Nr. 365, entspricht Tubach (1969) Nr. 3651.
70 Cf. ibid. 314, Nr. 353, die Exempelreihe 314-329, Nr. 353-371.
71 Ed. Peigné-Delacourt (o.J.) 110.

wird hier als Teufelsname verstanden, was zu der Vorstellung paßt, daß die "familia Hellequini" in den bereits besprochenen Texten die Schar der im Fegfeuer der Reinigung unterzogenen und damit dem christlichen Höllenbereich im weiteren Sinne zugeordneten Seelen bezeichnet.

Damit stimmt auch der Bedeutungsgehalt überein, den Bourdet in einem Text über die Hexe Luque von "Hel(l)equin" vermittelt. (Die HS. stammt aus der zweiten Hälfte des 13. Jahrhunderts.) Hellequin erscheint hier als Teufel, der mit seinem Gefolge, "Hellequin et sa mesnée", aus der Hölle auszieht, die Gegend von Rouen verwüstet und die Hexe Luque zur Hochzeit abholen will.[72]

Die 'maisniee Hellequin' wird darüber hinaus noch in verschiedenen anderen mittelalterlichen französischen Werken erwähnt, so im *Roman de confession*[73] aus der zweiten Hälfte des 13. Jahrhunderts oder im *Roman du Fauvel*[74] aus dem Anfang des 14. Jahrhunderts. Hier wird ein lärmender und wütender Umzug von Leuten, die "Charivari" machen mit Hellequin und seinem Gefolge, das ihm wild wütend folgt, in Verbindung gebracht:

"Je croi que cestoit hellequin
Et tuit li autre sa mesnie
Qui le suivent toute enragie"[75]

Die Ausführung einer 'apparitio' der "mesgnée Hanequin" im *Romant de Richart filz de Robert le Diable qui fut duc de Normendie*[76] zeigt, daß der Buß- und Fegfeuerkontext im 14. Jahrhundert noch präsent war. Die Vision läuft nach dem Schema der bei Ordericus Vitalis und Helinand von Froidmont mitgeteilten Exempel ab. Im Blick auf den Traditionskreis der wilden Jagd ist hier hervorzuheben, daß die "mesgnée Hanequin" als Jägerschar auftritt.

In den bisher besprochenen Texten, in denen näher auf das Wesen des Hellequin eingegangen wurde, wie bei Bourdet oder in den *Miracles de Saint Éloi*, erschien Hellequin als Teufel. Der Anführer der "familia Hellequini" muß aber nicht der Teufel sein, es kann auch eine historische Persönlichkeit auftreten, die mit ihrem Gefolge herumzieht. So wird in der *Chronique de Normandie* in einem Druck von 1487 berichtet, wie Karl V. von Frankreich im Wald von Moulineaux Herzog Richard-ohne-Furcht erschien.[77] Herzog Richard und seine Leute hören im Wald die "mesgnie Hennequin", d.h. die "mesgnie Charles-Quint", und beobachten die

---

72 Cf. Bourdet, ed. Raynaud (1883) 224-226, deutsche Übersetzung bei Meisen (1935) 62-69. Auch in der *Exposition de la doctrine chrétienne*, ed. Roux de Lincy (1836) 241 wird die "mesnie Helquin" als Teufelsschar verstanden: "De la mesnie Helquin je te di communelment ce sont deables qui vont en guise de gent qui vont à cheval trotant;".

73 Cf. Abdruck bei P. Meyer (1899) 61: "Ne lou ui tu ne la masnée Herllequin".

74 Cf. Abdruck bei Driesen (1904) 242-244.

75 Ibid. 244.

76 Cf. ed. Collection (1838) Bl. Aiii-Aiiii, deutsche Übersetzung bei Meisen (1935) 77-79.

77 Cf. ed. Michel (1835) 2,336-341, deutsche Übersetzung bei Meisen (1935) 85-94. Karl V. war schon in einem Zusatz zu Helinand von Froidmont, *De cognitione sui* c. 11 mit der "militia Hellequini" in Verbindung gebracht worden.

Geisterschar. Karl V. gibt sich Richard zu erkennen und erläutert, daß er und sein Gefolge Buße tue:

> "Je suis le roy Charles-Quint de France, qui de ce siecle suis trespassé, et fais ma penitance des pechez que j'ay fais en ce monde; et icy sont les ames des chevaliers et autres gens qui me servoient, lesquelz par les demerites de leurs pechez font leur penitance."[78]

Die Art der Buße entspricht dem Tätigkeits- und Verantwortungsbereich eines Königs: Der König zieht mit seinen Leuten aus, um als Buße gegen die ungläubigen Sarazenen und die verdammten Seelen zu kämpfen, "Nous allons nous combatre sur les mescreans Sarrasins et ames danneez pour nostre penitance faire."[79] Herzog Richard wird auf sein Bitten hin ins heilige Land mitgenommen. Die Reise, von der der Herzog wohlbehalten wieder zurückkehrt, erfolgt auf einem Tuch durch die Luft. Die Erscheinung übt auf Herzog Richard, wie nach dem Erzählmuster dieser Berichte nicht anders zu erwarten, moralisch-erbauliche Wirkung aus.

Zwei französische Quellen aus dem 17. Jahrhundert berichten, wie der in Fontainebleau jagende König Heinrich IV. von Frankreich der wilden Jagd begegnet. Man erklärt den Jäger als Geist, der den Namen "grand Veneur" führt. Es wird aber auch an die Jagd des heiligen Hubert gedacht.[80] Meisen teilt auch französische Überlieferungen über die "Chasse Hennequin" aus dem 19. und frühen 20. Jahrhundert mit. Sie arbeiten im wesentlichen mit dem bereits in den früheren Quellen entfalteten Strukturmuster und Motivbestand.[81]

Daß man auch in Italien die Vorstellung eines in der Luft kämpfenden Heeres kannte, geht aus der *Historia d' Italia* von Guicciardini hervor.[82] Für den spanischen Bereich wurden Nachrichten über einen "exercitus antiquus" aus Guilielmus Alvernus und eine "huesta antigua" aus Alfons von Spina referiert.

Grimm teilt die Zeugnisse aus dem romanischen und antiken Bereich zwar mit, aber er berücksichtigt sie - wie oben bereits angedeutet - bei seiner Interpretation des Sagenkreises der

---

78 Ed. Michel (1835) 2,338.

79 Ibid.

80 Cf. Gölnitz (1631) 164 und Matthieu (1605) Bl. 75, beide Meisen (1935) 122f.

81 Cf. Meisen (1935) 138f.141f. Weitere Quellen zur französischen 'maisnie Hellequin' bei Flasdieck (1937) 225-340, bes. 242-254 und Driesen (1904). Der Name 'Hellequin', aus dem sich deutsch 'Harlekin', frz. 'arlequin' und it. 'arlecchino' herleitet, ist in seiner etymologischen Bedeutung bis heute ungeklärt. (Cf. Kluge (1989[22],1883) 294) Es wurden die verschiedensten Ableitungen versucht, von denen keine voll überzeugend ist. Grimm führt Hellequin auf das deutsche Hölle zurück, wobei der Traditionsweg ungeklärt bleibt. (Cf. *DM* 2,786) Meyer-Lübke geht davon aus, daß die "maisnie hellequin, herlequin" auf dem Namen des "Hernequin", des 882 verstorbenen Grafen von Boulogne, beruht. (Cf. Meyer-Lübke (1935[3]) 345) Nach Meisen handelt es sich um einen Teufelsnamen, der im Zusammenhang mit frz. 'herler', poltern, lärmen zu sehen ist. (Cf. Meisen (1931) 454.460) Unplausibel und letztlich nur von dem Wunsch geleitet, die Traditionen der wilden Jagd auf den germanischen Gott Wodan zurückzuführen, ist die Ableitung Flasdiecks. Er sieht einen angeblichen Wodansbeinamen 'Herilo' als Grundlage des Wortes an. (Cf. Flasdieck (1937) 312-325 und ihm folgend de Vries (1962) 42).

82 Guicciardini (1583) Lib.1, 22r: "nè con minore terrore de gli huomini risuonaua per tutto la fama, essere apparite in uarie parti d' Italia, cose aliene dall' uso della natura, & de Cieli: in Puglia di notte tre Soli in mezo il Cielo, ma nubiloso all' intorno, & con horribili folgori, & tuoni: nel tenitorio d' Arezzo passati uisibilmente molti dì per l'aria infiniti huomini armati sopra grossissimi caualli, & con terribile strepito di suoni di trombe, & di tamburi." Auch Grimm teilt die Quelle mit. (Cf. *DM* 2,784 / Anm. 5).

wilden Jagd bzw. des wütenden Heeres nicht. Und in der Tat - es läßt sich mit Grimms Erklärung der Sagen als Nachhall der germanisch-heidnischen Mythologie, insbesondere der Wodanmythen, nicht in Einklang bringen, daß diese Traditionen im romanischen Bereich so stark verbreitet waren und sich überdies gerade sehr frühe mittelalterliche Quellen für den Traditionskreis in Frankreich finden. Allein das Verbreitungsgebiet spricht also schon gegen die Deutung Grimms. Grimm postuliert den Zusammenhang des Sagenkreises vom wütenden Heer mit der germanisch-heidnischen Mythologie mehr als daß er ihn substantiell, d.h. aus dem Wesen der germanischen Götter und der Motivik und Struktur der in den Quellen belegten mythischen Erzählungen des Nordens erschließt. Die Folgerung, der germanische Gott Wodan / Odin sei ein Luft- und Sturmgott gewesen, wie Grimm und nach ihm zahlreiche andere behaupteten, läßt sich aus dem Quellenmaterial nicht ziehen.[83] Die Deutung Wodan / Odins als Luft- bzw. Sturmgott ist vielmehr eine Rückprojektion aus dem Sagenkreis der wilden Jagd, womit die mythologische Forschung sich letztlich im Kreis ihrer eigenen Projektionen drehte.

Recht deutliche Verflechtungen der bisher besprochenen mittelalterlichen Quellen haben sich mit antiken Texten abgezeichnet. Die Übereinstimmungen gehen dabei über das bloße Vorhandensein der Vorstellung herumschwärmender toter Seelen und in der Luft kämpfender Heere toter Soldaten hinaus. Die bei Tertullian (und Platon) geäußerte Ansicht, es handele sich um Seelen, die vorzeitig (und gewaltsam) aus dem Leben geschieden seien, und die Vergilstelle, nach der die toten Seelen denselben Beschäftigungen wie die Lebenden nachgehen, werden von den mittelalterlichen Autoren explizit aufgenommen.

1.3.1.2.2. Traditionen aus dem englischen Bereich

Die englischen Traditionen sind ebenfalls früh bezeugt. Lose mit dem hier zu untersuchenden Zusammenhang verbunden ist eine Erzählung bei Willelmus Malmesbiriensis.[84] Er teilt in seinem in der ersten Hälfte des 12. Jahrhunderts entstandenen Werk *De gestis regum Anglorum* mit, wie einem frisch verheirateten Bürger aus Rom sein Ehering abhanden gekommen war. Um den Ring wiederzubekommen, wendet er sich an einen Nigromanten, der ihm einen Brief an einen Dämon übergibt. Der Ehemann soll den Dämon und seine Geisterschar schweigend nachts auf einem Kreuzweg erwarten und den Brief überreichen.[85] Er be-

83 Cf. Teil 2, 1.1.2., cf. *DM* 1,120; 3,55.

84 Willelmus Malmesbiriensis (Wilhelm von Malmesbury) lib. 2, § 205, ed. Stubbs (1887) 1,256-258.

85 Ibid. 1,257f.: "'Transient ibi figurae hominum utriusque sexus, omnis aetatis, omnis gradus, omnis postremo conditionis; quidam equites, quidam pedites; alii vultum in terram dejecti, alii tumido supercilio elati; et prorsus quicquid ad laetitiam vel tristitiam pertinet, in illorum videbis et vultibus et gestibus: nullum eorum compellabis etsi loquantur tecum. Sequetur illam turbam quidam, reliquis statura procerior, forma corpulentior, curru sedens; huic tacitus epistolam trades legendam: fiet e vestigio quod voles, fac tantum praesenti animo sis.' Aggreditur ille iter praeceptum, et, nocte sub divo astans, fidem dictorum

kommt den Ring daraufhin zurück, der Nigromant aber büßt seine Tat mit einem unglückseligen Tod.

Die Erzählung verfolgt ganz deutlich eine andere Intention als die oben besprochenen Fegfeuervisionen. Es geht hier nicht darum, die Leser durch die Darstellung der Geisterschar und ihrer Qualen, die sie als Sündenbuße erleiden, vom Verüben ähnlicher Sünden abzuhalten. Die Textintention ist vielmehr die Warnung vor nigromantischer Betätigung, die den Lesern am Beispiel des Nigromanten und seines elenden Todes zuteil wird. Das Wesen der Geisterschar wird jedoch im Kontext dieser Erzählung und ihrer Aussageabsicht nicht erklärt.

Das *Chronicon Saxonicum* berichtet zum Jahre 1127 im Zusammenhang mit dem unheilvollen Eintritt eines neuen Abtes in das Kloster von Peterborough von der Erscheinung der wilden Jagd. Man hätte viele schwarze, große und abscheuliche Jäger gesehen und gehört. Sie seien auf schwarzen Pferden und Böcken geritten, hätten schwarze Hunde dabei gehabt und Hörner geblasen.[86] Funktional ist die Nachricht über die wilde Jagd hier als Unheilszeichen eingesetzt, das auf den neuen Abt des Klosters und den mit ihm beginnenden Abschnitt der Klostergeschichte verweist. Es handelt sich also um ein Prodigium, wie sie in der antiken und mittelalterlichen Geschichtsschreibung häufig verweisend am Beginn von beschriebenen Zeiteinheiten stehen. Auch die wilde Jagd kann demnach wie die in der Luft kämpfenden Heere, für die bereits Beispiele aus dem antiken jüdischen und romanischen Bereich angeführt worden sind, die Funktion eines Prodigiums einnehmen.

Walter Map erwähnt in seinem zwischen 1181 und 1192/3 verfaßten Werk *De nugis curialium*, in dem er auf witzig-satirische Weise das Leben am Hof Heinrichs II. attackiert, die Tradition des umziehenden Heeres, die er auf einen sagenhaften König Herla und sein Gefolge bezieht. Die Pointe, auf die die beiden Erzählungen bei Walter Map abzielen,[87] geht von der Rastlosigkeit des Herumziehens aus, die für König Herla und sein Gefolge, die 'familia Herlethingi' typisch ist. Der Witz liegt nun darin, daß die unruhige Fahrt König Herlas im ersten Jahr der Thronbesteigung seines Königs Heinrich (Heinrich II. Plantagenet) aufgehört hat. Warum? Nun, Herla und seine Leute konnten sich zur Ruhe setzen, weil die Ruhe- und Rastlosigkeit auf den Hof bzw. die geplagten Höflinge übergegangen ist.

> "Vltimo tamen, ut aiunt, anno primo coronacionis nostri regis Henrici cessauit regnum nostrum celebriter ut ante uisitare. ... Quieuit autem ab illa hora fantasticus ille circuitus,

---

presbyteri visu explorat; nihil enim fuit quod minus promissis desideraret. Inter ceteros quoque transeuntes vidit mulierem ornatu meretricio mulam inequitantem; crinis solutus humeris involitabat, quem vitta aurea superne constrinxerat; in manibus aurea virga qua equitaturam regebat: ipsa, pro tenuitate vestium pene nuda, gestus impudicos exequebatur. Quid plura? Ultimus, qui dominus videbatur, oculos terribiles in juvenem exacuens, ab axe superbo smaragdis et unionibus composito, causas adventus exquirit".

86 Ed Earle (1865) 256, deutsche Übersetzung bei Meisen (1935) 38f.: þa son þær æft' þa sægon and herdon fela men feole huntes hunten. Da huntes wæron swarte and micele and ladlice. and here hundes ealle swarte and bradegede and ladlice. and hi ridone on swarte hors and on swarte bucces... and þa muneces herdon a horn blawen".

87 Cf. Map, distinctio 1, c. 11, ed. James / Brooke / Mynors (1983) 26-31 und distinctio 4, c. 13, ibid. 370-372.

> tanquam nobis suos tradiderint errores, ad quietem sibi. Sed si nolis attendere quam plorandus fiat, non solum in nostra sed in omnibus fere potentum curiis, silencium michi libencius et certe iustius indicere placebit."[88]

Von Gervasius von Tilbury, dessen Hauptwerk die *Otia imperialia* um 1211 verfaßt ist, wird die wilde Jagd mit König Artur verbunden.[89] Nachdem zunächst im Zusammenhang der Beschreibung Siziliens von einer Erscheinung König Arturs in Sizilien berichtet wird, erzählt er, daß sich Ähnliches auch in den Wäldern Britanniens ereignet habe. Nach dem Bericht von Förstern hatte man eine Menge jagender Soldaten sowie Lärm von Hunden und Hörnern gesehen und gehört. Die Geister hätten sich als Angehörige der "familia Arturi" zu erkennen gegeben.

> "Sed & in sylvis Britanniae majoris aut minoris consimilia contigisse referuntur, narrantibus nemorum custodibus, quos *forestarios*, quasi indaginum ac vivariorum ferinorum aut regiorum nemorum, vulgus nominat, se alternis diebus circa horam meridianam & in primo noctium conticinio sub plenilunio luna lucente, saepissime videre militum copiam venantium & canum & cornuum strepitum, qui sciscitantibus, se de societate & familia Arturi esse, affirmant."[90]

Bereits an dem bisher besprochenen Quellenbestand wird deutlich, daß die Tradition der wilden Jagd bzw. des wütenden Heeres mit verschiedenen Figuren oder Persönlichkeiten verbunden werden kann. Grimms Ansicht, Helden und historische Persönlichkeiten seien sekundär an die Stelle von Göttern getreten, wird durch die Chronologie und den Befund der Texte nicht bestätigt. Volkskundlich betrachtet handelt es sich um eine Wandertradition. Sie wird nicht nur auf verschiedene Persönlichkeiten übertragen, sondern auch unterschiedlich funktionalisiert. Die Funktion der Texte ist dabei ausschlaggebend für die Darstellung der wilden Jagd bzw. des wütenden Heeres. In einer Reihe von Erzählungen mit deutlich erkennbarer katechetischer Funktion war die Buß- und Fegfeuerthematik präsent. Diese entfällt jedoch, wenn das Auftreten des wütenden Heeres im Kontext einer Erzählung anders funktionalisiert ist. Die Erscheinung des wütenden Heeres läßt sich also auch in erzähltechnischer Hinsicht als Wandertradition verstehen, die z.B. als Illustration einer nigromantischen Praktik bei Willelmus Malmesbiriensis, in historiographischen Werken als Prodigium, das unheilvoll auf ein Ereignis verweist, wie etwa im *Chronicon Saxonicum*, als Metapher für die Rast- und Ruhelosigkeit des Hoflebens bei Walter Map oder einfach als Beispiel einer Geistererscheinung bei Gervasius von Tilbury eingesetzt werden kann.

J. Grimm war der Ansicht, daß die Traditionen vom wütenden Heer und wilden Jäger primär heidnisch germanisch waren und sekundär verchristlicht worden sind, verchristlicht in Form einer Verteufelung der germanischen Götter und eines nachträglichen christlichen Erklärungs-

88 Ibid. distinctio 1, c. 11, 30.

89 Gervasius von Tilbury, secunda decisio c. 12, ed. Leipniz (1707) 921f., cf. id., ed. Liebrecht (1856) 12f. Siehe dazu auch Maaz (1987) 5,1112 mit Anm. 39.

90 Ibid.

zusammenhangs. Diese Deutung erweist sich schon nach den ersten Textuntersuchungen als unwahrscheinlich.

Wie fragwürdig die Annahme einer spezifisch germanischen Basis des Traditionskreises ist, wurde schon im Zuge der ersten Zwischenbilanz herausgestellt. Darüber hinaus geben die Texte keine Hinweise darauf, daß ursprünglich heidnische Traditionen zugrundelagen, die sekundär verchristlicht worden sind. Ganz im Gegenteil steht gerade eine Reihe früher Überlieferungen ganz auf dem Boden christlicher Anschauungen. Aus J. Grimms Darstellung geht dies nicht hervor. So werden aus Guilielmus Alvernus nur Passagen zitiert, die die christliche Deutung des Verfassers nicht verraten. Bevorzugt werden Stellen aus französischen Texten wiedergegeben, die das bloße Erscheinen des wütenden Heeres berichten, wobei der jeweilige Erzählkontext und die Textfunktionen unberücksichtigt bleiben.

Die Frage, ob ein christlicher Bedeutungsgehalt entfaltet wird oder nicht, scheint von der Erzählfunktion und der Textsorte (etwa christlich-katechetische Texte versus Texte mit primär historiographischer Funktion) abzuhängen und nicht von dem Willen oder Unwillen des Verfassers, die Tradition rein heidnisch oder christlich entstellt wiederzugeben. Die Texte, die den christlichen Kontext nicht explizit darlegen, verraten andererseits auch keine Anzeichen einer Abkunft aus der germanischen Mythologie. Die Vorstellung des wütenden Heeres wird offensichtlich im Sinne einer Wandertradition verwendet, die das Phänomen wütendes Heer oder wilde Jagd seinem Wesen nach erklären kann oder aber sein Erscheinen im Hinblick auf andere Erzählfunktionen rein deskriptiv darstellt oder bespricht.

Wissenschaftsgeschichtlich gesehen ist die Deutung Grimms in die Suche des 19. Jahrhunderts nach der historisch-genetischen Erklärung kultureller Phänomene einzuordnen. Der historistische Ansatz Grimms bedingte ebenso die Frage nach der genetischen Erklärung der Sprache wie der Erzähltraditionen. Ähnlich wie Lachmann in der zeitgenössischen Textkritik den Archetypus einer verzweigten Überlieferung erschließen wollte,[91] glaubte Grimm, die heidnische Urform der Sagentraditionen von wütendem Heer und wilder Jagd rekonstruieren zu können. Man war überzeugt, die Urform müsse sich durch Sammeln und Vergleichen der Überlieferungen herauskristallisieren und mißkannte den hohen Anteil subjektiver Entscheidungen bei der Erstellung von Überlieferungsstemmata. Grimm sah in der Vernachlässigung des christlichen Kontextes bei Textzeugen wie Guilielmus Alvernus keine philologische Fahrlässigkeit, sondern glaubte vielmehr, die Einzeltexte im Hinblick auf die (postulierte) Urform reinigen zu müssen. Die Denkform des Stammbaums, der Urform und der davon abgeleiteten Derivate, ist als zentrale wissenschaftliche Modellvorstellung im 19. Jahrhundert in verschiedenen geistes- und naturwissenschaftlichen Gebieten aktiv. Bemer-

---

91 J. Grimm hat die textkritische Methodik Lachmanns zunächst abgelehnt (cf. J. Grimm, *Über das Nibelungen Liet, KS* 4,6; cf. Janota (1980) 35 und Rautenberg (1988) 31f.), schwenkte aber dann aufgrund seiner eigenen Erkenntnisse zur systematischen Sprachentwicklung in der Vorrede zur zweiten Auflage der *Deutschen Grammatik* darauf ein. (Cf. J. Grimm (1822^2,1819) IXf.).

kenswert ist etwa die Übereinstimmung zwischen der Methode Grimms, ältere Phänomene (wie z.B. die heidnischen Mythen) aus aktuell vorhandenen Erscheinungen (wie den 'Volkstraditionen') zu rekonstruieren, mit dem in der Geologie seiner Zeit vor allem von Lyell (1797-1875) und Whewell (1794-1866) diskutierten Uniformitarismus bzw. Aktualismus: Die Uniformitaristen nahmen aufgrund von Analogien zwischen Gegenwart und geologischer Vorzeit an, daß die Erscheinungsformen der geologischen Vorzeit aus den geologischen Phänomenen der Gegenwart erkennbar seien.[92] Darwins evolutionistischer Ansatz in der Biologie des 19. Jahrhunderts ist ebenfalls nur auf der Basis dieses genetisch-historistischen Denkens verstehbar.

1.3.1.2.3. Traditionen aus dem deutschsprachigen und nordischen Bereich

Das *Chronicon Uraugiensis* des Ekkehard von Aura, des ersten Abtes des 1108 gegründeten Benediktinerklosters Aura an der fränkischen Saale, berichtet zum Jahre 1123 vom Auftreten eines bewaffneten Geisterheeres in der Gegend von Worms, das man einige Tage lang aus einem Berg hervorgehen und dorthin wieder zurückkehren sah.[93] Eine der geisterhaften Personen erklärte den sich ängstlich nähernden Bewohnern, sie seien die Seelen von noch nicht lange vorher verstorbenen Rittern. Die Waffen seien wie ihre Bekleidung und die Pferde die Ursache ihrer Qual, weil sie früher mit ihnen gesündigt hätten. Alles, was sie an ihnen sähen, sei feuerglühend.

> "'[sumus] animae militum non longe antehac interfectorum. Arma vero et habitus atque equi quia nobis prius fuerant instrumenta peccandi, nunc nobis sunt materia tormenti, et vere totum ignitum est quod in nobis cernitis, quamvis id vos corporalibus oculis discernere non possitis.'"[94]

Aus den Reden der Geister wird deutlich, daß sie von ihrer Buße durch Gebete und Almosen ("orationibus et elemosinis") erlöst werden können.

Die Erzählung läuft also ganz nach dem Schema der oben besprochenen französischen Quellen ab. Wie bei Ordericus Vitalis und Helinand von Froidmont treten die Geister als Buße für ihre Sünden auf, haben aber im Sinne der christlichen Fegfeuervorstellung die Möglichkeit, durch Gebete und Almosen erlöst zu werden, und wie in den französischen Texten wird eine enge Kausalverbindung zwischen der Art der Qual und der Marterinstrumente und der Art der Sünde und den "instrumenta", mit denen die Sünden begangen wurden, gezogen.

Von Interesse ist auch der aus der ersten Hälfte des 12. Jahrhunderts stammende Er-

---

92 Cf. R. Vogt (1989) 223.

93 Ekkehard von Aura, PL 154,1051/2. "In pago Wormaciensi videbatur per aliquot dies non modica et armata multitudo equitum euntium et redeuntium, et quasi ad placiti colloquia nunc hic nunc illic turmas facere, circa nonam vero horam cuidam monti, a quo et exisse videbantur, se reddere." (Ibid.).

94 Ibid.

scheinungsbericht aus der Schrift *De fundatione Monasterii S. Fides Stetstatensis.*[95] Vor der Untersuchung des Erscheinungsberichtes ist der Erzählkontext zu beleuchten, auf den die Erscheinung funktional bezogen ist.[96] Es wird berichtet, daß die Kirche der heiligen Fides früher so häufig besucht wurde, daß der Unterhalt der Mönche gesichert war. Später sei das Kloster nach und nach von allen verlassen worden, und man sei gezwungen gewesen, sich den Lebensunterhalt zu erbetteln. Die beiden letzten noch verbleibenden Brüder dachten schließlich auch daran, den Ort zu verlassen. In dieser Situation spendete ihnen die heilige Fides Trost.[97]

Die wunderbare Hilfe wird nun durch das Exempel vom "miles nomine Walterus" und der Erscheinung, die er erlebt hat, konkretisiert. Es handelt sich auch hier um eine Fegfeuervision. Der Ritter Walter befindet sich zu Bußübungen im Kloster der heiligen Fides in Schlettstadt. In einer der Nächte, die er mit Bußübungen zubringt, erscheinen ihm zwei Gruppen von Geistern. Die einen sind mit weißen Gewändern bekleidet und mit Pilgerattributen ausgestattet, die anderen reiten rot bekleidet auf roten Pferden:

> "Hic, inquam, miles, dum quadam nocte de more matutinas prostratus audiens, ab oratione surrexisset, forte conspicit curiam, in qua claustrum et caetera officina modo sunt constructa, hominibus albis vestibus indutis refertam, quorum plerique peras in humeris et baculos in manibus peregrino more gestare videbantur. Publica vero strata, que paulo inferius erat, equitibus, qui rubeos equos et vestes habebant, plena apparebat."[98]

Walter wird von einem der Weißgekleideten namens Conradus angesprochen und gebeten, er möchte seinem Bruder, dem Bischof, mitteilen, dieser solle ihn durch Gebete und Almosen unterstützen sowie durch die Förderung der Kirche der heiligen Fides.[99] Conradus möchte, daß sein Vermögensanteil in die Verfügungsgewalt der heiligen Fides übergehe, denn diese bewahre ihn vor der Verbrennung im Feuer. Seine Familie solle sich dafür einsetzen, daß die Kirche, die sie gemeinsam der heiligen Fides geweiht hatten, unter Aufbietung aller Mittel unterstützt würde, damit es seinen Nachkommen wohlerginge, und auch er (Conradus), dem Fegfeuer entrissen, die ewige Glückseligkeit genießen könne, "et ego, ab incendiis gehenne ereptus, felicitate fruar perpetua".[100]

Conradus erklärt dem Ritter Walter, was es mit den beiden Gruppen der Geister auf sich habe. Der Bußkontext bzw. die Höllen- und Fegfeuervorstellung ist auch hier vorhanden und wird entfaltet, wenn das Wesen der Geister erklärt wird. Es werden zwei Gruppen von Büßern vorgeführt: Die Gruppe, der Conradus angehört, steht kurz vor dem Eingehen in die ewige Glückseligkeit. Der hohe Grad an Vollendung, den diese Seelen erreicht haben, ist äußerlich

---

95 *De fundatione monasterii S. Fidis Sletstatensis*, MGH script. 15,2 (1888) 998-1000.

96 Ibid. 998

97 Ibid: "affuit eis sanctae Fidis consolatio et eos de tam intolerabili paupertate mirabiliter ereptos insperato suffudit gaudio."

98 Ibid.

99 Cf. ibid. 999.

100 Ibid.

durch die weiße Farbe ihrer Kleidung, ihr Erscheinungsbild als Pilger und ihr Auftreten im Klosterbereich angezeigt. Die Seelen befinden sich im Fegfeuer und haben Aussicht auf Rettung.[101]

Die Qualen derer, die noch durch schwere Strafen gemartert werden, sind erzähltechnisch durch die rote Farbe ihrer Kleidung und Pferde, ihren gleichsam brennenden Körper und den für sie vorgesehenen Raum ihres Auftretens gepiegelt. Sie erscheinen außerhalb des Klosterbereiches, auf der öffentlichen Straße, die noch dazu ein wenig weiter unten verläuft. Ihr Zustand ist also in jeder Hinsicht schlechter als der der weißbekleideten Seelen.[102]

Wie in den anderen Fegfeuervisionen kann Conradus, dem ohnehin nur noch ein kleiner Schritt zum Eingehen in die ewige Glückseligkeit fehlt, dieses Ziel durch tätiges (und finanzkräftiges) Eingreifen der Lebenden erreichen. Es versteht sich, daß die Kirche gerade im Medium solcher Fegfeuer- und Höllendarstellungen die Notwendigkeit und den Nutzen von Spenden und Schenkungen unterstreichen konnte. Wie es vom erläuterten Kontext des Erscheinungsberichtes her zu erwarten ist, wird dieser Aspekt in der Schrift *De fundatione Monasterii S. Fidis Sletstatensis* besonders betont:

Es ist nicht sein tugendhaftes Leben, das Conradus vor dem Schicksal der rotgekleideten Seelen bewahrt, sondern der Schutz der heiligen Fides aufgrund der Kirchenstiftung, und auch für das endgültige Ziel, das Erreichen der vollkommenen Glückseligkeit, ist eine erneute finanzielle Aufwendung erforderlich.[103]

Der Zisterzienser Caesarius von Heisterbach (um 1180 bis 1240) teilt in seinem *Dialogus miraculorum* ebenfalls eine Reihe von Erscheinungen toter Seelen mit. Die für diesen Kontext relevanten Exempel stammen aus der 12. distinctio seines Werkes, die "De praemio mortuorum" überschrieben ist. Caesarius behandelt hier das Schicksal der Seelen nach ihrem Tod, ihre Verurteilung zu ewiger Höllenpein bzw. zur milderen Strafe des Fegfeuers oder ihre Belohnung und Verklärung im Himmel.[104] Die Erscheinungen werden also schon durch diesen Rahmen in den Kontext christlicher Jenseitsvorstellungen und der kirchlichen Lehre von den letzten Dingen gestellt.

C. 16 berichtet vom nächtlichen Kampf eines Totenheeres. Der kurzen Nachricht über diese

---

101 Ibid: "'Hi, quos tu perspicis candido habitu circumdatos, animae sunt illorum, qui caste viventes in mundo, penitentiam de criminalibus egerunt, sanctae Fidis auxilium, eius domum quandoque suis visitando muneribus, comparaverunt. Qui licet cruciatus avernales evaserunt, nondum tamen requiem, quam desiderant, receperunt, ...'"

102 Ibid: "'Hi vero, quos quasi flamanti corpore rubere intueris, animae sunt illorum, qui in prelio interfecti vel aliter sine penitentia vitam finientes, acriter puniuntur. Cum quibus ego cruciarer propter hoc maxime, quia sanctimonialium familiaritatem ultra quam necesse fuit infelix frequentavi, nisi sanctae Fidis presencia ex hoc solo, quod ei hanc aecclesiam cum aliis tradidi, me tueri dignaretur.'"

103 Cf. ibid.

104 Caesarius von Heisterbach, distinctio duodecima c. 1, ed. Strange (1851): "Duo sunt loca aeternaliter a Deo praeparata, in quibus labor diurnus remuneratur, coelum scilicet et infernus. In coelo merces est iustorum, in inferno merces reproborum... Est adhuc tertius locus post hanc vitam quibusdam electis ad purgandum deputatus, et a re purgatorium vocitatus."

Erscheinung folgt die Aussage, daß diejenigen, die in Turnierkämpfen sterben, fraglos in die Hölle kommen, wenn ihnen nicht noch durch Reue geholfen wird: "De his vero qui in tornamentis cadunt, nulla quaestio est quin vadant ad inferos, si non fuerint adiuti beneficio contritionis."[105] Die bei Guilielmus Alvernus geäußerte und von ihm auf Platon zurückgeführte Ansicht, nach der besonders die Seelen der gewaltsam Verstorbenen nach ihrem Tod herumschweifen, um so die ihnen gesetzte Lebenszeit zu vollenden, wird von Caesarius christlich durchdrungen: Gerade die gewaltsame Tötung, die den Menschen unmittelbar aus dem Leben reißt, birgt die Gefahr, daß man keine Zeit mehr für Reue und Buße hat und damit der Hölle anheimfällt.[106]

C. 20 erzählt von der Erscheinung einer Pfarrerskonkubine, die von einem Jäger verfolgt wird. Das Motiv der Verfolgung einer Frau durch einen Jäger erinnert an den oben besprochenen Erscheinungsbericht bei Helinand (*De cognitione sui* c. 13), nach dem eine ehebrecherische Frau, die ihren Ehemann getötet hatte, im Tod von ihrem Geliebten verfolgt wurde.

In der Nacht, die auf ihr Begräbnis folgt, erscheint die vor dem Jäger fliehende Pfarrersgeliebte einem Ritter und seinem Diener. Der Ritter versucht die Frau vor dem als 'infernalis venator' bezeichneten Jäger zu schützen. Aus Angst vor dem herannahenden Jäger macht sie sich jedoch gewaltsam los, wobei ihre Haare ausgerissen werden.

> "Approximante infernali illo venatore, ait mulier militi: Sine me currere, sine me currere; ecce appropinquat. Illo fortius eam retinente, misera diversis conatibus militem pulsans, tandem ruptis capillis effugit."[107]

Der Teufel, der ihr nachgesetzt hat, ergreift sie, wirft sie auf sein Pferd und schafft seine Beute weg. Ihre Haare, die in den Händen des Ritters zurückgeblieben sind, dienen ihm als Beglaubigung seines Erlebnisses. Man erkennt, daß die Frau, die zu Lebzeiten ein Verhältnis mit einem Priester hatte, durch schreckliche Höllenqual bestraft wird.

Caesarius von Heisterbach behandelt sowohl das Phänomen der Erscheinung nächtlich kämpfender Totenheere wie die Erscheinung einer von einem 'infernalis venator' gejagten Frau unter dem Aspekt christlicher Höllenvorstellungen. Die hier besprochenen Exempel des Caesarius sind keine Fegfeuervisionen, sondern führen Seelen vor, die zur ewigen Höllenqual verdammt sind. Daher fehlen auch die in den Fegfeuervisionen stereotyp auftretenden Bitten und Hilferufe an die Lebenden. Der wilde Jäger tritt nicht als germanischer Gott Wodan auf, sondern als berittener 'infernalis venator'.[108]

Es sind nun auch einige deutschsprachige Texte heranzuziehen, in denen die Vorstellung vom

---

105 Ibid. c. 16. In dieser Aussage reflektiert Caesarius die Bußlehre seiner Zeit, nach der der 'contritio', der Reue kurz vor dem Tod, eine entscheidende Bedeutung zukam. (Cf. Teil 2, 1.3.2.).

106 In c. 17 wird eine ähnliche Erscheinung beschrieben. Ein Priester sieht in der Dämmerung auf einem Feld ein riesiges kämpfendes Totenheer, das nach dem kürzlich verstorbenen Herrn Walter von Myle ruft.

107 Ibid.

108 Da sowohl Helinand wie Caesarius dem Zisterzienserorden angehörten, könnte man folgern, daß die Tradition vom wilden Jäger, der eine Frau verfolgt, vielleicht besonders in diesem Umkreis verbreitet war.

Jagen des Teufels bzw. von einem wütenden Teufelsheer begegnet.[109] Im deutschen *Rolandslied* des Pfaffen Konrad, das von der neueren Forschung auf das Jahr 1172 datiert wird, ist das Heer der heidnischen Sarazenen, mit denen Roland, der Neffe Karls des Großen und seine Leute in Spanien kämpfen, mehrfach als Teufelsheer bezeichnet. Konrad setzt diese Metapher im Zuge seiner Stilisierung des Krieges zum Kampf der Christen gegen die Heiden ein.[110] So ruft Turpin, als er das heidnische Heer heranstürmen sieht:

"'wol uf Rolant!
der tiuel hat uz gesant
sin geswarme unt sin her.
Marsilie ritet da her.
waz mag ich iu sagen?
so getan magen
gesamt sich nie uf di erde.
der fluch mů̊ze uber si werde,
da got mit sinem gewalte
Pharaonem mit erualte:
den uerswalch daz mêr
unt al sin wotigez hêr;'"[111]

Die heidnischen Heerscharen werden als Teufelsschwärme verunglimpft. Der Sprecher wünscht ihnen dasselbe Schicksal, denselben Fluch, mit dem Gott den Pharao einholte, den das Meer mit seinem ganzen wütenden Heer verschlang.

In diesem Zusammenhang fällt erstmals der deutsche Begriff des wütenden Heeres als "wotiges hêr". Dadurch, daß die Vorstellungen vom wütenden Heer und von herumziehenden Teufelsschwärmen hier bildlich auf das Sarazenenheer angewandt werden, läßt sich aus dem Kontext für den Traditionskreis der wilden Jagd und des wütenden Heeres nichts gewinnen. Auf der Ebene der Metapher ist erkennbar, daß die Vorstellung des wütenden Heeres - immer vorausgesetzt, daß der Erzähler an die Tradition des wütenden Geisterheeres als Bildspender denkt - mit dem Heer des Teufels und seinen Schwärmen, die er aussendet, assoziiert wird. Gerade die metaphorische Verwendung zeigt, wie unterschiedlich funktionalisiert die Erzähltradition des wütenden Heers eingesetzt werden konnte.

Die Vorstellung vom Teufel als Jäger findet sich weiterhin in dem zwischen 1170 und 1190 verfaßten *Eneasroman* des Heinrich von Veldeke. Als Heinrich die Reaktion des Höllenhundes Cerberus auf die Ankunft des Aeneas und der Sibylle in der Unterwelt beschreibt, schildert er, daß er so furchtbar gebellt hätte, daß die Hölle erbebte. Der Lärm sei so groß gewesen, wie wenn der Teufel jagte.[112] Das Motiv von der Jagd des Teufels wird hier als Vergleich herangezogen.

109 Cf. *DM* 2,767.

110 Siehe dazu Backes (1977) 418-423.

111 *Rolandslied* VV. 5737-5748, ed. Wesle / Wapnewski (1985³,1928), cf. auch ibid. V. 3380: "hi ist des tiueles geswarme" und ibid. VV. 3909-3912; cf. auch die Bearbeitung des *Rolandsliedes* aus dem 13. Jahrhundert von Stricker VV. 6800f., ed. Bartsch (1857).

112 Heinrich von Veldeke VV. 3254f., ed. Kartschoke (1986): "und als der tûvel jagete,/ grôzlîch daz gescrei was."

Der Gedanke des Teufelsheeres begegnet auch in dem zwischen 1290 und 1300 entstandenen moralischen Lehrgedicht *Der Renner* des Hugo von Trimberg. Die Abhandlung der sieben Hauptsünden erfolgt anhand der Laster der Stände. Im Kontext der Erörterung der Hoffart weist Hugo auf die Verantwortung der höheren Stände hin. Die Geistlichen seien die Fähnriche Christi, an denen das Volk sich orientiert. Deshalb wiegt ihre Sünde wesentlich schwerer als die von Laien, und so sei es nicht verwunderlich, daß der Teufel und sein Heer es auf einen Pfaffen stärker abgesehen hätten als auf hundert Laien.

"Swen denne vil lîhte wundert
Daz der tiufel und allez sîn her
Uf einen pfaffen wartent mêr
Denne ûf hundert leien"[113]

Es zeigt sich, daß die Vorstellungen von einem Teufelsheer, von Schwärmen, die der Teufel aussendet, sowie auch vom Teufel als Jäger in der mittelalterlichen Literatur durchaus gängig waren und als variables Motiv - auch im metaphorischen oder vergleichenden Sinne - eingesetzt werden konnten.

Im *Moriz von Craûn*, der aus der Zeit zwischen 1210 und 1220 stammt, tritt der im Turnier verwundete Held im Schlafzimmer des Grafen von Beaumont auf und gibt sich als der vom Grafen im Turnier erstochene Ritter aus. Als der Graf, aus dem Schlaf gerissen, Herrn Mauricius erblickt, sagt er zu seiner Frau:

"'uns ist der tiuvel nâhen bî,
swannen er her bekomen sî,
oder daz wüetende here.'"[114]

An diesem Ausruf läßt sich erkennen, daß dem Grafen offensichtlich die Vorstellung eines nächtlich herumziehenden wütenden Heeres, das er gedanklich in Zusammenhang mit dem Teufel bringt, geläufig ist.

In Konrads von Heimesfurt Gedicht *Diu Urstende* wird der Begriff des wütenden Heeres im Kontext der Gefangennahme Christi auf die Juden angewendet.

"si chomen dar mit stangen...
Daz si in mit listen funden.
vnt brachten in gebunden.
Daz gebuten vnt baten sie.
der reine daz geschehen lie.
Er lie sich vinden ane wer.
do daz ẘtunde her.
Also dort chom mit schalle her."[115]

Daß der Begriff des Heeres hier im Sinne einer Gruppe von bewaffneten Feinden verwendet

113 Hugo von Trimberg, VV. 2826-2829, ed. Ehrismann (1908) und ibid. V. 2206: "Daz sol der tiufel und sîn her."

114 Ed. Pretzel (1973⁴) VV. 1561-1563.

115 Konrad von Heimesfurt, ed. Hahn (1840) 105,25-36.

ist, zeigt die folgende Bezeichnung der Juden als "div vientliche schar".[116] Gerade an dieser Stelle wird die Problematik deutlich, inwieweit Textbelege, die den Begriff des wütenden Heeres überliefern, als Zeugnisse für die Vorstellung vom wütenden Heer als Geisterheer reklamiert werden können. Wenn die Tradition des Geisterheeres noch im Hintergrund steht, so ist sie hier nur in Form einer Floskel greifbar. Daß die Vorstellung vom wütenden Heer bis zur Redensart verkürzt werden kann, zeigen Ausdrücke wie das in der Schweiz im 19. Jahrhundert bekannte "Tuen wie's Wüetihē", für 'wild lärmen, ausgelassen sein' oder die Redensart, "Si rassten furt wie's dürstig G'jäg"[117] für wildes Reiten.

In der Erzählung *Irregang und Girregar*, die Rüdiger von Munre im 13. Jahrhundert verfaßte, wird das wütende Heer in einer Beschwörungsformel angerufen. Ein Ehemann, der argwöhnt, daß seine Frau ihn betrügt, soll davon überzeugt werden, daß seine Sinne verwirrt sind.

"'Bî deus salter ich dich swer,
und bî Wutungis her,
Bî P(e)ters ban bast
banne ich dich vil vast,
Swaz dû sîes, ob dû lebes,
daz dû mir antwürte gebes,
War umbe tuostu uns ungemach?'"[118]

Während diese Belege mehr oder weniger nur den Begriff des wütenden Heeres mitteilen, überliefert der *Codex Runensis* aus der Mitte des 13. Jahrhunderts einen ausgeführten Erscheinungsbericht.[119] Ein Frater namens Zacharias, der dem Kloster Vauluisant in Frankreich angehört, hat eine nächtliche Begegnung mit der "familia Herlequini". In dem Heer befinden sich Handwerker aller Berufssparten und gehen während der Fahrt durch die Luft ihrer Tätigkeit nach. Ein Mann, der einen Hammel über der Schulter trägt, tritt an den angstvollen Zacharias heran und stellt sich als ein verstorbener guter Freund von ihm vor. Er bittet Zacharias indirekt um die Rückgabe des von ihm zu Lebzeiten gestohlenen Hammels, denn sie würde ihn von seiner Strafe befreien.[120] Die Erscheinung erschreckt Zacharias so sehr, daß er den Entschluß faßt, ins Kloster zu gehen. Der Frater zieht damit aus der Erscheinung die auch von den Leserinnen und Lesern erwünschte Konsequenz der geistlichen Ein- und Umkehr. Nach dem Schema der oben besprochenen französischen Texte, die eine Erscheinung der

---

116 Ibid. 105,40.

117 *Schweizerisches Idiotikon*, ed. Staub / Tobler / Schoch (1885) 2,1557 und ibid. (1895) 3,19. Weitere Belege bei Meisen (1935) 144.

118 Rüdiger von Munre, VV. 1289-1295, ed. von der Hagen (1850) 77f.

119 Abdruck bei Driesen (1904) 236f.

120 Ibid. 237.: "Unus autem ex illis Vervecem in humero portans accessit ad iuvenem trepidantem confortans eum dicens: Tace, et noli timere quia non morieris, tantummodo cave ne mihi loquenti respondeas aliquid. En ego sum ille sodalis tuus: Olim tibi familiariter in amicitia iunctus. Porro arietem istum quem iugiter in angariam porto, pauperculae illi viduae quam tu ipse cognoscis quondam furto abstuli. Quem si quis misericordia motus primae reddere vellet, continuo ab ista poenalitate liberarer."

"familia Herlequini" referieren, wird das Auftreten des Geisterheeres hier im Zusammenhang von Sünde, Buße und Fegfeuer gesehen.[121]

In dem um 1300 entstandenen *Väterbuch* wird das Leben der ersten Mönche, die ihr Dasein in der Wüste und in Einsamkeit zubrachten, in pädagogisch-didaktischer Absicht geschildert. Von dem Einsiedler Paulus wird erzählt, er könnte wie durch ein Glas in das Innere der Menschen, in ihr Herz, schauen.[122] Paulus sieht nun während des Kirchgangs der Brüdergemeinschaft, wie zahlreiche Teufel mit einem der Brüder gehen und ihn umschlossen halten.[123] Nach dem Kirchenbesuch erforscht Paulus die Gesinnung der Brüder erneut und erkennt, daß der Mann, dem vorher die Teufel zusetzten, nun vollkommen verwandelt ist: Sein Äußeres ist rein und klar, sein guter Engel ist bei ihm. Des "tuvels wůtendez her" folgt ihm jetzt von ferne.[124] Auch hier ist also die Vorstellung des wütenden Heeres, das um die Seele eines Menschen kämpft, mit dem christlichen Teufel und der christlichen Hölle verbunden.

An anderer Stelle des *Väterbuches* wird das Sterben eines reichen Mannes beschrieben, der bis zuletzt ohne Reue in seinen Sünden verharrte. Auf dem Sterbebett wird er dann von dem wütenden Heer, das auch hier als Teufels- und Höllenschar gezeichnet wird, in die Hölle abgeholt:

"Er lac in sinem bette
Und sach daz wutende her
Uf in mit brunnender wer
Vallen, unde sich hin zien."[125]

Im *Reinfrid von Braunschweig*, der um 1300 im alemannischen Sprachgebiet verfaßt wurde und die Sage von Heinrich dem Löwen behandelt, wird von einer gerüsteten Ritterschar gesagt, sie fuhr "rûschent sam daz Wuotes her".[126] Das wütende Heer wird hier als Vergleich herangezogen. Die ältere Forschung sah in der Form "Wuotes her" einen Zusammenhang mit dem Gott Wodan und verstand den Ausdruck damit als Verstümmelung aus "Wuotanes her".[127] Die Rückführung auf den Gott Wodan ist jedoch unsicher und wurde von der Grimmschule vor allem aufgrund ihrer Prämisse, die Traditionen um das wütende Heer beruhten auf dem germanischen Gott Wodan, favorisiert.

Im *Münchner Nachtsegen*, der wohl auf das 14. Jahrhundert zu datieren ist, findet sich dann der erste eindeutige Bezug auf Wodan:

---

121 Die Aufzeichnung der Erscheinung im *Codex Runensis* der Zisterzienser-Abtei Reun in der Steiermark zeigt, daß die ursprünglich französische Tradition der "familia Herlequini" ihren Weg wohl über die Überlieferung der Kirchen und Klöster bis in die Steiermark fand. Auf diese Weise wird uns ein schlaglichtartiger Blick auf die Überlieferungswege der Tradition des wütenden Heeres ermöglicht.

122 Ed. Reissenberger (1914) VV. 3161-3165 .

123 Ibid. VV. 3171-3194.

124 Ibid. VV. 3228-3239.

125 Ibid. VV. 26593-26595, cf. auch V. 26722, wo sich die Vorstellung vom Jagen des Teufels findet: "Der tuvel wart do zu jagen".

126 Ed. Bartsch (1871) V. 479.

127 Cf. Uhland (1868) 7,610f.

"gloczan vnde lodewan
Truttan vnde wutan
wutanes h' vñ alle sine man
dy di reder vñ dy wit tragen
geradebrech vñ irhangin
Ir sult won hinnen gangen"[128]

Die Passage bietet den ersten wirklichen Beleg für die Verbindung Wodans mit dem wütenden Heer.

Von nächtlichen Erscheinungen des wütenden Heeres in Böhmen berichtet der Dominikaner Johannes Nyder (um 1380-1438) in seinem Werk *Formicarius*.[129] Im letzten und 5. Buch seiner Schrift geht Johannes Nyder auf Dämonen und ihre Täuschungen ein, "De maleficis et eorum deceptionibus". Entsprechend den drei negativ konnotierten apokalyptischen Reitern (Apk 6,3-8) unterscheidet er drei Arten von Dämonen, die die bösen Menschen beherrschen. Seine Dämonenlehre wird damit explizit an die Johannesapokalypse gebunden.[130]

Er unterscheidet weiter drei Arten, auf die man Übernatürliches wahrnehmen kann: göttliche Gnade, Fehlleistungen des Gehirns, d.h. Wahnsinn, und List der Dämonen.[131] Die Erscheinungen des wütenden Heeres werden der dritten Art zugeordnet. Bevor Nyder Beispiele für Erscheinungen des wütenden Heeres referiert, differenziert er den Traditionskreis. Er unterteilt ihn in Auftritte von Heeren, die prophetische Bedeutung haben und Zeichen kriegerischer Handlungen sind, also in Prodigia, in Erscheinungen, die Täuschungen Unvorsichtiger durch Dämonen darstellen und in solche, die die Strafen der verdammten bzw. im Fegfeuer befindlichen Seelen zeigen.[132]

Für das Erscheinen eines Heeres bzw. einzelner Krieger als Prodigium führt Nyder eine Reihe von alttestamentarischen Stellen an (Jos 5,13-15; 2 Makk 3,23-30; 2 Makk 5,1-4; 2 Makk 10,29-31; 2 Kge 6,8-23). Daneben verweist er auf Josephus Flavius (*De bello Judaico* lib. 7, c. 12) und Gregor den Großen (*Homilie* 1).[133] Die Vorstellung eines als Zeichen oder Wunderzeichen auftretenden Kriegsheeres, die im Verlauf der Untersuchung schon in mehreren Texten deutlich war, wird also auch von Nyder als Subkategorie des Traditionskreises vom wütenden Heer aufgefaßt.

Nachdem Nyder Belege zum wütenden Heer aus schriftlichen Quellen beigebracht hat, referiert er in einem zweiten Schritt zeitgenössische Erscheinungsberichte, die ihm - wie er behauptet - persönlich erzählt worden sind. In der Abfolge des 'legi' und 'audivi' wird Mündlichkeit hier deutlich durch die vorangestellte Schriftlichkeit autorisiert. Mündliches ist dann mit-

---

128 Clm. 615,127r, bei v. Grienberger (1897) 337.
129 Nyder (1602) lib. 5, c. 1.
130 Ibid. 332: "Insessores vero equorum talium trium, tres differentias daemonum tales malos regentes homines designant".
131 Ibid.
132 Ibid. 333: "Monstra talia aliquando bella futura praenosticant. Aliquando per hoc daemones incautos decipiunt. Aliquando etiam quales sint malorum poenae innuunt".
133 Cf ibid. 333-335.

teilenswert, wenn es inhaltlich und strukturell in den durch die Schriftlichkeit, d.h. durch Autoritäten wie die Bibel, die antiken Autoren oder die Kirchenväter, vorgegebenen Rahmen paßt. Funktional erfüllt Mündlichkeit damit hier die Funktion zu zeigen, daß auch heute noch geschieht und gilt, was aus Antike und / oder biblischer Zeit bezeugt ist.[134]

So habe man im Gebiet von Böhmen "nocturnae congressiones equitum" wahrgenommen.[135] Die Erscheinung zeigt die Gefahren eines unvorsichtigen und dreisten Umgangs mit der Geisterwelt und gehört wohl in die Subkategorie des Traditionskreises, die die Täuschungen Unvorsichtiger durch Dämonen darstellt. Ein bewaffneter Mann verliert das Leben, als er sich der Geisterschar nähert.[136] Die Geister werden als rot bzw. schwarz bekleidet und auf Pferden von jeweils gleicher Farbe reitend geschildert.

Nyder erläutert, daß bei gespenstischen, dämonischen Erscheinungen die Farbgebung den verschiedenen moralischen Zustand ausdrückt.[137] Weiß bedeutet Sittenreinheit, rot sind diejenigen, die die Menschen unter dem Schein von Religion oder Tugend täuschen, die schwarze Farbe bedeutet offenkundige Lasterhaftigkeit, und fahl wie der Tod sind die gefärbt, die das Gute nur mit den Lippen verfolgen. Als Quelle dieser Farbbedeutungslehre beruft sich Nyder auf die vier apokalyptischen Reiter der Johannesapokalypse (Apk 6,1-8).[138]

Die zweite Erzählung, auf die eingegangen werden soll, ist den Erscheinungsberichten zuzuordnen, die die Strafen der 'mali' zeigen.[139] Auf einem nächtlichen Erkundungsritt begegnet ein Adliger mit seinem Gefolge dem wütenden Heer. Ein Nachzügler des Heeres stellt sich als der vor kurzem verstorbene Koch des Ritters vor. Im Gespräch erläutert der Koch Wesen und Funktion des Heeres. Es seien Adlige und Bewaffnete, die, wie auch er, in dieser Nacht als Strafe nach Jerusalem ziehen müßten: "Domine, hi qui praecedunt, sunt nobiles & armigeri tales & tales (multos enim nomine expressit proprio) quos oportet, & me cum eis, ista nocte esse Hierosolymis, quia haec poena nostra est."[140] Das freie Pferd, das der Koch mitführt, ist für den Ritter selbst bestimmt, wenn er den Zug ins Heilige Land mitmachen würde, wozu der Ritter sich gegen die Ratschläge seiner Diener entschließt. Am nächsten Tag kehrt der Ritter unbeschadet zurück und erhält von dem toten Koch zwei Gaben, gewissermaßen als Beweis

---

134 Cf. zum Funktionszusammenhang von Schriftlichkeit und Mündlichkeit auch die Überlegungen Daxelmüllers (1989) 139-142.

135 Cf. Nyder (1602) lib. 5, c. 1, 335f.

136 Cf. ibid. 335.

137 Ibid. 331: "Per colores autem talium varia conditio vitiorum potest intelligi".

138 Ibid. 331f.: "Hinc est quod beatus Ioannes vidit in Apocalypsi vj. sub quatuor coloribus equorum vnum nigrum. Nam primus albus, secundus rufus, tertius niger, & quartus pallidus fuisse describitur: ubi per album Christi caro purissima. per rufum, qui sub specie religionis, vel virtutis homines decipiunt: per nigrum, qui manifesta habent vitia: & per pallidum ad modum mortis colorati persecutores bonorum secundum glossam debent intelligi."

139 Cf. ibid. 336-338.

140 Ibid. 338.

für seine Erlebnisse. Es handelt sich um das Motiv der Fegfeuerreliquie, das in Texten, die sich mit der Fegfeuerthematik beschäftigen, mehrfach auftritt.[141]

Die Erzählung greift verschiedene Motive aus bereits besprochenen Texten wieder auf: Es wird deutlich, daß das Herumziehen und die Erscheinung der Toten als Strafe, als Buße gedacht ist. Der Erscheinungsbericht reiht sich damit in die Buß- und Fegfeuerexempel ein. Die Fahrt ins heilige Land als Buße begegnete in einem bereits vorgestellten zeitlich späteren Text, einem Druck der *Chronique de Normandie* von 1487, wo ebenfalls ein Lebender, Herzog Richard-ohne-Furcht, auf die Fahrt mitgenommen und wohlbehalten zurückgebracht wurde. Die Vorstellung des Herumschweifens Toter wird hier mit dem mittelalterlichen Kreuzritter- und Pilgergedanken verbunden. Die Tradition des wütenden Heeres war erzähltechnisch so offen, daß sie problemlos dem jeweils geltenden soziokulturellen Kontext angepaßt werden konnte.

Im Anschluß an seine Berichte von Erscheinungen des wütenden Heeres bemerkt Nyder, der kluge Leser könne daraus entnehmen, daß die 'nocturni exercitus' bisweilen von guten und von schlechten Menschen gesehen werden können, d.h. eine derartige Erscheinung ist nicht an die moralische Qualität des Visionärs gebunden. Leser, die noch mehr über das Wesen der Erscheinungen wissen wollen, verweist er auf das Werk des Guilielmus Alvernus *De universo*, von dessen Ansichten er - wie er sagt - nicht abweiche.[142] Darüber hinaus stellt sich Nyder, was die Fragen nach den Erscheinungen der Toten betrifft, in die Tradition von Augustinus, Gregor dem Großen und Thomas von Aquin.[143] Der Zweck der Erscheinungen der 'Verdammten', 'damnati', wie Nyder theologisch verwässert nicht nur die Seelen aus der Hölle, sondern auch die Seelen aus dem Fegfeuer bezeichnet, ist genau festgelegt: Die Lebenden sollen erzogen und erschreckt werden und im Falle von Erscheinungen aus dem Fegfeuer "suffragia" leisten. Nyder stützt diese Ansicht auf die vielen Exempel des 4. Buches der *Dialogi* Gregors des Großen.[144] Die Erscheinungsberichte, die Nyder aus der mündlichen Tradition entnommen haben will, werden also durch die Berufung auf die Schrifttradition erneut autorisiert.

In Michel Beheims (1416-1474) *Buch von den Wienern* wird das Geschrei, das beim Kampf zwischen den Kaiserlichen, die in der Burg von Wien eingeschlossen sind, und den aufständischen Wienern entsteht, mit dem Lärm des wütenden Heeres verglichen:

> "da waz ain solhez ruffen,
> paide schreien vnd wuffen,
> Als ab es wer das wutend her."[145]

---

141 Cf. Le Goff (1981) 373.

142 Cf. Nyder (1602) lib. 5, c. 1, 338.

143 Cf. ibid. 339.

144 Ibid.: "Et hoc etiam credi potest, quod aliquando de damnatis contingat, quod ad eruditionem hominum & terrorem permittuntur viventibus apparere: aut etiam ad suffragia expetenda, quantum ad illos qui in purgatorio detinentur: vt per multa exempla patet quarto libro dialogorum beati Gregorij".

145 Beheim, ed. Karajan (1843) 176, VV. 3-5.

Michel Wyssenherre läßt den Helden in seinem in einer Handschrift von 1474 überlieferten Gedicht *Von dem edeln hern von Bruneczwigk, als er über mer fure* in eine Reihe von Abenteuern geraten.[146] Nachdem ihm als Begleiter nur noch ein treuer Löwe verblieben ist, fällt er ins wütende Heer.

> "Von Bruneczwick der fürste vnd herre
> Wolt sich aber fürbasz gan.
> Da qwam er vnder daz Wodenhere, [woͤden her]
> Da die boesen geiste ir wonung han."[147]

Es begegnet ihm ein schrecklicher Geist, der Teufel, der unter bestimmten Bedingungen dazu bereit ist, den Fürsten und den Löwen nach Hause zu bringen. Es wird vereinbart, daß der Herr von Braunschweig dem Teufel verfällt, wenn dieser ihn, der zuerst befördert werden soll, bei der Rückkehr des Löwen schlafend vorfindet. Der Löwe erweist sich auch in dieser Situation als treuer Beistand. Er brüllt, um den Fürsten, der tatsächlich eingeschlafen ist, rechtzeitig aufzuwecken, wodurch der Teufel geprellt wird.[148]

Die Vorstellung vom wütenden Heer ist hier mit mehreren in der mittelalterlichen Literatur gängigen Motiven verflochten. Zum einen ist sie mit dem Gedanken eines Teufelspaktes verbunden. Zum anderen fügt sie sich motivisch in den weitverbreiteten Sagenkreis vom geprellten Teufel ein.[149] Auch das Motiv, daß Helden durch einen Geist oder einen Teufel aus fernen Ländern durch die Luft in ihre Heimat zurückgebracht werden, ist in der mittelalterlichen Literatur beliebt.[150] Grimm vermutet, daß hinter dem Teufel, der gelegentlich auch durch einen Engel ersetzt werden kann, "kein andrer als *Wuotan*" steht, "der seinen schützling durch die wolken bringt".[151] Bei der Überlieferung des wütenden Heeres durch Michel Wyssenherre ist wie im *Reinfrid von Braunschweig* zu überlegen, ob im Begriff des "Wodenhere", "woͤden her", "wóden hér" ein direkter Bezug auf den Namen des germanischen Gottes zu sehen ist.

Johannes von Trittenheim (1462-1516) führt in seinen *Annales Hirsaugienses* eine Erscheinung des wilden Jägers aus. Dem Priester Godfridus aus dem Kloster Sponheim erscheint der kürzlich verstorbene Walramus als feuerglühender Geist auf einem schwarzen Pferd.[152] Walramus erklärt, daß er nach dem Willen Gottes als Strafe jagen müsse. Es wird auch der Grund für diese Strafe angegeben: Es ist die allzu große und eitle Jagdlust, der er im Leben nachgegangen war. Sein Jagen habe die Armen, die ihm untergeben waren, durch die

---

146 Siehe dazu auch Brüder Grimm, *Deutsche Sagen* 526.

147 Wyssenherre, Str. 66, ed. Seehausen (1913) 166, cf. id., Str. 66, ed. Maßmann (1828) 132: "woͤden her", cf. id., 100v, ed. Dinkelacker / Härig (1977) 53: "wóden hér".

148 Cf. id. Str.75f, ed. Seehausen (1913) 168, cf. id., 101v, ed. Dinkelacker / Härig (1977) 53.

149 Cf. Wünsche (1905).

150 Grimm führt mehrere Beispiele an, cf. *DM* 2,859.

151 *DM* 2,859.

152 Cf. Johannes von Trittenheim (1690) 227f., ibid. 227: "Post cujus mortem Sacerdos quidam nomine Godfridus capellanus in castro de Spanheim, quadam nocte ambulans per planitiem camporum,..., audivit vocem in nemore proximo clamantis quasi Venatoris, canes post feram incitantis."

Verwüstung der Äcker und Weinberge stark geschädigt. Über Godfridus läßt er seinen Sohn bitten, er soll zu seiner Befreiung an 30 Tagen täglich Messe lesen lassen, an ebenso vielen Tagen die Armen speisen und sie einmal neu bekleiden. Er soll auch 200 unrechtmäßig erworbene Goldmünzen zurückgeben. Dann hoffe er, daß er durch die Barmherzigkeit Gottes erlöst werde:

> "Ego sum anima Walrami comitis nuper defuncti, & hanc poenam patior, quandiu voluerit altissimus, pro vana & nimia delectatione, quam in venationibus quondam habui: per quas & pauperibus subditis meis, multa in agris atque vinetis & damna intuli, & propriam salutem turpiter intermisi: sed rogo te, loquere ad filium meum ex parte mei, ut per continuos dies triginta quotidie legi faciat missas triginta, pro mea liberatione, ac totidem pauperes nutriat singulis diebus, & de novo panno semel vestiat; & ducentos auri nummos, quos pro poena parvi reatus a Petro macellario, & cive in Creüzenach injuste, me consentiente acquisitos, restituat, & spero, quod misericordia Domini liberabor."[153]

Nach diesen Worten verschwindet die Geistererscheinung und die Erzählung schließt mit der eindringlichen Schilderung der Wirkung, die die Erscheinung auf Godfridus machte: Sie äußert sich in Schrecken, Veränderung des Gesichtsausdrucks und plötzlichem Ergrauen des Haars.[154]

Die Erscheinung ist hier wieder ganz deutlich in den Kontext der christlichen Buß- und Fegfeuervorstellung eingebettet und läuft ganz nach dem Schema der bereits besprochenen Exempel ab. Die von anderen ähnlichen Erscheinungsberichten her geläufige Kausalverbindung zwischen der Art der Strafe nach dem Tod und der Sünde im Leben ist hier auf das Jagen nach dem Tod als Strafe für ausschweifende Jagdlust im Leben angewendet. Die Strafe des Jagens ordnet sich damit gedanklich in die Reihe anderer Strafen von Seelen des wütenden Heeres ein. So gesehen erscheinen wilde Jagd und wilder Jäger als spezifische Ausprägungen des größeren Traditionskreises vom wütenden Heer.

Daß das Motiv der wilden Jagd innerhalb dieses Traditionskreises so starke Verbreitung fand, hängt sicherlich (auch) mit der Bedeutung der Jagd im Mittelalter zusammen. Die Jagd als privilegierte Form adliger Beschäftigung erschien häufig als Übergriff und Unterdrückung. Der Adel verteidigte sein Jagdprivileg durch drastische Strafen für das Übertreten der Jagdgesetze. Neben einfachen Geld- und Gefängnisstrafen sind auch Leibesstrafen bis hin zu Blendung, Kastration und Tötung bezeugt.[155] Cyriacus Spangenberg übt in seinem *Jagteuffel* von 1560 scharfe Kritik an derartig harschen Bestrafungen von Jagddelikten. Er legt dar,

> "das die Herrn nicht schlechte gemeine / sondern grosse todsuͤnde begehen / die umb eines Hasen oder andern gefangen Wildes halben die Leute toͤdten oder mit abhawung eines gliedmass am leibe verstumlen / sonderlich so sie das thun aus rachgiricheit / oder aus alzu viel gunst und lust zum Wilde."[156]

Besonders litten die Bauern auch unter der Verpflichtung, Jagdfrondienste leisten zu müssen.

---

153 Ibid. 227f.

154 Zum Motiv des plötzlichen Alterns siehe Lüthi (1977) 1,406.

155 Cf. Brault (1982) 356, Marx-Kruse / v. Campe (1937) 37f.48.107-112.

156 Spangenberg, ed. Stambaugh (1980) 5,237, ähnlich ibid. 5,240.

Die Bauern wurden zur Jagd für ihre Herren gezwungen, sie mußten die Jagdhunde aufziehen bzw. in den jagdfreien Zeiten durchfüttern oder Abgaben zur Fütterung der Jagdhunde liefern.[157] Außerdem konnten die Jagdherren von ihren Vasallen das sogenannte Gastungsrecht einfordern, d.h. sie mußten mit Jägern, Knechten, Hunden und Pferden aufgenommen und verköstigt werden.[158] Bedrückend für die Bauern waren auch die Ernteschäden, die durch den Wildverbiß verursacht wurden sowie die Schädigung der Feld- und Wiesenwirtschaft durch die Hetzjagden.[159] Spangenberg klagt das Unrecht, das den Vasallen durch die Jagd von ihren Herren zugefügt wurde, wiederholt massiv an:

> "Was schaden / leides und jammer / unterdruckung und verderb den armen Unterthanen / durch das verfluchte Jagen zugerichtet wird / ist nicht auszusagen / So ist auch so gar keine Barmhertzigkeit bey den Oberherrn / das sie es nicht gleuben / noch sichs annemen. Das wild zertremmet / frisset / und machet inen erstlich zu schanden / was sie an fruchten geseet und gepflantzt / ehe es recht herfur komen kan / und weil es wechsset und stehet / das muͤssen sie leiden / und duͤrffens nicht wehren / So werden inen darnach beide vom Wilde / und auch von der Herrn und Junckern Jagthunden / ir Viehe / Kelber / Ziegen / Schaff / Gensse / und Hunner / bisweilen auch ir Haus und Hoffhunde / und offt darzu ihre Kinder und Gesinde zerrissen und beschediget / daran wird inen nichts erstattet. Uber das muͤssen sie / wenn man Jagen wil / alles ligen und stehen lassen / das ire verseumen / und leib und leben in gefar setzen. Darzu jagt und rennet man inen umb eines Hasens oder zweier Huͤner / oder anders Wildes halben durch ihre Ecker / Wiesen und Garten / und schonet hierinnen auch der Weinberge nicht / da werden die zeune hernider gerissen / die Fruͤchte zertretten / das getreidig Geschleifft / die jungen reiser zu nicht gemacht / pfele und weinstoͤck umbgestossen / und allenthalben grosser schaden den armen Leuten zugefuͤgt."[160]

Aus dieser Perspektive betrachtet, sind die Erzählungen zur wilden Jagd (auch) Reaktionen auf konkrete soziale Mißstände, die durch die Jagd der Adligen verursacht worden sind. Sozialkritik wird auch in dem eben vorgestellten Exempel von Johannes von Trittenheim geübt, wenn auf den Schaden der Jagden für die Untergebenen hingewiesen wird.[161]

In seinen *Facetiae* (1507/1512) greift Heinrich Bebel das Motiv der von Daemonen gejagten Pfarrerskonkubine auf und gestaltet es in Form einer witzig pointierten Facetie, die nach dem Topos der verkehrten Welt Vergangenheit und Gegenwart kontrastiert. Der uralte und immer wieder aufgegriffene Gedanke, daß die Gegenwart sich von der Vergangenheit durch moralischen Verfall unterscheide, wird hier am Beispiel der Stellung und Behandlung der Pfarrerskonkubinen ausgeführt: Früher erging es den Pfarrerskonkubinen schlecht. Sie wurden in der Luft von Daemonen verfolgt, nicht anders als die wilden Tiere des Waldes von Jagdhunden gehetzt und schließlich zerrissen. Wenn jemand diese Jagd hörte und sie durch seinen Zuruf unterstützte, wurde ihm ein Körperteil der Konkubine frühmorgens von den Dämonen an die Tür gehängt.

---

157 Kritik ibid. 5,230.243.

158 Cf. Marx-Kruse / v. Campe (1937) 150-164 mit Besprechung weiterer Frondienste.

159 Cf. ibid. 166-168; cf. Brault (1982) 358.

160 Cf. Spangenberg, ed. Stambaugh (1980) 217f., cf. auch ibid. 182.187.194-196.234.

161 Johannes von Trittenheim (1690) 228: "per quas [venationes] & pauperibus subditis meis, multa in agris atque vinetis & damna intuli, & propriam salutem turpiter intermisi".

"Dixerunt maiores nostri: tempore melioris et probrioris aevi concubinas sacerdotum in aere a daemonibus non aliter quam feras silvestres a canibus venaticis agitari atque tandem discerptas inveniri. Quod si hominum quispiam haec audiens venationem suo clamore adiuverit, illi partem vel membrum concubinae dissectum ad ianuam domus mane a daemonibus suspensum."[162]

Die Stellung und Behandlung der Konkubinen habe sich nun in der Gegenwart so verändert, daß die "meretrices sacerdotales", die Pfarrershuren, mit der Zustimmung der Hochgestellten und Mächtigen dieser Welt hoch auf dem Wagen fahren könnten.[163]

Das Motiv von der Pfarrerskonkubine, die von Dämonen gejagt wird, fügt sich in den größeren motivischen Zusammenhang der Verfolgung eines weiblichen Wesens durch den wilden Jäger ein.[164] Bereits im Verlauf dieser Untersuchung begegneten zwei schriftliche Aufzeichnungen bei Helinand von Froidmont und bei Caesarius von Heisterbach, die zeitlich vor Bebel liegen.[165] Allen drei Erzählungen ist gemeinsam, daß die Verfolgung der Frauen als Strafe für eine Sünde, und zwar für eine Sünde aus dem erotischen Bereich, gedacht ist. Bei Helinand von Froidmont ist es der Ehebruch, aus dem schließlich der Gattenmord resultiert, in den beiden anderen Erzählungen wird der geschlechtliche Verkehr mit einer geistlichen Person, die durch Zölibat zur Enthaltsamkeit verpflichtet ist, bestraft.[166]

Grimm erwähnt bayerische und thüringische Sagen sowie Sagen aus dem Riesengebirge, nach denen der wilde Jäger die 'Holzweiblein' oder 'Rüttelweiblein' verfolgt.[167] J. Grimms Konzept der 'Volkspoesie' und seine Vorstellung vom hohen Alter der Sagen führen ihn zu der Annahme, daß die 'Volkssagen' eine frühere Überlieferungsstufe als die Exempel und die Boccacciofassung, die deutlich Helinand zur Quelle hat, repräsentieren. Die Vorstellung von der Sündhaftigkeit der Frauen hält Grimm für sekundäre Zutat.[168] Die ursprünglichen 'Holzweibchen' der Sagen seien in den schriftlichen Quellen, etwa bei Bebel, den Grimm anführt, durch Pfarrerskonkubinen ersetzt worden. Daß die von Grimm angeführten *Deutschen Sagen* 47 und 48 mit den genannten Quellen im Zusammenhang stehen, ist bei der von den Brüdern Grimm im Vorwort zu ihrer Sagensammlung explizit erwähnten Benutzung literarischer Quellen wahrscheinlich.[169] Die unmittelbare Vorlage für die *Deutschen Sagen* 47 und 48 findet sich in der *Weltbeschreibung* des Praetorius.[170] Praetorius erwähnt, daß ihm die beiden Geschichten "eine alte Fraw aus Salfeld vor ein paar Jahren erzehlete."[171] Er gibt also vor, er hätte sie unmittelbar der mündlichen 'Volksüberlieferung' entnommen. Dennoch ist die

162 Bebel, lib. 1, Nr. 36, ed. Bebermeyer (1931) 19.
163 Cf. ibid.
164 Cf. Thompson E 501.5.1.
165 Daneben wurde die Fassung bei Boccaccio vorgestellt.
166 Es liegt theologisch ausgedrückt ein "sacrilegium carnale" vor. (Cf. Stelzenberger (1965^2,1953) 251).
167 Cf. *DM* 2,775.787.
168 Cf. ibid. 2,775.
169 Cf. Brüder Grimm, Vorrede zum ersten Band der *Deutschen Sagen* 22-24.
170 Praetorius (1666) c. 21, 330-333.
171 Ibid. 330.

Übereinstimmung zwischen Bebel und der zweiten Erzählung bei Praetorius[172] so deutlich, daß der Gedanke einer Abhängigkeit naheliegt. Besonders signifikant ist die Ähnlichkeit mit Bebel in dem Motiv, wonach ein Bauer dem wilden Jäger, der ein Holzweiblein jagt, vorwitzig zuruft und am nächsten Morgen als Jagdlohn ein Viertel eines Moosweibchens vor seiner Tür aufgehängt findet. Es muß sich dabei nicht um eine unmittelbare Abhängigkeit von Bebel handeln. Die Facetie Bebels kann in die mündliche Überlieferung eingegangen und von dort durch Praetorius wieder in die schriftliche Überlieferung zurückgekehrt sein. Die 'Volksüberlieferung', die Grimm postuliert, ist insofern nicht losgelöst von den schriftlichen Quellen zu denken. Daß Grimm über Praetorius auf 'Volksüberlieferungen' stößt, die erst in der zweiten Hälfte des 17. Jahrhunderts aufgezeichnet sind und dennoch älter sein sollen als die Traditionen, die bei Caesarius von Heisterbach oder Bebel mitgeteilt sind, und dazu unabhängig von den schriftlichen Nachrichten, ist nur auf der Basis des romantischen Konzepts von über enorme Zeiträume hin tradierten mündlichen 'Volksüberlieferungen' verstehbar.[173]

Johann Geiler von Keisersberg kommt im Zusammenhang seiner 1508 in Straßburg gehaltenen und 1516 erschienenen 41 Fastenpredigten *Die Emeis* in seiner 18. Predigt am "dunrstag nach Reminiscere" auf die Tradition vom "wütischen heer" zu sprechen.[174]

Zunächst ist festzuhalten, daß die Darstellung Geilers deutlich erkennbar von Helinand von Froidmont und Vincent von Beauvais (*Speculum historiale* lib. 30, c. 200) abhängt, wo die Vorstellung des wütenden Heeres mit Karl V. und seiner Poenitenz in Verbindung gebracht wird. Aus Helinand referiert er nicht nur den Zusammenhang zwischen Karl V., seiner Buße und dem wütenden Heer, sondern auch das Exempel vom Archidiakon Burchardus und seinem Verwalter Natalis (*De cognitione* c. 11) Darüber hinaus erklärt er das Wesen des wütenden Heeres, gibt den Zeitpunkt seines Auftretens an, schildert sein Aussehen und teilt mit, daß dem wütenden Heer eine Warnergestalt vorausläuft.

> "Also redt der gemein man daruon. Das die die vor den zeiten sterben ee den das inen got hat vff gesetzt / als die die in die reiß lauffen vnd erstochen werden / oder gehen? vnd ertrenckt werden / die müssen also lang nach irem todt lauffen biß das / das zil kumpt / das inen got gesetzt hat / und dan so würckt got mit inen was sein götlicher wil ist. Und die die also lauffen die lauffen aller meist in den fronfasten / vnnd voruß in der fronfasten vor weihenachten das ist die heiligest zeit. Vnd laufft ietlicher als er ist in seinem cleid. Ein baur als ein baur. Ein ritter als ein ritter / vnd lauffen also an einem seil / vnd tregt einer das kros vor im. Der ander den kopff in der hand / und laufft einer vor uß. Der schreiet / flühe ab dem weg das dir gott das leben geb. Also redt der gemein man daruon. Ich weiß nüt daruon/"[175]

Geiler wiederholt hier den aus Tertullian und Guilielmus Alvernus bekannten Gedanken, das wütende Heer setze sich aus toten Seelen zusammen, die vor Ablauf der ihnen zugemessenen

172 Die Brüder Grimm verzeichnen sie als *Deutsche Sagen* 48.

173 Der gelehrte Kontext der Sagen ist nicht als bloße 'Hülle' verstehbar, hinter der sich die Überlieferung sogenannter einfacher Leute problemlos erschließen ließe. (Cf. Graf (1988) 34).

174 Geiler von Keisersberg (1516) Bl. 37r-38v..

175 Ibid. Bl. 37r.

Lebenszeit gestorben sind. Wie Tertullian und Guilielmus Alvernus weist er in diesem Zusammenhang besonders auf diejenigen Personen hin, die eines gewaltsamen Todes gestorben sind. Mit der gewaltsamen Todesart hängt die bei Geiler beschriebene Verstümmelung und Entstellung der Seelen zusammen - Motive, die in den späteren Sagen sehr häufig begegnen. Der Gedanke, daß die Seelen am Seil gehen, bezieht sich auf die Vorstellung vom Teufelsseil, an dem der Teufel die ihm zugeordnete Schar zusammenhält. Was das Aussehen des wütenden Heeres betrifft, so gibt Geiler die aus Vergil und Helinand bekannte Meinung wieder, nach der die Figuren des wütenden Heeres nach ihrer Tätigkeit und ihrem Habitus ihren Lebenszustand fortführen. Als Zeitraum der Erscheinung des wütenden Heeres wird die Fastenzeit vor Ostern und Weihnachten angegeben. Bei Geiler tritt erstmals die Figur des Warners auf, die gewissermaßen als fakultatives Element mit der Tradition des wütenden Heeres verbunden werden kann. Aus dem Auftreten der Warnerfigur läßt sich indirekt auf die unheilvolle und schädigende Wirkung schließen, die man dem wütenden Heer zuschrieb.

Geiler gibt vor, daß die Erklärungen, die er über das Wesen, das Aussehen und die Erscheinungszeit des wütenden Heeres gibt, auf das Gerede der einfachen Leute zurückgehen. Er leitet seine Ausführungen mit dem Hinweis ein, "Ich kan dir nit vil daruon sagen du weist mee daruon dan ich. Also redt der gemein man daruon."[176] Und er beschließt sie mit derselben Bemerkung: "Also redt der gemein man daruon."[177] Nach der Darstellung Geilers basieren erst die folgenden Nachrichten über Karolus Quintus und das wütende Heer sowie das Exempel von Natalis auf schriftlichen Quellen. Er beginnt diesen Teil seiner Predigt mit der Versicherung, "Ich weiß nüt daruon / aber / ich find an zweien orten von dem wütischen heer".[178]

Geiler möchte also ganz klar differenziert sehen zwischen dem, was er schriftlichen Quellen verdankt und dem, was er aus dem Mund des Volkes weiß. Analysiert man aber, wie dies oben versucht wurde, die Rede des gemeinen Mannes, so zeigt sich, daß sie zumindest stark durchsetzt von gelehrten Traditionen ist und in ihren zentralen Gedanken schriftlichen Überlieferungen folgt.

J. Grimm und seine Schule akzeptierten solche Hinweise auf die Rede des gemeinen Mannes einschränkungslos und folgten damit der Beschreibung von Mündlichkeit und 'Volkshaftigkeit', die mittelalterliche und frühneuzeitliche Verfasser gaben, zu bedenkenlos. Damit soll nicht gesagt werden, daß nicht auch mündliche Überlieferungen in die schriftlichen Texte aufgenommen wurden - möglicherweise auch mündliche Überlieferungen, die ihrerseits wieder auf schriftlichen Überlieferungen beruhten. Man hat sich die Beziehung von Schriftlichkeit und Mündlichkeit in Spätmittelalter und Früher Neuzeit als Funktionszusammenhang zu denken, insofern als schriftliche Texte mündliche Überlieferungen aufnehmen konnten und

176 Ibid.
177 Ibid.
178 Ibid. Bl. 37rv.

selbst oft mündlich verbreitet wurden. Es versteht sich, daß die Predigt als ursprünglich schriftliche Quelle, die mündlich vorgetragen wurde und dadurch auch von leseunkundigen Hörern rezipiert werden konnte, eine zentrale Schnittstelle in diesem Beziehungsgeflecht einnimmt. Die Predigt war auf diese Weise ein ideales Instrument zur Popularisierung gelehrter Traditionen.[179] Wenn Geiler schriftliche und mündliche Traditionen formal voneinander trennen möchte, so läßt sich dahinter die Intention vermuten, die Berichte zweifach, in Form von zwei Medien, zu beglaubigen. Schriftlichkeit und Mündlichkeit werden von Geiler insofern aufeinander bezogen, als sie gegenseitig ihren Zeugniswert stützen und erhöhen sollen.

Es ist nun noch auf die geistliche Auslegung einzugehen, die Geiler seinen Ausführungen zum wütenden Heer beigibt. Geiler beschäftigt sich hier mit der Frage, "Wa her kumpt aber semlich volck" und gibt sieben Antworten darauf:[180]

"Von den heiligen engeln zů dem ersten.
Von den bosen geisten zů dem zweiten.
Von dem himelischen her zů dem dritten.
Von selen in dem fegfeür zů dem fierden.
Von den verdampten zů den fünfften.
Von des engels ingeben zů dem sechsten.
Von des teuffels ingeben zů dem sibende."[181]

In dieser einleitenden Übersicht wird bereits deutlich, daß Geiler die Erscheinungen ganz im Kontext des christlichen Vorstellungskreises erklärt. Es versteht sich, daß seine geistliche Auslegung von der bisherigen Forschung nicht berücksichtigt wurde. Da man den Traditionskreis mit J. Grimm a priori als heidnisch-germanisch verstand und seiner Konzeption einer reinen Urform und historisch degenerierter sekundärer Überlieferungen folgte, mußte man die geistliche Interpretation eines Textzeugen als sekundäre, bloß aufgesetzte Zutat bewerten. Geleitet von dem Gedanken, die Tradition in ihrer 'Reinform' aus den Quellen zu schälen, beachtete man etwaige Interpretationen der Textzeugen nicht und verstand sie als störend. Dagegen ist festzuhalten: Auslegungen, die in den Quellen selber gegeben werden, eröffnen stets einen Blick auf das zeitgenössische Verständnis einer Erzähltradition und sind insofern grundsätzlich von Interesse. Sie gewinnen an Bedeutung, wenn man die Frage nach dem Wandel von Erzähltraditionen und Erzählprozessen gegenüber ihrer genetischen Erklärung in den Vordergrund schiebt.

Im ersten Punkt versucht Geiler einen Zusammenhang zwischen dem wütenden Heer und Kriegshandlungen um den alttestamentlichen Propheten Heliseus (2 Kge 6,8-23) herzustellen. Der Vergleichspunkt ist, daß der Herr auf Bitten des in Bedrängnis geratenen Heliseus ein Heer erscheinen läßt, um den erschrockenen Diener des Propheten zu beruhigen (2 Kge 6,17). Damit wird das Phänomen des wütenden Heeres im Verständnis der mittelalterlich-frühneuzeitlichen Hermeneutik über einen typologischen Bezug ins christliche Denken integriert. Der

179 Cf. Englisch (1987) 147-158, cf. auch Teil 1, 2.2.2.
180 Geiler von Keisersberg (1516) Bl. 38rv.
181 Ibid. Bl. 38r.

zweite Punkt ordnet das Auftreten des wütenden Heeres in den größeren Kontext der teuflischen Geistererscheinungen ein. Es wird eine Parallele zu den vom Teufel inszenierten Geistererscheinungen, die die Heiligen anfechten, gezogen. Im dritten Aspekt sieht Geiler offensichtlich eine Analogie zwischen dem wütenden und dem himmlischen Heer. Diese Erklärung wird verständlich, wenn man bedenkt, daß das Teufels- bzw. Dämonenreich, die christliche Unterwelt, nach dem Vorbild des Engelsreiches strukturiert war. Besonders interessant sind Punkt 4 und 5. In der vierten Antwort werden die Auftritte des wütenden Heeres als Erscheinungen der Seelen aus dem Fegfeuer erklärt, wobei Geiler zwei Möglichkeiten für die Beziehungen zwischen Lebenden und Toten angibt: Entweder die Toten bitten die Lebenden um Hilfe, wofür es zahlreiche Exempel gäbe, oder die Toten beschützen die Lebenden vor ihren Feinden.[182] Der fünfte Punkt erläutert ergänzend dazu, daß das wütende Heer auch von Verdammten, d.h. von Seelen aus der Hölle, gebildet werden kann. Die Erscheinungen zeigten, daß sich die Verdammten nicht immer in der Hölle aufhalten müßten. Ihre Strafe allerdings trügen sie bei den Erscheinungen gewissermaßen mit sich. Der Zweck ihres Erscheinens, (der in ihrem Fall natürlich nicht die Bitte um Hilfe sein kann), sei es, die noch Lebenden zu bessern und zu warnen.[183] Der sechste und siebte Punkt führen die Erscheinungen auf die Eingebungen von Engeln einerseits und auf die der Teufel andererseits zurück.

Es wird in der Erklärungsreihe deutlich, daß Geiler sowohl den himmlischen als auch den teuflisch-höllischen Anteil an den Erscheinungen herausstellen möchte. Damit fügt sich seine Argumentation in die christliche Vorstellung ein, nach der Geistererscheinungen zwar vom Teufel inszeniert wurden, aber die Erlaubnis dazu von Gott erteilt werden mußte. Mit dieser Thematik beschäftigen sich die Argumentationspunkte 1.2.3.6.7. Die Frage nach dem 'woher' der Erscheinungen des wütenden Heeres wird hier im Hinblick auf die Urheberschaft gestellt. Die beiden verbleibenden Argumentationspunkte fragen nach dem 'woher' der Erscheinungen im Sinne des Raumes, des Bereichs, dem die auftretenden Geister zuzuordnen sind. Hier bestätigt sich, was im Gang der Untersuchung nun schon an zahlreichen Texten deutlich wurde, daß es sich nach dem Verständnis der Textzeugen um Erscheinungen aus dem Fegfeuer bzw. der Hölle handelt.

Daß die Darstellung des wütenden Heeres, die der Straßburger Advokat und Chronist Jakob Trausch in seiner *Straßburger Chronik* zum Jahre 1516 gibt,[184] nicht unabhängig von Geiler von Keisersberg ist, liegt schon aufgrund der räumlichen und zeitlichen Nähe zwischen Jakob

182 Ibid. Bl. 38v: "Zu dem fierden so kummet es von den selen in dem fegfeur die etwan erscheinen in einer sele das sie hilff begeren von den lebendigen als wie vil exempel des hond etwan so erscheinen sie zů beschirmen ire diener vor iren feigenden".

183 Ibid.: "Zu dem fünfften so kumet es von den verdampten das die verdampten also erscheinen / darumb ist daz nit war da man spricht das die verdampten alweg an eim ort seient/ sie kumen auch daruß aber das ist war sie tragen all wegen ir straff vnd pein bei inen / die selben selen erscheinen etwan dem menschen zů besserung / das sie sich daruor hüten."

184 Trausch, Abdruck bei Stöber (1852) 433-435.

Trausch und Geiler von Keisersberg nahe, und geht auch aus der deutlichen Übereinstimmung einiger Passagen hervor.[185]
Trausch beschreibt das "wüettendt Hör" oder "Wüetten=Hör" zunächst nach Erscheinungszeit, Erscheinungsort, nach den Geräuschen, die sein Auftreten begleiten, nach seinem Aussehen, der Zahl und der Art der Gespenster sowie nach seinem Wesen: Es wird explizit gesagt, daß viele der Gespenster frühere Soldaten waren oder auf andere Weise gewaltsam ums Leben kamen. Dabei werden die Verstümmelungen der Toten in Kausalzusammenhang zu ihrer Todesart gesetzt.[186] Es ist deutlich, daß sich die Darstellung von Trausch in den motivischen und strukturellen Mustern der bisher besprochenen Texte bewegt (weshalb auf eine erneute Besprechung der Motive verzichtet werden kann), wobei die unmittelbare Beziehung zu Geiler ins Auge fällt.
Nachdem Trausch die Erscheinung des wütenden Heeres im allgemeinen dargelegt hat, geht er auf einen konkreten Fall ein: In Freiburg sieht eine Frau ihren im Krieg gefallenen Mann im wütenden Heer ziehen. Sie bindet ihm seinen Kopf zusammen, dessen Hälften auseinanderklaffen. Der verstorbene Ehemann bittet sie daraufhin um einige Seelenmessen. Interessant ist in diesem Zusammenhang der in den späteren Sagen vom wütenden Heer und auch in den Sagen von Frau Holle und Frau Perchta öfter belegte Zug, nach dem eine Begegnung mit dem wütenden Heer für die Lebenden nicht unheilvoll ausgeht, sondern mit einer Belohnung endet. Die Frau des toten Mannes bekommt einen goldenen Kopf, von dem zweierlei ausgesagt wird: Es sei kein Betrug, sondern wirkliches Gold gewesen, und der Teufel habe ihn wohl anderswo gestohlen. Indem der Kopf als Teufels- und Diebesgut ausgewiesen wird, ist die positive Wirkung, die vom wütenden Heer ausgeht, gleichzeitig relativiert.[187]
Dieses Belohnungsmotiv, das erst bei Trausch im 16. Jahrhundert auftritt, macht den Eindruck, sekundär in die Tradition eingewandert zu sein. Während die älteren Quellen das wütende Heer als schrecklich und grauenerregend zeichnen, ist eine positive Wirkung erst im 16. Jahrhundert erkennbar, und auch hier kommt ihr nur marginale Bedeutung zu. Dieser Befund steht im Gegensatz zu dem von Grimm postulierten ursprünglich positiven und segenspendenden Wesen des wütenden Heeres.[188] Die Darstellung des wütenden Heeres als unheimlich und schrecklich dominiert auch den Text von Trausch, wie schon an der Entstellung und Verstümmelung der Figuren zu erkennen ist. Erhalten ist bei Trausch auch der über die Jahrhun-

185 Dazu zwei Beispiele: Bei Trausch heißt es "Der Ein drug den Kopff, der Ander das Kröß ihn Händen", (ibid. 433) bei Geiler "vnd tregt einer das krös vor im. Der ander den kopff in der hand" (Geiler (1516) Bl. 37r). Auch die Warnerfigur wird sehr ähnlich dargestellt. Trausch schreibt: "Es lieff alwegen Einer vorauß, der schreye stetzs: abweg, abweg, das Niemants nichts schähe." (Trausch, Abdruck bei Stöber (1852) 434). Und Geiler "und laufft einer vor vß. Der schreiet / flühe ab dem weg das dir gott das leben geb." (Geiler (1516) Bl. 37r).

186 Cf. Trausch, Abdruck bei Stöber (1852) 433f.

187 Ibid. 434: "Es hatt sich hernach befundten, daß der guldten Kopff gutt, vndt kein Betrug gewesen. Den hatt der *Teuffel* gewiss anders wo gestohlen."

188 Cf. *DM* 2,765f.790f.

derte hinweg immer wieder bezeugte Fegfeuer- bzw. Höllenkontext. Er ist in der Bitte des Toten um Seelmessen manifest und wird besonders im Anschluß an die Begegnung des Paares ausgeführt:

> "Es seindt ihn dissen Jahren ahn allen Endten solche Gespenst stetzs gesehen wordten, die Hilff und Rettung begehret haben, also das man meinte das alle Seehlen auß dem Fegfeühr Hilff begehrten. Mann hieltte von Morgens früeh biß schier zu Mittag ahn allen Endten Sehlmessen undt Vigilias damit den Seehlen zuo helffen."[189]

Die Erscheinung des wütenden Heeres wird also von Trausch ebenso erklärt wie etwa von Ordericus Vitalis. Neu an der Darstellung von Trausch ist aber, daß dieser Zusammenhang aus reformatorischer Sicht als "Betrug undt Aberglauben" hingestellt wird, den die katholische Kirche inszeniert habe, um ihre Kassen zu füllen. Der Teufel und mit ihm die katholische Kirche hätten die Reformation Luthers heraufziehen gespürt[190] und deshalb ihr Unwesen in diesen Jahren noch einmal besonders stark getrieben. Mit der Reformation habe auch die teuflische Verblendung, der viele fromme und einfache Leute erlegen seien, aufgehört. Es erschienen keine derartigen Geister mehr:

> "Es haben veihl frommer Leuth darfür gehaltten, dieweil der Teuffel gespüret, daß sein Betrug undt Aberglauben, darin er die Leüth, durch der Geistlichen Geitz undt Bossheit gebracht hatte, soldte offenbahr werdten, und sein Reich ein grossen Stoß leiden, also habe er sein Eusserst thun wollen, die verblendte Weldt ihn solcher Abgötterey vndt Blindtheit zuo erhalten, dann so baldt Herr Doctor Martin Luther, hatt ahn gefangen wider den Ablass vndt die abgöttische Meß zuo schreiben, vndt die prächtige Hierarchiam der Römischen Kirchen ahn zuo greiffen, da haben alle solche Gespenst undt Boldtergeister nach gelassen, undt ein Endt genommen."[191]

Die Chronikmitteilung bei Trausch ist für den Gang der Untersuchung insofern bedeutsam, als sie zeigt, daß man die katholische Kirche als verantwortlich für die Erscheinungen des wütenden Heeres betrachtete. Aus protestantischer Sicht sah man darin eine von Geiz und Bosheit der Geistlichen gelenkte katholische Unsitte. Zu bedenken ist auch, daß das, was hier noch als katholisch bezeichnet wird, in reformatorischer Polemik in einem weiteren Schritt leicht in den Geruch des Heidnischen gelangen konnte.

Johannes Agricola erwähnt das wütende Heer im Rahmen seiner *Sybenhundert und fünfftzig Teütscher Sprichwörter* (1534²) unter dem Sprichwort "Du bist der trewe Eckhard / du warnest jedermann". Die Warnergestalt, hier als der treue Eckhart bezeichnet, der auch als Warner vor dem Venusberg auftritt, wurde erstmals bei Geiler von Keisersberg im Kontext des wütenden Heeres genannt[192] und scheint sich, wie die Zeugnisse bei Geiler, Trausch und Agricola zeigen, in der frühen Neuzeit an den Traditionskreis des wütenden Heeres angelagert zu haben. Agricola führt die Funktion Eckharts als Warner vor Schaden beim wütenden Heer und beim Venusberg auf die "trewe" und "frümkeyt" des altdeutschen Helden aus dem Geschlecht

189 Trausch, Abdruck bei Stöber (1852) 434.
190 Der Chronikbericht erfolgt ja zum Jahr 1516.
191 Trausch, Abdruck bei Stöber (1852) 434.
192 Siehe zu Eckhart als Warner vor dem wütenden Heer auch Brüder Grimm, *Deutsche Sagen* 314.

der Harlungen zurück. Aus Treue und Pflichtgefühl im Amt seiner Vormundschaft habe er die Tötung der jungen Harlinge gerächt.[193]

Bei der Darstellung des wütenden Heeres, die er von einem Pfarrer aus Manßfeldt übernommen haben will, weist auch Agricola auf die Verstümmelungen und Entstellungen der Geister des wütenden Heeres hin. Lebende und Tote seien im wütenden Heer, das hier deutlich als Fastnachtsumzug geschildert wird, zu sehen.

> "Ich habe neben andern gehöret / von dem herren Johan Kennerer / Pfarrer zu Manßfeldt / seines alters uber achtzig iare / daß zu Eißleben / vnnd im gantzen lande zu Manßfelde / das wüttende here (also haben sie es genennet) fürüber gezogen sey / alle iar auff den Faßnacht Dornstag / vnd die leutte seind zu gelauffen / vnd haben darauff gewartet / ...Vor dem hauffen ist ein alter man her gangen / mit eynem weissen stabe / der hat sich selbs den treüwen Eckart geheissen / dieser alter man hatt die leutte heyssen auß dem wege weichen / hatt auch ettliche leutte heyssen gar heym gehen / sie würden sonst schade nemen / nach disem manne haben etliche geritten / ettliche gangen / und seind leutte gesehen worden / die newlich an den ortten gestorben waren / auch der eyns teyls noch lebten. Eyner hat geritten auff eynem pferde / mit zwayen füssen Der ander ist auf eynem rade gebunden gelegen / und das radt ist von yhm selbs umbgelauffen / Der dritte / hatt eynen schenckel uber die achsel genommen / vnd hat gleich seer gelauffen. Eyn ander hatt keynen kopff gehabt / vnd der stuck on massen."[194]

Von Grimm wird diese Quelle unter die Zeugnisse eingeordnet, in denen Frau Holle die Führerin des wütenden Heeres ist.[195] Der Quellenbefund zeigt dagegen, daß Frau Holle im Zeugnis des Agricola nicht auftritt. Dasselbe trifft für die von Grimm ebenfalls als Beleg für Frau Holle an der Spitze des wütenden Heeres herangezogene Stelle aus den Sprichwörtern bei Eucharius Eyering (1601) zu. Eyering berichtet in deutlicher Abhängigkeit von Agricola ebenfalls unter dem Sprichwort "Du bist ein trewer Eckhart gut / Der jedermann vor warnen thut" vom wütenden Heer.[196] Die beiden Zeugnisse bei Agricola und Eyering, die Grimm neben *Deutsche Sagen* 7 als Hauptbelege für Frau Holda als Führerin des wütenden Heeres nennt, zeigen seine kontaminierende Arbeitsweise, die ihn zu folgender Deutung führt:

> "In dieser darstellung macht *frau Holda* an der spitze ihres geisterheers vollkommen den eindruck einer im land umziehenden heidnischen göttin: das volk lauft zusammen und geht ihr entgegen, wie dem Freyr, der Nerthus."[197]

Im *Chronicon Slesvicense ab initio Christianae religionis in provinciam invectae usque ad annum 1530* des Broder Boissen, Hofrat des Herzogs Johann Adolf von Holstein-Gottorp (1575-1616), wird von den Erscheinungen König Abels von Dänemark berichtet.[198] Abel

---

193 Cf. Agricola (1534[2],1528,1529) Sprichwort 667. Diese Deutung übernimmt Grimm, *DM* 2,779-781. Aus der Sprichwörtersammlung des Agricola übernimmt Vechner (1673) 225f. die Nachricht über das wütende Heer und den treuen Eckhart.

194 Agricola (1534[2],1529,1528) Sprichwort 667.

195 Cf. *DM* 2,779f.

196 Eyering (1601) 1,781-786.

197 *DM* 2,779f.

198 Cf. Broder Boissen, Abdruck bei Cypraeus (1634) lib. 2, c. 7, 266f. "Sed et in eo loco, vbi sepultus est, & vicinis, ex eo tempore, & patrum nostrorum & nostra memoria, strepitus horrendos & stridores exauditos esse, constanti omnium praedicatione & sermone fertur, quibus saepe viatores noctu iter facientes territi,

hatte seinen älteren Bruder König Erich von Dänemark erschlagen und sich die Königswürde angemaßt. Er selber wurde 1252 im Kampf mit den Friesen getötet. Das Schicksal König Abels, des Brudermörders, ist im Zusammenhang des *Chronicons* als lehrhaft-exemplarische Bestätigung des sprichwörtlichen Grundsatzes eingebaut, Regierungen, die sich auf Gewalt und Verbrechen gründen, würden keine lange Dauer haben.[199]
Als Erklärung der Erscheinung wird angegeben, daß der Teufel sie mit der Erlaubnis Gottes hervorruft. Der Zweck der Schreckbilder sei es, den Brudermord allen verhaßt zu machen und andere von einem derartigen unsühnbaren Verbrechen abzuschrecken.[200] Es handelt sich hier nicht um eine Erscheinung aus dem Fegfeuer, sondern aus der Hölle. Der Akzent ist entsprechend nicht auf die reinigende Sühne König Abels gelegt, sondern auf die abschreckende Wirkung seiner Auftritte. Erscheinung und Erscheinungsbericht stehen damit im Zeichen des "deterrere" als didaktischem Ziel. Der christliche Kontext ist also auch hier gegeben. Das Verbrechen König Abels und sein zwanghaftes Erscheinen als Gespenst sind kausal miteinander verbunden.
Auf originelle Weise wird die Tradition des wütenden Heeres von Hans Sachs in seinem Gedicht *Das wütend heer der kleynen dieb* verarbeitet.[201] Die Erscheinung des wütenden Heeres wird zunächst auf konventionelle Art nach dem Schema vieler anderer Erscheinungsberichte eingeführt.[202] Der Letzte aus der Heeresgruppe, der an eben jenem Tag gehenkt worden ist, beginnt ein Gespräch mit dem Ich-Erzähler. Der Ich-Erzähler fragt ihn nach dem Muster der bisher besprochenen Erscheinungsberichte nach der Ursache ihres Herumziehens und ihres Zustandes. Die Antwort erfolgt nun aber nicht nach dem Schema ähnlicher Berichte, die an dieser Stelle den Zusammenhang von individueller Schuld im Leben und Sühne und Strafe im Tod entwickeln. Der Tote bei Hans Sachs gesteht nicht kleinlaut seine Schuld, sondern er tut selbstbewußt kund, daß man die strenge Gerechtigkeit suche. Er appelliert an die Gerechtigkeit und klagt an, daß man sie, das wütende Heer der kleinen Diebe, nach anderen Maßstä-

---

trepidarunt & metu pene exanimati fuerunt. Vt plurimum autem Venatoris cornu inflantis vocem & sonum exaudiri, multi fide digni referunt & affirmant, vsque adeo similem, vt venatorem ibi venari quis diceret, idque saepe a vigilibus qui Gottorpii noctu vigilare solent, audiri: sed & Abelem multis nostra aetate apparuisse & visum esse, constans omnium est rumor, ore & corpore atrum, equo pusillo vectum, comitatum canibus tribus venaticis, qui & saepe specie ignea & ardere visi sunt." (Ibid. 267).

199 Ibid. 261: "sed vt habet vetus proverbium. Imperia violenta & scelere pacta non sunt diuturna: idque Regis Abelis exemplo comprobatur".

200 Ibid.: "A Diabolo autem hos ludus & strepitus concitari, dubium non est, idque Dei permissu, vt qui fratricidij memoriam, hisce terriculis, omnibus exosam reddere, et post mortem condemnare vult, vt reliqui ab eiusmodi scelere inexpiabili deterreantur."

201 Sachs, ed. von Keller (1870) 3,550-553.

202 Ibid. 3,550f: "Einer seufftzet, der ander wemmert, / Der dritt grißgramt, der vierdt gemmert. / Oben auff in die raben sassen, / Ir augen außbickten und frassen, / Thetten von irem antlitz zwacken / Ir ohren, lebsen, kyn und backen. / Des hettens jemmerlich anblick. / Ieder het an dem hals ein strick / Samt einer klapperеten ketten. / Durch einander sie schwürmen thetten / Mit bunden henden gar verdorret, / Eins teils schwartz, grumpfen und verschmorret, / Eins theils bleich, als die todten leych, / Eins teyls den kerndterköpffen gleich, / Daran die todtenbayn nur glunckerten."

ben verurteile als die wirklich großen Diebe dieser Welt.[203] Sie, die kleinen Diebe des wütenden Heeres, würden nicht aufhören, die Gerechtigkeit zu suchen, bis auch die großen Herren für ihre Schuld zur Rechenschaft gezogen würden.[204]

Sachs' Gedicht baut auf dem Zusammenhang von Schuld im Leben und Bestrafung nach dem Tod durch das Herumziehen im wütenden Heer auf. Er verwendet den Zusammenhang jedoch nicht im traditionellen Sinn der Texte früherer Jahrhunderte, sondern er greift ihn auf, um durch den Mund der kleinen Diebe Sozialkritik an den unlauteren Machenschaften der großen Herren zu üben.

Witzig ist auch die Verarbeitung der Tradition des wütenden Heeres in Georg Widmans *History Peter Lewen, des andern Kalenbergers* von 1557/8.[205] Der Priester Peter Leu will einen Mesnerssohn um Geld prellen. Der Mesnerssohn soll ihm Geld geben, damit ein vermeintlicher Geist erlöst werden könnte. Als er sich weigert, tritt Peter, indem er den Glauben der Leute an "Berchtholde und wůtnisch heer" ausnützt, als wilder Jäger auf.[206] Die Mesnersfamilie ist schließlich in der Meinung, "daß der teufel dauß sei", bereit, den Geist mit Geld zu erlösen.[207]

Die Pointe des Schwanks liegt darin, daß die Figur des Priesters Peter gewissermaßen über der Tradition des wütenden Heeres steht und mit dem Glauben der Leute daran spielt. Der in den Texten früherer Jahrhunderte hergestellte Zusammenhang zwischen Fegfeuerqualen, der Pein der Seelen, ihrem Erscheinen und ihrer Bitte um Erlösung durch Seelmessen, Almosen etc. wird hier um des bloßen finanziellen Vorteils willen zum Schein inszeniert. Auf diese Weise wird das Erzählmuster der älteren Texte parodiert. Georg Widman, der einer lutherischen württembergischen Gelehrtenfamilie angehörte, wollte seine Leser wohl auf witzigpointierte Weise zu der Erkenntnis führen, daß so wie Peter Leu auch die katholische Kirche überhaupt die einfachen Leute mit ihren Erzählungen bzw. Exempeln von Erscheinungen des wütenden Heeres oder der wilden Jagd geprellt und finanziell ausgenützt habe.

J. Grimm versuchte aus derartigen frühneuzeitlichen Texten in planer Weise auf seiner Meinung nach zugrundeliegende 'Volkssagen' zurückzuschließen. So glaubte er aus dem eben vorgestellten parodistischen Text Widmans die schwäbische Volkssage von Berchtold, der (wie Peter Leu es parodiert) weiß gekleidet auf weißem Pferd sitzt, ein Horn trägt und weiße Hunde mitführt, rekonstruieren zu können.[208] Das Denkmodell der reinen Urform und der degenerierten sekundären Überlieferungen wird von Grimm in seiner philologischen Praxis

---

203 Cf. ibid. 3,551f.
204 Ibid. 3,553.
205 Cf. Widman, ed. Bobertag (1884) 118-122.
206 Cf. ibid. 120f.
207 Ibid. 122: "Die fraw sprach. ach, lieber herr mein, / von mir nempt diesen gulden ein! / die seel laßt euch befolhen sein / in ewerm andechtigen gebet, / daneben für mich bitten thet!"
208 Cf. *DM* 2,777.

sowohl auf den Wechsel heidnisch-christlich wie auf die Beziehung volkstümlich-gelehrt angewandt.

In seinem Werk *Thedel von Wallmoden* (1558) schildert Georg Thym die Begegnung Thedels, der ein Dienstmann des Herzogs von Braunschweig ist, mit dem wütenden Heer.[209] Thedel, der sich nach seiner Taufe stark genug zum Kampf mit dem Teufel gefühlt hat, bekommt auf diese Weise Gelegenheit zu einer Kraftprobe.[210] Thedels Abenteuer mit dem wütenden Heer ist nun erzähltechnisch von Thym als Illustration der Versuchungen und Anfechtungen des Teufels, mit denen er den Neugetauften in seine Gewalt zu bringen versucht, zu verstehen. Thedel und sein Schreiber treffen während einer Jagd auf das wütende Heer des Teufels, in dem Thedel bereits verstorbene Landsleute erkennt.[211]

Einer der Reiter bietet ihm an, er könne mit dem wütenden Heer zum Heiligen Grab ziehen. Wenn er stillschwiege und seine Anordnungen befolgte, würde er ein schwarzes Pferd verdienen, bräche er aber das Schweigen, so würde ihm der Hals gebrochen. Thedel läßt sich im Bewußtsein seiner Stärke in Christo, durch die er sich vor der List des Teufels gefeit fühlt, auf das Abenteuer ein, das er auch wohlbehalten besteht.[212]

Die Erzählung hat motivische Ähnlichkeit mit Michel Wyssenherres Gedicht *Von dem edeln hern von Bruneczwigk*, auf dessen Inhalt sie auch unmittelbar Bezug nimmt. In beiden Fällen gelingt es dem Helden, die Dienste des Teufels bzw. des bösen Geistes in Anspruch zu nehmen, sich aber seiner Verfügungsgewalt zu entziehen, ihn also zu überlisten. Die Erzählung zeigt, daß Thedel die Versuchung und die List des Teufels kraft seines christlichen Glaubens überstanden hat. Darüber hinaus weist die Geschichte von Thedel deutliche Parallelen mit den Abenteuern auf, die von Herzog Richard-ohne-Furcht in der *Chronique de Normandie* und von dem Adligen bei Johannes Nyder erzählt werden. Thedel, Herzog Richard-ohne-Furcht und der 'nobilis' bei Nyder ziehen mit dem wütenden Heer nach Jerusalem und kehren wohlbehalten zurück.

In seinem *Jagteuffel*, in dem Cyriacus Spangenberg Mißstände der Jagd sowie übertriebene Jagdleidenschaft anprangert, geht er auch auf die Vorstellung der wilden Jagd ein:

> "Hieher gehören nu auch die TeufelsJagten / da der Teufel in gestalt und Person derer die etwan grausam unbarmhertzige Jeger gewesen sein / zu nacht und auch wol bey hellem tage sich sehen lesset / hetzet und Jaget / wie man davon sagt / Das etliche Fürsten und grosse Herrn / noch heutiges tages sollen gesehen werden / das sie jagen / an den orten / da sie etwan bey irem leben mit grosser beschwerung armer Leute / ihre beste lust mit Jagten und Wildbanen gehabt. Also findet man auch auff den grossen und berümbten Welden mancherley gespenste des Teufels / das er sich jtzt in gestalt eines verstorbenen

209 Thym, VV. 313-680, ed. Zimmermann (1887).

210 Cf. ibid. 15, VV. 303f.: "Mit dem Teufel mus ich streitten, / HErr Christ, steh auff meiner seitten,...".

211 Ibid. 16, VV. 335-339: "Sie warn da nicht lang zufrieden, / Viel Reuter kamen gerieten. / Der Thedel fiel unter bekandt, / Welche aus seinem Vaterlandt / Gestorben warn vor langer zeit."

212 Cf. ibid. 25, VV. 667-670.

> Jagers / denn eines Holtzfoͤrsters / bald eines andern Bawren feindes sehen lesset / Jaget / Teutet / Hetzet / davon one not viel zu schreiben / sintemal es ruͤchtbar und jederman im munde ist."[213]

Spangenberg betrachtet die wilde Jagd als Strafe nach dem Tod für Jagddelikte im Leben. Der Intention seiner Schrift entsprechend, betont er besonders den Charakter der Jagdübergriffe der großen Herren oder ihrer Schergen der Förster als Formen sozialer Unterdrückung. Die Nachrichten über die wilde Jagd werden im Kapitel "Greuliche schreckliche geschichte / Gesichte und Wunderwerck"[214] referiert und damit unter Prodigien verschiedener Art eingereiht. In Hans Wilhelm Kirchhofs *Wendunmuth I* (1563) wird die Begegnung des Edelmanns Rechenberger mit dem wütenden Heer und sein Tod aus seiner Hybris abgeleitet.[215] Zu seinem Schrecken erfährt der Rechenberger, daß das unberittene Pferd, das im Heer mitgeführt wird, ihm zugedacht ist, wenn er in Jahresfrist erstochen würde. Durch diese Worte wird er zur Reue veranlaßt und geht als Stallknecht in ein Kloster. Dennoch wird er auf den Tag genau ein Jahr später ermordet. Die "morale zuerclerung", die Kirchhof seinen "historien, schimpffreden und gleichnüssen" anhängt, wie er in der Vorrede betont, stellt das Exempel in den Dienst der Vermittlung protestantischer Grundanschauungen: Gottes Gnade läßt sich nicht erzwingen. Man kann sich nicht durch einen äußeren, letztlich von Angst veranlaßten bußfertigen Wandel der Lebensführung das Himmelreich verdienen.[216] Die im Sinne der älteren katholischen Erscheinungsberichte angemessene Reaktion des Rechenbergers wird hier also aus protestantischer Perspektive abgelehnt.
In der zwischen 1564 und 1576 verfaßten *Zimmerischen Chronik* wird von mehreren Erscheinungen des wütenden Heeres berichtet. Die Chronik greift das bereits im Zusammenhang mit Caesarius von Heisterbach und Heinrich Bebel vorgestellte und besprochene Motiv auf, daß eine Pfarrerskellerin bzw. Pafferskonkubine vom wilden Jäger verfolgt wird.[217] In der Erzählung der *Zimmerischen Chronik*, die nicht auf die Gründe eingeht, warum die Pfarrerskellerin ins wütende Heer fällt und damit den Zusammenhang der Sühne ausspart, wird die Frau von einem Außenstehenden, den sie um Hilfe anruft, vor dem verfolgenden Jäger gerettet.[218] In einer anderen Erzählung der *Zimmerischen Chronik* wird ein den Berg herunterrollender mit Nonnen beladener Karren von Leuten, die seine Fahrt beobachten, als Erscheinung des

---

213 Spangenberg, ed. Stambaugh (1980) 5,294f.

214 Cf. ibid. 5,292-295.

215 Cf. Kirchhof, ed. Österley (1869) 1,85f., Nr. 67. Er soll bei der Taufe eines Kindes zu einem Pfarrer gesagt haben, "wann er vergwissigt, daß er also wie das kindt gesegnet wer, wolte er die tag seines lebens nicht mehr betten oder sich segnen". (Ibid. 85). Zudem untersteht er sich mit dem Teufel zu kämpfen. (Ibid. 86).

216 Ibid.

217 *Zimmerische Chronik*, ed. Barack (1869) 2,201f.

218 Ibid. 2,202: "Damit ist der jeger mit allem seim gescheft in luften mit aim großen gedös, klingln und geschrai darvon gefaren, und hiemit soll die pfaffenkellerin erhalten sein worden."

"wuteshere" betrachtet.[219] Ein weiteres Kapitel summiert verschiedene Erscheinungen des wütenden Heeres, die nach den üblichen Motiven beschrieben werden.[220]
Die wichtigste Quelle für die Überlieferung des wütenden Heeres in der Schweiz stellen die *Collectanea cronico-historica* des katholischen Luzerner Stadtschreibers Renward Cysat (1545-1614) dar. Die Sagen, die Cysat berichtet, lassen sich in mehrere Gruppen aufteilen: die Erscheinungen des 'Türst', eines 'Nachtgespenstes' und des 'Wuotisheers'.[221]
Der Türst ist ein Gespenst, das im Gebirge besonders dort auftritt, wo "man verruocht vnd vngottsförchtig lebt." Er wird mit dem höllischen oder teuflischen Jäger gleichgesetzt und jagt mit "sine höllische Jegerhund" das Vieh.[222] Mehrfach wird von einer z.T. unbenannten, z.T. als "Nachtgespenst" oder "Teufel" bezeichneten Macht berichtet, die lebende Menschen unversehens entrückt. Die Entrückung wird in der Regel als Strafe für das Versäumen christlicher Pflichten dargestellt, so etwa für das Nichteinhalten heiliger Zeiten, oder allgemein für unchristlichen Lebenswandel mit Trunksucht und Rachgier.[223] Cysat schreibt auch vom Auftreten einer nicht weiter benannten auf Pferden heranstürmenden Gespensterschar, bei der sich offensichtlich auch Tote befinden. Die Geister können dabei mitunter in tierischer Gestalt, als Scharen von schwarzen Pferden erscheinen.[224]
Im Zusammenhang dieser Untersuchung interessieren besonders die 'Wuotisheersagen'.[225] Cysat teilt mit, daß neben der Bezeichnung "wůtt ins heer", "Wůtt jns heer", "von dem gemeinen Pöffel" bzw. "den andächtigen wybern" diese Gespenster auch "Gůtt jns heer oder die säligen lütt" genannt würden.[226] Man könnte von hier aus eine Verbindungslinie zur Vorstellung von den Seelen im Fegfeuer ziehen.[227] Die ausführlichste Erzählung über das "Wůtt jns heer" bei Cysat macht deutlich, daß er ganz auf dem Boden der von Geiler von Keisersberg unter Rückgriff auf antike (und bereits französisch vermittelte) Ideen geäußerten Ansichten über das wütende Heer als Totenheer steht:

> "Vnd war diss der Hallt, das diss die Seelen wärent der Menschen, die vor der rechten Zyt vnd Stund, die jnen zuo dem End jres Lebens gesetzt, verscheiden vnd nit dess rechten natürlichen Tods gestorben wärent. Die müesstend nun erst nach jrem Tod vff Erden allso wandlen, bis sy die selbige Stund nachmalen erreichtend; vnd allso jn Processions Wys mit einandern vmbher zühen, von einem Ort an das ander, vnd jeder, der ettwan von Waffen vmbkommen, dessen ein Wortzeichen mitt tragen, wie ouch die übrigen sonsten ein Anzeig geben, wie sy jr Leben verloren. Vor der Ordnung har gienge allzyt einer,

---

219 Ibid. 3,79.
220 Cf. ibid. 4,219-224. Die Geschichte vom Ritter von Seckendorf ist deutlich von Kirchhofs Erzählung vom Rechenberger abhängig. (Cf. ibid. 4, 221-223, cf. auch die weitere ähnliche Erzählung ibid. 4,223f.).
221 Cf. die entsprechenden Texte aus den *Collectanea cronico-historica* bei Brandstetter (1907) 119-140 und Meisen (1935) 111-120.
222 Cf. Brandstetter (1907) 121-127. Zum Türst siehe auch Brüder Grimm, *Deutsche Sagen* 270.
223 Cf. ibid. 127-133 und Meisen (1935) 115.
224 Cf. Brandstetter (1907) 124-126, Meisen (1935) 115.119.
225 Cf. Brandstetter (1907) 133-140. Brandstetter bezieht sie seinem romantisch-mythologischen Ansatz gemäß auf Wuotan. (Cf. id. (1907) 112f.).
226 Cf. ibid. 133f. und Meisen (1935) 116.118.
227 Cf. Brandstetter (1907) 134 und Meisen (1935) 116. Nach Brandstetter wurde für die Seelen aus dem Feg-

der schrüwe: 'Abwäg, abwäg, es kommend die Säligen.' Hettend ouch liepliche Seittenspiel, die glychwol sich nit starck, sonder timmer hören lassen. Wie jchs dann jn minen jungen Jaren von denen, die angabent, sölches selbs allso durch die Gassen jn vnser Statt zühen sehen vnd ghört, Anno 1568, erzellen hören."[228]

Die Wirkungen, die der Umgang mit dem wütenden Heer auf lebende Menschen hat, werden von Cysat ambivalent beschrieben. Zum einen muß man mit Entrückung durch das wütende Heer rechnen, mit übler Behandlung, Strafe und dem Zuruf, "Dz dich der Tüffel zerzeere!",[229] zum anderen ist auch freundlicher, ja freundschaftlicher Verkehr mit dem wütenden Heer möglich. Es wird beschrieben, wie das wütende Heer bei einem Ehepaar eingekehrt und reich bewirtet worden sei, und wie dieses Ehepaar aufgrund seines Kontaktes mit dem wütenden Heer sogar in hohem Ansehen gestanden habe.[230] Cysat berichtet also unter anderem von dem freundlichen Umgang mit dem wütenden Heer, den J. Grimm als die primäre und erst sekundär durch das Christentum entstellte Tradition betrachtet.[231] Die Chronologie der Quellen spricht jedoch gegen diese Annahme Grimms. Jahrhundertelang berichten die Quellen von dem Schrecken und der Bestürzung, die die Erscheinung des wütenden Heeres oder des wilden Jägers auslöst.

Die Annahme, Cysat gebe in seiner Darstellung des freundlichen Verkehrs mit dem wütenden Heer authentisch germanisches Heidentum wieder,[232] würde bedeuten, daß sich dieses an den letztlich gelehrten mittelalterlichen Traditionen, die im vorausgehenden vorgestellt wurden, vorbei im 'Volk', genauer in den mündlichen Überlieferungen des 'Volks', gehalten habe. Wenn Autoren wie Cysat betonen, sie hätten ihre Information aus dem Mund des gemeinen Pöbels oder von alten Weibern bezogen, oder ihre Erscheinungsberichte gingen unmittelbar auf die Erzählungen von Augenzeugen zurück, so werden die schriftlichen Überlieferungen im Medium der Mündlichkeit zusätzlich beglaubigt. Daß Cysat auf dem Boden der schriftlichen Überlieferungen stand, zeigt sich schon an seiner Berufung auf Vincent von Beauvais[233] und vor allem an seiner Übereinstimmung mit Geiler von Keisersberg. Was als kursierende Volksmeinung über das wütende Heer ausgegeben wird, ist so nahe an der Darstellung Geilers, daß eine direkte oder indirekte Abhängigkeit anzunehmen ist.

Bei der Untersuchung der Texte zum wütenden Heer hat sich immer wieder gezeigt, wie sehr die schriftlichen Überlieferungen voneinander abhängen und netzartig miteinander verknüpft

---

feuer in der Schweiz häufig der Ausdruck "die guoten Seelen" verwendet.

228 Cf. Brandstetter (1907) 135 und Meisen (1935) 116f.

229 Zit. nach Brandstetter (1907) 135, cf. Meisen (1935) 116.

230 Cf. Brandstetter (1907) 135f. und Meisen (1935) 117.

231 Cf. *DM* 2,790f.

232 Cf. Teil 2, 2.1. der Arbeit. Im Kapitel "Perchta und mit ihr verwandte Gestalten" wird ausgeführt, wie das Motiv der Einkehr einer Dämonenschar zu Speise und Trank über französische Vermittlung letztlich auf antike Bräuche zurückzuführen ist. Im gleichen Zusammenhang wird auch dargestellt, wie die Vorstellung einer umziehenden Dämonenschar sich als Wandertradition mit weiblichen Figuren (antiken Göttinnen, Gestalten aus der jüdisch-christlichen Tradition und Personifikationen, die zu einheimischen Dämonengestalten wurden) verbinden kann.

233 Cf. Meisen (1935) 117f.

sind. Dies soll - wie noch einmal zu betonen ist - nicht heißen, daß die Verfasser der Berichte über das wütende Heer keine lokalen und auch mündlichen Traditionen in die Erzählungen aufgenommen hätten. Der 'Volksglaube' ist jedoch nicht außerhalb der gelehrten und schriftlichen Traditionen zu denken, sondern an sie gebunden: Die von den christlichen Autoren mitgeteilten Exempel vom wütenden Heer, in denen die Strafe der toten Seelen plastisch dargestellt wurde, waren ja auf Rezeption im Kirchenvolk angelegt. Was durch Predigt oder Beichte unters Volk kam, wirkte wieder auf die Autoren zurück, indem sie auf die Geistererscheinungen, von denen man sich erzählte, Bezug nahmen. Noch einmal ist auf den Funktionszusammenhang von Schriftlichkeit und Mündlichkeit hinzuweisen. Daß die Zahl der Erscheinungen, die man zu erleben vorgab, durch Predigt und Beichte beeinflußt wurde, zeigt auch folgende Bemerkung Cysats:

> "Sydhar aber das unsere flyssige seelsorger vnd besonders sydt dem 1574. jar har, da die hocheleerten und würdigen geistlichen vätter vnd priester die Jesuiter allhir by vns jngesetzt worden, die sich dann sonderlich dessen beflissen, jn der bycht vnd jn cantzlen solche vnd andre aberglöubigische verbotten sachen (deren dann die wellt voll war) ußzelöschen, vnd uss der menschen köpffen zebringen, so hört man von disem gespenst nüt mere, laßt sich ouch sidhar by vns weder sehen, hören noch mercken..."[234]

Die Geistlichen werden hier wie auch in der reformatorischen Kritik etwa Trauschs als Drahtzieher des Glaubens an das wütende Heer verstanden. Unter dem Eindruck der Reformation gingen nun auch die gelehrten Jesuiten daran, die Frömmigkeit von den Erscheinungen des wütenden Heeres zu reinigen.

In den *Opera horarum subcisivarum sive meditationes historicae* (1591-1601) des Philipp Camerarius findet sich eine kurze Notiz, nach der der Teufel sein Possenspiel insbesondere bei der Hasenjagd treibe. Man habe auch gesehen, daß die Gespenster auf der Erde und in den Wolken Jagden mit Hunden und allem Zubehör veranstaltet hätten, wobei sie die Gestalt von lange vorher verstorbenen Menschen zeigten.[235]

Der Rostocker protestantische Prediger Nicolaus Gryse stellt in seinem *Spegel des Antichristischen Pawestdoms und Luttherischen Christendoms* von 1593, wie der Titel schon verrät, dem unchristlichen Katholizismus das wahre Christentum des Protestantismus gegenüber. Gryse ist es, der den "Affgade Woden" im Zusammenhang mit Erntebräuchen überliefert. Die Darstellung der Erntebräuche verbindet er mit der Bemerkung, derselbe Götze Woden lasse sich als höllischer Jäger nachts im Winter auf dem Felde mit seinen Jagdhunden hören. Nach dem *Münchner Nachtsegen* liegt hier das zweite eindeutige Zeugnis für die Verbindung Wodans mit dem wütenden Heer vor. Während Wodan im *Münchner Nachtsegen* nur genannt wird,

---

234 Cf. ibid. 117.

235 Camerarius (1591-1601) Cent.2, c. 100, 567: "Imo visa sunt phantasmata, & in terra & in nubibus integras venationes cum canibus, retibus, clamoribus, raucis tamen aliisque instrumentis venaticis, instituere, praeferentia formas hominum longe ante defunctorum". Camerarius berichtet von diesen superstitiones im Zusammenhang seines Kapitels über Hasen, Kaninchen und ihre Feinde, "De leporibus & cuniculis, eorumque hostibus nonnulla memorabilia". (Cf. ibid. 559-568).

erklärt Gryse die wilde Jagd als Relikt der germanischen Mythologie, das sich im Katholizismus hätte halten können, und gibt damit (im Anschluß an seine Besprechung der Erntebräuche) die erste mythologische Erklärung des Phänomens.

> "Welcker Affgődischer gebruck im Pawestom gebleuen / darher den ock noch an dissen őrden dar Heyden gewanet / by etlyken Ackerlűden / solcker avergelőubischer gebruck in der anropinge des Woden / thor tydt der Arne gespőret wert / unde ock offt dersűlve Helsche Jeger / sonderlyken im Winter des nachtes / up dem Velde mit synen Jagethunden sick hőren leth."[236]

Während J. Grimm und seine Nachfolger christliche Deutungen der Textzeugen stets als sekundäre Zusätze werteten, wurden mythologische Erklärungen nicht weiter hinterfragt akzeptiert, ohne daß die Aussagen im funktionsgeschichtlichen Kontext gesehen wurden.

Bei Gryse ist zu bedenken: Er möchte den Katholizismus im Rahmen seiner Ausführungen zum lutherischen Katechismus und den 10 Geboten als antichristlich darstellen. Um diese These zu untermauern, werden Phänomene, die vom Katholizismus geduldet oder, wie die Erscheinungen des wütenden Heeres, gefördert wurden, auf das Heidentum zurückgeführt. Die volkstümliche katholische Religiosität soll als kontinuierliche Fortsetzung des Heidentums ausgewiesen und damit polemisch abgewertet werden. Die Struktur der Darstellung Gryses macht dies deutlich: Nachdem zuerst die Erntebräuche in heidnischer Zeit beschrieben worden sind, heißt es, der abergläubische Brauch hätte sich im Katholizismus gehalten und würde noch immer geübt. Mit dieser Argumentation wird die Notiz über 'Wodan als denselben höllischen Jäger' gewissermaßen kurzgeschlossen und damit im gleichen Zusammenhang gesehen.

Auf einen Nenner gebracht ist es die Intention Gryses, das Katholische als das Papistische und damit als das Antichristliche und damit als das Heidnische abzuqualifizieren. Dies bestätigt sich auch in seinem Verständnis der katholischen Heiligen, die als Götzen gedeutet und mit der ägyptischen Isis, dem makedonischen Gabirus, dem römischen Quirinus und der athenischen Minerva auf eine Stufe gestellt werden.[237] Bei einem derart diffusen und polemisch geprägten Verständnis des Heidnischen ist Skepsis, was die Authentizität religionsgeschichtlicher Nachrichten und mythologischer Deutungen anbelangt, angemessen.[238]

Vom wütenden Heer, das er als "exercitus furiosus" bezeichnet, berichtet auch Martin Crusius in seinen *Annales Suevici* (1595).[239] Crusius teilt mit, daß sich im wütenden Heer ungetaufte Kinder, gewaltsam verstorbene Menschen und Ekstatiker befänden, "...exercitum furiosum: in quo essent omnes infantes non baptizati: omnes in pugnis caesi: omnes ecstatici, in quorum corpora animae quae evolassent, non rediissent".[240] Sie würden "magna cum querimonia, ad extremum usque diem" herumziehen, dann aber schließlich doch den Glückseligen zugerech-

---

236 Gryse (1593) Zum 2. Gebot ohne Seitenzählung.

237 Ibid.

238 Das Abwägen der mythologischen, christlichen und sonstigen Erklärungsmodelle des Traditionskreises 'wütendes Heer', 'wilde Jagd' erfolgt unter Teil 2, 1.3.2.

239 Crusius (1595) pars 3, lib. 11, c. 18, 653f.

240 Ibid. 653f.

net werden: "Tunc & ipsos accenseri beatis."[241] Erstmals werden hier auch die ungetauften Kinder mit den gewaltsam verstorbenen Menschen zur Geisterschar des wütenden Heeres gezählt. Die Vorstellung, daß sie das Telos ihres Lebens nicht erreicht haben, indem sie vor ihrer Taufe, also vorzeitig gestorben seien, gilt in besonderem Maße auch für sie. Crusius bettet die Nachrichten über das wütende Heer in seine Darstellung der unredlichen Machenschaften gewisser fahrender "scholastici rudes" bzw. "scholastici vagantes" ein:[242] Diese prellen die einfachen Leute um ihr Geld, indem sie ihnen wunderbare Erlebnisse, Zauberkünste und anderes vorgaukeln.

Der religiöse Kontext des wütenden Heeres scheint bei Crusius indirekt auf. Die Aussage, die Leute des wütenden Heeres würden bis zum letzten Tag, also dem Jüngsten Gericht, herumziehen und dann den Glückseligen zugerechnet werden, impliziert die Fegfeuervorstellung, denn das Fegfeuer dachte man sich im Gegensatz zu den anderen eschatologischen Räumen endlich. Seine maximale zeitliche Erstreckung reichte bis zum Jüngsten Tag. Kennzeichnend für das Fegfeuer ist es gerade, daß die Leute, die in ihm gereinigt werden, letztlich gerettet werden, "Tunc ... accenseri beatis".[243]

In seinen *Curiositäten der physisch-literarisch-artistisch-historischen Vor- und Mitwelt... für gebildete Leser* von 1823 teilt Christian August Vulpius angeblich "nach einer alten Handschrift" aus dem 16. Jahrhundert einen Nürnberger Fastnachtsschwank mit.[244] Das wütende Heer soll hiernach im Fastnachtsumzug zu sehen gewesen sein.[245] Auch bei dem Text aus den *Teütschen Sprichwörtern* Agricolas gewinnt man den Eindruck, das wütende Heer sei im Rahmen eines Fastnachtszuges aufgetreten. Die daraus zu entnehmenden Hinweise auf eine mögliche kultische Bindung des wütenden Heeres[246] sind jedoch zu vereinzelt, zu spät und machen zu sehr den Eindruck des Sekundären, als daß man auf einen dem Sagenkreis zugrundeliegenden Kult schließen könnte. Namentlich in dem bei Vulpius wiedergegebenen Fastnachtsschwank wird deutlich, daß es sich beim Auftritt des wütenden Heeres um eine sekundäre Umsetzung der Erzählungen handelt, da auch andere literarische Themenkreise wie Frau Venus und Tannhäuser im Venusberg oder Gretchen und Faust im Rahmen des Fastnachtszuges dargestellt sind.

Heinrich Kornmann berichtet in seinem Werk *De miraculis mortuorum* (1610) von der englischen Königin Reinsuuiga, die ihrem Mann in treuer Liebe zugetan war und nach seinem Tod

---

241 Ibid. 654.

242 Ibid. 652.

243 Auch das kontextuelle Umfeld der besprochenen Passage stützt diese Deutung. Crusius erzählt in leicht veränderter Form zwei Schwänke aus Widmans *History Peter Lewen, des andern Kalenbergers* und übernimmt den Fegfeuerkontext bei der Rezeption Widmans. (Cf. ibid. 654, cf. Widman, ed. Bobertag (1884) 118-122).

244 Vulpius (1823) 10,390-407.

245 Cf. ibid. 397f.

246 Sie wird von de Vries im Anschluß an Höfler vertreten. (Cf. de Vries (1970^3,1956/7^2, 1935/7) 1,494f.

Almosen spendete und Gebete verrichtete, weil sie glaubte, ihn dadurch aus Strafe und Fegfeuer befreien zu können:

> "Fuit regina Angliae nomine Reinsuuiga, quae defuncto Rege, quem vnice amabat, nam ex infima gente reginam eam ob dotes & virtutes animi elegerat, memor fidei eius, multas eleemosynas elargiebatur, pro anima ipsius solicita, multas preces fundebat, putans dominum suum ex poena & purgatorio hisce liberatum iri."[247]

Man sagte ihr, daß die Stätte seines Fegfeuers in Thüringen sei, auf einem Berg mit dem sprechenden Namen "Horrisonus". Der Berg sei von den Einwohnern aufgrund des Schreiens und Wehklagens der Seelen und Geister "mons Horrisonus" genannt worden.[248] Die Quelle ist vor allem deshalb von Interesse, weil die Seelen, die der Reinigung des Fegfeuers unterzogen werden, hier nicht als umherschweifend gedacht sind, sondern der Berg "Horrisonus", der Hörselberg, als Fegfeuerstätte erscheint.[249] Kornmann geht auch auf die Ansicht ein, nach der die ungetauften Kinder bis zum Tag des Gerichts durch die Welt ziehen müssen. Er hebt hervor, daß es sich hierbei um den Glauben gewisser Zauberweiber handele, der sich nicht auf ein katholisches Fundament stütze.[250]

Die kirchliche Lehrmeinung weist die trotz genügender Verbreitung des Evangeliums ungetauft verstorbenen Kinder der sogenannten Vorhölle, dem limbus puerorum zu, einem vierten eschatologischen Ort neben Himmel, Hölle und Fegfeuer.[251] Da die Vorstellung des limbus puerorum nicht lehramtlich festgeschrieben ist, gibt und gab es über den Zustand der ungetauften Kinder und die Schwere ihrer Beeinträchtigungen nach dem Tod verschiedene theologische Meinungen. Insofern als der Luftraum eine der Lokalisierungsmöglichkeiten für das Fegfeuer und auch für den limbus puerorum war,[252] ist es erklärlich, daß es in vulgarisierter theologischer Anschauung zu einer Vermischung der ursprünglich getrennten theologisch-eschatologischen Bereiche, die beide mittlere Orte zwischen Himmel und Hölle darstellten, kommen konnte und man die ungetauft verstorbenen Kinder mit unter das wütende Heer versetzte.

Jakob Heinrich Petri, der Schreiber und Chronist der elsässischen Stadt Mühlhausen, schildert in seinen 1626 vollendeten *Geschichten der Stadt Mühlhausen* die Erscheinung zweier in der Luft kämpfender Geisterheere.[253] Das Motiv der in der Luft kämpfenden Geisterheere begeg-

247 Kornmann (1610) pars 2, c. 47.

248 Ibid.: "In hoc monte audiebatur saepissime multus clamor & eiulatus animarum sive spirituum, ideoque vocabatur ab incolis mons Horrisonus."

249 Zur Tradition des Hörselbergs als Fegfeuerstätte siehe auch Vechner (1673) 221 aus protestantischer Sicht.

250 Ibid. pars 8, c. 18: "Opinio quarundam magarum muliercularum fuit, dicentium animas puerorum sine baptismate decedentium, vagari per mundum usque ad diem iudicii vel post, verum ridiculosa est nulloque catholico fundamento fulcita."

251 Die Geschichte der theologischen Diskussion über das Schicksal der ungetauft gestorbenen Kinder wird von Stockums (1923) erläutert.

252 Cf. Peuckert (1929/30) 2,1296.

253 Cf. Petri, ed. Graf (1838) 210f.: "Den 29. Aprillens deß 1506 jahrs, hat man im Nortveld bey dem Jungenberg, einen gewaffneten gezeuͤg, ohne haͤupter, gantz rot, vnnd auff hochen roßen reitend, vnnd gegen demselben einen anderen weißen heerzeuͤg zuͤechen gesehen".

nete im Verlauf der Untersuchung mehrfach in antiken und mittelalterlichen historiographischen Kontexten. Auch bei Petri wird es als Wunderzeichen verwendet, das auf historische Ereignisse verweist bzw. diese ankündigt. Die Erscheinung steht hier im Kontext der in Buch 5 berichteten Handlungen von Krieg und Aufruhr.

Wolfgang Heider geht in seinen *Orationes* auf die gespenstischen Erscheinungen in Thüringen ein, die insbesondere zur Weihnachts- und Fastnachtszeit aufträten.[254] Darunter seien nicht selten "viventium & mortuorum... imagines", die an Stärke bisweilen Reiterschwadronen und Kompanien von Fußsoldaten erreichten. Heider führt auch aus, wie der treue Eckhart an der Spitze dieses Zuges von Verstümmelten und Entstellten gehe und das aus Neugierde herbeieilende Volk vor Schaden durch das Heer der Teufel ("Diabolorum copias") warne. Es wird deutlich, daß das wütende Heer nicht nur den Charakter eines Heeres, sondern auch den der Jagd hat: "venatorum audiuntur clamores & cornua, canum latratus, leporum formae praecipiti cursu feruntur".[255] Als Quelle seiner Ausführungen zum wütenden Heer weist Heider auf Agricolas Sprichwort vom treuen Eckhart hin. In Anlehnung an Kornmann überliefert Heider auch die Tradition vom Hörselberg als Fegfeuerstätte.[256]

Nachdem Arnold Mengering in seinem *Informatorium Conscientiae Evangelium. Evangelisches Gewissens-Recht, Rath und Unterricht* (1644) mehrere Erscheinungen des wütenden Heeres berichtet hat, darunter die Geschichte vom Rechenberger aus Kirchhofs *Wendunmuth*[257] erklärt er diese Erscheinungen als

> "Teuffels Werck / der in der Finsternůß dieser Welt herrschet / und also auch gern im finstern grauset und hauset / welches *gemeiniglich an denen Orten* geschicht / da zuvor grosse Schlachten und Niederlagen geschehen / oder sonsten verstörte Plätze und rudera gefunden werden."[258]

Mengering will deutlich machen, daß die Erscheinungen die Existenz böser und die Menschen versuchender Geister beglaubigen. Der in früheren Texten bezeugte Zusammenhang von Sühne im Fegfeuer, Erscheinung der Seelen aus dem Fegfeuer und möglicher Bitte um Hilfe in Form von Gebeten, Almosen etc. wird im kontextuellen Umfeld der Nachrichten vom wütenden Heer angesprochen und abgelehnt. Die im Katholizismus von derartigen Erscheinungen verstorbener Seelen erzählten Exempel hätten keinerlei Wahrheitsgehalt. In Wirklichkeit handele es sich um Betrügereien des Teufels, auf denen der Papst in seiner Blindheit "sein erdichtet Fegfewer und schåndlich Messen-Jahrmarkt auffgericht hat."[259]

Interessant ist die Notiz des Johannes Loccenius. Loccenius wurde 1597 in Itzehoe geboren, studierte in Leiden und war seit 1625 Professor der Geschichte, später auch der Rechte in Uppsala, wo er auch als königlicher Geschichtsschreiber tätig war. In seinen *Antiquitates*

254 Heider (1630) *Oratio* 28, 2,1222f.
255 Ibid. 2,1223.
256 Cf. ibid. 2,1220-1222.
257 Cf. Mengering (1644) 288f.
258 Cf. ibid. 289.
259 Cf. ibid. 284-286.

Sveo-Gothicarum, cum hujus aevi moribus institutis ac ritibus indigenis pro re nata comparatae, die 1647 erstmals erschienen, teilt er mit, daß man bei einer Erscheinung, die mit großem Rauschen und Summen gegen Abend oder in der Nacht heranreite oder bewaffnet erscheine, sage, Oden fahre vorbei. Diese Meinung sei aus dem Aberglauben der Alten übriggeblieben und beruhe auf der Vorstellung von Oden als Kriegsgott. Er fügt hinzu, daß andere Oden eher für einen Gott des Reichtums ansehen wollten, wie Mercur bei den Römern es war.

> "Oden praefecerunt bello. Hinc in quorundam ex vulgo animis illud adhuc ex veterum superstitione reliquum est, ut, si aliquod spectrum forte cum magno strepitu & susurro circa vesperam aut noctu adequitans, vel armatum appareat, Oden istac transire dicant. Alii potius volunt divitiarum deum fuisse, velut apud Latinos gentiles Mercurius. Vnde dies Mercurii nostris adhuc Odensdagh appelatur, Belgis wodensdagh. Et vulgo dicitur Olao Petri in Chronico suo, illum servire Odino, qui avaritiae deditus & pecuniae solum corradendae. Sed & *od* atque *aud* veteribus possessionem signabat, ut alibi notatum; & in Otfrido Odegum divites."[260]

Von Odin wird hier nicht explizit ausgesagt, daß er als wilder Jäger auftrete oder mit dem wütenden Heer unterwegs sei, so daß das Zeugnis sich nur lose in den zu besprechenden Traditionskreis einfügt. Loccenius versteht das gespensterhafte Auftreten Odins als Relikt aus dem germanischen Heidentum ("ex veterum superstitione reliquum est"), das sich aus der Funktion Odins als Kriegsgott ableite. Er glaubt also an eine Kontinuität zwischen dem Volksglauben seiner Zeit und den germanischen Mythen mit den in ihnen repräsentierten Wesenszügen der Götter.

Wenn heidnische Götternamen, wie Loccenius hier mitteilt, in Spukgeschichten im 17. Jahrhundert auftreten, so läßt sich daraus nicht per se auf ihr ursprüngliches Wesen und ihren Funktionsbereich rückschließen. Gegen die Vermutung, daß hier authentisches Heidentum wiedergegeben würde, spricht schon die eigene Unsicherheit des Loccenius auf dem Gebiet der nordischen Mythologie.

Diese Unsicherheit zeigt sich bereits bei der Deutung von Odin. Während er ihn zunächst als Kriegsgott versteht und die gespensterhafte Erscheinung aus diesem Funktionsbereich ableitet, geht er dann auf die Meinung ein, Odin sei ein mit Mercur vergleichbarer Gott des Reichtums, wobei er anscheinend auch über das Wesen Mercurs im unklaren ist. Seine geringe Kenntnis der nordischen Mythologie wird im gesamten c. 3 seiner *Antiquitates*, das er mit "De idololatria veterum & prima ejus origine" überschreibt, deutlich.[261] Unter Berufung auf Snorri erwähnt er, daß Odin, Frea und Thor, "insignes magi", aus Asien in Schweden eingewandert und nach ihrem Tod als Götter verehrt worden seien. Diese drei Gottheiten sind die einzigen eddischen Hauptgötter, die Loccenius im 3. Kapitel bespricht. Vage wie seine Deutung Odins ist auch seine Vorstellung von Thor und Frea. Die Verehrung Thors, den er als "quasi coeli & aeris praesidem" versteht, sei den Schweden und Gotländern mit den Galliern gemeinsam gewesen, weswegen er Thor mit dem keltischen "Tharanis" gleichsetzt. Frea sei zuständig für

260 Loccenius (1654^2,1647) lib. 1, c. 3, 16f.
261 Cf. ibid. 13-22.

die Fruchtbarkeit von Mensch und Vieh. Loccenius verschmilzt die Vorstellung von Frea, Frigg, die nach Snorri mit Odin eingewandert ist, offensichtlich mit der Vanengottheit Freyja. Nach der Besprechung dieser Hauptgottheiten beschäftigt er sich eingehend mit Ceres und dem Wassergott Neccus. Wichtige Quellen für seine Ausführungen über das germanische Opferwesen und den germanischen Naturkult sind Tacitus und Adam von Bremen. Aus Tacitus kennt er auch die Gottheit Tanfana, die er zum einen durch "falma vel fan", eine "vox prisca Gotho-Teutonica" für 'Herr', 'Gottheit' deutet, zum anderen aber mit den "Fauni", den antiken Waldgottheiten in Verbindung bringt, weshalb ihm Tanfana als "luci patronus aut dominus" erscheint. Daneben referiert er die Meinung Tanfana sei Diana gewesen. Eine Verbindungslinie zwischen dieser Tanfana und seiner Zeit zeige sich im Wort "Fan" für Teufel, das also in diesem Sinne auch eine der 'Antiquitates' darstellt.

Das Beschreiben der *Antiquitates Sveo-Gothicae* durch Loccenius ist in seinen zeitgeschichtlichen Hintergrund einzuordnen. Die *Antiquitates* sind im größeren Zusammenhang der Rückbesinnung auf die altnordische Literatur im 17. Jahrhundert zu verstehen. Im Zentrum dieser Renaissancebewegung steht der sogenannte "Ole-Worm-Kreis" um den Arzt Ole Worm (1588-1654) und den isländischen Bischof Brynjólfur Sveinsson, der 1643 in den Besitz einer *Edda*handschrift gelangte.[262] Ein entscheidender Impuls für diese Rückbesinnung war die Aufforderung König Gustavs II. Adolf von 1630, Altertümer Schwedens zu sammeln.[263] Auf diesem Wege sollte die Identität Schwedens, das politisch im Zuge des 30jährigen Krieges auf dem Weg zur Großmacht war, konsolidiert werden. Altisländische Traditionen wurden dabei als skandinavische Dokumente auch für die eigene schwedische Vergangenheit in Anspruch genommen. Auf diesem Hintergrund, auf dem etwa auch das monumentale sveozentrische Werk des Universalgelehrten Olaus Rudbeck *Atlantica* (erschienen 1679-1702) zu sehen ist,[264] erklärt sich das Interesse des Loccenius am Sammeln und Beschreiben schwedischer Altertümer.

Loccenius betont in seiner Praefatio, er wolle sich um die vaterländische Vorgeschichte bemühen, denn diese verdiene die wissenschaftliche Behandlung nicht weniger als die Sitten und Bräuche der Griechen und Römer, an deren Erforschung man intensiv gearbeitet habe.[265] Die Beschreibung der 'mores & instituta' der Vorzeit hat dabei ganz offensichtlich den Charakter eines Sittenspiegels für die Zeitgenossen.[266]

Bei dem eng mit der schwedischen Identitätssuche verbundenen antiquarischen Interesse liegt es nahe, daß die Namen heidnischer Götter gewissermaßen als Identifikationsfiguren in

262 Cf. Rumpf (1990) *Altertumskunde* 230, Merkel (1937) 19-21 und Vigfusson (1878) 141-151.

263 Cf. Rumpf (1990) *Altertumskunde* 235.

264 Cf. Rudbeck, ed. Nelson (1937-1950) Bde. 1-5.

265 Loccenius (1654^2,1647) 2*v.

266 Ibid.: "Quod majorum instituta (de rectis loquor) candida simplicitas & integritas quaedam morum commendat, eo ab oblivione vindicari & in literas referri posteritatis interest: cui non validiora quam avita virtutum ac morum exempla repraesentari possunt".

Spukgeschichten dienten bzw. umgekehrt verschiedene Formen des sogenannten Volksglaubens auf heidnische Götternamen hin verdichtet wurden. Mit dem Interesse an Relikten aus dem germanischen Heidentum nahm zweifellos auch die Neigung zu, Phänomene der superstitio mythologisch zu erklären. Es ist nicht auszuschließen, daß es im Zuge dieser gelehrten Bemühungen einerseits zu Projektionen der Mythen und heidnischen Götter auf Phänomene des Volksglaubens kam und andererseits auch eine sekundäre Popularisierung der mythischen Traditionen erfolgte.

Johannes Scheffer (1621-1679), der seit 1648 Professor im schwedischen Uppsala war, geht in seinem Werk *Upsalia* auf den Gott Odin ein. Odins Wesen sei bei den Alten böse und auf die Unterwelt bezogen gewesen, und er entspreche möglicherweise dem römischen Pluto. Beide seien Unterweltsgötter gewesen.

> "...Odinum numen apud veteres fuisse malum atque infernale certum est, ac fortasse illud ipsum aliquando, quod Latini nominant Plutonem... Quare non est alius Odinus saepiuscule quam Pluto, Deus infernalis."[267]

Auf Odins Wesen als Unterweltsgott werden die isländischen Redensarten "'Far till Odens'" und "'Oden eiga dig'" zurückgeführt. Scheffer glaubt, Odins Name werde hier nicht nachträglich in pejorativem Sinn gebraucht, was Grimm bei diesen Redensarten vermutet.[268] Die Floskeln haben nach Scheffer vielmehr ebenso wie das "'hwad Odens lätum'", das Ole Worm als "'quid hoc mali est'" erklärt und das somit etwa dem deutschen 'Was des Teufels' ähnelt, das ursprüngliche Wesen Odins bewahrt.[269] Scheffer setzt hier implizit voraus, daß seine Zeitgenossen im Gebrauch solcher Redensarten noch ein authentisches Bewußtsein der heidnisch-germanischen Religion hatten, was nur schwer vorstellbar ist. Wahrscheinlicher ist es, daß der Name Odin hier in pejorativer Verwendung in Fluchformeln integriert wurde, ähnlich wie sich der christliche Teufel in zahlreichen Verwünschungen findet. Wenn diese Redensarten im 17. Jahrhundert in Island verwendet wurden, dann ist mit so starker christlicher Brechung zu rechnen, daß man kaum vom Bewahren authentisch heidnischer Wesenszüge des Gottes ausgehen kann. Zudem war Odin nach dem Bild der altnordischen Quellen kein mit Pluto vergleichbarer Unterweltsgott. Diese Deutung von Scheffer zeigt, wie unklar auch seine eigenen Vorstellungen von altnordischer Religion waren.

Auf den vermeintlichen Charakter Odins als Totengott bezieht er auch die von seinem Schwiegervater Johannes Loccenius mitgeteilte abergläubische Ansicht, nach der man bei nächtlichem Lärm glaube, Odin fahre vorbei. In einem zweiten Schritt wird diese Vorstellung mit dem wütenden Heer in Deutschland parallelisiert. Das wütende Heer in Deutschland sei ohne Zweifel aus demselben Aberglauben entstanden. Man bezeichne jenes Rauschen als

---

267 Scheffer (1666) 71f.
268 Cf. *DM* 1,120, 3,56.
269 Cf. Scheffer (1666) 72.

'Wutensher', wie wenn man sagen wollte 'Wotan mit seinem Anhang'. Damit wird die Übereinstimmung der nordischen und deutschen Mythologie nun festgehalten:[270]

> "Ex eadem caussa, veterique superstitione illud quoque est, ut strepitus nocturnos spectrorum larvarumque putent esse Odini, cumque exaudiunt, 'Odinum isthac dicant transire', sicut rursum Socero meo notatum... Germani 'Wutensher' appellant hodieque illum strepitum, quasi dicant Wotanum cum satellitio suo, haud dubie ex eadem superstitione"[271]

Es fällt auf, daß das Phänomen wütendes Heer im 16. und 17. Jahrhundert in zunehmendem Maße mythologisch erklärt wurde. Es wurde bereits angedeutet, daß die Neigung, Traditionen des sogenannten Volksglaubens mythologisch zu erklären, auf dem Boden einer neuen Hinwendung zur germanischen Vorzeit zu sehen ist. Dieser kulturgeschichtliche Hintergrund soll in einem kleinen Exkurs erläutert werden.

Exkurs: Zur Darstellung germanischer Religion im Kontext gelehrter Interessen der Frühen Neuzeit

In Deutschland setzt die Beschäftigung mit dem deutschen Altertum und der altdeutschen Religion mit der Wiederentdeckung der *Germania* im 15. Jahrhundert ein. Die wohl erste *Germania*-Ausgabe erschien 1473 in Nürnberg. In der Folgezeit wurde die *Germania* von Conrad Celtis in Vorlesungen besprochen, von dem elsässischen Humanisten Beatus Rhenanus kommentiert und von dem Schwaben Eberlin von Günzburg 1526 ins Deutsche übersetzt. Celtis plante wie auch Johannes Aventin eine historisch-geographische Beschreibung Deutschlands. Man verfaßte Chroniken für verschiedene Landschaften bzw. deutsche Stämme wie das Werk *De laude veteris Saxoniae nunc Westphaliae dictae* (um 1475) von Werner Rolevinck oder die *Annales Boiorum* (1554, deutsch 1566) des Johannes Aventin. Daß man es hier mit Schriften zu tun hat, die noch dem mittelalterlich genealogischen und theologischen Denken verhaftet sind, zeigt sich unter anderem in der genealogischen Rückführung der verschiedenen Stämme auf Noah bzw. Adam. Eine große Rolle spielten dabei die von dem Dominikaner Johannes Annius von Viterbo 1498 herausgegebenen angeblichen Fragmente aus dem Geschichtswerk des Chaldäers Berosus, eine bloße Fälschung, von der sich Aventin und andere täuschen ließen.

Wie die germanische Religion bei Aventin oder etwa in Sebastian Francks *Germaniae Chronicon* (1538) und Jacob Schoppers *Neuwe Chorographie und Histori Teutscher Nation* (1582) oder bei Elias Schedius in *De diis Germanis sive Veteri Germanorum, Gallorum, Britannorum, Vandalorum religione. Syngrammata quatuor* (1648) dargestellt wird, ist in erster Linie eine wissenschaftsgeschichtlich interessante Quelle für das Bild, das man sich in der Frü-

270 Cf. *DM* 2,766.
271 Cf. Scheffer (1666) 72f.

hen Neuzeit von germanischer Religion machte, hat aber nur geringen religionsgeschichtlichen Wert.

Um wenigstens einen gewissen Eindruck von der mythographischen Forschung zu vermitteln, soll kurz auf den 3. Teil des genannten Werks von Jakob Schopper, der *Historia ecclesiastica* überschrieben ist, eingegangen werden. Das erste Kapitel handelt "Von der uralten Teutschen Abgötterey in der Heydenschafft":[272]

> "In diesem Capitel wird angezeigt / was die uralte Teutschen / da sie noch Heyden gewesen / und ehe sie zum Christlichen Glauben kommen / für erschrockenliche Abgötterey getrieben haben / Welches denn dahin dienet / daß wir also augenscheinlich sehen / wie unsere alte Vorfahren die Teutschen / so in dicker Finsternuß der Heydnischen Abgötterey / und in der unerkandtnuß Gottes gestecket seyen."[273]

Wie in anderen Schriften der Zeit beschäftigt sich Schopper mit der Figur des Tuisco. Dieser habe den Deutschen zwar den einen und unsichtbaren Gott verkündet, wie er ihn von seinen Vorvätern, letztlich von Noah erfahren hatte, habe sich aber insofern vom wahren Glauben entfernt, als er viele Altäre errichtete, an denen Opfer dargebracht wurden.[274] Schopper sucht nach einer theologischen Erklärung des Polytheismus. Der Übergang vom ursprünglichen Monotheismus zum Polytheismus erfolgte durch den Abfall vom alttestamentarischen Gebot, nur an einem Ort, dem jüdischen Tempel in Jerusalem, zu opfern. Die Abgötterei der alten Teutschen besteht damit nicht in der schwerwiegenderen Form des Heidentums der Völker, die den alttestamentarischen und christlichen Gott überhaupt nicht erkannt haben. Tuisco und die alten Teutschen hätten um das Wesen des wahren Gottes gewußt, ihr Götzendienst bestand im kultischen Bereich, d.h. sie dienten Gott nicht auf die rechte Weise. Es ist deutlich erkennbar, daß es Schopper gewissermaßen um eine theologische Ehrenrettung der deutschen Ahnen geht. Sie hätten den wahren alttestamentarischen und mittelbar damit auch den christlichen Glauben ursprünglich gehabt, dieses Wissen sei nur durch eine falsche Religionspraxis verdunkelt worden.[275] Schoppers Argumentationsweise lehnt sich an das Modell der Heilsgeschichte seit den Urvätern an. Die Germanen erscheinen über Tuisco, der Noah zu seinen Ahnherrn zählt, genealogisch in die Heilsgeschichte eingebunden. Ihr Polytheismus wird nach einem geschichtstheologischen Dekadenzmodell als Entartung des ursprünglichen Monotheismus erklärt. Es sei das Werk des Teufels gewesen, daß die alten Deutschen zu immer schrecklicheren Formen der Abgötterei übergingen. Diesen Verfall des germanischen Heidentums, den Schopper postuliert, setzt er in Analogie zum Verfall des Christentums im Ka-

---

272 Schopper (1582) 313-322.

273 Ibid. 313.

274 Ibid. 314: "Dann wiewol er sein Volck viel Gottselige sachen gelehrt / als daz ein Gott sey / disem soll man allein dienen / jedoch da er jetzt durch die weite von Armenia (da Noe wohnet) abgesöndert war / befahl er jnen / daß sie auff den Bergen / Büheln / in den Wälden / under den schönen Buchen / Linden und andern Bäumen / Altar bauweten / und diesem einigen Gott opfferten / Dann dieweil Noe in Armenia opffert / meinet er / es wer ihm auch vergönnet im Teutschland die Opffer zu stiften. Also hat der Tuisco gewißlich in guter meinung diese Abgötterey auffgericht".

275 Cf. ibid. 314f.

tholizismus.[276] An dem von Schopper angenommenen Endpunkt der germanischen Religionsentwicklung sei eine euhemeristische Verehrung heidnischer Götter gestanden, die nun auch jeder Erkenntnis des wahren Gottes entbehrt hätte.[277] Die bei Tacitus bezeugten Götter Hercules und Mars werden ganz entsprechend in euhemeristischem Sinn erklärt. Hinter Hercules sieht er Hercules Alemannus, einen deutschen Regenten, der 675 nach der Sintflut in Deutschland regiert hat, hinter Mars den Herrscher Marsus. Als Erklärung des bei Tacitus als obersten Gott der Germanen genannten Mercur bietet Schopper mehrere Deutungen an. Einige meinten, es handele sich um einen ausländischen Abgott, also um den griechisch-römischen Gott, den die Germanen übernahmen. Andere glaubten, der bei Lucan erwähnte Teuthanes verberge sich in Mercur. Daneben wird vermutet, daß Mercur der Herrscher Hermannus, ein Opponent Karls des Großen, gewesen sei, "und daher von den Griechen / welche die wőrtlin offt abkűrzt / und baß lautender gemacht / Hermes, sey genendt worden / welchem sie denn auch gedienet haben / eben so wol / als die Teutschen."[278]

Als weiteres Argumentationsmuster zieht Schopper die Vorstellung der natürlichen Religion heran. Er orientiert sich hier an den paulinischen Aussagen des Römerbriefes, den er auch eingangs seines Kapitels zitiert.[279] Paulus führt aus, daß die Menschen Gott seit der Erschaffung der Welt aus der Schöpfung mit der Vernunft wahrgenommen hätten, ihn aber nicht entsprechend als Gott verehrten (Rö 1,19-23).

Die Vorzeit erscheint bei Schopper als eine Grauzone, in der kaum differenziert wird zwischen keltischer, germanischer, griechisch-römischer und jüdischer Kultur und Religion. Seine Nachrichten stellen den Versuch dar, das germanische Heidentum aus der Perspektive der Theologie seiner Zeit zu durchdringen und zu erklären. Das Bemühen um Gelehrsamkeit zeigt sich in der dargestellten, letztlich nicht harmonischen Kumulation verschiedener Argumentationsmuster (geschichtstheologisches Dekadenzmodell, Euhemerismus, natürliche Religion), mit denen Schopper sich mit der germanischen Religion auseinandersetzt.

Seine Ausführungen zeugen nicht von einem tieferen Verständnis der germanischen Traditionen, das sich auf eine (unterschwellig) lebendige religiöse Überlieferung stützen würde. Die diffusen Erläuterungen verraten vielmehr sachliche Unkenntnis der germanischen Religion. Als Leserin oder Leser gewinnt man den Eindruck, er möchte die Peinlichkeit der Abgötterei der Vorfahren möglichst abschwächen.

Ähnlich verworren müssen denen, die authentische Informationen über die germanische Religion erwarten, die Nachrichten bei Elias Schedius erscheinen. Greift man z.B. den Abschnitt über die "Vrania Venus" heraus, so erkennt man, daß hier in gelehrter Manier nach dem Prinzip topischer Stoffanordnung eine bunte Fülle religionsgeschichtlichen Materials zusammen-

276 Cf. ibid. 316f.

277 Ibid. 317: "Und diese Abgőtterey bey den Teutschen hat nach vnnd nach zugelegt / und ist je lănger je grőber und erschrockenlicher worden..."

278 Ibid.

279 Cf. ibid. 313.

getragen wird, über dem die Erforschung germanischer Verhältnisse gewissermaßen auf der Strecke bleibt.[280] So sieht er, um nur ein Beispiel zu nennen, in dem taciteischen Hauptgott Mercur "Thaut vel Dieth vel Duth".[281] Der wissenschaftlichen Methode seiner Zeit gemäß möchte Schedius mit seiner topischen Zusammenstellung mythologischer Kenntnisse, die er auch aus entlegenen Werken der antiken Literatur zu beziehen weiß, brillieren.
Dieses Schrifttum, von dem hier nur ein winziger Ausschnitt angesprochen wurde, ist unter dem Aspekt der wissenschaftlichen Methodik seiner Zeit zu sehen, wurde jedoch in der Folgezeit vielfach als Quelle authentisch wiedergegebenen Germanentums rezipiert. So prägte etwa die *Germania antiqua* des Danzigers Philipp Cluver von 1616 lange Zeit das Germanenbild - und dies insbesondere durch die Kupferstiche der Ausgabe von 1663.[282] Das hier nur sehr kurz skizzierte Quellenmaterial ist in wissenschaftsgeschichtlicher Hinsicht bedeutsam, insofern es Germanenbilder und Bilder der germanischen Religion der Frühen Neuzeit und Barockzeit vermittelt,[283] als Quelle für authentisch germanisches Heidentum ist es jedoch nur mit großer Skepsis zu betrachten. Mythologische Erklärungen zu geben oder auch Phänomene des 'Volksglaubens' und des Brauchtums als germanische Altertümer zu interpretieren bzw. auf die heidnischen Götter wie auf Kristallisationspunkte zu konzentrieren, entspricht der wissenschaftlichen Neigung und Praxis der Zeit. Die tatsächlichen religionsgeschichtlichen Zusammenhänge können dabei weitab von den dargebotenen Erklärungen liegen. Dies sollte auch im Hinblick auf die deutschen und skandinavischen mythologischen Erklärungen zum wütenden Heer bedacht werden.

Dem skizzierten wissenschaftlichen Interesse der Humanisten- und Barockzeit entspricht es auch, daß einmal gegebene mythologische Erklärungen rasch und bereitwillig rezipiert wurden, was zur Verbreitung und letztlich auch Popularisierung mythologischer Erklärungsmodelle führte.
So blieb auch das, was Loccenius und sein Schwiegersohn Scheffer schrieben, in Deutschland nicht ungehört. Christoph Arnold rezipiert die besprochenen Passagen aus Loccenius und Scheffer in seinem Werk *Etliche Alt- Sächsische Wochen- und andere Teutsche Götzenbilder betreffend* (1674)[284] unter der Kapitelüberschrift:

---

280 Cf. Schedius (1648) c. 9, 118-172.
281 Ibid. c. 5, 109.
282 Diese und zahlreiche weitere Quellenangaben bei Rumpf (1990) 225-241 und Merkel (1937) 18-31.
283 Eine umfassende Untersuchung zur Mythographie in der Frühen Neuzeit, ihrer Methodik und ihren Argumentationsverfahren wäre als separater Forschungsbeitrag wünschenswert.
284 Arnold (1674) c. 4, 42f., 43: "Zu dem so berichtet uns Loccenius... Sehr herrlich und ausführlich handelt von solchem Abgott Oden Schefferus in *Upsalia antiqua*".

> "Von dem Wodan / oder Oden / und dessen Bildniß. Er war ein grosser Zauberer / und Leutsbetrieger. Kriegs= und Siegs=gott. Dessen blutiges Menschenopfer. Vede das ist Krieg. Oden so viel als der Teufel selbst."[285]

Wie von Johannes Scheffer und Christoph Arnold wird das wütende Heer von Johann Peter Schmidt (1752^2,1742) in seiner *Geschichtsmäßigen Untersuchung der Fastel-Abends-Gebräuche in Deutschland* auf Wodan bzw. Odin zurückgeführt. Die Verbindungslinie wird über die Etymologie gezogen.[286] Schmidt leitet den Namen Wodan / Odin "von Wöden, das ist Wüten" ab und schließt die Deutung des wütenden Heeres unmittelbar daran an.[287] Wie diffus Schmidts Vorstellung vom germanischen Heidentum war, zeigt, daß er neben einem älteren Othin, der der "würckliche Sonnen-Gott der alten Nordländer" war, einen "jüngern / oder Asiatischen Othin" unterscheidet. Der jüngere Othin sei ein "Betrüger" gewesen, der "alle Denckmahle, so von dem ersten Othin vorhanden waren, umb seinen Betrug desto beßer zu verstecken, mit Fleiß vernichtet" habe.[288] Auf diesen jüngeren Othin führt er die Tradition des wütenden Heers zurück:

> "Insonderheit soll dieser jüngere Othin ein Ertz=Zauberer gewesen seyn und in der Kunst zu kriegen nicht seines gleichen gehabt haben; daher auch andere seinen Nahmen von Wöden, das ist Wüten, herführen wollen. Wer weiß auch nicht, was übrigens noch viele Leute, fürnemlich aber einige Jägers für einen Wahn hegen, alß wenn nemlich ümb Weynachten und Fastel=Abend aus, der so genanndte Woor, die Goor, der Wilde Jäger ziehe, das ist: der Teuffel mit einem Hauffen Polter=Geister eine Jagt anstelle. Und gehet man denn auf den Grund solchen Aberglaubens, so ist derselbe aus der Geschichte dieses jüngern Othins entsprungen, und meinet der gemeine Mann, alß wenn Oden oder der Wodan herumb ziehe. Man nennet daher auch solche Gespenster=Gesellschaft bald das Wütend=Heer, bald Wodens=Heer, bald Guodens= und Odens=Heer."[289]

Franck versucht die Relikte des Wodanglaubens in seiner Zeit zu sammeln.[290] Zu den Resten des Wodanglaubens gehöre es,

> "daß, wann sich etwa des Nachts ein Geschrey von Hunden und Jägern hören lässet, man so gleich saget: *Dat is de Woden*. Bey den Oberländern nennet man es das *wütende Heer*, d.i. Wodens Heer. Ob nun solches Geschrey insgemein von unruhigen Wild=Dieben bey hellen Nachten erregt wird: so muß doch *Wodan* seinen Nahmen dazu hergeben."[291]

Die Passage macht den Eindruck, als sei sie deutlich abhängig von Loccenius, und in der Tat beruft sich Franck im Anschluß an diese Darstellung auf Johann Loccenius, der Ähnliches von Schweden berichte.[292] Was Franck als analoge voneinander unabhängige Nachrichten

---

285 Ibid. 36.

286 J.P. Schmidt (1752^2,1742) 75f./ Anm. 49.

287 Zur etymologischen Verbindung von Odin, Wodan und 'Wut, wüten' siehe auch Wachter (1737) 2,1177.

288 Möglicherweise bezieht sich J.P. Schmidt hier auf den Prolog der *Snorra Edda* und die Rahmenhandlung der *Gylfaginning*, die ihm direkt oder indirekt bekannt waren.

289 J.P. Schmidt (1752^2,1742) 75f./ Anm. 49.

290 D. Franck (1753) lib. 1, c. 10, 1,54-58. Auf seine Beschreibung der Erntebräuche wurde bereits eingegangen. Daneben wird Wodan auch als Schreckfigur für Kinder vorgeführt.

291 Ibid. 1,55.

292 Ibid.: "Wie denn auch der Holsteiner *Johann Loccenius* eben dergleichen von Schweden berichtet; worinn ihm wohl zu trauen, weil er zu Upsal Professor und Königl. Historiographus gewesen."

über Volksüberlieferungen darstellt, gerät durch seine Kenntnis des Loccenius und die allzu deutliche Anlehnung seiner Schilderung an Loccenius in den Verdacht der bloßen Rezeption bzw. anders ausgedrückt der übernommenen mythologischen Erklärung. Das Verfahren ist analog zu dem, das Franck bei seiner Darstellung der Erntebräuche um Wodan anwendet. Trotz deutlicher Abhängigkeit der Darstellung von einem schriftlichen Gewährsmann, nämlich Gryse, wird die Unabhängigkeit der eigenen Nachrichten von dieser Quelle und ihre Rückführung auf Mündlichkeit suggeriert. Interessant an der Nachricht Francks ist, daß er die Deutung des wütenden Heeres als "Wodens Heer" als Volksmeinung darstellt, von der er selbst sich durch eine naturwissenschaftliche Erklärung distanziert. Wissenschaftsgeschichtlich ist hier der Einfluß der Aufklärung spürbar.

Die Deutung des wütenden Heeres auf Odin hin wurde im Anschluß an Loccenius und Scheffer auch ins *Lexikon mythologicum* von Finn Magnusson aufgenommen, das seinerseits maßgeblichen Einfluß auf die mythologische Forschung des 19. Jahrhunderts ausübte.[293]

Johannes Praetorius berichtet in seinen *Saturnalia* (1663) vom Herumziehen der Diana "mit ihrem wůtenden Krieges=Heer" zu Weihnachten, sowie von Umzügen der Frau Holda bzw. Holla und anderen mit dem treuen Eckhart zur selben Zeit.[294] Der "Exercitus monstrosus Lemurum" des treuen Eckhart wird von einem Pfarrer, dessen Meinung Praetorius wiedergibt, kausal auf den Kindermord des Herodes, den er "durch seine wůtende Rotte oder streiffendes Krieges=Heer" hatte ausführen lassen, bezogen.[295] Diese Erklärung ist auf das Herumziehen einer Kinderschar mit Holda oder Perchta zur Weihnachtszeit zugeschnitten,[296] also gewissermaßen auf eine spezielle Ausprägung der umziehenden Dämonenschar. Ein so vielschichtiger Traditionskreis wie das wütende Heer oder die wilde Jagd, an den sich immer wieder neue Figuren und Motive anlagerten bzw. der sich seinerseits als offene und variable Erzähltradition an verschiedene Figuren knüpfte und in verschiedene Kontexte gestellt werden konnte, wird hier ausgehend von einem Teilphänomen monokausal erklärt.

In Praetorius' Werk *Anthropodemus Plutonicus. Das ist / Eine Neue Weltbeschreibung* (1666) wird unter der im Inhaltsverzeichnis genannten Kapitelüberschrift c. 7 "Gestorbene Leute / Wütendes Heer" dann nicht die Rotte des Herodes verstanden, sondern es wird von Totenerscheinungen berichtet.[297] Dies zeigt, daß der Begriff selbst bei ein und demselben Autor recht offen und unscharf konturiert verwendet wurde.[298]

Zur Vorstellung vom wütenden Heer als Kriegsheer, das als Prodigium auftritt, gehört die Mitteilung des Praetorius in der *Blockes-Berges Verrichtung* (1668), das wütende Heer er-

293 Cf. Magnusson (1828) 647.
294 Cf. Praetorius (1663) 395. 403-406.
295 Cf. ibid. 405f.
296 Cf. dazu das Perchtenkapitel der Arbeit, Teil 2,2.1.
297 Cf. Praetorius (1666) 317-359.
298 In der *Blockes-Berges Verrichtung* (1668) beschreibt Praetorius das wütende Heer nach den üblichen Kriterien. Er schreibt im wesentlichen die oben referierten Nachrichten über das wütende Heer bei Kornmann, Heider, Vechner und Agricola aus. (Cf. id. (1668) 13-17.24-30).

scheine als Kriegerheer, das geordnet aus Bergen hervorkomme und sich den Geräuschen und Bewegungen nach Scharmützel liefere, um schließlich wieder - gewissermaßen auf das Kommando eines Obristen - in den Berg zurückzukehren.[299]
Jakob Thomasius behandelt das wütende Heer in seinem *Discursus historico-philologicus de vagantibus scholasticis, sive von fahrenden Schülern* (1675). Er rezipiert die Nachrichten über das wütende Heer bei Johannes Agricola, Johannes Mathesius, Johannes Scheffer, Eucharius Eyering, Ekkehard von Aura, Johannes von Trittenheim, Martin Crusius u.a.[300] Der wissenschaftliche Beitrag des Thomasius besteht daher in erster Linie in der Vermittlung von Traditionen. Hervorzuheben ist seine Erzählung von der Erscheinung eines in der Luft kämpfenden Totenheeres, für die er sich auf Christoph Besold und Felix Malleolus beruft. Man habe das Heer in der Nacht nach dem Sieg Rudolfs von Habsburg über Ottokar auf dem Schlachtfeld sehen und hören können.[301] Hier handelt es sich also wieder um die Tradition des wütenden (in der Luft kämpfenden) Heeres, das als Prodigium auf historische Ereignisse vor- oder zurückverweist. Es folgt eine Deutung dieser Erscheinungen aus der Sicht des Thomasius.[302] Frühere Jahrhunderte seien überzeugt davon gewesen, daß es sich bei diesen Erscheinungen um die Seelen gewaltsam Verstorbener gehandelt habe. Auch die "Scholares" bzw. "Scholastici", über die Thomasius schreibt, hätten geglaubt, daß zumindest ein Teil dieses Heeres sich aus denen zusammensetzte, "'qui fuissent in pugnis caesi'", wie Thomasius aus Crusius zitiert. Die Zeitgenossen des Thomasius hätten dagegen erkannt, daß es sich um Blendwerk des Teufels gehandelt habe. Unter wörtlichen Bezugnahmen auf Crusius bespricht Thomasius genau die drei Gruppen von Menschen, die Crusius dem wütenden Heer zuweist: im Kampf getötete Menschen, ungetaufte Kinder und Ekstatiker.[303] Das ganze Unwesen wird als typische Erscheinungsform des Katholizismus hingestellt.[304] Aus protestantischer Sicht wird der Katholizismus als Nährboden für Gespenstererscheinungen und Aberglauben gezeichnet.
Wie schon in mehreren bereits besprochenen protestantischen Texten wird hier das Verbreiten der Erzählungen vom wütenden Heer als Beutelschneiderei bezeichnet, die auf dem Grund des Katholizismus, des Papismus, stehe.

---

299 Ibid. 29f.: "Diese Geister erscheinen bißweilen in grosser Anzahl (als wann sie in der Ordnung / als Soldaten auß den Bergen herfur kroͤchen) treiben in den Feldern wunderbahrliche und seltzame Haͤndel und Possen / mit dantzen / springen und ungewoͤhnlichen Geberden / geben von sich einen Klang / als wann sie Soldaten unter einem Obristen weren / und gegen einander scharmutziren wollten / darauff denn auf einen harten Klang / als wann es ein Glocken-Klang / oder des Obristen Losung were / eilen sie wieder in guter Ordnung nach ihren Berg zu / und verschwinden."

300 Cf. Thomasius (1675) §§ 63-68.

301 Cf. ibid. § 69.

302 Cf. ibid. § 70.

303 Cf. ibid. § 70-73. "Certum nobis... haec talia nihil aliud, quam praestigias Daemonis fuisse, figuras eorum, qui hinc inde in praeliis cecidissent, simulantis... Sed, cur his addebant, 'infantes non baptizatos?' cum 'ecstaticos, corporibus suis non redditos?'"

304 Cf. ibid. § 80.

Georg Michael Pfefferkorn kommt in seinem Werk *Merkwůrdige und auserlesene Geschichte von der berůmten Landgraffschaft Thůringen* (1685) auf den Hörselberg, den treuen Eckhart und das wütende Heer zu sprechen.[305] Er referiert im Anschluß an Kornmann, Heider und Vechner die katholische Tradition vom Hörselberg als Fegfeuerstätte.[306] Pfefferkorn nimmt aus protestantischer Sicht zu diesen Gerüchten Stellung. Er räumt ein, daß der Teufel "in dem aberglåubigen Pabstthum durch Gottes Verhångniß sein Spiel mit allerhand Gespensten in dieser Gegend gefůhret hat." Er weist aber den Gedanken eines Fegfeuers im Hörselberg ebenso von sich wie die Vorstellung, daß es solche Gespenstererscheinungen noch zu seiner Zeit gäbe. Deshalb möchte er den Namen Hörselberg auch lieber mit dem "Hörsel-Fluß" als mit den Schreien der Seelen verbinden. Aus Pfefferkorns ablehnender Stellungnahme zum katholischen Verständnis des Hörselbergs wird erneut deutlich, daß der Hörselberg in katholischer Zeit als Buß- und Fegfeuerstätte verstanden wurde. Interessant ist Pfefferkorns Erklärung der Figur des treuen Eckhart. Er betrachtet den ostthüringischen Markgrafen Eccardus II. als historisches Vorbild der Sagengestalt, die in der Regel auf Thüringen bezogen ist. Die Treue des Markgrafen Eccardus II. gegenüber Heinrich III. bestimme das Wesen der Sagengestalt.[307] Die Deutung Pfefferkorns steht damit in Spannung zur Interpretation Agricolas, der den treuen Eckhart als altdeutschen Helden verstanden hatte.

Man wird wohl damit rechnen müssen, daß sich in der Erzählfigur des treuen Eckhart verschiedene Traditionen verdichtet haben. Eine Wurzel der Figur dürfte in der Gestalt des Eckhart aus dem Bereich der germanischen Heldensage, insbesondere der Epik um Dietrich von Bern liegen. Daneben ist als historisches Vorbild Eckart I. von Meißen anzunehmen, der durch seine Siege über Wenden und Böhmen sowie durch seine Treue zu Kaiser Otto III. einer der führenden Männer seiner Zeit wurde. Das Attribut der Treue wurde jedoch in einer Schenkungsurkunde Kaiser Heinrichs III. von 1041 auf einen seiner Nachfahren, den Markgrafen Eckard II. übertragen. Auf diesen nimmt Pfefferkorn Bezug.

Da die Figur des treuen Eckhart und des Warners überhaupt, wie die Quellenuntersuchung ergeben hat, relativ spät (im 16. Jahrhundert) in den Zeugnissen zum wütenden Heer auftritt und funktional eher fakultativ ist, könnte man vermuten, daß sie aus dem Umkreis der Venusbergsage bzw. der Tannhäuserballade eingewandert ist.[308]

Bei Paul Christian Hilscher wurde 1688 eine Dissertation mit dem Thema *De exercitu furioso, vulgo Wůtenden Heer* vorgelegt. Sie ist vor allem in traditionsgeschichtlicher Hinsicht interessant, insofern sie das Material der vorausgehenden Jahrhunderte rezipiert. Es werden eine Reihe der hier besprochenen Texte und Stellen aus Helinand von Froidmont, Vincent von Beauvais, Petrus von Blois, Ekkehard von Aura, Johannes von Trittenheim, Agricola, Kirch-

305 Cf. Pfefferkorn (1685) 1, c. 4, 25f.
306 Cf. dazu Kornmann (1610) pars 2, c. 47, Heider (1630) 2,1220-1222 und Vechner (1673) 221.
307 Cf. Pfefferkorn (1685) 1, c. 10, 46.
308 Siehe zu den Traditionen um den treuen Eckart Röhrich (1991) 1,350f.

hof, Spangenberg, Praetorius, Scheffer, Arnold (und über ihn aus Loccenius), Kornmann, Crusius, Heider, Vechner u.a. nebeneinandergestellt. Bei der Erläuterung des Begriffes wütendes Heer beziehen Hilscher / Heinsius sich auf Scheffer und stellen im Anschluß an ihn die Verbindung zu Wodan her.[309]

Abraham Frenzel bietet in seinem *Lusatiae utriusque nomenclator* (1696) den ersten Beleg für einen Zusammenhang zwischen einem "Ditrich" und dem wütenden Heer bzw. der wilden Jagd.[310] Frenzel leitet den ersten Bestandteil des Ortsnamens "Ditrichsbachium, Dietrichsbach" von einem jagenden Nachtgespenst, einem "spectrum nocturnum exercens venationes" ab. Als deutschen Ausdruck dafür nennt er "das wütende Heer" und verweist auf Hilschers Dissertation *De exercitu furioso* sowie auf Erasmus Francisci. Der Name "Ditrich" hänge, so vermutet Frenzel, mit dem germanischen Gott "Theut" zusammen sowie mit den antiken "Tityri" als Bacchusbegleitern.[311]

Im *höllischen Proteus* gibt Francisci zu Beginn seines Kapitels über "Das wütende Heer"[312] eine kurze Bedeutungserklärung des Phänomens:

> "Unter dem wütenden Heer / verstehet mancher insonderheit den gespenstischen Aufzug deß so genannten treuen Eckards / insgemein aber meynet man / heutiges Tages / damit das Jagt=Geschrey und Gebell der Hunde / so der Teuffel / manches mal / bey Nacht / in den Wäldern / anrichtet."[313]

Hier wird deutlich, daß sowohl die Vorstellung des Heeres wie auch besonders die der wilden Jagd unter dem Begriff des wütenden Heeres verstanden wurde. Die Erscheinungen von wütendem Heer und wilder Jagd sind für Francisci "ein Aufzug des Teuffels". Der Teufel veranstalte "eine sichtbare Jägerey / oder vielmehr ein Affen=Spiel der Jagt".[314] Für Francisci sind diese Erscheinungen damit der sichtbare Ausdruck der bereits biblischen Funktion des Teufels als Jäger und Vogelfänger.[315] Bei seinen Auftritten als wilder Jäger nehme der Teufel die Gestalt eines verstorbenen, zuweilen auch eines noch lebenden sündigen Menschen an. So heißt es "von einem hochbegüterten alten Cavallier / der seinen Unterthanen sehr übel / unchristlich

309 Hilscher / Heinsius (1688) § 3: "wüten idem est, qvod Latinum: furere, saevire aut bacchari. Antiqviora ad vocis hujus incunabula nos deducit celeberrimus Schefferus, qvi sibi negotium facessens circa veterem Suecorum religionem de Wodano inter praeclara alia annotat: 'Germanos wutens Heer appellare hodieque strepitum illum nocturnum spectrorum larvarumque, quasi dicant: Wotanum cum satellitio suo.'" Da die Dissertation von Hilscher / Heinsius nur rezipiert und keine eigene Interpretation deutlich macht, wird auf ihre Einordnung in die unter Teil 2, 1.3.2. unterschiedenen Kategorien verzichtet.

310 Cf. Frenzel (1719) 36.

311 Cf. ibid.

312 Francisci (1725) c. 58, 529-546.

313 Ibid. 529.

314 Ibid. 530.

315 Ibid. 529f.: "Aus gutem Grunde / wird der böse Feind / in heiliger Schrifft einem Jäger und Vogel=Beitzer verglichen / ...Seine Versuchungen seynd Netze und Lock=Koerner / womit er die unfürsichtige Seelen zu fahen bemuht ist... Dannenhero der Mensch / die gejagte Hündin / immerdar alle Tritte beäugen muß: daß er den Schlichen dieses unermüdeten Jägers nicht zum Raube werde; und dem zeitlichen nicht zu sehr nachjage / damit er nicht erjagt noch gefangen werde von diesem arglistigen Jäger / der die Sicheren am ersten berückt." Zur christlichen Tradition des Teufels als Jäger siehe unter Teil 2, 1.3.2.2.2.

/ und tyrannisch mitzufahren pflag", man hätte ihn als wilden Jäger sehen und hören können. Es sei bekannt gewesen, "daß er ůber die Masse gern zu jagen / und die arme Leibeigne Leut damit genug abzumartern pflag".[316] Der sündige Lebenswandel, der mit der Erscheinung als wilder Jäger bestraft wird, wird hier als übertriebene und in sozialer Hinsicht rücksichtslos ausgeübte Jagdleidenschaft spezifiziert. Die Vorstellung von der wilden Jagd verbinde sich häufig mit Personen, "die ihr Hertz / mit dem Jåger-Netze gantz verstrickt / hingegen das Band der Liebe / gegen ihre geplagten Unterthanen / gåntzlich zerrissen; den Wald mehr / als den Himmel / verlangt; ein Wild hōher / als GOtt / und sein Wort / geschåtzt haben".[317]

Als extremes Beispiel für diese Lebenshaltung weist Francisci auf jenen Edelmann hin, dem seine Jagdhunde noch auf dem Totenbett mehr bedeutet haben als sein Seelenheil, der Genuß des Abendmahles und seine Familie.[318] Bei "dergleichen Jagd-verpichten / ruchlosen Personen" kann es nach Francisci nicht verwundern, "daß der Teuffel / nach ihrem Tode ihr Gedåchtnis / in den Wåldern / offt begehe / ihrer Gestalt und Jagt=Manier nachaffe / und die Leute dadurch erschrecke."[319]

Von Interesse an Franciscis Darstellung der wilden Jagd ist vor allem die von ihm gezogene enge Kausalverbindung zwischen unmäßiger Jagdleidenschaft und dem Auftreten als wilder Jäger sowie auch die Sozialkritik, die er wie Nyder und vor allem Spangenberg an der Jagd der gehobenen adligen Gesellschaftsschichten übt.

Caspar Abel geht in seinen *Teutschen und Såchsischen Alterthůmern I* (1729) auf die Figur des treuen Eckhart und seine Funktion als Warner beim wütenden Heer ein. Er schildert das wütende Heer nach dem üblichen Schema als gräßlich entstellt und verstümmelt und macht deutlich, daß er es als Höllenheer begreift. In bezug auf die Figur des treuen Eckhart ist er davon überzeugt, daß der treue Eckhart auf den antiken gallischen Heerführer Brennus zurückgehe.[320]

Auf dem Boden von Aufklärung und naturwissenschaftlicher Betrachtungsweise wird die Erscheinung der wilden Jagd, die man in Mecklenburg "dei Waur" nenne, von Pogge auf Zierstorf als ein Zug von ca. 50-60 Gänsen, die in der Nacht vorüberfliegen, erklärt.[321] Auch Flörke rechnet die wilde Jagd bzw. das wütende Heer, die in Mecklenburg auch 'de Wohl' hießen, zu denjenigen "Erscheinungen und Ereignissen..., die ganz in der Natur der Dinge gegründet sind, aber übernatürlichen Ursachen zugeschrieben werden." Er kennt die zu seiner Zeit offensichtlich schon populäre mythologische Deutung, nach der man die wilde Jagd von

316 Ibid. 531.
317 Ibid.
318 Ibid. 531f.
319 Ibid. 532.
320 Cf. Abel (1729) 1,83: "Und solches deucht mir sey durch ein sinnreiches Gedicht geschehen, von dem treuen Eccard, der vor der Hōllen stehend jedermann warne, nicht hineinzugehen, und das aus der Hōllen herausbrechende wůtende unfōrmliche / und wegen vieler verwundeten und zerstůmmelten greßlich aussehende Heer mit einem Stabe vorhergehend commendire und fůhre..."
321 Cf. Pogge auf Zierstorf (1832) 866f.

der "Gestalt des alten heidnischen Götzen Wodan" ableite, verwirft sie aber zugunsten der Meinung, die wilde Jagd sei nichts anderes als der Lärm umherfliegender Nachtvögel.[322] In ähnlicher Weise wird die Sage vom wilden Jäger Hackelnberg im *Hannoverischen Magazin* von 1764 auf die nächtlichen Flüge von Steinadlern zurückgeführt.[323]

1.3.2. Systematische Betrachtung des historischen Quellenmaterials

Das unter 1.3.1. vorgestellte Material ist nun nach folgenden Kriterien zu differenzieren: Wird der Begriff des wütenden Heeres, der wilden Jagd oder einer herumziehenden Seelenschar nur in einem variablen Erzählkontext genannt, oder liegt ein ausgeführter Erscheinungsbericht bzw. ein expliziter Hinweis auf Erscheinungen des wütenden Heeres vor? Bei der Gruppe der Erscheinungsberichte bzw. Erwähnungen von Erscheinungen ist zu fragen, ob die Erscheinung ohne eine Erläuterung ihres Wesens beschrieben wird, wofür der Begriff 'deskriptiver Erscheinungsbericht' eingeführt werden soll, oder ob die Erscheinung nach ihrem Wesen und ihrer Funktion erklärt wird, was als 'Erscheinungsbericht mit Erklärungszusammenhang' bezeichnet wird. Innerhalb der so entstandenen Kategorien und auch über deren Grenzen hinweg ist nach Textgruppen zu fragen, die sich durch motivische und strukturelle Ähnlichkeit als Subkategorien des größeren Traditionskreises wütendes Heer und wilde Jagd verstehen lassen. Zu fragen ist auch nach dem Verhältnis von wütendem Heer und wilder Jagd.

1.3.2.1. Texte, die nur den Begriff des wütenden Heeres, der wilden Jagd oder herumschwärmender Seelen enthalten

- Griechisches Tragödienfragment, *fragmentum adespotum* 375, ed. Kannicht / Snell (1981): Schwarm der unterirdischen Hekate
- Scholiast zu Apollonius von Rhodos, *Argonautica*, 3,861, ed. Merkel (1854): Hekate sendet Gespenstererscheinungen aus.
- *Orphischer Hymnus I*, V. 3, ed. Abel (1885) 58: Anrede an Hekate als die, die mit den Geistern der Toten herumzieht
- Eusebios von Caesarea, *Praeparatio evangelica*, lib. 4, c. 22, PG 21,303C: Serapis und Hekate als Führer der bösen Dämonen
- Petrus von Blois, *Epistolae* 14, PL 207,44B: "milites Herlewini"
- *Roman de confession*, Abdruck bei Meyer (1899) 61: "la masnée Herllequin"

322 Cf. Flörke (1832) 396.
323 Cf. *Hannoverisches Magazin* (1764) 1015-1020.

- *Roman du Fauvel*, Abdruck bei Driesen (1904) 242-244: "hellequin et tuit li autre sa mesnie"
- *Rolandslied*, V. 3380, VV. 3909-3912, VV. 5737-5748, ed. Wesle / Wapnewski (1985^3,1928): "der tiuel" und "sin geswarme unt sin her"; Pharao und "sin wotigez hêr"
- Heinrich von Veldeke, *Eneasroman*, VV. 3254f., ed. Kartschoke (1986): "und als der tûvel jagete"
- Hugo von Trimberg, *Der Renner*, V. 2206, VV. 2826-2829, ed. Ehrismann (1908): "tiufel und sîn her"
- *Moriz von Craûn*, VV. 1561-1563, ed. Pretzel (1973^4): "der tiuvel, ...oder daz wüetende here"
- Konrad von Heimesfurt, *Diu Urstende*, ed. Hahn (1840) 105,25-38: "daz wͤtende her"
- Rüdiger von Munre, *Irregang und Girregar*, VV. 1289-1295, ed. von der Hagen (1850): "bi Wutungis her"
- *Väterbuch*, VV. 3228-3239, VV. 26593-26595, V. 26722, ed. Reissenberger (1914): "des tuvels wůtendez her"; "daz wutende her"
- *Reinfrid von Braunschweig*, V. 479, ed. Bartsch (1871): "rûschent sam daz Wuotes her"
- *Münchner Nachtsegen*, clm. 615,127r: "wutanes h' vñ alle sine man"
- Beheim, *Buch von den Wienern*, ed. Karajan (1843) 176, VV. 3-5: "Als ab es wer das wutend her"
- *Zimmerische Chronik*, ed. Barack (1869) 3,79: "wuteshere"

Die hier zusammengestellten Texte erzählen keine Erscheinungen, sondern nennen lediglich den Begriff des wütenden Heeres, einer herumschweifenden Seelenschar, eines Teufelsschwarms oder einer Teufelsjagd in verschiedenen Erzählzusammenhängen. Erzähltechnisch kann der Begriff auf unterschiedliche Weise eingeführt werden, häufig als Metapher oder Vergleich. Das wütende Heer kann aber auch angerufen oder beschworen werden wie etwa bei Rüdiger von Munre.

Es ist schwierig zu entscheiden, ob in allen genannten Fällen eine Reminiszenz an das wütende Heer als Geisterheer, also an die Vorstellung, die hier untersucht werden soll, zu sehen ist, oder ob der Begriff, insbesondere wenn er auf militärische Einheiten wie im *Rolandslied* bezogen wird oder etwa auf die Rotte und feindliche Schar der Juden, wie bei Konrad von Heimesfurt, nicht losgelöst von der Vorstellung des wütenden Heeres als Geisterheer zu verstehen ist. Die Vorstellung vom Wüten eines Heeres wie des im *Rolandslied* angesprochenen Heidenheeres ist nicht so entlegen, daß sie nicht unabhängig von der Tradition des Geisterheeres zur Begriffsbildung "wotiges hêr" geführt haben könnte. Andererseits rückt das Verständnis des Heidenheeres als Teufelsheer und des Christenheeres als Gottesheer den Kampf in kosmische, eschatologische Bezüge, überhöht ihn theologisch und eschatologisch, und gerade von dieser theologischen Dimension her wäre eine Reminiszenz an das wütende Heer als

Geister- und Teufelsheer denkbar. Ähnlich verhält es sich mit den negativen theologischen Konnotationen, die sich mit der Bezeichnung der Juden, die Christus gefangennehmen, als "wͤtendes her" verbinden.

Festzuhalten ist, daß man nicht in allen Fällen definitiv entscheiden kann, ob die Begriffsnennung tatsächlich eine Anspielung auf die Vorstellung vom wütenden Heer als Teufels- und Geisterheer darstellt.

Die zugrundeliegende Frage ist letztlich, wie weit oder eng man die Tradition bzw. den Traditionskreis des wütenden Heeres und der wilden Jagd fassen möchte. Ist jede Erwähnung einer herumschweifenden Seelenschar, ist die Vorstellung von Teufelsschwärmen schon gleichzusetzen mit dem wütenden Heer, bzw. anders gefragt, welche Kriterien müssen erfüllt sein, um ein Zeugnis unter den Vorstellungskreis wütendes Heer zu subsumieren und in die Untersuchung einzubeziehen? Die Grenzlinien des Traditionskreises festzulegen, ist vor allem deshalb schwierig, weil das wütende Heer eben keine in sich geschlossene, stets in der gleichen Gestalt wiederkehrende Tradition darstellt, sondern vielmehr eine Wandertradition, die sich nicht nur mit verschiedenen Figuren verbinden kann, sondern sich auch in variable Erzählkontexte einpassen läßt, wie die vorangegangene diachrone Untersuchung immer wieder gezeigt hat.

Vermeidet man es, die Tradition des wütenden Heeres scharf abzugrenzen, läuft man Gefahr, letztlich Gespenster- und Geistersagen aller Art aufzunehmen. Zieht man die Grenzen zu eng bzw. versucht Untergruppen zu bilden wie wütendes Heer, wütendes Heer als Prodigium, herumziehende Seelenschar, wilde Jagd usw., wird man unter Umständen künstliche Trennlinien ziehen und starre Grenzen setzen, wo das Material selber fließende Übergänge zeigt. Gefährlich ist es auch, das Material so lange einzugrenzen bis es endlich homogen und damit monokausal erklärbar ist.

Der hier vertretene Lösungsversuch ist es nun, eine möglichst breite Materialbasis zu berücksichtigen, also auch die Texte unter 1.3.2.1., gleichzeitig aber zu problematisieren, daß bestimmte Texte sich nur lose mit dem Traditionskreis des wütenden Heeres berühren und damit sozusagen an den Rändern des Überlieferungsbündels stehen. Einteilungen und Untergruppen sollen im Bewußtsein der fließenden Übergänge gebildet werden.

Daß der Begriff des wütenden Heeres nicht scharf konturiert war, zeigt sich z.B. auch, wenn die Textzeugen selber Begriffsdefinitionen versuchen. So laviert die von Francisci gegebene Definition zwischen der Vorstellung vom wütenden Heer als dem "gespenstischen Aufzug deß so genannten treuen Eckards" und dem "Jagt=Geschrey und Gebell der Hunde / so der Teuffel / manches mal / bey Nacht / in den Wåldern / anrichtet" hin und her.[324] Wie offen der Begriff des wütenden Heeres verstanden wurde, zeigt sich nebenbei bemerkt auch darin, daß Johann Fischart für seine Übersetzung des Werkes *De la démonomanie des sorciers* von

324 Francisci (1725) c. 58, 529.

Jean Bodin, ein Werk, das eine Art Kompendium des Hexen- und Zauberglaubens darstellt, den Titel *Vom aussgelasnen wütigen Teuffelsheer* verwendete.

J. Grimm reflektiert die von ihm vorgenommene Dreiteilung des Traditionskreises in die "nächtliche jagd männlicher", den "feierlichen umzug weiblicher gottheiten" und in ein umziehendes "kriegsheer", das anbrechenden Krieg weissagt, nicht weiter.[325] Nicht jedes Auftreten eines Kriegsheeres hat prophetischen Charakter, umgekehrt kann auch die wilde Jagd wie im *Chronicon Saxonicum* die Funktion eines Omens innehaben. Die Vorstellungen von Krieg und Jagd gehen in einer Reihe von Texten so stark ineinander über, daß sich keine wirkliche Grenze ziehen läßt.

Es versteht sich, daß die unter 1.3.2.1. zusammengestellten Texte, die sich nur in Anspielungen und Reminiszenzen auf die Vorstellung des wütenden Heeres beziehen, zur Deutung der Tradition verhältnismäßig wenig beisteuern können.

Die Variabilität des Erzählkontextes zeigt, daß das wütende Heer als frei verfügbares Erzählelement eingesetzt werden konnte. Da der Erzählkontext fremd ist, können die Informationen, die man aus dieser Gruppe von Erzählungen gewinnen kann, nur im Namen und Begriff des wütenden Heeres liegen bzw. in den Konnotationen (wie positive oder negative Bewertungen), die dem Begriff aus den Referenzen des Kontextes zugemessen werden. Geht man in der Deutung hier zu weit, verfällt man leicht in den Fehler der Mythologen des 19. Jahrhunderts, die ihr Wissen häufig aus isolierten Begriffen herleiteten. Man muß es deshalb offenlassen, ob man in den Kollektivbegriffen "Wuotesher", "wuteshere", "Wutungis her" die Vorstellung der Wut, möglicherweise der personifizierten Wut erkennen möchte oder Erinnerungen an den germanischen Gott Wuotan / Wodan. Eindeutig ist der Bezug auf Wodan im *Münchner Nachtsegen* in der Wendung "Truttan vnde wutan / wutanes h' vñ alle sine man".[326] Weiterer Aufschluß kann nur aus den Erscheinungsberichten bzw. den expliziten Hinweisen auf Erscheinungen gewonnen werden.

325 Cf. *DM* 2,782.

326 Clm. 615, 127r, bei v. Grienberger (1897) 337.

1.3.2.2. Erscheinungsberichte bzw. Texte, die auf Erscheinungen des wütenden Heeres oder der wilden Jagd hinweisen

1.3.2.2.1. Deskriptive Erscheinungsberichte[327]

Vorbemerkung: Texte, in denen das Auftreten des wütenden Heeres zeichenhafte Bedeutung im Sinne eines Prodigiums hat, werden mit dem Sigel * versehen. Sie bilden die Textkategorien AI / BI. Erscheinungen, die man von ihrem Aussagegehalt her als wütendes Heer oder als wilde Jagd einordnen könnte, werden mit einem Pfeil und der jeweils anderen Kategorie gekennzeichnet.

A. Erscheinung als wütendes Heer, herumschwärmende Seele(n):

AI.

- Pausanias, *Graeciae descriptio*, lib. 1, c. 32,4, ed. Rocha-Pereia (1989) *.
- Plinius der Ältere, *Naturalis historia*, lib. 2, c. 148, ed. und übersetzt v. König (1974) *.
- Damaskios, *Vita Isidori* § 63, ed. Westermann (1850) *.
- Guicciardini (1583) *Historia d' Italia*, lib. 1, 22r *.
- Petri, *Geschichten der Stadt Mühlhausen*, ed. Graf (1838) 210f. *.
- Praetorius (1668) *Blockes-Berges Verrichtung* 29f. *.
- Thomasius (1675) *Discursus historico-philologus de vagantibus scholasticis* § 69 *.

AII.

- Properz, *Elegiae*, lib. 4,7, V. 89f., ed. Hanslik (1979).
- Tertullian, *De anima*, c. 56, CSEL 20,389-391.
- Willelmus Malmesbiriensis, *De gestis regum Anglorum*, lib. 2, § 205, ed. Stubbs (1887) 1,256-258.
- Alfons von Spina (1494) *Fortalitium*, lib. 5, consideratio 10, Bl. 283r.
- Map, *De nugis curialium*, distinctio 1, c. 11, ed. James / Brooke / Mynors (1983) 26-31 und distinctio 4, c. 13, ibid. 370-372.
- Agricola (1534[2],1528,1529) *Sybenhundert und fünfftzig Teütscher Sprichwörter*, Sprichwort 667.
- Eyering (1601) *Proverbiorum copia* 1,781-786, (weitgehend deskriptiv, jedoch mit Andeutung des Fegfeuer- und Bußkontextes).
- *Zimmerische Chronik*, ed. Barack (1869) 4,219-224.
- Vulpius (1823) *Curiositäten* 10,397f.

---

327 Die Traditionen zum wütenden Heer, die sich an weibliche Figuren knüpfen, werden im Kapitel über die Perchten besprochen und können deshalb hier weitgehend ausgeklammert werden. Neben Frau Holda können auch Perchta, Diana, Herodias, Abundia im wütenden Heer auftreten. (Cf. Teil 2, 2.1. der Arbeit).

B. als wilde Jagd:

BI.

- *Chronicon Saxonicum*, ed. Earle (1865) 256 *.

BII.

- Gölnitz, 164 und Matthieu, Bl. 75, beide Meisen (1935) 122f.
- Gervasius von Tilbury, *Otia imperialia*, secunda decisio, c. 12, ed. Leipniz (1707) 921f. → wütendes Heer.
- *Zimmerische Chronik*, ed. Barack (1869) 2,201f. (Motiv der Frauenjagd, Thompson E 501.5.1).

Mehrfach (AI / BI) begegnet hier die Vorstellung eines (in der Luft) kämpfenden Kriegsheeres (gefallener Krieger), dem im Sinne eines Prodigiums Verweischarakter auf historische Ereignisse, die in Vergangenheit, Gegenwart oder Zukunft liegen können, zukommt. In der Regel werden durch dieses Prodigium kriegerische Handlungen angezeigt. Das Zeugnis aus dem *Chronicon Saxonicum* verdeutlicht, daß auch die wilde Jagd im Sinne der in der antiken und mittelalterlichen Geschichtsschreibung beliebten Prodigia eingesetzt werden konnte. Das Auftreten von Kriegsheeren als Prodigia ist in verschiedenen Kulturkreisen bezeugt. Hier wurden Beispiele aus dem antik-klassischen, jüdischen, romanischen und germanischen Bereich angeführt. Die Funktionalisierung der Überlieferungen vom wütenden Heer und der wilden Jagd als Prodigia ist deutlich auf den historiographischen Anspruch der Textsorten, in denen die Erzählungen sich finden, bezogen.

Wenn bei Tertullian und in späteren Texten ausgeführt wird, daß es sich bei den herumziehenden Seelen um vorzeitig verstorbene, ehelose und gewaltsam getötete Menschen handelt, so ist dies auf dem Hintergrund der antiken Lehre vom Telos des menschlichen Lebens zu verstehen und kommt einer Erklärung der Tradition bereits sehr nahe.

1.3.2.2.2. Erscheinungsberichte mit Erklärungszusammenhang

Erscheinungsberichte mit christlicher Erklärung:

Hier sind zwei Textgruppen zu unterscheiden. Texte, die den Buß-, Fegfeuer- und Höllenkontext des wütenden Heeres bzw. der wilden Jagd thematisieren, werden mit dem Sigel * markiert. Sie bilden die Textkategorien CI / DI. Texten, die insofern eine christliche Erklärung bieten, als sie die Geister als Teufel bzw. die Erscheinungen als Teufelswerk verstehen, wird das Sigel + zugeordnet. Sie sind unter die Kategorien CII / DII subsumiert.

C. Erscheinungen als wütendes Heer, herumschwärmende Seele(n):

CI.

- Ordericus Vitalis, *Historiae ecclesiasticae*, lib. 8, c. 17, ed. Chibnall (1973) 4,236-250 *.
- Helinand von Froidmont, *De cognitione sui*, c. 10-12, PL 212,731-733 *.
- Guilielmus Alvernus (1674) *De universo*, pars 3, c. 12, 1,1037; pars 3, c. 25, 1,1073 *.
- *Chronique de Normandie*, ed. Michel (1835) 2,336-341 *.
- Ekkehard von Aura, *Chronicon Uraugiense*, PL 154,1051/2 *.
- *De fundatione monasterii S. Fidis Sletstatensis*, MGH script. 15,2 (1888) 998-1000 *.
- Caesarius von Heisterbach, *Dialogus miraculorum*, distinctio duodecima c. 16, c. 17, ed. Strange (1851) *.
- Codex Runensis, fol. 150v-151v, Abdruck bei Driesen (1904) 236f. *.
- Geiler von Keisersberg (1516) *Die Emeis*, Bl. 37f. *.
- Trausch, *Straßburger Chronik*, Abdruck bei Stöber (1852) 433-435 *.
- Sachs, *Das wütend heer der kleynen dieb*, ed. von Keller (1870) 3,550-553 *.
- Crusius (1595) *Annales Suevici*, pars 3, lib. 11, c. 18, 653f *.
- Kornmann (1610) *De miraculis mortuorum*, pars 2, c. 47 *.
- Pfefferkorn (1685) *Merkwürdige und auserlesene Geschichte von der berümten Landgraffschaft Thüringen*, 1, c. 4,25f. *.
- Nyder (1602) *Formicarius*, lib. 5, c. 1 *+.
- Cysat, *Collectanea cronico-historica*, bei Meisen (1935) 111-120 und Brandstetter (1907) 119-140 *+.
- Heider (1630) *Oratio* 28,2,1220-1223 *+, → wilde Jagd.
- Mengering (1644) *Informatorium conscientiae Evangelium*, 284-286.288-290 *+.
- Vechner (1673) *Universae Germaniae breviarium*, 221.225f. *+.
- Praetorius (1668) *Blockes-Berges Verrichtung*, 13-17.24-29 *+, → wilde Jagd.

CII.

- Étienne de Bourbon, *Tractatus de diversis materiis praedicabilibus*, Nr. 321f., ed. Lecoy (1877) 321f. +, → wilde Jagd.
- *Miracles de Saint-Éloi*, ed. Peigné-Delacourt (o.J.) 110 +.
- Bourdet, ed. Raynaud (1883) 224-226 +.
- Exposition de la doctrine chrétienne, ed. Roux de Lincy (1836) 241f. +.
- Wyssenherre, *Von dem edeln hern von Bruneczwigk, als er über mer fure*, Str. 66, ed. Seehausen (1913); id., 100v, ed. Dinkelacker / Härig (1977) +.
- Thym, *Thedel von Wallmoden*, VV. 313-680, ed. Zimmermann (1887) +.
- Kirchhof, *Wendunmuth*, ed. Österley (1869) 1,85f., Nr. 67 +.
- Praetorius (1663) *Saturnalia*, 403-406 +.

- Thomasius (1675) *Discursus historico-philologicus de vagantibus scholasticis*, §§ 63-73.80 +.
- Frenzel (1719) *Lusatiae utriusque nomenclator* 36 +, → wilde Jagd.

D. als wilde Jagd:

DI.

- Helinand von Froidmont, *De cognitione sui*, c. 13, PL 212,734-736 (Motiv der Frauenjagd) *.
- Boccaccio, *Decamerone* 5,8, deutsche Übersetzung v. Wesselski (1972) (Motiv der Frauenjagd) *.
- *Romant de Richart filz de Robert le Diable qui fut duc de Normendie*, Bl. Aiii-Aiiii, ed. Collection (1838) *.
- Caesarius von Heisterbach, *Dialogus miraculorum*, distinctio duodecima, c. 20, ed. Strange (1851) (Motiv der Frauenjagd) *.
- Johannes von Trittenheim (1690) *Annales Hirsaugienses*, 227f. *.
- Bebel, *Facetiae*, lib. 1, Nr. 36, ed. Bebermeyer (1931) (Motiv der Frauenjagd) *.
- Broder Boissen, *Chronicon Slesvicense*, Abdruck bei Cypraeus, lib. 2, c. 7, 266f. *.
- Widman, *History Peter Lewen, des andern Kalenbergers*, ed. Bobertag (1884) 118-122 *.
- Spangenberg, *Jagteuffel*, ed. Stambaugh (1980) 5,294f. *.

DII.

- Cysat, *Collectanea cronico-historica*, bei Brandstetter (1907) 121-127 +.
- Camerarius, (1591-1601) *Opera horarum subcisivarum sive meditationes historicae*, cent. 2, c. 100, 567 +.
- Francisci (1725) *Der höllische Proteus* c. 58, 529-546 +.
- Abel (1729) *Teutsche und Sächsische Alterthümer* 1,83 +.

Erscheinungsberichte mit mythologischer Erklärung:

E. Erscheinungen als wütendes Heer, herumziehende Seele(n):

- Loccenius (1654², 1647) *Antiquitates Sveo-Gothicarum*, lib. 1, c. 3, 16f.
- Scheffer (1666) *Upsalia*, 72f.
- Arnold (1674) *Etzliche Alt- und Sächsische Wochen- und andere Teutsche Götzenbilder betreffend*, c. 4, 42f.

- J.P. Schmidt (1752²,1742) *Geschichtsmäßige Untersuchung der Fastel-Abends-Gebräuche in Deutschland,* 75f. / Anm. 49.
- D. Franck (1753) *Alt- und Neues Mecklenburg,* lib. 1, c. 10, 1,55.
- Magnusson (1828) *Lexikon mythologicum* 647.

F. als wilde Jagd:

- Gryse (1593) *Spegel des Antichristischen Pawestdoms,* zum zweiten Gebot.

Erscheinungsberichte mit naturwissenschaftlicher Erklärung:

G. Erscheinungen als wilde Jagd:

- *Hannoverisches Magazin* (1764) 1015-1020.
- Pogge (1832) in: *Freimüthiges Abendblatt* 14, 866f.
- Flörke (1832) in: *Freimüthiges Abendblatt* 14, 396, → wütendes Heer.

Es zeichnen sich in diesen Texten drei Erklärungsmodelle ab, das christliche, mythologische und naturwissenschaftliche Modell:

Es wurde schon angedeutet, daß innerhalb des christlichen Erklärungsmodells zwei Textgruppen zu differenzieren sind. Bei denjenigen Texten, die die Geister als Teufel und die Erscheinungen als Teufelswerk, als Gaukeleien des Teufels bezeichnen, soll von christlicher Perspektive gesprochen werden.[328] Der Struktur und Motivik nach können diese Texte weitgehend deskriptiv sein. In bezug auf Motivik, Struktur und Funktion durchgängig christlich sind die Texte, die den Fegfeuer- und Höllenkontext als Erklärung bieten. Der Fegfeuer- und Höllenkontext wird schon früh als Erklärung herangezogen. Er ist bereits bei Ordericus Vitalis, der eine Erscheinung zum Jahr 1091 berichtet, entfaltet und wird über die Jahrhunderte hinweg immer wieder tradiert. Die Erscheinungsberichte mit Fegfeuer- und Höllenkontext überwiegen (im Durchschnitt der hier besprochenen Texte) die beiden anderen Gruppen sowohl quantitativ als auch, was den Zeitraum betrifft, in dem das Erklärungsmodell aktiv ist.

Der mythologische und der naturwissenschaftliche Erklärungszusammenhang treten erst spät (Ende des 16. bzw. im 18. Jahrhundert) auf. Die Rezeptions- und Verbreitungswege der mythologischen Erklärung wurden im Rahmen der diachronen Quellenuntersuchung nachgezeichnet. Die eigentliche Popularisierung der mythologischen Erklärung des wütenden Heeres und der wilden Jagd wurde erst im 19. Jahrhundert durch J. Grimm und seine Nachfolger erreicht.

328 Aus dieser christlichen Perspektive auf die christliche Herkunft des Traditionskreises rückzuschließen, wie Meisen es versucht hat (cf. Meisen (1931) 452-462), erscheint problematisch.

Die Veränderungen des Erklärungsmodells als Ausdruck kulturgeschichtlichen Wandels treten erst ins Blickfeld, wenn man die starre Suche der älteren Forschung nach Kontinuitäten aufgibt. Eine vorurteilsfreie Betrachtung des Wandels, die die Texte in den Kon-text ihres soziokulturellen Umfelds stellt, kann erst vorgenommen werden, wenn man aufhört, mit dem entwicklungsgeschichtlichen Modell von Urform und entarteten Derivaten zu arbeiten.
Im folgenden soll nun näher auf das mythologische, das naturwissenschaftliche und dann auf das christliche Erklärungsmodell eingegangen werden:
Es wurde die These aufgestellt, daß das mythologische Erklärungsmodell im Kontext der kulturgeschichtlichen Grundlagen der Zeit, in der die Texte entstanden sind, zu sehen ist. In einer Zeit, die ihr Augenmerk auf die Erforschung der deutschen Vergangenheit insgesamt sowie auch ihrer Religion als Teilphänomen der deutschen Vorzeit richtete, war die Neigung stark, Phänomene des sogenannten Volksglaubens mythologisch zu deuten, mythologisches Wissen auszubreiten und die eigene Gelehrtheit durch Wissen um die germanischen Götter unter Beweis zu stellen. Die gelehrten Bestrebungen standen - wie ausgeführt - oft in scharfem Gegensatz zum tatsächlichen Wissen der Autoren um die germanische Vorzeit. Dieses Mißverhältnis ist auch in den hier besprochenen Texten greifbar. Es ist daran zu erinnern, daß Odin für Loccenius ein Kriegsgott ist, daß er ihn aber gleichzeitig wegen der Parallelität mit Mercur[329] für einen Gott des Reichtums hält.[330] Für Scheffer ist Odin ein Unterweltsgott, vergleichbar mit Pluto.[331] Wie profund etwa die Kenntnis der germanischen Mythologie J.P. Schmidts ist, zeigt sich schon in seiner Unterscheidung des älteren Othin, den er als den "wuͤrcklichen Sonnen-Gott der alten Nordlaͤnder" bezeichnet, und des "juͤngern / oder Asiatischen Othin", mit dem er das wütende Heer verbindet.[332]
Daß authentische heidnisch-germanische Traditionen referiert werden, ist bei dem erläuterten Kenntnisstand der Autoren, der großen zeitlichen Distanz und der christlichen Brechung der Texte kaum zu erwarten. Das Zeugnis des *Münchner Nachtsegens* (und möglicherweise auch einige Namensformen für das wütende Heer wie "Wuotes her", "wuteshere") zeigen, daß Wutan / Wodan schon zeitlich vor den mythologischen Erklärungsmodellen der Frühen Neuzeit als Führer des wütenden Heeres auftreten konnte.[333]
Die These, daß das mythologische Erklärungsmodell in Abhängigkeit vom kultur- und wissenschaftsgeschichtlichen Standpunkt der Autoren zu sehen ist, bestätigt sich auch durch die Veränderungen des Erklärungsmodells als Folge der Aufklärung. Auf dem Boden von Aufklärung und aufstrebender Naturwissenschaft setzen im 18. und 19. Jahrhundert rationalistische Erklärungen ein, die nach natürlichen Ursachen der Tradition des wütenden Heeres suchen

329 Mercur wird von Loccenius hier als Gott des Reichtums betrachtet.
330 Cf. Loccenius (1654^{2},1647) 16f.
331 Cf. Scheffer (1666) 71f.
332 Cf. J.P. Schmidt (1752^{2},1742) 75f. / Anm. 49.
333 Es wird noch darauf einzugehen sein, wie die Integration des germanischen Götternamens in den Traditionskreis des wütenden Heeres zu erklären ist.

und etwa auf die nächtlichen Geräusche und Flüge von Steinadlern verweisen. Die naturwissenschaftliche Deutung stellt besonders den Zusammenhang zwischen Phänomenen der Natur und der Entstehung von Sagentraditionen wie dem wütenden Heer heraus. Erscheinungen aus der Natur (wie Sturm, Wind, Vogelflug) haben die Entstehung des Vorstellungskreises vom wütenden Heer und der wilden Jagd gewiß mitbeeinflußt, es wäre aber zu einseitig gedacht, wenn man die Traditionen vom wütenden Heer gänzlich daraus ableiten würde. (Zu welch krausen Spekulationen dies führen kann, zeigen die naturmythologischen Deutungen des 19. und frühen 20. Jahrhunderts.)

Daß das christliche Mittelalter eine christliche Erklärung des Phänomens bietet, so wie die an der germanischen Vergangenheit und Religion interessierte Humanisten- und Barockzeit eine mythologische und die Aufklärung eine naturwissenschaftliche Deutung gibt, ist auf diesem Hintergrund nicht weiter erstaunlich. Die Erscheinungen des wütenden Heeres werden unter christlicher Perspektive als Teufelswerk und Betrügereien des Teufels verstanden.

Ein wesentlicher Unterschied des christlichen Erklärungsmodells zu den beiden genannten liegt erzähltechnisch in der relativ großen geschlossenen Textgruppe (CI / DI) vor, die die Entfaltung des Fegfeuer- und Höllenkontextes bietet. Die christliche Erklärung ist hier den Erzählungen selber, ihrer Struktur, Motivik und Erzählintention inhärent und wird nicht nur von außen durch Spekulationen bzw. die Perspektive der Textzeugen herangetragen. Es gibt *auch* Quellen, die die Erscheinungen des wütenden Heeres und ihren Fegfeuerkontext theoretisch erklären, zu denken ist etwa an Guilielmus Alvernus, zeitlich davor aber liegen bereits Erzählungen, die die Erklärung der Erscheinung im Erzählablauf leisten wie Ordericus Vitalis.

Diese Textgruppe ist als Subkategorie des Traditionskreises wütendes Heer / wilde Jagd (CI / DI) im folgenden noch einmal in den Blick zu nehmen:

Der Fegfeuer- bzw. Höllenkontext steht im Zentrum der Texte. Es erscheinen arme Seelen aus dem Fegfeuer (bzw. seltener aus der Hölle) und führen ihre Leiden vor, die sie als Strafe und Reinigung für ihre Sünden - und zwar in der Regel als Strafe, die kausal-spiegelnd auf die Art ihrer Sünden bezogen ist, darstellen.

Sofern es sich um eine Erscheinung aus dem Fegfeuer handelt, bitten die Seelen den lebenden Visionär um Hilfe in Form von Seelmessen, Almosen, Gebeten und anderen kirchlichen Handlungen. Sie geben zu erkennen, daß sie die Hoffnung haben, durch die Hilfe der Lebenden aus dem Fegfeuer erlöst zu werden. Für den Lebenden, dem die arme Seele aus dem Fegfeuer erscheint, stellt das visionäre Erlebnis einen zweifachen Handlungsappell dar: Zum einen wird er aufgefordert, der Seele im Fegfeuer zu helfen, zum anderen stellt die Erscheinung für ihn eine Ermahnung zur inneren Einkehr, zum besseren, d.h. christlichen Lebenswandel und zur Buße dar. Anders ausgedrückt handelt es sich um Warnungen vor Sünden, die nach dem Tod ähnliche Strafen und Qualen nach sich ziehen. Die katechetische Funktion der Texte ist klar erkennbar. Über den Visionär als Identifikationsfigur gilt das gleiche auch für die Leser. Die Lehre von den letzten Dingen wurde dem Kirchenvolk so auf greifbare, drasti-

sche Weise veranschaulicht. 'Aedificatio' und 'deterrere' bilden also die eine Seite der Textfunktion, während die andere sich auf die Unterstützung der armen Seelen ('adiuvare') durch Seelmessen und Almosen etc. bezieht.
Genau dieser zweite Aspekt erscheint aus der Perspektive der Protestanten als typisch katholische Beutelschneiderei. Die Visionen werden in der Kritik der Protestanten als Machtmittel der katholischen Geistlichen oder als Machtmittel von Gruppen, die unter dem Katholizismus stark werden konnten, wie der 'scholastici vagantes', hingestellt. Der Grundtenor der Kritik ist, man habe durch Fegfeuer- und Höllenvisionen die Angst der Christen vor den letzten Dingen geschürt und diese Angst benützt, um die Kassen der Kirchen etwa durch Seelmessen zu füllen. Gerade die Kritik der protestantischen Textzeugen (wie z.B. von Trausch) bestätigt, daß die Auftritte des wütenden Heeres im Mittelalter im Kontext der katholischen Lehre verstanden wurden. Andererseits war durch die protestantische Kritik auch ein Weg gewiesen zur Deutung der Traditionen als heidnisch: Das Katholische, das Papistische, wurde, wie schon mehrfach erwähnt, von den Protestanten (so etwa von Gryse) gerne als das Heidnische im Sinne von etwas gänzlich Unchristlichem verstanden.
Bei Erscheinungen von Seelen aus der Hölle entfällt naturgemäß die Hoffnung auf Rettung und damit die Bitte um Hilfe. In diesem Fall reduziert sich die katechetische Funktion der Erscheinung auf die Ermahnung des Lebenden zur moralischen Besserung bzw. auf die Ermahnung, keine Sünden zu begehen, die ihn nach seinem Tod in eine ähnliche Situation bringen könnten. Das Modell der Erscheinung aus der Hölle ist also gegenüber der Erscheinung aus dem Fegfeuer modifiziert.
Es hat sich gezeigt, daß das christliche Verständnis der Textgruppe CI / DI im Mittelalter gewissermaßen dreifach bestätigt ist: Einmal durch die Struktur, Motivik und Textintention der Erzählungen selbst, zum anderen durch theoretische Überlegungen zu den Erscheinungen des wütenden Heeres von katholischer Seite und zum dritten durch die Kritik der Protestanten, die auf gesellschaftliche Bräuche bzw. Mißbräuche im Zusammenhang mit den Erscheinungen des wütenden Heeres Bezug nehmen.
Aus dem gegebenen Überlieferungsbefund ist erkennbar, daß durchaus komplexe Darstellungen des wütenden Heeres, kurze Notizen von Erscheinungen des wütenden Heeres und auch bloße Erwähnungen des wütenden Heers in unterschiedlichen Kontexten synchron nebeneinanderstanden. Eine bestimmte chronologisch zu verankernde Strukturentwicklung ist also aus dem Material nicht abzuleiten.
Die These, daß die Traditionen der Textgruppe CI / DI nach Struktur, Motivik und Intention Fegfeuer- bzw. Höllenerzählungen darstellen, soll im folgenden noch durch den Vergleich mit kirchlich-theologischen (Lehr)-Meinungen zum Fegfeuer und zur Hölle gestützt werden.[334]

334 Da nach den bisherigen Untersuchungen die Vorstellung des Fegfeuers in den Erzählungen von wütendem Heer und wilder Jagd häufiger auftritt als die der Hölle, werden sich die folgenden Ausführungen vor allem auf das Fegfeuer konzentrieren. Zu Fegfeuererzählungen siehe auch Intorp (1984) 4,964-979.

Als Vergleichstexte aus dem kirchlich-christlichen Umkreis sollen drei Textsorten herangezogen werden: Kirchenlehramtliche Aussagen, theologische Reflexionen und Berichte von Fegfeuer- bzw. Höllenvisionen. Im einzelnen soll hier auf die Darstellung der Fegfeuer- und Höllenstrafen, das Verhältnis von Sünden und Strafen, die Art der Sünden und das Verhältnis von Lebenden und Toten eingegangen werden. Methodisch ist jeweils ein Vergleich zwischen der Gestaltung von Fegfeuer und Hölle in der theologisch-kirchlichen Lehre und Reflexion und der Visionenliteratur mit den Traditionen vom wütenden Heer bzw. der wilden Jagd anzustellen.

Das kirchliche Lehramt hat die Lehre vom Fegfeuer recht spät fixiert. Sie wurde auf dem Boden der Auseinandersetzungen mit den Waldensern, die die Existenz eines Fegfeuers verneinten und vor allem im Zusammenhang der Diskussionen mit der Ostkirche, deren Hauptvorwurf gegen die römisch-lateinische Fegfeuervorstellung der des verkappten Origenismus war, auf den Unionskonzilen von Lyon 1254 (*DS* 838.856-859) und Ferrara-Florenz 1438/9 (*DS* 1304-1306) formuliert. Die Ablehnung des Fegfeuers durch die Reformatoren bewirkte eine erneute Festschreibung der Lehre auf dem Konzil von Trient 1563 (*DS* 1550.1820).[335] Die kirchlichen Lehraussagen beschränken sich im wesentlichen auf die Feststellung der Existenz eines Fegfeuers, in dem die Seelen, die zwar (durch ihre Reue) mit Gott versöhnt gestorben sind, aber ihre Buße noch nicht abgeleistet haben oder diejenigen, die ohne Todsünde, aber mit sogenannten läßlichen bzw. kleinen Sünden gestorben sind, nach dem Tod gereinigt werden. Es wird die Möglichkeit eingeräumt, daß den Seelen durch verschiedene Formen kirchlicher "suffragia" (Fürbitten), gemeint sind Meßopfer, Gebete, Almosen und andere fromme Werke, geholfen werden könne.[336] Das Fegfeuer wird als dritter Jenseitsort neben dem Himmel für die ganz Reinen und der Hölle für diejenigen, die mit einer ungesühnten, unbereuten Todsünde oder im Zustand der Erbsünde ohne Taufe gestorben sind, verstanden (*DS* 838.856). Es wird vorausgesetzt, daß die Seelen nicht erst nach dem jüngsten Gericht, sondern bereits nach dem individuellen Tod in diese Jenseitsorte eingehen.

Ausgespart bleiben Aussagen über den Ort des Fegfeuers, sein Wesen, die Art der Strafen, die die Seelen dort leiden, die Dauer des Aufenthaltes im Fegfeuer und die Art, wie die Fürbitten auf die Seelen wirken. Es ist zu vermuten, daß die theologischen Reflexionen sowie die über die Predigten vermittelten vulgarisierten Vorstellungen vom Fegfeuer, die in Volksglauben und Literatur phantastisch ausgemalt wurden, ganz besonders üppig wucherten, weil verbind-

335 Cf. Scheffczyk (1989) 4,329f., E. Koch (1983) 11,72-75.

336 *DS* 838: "et ipsi Graeci vere ac indubitanter credere ac affirmare dicantur, animas illorum, qui, suscepta paenitentia, ea non peracta, vel qui sine mortali peccato, cum venialibus tamen et minutis decedunt, purgari post mortem, et posse suffragiis Ecclesiae adiuvari. Nos, ...locum... illum quidem iuxta traditiones et auctoritates sanctorum Patrum 'Purgatorium' nominantes volumus,... Illo enim transitorio igne peccata utique, non tamen criminalia seu capitalia, quae prius per paenitentiam non fuere remissa, sed parva et minuta purgantur, quae post mortem etiam gravant, si in vita fuerunt relaxata." *DS* 856: "...et ad poenas huiusmodi relevandas prodesse eis fidelium vivorum suffragia, Missarum scilicet sacrificia, orationes et eleemosynas et alia pietatis officia, quae a fidelibus pro aliis fidelibus fieri consueverunt secundum Ecclesiae instituta."

liche lehramtliche Aussagen zu diesen Fragen fehlten. Welch große Rolle die Predigten in diesem Prozeß der Vermittlung und Verbreitung des Fegfeuerglaubens spielten, zeigt sich an den zahlreichen Predigtexempeln, die sich mit Fragen des Fegfeuers beschäftigen, geht aber auch schon aus der Warnung des Tridentinums vor der oft Mißverständnisse provozierenden homiletischen Behandlung der Fegfeuerfragen hervor (*DS* 1820).[337]

Die theologische Reflexion über das Schicksal der Seelen nach dem individuellen Tod und die Möglichkeit einer postmortalen Läuterung setzte früh ein. Im Kontext der Entfaltung eschatologischer Vorstellungen finden sich bei vielen Kirchenvätern, so etwa bei Tertullian, Cyprian, Clemens von Alexandrien und Origenes (theologisch divergierende) Meinungen über eine Läuterung der Seelen nach dem Tod. Entscheidend für die Traditionsbildung zum Fegfeuer im Westen waren die Aussagen bei Augustinus und Gregor dem Großen.

Augustinus kennt und befürwortet zum einen die Tradition der Fürbitten für Tote, deren biblische Grundlage man in 2 Makk 12,42-45 sah. In *De civitate dei* legt er fest, daß die Fürbitten für diejenigen Verstorbenen von Nutzen sind, die weder ganz gut noch ganz schlecht gelebt haben.[338] Im *Enchiridion* kommt er in Auseinandersetzung mit der Paulusstelle 1 Kor 3,13-15, die für die gesamte Traditionsbildung der Fegfeuervorstellung ein zentraler biblischer Anknüpfungspunkt war, auf die Möglichkeit einer Läuterung der Seelen durch das Feuer nach dem Tod "per quemdam purgatorium" zu sprechen.[339]

Entschiedener als Augustinus äußert sich Gregor der Große zum Fegfeuer. Seine Ansichten über das Fegfeuer in den *Dialogi* waren wirkungsgeschichtlich bedeutsam: Gregor macht konkrete Aussagen über die Art der Sündenstrafen, von denen man durch das Fegfeuer gereinigt werden kann. Es sind kleine, geringfügige und kleinste Sünden, z.B. dauerndes Geschwätz, übermäßiges Lachen und die Sorge um irdisches Vermögen:

> "Sed tamen de quibusdam levis culpis esse ante judicium purgatorius ignis credendus est..., hoc de parvis minimisque peccatis fieri posse credendum est, sicut est assiduus otiosus sermo, immoderatus risus, vel peccatum curae rei familiaris."[340]

Gregor legt auch die wichtigsten Hilfsmittel fest, mit denen die Lebenden die Toten im Fegfeuer unterstützen können, Gebete, Almosen und insbesondere Meßopfer. Als besonders wirksame Form der Hilfe nennt er eine Abfolge von 30 Meßopfern.[341] Damit sind genau die Suffragien angesprochen, um die die Seelen in den Erscheinungsberichten zum wütenden Heer (in CI / DI) bitten. Die Erzählungen zum wütenden Heer bewegen sich hier auf dem Bo-

---

337 Cf. Le Goff (1981) 361-384 und Tubach (1969) 3993-4007.

338 Cf. Augustinus, *De civitate dei* lib. 21, c. 24, ed. Dombart / Kalb (1981^5).

339 Cf. id., *Enchiridion* lib. 1, c. 69, PL 40,264f. Neben dem Begriff des "ignis purgatorius" verwendet Augustinus auch die Ausdrücke "poenae purgatoriae", "poenae expiatoriae", "poenae temporiae", (Cf. id., *De civitate dei* lib. 21, c. 13, ed. Dombart / Kalb (1981^5)) und "emendatorius ignis". (Cf. id. *Enarrationes in psalmos* 37,3, PL 36,397). Cf. zu Augustins Haltung zum Fegfeuer Le Goff (1981) 84-100 und Ntedika (1966). Zu den biblischen Anknüpfungspunkten für die Fegfeuerlehre siehe Scheffczyk (1989) 4,329.

340 Gregor der Große, lib. 4, c. 41,3f., ed. de Vogüé (1980).

341 Cf. ibid. lib. 4, c. 57f.60-62.

den der gängigen Kirchenpraxis der Fürbitten für Verstorbene, die zum einen in die lehramtlichen Aussagen zum Fegfeuer aufgenommen und zum anderen mit der Einführung des Allerseelentages im 11. Jahrhundert liturgisch verankert wurde.[342]

Der Ort des Fegfeuers kann nach Gregor überall auf der Welt sein. Er gibt Beispiele dafür, daß die Buße am Ort der Verfehlungen abgeleistet werden muß, daß mit anderen Worten Straf- und Sündenort zusammenfallen.[343] Diese Vorstellung Gregors setzte sich in der Tradition zwar nicht durch, aber sie wurde aufgrund seiner Autorität immer wieder diskutiert, so z.B. von Thomas von Aquin und Jacobus de Voragine.[344] Guilielmus Alvernus schloß sich explizit der Meinung Gregors an, was für die Untersuchung besonders wichtig ist, weil seine Stellungnahme im Kontext seiner Ausführungen zum wütenden Heer erfolgt.[345] Da es auch später keine dogmatische Entscheidung über die Lage des Fegfeuers gab, blieb die theologische Diskussion darüber vielschichtig und offen. Häufig begegnet die Vorstellung, das Fegfeuer sei ein Raum unter der Erde in der Nähe der Hölle, es kann aber auch in Bergen wie in der *Visio Wettini* oder bei Dante in der *Divina Comedia*, auf Inseln wie in der St. Brandanslegende, in der Luft wie bei Gervasius von Tilbury oder in einer Höhle wie im St. Patricksfegfeuer lokalisiert sein.[346] Wahrscheinlich provozierte unter anderem gerade die dogmatische Zurückhaltung die reiche und phantasievolle Ausgestaltung der Fegfeuerräume in Legenden, Visionen, Exempeln und Sagen. Auch Gregor der Große mag mit seiner Vorstellung, das Fegfeuer könne prinzipiell überall auf der Welt sein, indirekt zu dieser offenen Gestaltung beigetragen haben.

In den Traditionen zum wütenden Heer und zur wilden Jagd (in CI / DI) sind als Fegfeuerräume der Luftbereich und Berge wie der "mons Horrisonus", der Hörselberg, realisiert. Auch die Konzeption Gregors des Großen ist insofern präsent, als wütendes Heer und wilde Jagd häufig in den Regionen herumschweifen, in der die Geister als historische Personen gelebt haben. Der Bezug zwischen Sündenort und Strafort ist evident, wenn die Kriegerheere wieder auf den Schlachtfeldern als den Orten ihrer Gewalttaten erscheinen und der wilde Jäger nach seinem Tod über Wälder und Felder als Orte seiner Jagddelikte im Leben zieht. Die Raumkonzeption des Fegfeuers in den Erzählungen vom wütenden Heer und wilden Jäger ist recht offen. Man könnte sagen, daß sich die Offenheit der theologischen Diskussion in der Gestaltung der Sagenversionen gewissermaßen spiegelt. Theologischer und literarischer Diskurs sind aufeinander bezogen.

Die *Dialogi* Gregors des Großen waren jedoch nicht nur im Hinblick auf die inhaltlichen Aus-

---

342 Cf. Scheffczyk (1989) 329 und Le Goff (1981) 150-155.

343 Cf. z.B. die Erzählung vom Besitzer der Thermen, Gregor der Große, lib. 4, c. 57, ed. de Vogüé (1980).

344 Cf. Le Goff (1981) 117.

345 Cf. Guilielmus Alvernus, *De universo* Teil 2, pars 3, c. 24, 1067.

346 Cf. Peuckert (1929/30) 2,1296, cf. *Visio Wettini*, PL 105,771-780, *St. Brandans wundersame Seefahrt* c. 12. c. 15, ed. Sollbach (1987), Gervasius von Tilbury, ed. Leipniz (1707) 1,921. Der älteste Bericht einer Vision in der Höhle des heiligen Patricius ist ediert bei Mall (1891) 139-197.

sagen über das Fegfeuer traditionsgeschichtlich bedeutsam, sondern auch nach ihrer Form. Gregor präsentiert seine theologischen Ansichten als beispielhafte Erzählungen, als Exempla, und wurde damit ein wichtiger Wegbereiter der hochmittelalterlichen Exempeltradition. Daß Fegfeuervorstellungen in den Predigtexempeln eine wichtige Rolle spielten, wurde bereits angedeutet.[347] Die Beispielerzählungen Gregors wollen durch Authentizität bestechen, indem sie Gewährsmänner nennen und genaue Zeit-, Orts- und Situationsangaben machen.[348] Diese Charakteristika sind in gleicher Weise auf eine Reihe von Erzählungen zum wütenden Heer und der wilden Jagd, die oben vorgestellt wurden, anzuwenden. - Und wie die Berichte der Erscheinungen des wütenden Heeres Authentizität oft nur vorgeben, so verhält es sich auch bei Gregor. Er erzählt zum Beispiel unter Angabe von Gewährsleuten die Geschichte des Presbyters Stephan, der versehentlich statt des Schmiedes Stephan in die Hölle gebracht wurde. Als der Teufel den Irrtum bemerkte, wurde Stephan, der Presbyter, wieder zu den Lebenden zurückgeschickt, und es starb Stephan, der Schmied.[349]

Die Erzählung büßt ihren Anspruch auf mündlich vermittelte Authentizität in dem Moment ein, in dem man erkennt, daß sich ganz ähnliche Geschichten bei Plutarch und Lukian finden.[350] Daß derartige Traditionsbezüge schon am Beginn der Exempelliteratur feststellbar sind und der Authentizitätsanspruch der Erzählungen damit brüchig ist, wirft erneut ein Licht auf die Quellenbearbeitung J. Grimms, der die Authentizitätstopoi am Beginn der Erzählungen, die Hinweise auf Gewährsleute und mündliche Berichte stets als historisch treu betrachtete und unter anderem darauf seine Vorstellung von Volksüberlieferungen und Volkserzählungen gründete.

Bei einer Reihe von Exempeln, die Gregor berichtet, handelt es sich um Erscheinungen von Seelen aus dem Fegfeuer, die die Lebenden um Hilfe in Form von Suffragien bitten.[351] Damit ist das Strukturmuster, das sich bei einer großen Zahl von Zeugnissen zum wütenden Heer (CI / DI) nachweisen läßt, bereits gegeben. Auch das Strukturmodell der Fegfeuerexempel in den hochmittelalterlichen Predigten, die von Erscheinungen der Seelen aus dem Fegfeuer erzählen, deckt sich exakt mit der aus den Sagen vom wütenden Heer erarbeiteten Struktur.[352]

Damit fügen sich die Erzählungen der Gruppe CI / DI bruchlos in den Kontext der literarischen Formen ein, die Erscheinungen aus dem Fegfeuer berichten, was die enge Verbindung der Erzählungen zum wütenden Heer und zur wilden Jagd mit dem Fegfeuerkontext bestätigt.

In theologischer Hinsicht wurden die Konzeptionen zum Fegfeuer in der Zeit zwischen Gregor dem Großen und dem 12. Jahrhundert kaum weiterentwickelt. Dieser Zeitraum war die Phase der Etablierung des Fegfeuers in der Liturgie sowie in der Literatur. Es entwickelte sich

347 Cf. Tubach (1969) 3993-4007.
348 Cf. Le Goff (1981) 110-119.
349 Cf. Gregor der Große, lib. 4, c. 37, ed. de Vogüé (1980).
350 Cf. Landau (1909) 234f. Landau referiert die drei Erzählungen.
351 Cf. z.B. Gregor der Große, lib. 4, c. 57, ed. de Vogüé (1980).
352 Cf. Le Goff (1981) 356f. und 350-406. Le Goff führt das Strukturmodell der Fegfeuerexempel aus.

ein ganzer Literaturzweig, der sich mit den Jenseitsräumen, den Geschehnissen im Jenseits und dem Zustand der Toten in Hölle, Fegfeuer und Paradies beschäftigte, die Visionen.[353]
Der mittelalterliche Wortgebrauch differenziert nicht zwischen Vision und Erscheinung, (der am häufigsten verwendete Begriff 'visio' kann für beide Formen stehen),[354] was deutlich macht, daß der Akzent im Mittelalter auf der beide Formen umfassenden Erfahrung des Übersinnlichen und der Darstellung des geschauten Jenseitsbereichs lag.[355]
Die Visionenliteratur nahm bei ihrer oft phantastischen und phantasievollen Gestaltung der Jenseitsräume Elemente antiker Unterweltsschilderungen auf. Einflußreich waren die Unterweltsfahrt im 11. Buch der *Odyssee*, die Schilderung der Unterwelt durch den Pamphylier Er im 10. Buch von Platons *Staat* und ihr römisches Pendant, das "somnium Scipionis" des 6. Buches in Ciceros *De re publica*, vor allem aber die Unterweltsfahrt des Aeneas in der Begleitung der Sibylle im 6. Buch in Vergils *Aeneis*.[356]
Die Hauptquelle der mittelalterlichen Jenseitsvisionen sind die antik-spätantik jüdischen und christlichen Jenseitsschilderungen der Apokalypsen. Traditionsgeschichtlich bedeutsam im Blick auf die Entfaltung und Darstellung der Jenseitsräume im Mittelalter waren vor allem das *Henochbuch* und das Buch *4 Esra* aus dem Bereich der jüdischen Apokalyptik sowie die christlichen *Petrus-*, *Esra-* und *Paulusapokalypsen*.[357]
An sie knüpft sich die lange Reihe der mittelalterlichen Jenseitsvisionen. Am Beginn der mittelalterlichen Traditionen steht die Visio des Abtes Sunniulf, die Gregor von Tours in seinen *Historiae* im späten 6. Jahrhundert mitteilt.[358] Im frühen 8. Jahrhundert berichtet Bonifatius in seinem 10. Brief die Vision eines Mönches aus dem Kloster Wenlock.[359] Im Verhältnis zu den ausführlichen und phantastischen Jenseitsschilderungen vor allem des Hoch- und Spätmittelalters sind diese Visionen ebenso wie auch die von Beda in seiner *Historia ecclesiastica*[360] im 8. Jahrhundert referierten visionären Erlebnisse noch recht schlicht. In der Vision des Mönches Wetti[361] ist es kein geringerer als Karl der Große, der für seine erotischen Vergehen im Fegfeuer an den Geschlechtsteilen gequält wird.[362] In einer dem Erzbischof Hinkmar von Reims (+882) zugeschriebenen Vision, die er dem Reimser Bürger Bernold oder Berthold unterschiebt,[363] begegnet Bernold dem Erzbischof Ebo von Reims und anderen

---

353 Siehe dazu Dinzelbacher (1981), Le Goff (1981) passim, Landau (1909) 1-22, Palmer (1982), Patch (1950), Owen (1970).
354 Cf. Dinzelbacher (1981) 45-50.
355 Dinzelbacher unterscheidet begrifflich zwischen Visionen und Erscheinungen. (Cf. ibid. (1981) 29-36).
356 Cf. Landau (1909) 5f. und Le Goff (1981) 33-39. Zur Darstellung der Unterwelt im griechisch-römischen Bereich siehe auch Kohler (1923) 46-58.
357 Cf. Le Goff (1981) 44-56, ferner Landau (1909) 7-9 und Kohler (1923) 59-111.
358 Gregor von Tours, ed. Krusch / Buchner (1990[7],1955) lib. 4, c. 33.
359 Bonifatius an die Äbtissin Eadburg von Thanet (716), ed. Rau (1968) 30-43.
360 Beda, ed. Colgrave / Mynors (1969) lib. 3, c. 19 und lib. 5, c. 12.
361 Cf. *Visio Wettini*, PL 105,771-780.
362 Cf. ibid. c. 8, PL 105,775BC.
363 Cf. PL 125,1115-1120.

Bischöfen, die mit Lumpen bekleidet, schwarz, verschmutzt, frierend oder unter Hitze leidend einen desolaten Eindruck bieten.[364] Ebo bittet ihn, er solle zu ihren Klerikern und Laien gehen und diese um Unterstützung für sie in Form von Gebeten, Almosen und Opfern bitten. Nachdem Bernold diese Aufträge ausgeführt hat, kehrt er wieder zu den Bischöfen zurück und findet sie vollkommen verändert vor, mit heiterem Gesicht, frisch rasiert und gebadet, mit langen weißen Kleidern und Sandalen.[365]

Das Motiv, daß das äußere Erscheinungsbild gewissermaßen den geistlichen Zustand der verstorbenen Seelen spiegelt, findet sich in ganz ähnlicher Weise in den Erscheinungsberichten zum wütenden Heer. Die Farbe schwarz (oder rot), ein düsteres, unheimliches Aussehen, was bis zur Verstümmelung und Entstellung der Seelen gehen kann (wie sie oft im Zusammenhang mit dem wütenden Heer begegnen), deuten auf Sündhaftigkeit. Der Reinigungsakt im Purgatorium bzw. die Wirksamkeit der Fürbitten wird manifest im veränderten Aussehen, der Farbe weiß, der sauberen und geordneten Kleidung.[366]

Die eben erwähnten Beispiele zeigen, daß man nicht davor zurückschreckte, politisch Mächtige, Könige und Kaiser, ja auch geistliche Würdenträger im Jenseits und beim Erleiden ihrer Jenseitsstrafen vorzuführen.

Die Reihe der Jenseitsvisionen setzte sich im Hoch- und Spätmittelalter fort. Ihre Beliebtheit und zum Teil außerordentlich starke Verbreitung versteht sich aus der christlichen Ausrichtung des irdischen Lebens auf das Jenseits. Exemplarisch sei wegen seiner Popularität hier auf den Traditionszweig der *Visio Tnugdali*[367] und die Vorstellung vom Fegfeuer des heiligen Patricius hingewiesen. Die älteste Version der Jenseitsschau des Iren Tnugdal bzw. Tundal wird auf die Mitte des 12. Jahrhunderts datiert.[368] Aus der Zeit um 1200 stammt der älteste Bericht von einer Jenseitsvision beim Besuch der in Irland lokalisierten Höhle des heiligen Patricius. Der Ritter Owen soll sie nach der Aufzeichnung des Mönches H. von Saltrey 1153 erlebt haben.[369] Die beiden wohl wichtigsten und verbreitetsten Visionstypen entstanden also in der Zeit um die Mitte bzw. um das Ende des 12. Jahrhunderts. Ihre Beliebtheit spiegelt die Relevanz der Fegfeuerthematik im 12. Jahrhundert. Dazu paßt, daß Le Goff die Geburt des Fegfeuers vor allem von einem begriffsgeschichtlichen Ansatz her auf die zweite Hälfte des

364 Cf. ibid. 1115D.

365 Cf. ibid. 1116C: "Inde cum ductore meo rediens, ad locum ubi ipsi erant episcopi reveni, et quasi ea jam quae postulaverant pro ipsis facta fuissent, erant jocunda facie, quasi a novo rasi et balneati, et habebant albas vestitas, et stolas, et sandalia in pedibus."

366 Für das wütende Heer wurde die Farbsymbolik insbesondere bei Nyder (1602) lib. 5, c. 1, 331f. erläutert.

367 Zur *Visio Tnugdali* siehe besonders Palmer (1982). Eine Übersicht über die mittelalterlichen Visionen gibt Dinzelbacher (1981) 13-28, siehe auch Landau (1909) 10-19, Le Goff (1981) 137-149.221-246 und Palmer (1982) 401-420.

368 Cf. Palmer (1982) 10-15. Vincent von Beauvais gibt als Zeitpunkt, zu dem Tnugdal / Tundal die Vision erlebt haben soll, das Jahr 1149 an. (Cf. Vincent von Beauvais (1624) *Speculum historiale*, lib. 27, c. 88-104, 1127-1133).

369 Der Text ist ediert bei Mall (1891) 139-197.

12. Jahrhunderts, näherhin auf den Zeitraum zwischen 1170 und 1180 verlegt.[370] Daß nun auch die ältesten mittelalterlichen Texte, die von Auftritten des wütenden Heeres berichten, aus dem 12. Jahrhundert stammen, stützt die Hypothese vom Zusammenhang der Fegfeuerthematik und dem wütenden Heer einmal mehr. Eine Reihe von Erzählungen zum wütenden Heer (CI / DI) lassen sich wie die Visionen, auf die eben verwiesen wurde, als literarische Umsetzungen der Fegfeuerthematik verstehen.

Bei der Ausgestaltung der Fegfeuerstrafen arbeiten beide Traditionsstränge im Prinzip mit ähnlichen (bereits den jüdisch-christlichen Apokalypsen entnommenen) Motiven, wobei die Motivik in den oft längeren Visionen reicher und breiter ausgeführt ist. Die Höllenstrafen der *Paulusapokalypse*, die auf das 3. Jahrhundert n. Chr. zurückgeht und deren älteste lateinische Version zwischen dem 4. und 6. Jahrhundert entstand, erscheinen wieder in den späteren mittelalterlichen Fegfeuervisionen und Berichten über Erscheinungen aus dem Fegfeuer.[371] Es versteht sich, daß das Feuer in der *Paulusapokalypse* wie in den späteren mittelalterlichen Fegfeuerschilderungen eine zentrale Rolle spielt. Das Spektrum der Feuerbestrafungen in den mittelalterlichen Fegfeuervisionen reicht von Flammenseen, Flammenmeeren, Feuerkreisen, Flammenringen, Mauern, Gräben, Tälern und Bergen aus Flammen bis hin zu feuerspeienden Monstren und glühenden Kohlen, mit denen die Seelen gequält werden, und der Flammengestalt der Seelen.[372] So sieht Paulus einen Feuerfluß, in den die Sünder je nach der Schwere ihrer Sünde unterschiedlich tief eingesunken sind. Ein enger mauerartiger Ort ist umgeben von Feuer. Eine Feuergrube ist gefüllt mit Männern und Frauen, Verstorbene stehen auf einer feurigen Spitzsäule und von Flammenbäumen hängen Sünder mit dem Kopf nach unten. Feuer und Hitze sind aber nicht die einzigen Qualen, mit denen die Seelen gemartert werden. Sie haben auch unter Hunger und Durst, Eis und Kälte, Gestank, Rauch und Würmern zu leiden. Engel verstümmeln die Seelen mit Marterwerkzeugen verschiedener Art.[373]

Einige Strafarten sollen im Hinblick auf den Vergleich mit Erscheinungsberichten zum wütenden Heer näher skizziert werden: In dem bereits genannten feurigen Fluß sieht Paulus, wie einem Menschen von Engeln die Kehle zugeschnürt wird, und diese Engel mit dreizackigen Eisen seine Eingeweide durchbohren. Der Engel erläutert Paulus, daß es sich um einen Presbyter handelt, der Gott das Altaropfer darbrachte und gleichzeitig den Freuden der Völlerei und sexuellen Ausschweifung nachging (c. 34). Ein Bischof wird ebenfalls in den feurigen Fluß geworfen und dort wegen seiner Hartherzigkeit gegenüber Witwen und Waisen von Engeln mit Steinen beworfen und verwundet (c. 35). Ein Diakon, der unter anderem seine

---

370 Cf. Le Goff (1981) 157-284 und Anhang II: 442-446.

371 Die Darstellung der Fegfeuerstrafen unterscheidet sich nicht wesensmäßig von der Schilderung der Höllenstrafen. Die Differenz ist rein zeitlich. Cf. Le Goff (1981) 53f. und cf. Caesarius von Heisterbach, distinctio duodecima, c. 1, ed. Strange (1851) : "Est adhuc tertius locus post hanc vitam quibusdam electis ad purgandum deputatus, et a re purgatorium vocitatus. Hic temporalis est, durans usque ad diem iudicii."

372 Cf. Le Goff (1981) 17.

373 Cf. *Paulusapokalypse*, ed. Hennecke / Schneemelcher (1964³, 1904) c. 31-42.

Opfergaben aufaß, wird nun selbst von innen her durch Würmer zerfressen. Einem Vorleser, der die göttlichen Gebote nicht beachtete, werden von einem Engel mit einem feurigen Schermesser Lippen und Zunge zerfleischt (c. 36). Wucherer werden in einem Fluß von Würmern verzehrt (c. 37). Hurer und Ehebrecher sind schwarz von ihrer Sünde und leiden in einer Feuergrube (c. 38). Männer und Frauen, die unter anderem Witwen und Waisen geschädigt haben, frieren nackt mit zerschnittenen bzw. abgeschnittenen Gliedern an einem Ort, der kalt ist von Eis und Schnee. Würmer verzehren sie. Wer die vorgeschriebenen Fastenzeiten gebrochen hat, muß nach dem Tantalusmotiv beim Anblick von fließendem Wasser und zahlreichen Früchten hungern und dürsten. Ehebrecher werden an Haaren und Augenbrauen aufgehängt, die Sodomiten sind mit Staub bedeckt und laufen einen feurigen Fluß hinab (c. 39). Der schrecklichste Strafort liegt im Norden. Hier befinden sich die Menschen, die die Inkarnation Christi, die Jungfrauengeburt, die Transsubstantiation oder die Auferstehung Christi geleugnet haben (c. 41.42).

Das hier entfaltete Spektrum von Höllenstrafen kehrt in mehr oder weniger veränderter Form in vielen Visions- und Erscheinungsberichten wieder. Bei der Ausmalung der Höllen- bzw. Fegfeuerstrafen sind der visionären respektive der schriftstellerischen Phantasie keine Grenzen gesetzt. Diese Freiheit ist gedanklich im Zusammenhang mit dem Fehlen dogmatischer Aussagen über das Wesen und die Art der Strafen zu sehen. Trotz dieser grundsätzlichen Freiheit und obwohl die Strafen, wie Caesarius von Heisterbach formuliert "innumerabiles" sind, gibt es einen Kanon von Strafen, der seit den Zeiten der apokalyptisch-antiken Schriften in Visionen und Erscheinungsberichten wiederkehrt. Caesarius von Heisterbach umreißt diese Strafen, auf die auch er sich in seinen Exempeln bezieht, folgendermaßen: "Pix, nix, nox, vermis, flagra, vincula, pus, pudor, horror."[374]

Diese Charakteristika kann man als Rahmenkategorien auffassen, unter die sich die Fülle der in den Jenseitsschilderungen ausgeführten Strafen subsumieren läßt. So könnte man der Kategorie 'pix', 'Pech', die oft schwarze Farbe der Seelen zuordnen, 'nix', 'Schnee' umfaßt alle Strafen, die die Seelen durch Kälte quälen, 'vermis', 'Wurm' alle Arten der Verstümmelung und des Zerfressens der Seelen, 'flagra', 'Flamme'[375] das ganze Spektrum der Feuerstrafen, 'vincula', 'Fessel, Band' alle Formen des Bindens bzw. Ankettens der Seelen, 'pus', 'Eiter' die Fäulnis und wohl auch den üblen Geruch, 'pudor', die 'Scham' und damit die Entblößung bzw. Nacktheit der Seelen im übertragenen und wörtlichen Sinne und 'horror' den 'Schrecken' der Hölle bzw. des Fegfeuers und damit die Angst der Seelen und ihr daraus resultierendes Klagen, Jammern und Seufzen.

In der Erscheinungsweise der Personen des wütenden Heeres läßt sich eine Reihe der charak-

374 Caesarius von Heisterbach, distinctio duodecima, c. 1, ed. Strange (1851) .

375 Den Ausdruck "flagra" verstehe ich als Ableitung des Caesarius von 'flagrare', 'brennen', nicht als Nominativ Plural von 'flagrum', 'Peitsche, Geißel'. Auch Johann Hartlieb übersetzt im 15. Jahrhundert mit "flam". (Cf. Hartlieb, ed. Drescher (1923) Teil 6, c. 1.).

teristischen Höllenstrafen wiederfinden. Zu erinnern ist noch einmal an die Entstellungen und Verstümmelungen der Seelen wie Kopflosigkeit, gespaltener Kopf, fehlende Gliedmaßen, herausgerissene Eingeweide, die Bindung der Seelen durch ein Seil oder eine Kette, das feuerglühende, funkensprühende Aussehen der Seelen, die Qual der Seelen durch Feuer, Hitze, Kälte, Gestank und (feuerglühende) Folterinstrumente verschiedener Art sowie die Farben schwarz und rot zur Kennzeichnung der Sündhaftigkeit der Seelen. Zu denken ist etwa an die oben ausgeführten Erscheinungsberichte bei Ordericus Vitalis, Helinand von Froidmont, Johannes Nyder, Geiler von Keisersberg, Jakob Trausch u.a.

Die Einordnung dieser Motive in den größeren Kontext der Geistersagen durch Grimm[376] erweist sich auf dem Hintergrund der Fegfeuer- und Höllenthematik sowie der Parallelen mit den Fegfeuer- und Höllenstrafen als zu unspezifisch.[377] Die zur Gestaltung der Erzählungen vom wütenden Heer (besonders im Rahmen der Textgruppe CI / DI) verwendeten Motive sind eher als ein Ausschnitt aus dem Spektrum der Höllen- und Fegfeuerstrafen bzw. der Höllen- und Fegfeuerdarstellung zu verstehen.

Über die Ähnlichkeiten im Bereich der Strafarten hinaus lassen sich noch weitere Parallelen zwischen den Erzählungen zum wütenden Heer (aus der Textgruppe CI / DI) und der theologisch-literarischen Darstellung der Geschehnisse im Jenseits herausarbeiten. Sie betreffen zum einen die Beziehung zwischen Sünde und Strafe, zum anderen die Sündenkategorie, für die man im Fegfeuer gereinigt werden mußte.

Bei der Analyse der Erzählungen zum wütenden Heer bzw. zur wilden Jagd (CI / DI) hat sich gezeigt, daß das Verhältnis zwischen Strafe und Sünde oft explizit nach der durch Weisheit 11,17 ("per quae peccat quis per haec et torquetur") beglaubigten Vorstellung konstruiert ist, wobei auch der Grundsatz des ius talionis eine Rolle spielt.[378] Diese Entsprechung findet sich nun nicht nur in den Erzählungen zum wütenden Heer oder der wilden Jagd, sondern sie ist in vielen Texten, die sich mit Fegfeuer- bzw. Höllenstrafen beschäftigen, verbreitet,[379] wodurch sich erneut die enge Verbindung zwischen den Traditionen um das wütende Heer und der Fegfeuer- bzw. Höllenthematik zeigt. In den Jenseitsvisionen werden die Sünden häufig nach Gattungen oder nach der Schwere differenziert.[380] Die Einteilung der Sünden ist gewissermaßen die Basis für die systematische Zuordnung von Sünden und Strafen. Bereits in der *Paulusapokalypse* ist deutlich, daß die Bestrafung systematisch und in der Art eines Détailrealismus auf die Sünden bezogen ist. So werden dem Mann, der dem Volk auf heuchlerische Weise vorgelesen hat, Lippen und Zunge zerfleischt.[381] Diejenigen, die Witwen und Waisen

---

376 Cf. *DM* 2,779 / Anm. 4.

377 Nach Peuckert kommt der Fegfeuerlehre der katholischen Kirche überhaupt eine entscheidende Rolle bei der Gestaltung der Spuksagen zu, so daß Fegfeuerlehre und Spuksagen nicht voneinander zu trennen sind. (Cf. Peuckert (1929 / 1930) 2,1296).

378 Cf. Landau (1909) 140.

379 Cf. Peuckert (1929/30) 2,1296 und Denecke (1989) 4,330.

380 Cf. Landau (1909) 143.

381 Cf. *Paulusapokalypse*, ed. Hennecke / Schneemelcher (1964^3, 1904) c. 36.

geschädigt haben, sind nun selbst nackt, frierend und verstümmelt. Die das Fasten gebrochen haben und sich dem Laster der Völlerei hingaben, werden ganz entsprechend durch den Anblick und gleichzeitigen Entzug von Wasser und Speisen gequält.[382]
Auch die *Petrusapokalypse* und die *Tundalusvision* kennen derartige Zuordnungen.[383] Diebesgut ist für die Sünder im wahrsten Sinne des Wortes drückend. Nach der *Tundalusvision* müssen die Diebe das gestohlene Gut über einen engen und gefährlichen Steg tragen.[384] Bei ihren Erscheinungen erbitten die Seelen von den Lebenden öfter die Rückerstattung von Schulden oder Diebesgut in der Hoffnung, dadurch von ihren Qualen erlöst zu werden.[385] Das Motiv, daß Seelen durch Diebesgut oder auch durch Waffen bzw. Gegenstände, mit denen sie gesündigt haben, beschwert werden, findet sich ebenso wie die Bitte um Rückerstattung in den Erzählungen zum wütenden Heer und der wilden Jagd.[386]
Es soll abschließend angesprochen werden, daß diejenigen Sünden, die sich unmittelbar gegen die Religion richten, besonders hart und nach unserem Verständnis unverhältnismäßig streng geahndet werden. So muß die Entheiligung der Sonn- und Feiertage, sei es, daß sie in sexueller Betätigung, in Mißachtung des Arbeitsverbotes oder in Vernachlässigung des Kirchgangs besteht, durch harte Strafen gebüßt werden. Eheleute, die an Sonn- und Feiertagen sexuell miteinander verkehrten, werden z.B. in einen Kessel mit siedendem Öl, Pech und Harz gestürzt. Wem es offensichtlich lieber war, im Bett liegen zu bleiben als sich an Sonn- und Feiertagen zum Kirchgang aufzumachen, wird im Jenseits auf Feuerbetten gelegt. Ein Mann, der am Sonntag seine Felder gepflügt hat, muß unaufhörlich mit einem feuerglühenden Spaten graben.[387] Hier schließt es sich an, daß der wilde Jäger für seine Entheiligung des Sonntags durch Jagd mit Jagen bis zum jüngsten Tag bestraft wird. In diesem Sinne warnt Cyriacus Spangenberg eindringlich vor dem Brechen des Feiertags und dem Versäumen des Gottesdienstes durch übertriebene Jagdleidenschaft.[388]
Auch die Begründung der wilden Jagd durch übertriebene Jagdleidenschaft, die unter Umständen soweit ging, daß die Jagd der Sorge um die Familie und sogar dem Himmel und dem

---

382 Cf. ibid. c. 39.

383 Die Lästerer der Gerechtigkeit werden über Feuerflammen an den Zungen aufgehängt. (Cf. *Petrusapokalypse* c. 22 (nach der griechischen Fassung), ed. Hennecke / Schneemelcher (1964[3], 1904)). Die falschen Zeugen zerbeißen selber ihre Zungen und haben "flammendes Feuer" im Mund. (Cf. ibid. c. 29). Die Qual an den Geschlechtsteilen ist eine im Sinne der kausalen Zuordnung von Sünde und Strafe typische Züchtigung für erotische Vergehen. Es sei hier an die oben schon angesprochene Bestrafung Karls des Großen in der *Visio Wettini* c. 8, PL 105,775BC erinnert. Cf. auch die Bestrafung sexueller Vergehen in der *Tundalusvision* (ed. Palmer (1980) VV. 549-595).

384 Cf. (ed. Palmer (1980) VV. 353-362.

385 Cf. Le Goff (1981) 383.

386 Zu erinnern ist u.a. an die Erscheinungsberichte im *Codex Runensis*, bei Ordericus Vitalis, Helinand von Froidmont, Johannes von Trittenheim. Weitere Beispiele für die enge Relation zwischen Sünde und Strafe siehe bei Landau (1909) 130-172.

387 Cf. Landau (1909) 137.

388 Cf. Spangenberg, ed. Stambaugh (1980) 5,224-230.

Seelenheil vorgezogen wurde,[389] findet ihre analogen Seitenstücke in der Fegfeuerliteratur. Eine zisterziensische Handschrift, die zahlreiche Strafen referiert, die die Seelen im Jenseits zu erleiden haben, berichtet im Rahmen der Vision eines Mönchs von den Fegfeuerqualen eines Ritters, der im Leben zu sehr seiner Leidenschaft für Jagdvögel nachgegangen war. Deshalb wurde ihm im Fegfeuer von einem Bussard, den er auf der Hand trug, ununterbrochen die Hand zerfleischt. Auch andere in unseren Augen durchaus verzeihliche Vorlieben werden streng geahndet. Unmäßige Geschwätzigkeit etwa zieht eine ununterbrochene Folge von Ohrfeigen nach sich, für besondere Lachlust wird man ausgepeitscht.[390] Auf derselben Ebene liegt es, wenn Cyriacus Spangenberg Ende des 16. Jahrhunderts die übertriebene Jagdleidenschaft kritisiert und denen, die die Jagd für ein Himmelreich halten oder das Jagen dem Himmelreich vorziehen, die Hölle verheißt.[391]

Die strukturelle und motivische Nähe der Fegfeuer- und Höllenvisionen zu den Erzählungen vom wütenden Heer und der wilden Jagd (der Gruppe CI / DI) zeigt sich deutlich. Die These von der sekundären Überfrachtung der Erzählungen mit (christlichen) Begründungszusammenhängen ist sowohl chronologisch als auch strukturell unhaltbar.

Gerade die Strafen und das Verhältnis von Sünde und Strafe wurde von den Forschungsrichtungen, die den (wie auch immer gearteten) heidnischen Gehalt des Traditionskreises herausstellten, als wichtiger Hinweis auf eine nur oberflächliche, dem Wesen der wilden Jagd letztlich fremde und aufgesetzte Christianisierung gewertet. Stellvertretend für die zumindest tendenziell in weiten Kreisen der älteren mythologischen Forschung vorhandene Haltung sei eine Äußerung von Endter wiedergegeben:

> "Prüft man die Berichte genauer, so sieht man, daß es sich zumeist um nachträgliche Moralisierungen handelt. Gerade das Mißverhältnis von Tat und Vergeltung, die Diskrepanz zwischen dem kleinen Vergehen und der furchtbaren Strafe sind dafür ungemein symptomatisch und weisen auf eine ursprünglich ganz andere Art der Verschuldung hin."[392]

Diese Stellungnahme ist ganz aus dem Blickwinkel unserer modernen säkularisierten Zeit getroffen. Man konnte nicht umhin zu sehen, daß die überwiegende Zahl auch der späteren Sagen das Erscheinen des wilden Jägers im Sinne des Zusammenhangs von Schuld und Sühne erklärt.[393] Die ältere mythologische Forschung hat die Texte nicht unter der Perspektive des mittelalterlichen Weltbildes und des mittelalterlichen theologischen Denkens zu beleuchten

389 Cf. ibid. 5,254f.: "Einer hette ein mal gesagt / Wenn unser HErr Gott wolt mit im wechsseln lassen / so wolt ich / das er mich fur mein theil des Himelreichs hie ewig möchte Jagen lassen". Cf. auch Francisci (1725) c. 58, 531.

390 Cf. Le Goff (1981) 220, wo als Nachweis auf das lat. Ms 15912, Bl. 64 verwiesen wird.

391 Spangenberg, ed. Stambaugh (1980) 5,253: "Sie sagen auch wol / des Menschen lust sey sein Himmelreich / Darumb wer lust zu Jagen habe / dem sey Jagen sein Himmelreich. Das kann ich und kein Mensch jemand wehren / das einer sein Himmelreich hie haben / und darnach ewig zum Teufel in abgrund der Helle fahre. Das weis ich aber wol / das nicht zwey Himmelreich sein / Und lesset sich jemand duncken / er habe sein Himelreich am zeitlichen und vergenglichen / so wird ers warlich am ewigen nicht haben."

392 Endter (1933) 56.

393 Cf. ibid. 55 und Schweda (1915) 32.

versucht. Was uns heute als Mißverhältnis von Sünde und Strafe erscheint, war in mittelalterlich-theologischer Sicht angemessen. Es ist daran zu erinnern, daß bereits Gregor der Große festgelegt hatte, daß leichte Sünden wie dauerndes Geschwätz, unmäßiges Lachen oder die Sünde der Sorge um irdisches Vermögen im Fegfeuer getilgt würden.[394] Gemeint ist die Sündenkategorie der alltäglichen Sünden, die man ab dem 12. Jahrhundert als 'venialis', 'läßlich' bezeichnete. Insbesondere diese läßlichen Sünden waren, wie Le Goff formuliert, der "Stoff fürs Fegfeuer".[395] Für Guilielmus Alvernus ist das Purgatorium die Fortsetzung der auf Erden begonnenen, aber nicht zu Ende geführten Buße. Der Tod tritt oft überraschend bzw. gewaltsam ein und raubt dem Menschen damit die Möglichkeit, seine Buße zu vollenden. Die noch verbleibenden leichten Sünden müssen notwendigerweise im Fegfeuer getilgt werden:

> "Verum, quoniam manifestum est in quibusdam animabus multa restare purganda post mortem corporum suorum, antequam purgationem hic compleverint, quae poenitentia est secundum doctrinam Christianam, quae vel subito, & improvisa morte rapiuntur, sive per gladium, sive per suffocationem, sive per passionis alicujus vehementiam, quae citissime interficit, necesse est restare, ut compleant id, quod restat, & deest de purgatione sua; quare & locus, ut haec fiant, necessarius est, & hic est, quem purgatorium dicunt."[396]

Exakt diesen Erklärungszusammenhang unterlegt Guilielmus Alvernus - wie oben bereits dargelegt - den Erzählungen vom wütenden Heer.[397] (J. Grimm spart diese Passagen aus, wenn er die Nachrichten aus Guilielmus referiert.[398])

Zu erinnern ist auch an die lehramtliche Formulierung, die auf dem Konzil von Lyon (1254) getroffen wurde. Es heißt hier, daß diejenigen Seelen im Fegfeuer gereinigt würden, die die Buße bereits begonnen, aber noch nicht vollendet hätten, oder diejenigen, die ohne eine Todsünde mit läßlichen und geringfügigen Sünden stürben.[399]

Diese Vorstellung von Fegfeuer- und Fegfeuerstrafen setzt ein bestimmtes von der scholastischen Theologie entwickeltes Verständnis von Buße und eine bestimmte Bußpraxis voraus, auf die kurz einzugehen ist. Dem Bußverständnis liegt die Auffassung von Sünde als 'culpa' und 'poena', 'Schuld' und 'Strafe' zugrunde. Man ging davon aus, daß die Schuld bei entsprechender Reue in der Beichte vergeben wird, während die Strafe erst durch die Genugtuung, d.h. durch das Ableisten der von der Kirche auferlegten Buße, erreicht wird. Die Buße als Versöhnung mit Gott zerfiel danach in drei Teile, wobei die Reue und der Bußakt der Genugtuung vorangingen.[400]

Wichtig für diese Untersuchung ist nun, daß die Bußlehre die Möglichkeit einräumte, die

---

394 Cf. Gregor der Große, lib. 4, c. 41,3f., ed. de Vogüé (1980).

395 Cf. Le Goff (1981) 263-268.

396 Guilielmus Alvernus (1674) *De universo* Teil 1, pars 1, c. 60, 676. Zum Fegfeuer weiterhin ibid. c. 60-64, 676-682.

397 Cf. ibid. Teil 2, pars 3, c. 24, 1067.

398 Cf. *DM* 2,785f.

399 Cf. *DS* 838.

400 Petrus Abaelard führt diesen Gedanken in seiner *Ethica* aus: "Tria itaque sunt in reconciliatione peccatoris ad Deum, poenitentia scilicet, confessio, satisfactio." (Abaelard, *Ethica* c. 17, PL 178,661A).

'satisfactio' im Fegfeuer abzuleisten, wenn die auferlegte Buße - etwa durch plötzlichen Tod - im Leben nicht zu Ende geführt werden konnte.[401] In diesem Bußverständnis kommt der Todesstunde große Bedeutung zu. Der plötzliche, oft gewaltsame Tod stellte eine besondere Gefahr dar, insofern er keine Zeit zur adäquaten Buße ließ und den Sterbenden so, wenn er unversöhnt mit Gott starb, den ewigen Höllenstrafen preisgab. Durch die neue scholastische Bußlehre hatte man dagegen noch 'in letzter Minute', d.h. in den letzten Lebensstunden, die Chance, durch eine in Form der Reue und möglichst auch der Beichte begonnene Buße das Schicksal der Höllenverdammnis abzuwenden und mit dem zeitlich begrenzten Fegfeuer zu vertauschen.[402]

Kennt man nun diesen theologischen Hintergrund, so ist es nicht überraschend, daß in den Erzählungen vom wütenden Heer (in CI / DI) immer wieder von gewaltsam Getöteten bzw. plötzlich und vor ihrer eigentlichen Bestimmung Verstorbenen die Rede ist. Der Umzug mit dem wütenden Heer stellt in diesem Sinne den dritten Teil der Buße dar, die 'satisfactio' oder Strafableistung.

Auf die Möglichkeit der Lebenden, die Fegfeuerstrafen der Toten durch Suffragien zu erleichtern bzw. zu verkürzen, wurde bereits eingegangen. Ein effizientes Mittel zur Unterstützung der Armen Seelen im Fegfeuer wurde ab dem 13. Jahrhundert die Gewinnung von Ablässen für Verstorbene.[403] Da durch die Bulle *Salvator noster*, die Sixtus IV. 1476 erließ (*DS* 1398), Fegfeuer und Ablaß untrennbar miteinander verbunden waren, ist es konsequent, daß die Ablaßkritik der Reformatoren die Kritik des Fegfeuers zur Folge hatte. Luther wandte sich zunächst nur gegen die Verbindung von Ablaßpraxis und Fegfeuerlehre,[404] veränderte aber seine moderate Haltung später und bestritt schließlich die Existenz des Fegfeuers mit der Schrift *Widerruf vom Fegefeuer* von 1530.[405] Es wurde im Rahmen der diachronen Quellenuntersuchung herausgearbeitet, daß mehrere Texte, so z.B. die Ausführungen zum wütenden Heer von Trausch, deutlich sichtbar aus der Perspektive reformatorischer Kritik geschrieben sind.

Es spricht für die Zusammengehörigkeit der Fegfeuerthematik mit der Traditionsgruppe CI / DI des wütenden Heeres bzw. der wilden Jagd, dies sei noch einmal zusammenfassend festgehalten, daß die Erzählungen vom wütenden Heer und der wilden Jagd bis in Einzelheiten hinein den Fegfeuerdiskurs der katholischen Theologen aufnehmen und auch die reformatorische Kritik widerspiegeln.

Ohne eine historische Untersuchung der Quellen zugrundezulegen, wurde von der älteren For-

---

401 Cf. Hödl (1983) 2,1137-1141 und Le Goff (1981) 258-260.

402 Cf. Le Goff (1981) 354f. Cf. hierzu die pseudoaugustinische Abhandlung *De vera et falsa penitentia* (PL 40,1114-1130).

403 Cf. Hödl (1980) *Arme Seelen* 1,972 und Gugumus (1980) 1,973.

404 Cf. M. Luther, *Luthers Unterricht auf etliche Artikel, die ihm von seinen Abgönnern aufgelegt und zugemessen werden*, WA 2,70.

405 Cf. M. Luther, *Widerruf vom Fegefeuer*, WA 30,2,367-390.

schung die Behauptung aufgestellt, die Sagen hätten sich von einer einfacheren, gewissermaßen natürlichen Form ohne Erklärung zu einer komplexeren Form mit Begründung entwickelt:

> "Die Sagen von der wilden Jagd geben durchweg einfach nur die Tatsache wieder, nicht das Warum. Das Jagen gehörte zu ihrem Wesen, zu ihrem 'biologischen Element'. Die Begründung, die jetzt gegeben wird, ist sekundär. Erst war Prometheus im Elbrusgebirge gefesselt, dann erst wurde begründet. Erst hetzte der Nachtjäger die weißen Frauen und die seligen Fräulein, dann erst wurde gesagt warum. Das letzten Endes doch zwecklose Jagen erforderte einen Grund."[406]

Es wird hier auf der Basis des genetisch-historistischen Denkmodells von der Urform und ihren Derivaten unterstellt, daß sich die Entwicklung von Erzählungen, von Sagen grundsätzlich nach dem Muster einfach-komplex vollzieht. Dies ergab sich jedoch nicht aus der Analyse der älteren Quellen. Schon der erste hier besprochene mittelalterliche Text von Ordericus Vitalis aus der ersten Hälfte des 12. Jahrhunderts, erwies sich als planvoll strukturiert, breit angelegt und artifiziell erzählt. Von einer naiven Volkssage kann keine Rede sein. Der Fegfeuer- und Sühnekontext ist bereits entfaltet.

Ob das Herumziehen der wilden Jagd oder des wütenden Heeres begründet wird oder nicht, hängt - wie sich aus den Analysen gezeigt hat - vom Erzählkontext und der Funktion der Erzählungen sowie der Textsorte ab. So fällt der Fegfeuer- und Sühnekontext weg, wenn die Vorstellung des wütenden Heeres und der wilden Jagd im Sinne eines Prodigiums (AI / BI) in historiographisch ausgerichteten Texten eingesetzt wird.

Im folgenden soll noch erläutert werden, daß die Erzählungen vom wütenden Heer und der wilden Jagd (der Textgruppen C und D) nicht nur auf der Basis der christlichen Fegfeuer- und Höllenvorstellungen zu sehen und zu deuten sind, sondern auch im Kontext der christlichen Dämonologie.[407] In einer Reihe von Texten tritt der Teufel als Anführer des wütenden Heeres bzw. als wilder Jäger auf. Auch in einigen Überlieferungen, die vom Erscheinen der Leute des 'Hellequin' berichten, wurde deutlich, daß es sich um den Teufel handelt.[408] Einen frühen Beleg für den Teufel als wilden Jäger bietet Caesarius von Heisterbach,[409] indem er vom 'infernalis venator' spricht.

Man hat in der älteren volkskundlichen Forschung die Vorstellung vom Teufel als Jäger auf den wilden Jäger Wodan zurückgeführt.[410] Naheliegender ist jedoch die Erklärung der Vorstellung im Kontext des christlich-allegorischen Denkens.

Von Interesse ist in diesem Zusammenhang die spätantik-mittelalterliche Exegese zu Ps 123/124,7 und anderen Bibelstellen wie Ps 90/91,3, Hiob 18,8-11, Jer 5,26f., die einen Be-

406 Endter (1933) 55.

407 Im weiteren Sinne könnte man alle Erzählungen von wütendem Heer und wilder Jagd unter die Rubrik "dämonologische Sagen" einordnen, insofern sie von Toten handeln. (Cf. Petzoldt (1989) 96).

408 Cf. z.B. Étienne de Bourbon, ed. Lecoy (1877) Nr. 365f., 321f.; Bourdet, ed. Raynaud (1883) 224-226; *Les Miracles de Saint Éloi*, ed. Peigné-Delacourt (o.J.) 110.

409 Cf. Caesarius von Heisterbach, distinctio duodecima c. 20, ed. Strange (1851).

410 Cf. Wünsche (1905) 34.

zug zur Jagd und zur Fallenstellerei aufweisen. Sie ließen sich in der Tradition auf den Teufel als Jäger und Fallensteller, der den Menschen bzw. seine Seele zu fangen versucht, deuten. Dies soll an Ps 123/124,7 und seiner geistlichen Auslegung exemplifiziert werden. In Ps 123/124,7 heißt es im Kontext eines Liedes, in dem Israel Jahwe für seine Befreiung aus der Gewalt der Feinde dankt: "anima nostra quasi avis erepta est de laqueo venantium laqueus contritus est et nos liberati sumus." Diese Passage wurde sowohl in der griechischen wie in der westlichen Tradition auf den Teufel bzw. die bösen Dämonen gedeutet, die die menschliche Seele jagen.[411]

Pseudo-Hieronymus sieht im 5. Jahrhundert in den Fallstricken die Begierden und die verschiedenen Listen teuflischer Verschlagenheit:

> "Tenduntur nobis laquei in concupiscentiis ac diversis diabolicae astutiae dolis; sed contrito Satana sub pedibus nostris, sicut passer a capiente, evolamus ab illis. Sic enim sequitur. 'Laqueus contritus est, et nos liberati sumus.' Si enim Dominus habitet in nobis: ipse (ut diximus) hos disrumpet laqueos, ne nos impediant."[412]

Bruno von Segni stellt bei seiner Exegese der Stelle das Jagen der bösen Geister in der Luft dem Fischfang der Apostel gegenüber:

> "His verbis aperte demonstrat, et deceptionum retia circumposita fuisse, et se in ipsa retia incidisse, et vel signis, vel rationibus retia rupisse, et ita se cum Dei adjutorio evasisse. Sed notandum quod apostoli in mari, maligni vero spiritus in aere retia ponunt."[413]

In der spätmittelalterlichen Dichtung *Des Teufels Netz* bekennt der Teufel einem Einsiedler, er habe ein Netz geknüpft, mit dem er seine teuflischen Gesellen ausgesandt habe, um Sünder zu fangen:

> "Ich tuon ain sege machen,
> Da ich alle die welt inn vach,
> Nach dem so ist mir gar gach.
> Die ziehend siben knecht an,
> Die land mir selten kain engan."[414]

Nach dem *Jagteuffel* des Cyriacus Spangenberg wird das Wort 'Jäger' in der heiligen Schrift "nie in gutem verstand oder deuttung gebraucht." In Ps 90/91,3 sei mit dem Jäger, von dessen Strick der Herr errettet, der Teufel gemeint, "welcher den Gleubigen heimlich stricke leget / und sie offentlich Jaget und verfolget."[415] Dieser Aussage entspricht die Nachricht bei Hieronymus Lauretus, der Jäger werde kaum 'in bonam partem' gedeutet. Als eine mögliche Lesart 'in malam partem' nennt er den Jäger Nimrod nach Gen 10,9 als "typus diaboli".[416]

Eine Verbindung zwischen der biblischen Vorstellung vom Teufel als Jäger und Vogelfänger

---

411 Zur griechischen Tradition siehe Origines, *Selecta in psalmos*, PG 12,1637/38AB.
412 Pseudo-Hieronymus, *Breviarium in Psalmos*, PL 26,1282B. Ganz ähnlich auch Bruno von Würzburg im 11. Jahrhundert in seiner *Expositio Psalmorum*, PL 142,469A.
413 Bruno von Segni, *Expositio in psalmos*, PL 164,1176C.
414 Ed. Barack (1863) 9.
415 Spangenberg, ed. Stambaugh (1980) 5,249.
416 Cf. Lauretus, (1681[10],1570) 1020.

und dem Teufel als wildem Jäger wird im Bereich des Quellenmaterials zu wütendem Heer und wilder Jagd von Francisci im *hǒllischen Proteus* gezogen.[417]

Eine weitere Quelle für die Vorstellung vom Teufel als Jäger stellt die mittelalterlich-geistliche Tierinterpretation dar, näherhin die geistlichen Ausführungen zum Hasen. In der byzantinischen Redaktion des griechischen *Physiologus* werden die Hasen, die vor Jägern und Hunden in felsiges und steiniges Gelände fliehen, mit den Menschen verglichen, die vor dem Teufel als Jäger in die Höhe, d.h. zu Gott, fliehen sollen.[418] Ähnliche Gedanken finden sich auch in der westlich-abendländischen Tierdeutung. Berthold von Regensburg parallelisiert den Menschen mit dem Hasen. Der Mensch soll wie der Hase, der stets auf der Flucht ist, vor den Todsünden fliehen.[419] Dieses Bild wird zur Vorstellung vom Teufel als Jäger und Verfolger des Menschen weiterentwickelt:

> "Ir andern sünder, wellet ir fliehen oder wellet ir iuch lâzen vâhen in dem stricke des tiuvels? ... Unde die selben gedenke die man alsô hât umbe sünde, daz sint des tiuvels raete unde sîne stricke, dâ er manic tûsent sêle mit vaeht, ... Unde dar umbe sult ir iuch vor disen stricken hüeten, wan der ist sô vil, dâ mite iuch der tiuvel vaecht, als der weideman den hasen tuot. Swie wol er fliehen kan der hase unde swie wol er fliehen getar, sô hât im der weideman sîne stricke geleit mit listen; swenne er wil waenen daz er wol geflohen habe, sô gêt er im in die hant unde würget in unde schindet in unde braetet in unde siudet in. Und alsô geschiht dir."[420]

Auch bei Berchorius in seinem *Reductorium morale* wird in deutlicher Ähnlichkeit mit der griechischen sekundären Physiologustradition gesagt, daß der Hase, in der geistlichen Auslegung der Mensch, sich nach oben wenden soll in die Berge, also in die Höhe zu Gott und zu geistlichen Werken. Nach unten zu laufen ist für den Hasen aufgrund seiner Physiognomie schwierig. Wendet sich der Hase und damit der Mensch nach unten, läuft er leicht Gefahr, durch Laster und Sünden zu stürzen und von seinen Verfolgern, den Hunden, d.h. den Dämonen / Teufeln und den Versuchungen, getötet zu werden.[421]

> "Verumtamen quando cogitur currere versus vallem, quando scilicet pro necessitate huius vitae, vel ex officio praelationis sibi iniuncto habet necesse ad mundana negocia declinare, tunc ad illum finem ne cadat in peccatum, & ne a canibus daemonibus & tentationibus occidatur, ipse non debet directe currere contra vallem"[422]

Nach Schmidtke ist es ein Gemeinplatz der Tierdeutung, daß die den Hasen verfolgenden Hunde als der oder die Teufel verstanden werden.[423] Es ist naheliegend, Wechselbeziehungen

---

417 Cf. Francisci (1725) c. 58, 529f.

418 Cf. *Physiologus* 51: Vom Hasen, üs. v. Seel (1987^5,1960) 75.

419 Berthold von Regensburg, ed. Pfeiffer (1862) 1,554.

420 Ibid. 1,555f.

421 Cf. Berchorius (1620) lib. 10, c. 60,2f.

422 Cf. ibid. c. 60,3. Auch Johann Geiler von Keisersberg gibt in seinen Predigten *Der Hase im Pfeffer* ähnliche geistliche Auslegungen der Eigenschaften des 'Häsleins'. (Cf. Geiler von Keisersberg (1510) Bl. 4r-5v).

423 Cf. Schmidtke (1968) 1,303, 2,602 / Anm. 954. Das Motiv vom Teufel als Jäger wurde im Anschluß an die genannten Bibelstellen und die geistliche Tierdeutung auch in der mittelalterlichen Kunst gestaltet. (Cf. Brault (1985) 6,358 und Appuhn (1964) 8-15).

zwischen der dargelegten christlichen Tradition vom Teufel als Jäger und den Erzählungen vom Teufel als wildem Jäger anzunehmen.

Auch die Vorstellung des apokalyptischen Teufelsheeres aus Apk 20,7-9, das sich aus dem Teufel und seinen Dämonen bzw. den ihm zugeordneten menschlichen Seelen rekrutiert, wird mit dem Traditionskreis vom wütenden Heer verschmolzen sein bzw. zu dessen Ausgestaltung beigetragen haben.

Die christliche Dämonologie basiert auf der jüdischen Dämonenlehre, die ihrerseits in nachalttestamentarischer Zeit unter Aufnahme persischer Einflüsse, insbesondere aber im Zusammenhang mit der Strömung der Apokalyptik und dem Schrifttum der Apokryphen reich entfaltet wurde. In die mittelalterliche Dämonenlehre wurden Elemente der hellenistischen und lateinischen Kultur sowie der antiken Mythologie aufgenommen. Aufgrund der Quellenlage ist es schwierig zu entscheiden, inwieweit die germanische Götterwelt in die christliche Dämonologie Eingang fand.[424] Der nach Ps 95/96,5 für den alttestamentarischen Bereich und nach 1 Kor 10,19-21[425] für den neutestamentarischen Bereich bezeugte Vorgang der Umformung heidnischer Gottheiten zu Dämonen wurde von Grimm und seinen Nachfolgern zum Konstituens ihrer germanischen Kontinuitätshypothesen gemacht und ist eine der argumentativen Grundsäulen der *Deutschen Mythologie*.

Es handelt sich um einen religionsgeschichtlich bedeutsamen Prozeß, und es ist das Verdienst Grimms, für den germanischen Bereich auf ihn aufmerksam gemacht zu haben. Die Bewertung der heidnischen Götter als Dämonen war wie ihr Verständnis nach der Vorstellung des Euhemerismus eine im gesamten Mittelalter praktizierte Form der christlichen Auseinandersetzung mit nichtchristlichen Religionen.[426] Noch bei den Autoren der Frühen Neuzeit und Barockzeit, die sich mit dem germanischen Altertum befassen, wie z.B. bei Schedius und Schopper, werden die heidnischen Götter als Götzen bzw. Dämonen behandelt und damit gegenüber dem christlichen Gott abgewertet und in die Dämonenlehre eingeordnet. Der religionsgeschichtliche Vorgang der Dämonisierung heidnischer Gottheiten steht sicherlich auch hinter der Verbindung von Wodan mit dem wütenden Heer.

Problematisch aber war der Versuch Grimms, die germanische Götterwelt durch Rückschlüsse aus den genannten religionsgeschichtlichen Prozessen rekonstruieren zu wollen. Die Prämisse von der Dämonisierung der germanischen Götter führte Grimm zusammen mit seiner Idee vom goldenen mythischen Zeitalter des germanischen Heidentums zu der Vorstellung, hinter den durch das Christentum dämonisierten heidnischen Göttern stünden grundsätzlich gute, stets wohlwollende germanische Lichtgottheiten. Dieses Rückschlußverfahren wandte Grimm

424 Zur christlichen Dämonologie siehe Wanke, Stemberger, Böcher, Tavard (1981) 8,270-300; Paine (1972), Langton (1949) und Daxelmüller (1981) 3,237-259.

425 Ps 95/96,5: "quoniam omnes dii gentium daemonia / at vero Dominus caelos fecit", 1 Kor 10,19-21: "quid ergo dico quod idolis immolatum sit aliquid aut quod idolum sit aliquid sed quae immolant gentes daemoniis immolant et non Deo nolo autem vos socios fieri daemoniorum".

426 Cf. v. See (1988) 69-79 und v. Bezold (1922).

bei allen hier besprochenen mythologischen Figuren an, also bei den weiblichen Figuren wie den Perchten und auch bei Wodan / Odin. Sein Modell der germanischen Lichtgottheiten, die christlich dämonisiert werden, erwies sich dabei - gemessen am Quellenmaterial - religionsgeschichtlich im Sinne einer schwarz-weiß Zeichnung als zu einfach. Grimms mythologische Forschungen waren von dem wissenschaftlichen Erkenntnisoptimismus des 19. Jahrhunderts geleitet, der davon ausging, man könne zur Urform eines Traditionskreises oder zum Archetyp einer Textüberlieferung vordringen, wenn man nur alle Überlieferungsformen gesammelt und verglichen hätte.

Es ist jedoch in der Regel nicht möglich, den Prozeß der Dämonisierung Zug um Zug aufzuschlüsseln, rückgängig zu machen und so auf das wahre Wesen einer germanischen Gottheit zu stoßen. Dies würde voraussetzen, daß die christliche Dämonisierung sich wie eine nur lose verhüllende Schale um die germanischen Gottheiten und ihre Mythen gelegt hätte, eine Schale, nach deren Ablösung das ursprüngliche heidnische Wesen der Götter und ihrer Geschichten neu und unversehrt authentisch zu Tage träte. Dieses Rekonstruktionsverfahren könnte greifen, wenn die christliche Dämonisierung Wesen und Funktionsbereich einer Gottheit sowie die ihr zugeordneten Mythen nur verhüllt, aber nicht tiefgreifend verändert hätte. Es ist jedoch von Brechungen im Dämonisierungsprozeß auszugehen, die ein Rückschlußverfahren nach der Methode Grimms zu einem aussichtslosen Unterfangen machen. Bei vielen christlichen Autoren, insbesondere bei späteren, deren zeitlicher Abstand zum germanischen Heidentum schon beträchtlich war, ist mit eigener Unkenntnis der germanischen Götter und Mythen zu rechnen (wie im Laufe der Untersuchung immer wieder herausgearbeitet wurde), mit polemischen Pauschalisierungen der heidnischen Götter als Götzen ohne Rücksicht auf ihren ursprünglichen Funktionsbereich und ohne differenziertes Verständnis für ihr eigentliches Wesen. Wenn ein heidnischer Gott in christlich polemischer Darstellung böse und tückisch erscheint, so läßt sich für sein authentisch germanisches Wesen daraus gar nichts ableiten, weder daß er schon früher tückisch und böse war, noch daß er ursprünglich ein strahlend guter, wohlwollender Gott gewesen wäre. Wenn Grimm grundsätzlich letzteres annimmt, so sind hierin sein eigenes Denken, seine Wunschvorstellungen und Projektionen zu erkennen. Es ist deutlich, daß er von seiner romantischen Vorstellung eines goldenen mythischen Zeitalters geleitet ist. Im naturpoetischen Zeitalter, in dem die Menschheit sich gewissermaßen noch in einem Naturzustand befand, konnte es keine Zwietracht und naturgemäß keine bösen Götter geben. Gleichzeitig geht Grimm von seinem eigenen Bild eines gütigen christlichen Gottes aus und projiziert es auf die germanischen Götter. Die Untersuchung der Einzelmythen macht demnach deutlich, wie die in Teil 1 der Dissertation herausgearbeiteten Prämissen Grimms seine angeblich getreue Sammeltätigkeit bestimmen. Seine Verfahrensweisen sind aufschlußreich im Hinblick auf sein eigenes Denken und seine wissenschaftsgeschichtliche Position, als religionswissenschaftliche Methodik sind sie problematisch. Der Rückschluß auf das grundsätzlich gute und wohlwollende Wesen der germanischen Götter läßt sich auch durch

die eddische Mythologie nicht bestätigen. Es wurde ja herausgestellt, daß Grimm die in den Quellen belegten negativen Züge an Wodan / Odin möglichst zurückdrängt.
In bezug auf die Erzählungen vom wütenden Heer und der wilden Jagd führte die Vorstellung von der Dämonisierung heidnischer Götter J. Grimm einseitig zur Rückführung des gesamten Traditionskreises auf Wodan (und andere germanische Götter) und damit zur genetischen Erklärung aus dem germanischen Heidentum und seinen Mythen.
Umgekehrt wird man sagen können, daß Ps 95/96,5 und 1 Kor 10,19-21 den religionsgeschichtlichen Rahmen dafür boten, daß *auch* Wodan als wilder Jäger bzw. Führer des wütenden Heeres in den reich verzweigten Traditionskreis aufgenommen wurde. Die Dämonisierung der heidnischen Götter scheint gerade der Impuls gewesen zu sein für die Verbindung Wodans mit dem wütenden Heer, wobei die etymologische Nähe von Wodan, Wut und wütendem Heer die Verbindung sicher begünstigte. Der früheste Beleg, in dem diese Verbindung eindeutig vollzogen ist, ist der *Münchner Nachtsegen*, der wohl auf das 14. Jahrhundert zurückgeht. Wodan wird hier deutlich als Dämon dargestellt, als einer der "unholden" im Kreise von "gloczan", "lodewan" und "Truttan".[427] Später bei Gryse, Loccenius und Scheffer versuchte man dann diese Verbindung als original heidnisch, alt und germanisch darzustellen, wobei - was zu zeigen versucht wurde - die wissenschaftsgeschichtlichen Rahmenbedingungen diese Deutung in einem nicht unerheblichen Maß bedingten.
Es würde sich also um eine sekundäre Verbindung Wodans mit dem wütenden Heer und der wilden Jagd handeln, eine Verbindung, die eher aus den Rahmenbedingungen der Bekehrungsgeschichte erklärbar ist als aus den ursprünglichen heidnischen Verhältnissen. Die Verbindung konnte sich vollziehen, da das wütende Heer ein 'Auffangbecken' für Figuren ganz unterschiedlicher Provenienz war, d.h. frühere heidnische Götter (unterschiedlicher Herkunft) ließen sich ebenso integrieren wie Helden, Könige, Adlige, Förster, ja Freimaurer.
J. Grimm glaubte ganz auf der Basis des historistisch-genetischen Denkens und des Erkenntnisoptimismus' des 19. Jahrhunderts, aus dem Dämonisierungsprozeß (ex negativo) auf das Wesen und den Funktionsbereich der germanischen Gottheiten und ihre Mythen schließen zu können. Die Problematik dieses Rückschlußverfahrens läßt sich an einem einfachen Beispiel verdeutlichen: Der Aufenthaltsbereich der Dämonen ist nach christlicher Auffassung der Luftraum.[428] Werden nun heidnische Götter als Dämonen in diesen Raum versetzt, so besagt dies nichts über ihr ursprüngliches Wesen. Auf Wodan angewendet heißt das: Aus der Tatsache, daß Wodan mit dem wütenden Heer in den Lüften zieht, kann man nicht folgern, daß er ein Luftgott war. Andernfalls müßte man dies auch für die antiken Götter wie Diana oder für alttestamentarische Gestalten wie Herodias fordern. Niemand käme auf die Idee, in Dietrich von Bern einen ehemaligen Luftkämpfer zu vermuten, weil er ins wütende Heer integriert worden ist. J. Grimm umgeht dieses Problem, indem er seine Rückprojektionen nur an Wodan und

427 Clm. 615,127r.
428 Cf. Daxelmüller (1981) 3,244.

den weiteren auftretenden angeblichen germanischen Gottheiten wie Holda und Perchta vollzieht, während er die Fülle der anderen Figuren als Substitutionen betrachtet. Zu welchen (aus heutiger wissenschaftlicher Sicht) Fehlschlüssen Grimms Vorstellung von der Dämonisierung germanischer Göttergestalten führen konnte, zeigt exemplarisch seine Interpretation von Frau Venus, Frau Holda oder Frau Welt. Da diese Figuren vorne schön sind, während sie dem Betrachter in der Hinteransicht eine häßliche fratzenhafte Gestalt zeigen, ist nach Grimm zu vermuten, daß die Herabsetzung der Christen im buchstäblichen Sinne bei der Hälfte stehengeblieben sei.[429] Eine Hälfte dieser Göttinnen zeige noch die alte ursprünglich schöne Gestalt, die andere sei der Entstellung durch die Christen anheimgefallen.[430]

Die mythologischen Hinweise, die die Quellen geben, sind bei weitem nicht hinreichend für eine genetische Erklärung des wütenden Heeres bzw. der wilden Jagd aus dem germanischen Heidentum bzw. für den Rückschluß auf germanische Mythen vom wütenden Heer und der wilden Jagd.[431] Die Struktur, Motivik und die Funktionen der uns überlieferten Erzählungen von wütendem Heer und wilder Jagd sowie die in den Texten überwiegend als negativ beschriebenen Wirkungen der Erscheinungen bieten keine Hinweise auf ursprünglich segenbringende Umzüge germanischer Götter.[432]

Freilich läßt es sich bei der gegebenen fragmentarischen Quellenlage und der Unhintergehbarkeit des textuellen Status' der Zeugnisse[433] weder definitiv behaupten noch definitiv ausschließen, daß es germanisch-heidnische Traditionen gab, die die Verbindung von Wodan und dem wütenden Heer als authentisch heidnisch ausweisen. Man kann jedoch keine Aussagen über Phänomene machen, zu denen kein Erkenntniszugang möglich ist. Bei der gegebenen Überlieferungslage ist von Rekonstruktionsversuchen abzusehen, die zu wenig durch die Quellen abgesichert sind. Auf einer abstrakten phänomenologischen Ebene könnte man vermuten, daß es im germanischen Heidentum wie in vielen Kulturen Traditionen von herumschwärmenden Seelenscharen oder von Prodigien wie in der Luft kämpfenden Heeren gab. Spätestens bei dieser offenen Vermutung aber muß der Rekonstruktionsversuch stehenbleiben, alles Weitere beruht auf erkenntnistheoretisch unzulässiger Spekulation.

Das Grimmsche Konzept des Sammelns und Vergleichens, das von ethischen Leitvorstellungen wie 'Treue' und 'Wahrheitsliebe' geprägt war,[434] schloß Spekulationen aus der Sicht

---

429 Cf. ibid. 2,791 mit Anm. 1.

430 Grimm hatte noch keine Kenntnis des Charakters und Bedeutungsgehalts der typisch mittelalterlich allegorischen Figuren wie Frau Welt, die dem Betrachter den Trugcharakter der irdischen Welt, ihre Vergänglichkeit und Brüchigkeit vor Augen führen. Hier Reste der germanischen Mythologie wiederfinden zu wollen, heißt - wie man heute weiß - sich am mittelalterlichen Denken gewissermaßen vorbeizubewegen.

431 Die Überlieferungen des wütenden Heeres und der wilden Jagd sind noch bei Petzoldt als ursprünglich germanische und später sekundär christianisierte Traditionen gedacht. (Cf. Petzoldt (1989) 107, siehe auch 137-143).

432 Cf. dagegen *DM* 2,790f.

433 Nur ein positivistisches Quellenverständnis kann Texte unmittelbar als Steinbruch für historische Faktizität auswerten.

434 Cf. Teil 1, 2.2.

Grimms per se aus. Grimm glaubte, das Material würde aus sich heraus, objektiv, zu den gewünschten Urformen führen. Die vielen subjektiven Entscheidungen (wie die oft selektive Auswahl des Materials, Quellenmanipulationen, Vernachlässigung des Kontextes, des synchronen Umfeldes der Texte) und die mit dem Entwicklungsmodell verbundenen Wertungen von reiner Urform und entstellten Sekundärtraditionen wurden nicht als solche realisiert und daher auch nicht reflektiert.
Im Rahmen dieser Untersuchung wurden die älteren Überlieferungen zum wütenden Heer ins Zentrum gestellt. Wer sich einem Verständnis des Traditionskreises primär von den Sagensammlungen des 19. und 20. Jahrhunderts her nähert und das historische Quellenmaterial gewissermaßen nur am Rande berücksichtigt, ist methodisch dem Postulat vom hohen Alter der 'Volksüberlieferungen' und ihrer grundsätzlichen Priorität verpflichtet. Gibt man diese Postulate auf, so muß sich auch die Methodik konsequent in Richtung einer historischen, quellenkritischen und philologischen Arbeitsweise ändern.[435] Es wäre müßig, das Motivspektrum der wilden Jagd bzw. des wütenden Heeres, wie es sich aus den Sagensammlungen des 19. und 20. Jahrhunderts ergibt, hier noch einmal zu wiederholen. Es soll allerdings im Sinne der historischen Betrachtungsweise gefragt werden, ob und inwiefern sich Veränderungen in den Sagen des 19. und 20. Jahrhunderts gegenüber den älteren Quellen zeigen.
Auffällig ist gegenüber dem älteren Material das häufige Auftreten von Wodan als Führer des wütenden Heeres.[436] Hierin ist wohl kein Relikt aus dem germanischen Heidentum zu sehen, sondern eher eine Popularisierung der ab der Frühen Neuzeit einsetzenden gelehrten mythologischen Erklärungsweisen des wütenden Heeres und der wilden Jagd. Die überragende Position, die Wodan in den Sagensammlungen des 19. Jahrhunderts einnahm, ist demnach weniger unter dem Gesichtspunkt der Kontinuität aus dem germanischen Heidentum zu betrachten, als unter dem Aspekt einer letztlich von den Mythologen selbst geförderten Reaktivierung vermeintlich germanisch heidnischer Traditionen. Daß der *Deutschen Mythologie* J. Grimms in diesem Prozeß eine Schlüsselrolle zukam, versteht sich.[437]
Wenn die ältere Forschung das Auftreten von historischen und halbhistorischen Personen oder auch die Nennung des Teufels als "Substitutionen" erklärt,[438] so zeigt sich ihre Abhängigkeit

---

435 Die Sagensammlungen des 19. und 20. Jahrhunderts wurden zudem in den Dissertationen von Plischke, Schweda und Endter bearbeitet. (Cf. Plischke (1914), Schweda (1915) und Endter (1933)). Der Wert dieser Dissertationen liegt für die heutigen Benutzer nicht in ihrer naturmythologischen, animistischen oder präanimistischen Deutung des Phänomens, sondern in ihrer positivistischen Sammeltätigkeit, die zur motivischen Erschließung des Sagenmaterials führte. Daran orientiert ist der Motif-Index von Thompson E 501 "The Wild Hunt" und E 502 "The Sleeping army". Die Trennung in E 501 und E 502 erweist sich bei einer Analyse der Texte oft als fraglich, da die Übergänge fließend sind.

436 Cf. Endter (1933) 15f. Zu weiteren regionalen Benennungen von wütendem Heer und wilder Jagd im 19. und frühen 20. Jahrhundert siehe ibid. 11-18.

437 Zurückhaltung ist darin geboten, die im 19. und 20. Jahrhundert belegten vielfältigen dialektalen und regionalen Namensformen des wütenden Heeres wie 'Wuotisheer', 'Muotisheer', 'Wuttesheer' usw. grundsätzlich über den Namen des germanischen Gottes Wodan zu erklären.

438 Cf. Endter (1933) 11-18.

von dem mythologischen Denken Grimms und seiner Theorie, nach der es gewissermaßen die letzte Stufe des ursprünglichen Mythos' darstellt, wenn er sich mit historischen Figuren verbindet.[439] Diese Einteilung paßt nicht zu dem Befund, der sich aus der Untersuchung des historischen Quellenmaterials ergab. Es wurde deutlich, daß schon sehr früh und über die Jahrhunderte hinweg konkrete historische bzw. halbhistorische Personen als Anführer des wütenden Heeres bzw. der wilden Jagd auftraten. Die Einteilung Grimms, nach der der Göttermythos als Heldensage wiedergeboren wurde, um sich dann schließlich mit historischen Figuren zu verbinden,[440] ist nicht nur Ausdruck seines mythologischen Ansatzes, sondern ist letztlich auf dem Hintergrund des entwicklungsgeschichtlichen Denkens im 18. und 19. Jahrhundert zu sehen. Wie ein Staat seine Blüte- und Verfallszeit hatte, so auch seine Kultur, so die Poesie, so der Mythos. Ein Traditionskreis wie das wütende Heer wird in dieses Denkschema gepreßt, ohne daß sich dies von den Quellen her verifizieren ließe.

Im Rahmen der obigen Analysen wurde vielmehr herausgearbeitet, daß es sich beim wütenden Heer bzw. der wilden Jagd um eine Wandertradition handelt, die sich prinzipiell mit den unterschiedlichsten Figuren verbinden kann. Von der Struktur der Texte her, die Grimm und andere nicht beachteten, kann man nicht in höherstehende und degeneriertere Fassungen des Traditionskreises differenzieren. Diese Wertungen sind, auch wenn sie nicht explizit ausgesprochen werden, immer mit dem eben skizzierten Entwicklungsmodell verbunden.

Überblickt man noch einmal das Quellenmaterial zu wilder Jagd und wütendem Heer unter Einschluß der Sagensammlungen des 19. Jahrhunderts, so lassen sich die als Führer der wilden Jagd auftretenden Figuren in folgende Kategorien einteilen:

- Männliche Figuren: Könige, Adlige, Reiche, Gutsbesitzer, Förster, Freimaurer, Teufel, Dämonen, Wodan, Heilige, Helden bzw. halbhistorische Figuren wie König Herla.
- Weibliche Figuren: z.B. Artemis, Diana, Holda, Perchta, Herodias.

Der Befund stimmt im wesentlichen mit dem Bild überein, das die Analyse der mittelalterlichen Quellen ergab. Dem Charakter der wilden Jagd als Wandersage entspricht es, daß sie sich auch mit Personenkreisen verbinden konnte, die sich historisch erst in der Neuzeit konstituierten wie den Freimaurern. Es überrascht nicht, daß zwar nicht ausschließlich, aber doch vorwiegend Personen als Führer von wilder Jagd und wütendem Heer auftreten, die von ihrer Lebensführung und ihrem Stand her in Bezug zu Jagd und Krieg stehen.[441] Auch das auf den ersten Blick überraschende Auftreten der Heiligen Eustachius und Hubertus als wilde Jäger hat seinen Grund in der Lebensgeschichte der beiden Heiligen. Nach der Legende war Eustachius römischer Heerführer unter Trajan mit dem Namen Placidas. In aus griechischen Vorlagen abgeleiteten lateinischen Fassungen der Legende heißt es, daß Eustachius ein leidenschaftlicher Jäger war: "Venationi etiam plurimam dabat operam, gaudebatque indies feras

439 Cf. *DM* 2,791.
440 Cf. *DM* 2,790f.
441 Cf. Endter (1933) 25f., Schweda (1915) 32-38, Plischke (1914) 39-52, Thompson E 501.1.

insequi".[442] Auch seine Bekehrung ereignete sich während eines Jagdzuges. Placidas verfolgte einen Hirschen, der sich durch seine Größe und Schönheit von den anderen abhob und erkannte, als er ihm nachsetzte, die Gestalt des Kreuzes und das Bild des gekreuzigten Christus in seinem Geweih. Sich offenbarend fragt Christus ihn, warum er ihn verfolge.[443] Eben diese Bekehrungsgeschichte wurde in späte Versionen der Lebensbeschreibung des Heiligen Hubert,[444] des Bischofs von Maastricht und Lüttich (ca. 655-727), aufgenommen und im Sinne eines Jagddelikts zugespitzt. In der *Vita quarta sancti Huberti* heißt es von Hubert, der vor seiner Bekehrung bei dem fränkischen König Theoderich III. ein weltliches Hofleben führte, er hätte sich an einem Feiertag, als die anderen Christen oder seine Nachbarn zur Kirche gingen, den eitlen Weltfreuden hingegeben und zur Jagd aufgemacht.[445] Die *Vita quinta sancti Huberti* führt noch aus, daß es sich um den Karfreitag handelte.[446] Beide Viten berichten im Anschluß daran von der Erscheinung Christi im Geweih des Hirschen, den Hubert verfolgte und von Huberts anschließender Bekehrung.[447] Daß es im 15. Jahrhundert zur Übernahme dieser Bekehrungsgeschichte aus der Legende des heiligen Eustachius kam, war unter Umständen schon durch die Aussage des *Liber secundus Miraculorum Sancti Huberti* aus dem 11. Jahrhundert vorbereitet, Hubert sei vor seiner Bekehrung ein eifriger Jäger gewesen, dem man in den Ardennen die Erstlinge der Jagd sowie den 10. Teil der Jagdbeute dargebracht habe.[448] So sind insbesondere bei Hubert die Voraussetzungen erfüllt, unter denen ein Jäger zum wilden Jäger werden kann:

- Die Jagdliebe
- Die Jagd an einem Feiertag bzw. an einem hohen Feiertag wie dem Karfreitag, damit die Entweihung dieses Feiertags und gleichzeitig die Vernachlässigung des Kirchgangs am Feiertag.
- Die Verfolgung des Hirsches, in dessen Geweih Christus sich birgt, und damit die Verfolgung Christi selber.[449]

Auch in den Sagen des 19. und 20. Jahrhunderts treten häufig wie in den älteren Quellen verstorbene[450] Sünder im wütenden Heer oder der wilden Jagd auf. Es handelt sich um Hexen,

442 Acta SS Sept. 6 (1767) 124.

443 Ibid.:"'O Placida, quid me insequeris?'". Zum heiligen Eustachius siehe ibid. 106-137, Stadler (1861) 2,128f.; Wimmer / Melzer (1984^5,1955) 265.

444 Zum heiligen Hubert siehe H. Fischer (1990) 6,1286-1290.

445 Cf. Acta SS Nov. 1 (1887) 832: "Fertur autem quod die quadam solemni, quando alii christiani seu vicini ejus ibant ad ecclesiam, ipse vanitatibus mundi deditus pergebat ad venationem."

446 Cf. ibid. 834.

447 Cf. ibid. 832.834.

448 Cf. ibid. 825: "Erat enim ab antiquo totius Ardennae primoribus ex debito firmatae consuetudinis, per singulas vices annuae venationis primitias et decimas cujusque generis ferarum beato Huberto persolvere, eo quod idem sanctus, priusquam mutato seculari habitu propositi sancti ordinem percepisset, hujus exercitii fuerit studiosus. Unde et de cetero a quibusque vicinis nobilibus idem studium in ejus nomine agitur."

449 Zur Hubertuslegende siehe Acta SS Nov 1 (1887) 759-930, Stadler (1861) 774-777; Wimmer / Melzer (1984^5,1955) 379f.

450 Der gesamte Traditionskreis von wütendem Heer und wilder Jagd wird von Thompson in die Kategorie E.

Huren, Trinker, Mörder, Selbstmörder, Menschen, die irgendeine Grausamkeit oder Bosheit verübt haben, die Fastenzeiten nicht einhielten, die Feiertagsgebote brachen, den Gottesdienst störten, einen plötzlichen Tod starben, der ihnen keine Zeit zur Buße und Versöhnung mit Gott ließ, einen falschen Eid leisteten, sich gotteslästerlich benahmen oder Leute, die einen Jagdfrevel begangen haben. Unter den Jagdfreveln tritt immer wieder das Motiv auf, daß der wilde Jäger den Sonntag bzw. die Fasten- und Feiertage entweiht hat. Häufig wird auch gesagt, seine Jagdleidenschaft sei so groß gewesen, daß er auch nach dem Tod weiterjagen wollte bzw. die Jagd seiner Familie oder dem Himmelreich vorzog. Daneben werden auch Jagddelikte sozialer Art genannt.[451]
Es zeigt sich, daß der in einer Reihe von mittelalterlichen Texten entfaltete Kontext von Buße und Sühne auch in vielen neueren Sagen gegeben ist. Auch was Zeit, Ort und Wirkung, das Auftreten von Tieren, die Begleitumstände des Erscheinens der wilden Jagd und des wütenden Heeres sowie seinen Charakter des Düsteren, Unheimlichen und die Schutz- oder Heilmittel gegen die schädigende Wirkung betrifft,[452] liegt das Motivspektrum der Sagen des 19. und 20. Jahrhunderts auf einer Linie mit dem älteren Quellenmaterial.

Aufgrund der Quellenstudien zum wütenden Heer und zur wilden Jagd können jetzt folgende Aussagen über den Traditionskreis gemacht werden.
Im Blick auf die außerordentlich weite Verbreitung und reiche Verzweigung des Traditionskreises erscheint es letztlich nahezu unmöglich, eine genetische Erklärung dafür geben zu wollen.
Schwärme von herumziehenden toten Seelen finden sich ebenso wie das Erscheinen von in der Luft kämpfenden Heeren, dem zeichenhafte Bedeutung zukommt, in verschiedenen Kulturen.[453] Man wird davon ausgehen können, daß sich verschiedene ursprünglich vielleicht getrennte Traditionen wie eben das Herumziehen toter Seelen, das Auftreten von Kriegsheeren mit zeichenhafter bzw. prophetischer Bedeutung wie in einer Art Schmelztiegel im Traditionskreis vom wütenden Heer verbanden oder daß Motive und Figuren aus zunächst anderen Traditionskreisen (wie etwa dem Holden- und Perchtenkomplex) einwanderten.
Die Vorstellungen von wilder Jagd und wütendem Heer lassen sich einerseits differenzieren, andererseits haben sie sich bei einer Reihe von Erzählungen so durchdrungen, daß eine Trennung nicht mehr durchführbar ist. Einiges spricht, wie an mehreren Stellen der Untersuchung angemerkt wurde, dafür, daß sich die wilde Jagd als Sonderfall des wütenden Heeres herausbildete. Andererseits sind beide Traditionen sehr früh nachweisbar, was eher eine Verschmelzung ursprünglich getrennter Phänomene wahrscheinlich macht. In vielen Erzählungen und

"The Dead" eingeordnet.

451 Cf. Plischke (1914) 29f.34, Schweda (1915) 32-38, Sieber (1931) 105-117, Endter (1933) 29.55 und Thompson E 501.3; C 58, Q 223.

452 Cf. Schweda (1915) 11-32, Plischke (1914) bes. 29-34.38f.52-79, Thompson E 501.

453 Hier wurden antik-klassische, jüdische, romanische, deutsche und englische Belege beigebracht.

Sagen erweisen sich wilde Jagd und wütendes Heer nur als verschiedene Ausdrucksmöglichkeiten gleicher Ideen wie etwa der Fegfeuervorstellungen oder der besonders in Geschichtswerken öfter zeichenhaften Erscheinungen von wütenden Heeren oder wilden Jagden.

Grimm hat den Traditionskreis der wilden Jagd und des wütenden Heeres monokausal auf die germanische Mythologie bezogen. Es wurde ausführlich gezeigt, welche Schwierigkeiten die Deutung Grimms mit sich bringt und welche Fragen sie offenläßt. Die Verbindung von Wodan mit dem wütenden Heer ließ sich plausibler aus den Bedingungen der christlichen Bekehrungsgeschichte und dem Modell christlicher Dämonologie verstehen denn als authentisch germanischer Mythos. Die mythologischen Deutungsansätze des Traditionskreises seit der Frühen Neuzeit wurden auf dem Boden ihres kulturgeschichtlichen Umfeldes erläutert. Sie können nicht als gültige Erklärungen des Traditionskreises übernommen werden.

Der Suche nach einer Urform liegt ein bestimmter entwicklungsgeschichtlicher Denkansatz zugrunde, der einerseits mit einer 'reinen' Urform und andererseits mit dekadenten, kontaminierten, mit anderen Worten minderwertigeren Fassungen rechnet. Im Rahmen dieses Denkmodells interessieren die einzelnen Fassungen letztlich nicht als Texte, als Erzählungen, sondern nur als Dossier für Rückschlußverfahren und Rekonstruktionen. Demgegenüber sollte jeder Variante Eigengewicht und Eigenwert zugemessen werden. Die Form und der Kontext, in der wir sie vorfinden, hat als Untersuchungsgrundlage zu gelten.

Gibt man die am Denkmodell der Urform orientierte Suche nach genetischen Erklärungen auf, wird der Blick frei für die unterschiedlichen Versionen und den Wandel des Traditionskreises als Überlieferungsbündel, das sich je nach Erzählkontext und Textsorte verschieden funktionalisieren läßt.

Fegfeuer- und Sühnekontext haben sich bei einer Reihe von Texten (CI / DI) als zentral erwiesen. Sie gehören nach ihrer Struktur und Motivik in den christlichen Umkreis. Meist mit dem Fegfeuer- und Sühnekontext verbunden sind auch diejenigen Texte, die die Jagd auf weibliche Wesen zum Gegenstand haben. Die Texte der Gruppen CI / CII, DI / DII sind deutlich von christlichen Normvorstellungen geprägt, ihr didaktisch-moralischer Charakter ist offenkundig. Sie bieten den Rezipienten Leitlinien für den Umgang mit der Geisterwelt und dem Jenseits - und indirekt Verhaltensmaßregeln im Blick auf ihr eigenes Ende. Die katechetischen Funktionen treten bei diesen Textgruppen klar hervor.

Das christliche Erklärungsmodell veränderte sich unter den neuen kultur- und wissenschaftsgeschichtlichen Bedingungen der Frühen Neuzeit. Die Textzeugen bieten neue mythologische, später auch naturwissenschaftliche Erklärungen des Traditionskreises. Die Erklärungsmodelle lösen sich dabei jedoch nicht streng chronologisch ab, sondern die älteren und die neueren Deutungen überlagern sich synchron.

Es hat sich gezeigt, daß der Traditionskreis des wütenden Heeres erzähltechnisch mit durchaus verschiedenen Funktionen besetzt werden konnte. In der Textgruppe der deskriptiven Erscheinungsberichte kam dem Auftreten von Kriegsheeren oder Jagden im Sinne eines Prodigiums (AI / BI) die Funktion zu, auf ein bevorstehendes oder auch zurückliegendes Ereignis hinzuweisen. Der historiographische Charakter der jeweiligen Textsorten steuerte die Funktion der Erzähltradition als Prodigium.

Bei den Texten, die das wütende Heer nur als Anspielung, als Vergleich, Metapher etc. einführen, ist es ohnehin kaum möglich zu erkennen, welche Vorstellungen sich im einzelnen mit den Erwähnungen verbinden.

Wütendes Heer und wilde Jagd sind als Wandertraditionen zu vielschichtig, weitverzweigt und offen, als daß sie über *eine* Deutung zu erklären wären.[454] Es läßt sich nicht *die* Funktion des Traditionskreises, sondern eher ein Konglomerat von Funktionen und ihr chronologischer Wandel erkennen.

Das Ziel der Untersuchung war nicht eine Gesamterklärung als großer Wurf - wie Grimm und Generationen von mythologischen Forschern ihn versuchten -, sondern eine Verlagerung des Betrachtungsschwerpunktes auf die Entdeckung der Texte selbst sowie ihrer Kontexte und die Verortung der Texte zwischen Kontinuität und Wandel von Erzählstrukturen.

454 Siehe jetzt auch die Deutungsansätze bei Röhrich (1992) 7,400f.

2. Göttinnen

2.1. Perchta und verwandte Gestalten

2.1.1. Der Umgang der heidnischen Perchta in den Zwölften und ihre Nähe zu anderen vorchristlichen Göttinnen nach der Deutung Jacob Grimms

Den Göttinnen des germanischen Heidentums liege - so J. Grimm - ein "gemeinsamer begrif" zu Grunde, nämlich die Idee von friedliebenden Göttermüttern, die herumziehen und bei den Menschen einkehren, um sie häusliche Tätigkeiten zu lehren bzw. diese zu überwachen:

> "Sie sind hauptsächlich gedacht als *umziehende, einkehrende göttermütter*, von denen das menschliche geschlecht die geschäfte und künste des haushalts wie des ackerbaus erlernt: *spinnen, weben, hüten den herd, säen* und *ernten.* diese arbeiten führen ruhe und frieden im lande mit sich, und das andenken daran haftet in lieblichen überlieferungen noch fester als an kriegen und schlachten, deren die meisten göttinnen gleich den frauen sich entschlagen."[1]

Als eine dieser germanischen Göttinnen, deren Name und Kultformen sich im "andenken" des Volkes erhalten hätten, betrachtet J. Grimm die Figur der Perchta.[2]
An ihr lassen sich zwei Leitideen Grimms exemplifizieren, zum einen die Annahme eines grundsätzlichen Weiterlebens der germanischen Gottheiten bis in die Zeit der eigenen Gegenwart, d.h. die Vorstellung von der Kontinuität des Paganen, zum anderen die These, die germanischen Götter und Göttinnen seien durch das Christentum irgendwie 'herabgewürdigt' worden, also abstrakter formuliert, die These von der Verzerrung und Dämonisierung der heidnischen Götter und Göttinnen durch das Christentum.
Der ursprüngliche positive Bedeutungsgehalt der germanischen Göttinnen scheine noch im Namen der altdeutschen Göttin "frau berchte" auf, denn dieser lasse sich auf das ahd. "Perahta, die leuchtende, glänzende, hehre" zurückführen.[3] Die Etymologie zeige, daß "frau Berchte" mit den Mondgöttinnen Selene oder Lucina (!) sowie mit Diana oder Artemis verwandt sei.[4]
Als Verbreitungsgebiet der Perchten, deren regional divergierende Namen (wie z.B. "Berchtli" oder "Bertha") Grimm mitteilt, setzt er Oberdeutschland sowie einen Teil von Franken und Thüringen an.[5]
Im Denkschema J. Grimms steckt das Verbreitungsgebiet der Perchten in den Volksüberlieferungen seiner Zeit den Raum der ehemaligen kultischen Perchtaverehrung ab. Neben der räumlichen Kontinuität wird auch die Kontinuität des zeitlichen Auftretens der

---

1 *DM* 1,207.
2 Zu Perchta siehe auch Br. Grimm, *Deutsche Sagen* 268-269.
3 Cf. ibid. 1,226.
4 Cf. ibid. 3,88. Lucina ist römische Geburtshilfegöttin. Grimm scheint sie mit Luna zu verwechseln.
5 Cf. *DM* 1,226-232 und 3,89f.

germanischen Göttin und der neuzeitlichen Brauchfiguren als selbstverständlich vorausgesetzt, d.h. die Prämisse der Kontinuität wird auf verschiedenen Ebenen angesetzt, ohne daß nach möglichen Verschiebungen gefragt wird.

Zeitlich fällt der Umgang der Perchten in die sogenannten "Zwölften", d.h. die Nächte zwischen Weihnachten und Neujahr (gemeint ist Epiphanie), und hier wiederum ist es besonders der letzte Tag der Periode, der für das Auftreten der Perchta bestimmt ist.[6]

Die alte gütige Natur der Perchta, die sich in ihrem Namen zeige, sei nur noch in wenigen Traditionen präsent.[7] J. Grimm weist hier auf die Nähe der Perchta zur 'weißen Frau' und zu verschiedenen berühmten Frauen der deutschen Vergangenheit hin. Diese Zusammenhänge erklären sich für Grimm durch einen Abstieg von Göttergestalten in die Heldensage. Es ist deutlich, daß hier die bereits besprochene Grimmsche Theorie von der Verbindung von Mythos und Geschichte zum Tragen kommt.[8]

Die ursprüngliche Lichtgestalt kann ohnehin nur noch rudimentär erfaßt werden, da die Volksüberlieferungen in der Regel das christliche Zerrbild der Perchta widerspiegeln und sie als "ein fürchterliches, *kinderschreckendes* scheusal" darstellen.[9] Dies zeigt sowohl ihr Aussehen wie auch ihr Funktionsbereich.

Sie wird in den Quellen als wilde, eiserne Frau mit langer, eiserner Nase geschildert.[10] So leitet Crusius den Namen "eiserne Bertha" in den *Annales Suevici* von einem in Padua benutzten und von der Frau Heinrichs IV. benannten Kriegswagen ab:

> "Inde, in signu libertatis, armato cavvocio uti coeperunt in bello, *Bertha* nominato. Hinc Dictum hoc ortum puto, quo terrentur inquieti pueri: *Schweig / oder die eysene* Bertha kumbt." (*Ann. Suevici* Teil 2, lib. 8, c. 7)[11]

Vintler spricht 1411 in seinen *Pluemen der Tugent* von "Percht mit der eisnen nas" und Martin von Amberg erwähnt im 14. Jahrhundert "die berichte mit der eyserein nasen" in seinem *Gewissensspiegel* im Zusammenhang mit den heidnischen Göttinnen Herodias und Diana und anderen Nachtgeistern.[12] Ihre Haare sind zottig und wirr.[13]

Was den Zuständigkeitsbereich der Perchta betrifft, so lassen sich zunächst die Kontrolle der Spinnarbeiten und der Speisen als zwei Hauptfunktionen festhalten:

---

6 Cf. ibid. 1,226 mit Anm. 1.

7 Cf. ibid.

8 Im Grenzbereich von Mythos und Geschichte steht z.B. die Gestalt der 'Berta', die historisch gesehen die Gemahlin Pippins und Mutter Karls des Großen ist, deren mythischer Ursprung aber schon dadurch evident sei, daß sie in den Überlieferungen der Dichter als Frau mit einem übertrieben großen Fuß geschildert wird. (Cf. *DM* 1,232f.).

9 Cf. ibid. 1,226.

10 Cf. ibid. 1,230f.

11 Crusius (1595) 266.

12 Vintler, ed. Zingerle (1874) 261 und Martin v. Amberg, ed. Werbow (1958) 42. Cf. auch das von Haupt mitgeteilte Gedicht *Von Berhten mit der langen Nase* (1393) ed. Haupt (1836) 105-107.

13 Cf. *DM* 1,230.

"*Berchta* führt, wie Holda, aufsicht über die *spinnerinnen*, was sie am letzten tag des jahrs unabgesponnen findet, verdirbt sie (abergl. 512). ihr fest muß durch eine althergebrachte speise begangen werden, *brei und fische*."[14]

Grimm erkennt, daß es sich bei den Speisen, die auf Perchtas Geheiß hin an ihrem Ehrentag auf den Tisch kommen sollen, um christliche Fastenspeisen handelt, etwa um Brei, Knödel, Heringe oder überhaupt Fische. Gleichzeitig aber stellt er einen Bezug dieser Speisen zur nordischen Mythologie her, indem er darauf hinweist, daß auch Thor "heringe und haber" zur Nacht esse. Das Mahl, das man für Perchta bereitstelle, lege ferner den Gedanken an Hekate nahe.[15]
Eigenartig und archaisch sei die Rache der Göttin, wenn ihre Speisevorschriften nicht eingehalten würden. Derjenige, der sich nicht mit Fisch und Brei begnügt habe, müsse damit rechnen, daß Perchta ihm den Bauch aufschneidet, die verbotene Speise herausnimmt, statt dessen Häckerling einfüllt und den Bauch dann mit Pflugschar und Eisenkette wieder zunäht.[16] Von daher erklärt sich die Funktion der Perchta als Kinderschreck. In Oberbayern um Traunstein drohe man den Kindern, "Berche" werde am Vorabend von Epiphanie kommen und ihnen den Bauch aufschneiden. (Um dieser Strafe zu entgehen, backe man fette Kuchen und schmiere sich damit den Bauch ein. Man hofft, daß "Berche"[17] dadurch mit dem Messer abrutscht.) Auch in dem von Haupt mitgeteilten mhd. Gedicht *Von Berhten mit der langen Nase* wird Perchta als Warn- und Schreckfigur eingesetzt. Der Hausvater ermahnt Gesinde und Kinder, sie sollten die aufgetragenen Fastenspeisen essen, damit Perchta sie nicht durch ihren Tritt strafe. Als das Kind verängstigt fragt, was es mit der Warnung des Vaters auf sich habe, antwortet dieser:

"'das sagich dir:
dû solt ez wol gelouben mir:
ez ist sô grinlîche getân,
daz ich dirs niht gesagen kan,
wan swer des vergizzet,
daz er niht vaste izzet,
ûf den kumt ez unde trit in.'"

Grimm weist auf die von Haupt herangezogene Handschrift hin, bezieht sich aber selbst auf eine weitere Handschrift desselben Gedichts, die mit der Überschrift *daz maere von der Stempen* versehen ist.[18] Statt "Berche" wird hier der Name "Stempe" eingesetzt. Es muß sich nach Grimm um einen Beinamen der Perchta handeln, der von ihrem Stampfen herrührt.[19] Rein spekulativ ist Grimms Rückschluß auf die bei Tacitus (*Annales* lib. 1, c. 51) bezeugte Göttin

14 Cf. ibid. 1,226.
15 Cf. ibid. 1,226-228 mit 227 / Anm. 1 und ibid. 3,89.
16 Cf. ibid. 1,226f.
17 Cf. ibid. 1,229.
18 Nach Haupt handelt es sich um die Wiener HS. phil. 119 (ambr. 428) 17b. (Cf. Haupt (1836) 107).
19 Weitere Belege für diese Tradition sind in den Nachträgen zur *DM* zusammengestellt. (Cf. *DM* 3,90).

"Tamfana / Tanfana".[20] Die Verbindung, die J. Grimm selber als "nicht überkühn" apostrophiert, wird über den Vermerk hergestellt, daß "S dem T zuweilen vorgeschlagen wird".[21]
Nach den Sagentraditionen trete Perchta aber auch an der Spitze einer Schar weinender klagender Kinder auf. Die Kinder seien gestorben, bevor sie getauft wurden und so als Heiden der heidnischen Perchta verfallen.[22]
Daneben gehöre Perchta zu denjenigen heidnischen Göttinnen, die das "wütende heer" anführen könnten.[23] Insofern sei sie mit den in der Schweiz bekannten weiblichen Spukgestalten "Posterli" und "Sträggele" identisch.[24]
Nicht selten verlange Perchta von Männern, die ihr bei ihrem Umzug begegnen, sie sollten ihren Wagen reparieren. Der Lohn, den sie in Spänen gäbe, verwandle sich zur Überraschung der Beschenkten in Gold. Lauert man ihr aber in der Hoffnung auf den besagten Lohn bewußt auf oder lacht beim Anblick der Perchta und ihrer Schar, vergelte sie dies mit schweren Strafen.[25]
Das "Perchtenlaufen" oder "Perchtenspringen", bei dem sich die jungen Männer vermummten und mit Kuhglocken und Peitschen lärmten, sei ein Relikt aus dem Perchtakult.[26]
Im Blick auf die Deutung der Bräuche als heidnische Kultformen und die Klassifizierung der Perchta als germanische Göttin legt sich die Frage nach der Genese der Figur nahe.
Die Herleitung der Perchta aus dem Namen des christlichen Festes 'Epiphania' oder 'Theophania' lehnt J. Grimm ab, obwohl er weiß, daß das Fest in einer ahd. Glosse als "giperahta naht" und in ma. Urkunden als "perchtentag, perchtennaht" etc. bezeichnet ist.[27]
Trotz des Befundes, daß die frühesten Belege für Frau Perchta erst aus dem 14. bzw. 15., allenfalls dem 13. Jahrhundert stammen, während das Epiphaniasfest in die Zeit der Alten Kirche zurückreicht, erscheint es J. Grimm wahrscheinlicher, daß sich die Vorstellung von Epiphanie als dem leuchtenden Tag in Analogie zur bereits vorhandenen germanischen Perchta entwickelte. Hier zeigt sich, wie sehr J. Grimm geneigt ist, sich um romantisch-mythischer Spekulationen willen gegen die Chronologie der tatsächlich vorhandenen Zeugnisse zu stellen. Die Priorität der heidnischen Perchta wird gegen die Evidenz der Quellen vertreten.
Merkwürdigerweise sieht Grimm gerade in der Existenz der italienischen Fee "Befana", die "aus epiphania (befania) entsprang", ein Argument für seine These, denn:

20 Um der Idee der Göttin "Tamfana / Tanfana" willen ist J. Grimm gutgläubig geneigt, die Wiener Fälschung des "ahd. Schlummerliedes" anzuerkennen. (Cf. J. Grimm, *Über die Göttin Tanfana*, KS 5,418-421, cf. dazu auch Denecke (1971) 113f.).

21 Cf. *DM* 1,230f.

22 Cf. ibid. 1,228f. und ibid. 2,777f.

23 Zum wütenden Heer siehe die Ausführungen unter Teil 2, 1.1.2. und Teil 2, 1.3.

24 Cf. *DM* 2,777-779.

25 Cf. ibid. 1,228f.

26 Cf. ibid. 1,231.

27 Die Belege sind gesammelt bei Schmeller (1877[2]) 1,269. J. Grimm bezieht sich auf den 1827 erschienenen Teil 1 der ersten Auflage des Wörterbuchs.

> "es wäre doch seltsam, wenn zweimal, unter verschiednen völkern, ein name des calenders die erfindung eines übernatürlichen wesens veranlaßt hätte; wahrscheinlicher ist, daß sich in Italien wie bei uns ältere volksüberlieferungen mit jener christlichen benennung zu verschmelzen suchten."[28]

Demgegenüber läßt sich das Argument anführen, daß die Internationalität der Kirche die Ausbildung ähnlicher Strukturen bei unterschiedlichen Völkern gerade bedingt und daß umgekehrt die Existenz gleicher Brauchformen und -figuren bei verschiedenen christlichen Völkern eher auf die Entstehung dieser Brauchformen im christlichen Bereich verweist.

Für die Priorität der heidnischen Perchta scheinen ihm ihre mythischen "eigenheiten" und v.a. auch ihre Identität mit der altdeutschen Holda zu sprechen. Die Figur der Holda, die unabhängig vom christlichen Kalender entstanden sei, lasse den Schluß zu, daß auch Perchta nicht aus dem Epiphaniasfest abzuleiten sei. 'Holda' und 'Perchta' seien adjektivische Benennungen *einer* heidnischen Gottheit, die in der Julzeit umging. Die heidnischen Vorstellungen seien von den Christen auf die kirchlichen Feste Weihnachten und Neujahr (d.h. Epiphanie) verlagert worden und mit diesen verschmolzen.[29]

Die Identität von Holda und Perchta zeige sich durch die Parallelität ihrer Einzelzüge, die J. Grimm auflistet:

> "sie ziehen auf *wagen* einher, gleich der mutter Erde, und begünstigen ackerbau und schiffahrt unter den menschen, ein *pflug*, von dem goldspäne abfallen, ist ihr heiliges geräth. auch das ist göttlich, daß sie *plötzlich* erscheinen und zumal Berhta ihre gaben *zum fenster herein* reicht. beiden liegt spinnen und weben an, sie fordern fleiß und heiligung der feiertage, an dem frevler werden grausame strafen vollzogen. In ihrem heer finden sich die seelen *kleiner kinder*, wie sie über *elben* und *zwergen* herschen, aber auch *nachtfrauen* und *zauberinnen* folgen in ihrem geleite, das alles schmekt nach dem heidenthum."[30]

Wie Perchta tritt Holda in den Zwölften auf und nimmt einen ähnlichen Funktionsbereich ein. Sie ist sozusagen das Pendant der nördlichen Gegenden zur südlicheren Perchta. Bekannt ist sie v.a. in Hessen und Thüringen, aber darüber hinaus auch im Voigtland, in Nordfranken, der Wetterau bis zum Westerwald und dem an Thüringen grenzenden Niedersachsen.

Während bei Perchta die negative Bedeutung vorherrscht, wird Holda meist als gütiges Wesen, das sich den Menschen gegenüber hilfsbereit und freundlich erweist, geschildert. Holda könne aber auch - vor allem, wenn sie den Funktionsbereich der Perchta, wie die Fahrt im wütenden Heer, einnimmt - als häßliche alte Frau mit langer Nase, großen Zähnen und struppigem, wirren Haar erscheinen.[31] Der Name Holda hat für Grimm "reindeutsche

---

28 *DM* 1,234.

29 Cf. ibid. 1,233f. Die in Teil 1, 2.1. allgemein besprochene Akkommodationstheorie J. Grimms wird hier sozusagen am Beispiel vorgeführt.

30 Cf. ibid. 1,234. In Wendungen wie "das alles schmekt nach dem heidenthum" könnte man (unbewußte) Annäherungen J. Grimms an die Sinnlichkeit der Sprache als von ihm angenommenes Kennzeichen der 'Naturpoesie' vermuten.

31 Cf. ibid. 1,221-224. 226.

bedeutung und noch heute in lebendiger volksüberlieferung festen grund." Etymologisch hänge er mit dem altn. 'hollr' zusammen.

Ohne konkrete Hinweise dafür zu haben, äußert J. Grimm die Vermutung, die inschriftlich bezeugte "Dea Hludana" sei unter der Voraussetzung, daß man "Hludana" in "Huldana" umforme, "urältestes zeugnis für *Hulda*".[32] Das früheste Zeugnis "für den bestimmteren gebrauch des namens *Holda*" entnimmt er Burchard von Worms. (*Decretorum libri* 19, c. 5)[33] Diese Angabe wird in den Nachträgen korrigiert. Der früheste Beleg finde sich bereits bei Walafrid Strabo (*Canis. ant. lect.* 6,621 oder 2,232).[34] Die weiteren von J. Grimm angeführten Belege reichen nicht über das 15. Jahrhundert hinaus. Im 11. *sermo* der Predigtsammlung *Sermones discipuli de tempore et sanctis* (1430-35) sei Diana als Anführerin des wilden Heeres durch "die frawen unhold" wiedergegeben.[35] Bei genauer Durchsicht des 11. Sermo von Johannes Herolt in verschiedenen Drucken zeigt sich, daß der Überlieferungsbefund divergiert. Das von J. Grimm angegebene "die frawen unhold" war in den von mir durchgesehenen Drucken Köln 1504, Köln 1510, Leiden 1514, Nürnberg 1520 und Venedig 1603 nirgends zu finden. Die Kölner Drucke von 1504 und 1610 geben Diana durch "die vrauwen huld" wieder. In den Drucken Leiden 1514, Nürnberg 1520 und Venedig 1603 wird Diana durch keinen anderen Namen erläutert. Das Zeugnis aus den Fabeln des Erasmus Alberus, wo "fraw Hulda" im Zusammenhang mit dem wilden Heer erwähnt wird, fällt bereits ins 16. Jahrhundert:

> Es kamen auch in diesem heer
> Viel Weiber, die sich forchten sehr,
> Und trugen sicheln in der handt,
> Fraw Hulda hatt sie ausgesandt."
> (16. Fabel: *Von der Berge geburt*)[36]

Im 16. Jahrhundert ist Frau Holle bereits mehrfach bezeugt.[37] Ein wichtiger Gewährsmann ist Martin Luther. Frau Holda nimmt bei ihm die Rolle der menschlichen Vernunft ein, die dem Glauben feindlich ist und daher negativ bewertet wird.[38] Eine bedeutsame Quelle für die Traditionen um Frau Holle seien auch Sagen und Märchen. J. Grimm verweist hier besonders auf *KHM* 24 und die *Deutschen Sagen* 48.[39]

Wenn Luther die alttestamentliche Prophetin "Chuledda, Chulda" (2 Kön. 22,14) mit 'Hulda'

---

32 Cf. ibid. 1,220f. mit 221 / Anm. 1 und 1,212.

33 Cf. PL 140,962A, cf. *DM* 1,221.

34 Cf. *DM* 3,87.

35 Cf. *DM* 2,778.

36 Erasmus Alberus, ed. Braune (1892) 70, cf. *DM* 1,223 / Anm. 2.

37 Cf. *DM* 1,223f.

38 Cf. M. Luther, *Kirchenpostille. Epistel am Sontag nach dem Christag* Gal 4,1-7; WA 10,1,326f. und id., *Tischreden aus Johannes Aurifabers Sammlung* Nr. 6889, WA Tischreden 6,252: "'Ja', spricht D.M.L., 'es ist kein größer Schalk denn die Sonne; denn wenn dieselbe nicht schiene, so geschähen nicht Dieberey, Ehebrecherey, Räuberey und Plackerey. Unser Herr Gott ist die größt Ursach zu sündigen; warum hat ers also geschaffen? spricht Frau Hulda, die Vernunft.'"

39 Cf. *DM* 1,222 mit Anm. 2.

übersetzt, so gehe er von der deutschen Tradition der Frau Holda aus. Der Name der Frau Holda sei zu sehr in der deutschen Überlieferung verwurzelt, als daß man die Gestalt aus der unbedeutenden Figur des AT ableiten könnte. Außerdem gäbe es Bezüge der Holda zur nordischen Mythologie, die zwar keine der Holda entsprechende Holla, aber immerhin Zauberinnen bzw. Waldfrauen mit Namen "Hulla, Huldra, Huldre" kenne.[40]

Der Wohnsitz der Frau Holle sei der "Hoselberg, Horselberg".[41] Erst im 15./16. Jahrhundert habe man aus Frau Holle, die im "Hoselberg" wohne, Frau Venus gemacht und den Berg entsprechend "Venusberg" genannt. Damit ist in den Augen J. Grimms eine genuin deutsche Tradition überfremdet worden. Frau Holda und Venus seien im Grunde identisch. Als Garanten dieser Identität zieht er die Sagengestalt des treuen "Eckhart" heran, der sowohl zu Holda wie Venus in Verbindung steht. Durch diese Verbindungslinie und die Überlieferung, Frau Holle wohne im Hörselberg, was nicht näher auf den Zeitpunkt der Entstehung hinterfragt wird, gelangt J. Grimm zu der Behauptung, "die identität der Holda und Venus liegt außer zweifel."[42]

Neben Holda und Perchta seien Herodias, Diana und die "domina Abundia" bzw. "dame Habonde" zu stellen. J. Grimm versteht sie alle als Ausformungen derselben Gottheit.[43] Herodias, die von Grimm und in den Quellen mit ihrer Tochter Salome kontaminiert wird, müsse mit den bösen Geistern herumziehen, weil sie den Tod Johannes des Täufers verursacht habe. Burchard von Worms stellt sie neben die heidnische Göttin Diana:

> "Illud etiam non omittendum quod quaedam sceleratae mulieres retro post Satanam conversae, daemonum illusionibus, et phantasmatibus seductae, credunt se et profitenter nocturnis horis, cum Diana paganorum dea, vel cum Herodiade et innumera multitudine mulierum equitare super quasdam bestias, et multa terrarum spatia intempestae noctis silentio pertransire ejusque jussionibus velut dominae obedire et certis noctibus ad ejus servitium evocari." (*Decretorum libri* 10, c. 1)[44]

Für Grimm steht es außer Zweifel, daß sich die christliche Vorstellung von Herodias schon im Frühmittelalter mit einheimischen heidnischen Sagen vermischte. Indem man Züge von Frau Holda, sowie Sagen über nächtliche Hexenfahrten und das wilde Heer auf sie übertragen habe, sei sie aus einer jüdischen Königstochter zur heidnischen Göttin, die neben Diana zu stellen sei, gemacht worden. Die Rückbeziehung von Herodias und Diana auf das einheimische keltische oder germanische Heidentum wird für J. Grimm durch das Vorkommen der "domina Abundia" oder "dame Habonde" in mittelalterlichen französischen Quellen gestützt. Guilielmus Alvernus (Wilhelm von Auvergne) berichtet von einer "domina Abundia", die zu den Dämonen gehöre bzw. die Dämonenschar anführe. Von ihr sagt man, sie besuche nachts

---

40 Cf. ibid. 1,224f.

41 Zum Hörselberg als Fegfeuerstätte siehe Brüder Grimm, *Deutsche Sagen* 174.

42 Ibid. 2,781.

43 Cf. ibid. 1,234-239.

44 PL 140,831f.DC. Von ähnlichen nächtlichen Zusammenkünften berichtet Joannes Saresberiensis, *Polycraticus* lib. 2, c. 17, PL 199,436A, weitere Belege zu Herodias und Diana *DM* 1,235-237.

Häuser und Keller und tue sich dort an Speisen und Getränken gütlich. Denen, die etwas für sie bereitstellen, gewähre sie die ihr eigene Gabe, nämlich "abundantiam bonorum temporalium". Es zeige sich durch die Belege aus Guilielmus Alvernus auch, daß die "domina abundia" wie Holda und Perchta an ihrem Feiertag bestimmte Speisen erwartet, die ebenso für sie bereitgestellt werden müssen.[45]

Frau Holle wird auch mit der niedersächsischen "fru Freke", in der J. Grimm aufgrund entfernter Ähnlichkeiten im Namen eine "spur" der nordischen Göttin Frigg erkennen will, gleichgesetzt.[46]

Über eine Suggestivfrage wird Holda ferner mit Isis, die von J. Grimm im Kontext der Erdgöttinnen behandelt wird, identifiziert:

> "Sollte der name, unter welchem die Sueven die von Römern der Isis gleichgesetzte göttin verehrten, sollte nicht wenigstens eine ihrer nebenbenennungen gewesen sein *Holda*?"[47]

Grimm bezieht sich hier auf das Zeugnis des Tacitus, nach dem ein Teil der Sueven Isis verehrte. Tacitus betont, daß er die Ursache und die Herkunft des fremden Kultes nicht hinreichend habe ermitteln können. Das Symbol der Göttin, das nach Art eines Liburnerschiffes gestaltet sei, weise darauf hin, daß es sich um eine aus der Fremde eingeführte Religionsform handle.[48] Grimm hält es für unwahrscheinlich, daß der Isiskult bereits im 1. Jahrhundert nach Deutschland gedrungen sei und setzt eine genuin germanische Erdgöttin an, die Tacitus in Form der Interpretatio Romana wiedergegeben habe.[49]

Überhaupt sei davon auszugehen, daß die Germanen wie andere Völker auch die Erde unter verschiedenen Namen verehrten. J. Grimm weist hier auf eine in niedersächsischen Gegenden bezeugte "frau Herke" oder "frau Harke" hin. Ihren Namen faßt er als Diminutivform zu "ero", "hero" auf, was ahd. für 'Erde' bezeugt ist.[50]

Als wichtigsten Beleg für den vermuteten Zusammenhang führt J. Grimm ein Zeugnis aus dem 15. Jahrhundert an. Bei Gobelinus Persona wird gesagt, daß die Sachsen Hera-Juno verehren und glauben, sie fliege zwischen Weihnachten und Epiphanie durch die Lüfte. Im Volk würde man sie "corrupto nomine" als "vro Here" bezeichnen.[51] Bei genauerer Betrachtung dieser Passage wird deutlich, daß der Beleg auf die griechische Hera, deren Parallelität mit Juno noch dazu explizit herausgestellt wird, zu beziehen ist und nicht als Zeugnis für eine autochthone altgermanische Erdgöttin "Hero" ausgewertet werden kann. Da J. Grimm diese Schwierigkeiten wohl durchaus sah (ohne sie freilich auszusprechen), wird

45 Cf. *DM* 1,237-239.
46 Cf. ibid. 1,252f.
47 Cf. ibid. 1,220.
48 Tacitus, *Germania* c. 9: "pars Sueborum et Isidi sacrificat: unde causa et origo peregrino sacro parum comperi nisi quod signum ipsum in modum liburnae figuratum docet advectam religionem."
49 Cf. ibid. 1,218.
50 Cf. ibid. 1,207.210.
51 Cf. Gobelinus Persona, *Cosmodromii aetas* 6, c. 38, ed. Meibom (1688) 1,235.

die griechische Hera zur Erdgöttin stilisiert - ein Gedanke, der erneut über eine Frage formuliert wird.[52] Unbewiesen und unbelegt bleibt auch die Vermutung, Isis stünde mit einer schwäbischen Zisa in Verbindung.[53]

Am reinsten sei die Idee der Erdgöttin im germanischen Bereich jedoch in Nerthus erkennbar. Tacitus bezeugt die Verehrung der Nerthus als "Terra mater" für die Reudigner, Avionen, Angeln, Variner, Eudosen, Suardonen und Nuitonen. Der feste Sitz der Nerthus liege in einem heiligen Hain auf einer Insel. Dort befinde sich auch ihr mit Tüchern verhängter Wagen. Wenn der Priester bemerke, daß die Göttin im Wagen anwesend sei, beginne die Fahrt der Nerthus. Während ihres Umzugs werden frohe Feste gefeiert, und es herrsche Waffenruhe, bis die Göttin wieder in den Hain zurückgefahren wird. In einem geheimen See werden der Wagen, die Decken und, "si credere velis", die Göttin selbst gewaschen. Die Diener, die diesen Dienst verrichten, werden sogleich vom See verschlungen. (*Germania* c. 40)

Die Verehrung der Nerthus (und Isis), die ja nur eine Interpretatio Romana für die germanische Erdgöttin darstelle, wird von J. Grimm nun zu den Erdgottheiten der nordischen, antiken und indischen Mythologie in Parallele gesetzt. [54] Grimm betont besonders die Übereinstimmung zwischen der bei Tacitus bezeugten Nerthus und den nordischen Vanengöttern Freyr und Njörd. Nerthus sei über einen Geschlechtswechsel mit dem gleichlautenden Njörd zu verbinden.[55] Zentral für die Grimmsche These von der Kontinuität heidnischer Götter und ihrer Mythen ist, daß er die Verehrung der Erdgöttin noch in "lebendiger überlieferung eines im mittelalter fortdauernden cultus" zu greifen glaubt. Besonders deutlich sei der Bezug der lebendigen Bräuche zum Isisschiff.[56] J. Grimms wichtigster Beleg hierfür ist dem *Chronicon Abbatiae S. Trudonis* lib. 12, c. 11-14 entnommen. Aufgrund der Relevanz für seine Fragestellung gibt er die Passage über das sogenannte Weberschiff von Saint-Trond vollständig wieder.[57]

In der von J. Grimm herangezogenen Chronikstelle wird nun gesagt, daß die Weber aufgrund ihres Hochmuts und des Unrechts, das sie anderen zufügten, bestraft werden sollten. Ein Bauer aus einem Dorf namens Inden (bei Aachen) dachte sich, um die Weber zu demütigen, eine teuflische Sache aus, "diabolicam excogitavit technam" (c. 11). Nachdem er die Zustimmung der Richter erhalten hatte, baute er mit der Hilfe leichtsinniger Menschen in einem nahegelegenen Wald ein Schiff und versah es mit Rädern. Wiederum holte er die Erlaubnis

52 Cf. *DM* 1,210.
53 Cf. ibid. 1,247.
54 Cf. ibid. 1,208-212.
55 Cf. ibid. 1,208f.
56 Cf. ibid. 1,213-219.
57 In der Ausgabe der *Deutschen Mythologie* von 1835 führt er den Abdruck der Chronikstelle bei "Dachery spicil. tom. 7 (Paris 1666. 4) p. 501-505, oder tom. 2 (Paris 1723 fol.) p. 704-706" als Quelle an (cf. *DM* (1835) 1,158-162), während die 4. Auflage sich mit dem Hinweis "Pertz 12,309ff." auf die Edition der Chronik durch Koepke (1852) bezieht (cf. *DM* 1,214-217). Ein Vergleich der zugrundegelegten Chronikausgaben zeigt, daß kleinere Varianten in Schreibart und Wortstellung von der unterschiedlichen Basis herrühren, daß der Sachverhalt jedoch unverändert ist.

der Obrigkeit ein und ließ das Schiff dann von den Webern, denen Seile über die Schultern gelegt wurden, nach Aachen ziehen. Dort wurde es von einer großen Menschenmenge empfangen. Als das Schiff sich nach verschiedenen anderen Stationen der Stadt St. Trond näherte, warnte der Abt Rodulfus die Bevölkerung davor, es aufzunehmen, weil er fürchtete, das Schiff, das mit bösen Geistern besetzt sei, würde Unruhe stiften. Man hörte aber nicht auf den Abt, ließ das Schiff ein und bestrafte die ortsansässigen Weber, weil sie sich bei der Übernahme des Schiffes verspäteten. (Die Weber, die das Schiff zu ziehen hatten, wurden von Ort zu Ort abgelöst.) Nachdem der Chronist die Klagen der Weber breit geschildert hat, gibt er als Geistlicher seiner Empörung über das ausschweifende Treiben in der Stadt Ausdruck. Zwölf Tage lang habe man sich mit ausgelassenen Festen vergnügt.

> "concrepabant ante illud, nescio cuius potius dicam, Bacchi an Veneris, Neptuni sive Martis, sed ut verius dicam, ante omnium malignorum sprirituum execrabile domicilium genera diversorum musicorum, turpia cantica et religioni christianae indigna concinentium..."[58]

Zwar habe es einige vernünftige Menschen gegeben, die zur Vernichtung des Schiffes rieten, aber die Torheit habe sich durchgesetzt, und man leitete das Schiff weiter nach Duras. Die Bürger von Löwen, wohin das Schiff daraufhin gezogen wurde, versperrten ihre Tore. Was danach mit dem Schiff geschah, sei nicht bekannt. Das Unternehmen habe allerdings Streit unter den Territorialherren verursacht.[59]

J. Grimms Argumentation ist nun darauf zugespitzt, daß die Geschehnisse um das Schiff vom Standpunkt des geistlichen Berichterstatters aus negativ bewertet sind. Der Chronist bezeichne das Schiff als "malignorum spirituum simulacrum", als Schiff des Neptun, Bacchus, Mars oder der Venus (c. 11). Gesang und Tanz könnten nicht der Grund für solchen Zorn sein. Vielmehr handle es sich um "erinnerungen an einen uralten heidnischen cultus, der jahrhunderte lang gehindert und eingeschränkt nicht vollends hatte ausgerottet werden können." Für Grimm ist klar, daß das Schiff als Wagen der Isis zu deuten sei. Während das Volk ihren Namen vergessen habe, sei den gelehrten Geistlichen der Zusammenhang mit dem Heidentum noch bewußt, was schon der vom Chronisten angesprochene Bezug zu den heidnischen Göttern Neptun, Mars, Bacchus und Venus zeige. Den sozialen Kontext des Weberschiffes verliert J. Grimm nicht ganz aus dem Auge. Es sei - so schreibt er - bemerkenswert, daß gerade die in den Niederlanden verhaßten Weber das Schiff ziehen mußten.[60]

Als Bestätigung seiner Deutung des Weberschiffes weist Grimm auf die in der Fastnacht gebräuchlichen Umzüge mit Pflügen oder Schiffen hin.[61] Sowohl das Pflugumziehen wie die Narrenschiffe der Fastnacht seien Varianten der Grundidee des Isisschiffes.

58 Ed. Koepke (1852) 310, cf. ed. d' Achéry (1723^2,1666) 705.
59 Siehe ed. Koepke (1852) 309-311, cf. ed. d' Achéry (1723^2,1666) 704-706.
60 Cf. *DM* 1,217f.
61 Cf. ibid. 1,218f. und ibid. 3,86f.

2.1.2. Kritische Prüfung der Thesen Jacob Grimms

2.1.2.1. Die Entstehung der Perchta aus dem christlichen Kalender

J. Grimms Ausführungen zur Gestalt der Frau Perchta[62] zogen ein breites Spektrum mythologischer Deutungsansätze nach sich. Die Vielfalt der Interpretationen, zu denen die Überlegungen Grimms Anstoß gaben, soll im folgenden skizziert werden:
Im Anschluß an Grimm sind "Fru Gode, Fru Freke, Harke, Frau Holla, Frau Berchta oder Stempe, Trempe, Werre" für Simrock "Symbole der Einen großen mütterlichen Gottheit" bzw. "der deutschen Urgöttin".[63] Nach E.H. Meyer verbirgt sich die nordische Göttin Frigg hinter Holda, Perchta und Fru Frick. Dieser Zusammenhang lasse sich aus der Gleichheit der Attribute Spindel und Rocken erschließen.[64] In ähnlicher Weise geht A. Wuttke davon aus, daß die nordische Frigg hinter Holda, Perchta usw. stehe. Die Grundidee der einen deutschen Hauptgöttin sei "die ernährende, fruchtbare Natur".[65] Die Grimmsche Vorstellung von Perchta als Lichtgestalt der germanischen Religion wird besonders von Bretschneider aufgegriffen. Gerade weil Perchta ursprünglich eine sehr hohe Idee des Heidentums verkörperte, sei sie von der mittelalterlichen Kirche so stark herabgewürdigt worden.[66] Weiser plädiert für einen Zusammenhang der Perchten mit germanisch-totemistischen Vorstellungen vom Totenheer, wobei als Totem das "Seelentier" zu denken sei. Von hier aus ließen sich die Tiermasken in den Perchtenbräuchen erklären. Da die Umzüge der Julzeit von den jungen Männern der Gemeinden durchgeführt würden, ließen sich auch Bezüge zu Initiationsriten herstellen.[67] Kranzmayer glaubt, die Urgestalt der Perchta reiche in die vorliterarische Zeit des germanischen Altertums zurück,[68] und Hanika geht noch 1953 davon aus, daß die Perchta der Umzüge und Sagen in direkter Linie mit einer germanisch-deutschen Urgestalt stehe.[69] Mannhardt führt die Entstehung der heidnisch-germanischen Göttinnen Holda, Perchta usw. im Zuge seiner naturmythologischen Spekulationen auf die Differenzierung der Schar von Wasserfrauen, die letztlich Personifikationen der Wolke seien, zurück. Als Wolkenpersonifikationen entsprächen die Göttinnen den Elben und stünden den Naturgewalten Sonne, Wind und Gewitter nahe.[70] Auch H. Koch geht davon aus, daß Perchta ursprünglich zu den "elbischen vegetationsdämonen" gehörte und sich erst im Laufe der Zeit

62 Cf. *DM* 1,226-234.
63 Cf. Simrock (1874⁴,1855) 379f.
64 Cf. E.H. Meyer (1903) 424f.
65 Cf. A. Wuttke (1925⁴,1860) 24f. Eine ähnliche Deutung vertritt auch Albers (1907²,1891) 49. 140. 189. 312. 328 und Bronner (1908) 22.
66 Cf. Bretschneider (1939) 126f.
67 Cf. Weiser (1927) 50-59.
68 Cf. Kranzmayer (1939) 55.
69 Cf. Hanika (1953) 199-201.
70 Cf. Mannhardt (1858) 726.

zum Einzeldämon entwickelte. Darüber hinaus seien Perchta und Holda mit der Unterweltsgöttin Hekate "nahezu identisch".[71] Im Kontext der naturmythologischen Vorstellungen von Schwartz erscheint Perchta, die der Frick entspreche, als Regengöttin.[72] Gleichzeitig sei sie als Gewittergottheit zu verstehen. Ihr Attribut, die Spindel, stehe für den Blitz. Die Gewittergottheit hätte sich sekundär - durch Verlegung des Umzugs der Gottheit auf die Zeit der Wintersonnenwende - zu einer Sonnengöttin entwickelt.[73] Für Nork beweisen Spindel und Rocken Perchtas sowie die ursprünglich als Opfergaben gedachten Speisen ihres Festtages, daß es sich um eine Fruchtbarkeitsgöttin handle. Gerade die Pflugschar weise sie unzweifelhaft als "befruchterin des Mutterschooßes, wie des Erdenschoßes" aus.[74]

Sepp versteht Perchta als Seelengeist.[75] In diese Richtung geht auch die Deutung von Waschnitius. Es sei entscheidend, daß Perchta im Winter, also während des großen indogermanischen Seelenkultfestes auftrat. Das idg. Seelenkultfest, das ein Totenfest war, lebte nach Waschnitius im germanischen Julfest und im christlichen Weihnachtsfest weiter. Zur Zeit des großen Festes würden die Seelengeister entweder einzeln oder als Seelenheere auftreten. Perchta sei ein Einzeldämon, der dem Seelenglauben unmittelbar entsprungen sei und nachträglich mit dem Bild vom Kinderseelenheer verbunden wurde. Die grundsätzliche Vorstellung von Perchta habe also schon vor der christlichen Bezeichnung "Perhtennacht" bestanden und reiche in heidnische Zeit zurück. Die Perchtenumzüge seien als "*mimische Darstellung von Seelendämonen*" zu verstehen und zeigten ihren heidnischen Charakter deutlich. So seien etwa die als Geschenke verwendeten Äpfel und Nüsse ursprünglich Symbole der Fruchtbarkeit, und in der Rute verberge sich die Lebensrute.[76] Auf derselben Linie liegt die Interpretation Mangs, der in Perchta und Holda altgermanische Totengöttinnen sieht.[77] Auch Peuckert versteht Perchta als Seelengeist und Todeswesen.[78] Kretzenbacher geht sogar soweit, hinter der germanischen Perchta die Gestalt einer idg. Seelenführerin zu vermuten.[79]

Liungman betont demgegenüber zwar, daß es sich bei der Perchtatradition um Neuschöpfungen, die nicht über das Mittelalter hinausreichten, handele, geht aber davon aus, daß sich die Perchten unter Anwendung der Gesetze der Märchenforschung (wie Erweiterungen, Vertauschungen, Verschmelzungen...) auf antike griechisch-römische Traditionen zurückführen lassen. Die Neuschöpfung habe sich in den Ostalpen bei den

---

71 Cf. H. Koch (1937) 163. 167.
72 Cf. Schwartz (1860) 6f.
73 Cf. id. (1862^2,1849) 95-97.
74 Cf. Nork (1848) 458.
75 Cf. Sepp (1890) 32-35.
76 Cf. Waschnitius (1913) 140-164.
77 Cf. Mang (1927) 14.
78 Cf. Peuckert (1942) 104.
79 Cf. Kretzenbacher (1941) 87.

Illyrern, die die alten Überlieferungen in großem Umfang bewahrten, vollzogen.[80] Für Beitl stehen die Perchtenumzüge im Kontext "der Übelvertreibung und der Fruchtbarkeit des neuen Jahres".[81]

All diesen Meinungen liegt die These zugrunde, daß das Winterbrauchtum von vielen vorchristlichen Vorstellungen durchsetzt sei.[82]

Man kann bei einer kritischen Sichtung und Deutung der Quellenbelege jedoch zu anderen Ergebnissen kommen, wie namentlich die Arbeiten Rumpfs zur Perchtengestalt zeigen.[83]

Der Begriff 'Perht' tritt erstmals in den Datumsangaben 'Perchtag' bzw. 'Perchtnacht' auf. Der wichtigste Beleg in diesem Zusammenhang stammt aus der umfangreichsten und reichhaltigsten ahd. Glossenhandschrift der zweiten Hälfte des 11. Jahrhunderts,[84] dem clm. 18140. Die griechischen bzw. lateinischen Begriffe "Theophania apparitio" werden hier durch das als Lehnübersetzung aufzufassende "giperehtennaht" glossiert.[85] Die Lehnübersetzung erklärt sich aus der Etymologie der Begriffe. Die Wurzel von 'giperehten'-ist das Adjektiv "ber(a)ht", "peraht", "pereht",[86] was soviel heißt wie 'hell scheinend', 'glänzend', 'erhellt' und auch in religiös-mystischem Sinn für 'erfüllt vom Licht der Gottheit', 'verklärt', verwendet wurde.[87] (Abgeleitet davon ist das nhd. 'Pracht'.) Damit bietet sich eine Übersetzung des griechischen "Theophania", das im Wort die Erscheinung der Gottheit zum Ausdruck bringt (θεός und φαίνω) und des lateinischen "apparitio", das bereits auf den Aspekt des Erscheinens ('apparere') reduziert ist, durch eine Ableitung des Adjektivs 'peraht' an. Ganz analog wird auch heute noch das Ephiphaniasfest durch die Bezeichnung 'Erscheinung' oder 'Erscheinung des Herrn' verdeutscht.

Dieser Befund läßt sich durch weitere Belege stützen. In der *Traditio hominis proprii, facta ab Albano de Reichersbeurn monasterio S. Clarae.* Anno 1297 ist ein "paerhten tag" erwähnt[88], ebenso in einer Schenkungsurkunde von 1316.[89] Im Oberaltaicher Evangelienbuch aus dem 14. Jahrhundert heißt es in bezug auf die Lesung der Evangelien an und nach dem Epiphaniastag: "An dem Perhtag", "Des suntags nach dem perhtag", "An dem phentag", "Der ander suntag nach dem prehen tag".[90] Auch in der Reimchronik des Ottokar von Steiermark

---

80 Cf. Liungman (1938) 629f. Rumpf bemerkt zu den Ausführungen Liungmans, daß sich der von ihm angestrebte Nachweis einer Traditionswanderung zwischen Euphrat und Rhein "nur durch abenteuerliche Brückenschläge" erbringen lasse, jedoch nicht den Maßstäben einer quellenkritischen Analyse genüge. (Cf. eadem (1973) 123).

81 Cf. Beitl (1974^3,1939) 152.

82 Cf. Wiegelmann / Zender / Heilfurth (1977) 144f.

83 Die Untersuchungen Rumpfs sind neuerdings zusammengefaßt in dem Band *Perchten* (1991).

84 Cf. Steinmeyer (1901) 1.

85 Clm. 18140,242a.

86 Cf. Graff (1837) 3,209.

87 Cf. Karg-Gasterstädt / Frings (1968) 1,880f.

88 Monumenta Boica 18,30.

89 Cf. ibid. 18,84.

90 Cgm. 66,6f.

(13. / 14. Jahrhundert) steht der "Perch-Tag" für den "Obrist-Tag", also für Epiphanie.[91] Wenn im 13. Jahrhundert dann erstmals eine "domina Perchta" in dem Oberaltaicher *Tractatus de septem vitiis* auftritt, so drängt sich der von J. Grimm abgelehnte[92] Schluß auf, daß es sich um eine Abstraktion bzw. Personifikation des Kalenderbegriffs handelt. Die "domina Perchta" wäre demnach also eine Gestalt, die zum quellenmäßig früher belegten Perchttag, d.h. zu Epiphanie gehört.

Ab dem 14. Jahrhundert ist die Figur der Perchta mehrfach erwähnt. Martin von Amberg kennt "die berichte mit der eyserein nasen",[93] das schon mehrfach erwähnte Gedicht von 1393 aus Tirol ist *Von Berhten mit der langen Nase*[94] überschrieben und auch Vintler spricht von "Percht mit der eisnen nas".[95]

Nachdem sich aus dem Quellenbefund nahelegt, daß die Perchta im christlichen Kontext anzusiedeln ist, soll im folgenden versucht werden, die einzelnen Motive bzw. Motivstränge, die sich mit den Perchten verbinden, auf ihre Entstehung hin zu befragen. Durch diese Vorgehensweise lassen sich wiederum Rückschlüsse auf den ursprünglichen Funktionsbereich der Perchta ziehen.

In dem Gedicht von 1393 ist deutlich, daß Perchta als Warn- und Schreckfigur eingesetzt wird.[96] Dieselbe Rolle kommt ihr auch auf Einblattdrucken des 17. Jahrhunderts in zahlreichen Sagen und in den Bräuchen, also etwa den Perchtenumzügen zu, in denen die Perchten einzeln oder in Gruppen persönlich auftreten.[97] Rumpf betont, daß die Einblattholzschnitte des 17. Jahrhunderts, zur Popularisierung der Perchtengestalt beitrugen und auch ein wichtiges Bindeglied im Vermittlungsprozeß von mittelalterlichen Quellen und Sagen- bzw. Brauchtumstraditionen darstellen.[98]

Häufig wird als Strafe der Perchta Gastrotomie genannt.[99]

Im Blick auf das Material wird deutlich, daß das 'Gastrotomiemotiv' in der Regel mit dem Speiseverbot verbunden ist.[100] Schon in dem mhd. Gedicht von 1393 zeigt sich, daß Perchta die Einhaltung des christlichen Fastengebotes überprüft, da sie nur den bestraft, der "niht vaste izzet".[101] Das Fastengebot am Vorabend vor Epiphanie erklärt sich als Vigilfasten vor einem

---

91 Cf. Rumpf (1973) 124. Weitere Nachweise hier sowie bei Rumpf (1980) 71 und Schmeller (1872², 1827-37) 1,269 .

92 Cf. *DM* 1,233f.

93 Martin v. Amberg, ed. Werbow (1958) 42.

94 Ed. Haupt (1836) 105-107.

95 Vintler, ed. Zingerle (1874) 261. Diese und andere Belege waren schon J. Grimm bekannt und wurden bei der Skizze seiner Argumentation bereits angesprochen.

96 Ed. Haupt (1836) 106, cf. auch Crusius (1595) 266 (Zitat oben).

97 Cf. Rumpf (1980) 57-76, eadem (1973) 116-121.

98 Cf. eadem (1980) 57-76, bes. 71.

99 Zum Gastrotomiemotiv siehe Rumpf (1987) *Gastrotomie* 5,740-744 mit einer Übersicht über die älteren mythologischen Deutungen, cf. auch eadem (1980) 62-64.

100 Cf. Rumpf (1980) 71. Es sei hier erwähnt, daß man auch für das Speiseverbot (abstruse) mythologische Erklärungen fand. (Cf. etwa Hanika (1951) *Bercht* 45).

101 Ed. Haupt (1836) 106.

kirchlichen Hochfest.[102] Damit ist Perchta diejenige Figur, die das kirchlich gebotene Fasten überwacht.

In gleicher Funktion treten auch Figuren auf, die in ihrem Namen den Bezug zu Fastengeboten bzw. Fastenterminen verraten. Am offensichtlichsten ist dies bei Frau Faste, dem Fronfastenweibchen und der Quatemberca, die sich aus dem kirchlichen Quatemberfasten entwickelt hat.[103]

Nach dem Quellenbefund übernahm Perchta erst sekundär die Rolle der Spinnstubenfrau, die die Spinn- und Hausarbeiten kontrolliert.[104] Diese Funktion hängt mit Spinn- und Arbeitsverboten zusammen. Eine Verbindung von Fasten- und Spinnkontrolle ergibt sich insofern, als an den Fastenterminen und ihren Vorabenden Arbeitsverbote bestanden. Auch an den Festtagen und ihren Vorabenden durften keine groben Hausarbeiten verrichtet werden, was wohl im Kontext der christlichen Feiertagsruhe zu sehen ist. Schon früh wurde von der Kirche die Arbeitsruhe in den Zwölften zwischen den beiden Eckdaten Weihnachten und Epiphanie verordnet.[105] Rumpf geht davon aus, daß das Spinnverbot am Donnerstagabend, woraus sich die Figur der Phinze oder des Pfinzdaweibli entwickelte, im Zusammenhang mit der Vigil des Freitags als Fastentag zu verstehen sei. Ganz entsprechend sei die Dienstagsfrau, die Torka, auf das Mittwochsfasten zu beziehen.[106]

Auch die Spinnstubenfrauen stellen also Personifikationen von Fest- oder Fasttagen bzw. Wochentagen dar, die mit den Fastenterminen in Beziehung stehen. Somit bewegt sich auch dieses Motiv im christlichen Kontext. Die Personifikation ist als Subkategorie der Allegorie aufzufassen. Da die Neigung, Allegorien auftreten zu lassen, erst ab dem Hochmittelalter zunahm, lassen sich von hier aus wiederum Rückschlüsse auf den Zeitraum der Entstehung der Perchta und der ihr ähnlichen Gestalten ziehen.[107]

Neben der Funktion Perchtas als Spinnstubenfrau und Schreckgestalt steht die Tradition der in den Zwölften (oft mit einer Kinderschar) durch die Lüfte fahrenden Dämonin, für die Speisen bereitgestellt werden.[108] Das Aufstellen der Speisen, die an manchen Orten als "bertlmilch" bezeichnet werden, ist mit Augurien verbunden.

102 Cf. Jungmann (1965) 10,787.

103 Cf. Rumpf (1980) 71 und eadem (1976) 233-239, cf. auch L. Schmidt (1963) *Quatember* 8,929. Zu den Quatembern als kirchliche Buß- und Fastenwochen siehe Fischer (1963) 8,928f.

104 Cf. eadem (1980) 71.

105 Cf. eadem (1976) 228-230. 239.

106 Cf. Rumpf (1976) 239 und cf. zur Torka bes. Kretzenbacher (1951) 170. Mittwoch und Freitag waren altchristliche Fastentage.

107 Rumpf weist darauf hin, daß das Auftreten der Schreckgestalten, die die Fastengebote und die Arbeitsruhe überwachten, allmählich die Bindung an konkrete Termine verlor. Daß sich dieser Prozeß v.a. im protestantischen Norddeutschland vollzog, ist sicher durch die Aufhebung der Fastengebote und der damit verbundenen Arbeitsverbote im Protestantismus bedingt. (Cf. Rumpf (1976) 234f. 241).

108 Cf. eadem (1973) 112-116, cf. *DM* 2,777f. und ibid. 3,89.

Es läßt sich zeigen, daß die für Perchta bereitgehaltenen Speisen (wie etwa Fische und Brei) im Zusammenhang mit den Geboten der Fastentage stehen, an denen sie erscheint.[109]
Es wurde jedoch auch hier ausgehend von J. Grimm ein breites Spektrum mythologischer Erklärungsansätze versucht.[110]
Beim Versuch einer Erklärung des Brauches ist von den Quellen auszugehen. In der Tegernseer Handschrift *Thesaurus pauperum* von 1483 wird gegen diejenigen polemisiert, die der festen Überzeugung sind, daß in den heiligen Nächten zwischen Weihnachten und Epiphanie bestimmte Frauen unter der Leitung der "domina perchta" in ihre Häuser kommen, was Fülle der zeitlichen Güter und Glück für das Haus bedeute:

> "qui firmiter credunt sacris noctibus inter natalis diem Christi et noctem epiphanie evenire ad domos suas quasdam mulieres quibus praeest domina perchta, quae domibus in quibus vise sunt et quas frequenter visitant putant largiri habundantiam temporalium et prosperitatem domus."[111]

Für diese Dämonenschar stelle man Speisen und Getränke bereit und glaube, daß die Geister davon nähmen.[112] Interessant ist nun, daß der Verfasser des *Thesaurus pauperum* an zwei Stellen deutliche Hinweise darauf gibt, daß er die Schriften des Pariser Bischofs Wilhelm bzw. Guilielmus Alvernus kennt. Er konstatiert "ut gwil dicit de fide et legibus"[113] und "Hoc est summa Wilh. pariß in tractatu de universo".[114] Franz weist darauf hin, daß Wilhelm von Paris, der die Engel- und Dämonenlehre in seinem Hauptwerk *De universo* und in der Schrift *De fide et legibus* ausführlich behandelt, in Deutschland stark rezipiert wurde. Der Magister Nikolaus Jauer, Nikolaus von Dinkelspühel und Thomas von Haselbach sowie auch Schriftsteller der späteren Zeit, unter denen Johannes Nyder, Dionysius Rickel und die Verfasser des *Malleus maleficarum* zu erwähnen sind, haben sich in ihren eigenen dämonologischen Ausführungen an den Pariser Bischof angelehnt. Nach Franz wurden beide dämonologischen Schriften des Guilielmus Alvernus in Deutschland mehr gelesen und benutzt, "als für eine selbständige Beobachtung und Beurtheilung heimischer Verhältnisse und Sitten wünschenswerth ist."[115] In diesem Zusammenhang ist entscheidend, daß Guilielmus Alvernus, den schon J. Grimm als Gewährsmann für die "dame Habonde" bzw. "domina Abundia" heranzieht,[116] die nächtliche Dämonenschar, die in die Häuser komme, um die bereitgestellten Speisen und Getränke zu verzehren, kennt. Die von ihm angesprochenen weiblichen Dämonen "satia" und "abundia" seien aus "satietas" (Sattheit) und "abundantia"

---

109 Cf. eadem (1984) 61-65. 75.
110 Cf. u.a. U. Jahn (1884) 282-286, E.H. Meyer (1903) 328, Waschnitius (1913) 156, A. Wuttke (1925^4,1860) 66, Liungman (1938) 589, Peuckert (1942) 107.
111 Clm. 18434, 292^v-293^r.
112 Cf. ibid.
113 Ibid. 292^v.
114 Ibid. 293^r. Cf. auch Rumpf (1984) 65-67.
115 Cf. Franz (1898) 159f.
116 Cf. *DM* 1,237f.

(Überfluß) abgeleitet. Eben diese Gaben würden sie nach der Meinung des Volkes den Häusern verleihen, in denen sie gastlich aufgenommen würden:

> "daemon, qui praetextu mulieris, cum aliis de nocte domos, & cellaria dicitur frequentare, & vocant eam satiam a satietate & dominam abundiam pro abundantia, quam eam praestare dicunt domibus, quas frequentaverit... dicunt has dominas edere, & bibere de escis, & potibus, quos in domibus inveniunt, nec tamen consumptionem, aut imminutionem eas facere escarum, & potuum,..."[117]

Es ist unschwer zu erkennen, daß die Nachrichten über die nächtliche Dämonenschar, wie wir sie dem *Thesaurus pauperum* entnehmen können, von Guilielmus Alvernus abhängen. Die lateinischen Namen "habundie et sacie" werden durch das einheimische "frawpercht" oder "perchta" erläutert.[118] Dieser Befund läßt sich auch aus anderen bayerischen Handschriften (z.B. clm. 5897, clm. 17523, cgm. 632), die auf Guilielmus Alvernus basieren, stützen. Die Entwicklung geht dahin, daß schließlich "abundia" und "satia" wegfallen und nur noch "Perchta" erwähnt wird.[119] Wenn man den besprochenen Traditionszusammenhang kennt, ist es immerhin bereits problematisch, den Belegen einen hohen Zeugniswert für die autochthonen einheimischen Verhältnisse zuzugestehen.

Ja, man kann die Traditionslinie sogar noch weiter zurückverfolgen. Die bei Guilielmus Alvernus artikulierten Vorstellungen finden sich nämlich schon bei Caesarius von Arles, der den Brauch kennt, an den Kalenden des Januars Tische aufzustellen, die die "abundantia" im folgenden Jahr garantieren sollen. Im *Sermo* 192 schreibt er:

> "Aliqui etiam rustici mensulas suas in ista nocte, quae praeteriit, plenas multis rebus, quae ad manducandum sunt necessariae, conponentes, tota nocte sic conpositos esse volunt, credentes quod hoc illis kalendae ianuariae praestare possint, ut per totum annum convivia illorum in tali abundantia perseverent."[120]

Harmening zeigt, daß Martin von Braga, Eligius, Pirmin, Ps. Augustin, Ps. Eligius und Burchard v. Worms sowie auch Bonifatius letztlich Caesarius von Arles ausschreiben.[121] Caesarius kann aber nicht als Gewährsmann für germanische Bräuche gelten, da er sich auf südgallische Verhältnisse bezieht.[122] Daneben ist aus dem Briefwechsel zwischen Bonifatius

---

117 Guilielmus Alvernus, *De universo* II, pars 3, c. 12; 1,1036, cf. auch ibid. c. 24, 1,1066. Figuren wie die 'Abundantia' haben sich im Karnevalsbrauch bis heute gehalten. So tritt in Gran Poder / La Paz noch in jüngster Zeit die Allegorie "Ekeko oder Abundancia" auf. (Cf. Sossa (1977) 17).

118 Die Stelle heißt im *Thesaurus pauperum*. "Secundum genus superstitionum est species ydolatrie qui de nocte appertunt vasa poculorum et ciborum venientibus dominabus habundie et sacie. que vulgo appellat communi et usitato vocabolo frawpercht sive perchtam cum cohorte sua" (Ibid., clm. 18434, 292^{v}).

119 Cf. Rumpf (1984) 68f.

120 CSEL 104,781.

121 Cf. Harmening (1979) 124-129. Burchard von Worms spricht von der glückverheißenden Einkehr der drei Parzen an die für sie gedeckten Tische, *Decretorum* lib. 19, c. 5, PL 140,971D: "Fecisti ut quaedam mulieres in quibusdam temporibus anni facere solent: ut in domo tua mensam praeparares, et tuos cibos, et potum cum tribus cultellis supra mensam poneres, ut si venissent tres illae sorores, quas antiqua posteritas et antiqua stultitia parcas nominavit, ibi reficerentur..."

122 Cf. Harmening (1979) 50.

und dem Papst Zacharias ersichtlich, daß die Brauchform im 8. Jahrhundert in Rom lebendig war.[123]

Aus den Quellen läßt sich also ersehen, daß der Brauch zuerst in Rom und Südfrankreich bezeugt ist. Die Bewirtung der Dämonenschar, die an den Kalenden durch die Nacht fliegt, ist - so Schneider und in seinem Gefolge Harmening - im Kontext der römischen Kalendenbräuche zu sehen und kann nicht als autochthon germanisch betrachtet werden.[124] Die Schilderungen des Aberglaubens wurden in den deutschen Bußordnungen und Dekretalien lediglich an örtliche Verhältnisse angeglichen. Bei Guilielmus Alvernus ist erstmals eine personifizierte "abundia" bezeugt, die dann in deutschen Handschriften - wie gezeigt - durch bekannte Dämonennamen ergänzt bzw. ersetzt wurde.[125] Man kann darin eine Übertragung der Brauchform auf einheimische Dämonenfiguren sehen. Der Funktionsbereich der Perchten erweiterte sich durch derartige Übertragungen, wobei das Richten der Perchtentische an die ursprüngliche Funktion der Fastenkontrolle rückgebunden war. Man stellte für Perchta Fastenspeisen auf, um kundzutun, daß man sich selbst an das Fasten gehalten hat.[126]

Daß Perchta nicht nur als Dämonin, sondern sogar als Teufels- und Lastergestalt verstanden werden konnte, zeigt der Oberaltaicher *Tractatus de septem vitiis* aus dem 13. Jahrhundert. Perchta wird hier als Teufels- und Lastergestalt geschildert, die für die 'luxuria' und die ihr untergeordneten Laster Völlerei, Schwelgerei, Kleiderüppigkeit, Schlaffheit und Unkeuschheit steht.[127] Nach der Darstellung des Oberaltaicher Traktats ist sie also mit anderen allegorischen Lasterfiguren wie der 'Frau Welt' verwandt.[128]

Perchta erscheint nach den Quellen durchaus als schillernde Figur, die einen breiten Funktionsbereich einnimmt. Man kann wohl von einer stufenweisen Erweiterung des Zuständigkeitsbereichs durch die Konzentration oder sekundäre Übertragung verschiedener Funktionen bzw. Brauchformen auf die Perchtenfiguren ausgehen. Die einzelnen Funktionen stehen dabei nicht zusammenhanglos nebeneinander, sondern sind gewissermaßen netzartig aufeinander bezogen.[129]

---

123 Cf. Bonifatii ep. 50 / 51 (742), ed. Tangl (1916) 84. 90f. Cf. Harmening (1979) 126f.

124 Cf. Schneider (1921) 128-134 und Harmening (1979) 127. Sowohl Schneider wie Harmening halten den Brauch für altrömisch und lehnen die Theorie von der germanischen bzw. der keltischen Entstehung ab.

125 Cf. Rumpf (1984) 73f. 79.

126 Cf. ibid. 80.

127 Cf. clm. 9528,321-329.332.342, cf. auch Rumpf (1973) 124-128.

128 Diesen Zusammenhang betont Rumpf (1990) *Luxuria*, 97-120. Aus der Nähe der Perchta zu allegorischen Figuren wie 'Luxuria' und 'Frau Welt' lassen sich nach Rumpf auch die ambivalenten Züge der Perchten in Sage und Brauch verstehen. Das Auftreten der Perchta als häßliches altes Weib und andererseits als schöne Frau, die schönen und schiachen Perchtenläufe, korrespondierten zur verführerisch schönen Vorderansicht der 'Frau Welt' und ihrer häßlichen Hinterseite. Cf. zur 'Frau Welt' Stammler (1959). Zu weiteren Quellenbelegen für Frau Perchta in mittelalterlichen Sünden- und Strafregistern siehe Rumpf (1991) 87-93.

129 Bei den Perchtenumzügen tritt eine Frau Percht erst im 19. Jahrhundert um 1870 auf. Es ist davon auszugehen, daß die mythologischen Deutungsansätze, die das Perchtenbrauchtum als heidnisch-germanisch verstanden, ein neues Selbstverständnis der Träger bewirkten. Man übte den Brauch nun im

2.1.2.2. Die Identifikation der Perchta mit Holda - Venus

Holda, die von J. Grimm mit der angeblich germanischen Göttin Perchta gleichgesetzt worden war,[130] fesselte in besonderem Maße das Interesse der Mythologen des 19. Jahrhunderts und der ersten Forschergenerationen des 20. Jahrhunderts. Man projizierte die Figur in germanisch-vorgermanische Zeit zurück.

Diffus ist die Deutung Simrocks, der hinter Holda gleichzeitig die germanischen Gottheiten Hel, Nerthus und Freya vermutet.[131] Für Krappe weist die gütige Seite Holdas auf ihre Funktion als Fruchtbarkeitsgöttin hin, ihr häßliches Aussehen zeige aber, daß es sich daneben um eine chthonische Gottheit handle. Die beiden Bereiche, die die Göttin vertritt, ließen ihre Verwandtschaft mit Persephone erkennen.[132] H. Koch versucht in Holda die griechisch-römische Unterweltsgöttin Hekate wiederzuerkennen.[133] Für E.H. Meyer ist der Zusammenhang der Fru freen oder Frick bzw. Fru Freke mit der altgermanischen Göttin Frija-Frigg "unverkennbar" und läßt sich auch für die andersnamigen Wesen (wie Holda), die denselben Bereich vertreten, ansetzen. Die Verbindungslinie sei schon durch die Gleichheit der Attribute von Spindel und Rocken evident.[134] Im Sinne der natur- und astralmythologischen Deutungen sieht Mannhardt in Holda primär eine Wolkengöttin, da Holda, "die alte Wasserfrau", in der Wolke ihren Hauptsitz hat.[135] Diese Interpretation überträgt Thimme auf das Märchen von Frau Holle (*KHM* 24). Man könne bei der Märchengestalt Frau Holle direkt auf die mythologische Ebene schließen. Frau Holle sei wahrscheinlich als Kombination der Wolkengöttin Hulda und der Totengöttin Hel aufzufassen.[136] Für Friedrichs stellt Frau Holle die "Windmutter" dar bzw. die "Abendsternaurora", zu der die Mädchen im Märchen (*KHM* 24) gelangen, nachdem sie die "Mondmutter" und die "Sonnenmutter" passiert haben.[137]

Bedeutsam war auch die Forschungsrichtung, die Frau Holle im Anschluß an animistische Theorien als Abstraktion der Seelen der Verstorbenen betrachtete. Für Nork repräsentieren Holda und ihr Heer die Seelen der Verstorbenen.[138] Sepp versteht Holda als "Seelenfrau" und "heidnische Gottesmutter", bei der sich die präexistenten Seelen vor ihrem Eintritt in den irdi-

---

'Wissen' um seinen mythologischen Gehalt. (Cf. Schuhladen (1983/4) 16) Zur Dokumentation der Perchtenbräuche siehe Schuhladen (1883/4) 1-29, Ha. Moser (1985) 41-57, Ha. Moser (1985, zuerst 1939) 51-55 und Rumpf (1991) 94-162.

130 Cf. *DM* 1,226. Zu Holda siehe auch Br. Grimm, *Deutsche Sagen* 4-8 und *KHM* 24.

131 Cf. Simrock (1874[4],1855) 147. 310f. 380.

132 Cf. Krappe (1928) 107-109.

133 Cf. H. Koch (1937) 167.

134 Cf. E.H. Meyer (1903) 424-426.

135 Cf. Mannhardt (1858) 269.

136 Cf. Thimme (1909) 116.

137 Cf. Friedrichs (1909) 44.

138 Cf. Nork (1847) 791f.

schen Körper befinden.[139] Golther sieht den Glauben an Gespenster, Maren, Elbe etc. als Grundlage für Gestalten wie Frau Holle und Perchta an.[140] Die Kernvorstellung, die der Figur der Holda zugrundeliege, ist nach Waschnitius die eines reinen Vegetationsdämons. Ihr Aufenthalt im Wald sowie ihre enge Beziehung zum Wetter machten dies deutlich. Auch bei Holdas Auftreten im wilden Heer sei von der Grundbedeutung des Vegetationsdämons auszugehen. Da der Wind bzw. der Sturm die Vegetation in Bewegung setzten, sei es vielfach zu beobachten, daß Vegetationsdämonen zu Sturmdämonen würden.[141] Mogk geht davon aus, daß 'Holden' zunächst ein Kollektivbegriff für die unterirdisch weiterlebenden Seelen der Verstorbenen gewesen sei. Möglicherweise habe sich Holda aus dieser Schar als Führerin erst in christlicher Zeit herauskristallisiert.[142] Für Helm steht fest, daß die dämonischen Frauengestalten wie Holda (und Perchta) nicht als Bilder germanischer Göttinnen zu erklären sind. Ihre Wurzeln seien älter als der germanische Götterglaube. Sekundär allerdings seien jüngere, auch christliche Traditionen auf die weiblichen Dämonen übertragen worden.[143] Wesche sieht in der Führerin des Seelenheeres Holda eine "verhüllerin".[144] Wie Mogk geht auch Peuckert davon aus, daß Frau Holle eine Individualisierung der Hollen sei, die er als "elbische Wesen" und Schutzdämonen auffaßt.[145] Dieser Deutung schließt sich Beitl an.[146] Nach Kahlo liegt dem Begriff Frau Holle der Bedeutungsgehalt 'hehlen' (verstecken, verbergen) zugrunde. Frau Holle sei so in einer Linie mit der eddischen Hel zu sehen. Auch für Hohlräume in Schiffen, unter Tischen oder hinter Öfen sei die Bezeichnung Hel, Hölle bekannt. Animistisch gedacht sei Frau Holle die Wirtin der Toten und gleichzeitig die Hüterin der ungeborenen Kinder. Sie garantiere somit die Erneuerung der Generationen und sei weder als Göttin noch als Gestalt der niederen Mythologie aufzufassen. Der Nobiskrug, wo die Verstorbenen ihren letzten Sechser verbrauchten, sei eine irdische "Zweigstelle" der unterirdischen Gaststätte von Frau Holle.[147]

Die hier vorgestellten mythologischen Deutungsmuster wirkten in späterer Zeit in tiefenpsychologischen und anthroposophischen Studien nach. So setzt v. Beit die Figur der Frau Holle aus *KHM* 24 mit der germanischen Hulda oder Perchta, die ihrerseits verschiedene Züge mit der Totengöttin Hel gemeinsam habe, gleich. Psychologisch gedeutet, stellt sie den Archetypus der Mutter dar.[148] Für Lenz steht es außer Zweifel, daß Frau Holle eine der drei

139 Cf. Sepp (1890) 34f.
140 Cf. Golther (1895) 491f.
141 Cf. Waschnitius (1913) 174-179.
142 Cf. Mogk (1907^2,1891) 49f.
143 Cf. Helm (1926) 400, cf. auch die ähnliche Deutung von Naumann (1928) 323.
144 Cf. Wesche (1937) 98.
145 Cf. Peuckert (1958) 97-101.
146 Cf. Beitl (1974^3,1936) 379.
147 Cf. Kahlo (1957/8) 583-587.
148 Cf. v. Beit (1981^6,1952) 670f.

großen Muttergottheiten des Keltentums war. Möglicherweise sei sie, die mancherorts "als die letzte Erinnerung an die holde Freia" galt, mit der Erdmutter identisch gewesen.[149]

Im folgenden sollen diese mythologischen Spekulationen mit dem Quellenbefund konfrontiert werden. Es ist hier der Frage nachzugehen, ab wann eine Gestalt der Hulda / Holda in der Überlieferung bezeugt ist.

Die von J. Grimm gezogene Verbindungslinie von Hulda zur inschriftlich bezeugten Göttin Hludana[150] ist nicht nur eine Vermutung, die sich nicht auf konkrete Hinweise stützt, sondern läuft zudem der Entwicklung von anlautendem ahd. 'hl' zu 'l' zuwider.[151] Hludana hätte sich danach zu 'Ludana' , nicht zu 'Huldana' weitergebildet. Als frühestes Zeugnis "für den bestimmteren gebrauch des namens *Holda*" führt J. Grimm, wie bereits angedeutet, folgende Stelle aus den um 1000 entstandenen *Decretorum libri* des Burchard von Worms an:[152]

> "Credidisti ut aliqua femina sit quae hoc facere possit quod quaedam, a diabolo deceptae, se affirmant necessario et ex praecepto facere debere, id est cum daemonum turba in similitudinem mulierum transformatam, quam vulgaris stultitia holdam vocat, certis noctibus equitare debere super quasdam bestias, et in eorum se consortio annumeratam esse?" (lib. 19, c. 5)[153]

Die Stelle wurde als frühester Nachweis für eine Gestalt der Frau Holle über die Forschergenerationen weitertradiert und wird noch 1987 von Rumpf nicht hinterfragt im Anschluß an J. Grimm interpretiert.[154]

> "Die früheste Erwähnung der F.H. findet sich in den Dekretalien des Burchard von Worms (um 1000) in der Bemerkung, sie sei eine Gestalt, welche die Dummheit des gemeinen Mannes Holda nenne."[155]

Diese Auswertung der Stelle als Beleg für die Gestalt der Frau Holle beruht auf einem sprachlich-grammatikalischen Mißverständnis. Von Grimm und denen, die seinem Textverständnis folgten, wird "holdam", das sich im lateinischen Text eindeutig auf die "turba daemonum" bezieht und so einen Kollektivbegriff darstellt, fälschlich mit der Eingangsphrase "Credidisti ut aliqua femina sit" in Zusammenhang gesetzt, indem er "femina" und nicht das naheliegende "daemonum turba" als Bezugswort des Relativsatzes auffaßt.[156] De facto ist je-

---

149 Cf. Lenz (1971) 209.

150 Cf. *DM* 1,221 / Anm. 1.

151 Das germanische 'h' im Anlaut vor Konsonanten wird in den ältesten ahd. Quellen noch gesetzt, schwindet aber bereits im Lauf des 9. Jahrhunderts vollständig. (Cf. Braune / Eggers (1987[14],1886) § 153) Siehe z.B. ahd. 'hlinjan' - nhd. 'lehnen', ahd. 'Hlodowic' - nhd. 'Ludwig', ahd. 'hlûtar' - nhd. 'lauter', ahd. 'hlahan' - nhd. 'lachen'. (Diese und weitere Beispiele bei Graff (1838) 4,1093-1125).

152 Cf. *DM* 1,221.

153 PL 140,962A. Das 19. Buch führt den Namen *Corrector*. Es wurde von Burchard vorgefunden und in seine *Decretorum libri* aufgenommen.

154 Cf. Rumpf (1987) *Holle* 160f.

155 Ibid.

156 Die Textstelle lautet nach der von mir skizzierten Auffassung in wörtlicher Übersetzung: "Hast du geglaubt, daß es irgendeine Frau gibt, die das tun kann, was gewisse Frauen ihrer Behauptung nach, vom Teufel getäuscht, notgedrungen und nach Vorschrift tun müssen, nämlich mit einer in die Gestalt von Frauen verwandelten Dämonenschar, die die Torheit des Volkes 'holda' nennt, in bestimmten Nächten auf

doch keine individuelle mythologische oder göttliche Figur Frau Holda genannt, sondern der Kollektivbegriff einer 'turba daemonum' wird ins Deutsche mit 'holda' übersetzt.

Nun ist durch Heranziehen von Querbelegen zu prüfen, welcher Bedeutungsgehalt dem Begriff 'holda' an dieser Stelle zuzuschreiben ist. Die Semantik des Adjektivs 'hold' entspricht dem lat. 'propitius', ist also zu umreißen mit 'geneigt, gewogen, günstig, freundlich gesinnt'.[157] Das substantivische 'holdo' ist bei Notker im Sinn von guter Geist als Übersetzung des lat. 'genius' bezeugt.[158] Auch in späterer mhd. Zeit kann 'holdo' (m,f) 'guter Geist' bzw. im Plural die 'guten Geister' heißen und so das lateinische 'Penates' ersetzen.[159] Daneben kann es in ahd. Zeit auch für den Teufel, für Lucifer stehen oder für den Lk 8,27 genannten Dämon.[160] Ahd. 'holdo' bezeichnet also zum einen den guten Geist, zum anderen einen eigentlich bösen, schädigenden Dämon, der jedoch in euphemistischer Weise mit einem positiven Namen bedacht wird. Solche schmeichelnden Namen sind für Dämonen nicht ungebräuchlich. Sie werden aus Furcht verwendet, um die Geister nicht zu reizen.[161] Der Begriff 'holde(n)' ist demnach als allgemeine Bezeichnung für geisterhafte Wesen zu verstehen. Der Sache nach liegt eine Identität zwischen 'hold' und 'unhold', den 'holden' und den 'unholden' vor. Als 'unhold' wurden in ahd. Zeit böse Geister, Dämonen, Teufel bezeichnet.[162] Im fränkischen und sächsischen Taufgelöbnis findet sich der Begriff für das Kollektiv der heidnischen Götter im Sinne der bösen Dämonen.[163] Für die euphemistische Verwendung von 'holda' und damit die Identität mit 'unholda' in der Burchard von Wormsstelle spricht nun auch der Überlieferungsbefund. In zwei Handschriften findet sich statt 'holdam' 'unholdam', was bereits Grimm als Variante angibt.[164] Sowohl der Überlieferungsbefund, als auch der Sprachgebrauch in ahd. Zeit stützen also die Auffassung der 'turba holda' oder 'unholda' bei Burchard als Bezeichnung für eine Dämonenschar, ein unspezifisches Dämonenkollektiv. Die Existenz einer germanischen Göttin Holda läßt sich aus dem Zeugnis Burchards von Worms nicht belegen.

Eine weitere Frage ist, ob die Nachricht Burchards über die nachtfahrende weibliche Dämonenschar ihrem Gehalt nach deutschen Dämonenglauben wiedergibt. Die Stelle ist zusammen mit einer zweiten, inhaltlich sehr ähnlichen Passage Burchards, die sich ebenfalls

---

bestimmten Tieren zu reiten, und ihrer Gemeinschaft zugerechnet zu sein?"

157 Cf. Graff (1838) 4,913f.

158 Cf. Notker, *Martianus capella. 'De nuptiis Philologiae et Mercurii'*, ed. King (1979) 81,12f: "verus genius" "mîn uuâre hóldo".

159 Cf. Lexer (1872) 1,1325 und Dieffenbach (1857) 422a.

160 Cf. Graff (1838) 4,913 und Röhrich (1981) 3,224.

161 Cf. Röhrich (1951) 459. Hinzuweisen ist hier auch auf den schwäbischen Teufelsnamen 'Holderle'. (Cf. ibid).

162 Cf. Graff (1838) 4,915.

163 Sächsisches Taufgelöbnis, ed. Steinmeyer (1971^3,1916) 20: "ec forsacho allum dioboles uuercum and uuordum, Thunaer ende Uuoden ende Saxnote ende allum them unholdum, the hira genotas sint". Fränkisches Taufgelöbnis, ed. ibid. 23: "Forsahhistu unholdun?..."

164 Cf. *DM* 1,221.

in *Decretorum* lib. 19, c. 5[165] findet, zu betrachten. Der nächtliche Umzug der Frauen wird hier auf die heidnische Göttin Diana bezogen.

Beide Stellen gehen auf Regino von Prüm (um 900) zurück, wo sich der Zusatz "quam vulgaris stultitia holdam vocat" noch nicht findet:

> "...Et si aliqua est quae se dicat cum daemonum turba in similitudine mulierum transformata certis noctibus equitare super quasdam bestias et in earum consortio annumeratum esse, haec talis omnimodis ex paroechia ejiciatur."[166]

Burchard rezipiert diese Stelle auch im 10. Buch seiner *Decretorum libri* (noch ohne den Zusatz "quam vulgaris stultitia holdam vocat"). Interessant ist hier der Hinweis Burchards auf die von Caesarius von Arles geleitete Synode von Agde (506) als Quelle seiner Nachricht: "Ex concilio Agath[ensi]".[167] Da sich keine entsprechende Passage in den Akten der Synode findet, ist zu vermuten, daß Burchard sich auf die Autorität des Caesarius beziehen wollte.[168]

Die Vergleichspassage aus Regino für die zweite hier erwähnte Burchardstelle (*Decretorum* lib. 19, c. 5), die nächtliche Dämonenfahrt mit der heidnischen Göttin Diana, ist der für die Geschichte des Hexenglaubens zentrale sogenannte 'Canon episcopi', der im Anhang zu den Akten der Synode von Ancyra in Galatien (314 n. Chr.) überliefert ist. Wenn der Canon auf dieser Synode beruht oder, was ebenfalls diskutiert wurde, auf Papst Damasos zurückgeht, kann er nicht als unmittelbare Informationsquelle für germanisch-deutschen Dämonenglauben herangezogen werden.[169] Der Zusatz in der Ausgangsstelle aus Burchard Corrector "quam vulgaris stultitia holdam vocat" wäre demnach der Versuch, die Tradition einer deutschen Leserschaft näherzubringen, indem ein für Dämonen und Dämonenscharen gebräuchlicher deutscher Ausdruck eingefügt wird. Grimm ist sich - nebenbei bemerkt - durchaus dessen bewußt, daß die Nachrichten bei Burchard in vielen Fällen auf Konzilien beruhen, die außerhalb des germanischen Bereichs stattfanden und deren Beschlüsse sich nicht auf Germanien bezogen.[170] Er glaubt, diese Zeugnisse dennoch für die *Deutsche Mythologie* auswerten zu dürfen, da im Zuge germanisch-romanischer Völkervermischungen ähnliche Glaubensvorstellungen für den germanischen Bereich anzunehmen seien.[171]

Die in den Nachträgen[172] aus Walafrid Strabo zitierte Stelle, in der Holda noch vor Burchard v. Worms erwähnt werden soll, bezieht sich eindeutig auf die alttestamentliche Prophetin Chulda, wie bereits Schmeller und Golther betonten.[173]

---

165 Cf. PL 140,963D.

166 Regino von Prüm, *De ecclesiasticis discipulis* lib. 2, c. 5, 45, PL 132,284C.

167 Cf. Burchard von Worms, *Decretorum libri* 10, c. 29, PL 140,837B.

168 Cf. Boudriot (1928) 55.

169 Cf. ibid. 55f. mit 55f. / Anm. 2 und Roskoff (1869) 1,271.

170 Cf. *DM* 1,484 / Anm. 2: "wenn ich mich der burchardischen samlung hier, und bei andrer gelegenheit, für den *deutschen* aberglauben bediene, überlege ich wol, daß sie in den meisten fällen (nicht überall) aus concilien schöpft, die nicht in Germanien, sondern in Gallien, Italien, Spanien gehalten wurden."

171 Cf. ibid.

172 Cf. ibid. 3,87.

173 Cf. Schmeller (1877[2],1827-1837) 1,1084 und Golther (1895) 492 / Anm. 1.

Explizite Zeugnisse für die individuelle Gestalt der Frau Holle lassen sich daher nicht vor dem 15. / 16. Jahrhundert nachweisen. Es ist anzunehmen, daß sich die individuelle Figur der Frau Holda aus dem zunächst ganz unspezifischen, oft kollektiv verwendeten Begriff der 'holden' und 'unholden' für Dämonen und Geister bzw. für Geisterscharen herausentwickelte. Dem Bedeutungsgehalt von 'hold' entspricht das überwiegend positive Wesensbild der Frau Holle oder Frau Holda. Daß ein als 'die Holde' bezeichnetes Wesen auch als böse, häßliche Dämonin auftreten kann, erklärt sich aus der oben geschilderten euphemistischen Verwendung von Dämonennamen. 'Die Holde' konnte also sachlich durchaus 'unhold' sein. Für die sachliche Identität der "frawen unhold" und der "vrauwen huld" spricht wiederum der skizzierte Überlieferungsbefund in den *Sermones discipuli de tempore et sanctis* des Johannes Herolt. Der Begriff 'Frau Holde' hat sich wohl durchgesetzt, weil die positiven Züge das Wesen der Figur dominieren.

Die Übertragungen aus Guilielmus Alvernus stehen zeitlich und sachlich am Übergang vom kollektiv-unspezifischen Begriff der 'holde(n)' als Dämonen zur individuellen dämonischen Figur der Frau Holda. Bei den von Guilielmus Alvernus und seinen Schriften beeinflußten Autoren ist deutlich, daß sie seine Nachrichten nicht nur ausschreiben, sondern durch Einführung deutscher Begriffe auch erklären wollen. Hier ist noch einmal auf die zentrale Stelle über die nachtfahrenden weiblichen Dämonen "satia" und "abundia" bei Guilielmus zurückzukommen.[174] Betrachtet man den Kontext des Passus "dominabus huldie et sacre" in der Handschrift clm. 5338 des Nikolaus von Jauer, so wird in Gegenüberstellung mit den Nachrichten über die nachtfahrenden Dämonen bei Guilielmus Alvernus deutlich, daß der Magister im 15. Jahrhundert den Pariser Bischof ausschreiben will, aber in der Handschrift "huldie et sacre" für "abundia" und "satia" gesetzt sind.[175] Der Befund ist noch durch weitere Nikolaus von Jauer Handschriften zu ergänzen. So heißt es in clm. 291 "huldie et socie cum suis".[176] Dagegen ist in clm. 3041 das ursprüngliche "habundia" noch in der Abbreviatur ersichtlich: "dominabus hn̋die et socie".[177] Die Randglossen "de schrätlin"[178] oder "de schredin"[179] verdeutlichen, daß "huldie" als deutsches Pendant zu "abundia" zu verstehen ist.

Auf die Erwähnungen der Holda, Hulda, "vrauwen huld" bei Johannes Herolt, Erasmus Alberus und Martin Luther wurde bereits hingewiesen.

Von besonderem Interesse sind die Zeugnisse für Frau Holle bei Praetorius im 17. Jahrhundert, da er bereits spätere Sagenmotive wie den Spänelohn oder die Aufsicht Holdas über

---

174 Guilielmus Alvernus, *De universo* II, pars 3, c. 12; 1,1036 (Zitat siehe oben unter Teil 2, 2.1.2.1.), cf. auch ibid. c. 24, 1,1066.

175 Cf. Guilielmus Alvernus, *De universo* II, Teil 3, c. 12; 1036 und die Handschrift des Nikolaus von Jauer clm. 5338,332.

176 Clm. 291,143ᵃ.

177 Clm. 3041,197. Diese Abbreviatur bildet für Franz die Junktur zwischen "habundia" und "huldie". (Cf. Franz (1898) 172 / Anm. 2).

178 Clm. 3041,197.

179 Clm. 291,143ᵃ.

die Spinnerinnen und ihren Umzug in den Zwölften kennt. Wenn Frau Holle bei ihrem Umzug den Rockenstiel mit Flachs und Werg gefüllt sieht, spricht sie, "So manches Haar / so manches gutes Jahr."[180] Ist der Rocken dann aber bei ihrer Rückkehr in den Hörselberg immer noch nicht abgesponnen, sagt sie, "So manches Haar / so manches boses Jahr."[181]

Den Bauern, den sie auffordert, "daß er ihr den Wagen verkeilen oder verschlagen soll", entlohnt sie mit Spänen, die sich in Dukaten verwandeln.[182] Hier zeigen sich Kontinuitäten zu den Sagen- und Märchentraditionen (besonders zu *KHM* 24 und den *Deutschen Sagen* 4-8), die im 19. Jahrhundert aufgezeichnet wurden. Diese Kontinuitäten verwundern nicht, wenn man bedenkt, daß ein Großteil der sogenannten 'Volksmärchen' und 'Volkssagen' auf literarischen Quellen beruht.[183]

Die verschiedenen Sagenmotive, die mit Holda verbunden sind,[184] entsprechen weitgehend den Traditionen um Perchta und sind insofern hier nicht mehr gesondert zu behandeln.

Wenn Figuren wie Perchta und Holda als Führerinnen des wütenden Heeres auftreten, so sagt dies wenig über ihren ursprünglichen Funktionskreis aus. Die Wandertradition des wütenden Heeres konnte sich mit dämonischen und historischen Figuren aller Art verbinden.[185]

Der Quellenbefund legt nahe, daß sich die individuelle Gestalt der Frau Holda erst in der frühen Neuzeit entwickelte, was den Rückschluß auf eine germanische Göttin Holda bzw. auf eine mit germanischen Anschauungen besetzte Figur als fragwürdig erweist.[186]

Auch die von J. Grimm vollzogene Identifikation von Holda und Venus[187] wirkte in der Forschung weiter.[188] Man konnte sich auf die im 19. Jahrhundert gesammelten und herausgegebenen Sagentraditionen, nach denen Frau Holda (wie Venus) im Hörselberg bei Eisenach, im "untern berge" bei Hasloch am Main oder im Kyffhäuser wohne und Menschen in ihren Berg locke, berufen.[189] Zudem hatte Crecelius aus hessischen Hexenprozeßakten mitgeteilt, daß der 1630 angeklagte Zauberer Diel Breull gestanden habe, er sei im Venusberg gewesen und habe dort auch "fraw Holt" bzw. "Holl" gesehen. Sie sei von vorne eine schöne Frau, von hinten aber wie ein hohler Baum mit rauher Rinde.[190]

Gegen eine bereits für das Mittelalter angenommene Identifikation von Venus und Holda ist einzuwenden, daß sie sich aus der mittelalterlichen Literatur nicht belegen läßt.[191] Aus der

180 Praetorius (1663) 403.
181 Ibid.
182 Cf. ibid. 405.
183 Siehe dazu Teil 1, 2.2. dieser Arbeit.
184 Sie sind zusammengestellt bei Rumpf (1987) *Holle* 159f.
185 Zum Traditionskreis des wütenden Heeres siehe Teil 2, 1.1.2., 1.3.
186 J. Grimm zieht diese Verbindungslinie *DM* 1,225. Schon Golther betonte, daß man von Holda nicht einfach eine Brücke zur norwegischen Waldfrau 'Hulla, Huldra, Huldre' und zum 'huldrefolk' schlagen kann, als ob es sich um eine gemeingermanische Vorstellung handle. (Cf. Golther (1895) 492 / Anm. 1).
187 Cf. *DM* 2,780.
188 Cf. Nork (1848) 476, Wolf (1852) 1,170, Mannhardt (1858) 264f. und H. Koch (1937) 151-179, bes. 167.
189 Cf. Witzschel (1866) 135, Fries (1853) 23-29 und Kuhn / Schwartz (1848) 222.
190 Cf. Crecelius (1853) 272-277, bes. 273f.
191 Cf. List (1960) 307-311.

Tatsache, daß Holda in Hexenprozeßakten um 1630 mit den Vorgängen im Venusberg in Verbindung gesetzt ist, läßt sich nicht schließen, daß diese Tradition schon um 1200 oder noch früher bestanden hat. Die Informationen über Holda, die den Quellen bis zum 16. Jahrhundert zu entnehmen sind, zeigen vielmehr, daß Holda nirgends als Verführerin im Venusberg auftritt. Selbst Martin Luther, der Frau Holda öfter erwähnt, weist ihr keine derartige Rolle zu. Mehrfach zieht er Frau Holle als Personifikation der menschlichen Vernunft, die dem Glauben feindlich sei, heran:

> "Hie tritt fraw hulde erfur mit der potznaßen, die natur, und thar yhrem gott widerpellen und yhn lugen straffen, hengt umb sich yhren allten trewdellmarckt, den stroharnsch, das naturlich liecht, die vornunfft, den freyen willen, die naturlichen krefft, darnach die heydnische bucher und menschenlere, hebt an und scharret daher mit yhrer geygen"[192]

Das Ergebnis, daß die frühen Nachrichten über Holda keinen Hinweis auf ihre Identifikation mit Venus enthalten, wird auch dadurch bestätigt, daß Holda in keiner Version der Tannhäuserballade die Stelle der Venus einnimmt und auch in den frühen Erzählungen vom Hörselberg,[193] in dem sie ja nach J. Grimm ihren Wohnsitz habe, überhaupt nicht erwähnt wird.[194]

Ab dem 17. Jahrhundert ist die Verbindung zwischen Holda und Venus bezeugt, wie die genannte Passage aus den Hexenprozeßakten zeigt. Auch bei Praetorius heißt es, Frau Holla oder Holda kehre nach ihrem Umzug in den Zwölften in den "Horselberg" zurück.[195]

Eine wichtige Brücke für die Gleichsetzung von Holda und Venus ist wohl die Überlieferung, daß beide an nächtlichen Dämonenfahrten teilnehmen. Bei M. Luther sind Venus und Holda in diesem Kontext erstmals gemeinsam erwähnt:

> "apud aliquos quandam dominam, alios Herodiadem, alios dominam Hulde, Alios Venerem, per annum circum vehi ac velut lustralem februum peragere, Quae hospitibus suis relinquant vel carbones vel quisquilias currus sui, quae postea inveniuntur esse aurum et argentum"[196]

Die sekundäre Gleichsetzung läßt sich dann über Funktions-, Rollen- und Motivwanderungen im Bereich der Superstitionsvorstellungen und ihres literarischen Niederschlags erklären.

2.1.2.3. Die Bezüge der Perchta zu Nerthus - Isis

J. Grimm setzt Holda und damit auch Perchta mit der bei Tacitus belegten Isis, die er als Interpretatio Romana für die tatsächliche Verehrung einer germanischen Göttin auffaßt, und

192 M. Luther (1522) *Kirchenpostille 1522. Epistel am Sontag nach dem Christag* Gal 4,1-7, WA 10,1,1,326f.
193 Cf. z.B. M. Luther (1538-40) *Tischreden* Nr. 4040, WA Tischreden 4,95f.
194 Cf. List (1960) 307-309 und *DM* 2,780.
195 Cf. Praetorius (1663) 403.
196 Luther, *Decem praecepta Wittenbergensi praedicata populo*, WA 1,406.

der ebenfalls bei Tacitus bezeugten Nerthus gleich.[197] Diese Gleichsetzungen beruhen auf seiner Vorstellung von der *einen* weiblichen Urgottheit, als deren spezifische Ausprägungen er Holda, Perchta, Nerthus, Isis und andere von ihm mythologisch gedeutete weibliche Figuren betrachtet.

Die Methodik Grimms läßt sich gerade im Blick auf seine Rezeption und Verarbeitung der taciteischen Nachrichten beleuchten. In seiner Vorrede zur *Deutschen Mythologie* macht er deutlich, welch außerordentliche Wertschätzung er der *Germania* des Tacitus als Quelle des deutschen Heidentums entgegenbringt:

> "durch eines Römers unsterbliche schrift war ein morgenroth in die geschichte Deutschlands gestellt worden, um das uns andere völker zu beneiden haben; nicht genug daß man die echtheit des buchs... verdächtigte, wurden seine aus edler wahrheitsliebe entsprungnen meldungen herunter gezogen und die unsern vorfahren darin beigelegten götter aus aufgedrungnen römischen vorstellungen hergeleitet. statt den gehalt so kostbarer angaben mit den sonst zerstreuten überbleibseln unsers heidenthums emsig zu vergleichen, hatte man nichts angelegneres als auch den werth dieser wenigen trümmer zu schmälern und sie für ersonnen, erborgt und abgeschmackt zu erklären."[198]

Etwaige kritische Zweifel an den Nachrichten des Tacitus werden ebenso abgeblockt wie der Verdacht, in die Beschreibung von Göttern und Religionsformen seien römische Vorstellungen eingegangen. Als methodische Leitlinie für das eigene Arbeiten Grimms läßt sich das 'emsige Vergleichen der zerstreuten heidnischen Überreste' erkennen. Das emsige Vergleichen entspricht der von Grimm vorgegebenen Methodik des getreuen, d.h. von subjektiven Voreingenommenheiten möglichst freien Sammelns von Belegen. Diesem Selbstverständnis widerspricht jedoch die Praxis der Argumentation J. Grimms. Die Gleichsetzung der mythologischen Frauenfiguren ist dem Material nicht inhärent, nirgendwo finden sich Quellen, aus denen hervorgeht oder auch nur angedeutet ist, daß Isis mit Nerthus und beide mit Holda und Perchta identisch sind. Was Grimm als 'emsiges Vergleichen' ausgibt, ist de facto kein Vergleich, sondern das Systematisieren von Überlieferungsfragmenten in einem fiktiven mythologischen System, in das Informationen aus dem 1. Jahrhundert n. Chr. (hier Nerthus und Isis) mit der gleichen Selbstverständlichkeit eingeordnet werden wie Informationen, die aus hoch- und spätmittelalterlichen Quellen gewonnen sind und in das germanische Heidentum zurückprojiziert werden (wie Holda und Perchta). Der Koordinatenpunkt, auf den hin diese Traditionen zentriert werden, ist die Idee der germanischen Erdgöttin.

Trotz der oben skizzierten Wertschätzung der taciteischen Schrift setzt sich Grimm um seiner Prämisse der einen germanischen Erdgöttin willen über die Hinweise des Tacitus hinweg, es handle sich bei der Verehrung der Isis um ein 'peregrinum sacrum', eine 'advecta religio' (*Germania* c. 9). Indem Grimm diese Bemerkungen übergeht, entzieht er sich der Verwirrung, die die Aussage des Tacitus stiftet, wenn man sie mit c. 4 vergleicht, wo Tacitus betont, die

197 Cf. Tacitus, *Germania* c. 9 und c. 40, ed. Lund (1988).
198 Cf. *DM* 1,V.

Germanen seien vor Fremdeinflüssen bewahrt geblieben. Fragt man nach der Verbreitung der hellenistisch-orientalischen Mysterienreligionen im provinzialrömisch germanischen Raum, so läßt sich die Verehrung des Mithras, der Kybele und ihres Geliebten Attis, des Juppiter Dolichenus, der ägyptischen Gottheiten Isis und Serapis sowie des Dionysos nachweisen. Am weitesten verbreitet war die Verehrung des Mithras, aber auch Juppiter Dolichenus sowie Kybele und Attis erfreuten sich relativer Beliebtheit.[199]

Die Verehrung der Isis ist durch keine große, aber eine durchaus beachtenswerte Zahl an Weih- und Votivinschriften sowie rundplastischen Darstellungen und Reliefs für Isis und Serapis belegt. Als Stätten der Verehrung kristallisieren sich besonders Xanten, Köln, Frankfurt / Main- Heddernheim, Mainz, Augsburg und Trier heraus. Aus Köln, das die größte Zahl von Denkmälern ägyptischer Gottheiten aufweist, stammen fünf bis sechs Isisinschriften, unter anderem die Inschrift 'Isidi invicte' auf einer Kultstatue und die Inschrift 'Isidi Myrionymo' auf einem Altar, zwei Serapisinschriften, eine Isiskalksteinstatuette, ein liegender Kalksteinapis, Isis-, Serapis-, Harpokrates-, Apisbronzen, drei Altäre u.a.[200] Der archäologische Befund widerspricht der Angabe des Tacitus aber insofern, als die frühesten datierbaren Zeugnisse für Isis erst in die Mitte des 2. Jahrhunderts fallen, woraus zu schließen wäre, daß der Isiskult den germanischen Bereich erst im 2. Jahrhundert erreichte.[201] Man könnte nun angesichts dieser Quellenlage vermuten, daß Tacitus sich auf keltische Verhältnisse bezieht.[202] Andererseits wäre es auch denkbar, daß sich eine bereits in taciteischer Zeit zumindest in Ansätzen vorhandene Isisverehrung archäologisch erst im 2. Jahrhundert niederschlug.[203]

Aus der taciteischen Beschreibung des Nerthuskultes (*Germania* c. 40) läßt sich ersehen, daß Nerthus eine Fruchtbarkeitsgöttin gewesen ist.[204] Die Deutung, daß eine heilige Hochzeit zwischen der Göttin und dem Priester dargestellt wird, wie sie etwa von Polomé und de Vries vertreten wird, stellt allerdings eine Überinterpretation des Textes dar.[205] Zwischen der weiblichen Nerthus und dem männlichen Njörd der nordischen Mythologie werden in der Forschung häufig Verbindungslinien gezogen, die sich auf die lautliche Übereinstimmung der Namen und den Zuständigkeitsbereich von Fruchtbarkeitsgöttern stützen.[206] Bei der Interpretation der taciteischen Nachrichten über die kultische Nerthusfeier ist insofern Vorsicht geboten, als Tacitus wohl keinen von römischen Einflüssen freien Bericht gegeben hat. Es ist

199 Cf. Buchholz (1976) 2,575f., Drexel (1923) 60-62, Schwertheim (1974) 267-322. Schwertheim bietet einen Katalog der Denkmäler orientalischer Gottheiten im römischen Deutschland. (Cf. ibid. 5-245).
200 Cf. G. Grimm (1969) 58-87.
201 Cf. ibid. 97-100.
202 Cf. Lund (1988) 69.138.
203 Zu erwägen ist auch, daß G. Grimm seine Überlegungen zum Beginn der ägyptischen Kulte in den Rheinprovinzen nur auf wenige datierte oder datierbare Denkmäler stützt, während eine Reihe von Denkmälern bisher nicht datiert ist.
204 Cf. Polomé (1954) 167-200, de Vries (1970^3,$1956/7^2$,1935/7) 1,467-471 und Lund (1988) 69.
205 Cf. Lund (1988) 218.
206 Cf. de Vries (1970^3,$1956/7^2$,1935/7) 2,163-165 und Lund (1988) 218.

zu vermuten, daß die Darstellung des von Kühen gezogenen kultischen Wagens, der das Symbol der Göttin trägt, sowie die lavatio der Göttin aus dem Kult der Magna Mater, der Kybele, übernommen sind.[207] Dennoch bleibt die Namensverbindung zwischen Njörd und Nerthus ein bemerkenswertes Faktum. Ein fruchtloses Anliegen besonders der älteren Forschung[208] war der Versuch, die bei Tacitus genannte "insula Oceani", die Nerthusinsel, geographisch festzulegen. Problematisch und ungewiß bleibt auch die Beziehung von in Mooren gefundenen Wagenteilen auf den Nerthuskult.

Entscheidend für J. Grimms Argumentation ist sein Versuch, das Weiterleben der Göttinnen Isis und Nerthus im Mittelalter zu beweisen. Als Belegmaterial zieht er Fastnachtsbräuche und besonders die Nachrichten über das Weberschiff von St. Trond aus dem *Chronicon Abbatiae S. Trudonis* lib. 12, c. 11-14 heran. Die wichtigste Junktur seiner Argumentation ist dabei die Interpretation der Narrenschiffe, Fastnachtspflüge und des von Webern gezogenen Schiffes als Isisschiffe.[209] Dieser Deutungsansatz J. Grimms machte Schule, und was bei ihm noch als Vermutung geäußert wurde, nahmen seine Nachfolger als Gewißheit.

Nork stellt die These auf, das Schiff stehe in Bezug zur "Befruchtung der Frauen, Heerden und Aecker" und korrespondiere mit dem Schiff des nordischen Liebesgottes Freyr.[210] Für Wolf stellt der Zusammenhang von Isisschiff und Weberschiff bereits eine unverbrüchliche Tatsache dar.[211] Etwas vorsichtiger äußert sich Simrock über das "wahrscheinlich dem Isisdienst gewidmete Schiff". Obgleich es aus "später christlicher Zeit" stamme, sei es dennoch ein "Nachklang des Heidenthums", den die Geistlichkeit als Frevel und Götzendienerei betrachtete, während die weltliche Obrigkeit den Brauch aufgrund seiner althergebrachten Tradition und der Beliebtheit beim Volk förderte. Simrock folgt Wolfs Begründung, die Weber hätten das Schiff ziehen müssen, weil sie die ursprünglichen Priester der Göttin gewesen seien.[212] Bei seiner Erklärung des Begriffes Karneval kommt Reinsberg-Düringsfeld auf den "carrus navalis" zu sprechen. Das Narrenschiff sei ein Relikt altheidnischer Prozessionen zu Ehren einer Göttin, die wie die ägyptische Isis ein Schiffssymbol hatte. In diese Kategorie gehöre das Weberschiff von St. Trond. Die näheren Umstände, die zum Schiffsumzug führten, werden hier nicht mehr diskutiert.[213] Die Ausführungen zum Weberschiff bei Sepp und Albers zeigen deutlich ihre Abhängigkeit von J. Grimm und Wolf.[214] Gradl erstellte erstmals eine systematische Sammlung von mittelalterlichen Brauchzeugnissen zum Schiff- und Pflugziehen, deutete das Phänomen Weberschiff jedoch

---

207 Cf. Wissowa (1912²,1902) 319f.; Lund (1988) 69. Zur römischen Durchdringung der taciteischen Beschreibung germanischer Verhältnisse siehe Teil 2, 1.2.2.1.

208 Cf. *DM* 1,212, cf. Handelmann (1881) 43-51.

209 Cf. *DM* 1,210-220.

210 Cf. Nork (1848) 477.

211 Cf. Wolf (1852) *Götterlehre* 38f. und id. (1852) *Beiträge* 1,155-157

212 Cf. Simrock (1874⁴,1855) 370.

213 Cf. Reinsberg-Düringsfeld (1860) 116f. mit 117 / Anm. 1.

214 Cf. Sepp (1876) 271f. und Albers (1917³,1891) 120f.

im herkömmlichen Sinn.[215] M. Höfler setzt das altbayerische Schifferlgebäck des Nikolaustages in Bezug zur "terrea navis" der Isis.[216] Mannhardt erkennt, daß der Schiffsumzug von 1133 nichts mit dem Nerthuskult zu tun habe. J. Grimm habe eine Analogie von Nerthuskult und Schiffsumzug konstruiert, "ohne sich doch über das Wesen des letzteren hinreichend klar geworden zu sein." Nach Mannhardt handelt es sich beim Weberumzug von St. Trond um "eine Art Zauber für ein glückliches Aufgehen des Eises und guten Betrieb der Navigation auf Meer und Strom." Durch ein Mißverständnis der Phrase "fugitiva adhuc luce diei" (lib. 12, c. 12)[217] gelangt Mannhardt zu der Ansicht, der Umzug sei "im ersten Frühjahr" durchgeführt worden. Dementsprechend ordnet er den "Brauch", der - wie er glaubt - die Wiederaufnahme eines "alten Herkomens" sei, unter die Frühjahrsbräuche ein, die der Einholung des Vegetationsdämons dienen. Bemerkenswert ist, daß Mannhardt sich bemüht, auf die historische Situation der Weber einzugehen und diese schlicht als Handwerker, nicht als Nerthuspriester versteht.[218] Von einer Reihe von Forschern wird der Schiffsumzug von 1133 als heidnischer Fastnachtsbrauch gedeutet. Zu denken ist etwa an die Erklärungsversuche von Kemp, Nilsson und Clemen. Die etymologisch falsche Ableitung von Karneval aus "carrus navalis" bildete z.B. bei Kemp eine wichtige Brücke dieser Argumentation.[219] Aus religionswissenschaftlicher Sicht äußert sich Eisler zum Weberschiff von St. Trond. Er folgt der Apostrophierung des Vorfalls, den er mit Mannhardt "im ersten Frühjahr" ansetzt, als heidnisch, legt aber besonderen Wert auf die "Neuheit und Unbenütztheit" des "Frühlingsschiffes", dessen Segel - wie Eisler gegen die Quelle behauptet - von den Webern hergestellt worden seien.[220] Der Niederländer Grolman geht davon aus, daß der Umzug des Weberschiffes von 1133 ebenso wie die Fastnachtsbräuche im Kontext von Fruchtbarkeitsriten zu sehen sei.[221] In den 30er Jahren war es generell üblich, das Chronikzeugnis als Beleg für einen vorchristlichen kultischen Frühlingsbrauch bzw. Fruchtbarkeitszauber der Fastnacht zu verstehen.[222] Der schwedische Archäologe Almgren, dessen Buch *Nordische Felszeichnungen als religiöse Urkunden* 1934 ins Deutsche übersetzt worden ist, versucht eine Kontinuität von den Kultschiffen der mediterranen und asiatischen Hochkulturen zu den Schiffsumzügen in Nord- und Mitteleuropa aufzuzeigen. In diesen Kontext wird das Weberschiff von St. Trond gestellt und im Anschluß an Clemen und Mannhardt gedeutet. Gegen Mannhardt wendet Almgren ein, es sei unwahrscheinlich, daß ein über Land gezogenes Schiff, von dem nirgends gesagt sei, daß man es zum Meer bringen

---

215 Cf. Gradl (1895) 149-152.
216 Cf. M. Höfler (1902) 201f.
217 Ed. Koepke (1852) 310. Gemeint ist in der Quelle eindeutig die Tageszeit, was schon aus dem sich anschließenden "imminente iam luna" (ibid.) hervorgeht.
218 Cf. Mannhardt (1905^2,1875) 1,593-598.
219 Cf. Kemp (1906) 241, Nilsson (1914) 69 und Clemen (1914) 148-151.
220 Cf. Eisler (1915) 84f.
221 Cf. Grolman (1931) 134.
222 Cf. z.B. Spamer (1935) 47f. und Geiger (1936) 161f.

wollte, als segenspendend für die Schiffahrt zu betrachten sei.[223] Im Sinne seiner Theorien von germanischen Männerbünden sieht O. Höfler im Schiffsumzug von St. Trond eine "feierliche regelrechte Beteiligung von Handwerkern am alten bündischen Ritual". Damit widerspricht er kurzerhand der Quelle, nach der ein Bauer sich den Streich ausgedacht hat (c. 11).[224] Wie O. Höfler stützt sich auch Stumpfl auf Almgren, wenn er die These aufstellt, Schiffsprozessionen wie der Umzug von 1133 seien Relikte aus altgermanischen Kulten.[225] Im Zuge nationalsozialistischer Vereinfachungen liest man bei Siemsen, das Weberschiff von St. Trond sei "einwandfrei heidnischen Charakters" gewesen.[226] Liungman gebührt das Verdienst, diesen Spekulationen 1938 erstmals entgegengetreten zu sein. Er zeigt, daß die von Mannhardt konstruierte Zeitangabe "im ersten Frühjahr" nicht durch den Text gedeckt ist und äußert Bedenken gegen eine Herleitung des Umzugs aus heidnischen Ursprüngen. Mit Mannhardt hält er daran fest, daß es sich um einen Brauch handelte, der in Vergessenheit geraten war und durch die Initiative des Bauern wieder auflebte. Liungmans eigene Deutung des 'Brauches' ist nun nicht minder gewagt als die der Grimmnachfolger. Er versteht das Schiff als Nikolausschiff und setzt es zum Nikolauskult in Beziehung.[227] Daß die Einordnung des 'Brauches' als heidnisches Kultrelikt noch nach dem 2. Weltkrieg weiterlebte, zeigt die Deutung von Klersch.[228]

Das Grundproblem der besprochenen Ansätze, denen Ha. Moser entgegentrat,[229] war, daß sie den sozialgeschichtlichen Hintergrund des Umzugs von 1133 nicht berücksichtigten. Während J. Grimm noch andeutete, es sei bemerkenswert, daß die Weber, deren Handwerk dem Volk verhaßt war, gezwungen wurden, das Schiff zu ziehen,[230] wurde diese Tatsache von seinen Nachfolgern nicht mehr zur Kenntnis genommen, ja man verfälschte die Quelle sogar soweit, daß man in den hochmütigen Webern fromme Nerthuspriester sah. Indem man den Vorfall aus seinem historischen Kontext löste, war es möglich, ihn als brauchgeschichtliches Phänomen zu deuten, unter die Fastnachtsbräuche zu subsumieren und in altheidnische Zeit zurückzudatieren. Bei der Interpretation des Umzugs als Relikt aus dem vorchristlichen Isiskult berief man sich im Anschluß an J. Grimm auf die ablehnende Darstellung des Ereignisses aus geistlicher Sicht und die Bemerkungen des Abtes, das Schiff sei ein Teufelswerk und gehöre zum Bacchus- oder Venusdienst. Bei genauer Analyse des Chroniktextes wird deutlich, daß die Quelle nur durch Verzerrung als brauchgeschichtliches Zeugnis für den Isiskult oder für Vegetationsriten zu werten ist. So handelt es sich bei der Bezeichnung des Schiffes als heidnisch, als Schiff von Bacchus, Venus oder Mars bzw. als

223 Cf. Almgren (1934) 23-29.
224 Cf. ed. Koepke (1852) 310, cf. O. Höfler (1934) 298f.
225 Cf. Stumpfl (1936) 125.
226 Cf. Siemsen (1942) 24.
227 Cf. Liungman (1938) 1086-1090.
228 Cf. Klersch (1961) 24f.
229 Cf. Ha. Moser (1970) 236-266.
230 Cf. *DM* 1,218.

"malignorum spirituum illud simulacrum" (c. 12)[231] um bloße literarische Floskeln bzw. Reminiszenzen, die zudem nicht dem germanischen, sondern dem klassisch-antiken Vorstellungskreis entnommen sind. Besonders augenfällig ist dies etwa bei der Parallelisierung des Schiffes mit dem trojanischen Pferd. (c. 12). Aus der Quelle selber geht hervor, daß es sich nicht um einen von alters her tradierten Brauch handle, sondern um eine Erfindung des Bauern, die von den Leuten begrüßt wird, die leicht für Neuheiten und Belustigungen zu gewinnen sind:[232]

> "rusticus ex villa nomine Inda hanc diabolicam excogitavit tegnam. Accepta a iudicibus fiducia et a levibus hominibus auxilio, qui gaudent iocis et novitatibus" (c. 11)[233]

Das Chronikzeugnis präsentiert sich als Reflex auf ein historisches Ereignis, das im Zusammenhang mit der Entstehung der Leinen- und Wollweberei und den damit verbundenen sozialen Spannungen in den beschriebenen Gegenden zu sehen ist. Im Kontext der für die Gegend bezeugten sozialen Spannungen, in deren Zentrum die Weber standen, ist es verständlich, daß die Obrigkeit die Bestrafungsaktion des Bauern förderte.[234]

Um die komplexen Vorgänge zu verstehen, ist es nötig, einen Blick auf die Lokalgeschichte der Abtei von St. Trond zu werfen. Das Kloster wurde 655 vom hl. Trudo gegründet. Die Stadt St. Truiden entwickelte sich um das Kloster herum. Das Erstarken der Stadt, die zu einem Zentrum der Metall- und Tuchindustrie wurde, machte die frühere Bindung an die Abtei immer schwieriger. Es kam zu Spannungen zwischen dem über Stadt und Abtei eingesetzten Vogt Gislebertus II. und dem Abt Rodulfus, dem Schreiber der Chronik. Dieser Gislebertus II. wird im 4. Buch der *Historiae Lossensis* des Chronisten Mantelius, der die Ereignisse um das Weberschiff ebenfalls schildert,[235] als ein zwar einflußreicher und mächtiger, aber zugleich nicht besonders kluger, zorniger und haßerfüllter Mann dargestellt.[236] Als der Herzog von Löwen sich 1121 der Stadt St. Trond bemächtigte und so den Grafen von Duras, also Gislebertus II. in seinen Rechten beschnitt, wurde das Räderschiff in den sich anschließenden Auseinandersetzungen als Machtprobe benutzt. Während der Herzog von Löwen den Einzug des Schiffes, in dessen Fahrt er einen Friedensbruch sah, nicht gestattete, wiegelte der Graf von Duras die Bevölkerung von St. Trond zu weiteren Ausschreitungen auf. Die Folge davon waren militärische Konfrontationen, bei denen auch die Abtei verwüstet wurde. Auf diesem Hintergrund verwundert es nicht, daß der Abt sich dem Schiffsumzug entgegenstellte und dringend dazu mahnte, das Spektakel zu beenden. Die schon länger vorhandenen Schwierigkeiten von Abtei und Vogtei kamen durch das Ereignis des Umzugs zum Ausbruch. Beide Chronisten sind allerdings sehr darauf bedacht, dem Vogt

---

231 Ed. Koepke (1852) 310.
232 Cf. Bonenfant (1958) 104. 106f.
233 Ed. Koepke (1852) 310.
234 Cf. Bonenfant (1958) 103f., cf. auch Cf. Ha. Moser (1970) 261.
235 Cf. Mantelius (1717) 69-72.
236 Cf. ibid. 68.

die alleinige Schuld zuzuschreiben. In den *Historiae Lossensis* wird explizit gesagt, daß der Graf den schrecklichen Aufruhr angezettelt hätte, "Turbinem atrocem... suscitavit Gislebertus Durassii Comes".[237]
Es läßt sich nicht mehr aufklären, ob der Graf der Initiator der Vorgänge um das Weberschiff war, oder ob es sich um den Einfall des Bauern handelte. Möglicherweise war das Räderschiff die Nachahmung eines Schiffsumzugs von 1113 oder 1118, den die Bürger von Lüttich zu Ehren ihres kranken Bischofs unternahmen. Der Bischof sah darin eine Beleidigung und verlangte, daß sie den Schiffswagen ohne Pferde mit ihrer eigenen Körperkraft an den Ausgangsort zurückzogen. Die Quelle selber bietet keinen Anhaltspunkt für die Einordnung der Ereignisse von St. Trond in brauchgeschichtliche Zusammenhänge.[238]
Wenn J. Grimm von einem "seltsamen gebrauch"[239] spricht und den Schiffsumzug mit dem Nerthuskult sowie mit den Narrenschiffen und dem Pflug- und Eggenziehen der Fastnacht parallelisiert, so werden hier ihrem Wesen und ihrer sozialen Funktion nach durchaus heterogene Phänomene in dem für Grimm typischen Bestreben nach Vereinheitlichung und Systematisierung zusammengestellt.

237 Ibid. In der Chronik des Abtes Rodulfus wird gesagt, daß die Verwüstung der Abtei im Anschluß an die Vorgänge um das Weberschiff die vierte "vastatio" des Klosters gewesen ist, die von Gislebertus II. verschuldet wurde. (C. 14, ed. Koepke (1852) 311).

238 Cf. Ha. Moser (1970) 261-265.

239 Cf. *DM* 1,214.

2.2. Ostara

2.2.1. Ostern - ein heidnisches Fest zu Ehren der Göttin Ostara nach der Deutung Jacob Grimms

Das christliche Osterfest habe - so J. Grimm - heidnischen Grund, ja basiere auf einer 'heidnischen osterfeier', die in den Kontext der paganen germanischen Frühlingsfeste gehört: "die heidnische osterfeier berührt sich vielfach mit dem maifest und frühlingsempfang".[1] Mit feierlichen Riten habe man Frühling und Sommer, die man sich als Gottheit oder Göttin vorstellte, empfangen. Die Göttin, die im Zentrum der 'heidnischen osterfeier' gestanden habe bzw. zu deren Ehren das pagane Osterfest veranstaltet worden sei, müsse man im Sinne einer solchen Frühlingsgottheit verstehen.[2] Ihr Name sei "Ostarâ" gewesen, von ihr leite sich die ahd. Bezeichnung des Osterfestes 'ôstarâ' (Pl.) ab, die sich bis heute in der Bezeichnung des Osterfestes erhalten habe:

> "Dieses *Ostarâ* muß gleich dem ags. Eástre ein höheres wesen des heidenthums bezeichnet haben, dessen dienst so feste wurzel geschlagen hatte, daß die bekehrer den namen duldeten und auf eins der höchsten christlichen jahrsfeste anwandten... *Ostara, Eástre* mag also gottheit des strahlenden morgens, des aufsteigenden lichts gewesen sein, eine freudige, heilbringende erscheinung, deren begrif für das auferstehungsfest des christlichen gottes verwandt werden konnte."[3]

Gerade der Charakter des Freudigen und Frohen, der der Göttin Ostara und der gesamten 'heidnischen osterfeier' zugekommen sei, habe also die Verschmelzung des christlichen mit dem paganen Fest begünstigt. Die heidnische Festfreude spiegle sich noch in mittelalterlichen Zeugnissen wieder, wenn etwa der Begriff des 'ôstertacs' oder 'ôsterspils' auf die Liebste angewendet wird.[4] Etymologisch gehe Ostara auf das ahd. Adverb 'ôstar' zurück. Dieses bezeichne "die richtung nach morgen", also nach Osten, und sei mit altn. 'austr', wahrscheinlich auch mit ags. 'eástor', got. 'áustr.' verwandt.[5] Weitere Bezüge ergäben sich zu skr. 'vasta' (Tageslicht), 'vasas' (Tag), 'uschas' (Morgenröte), 'vastar' (frühmorgens) sowie zu bedeutungsähnlichen Lexemen des Zendischen und Litauischen.[6] Aus diesen etymologischen Überlegungen heraus konstruiert J. Grimm eine Verwandtschaft Ostaras zu einem in der *Edda* nicht näher spezifizierten Zwerg 'Austrí' (*Vǫlospá* 11), den er als "lichtgeist" interpretiert und damit als männliches Pendant der nordischen Mythologie zur Göttin Ostara. Methodisch zeigt sich darin J. Grimms Bestreben, Übereinstimmungen zwischen der nordischen und deutschen Mythologie nachzuweisen bzw. anders ausgedrückt, den Fragmenten der deutschen Mytholo-

1 *DM* 2,650f.
2 Cf. ibid.
3 Ibid. 1,241.
4 Cf. ibid. 2,651 und 3,91.
5 Cf. ibid. 1,241.
6 Cf. ibid. 3,91.

gie einen Platz im System der nordischen Mythologie zuzuweisen. Grimms Spekulationen reichen soweit, daß er neben der Göttin Ostara noch eine "*Westara*, eine göttin des abends oder sonnenuntergangs" vermutet. Diese scheinen ihm das Ostara zugrundeliegende Etymon 'ost' und der damit gegebene Gegensatz von Osten und Westen "zu fordern". Für Westara kann J. Grimm freilich nur mit 'wester-' zusammengesetzte Komposita als Zeugnisse heranziehen oder auf die slav. Vesna und das lat. Vespera verweisen.[7] Es gibt jedoch keinen Anhaltspunkt dafür, dem Determinans 'wester' eine andere Bedeutung zu unterlegen als die der Himmelsrichtung. Gerade in derartigen Konstruktionen Grimms wird deutlich, daß sich seine Arbeitsweise nicht als 'getreues Sammeln' beschreiben läßt. Er ist vielmehr von dem Gedanken geleitet, ein mythologisches System rekonstruieren zu wollen. Um in diesem System alle denkbaren Koordinatenstellen ausfüllen zu können, werden mythologische Gestalten auch ohne entsprechende Belege postuliert. Die Argumentationstechnik, die Grimm im Fall der Westara anwendet, ist eine einfache Kontrastierung. Aus der Existenz einer bestimmten mythologischen Figur wird per se auf ihr Gegenbild geschlossen, bzw. auf das, was der mythologische Forscher als ihr Gegenbild erachtet. Auf diese Weise wird der germanischen Religion und Mythologie die Denkform der mythologischen Forschung, das Denken in Schemata und Kontrasten unterlegt. Hermeneutisch gesehen steht Grimm damit in der Gefahr, sein eigenes Denken zu interpretieren.

Als Beleg für die Göttin Ostara referiert J. Grimm eine Notiz des Kirchenvaters Beda Venerabilis (8. Jahrhundert) aus dessen Schrift *De temporum ratione*. Bei der Besprechung der Monatsnamen führt Beda die Bezeichnung "Esturmonath" für April auf die Verehrung einer Göttin Eostra durch seine angelsächsischen Landsleute zurück. Da die Stelle für die Grimmsche Annahme einer heidnischen Göttin Ostara und einer 'heidnischen osterfeier' zentrale Bedeutung hat, sei sie hier angeführt:

> "Eostur-monath, qui nunc paschalis mensis interpretatur, quodam a dea illorum quae Eostre vocabatur, et cui in illo festa celebrabant, nomen habuit, a cuius nomine nunc paschale tempus cognominant, consueto antiquae observationis vocabulo gaudia novae solemnitatis vocantes." (c. 15)[8]

Die von Beda für seine Landsleute, d.h. für den angelsächsischen Bereich, bezeugte Verehrung der Göttin Eostra wird von J. Grimm nun für den gesamten deutschen Bereich, d.h. für alle deutschen Stämme, angesetzt. Die Möglichkeit, daß Beda auf eine angelsächsisch / sächsische Lokalgottheit verweist, wird damit nicht in Erwägung gezogen. Regionale Göttertraditionen werden von Grimm tendenziell verallgemeinert bzw. auf die großen Götter bezogen und damit systematisiert. In der Tiefe ist hierin möglicherweise die Absicht wirksam, eine alle deutschen Stämme verbindende Religion zu rekonstruieren. Die Schwierigkeit seines Argumentationssprungs versucht Grimm durch den Hinweis zu überbrücken, "daß hier wie dort

7 Cf. ibid.

8 PL 90,357AB. In ähnlicher Weise schließt Beda aus "Rhedmonath" auf eine Göttin 'Rheda'. (Cf. ibid.) Als Entsprechung dieser 'Rheda' vermutet J. Grimm eine ahd. Hruod bzw. Hruodâ. (Cf. *DM* 1,240).

das heidenthum erfüllt war von vielgestaltigen, vielnamigen gottheiten, deren eigenschaften und verehrung sich dennoch begegnete."[9] Die Argumentationsschwäche wird also durch den Hinweis auf die übergeordnete Prämisse von der Urverwandtschaft aller Mythologien überspielt.

Explizite Nachrichten über die Existenz der Göttin Ostara im deutschen Bereich sind Grimm nicht bekannt, der Name der Göttin ließe sich aber aus dem ahd. belegten Begriff "ôstarâ" (Pl.) für das Osterfest und dem schon bei Eginhart bezeugten "ôstarmânoth" rückschließen.

Bei der Rekonstruktion von Ostara aus "ôstarmânoth" lehnt sich J. Grimm an den von Beda postulierten Zusammenhang von "Esturmonath" und "Eostre" an.[10]

Es ist deutlich, daß das Zeugnis Bedas Kern und Angelpunkt seiner Hypothese eines heidnischen Osterfestes und Ostarakultes ist. Daher blockt er mögliche Zweifel an der Glaubwürdigkeit des Kirchenvaters ab:

> "Es wäre uncritisch, dem kirchenvater, der sich das heidenthum überall abhält und weniger als er weiß davon mittheilt, die erfindung dieser göttinnen aufzubürden. sie haben nichts unwahrscheinliches"[11]

Die folgende Analyse wird gerade die von J. Grimm behauptete Glaubwürdigkeit der Nachrichten Bedas hinterfragen.

2.2.2. Einwände gegen die Ostara-Hypothese

Zunächst ist festzuhalten, daß J. Grimm nicht der erste Mythologe war, der von der Existenz der Göttin Ostara ausging. Die Rückführung des Festnamens Ostern auf die heidnische Eostra bzw. Ostara war ein beliebtes Thema in landeskundlichen und mythologischen Studien des 17. und 18. Jahrhunderts. Hinzuweisen wäre etwa auf Langius, *De Ostera Saxonum*. Bremen 1700.[12]

Durch die starke Rezeption der *Deutschen Mythologie* J. Grimms aber wurde die Ostara-Hypothese in breiten Kreisen populär. Obgleich viele Forscher der Annahme Grimms folgten,[13] gab es doch schon früh kritische Stimmen, die den Verdacht äußerten, Beda habe die Göttin aus dem Monatsnamen konjiziert.[14] Die Beurteilung der Ostara-Hypothese blieb in der Forschung kontrovers. Für beide Standpunkte fanden sich immer wieder neue Verfechter.[15]

---

9 Cf. *DM* 1,239-241.

10 Cf. ibid. 1,239-141. Die von J. Grimm angeführten Ortsbezeichnungen, die mit "oster"- zusammengesetzt sind (cf. ibid. 3,91), lassen sich plausibler aus der Himmelsrichtung Osten ableiten.

11 Ibid. 1,240.

12 Weitere Belege bei Freudenthal (1931) 283f.

13 Zu erwähnen wären hier etwa Kuhn (1874) 245, Neus (1855) 356 und Quitzmann (1860) 129-132.

14 Zu denken ist hier an Weinhold (1868) 4. 51f. und Mannhardt (1905², 1875) 1,505 / Anm. 5.

15 Die Positionen der älteren Forschung werden umfassend diskutiert bei Freudenthal (1931) 284f. und

Neue Erkenntnisse erbrachte die Studie Knoblochs *Der Ursprung von nhd. Ostern, engl. Easter* aus dem Jahre 1959.[16] Knobloch führt hier die nhd. und engl. Namen des Osterfestes auf eine gallofränkische Lehnübersetzung einer ursprünglich lateinischen Festbezeichnung zurück, um auf diese Weise nahezulegen, daß die aus dem Namen des Osterfestes bzw. Ostermonats rekonstruierte Frühlingsgöttin Ostara eine Fiktion Bedas war.

Knoblochs Ansatz ist sprachwissenschaftlich. Er legt dar, daß der 'Ostara-Eastre' zugrundeliegende idg. und germanische Bedeutungsgehalt sich auf 'Morgenröte' beschränkte und es keine Hinweise auf eine Bedeutungserweiterung bzw. Bedeutungsverschiebung in Richtung 'Frühling' oder 'Frühlingsgöttin' gäbe. Die im germanischen Bereich anzusetzende Form '*austron' für 'Morgenröte' sei bald dem anschaulichen 'Tagerot' gewichen. Die Erhaltung der Wortformen 'eastre-ostara' im Angelsächsischen und Althochdeutschen beruhe auf ihrer Verwendung in der konservativen Kirchensprache und dem Bedeutungswandel zu Ostern.[17]

Betrachtet man das Zeugnis Bedas näher, so zeigt sich die sprachliche Abhängigkeit seiner Nachricht von einem Brief Papst Gregors des Großen an den Abt Mellitus, der im Gefolge Augustins in England missionarisch tätig war. Gregor empfiehlt hier Duldung und Schonung gegenüber heidnischen Götzentempeln und Opferriten sowie die Einbindung heidnischer Kulthandlungen in das christliche Kirchenjahr.[18] Durch die sprachlichen Anklänge stellt Beda seine Nachrichten in den Horizont der toleranten Kirchenpolitik Gregors. Doch gerade hinsichtlich des Osterfestes ist es wenig wahrscheinlich, daß derartig tolerante Prinzipien tatsächlich zur Anwendung kamen, bedenkt man, daß die Übernahme eines heidnischen Götternamens und möglicherweise paganer Kultriten im direkten Widerspruch zum Charakter von Ostern als Tauffest stand. Die Neophyten schworen ja gerade den alten Göttern in der Osternacht feierlich ab.[19] Der Name des christlichen Osterfestes läßt sich plausibler im Blick auf die Liturgie der Osternacht und das sich anschließende Fest verstehen.[20]

Lincke (1934/5) 6,1311-1315. Die Linie derer, die Skepsis gegenüber der Existenz Ostaras zeigten, wurde fortgeführt durch Mogk (1915) 215f., Mackensen (1925) 95, Lincke (1934/5) 6,1312f. und Wrede 40.

16 Cf. Knobloch (1959) 27-45.

17 Cf. Knobloch (1959) 32-34.

18 Die entscheidende Briefstelle sei aufgrund ihrer Relevanz für die in Frage stehende Thematik zitiert: "quia si fana eadem bene constructa sunt, necesse est ut a cultu daemonum in obsequium veri Dei debeant commutari, ut dum gens ipsa eadem fana non videt destrui, de corde errorem deponat, et, Deum verum cognoscens ac adorans, ad loca quae consuevit familiarius concurrat. Et quia boves solent in sacrificio daemonum multos occidere, debet his etiam hac de re aliqua solemnitas immutari, ut die dedicationis vel natalitiis sanctorum martyrum, quorum illic reliquiae ponuntur, tabernacula sibi circa easdem ecclesias quae ex fanis commutatae sunt, de ramis arborum faciant, et religiosis conviviis solemnitatem celebrent. Nec diabolo jam animalia immolent, sed laudem Dei in esum suum animalia occidant, ..." (PL 77,1215 AB).

19 Cf. Knobloch (1959) 36-38. Welchen Wert man auf den Termin dieses Festes legte, zeigt der sog. Osterfeststreit der Alten Kirche. Siehe hierzu Quasten (1962) 7,1273-1275, Eisenhofer (1932[3], 1883) 486-489, J. Lechner (1953[6], 1924) 137f. und Brand (1962) 7,1271f.

20 Die durchgängig christliche Prägung des Osterbrauchtums, das von Grimm konsequent auf Ostara und die von ihm postulierte heidnische Osterfeier bezogen wurde, (Cf. *DM* 1,241. 484-487, *DM* 1,511-513, *DM* 2,651; *DM* 3, 176) wird heute kaum mehr in Abrede gestellt.

Der Tagesanbruch ist der liturgisch bedeutsamste Zeitpunkt der Ostervigil, da man Christus als Sieger über den Tod mit der aufgehenden Sonne parallelisiert hat.[21]
Nach dem Vollzug der Taufe in der Osternacht wurden die Täuflinge (in Frankreich und Deutschland mindestens bis zum 10. Jahrhundert) mit weißen Taufgewändern, den sogenannten 'albae', bekleidet, die sie dann in den für sie veranstalteten täglichen Gottesdiensten der Osterwoche zu tragen hatten. Nach diesen weißen Taufkleidern habe man die ganze Woche als "hebdomada in albis" bzw. "albae paschales" benannt. Im 6. Jahrhundert sei der Ausdruck "albae paschales" in den romanisch sprechenden Gebieten des Frankenreiches zu "albae" verkürzt worden. Ganz entsprechend habe man den Zeitraum nach der Osterwoche mit der Wendung "post albas" bezeichnet.[22] Die ursprünglich stoffliche Bezeichnung, die zur Benennung von Taufgewändern gedient hatte, ging also in einen Zeitbegriff über. Dazu kamen weitere sprachliche Verschiebungen, in deren Zusammenhang 'albus' als Farbwort durch das germanische Wort ersetzt wurde, aus dem sich frz. 'blanc', ital. 'bianco', span. 'blanco' entwickelten. Die Folge davon war, daß das alte Wort 'albus' einerseits stark an den kirchlich-liturgischen Bereich gebunden war, andererseits aber die feminine Form 'alba' eine Bedeutungsverschiebung in Richtung 'Morgenröte' erfuhr. Diese ist in it., prov., span. 'alba' sowie frz. 'aube' manifest.
Aufgrund dieser sprachlichen Verschiebungen, aber auch aufgrund der zentralen Bedeutung der Morgenfrühe in der Liturgie der Osternacht sowie der Wendung der Täuflinge nach Osten und der täglichen Frühgottesdienste geht Knobloch von einer Lehnübersetzung des lat. 'albae', verstanden als Plural von 'alba', die 'Morgenröte', in den ahd. Pl. 'ostarun', ae. 'eastron' aus.[23]
Die Argumentationen Knoblochs sind kein Beweis dafür, daß es eine Göttin Ostara nie gegeben hat. Sie zeigen jedoch die Unsicherheiten, die mit dem Zeugnis Bedas verbunden sind, und stellen insofern eine Warnung dar, die Existenz einer südwestgermanischen Frühlingsgottheit zu behaupten und ein wie auch immer geartetes heidnisches Substrat in Osterfeier und Osterbrauchtum auf diese Gottheit zu beziehen.
Beda könnte den Namen Ostara aus dem Monatsnamen "Eostur-monath" erschlossen haben, sowie er auch die sonst unbekannte und etymologisch ungeklärte Rheda aus dem Monatsnamen "Rhedmonath" abgeleitet hat. Der Brief Papst Gregors des Großen an den Abt Mellitus könnte ihn möglicherweise zu derartigen Spekulationen ermutigt haben. Ein weiteres Argument gegen die bei Beda bezeugten Göttinnen ist, daß aus dem germanischen Bereich sonst keine Monatsgötter bekannt sind.[24] Auch Parallelüberlieferungen, die das Zeugnis Bedas für Rheda und Ostara stützen könnten, sind im gesamten süd- und nordgermanischen Bereich

21 Die Tradition ist alt und läßt sich u.a. in einer Osterpredigt nachweisen, die unter die Ps.-Chrysostomica subsumiert worden ist, aber nach Casel Hippolyt zuzuschreiben ist. (Cf. Casel (1934) 24) Weitere Belege bei Knobloch (1959) 39f.
22 Knobloch (1959) 42f. führt reiches Belegmaterial für diese Bezeichnung an.
23 Cf. Knobloch (1959) 39-45.
24 Cf. Philippson (1929) 166.

nicht bezeugt. Für die These Knoblochs spricht demgegenüber, daß die Osterfestbezeichnungen für den gesamten christlichen Bereich aus jüdischen bzw. christlichen Wurzeln stammen.[25] Die Bedeutung, die man dem Osterfesttermin zumaß und die bewußte Absetzung des Osterfestes vom Zeitpunkt des jüdischen Pascha machen die gleichzeitige Übernahme eines germanisch-heidnischen Göttinnennamens als Festbezeichnung unwahrscheinlich.

Trotz der dargelegten Unsicherheiten wird die Ostara-Hypothese weiterhin vielfach vertreten und dies nicht nur in populärwissenschaftlich ausgerichteten volkskundlichen 'Breviers' und 'Heimatbeilagen', sondern auch in Standardwerken wie in Beitls *Wörterbuch der deutschen Volkskunde.*[26] Weber-Kellermann lehnt zwar J. Grimms These von einer dem Osterfest zugrundeliegenden heidnischen Göttin Ostara ab, geht aber davon aus, daß "bereits gestaltete Frühlingsfeste, die den Sieg der Sonne und Wärme über den Winter zum Inhalt hatten", mit dem christlichen Osterfest verbunden wurden. Der Festname Ostern wird hier aus der Himmelsrichtung Osten abgeleitet.[27] Wiegelmann / Zender / Heilfurth resümieren, daß Ostern "dem Sprachforscher heute noch als der Name eines vorchristlichen Festes" gelte.[28] In der 1956/7 in zweiter Auflage erschienenen und 1970 neu gedruckten *Altgermanischen Religionsgeschichte* von de Vries, die noch heute maßgeblich ist, wird das Zeugnis Bedas nicht weiter hinterfragt und die Existenz einer im gesamten deutschen Raum verehrten Göttin Ostara ganz im Sinne Grimms vorausgesetzt.[29] Das Systematisierungsbestreben der mythologischen Forschungen von de Vries zeigt sich besonders in seiner Einordnung der angenommenen südgermanischen Ostaraverehrung in den Rahmen des germanischen Sonnenkults. Die Verehrung Ostaras wird in einer Linie gesehen mit dem Trondheimer Wagen, den skandinavischen Felszeichnungen der Bronzezeit, der Nachricht über den Sonnenkult bei Caesar (*Bellum gallicum* lib. 6, c. 21) oder dem Namen Sunna im *2. Merseburger Zauberspruch.* Heterogenes Material wird hier ohne Rücksicht auf die spezifische Ausprägung der Zeugnisse und Denkmäler zusammengestellt. Auf dieser Basis gelangt de Vries zum Verständnis der Göttin Ostara als Sonnengöttin.

---

25 Cf. Fischer (1962) 7,1277.
26 Cf. Beitl (1974^3,1936) 619.
27 Cf. Weber-Kellermann (1985) 60.
28 Cf. Wiegelmann / Zender / Heilfurth (1977) 142. Akzeptiert wird die These Knoblochs etwa bei Fischer (1962) 7,1277, Rosenfeld (1969) 175, Göbel (1987) 3-5 und mit vorsichtiger Zurückhaltung bei Kluge (1989^{22},1883) 520f.
29 Cf. de Vries (1970^3,1956/7^2,1935/7) 1,357.

Schlußbemerkung

Die Untersuchung des Mythosbegriffs in Teil 1 der Arbeit hat ergeben, daß Mythos und Mythologie im Zusammenhang mit der ästhetischen Konzeption von 'Natur- und Kunstpoesie' zu sehen sind.

Insofern die Mythologie in den Kontext der 'Naturpoesie' eingeordnet ist, gelten die Wesensbestimmungen der 'Naturpoesie' auch für sie. Nichtindividuelle Entstehung, Naivität, Objektivität und hohes Alter kennzeichnen somit die Mythologie.

Der ästhetische Gegenbegriff zur 'Naturpoesie' bzw. 'Volkspoesie' ist die 'Kunstpoesie', die durch individuelle Entstehung, Reflexion, Subjektivität und Modernität umrissen werden kann.

Die zunächst ästhetisch bestimmten Kategorien von 'Natur'- und 'Kunstpoesie' bleiben nicht auf die ästhetische Ebene beschränkt, sondern werden historisiert, d.h. in einem geschichtsphilosophischen Entwurf zum natur- bzw. kunstpoetischen Zeitalter entfaltet.

Im naturpoetischen Zeitalter, der Urzeit oder 'aetas mythica', sind Sprache, Poesie, Recht und Mythos in eine mythische Ureinheit integriert. Die Mythologie verkörpert dabei den Bereich der Weltanschauung der Urzeit. Sie läßt sich als der naiv-unschuldige Glaube der Alten fassen.

Aus der Annahme der genannten Ureinheit, die Züge des platonischen Urbilds trägt, ergibt sich, daß alle Formen von Sprache, Mythologie, Recht und Poesie im Verhältnis einer grundsätzlichen Urverwandtschaft zueinander stehen.

Nach dem Verlust der Ureinheit und damit verbunden der Aufhebung des naturpoetischen Zeitalters bestehen sie als 'disiecta membra' des Gesamtorganismus weiter.

Aus dieser Vorstellung erklärt sich die Relevanz der Beschäftigung mit den Relikten der Vorzeit und die Sammlung auch der nebensächlichsten Einzelheiten, die den Anschein des Althergebrachten tragen.

Indem sie Verbindungslinien zur Urzeit darstellen, gewähren sie Zugang zu den Sprach-, Religions-, Rechts- und Literaturformen der Vorfahren und garantieren so gewissermaßen die Kontinuität mit dem Altertum, das der Moderne in religiöser, ethischer und ästhetischer Hinsicht überlegen war.

Hier wird deutlich, daß die Urzeit idealisiert und als goldenes Zeitalter bzw. als verlorenes Paradies gezeichnet wird. Anders ausgedrückt heißt dies: Die Urzeit wird zum Leitbild der dekadenten Gegenwart und gewinnt so den Charakter einer Utopie.

Das ästhetische und politische Defizit der Gegenwart soll durch die Hinwendung zur idealen Welt der Vergangenheit und ihrer Phänomene beglichen werden. Der historischen Erforschung von Sprache, Recht, Poesie und Mythologie kommt insofern Bedeutung für die Gegenwart und Zukunft zu. Am Ende der Vorrede zur *Deutschen Mythologie* von 1844 weist

J. Grimm auf den Stellenwert seiner Wissenschaft in den Perspektiven von Vergangenheit, Gegenwart und Zukunft hin:

> "Vielleicht werden meine bücher in einer stillen, frohen zeit, die auch wiederkehren wird, mehr vermögen; sie sollten aber schon der gegenwart gehören, die ich mir nicht denken kann, ohne daß unsere vergangenheit auf sie zurückstrahlte, und an der die zukunft jede geringschätzung der vorzeit rächen würde."[1]

Gegenwart und Zukunft werden also von der Vergangenheit her gesehen. Wenn sich die wissenschaftlichen Bemühungen auf die Vergangenheit richten, so geschieht dies stets im Blick auf Gegenwart und Zukunft, wobei die ideale Welt der Vergangenheit sozusagen den Orientierungsrahmen für das Jetzt absteckt.

Überträgt man diese Charakterisierung der Urzeit auf die in ihr integrierten Phänomene, so ergibt sich in bezug auf den Mythos: Die Mythologie wird mit eigenen philosophischen und religiösen Vorstellungen besetzt und wird so zum utopischen Entwurf. Es handelt sich um eine Form der Utopie, jedoch um eine 'gebrochene' Utopie, denn für J. Grimm steht fest, daß die Lebensformen der Vorzeit endgültig verloren sind. Sie lassen sich nicht mehr mit der Situation der Gegenwart und ihren Ansprüchen harmonisieren. Eine Renaissance der 'Naturpoesie' oder gar der Mythologie ist damit für J. Grimm undenkbar, denn die moderne Menschheit steht auf einer vollkommen anderen Reflexionsstufe als die Alten. Während sie die Mythen im Zustand der Görresschen 'Begeisterung' unbewußt, ja wie im Traum, artikulierten, können die modernen Menschen nur bewußt konstruieren. Eben diese Reflexion aber widerspricht gerade dem Charakter der 'Naturpoesie' und ihrer Phänomene. Was bleibt - ist Partizipation am Vergangenen durch Sammeln und Tradieren.

Im Begriff des Sammelns, der auf einer ersten Ebene die Vorstellung des 'treuen' Sammelns im Sinne eines möglichst objektiven Positivismus evozieren soll,[2] ist also - wie sich bei eingehenderer Betrachtung zeigt - eine ganze Weltanschauung komprimiert.

Das Sammeln ist dabei nicht auf die Urzeit ganz allgemein bezogen, sondern es geht konkret um die Erforschung der *deutschen* Vergangenheit, der nationalen Traditionen. Dieses Anliegen steht zweifellos im Kontext der sich konstituierenden Volkstumsideologie, die die fehlende realpolitische Größe Deutschlands durch den Verweis auf die großen kulturellen Leistungen und Traditionen der Vergangenheit kompensieren wollte. Die historische Identität soll durch Traditionen gewonnen werden, die möglichst weit in die Vergangenheit zurückreichen und deshalb zugleich Würde und Altertumswert besitzen.[3]

In Teil 2 der Dissertation wurde bei der Analyse der Mythen herausgestellt, welche Interferenzen sich zwischen dem hier noch einmal kurz skizzierten spekulativen Überbau der *Deutschen Mythologie* und der Quellenarbeit J. Grimms ergeben. Es hat sich gezeigt, daß Grimm

1 *DM* 1,XLI.

2 Cf. ibid. 1,10.

3 Diese Vorstellung hat sich heute auf den Bereich der Heimatpflege verlagert, wo Heimat durch den Nachweis alter Traditionen konstituiert wird.

seine eigenen philosophischen und religiösen Anschauungen in hohem Maße an das Material herangetragen bzw. anders ausgedrückt das Material im Sinne seiner Theoreme selektiv ausgewählt und interpretiert hat.

Während er in der Vorrede zur *Deutschen Mythologie* von 1844 betont, "der lose zusammenhang des rettbaren" bewahre ihn vor philosophischen Deutungen,[4] ist es in praxi gerade der fragmentarische Charakter der Überlieferung, der ihn zu Spekulationen und durch die Quellen nicht abgedeckten Interpretationen verleitet.

Grimm versucht die überlieferten Fragmente in den Zusammenhang eines mythologischen Systems zu bringen und möglichst viele Koordinatenstellen in diesem System zu besetzen - ein Verfahren, das schon per se der dürftigen Überlieferungslage widerspricht und nur durch die Einbeziehung von Volksüberlieferungen und relativ späten schriftlichen Quellen durchführbar ist. Nur auf diese Weise konnte ein mit den Nachtragsaufzeichnungen ca. 1500 Seiten starkes Werk entstehen, das durch seinen Umfang und seine Systematik die tatsächliche dürftige Überlieferungslage verdeckt. Das Programm des Sammelns verlieh der Mythenforschung Grimms stark additiven Charakter, was besonders in dem Anwachsen der *Deutschen Mythologie* von 1835 auf die zweibändige Ausgabe von 1844 und die erneute Materialsammlung in den Nachträgen zum Ausdruck kommt. Durch diese Methodik des Sammelns und sukzessiven Einbeziehens von Belegen glaubte Grimm vor Spekulation bewahrt zu bleiben.

Wenn Grimm heidnische Phänomene aus mittelalterlichen oder frühneuzeitlichen Quellen erschließen will (ohne ältere Zeugnisse dafür zu haben), so versucht er die Konstruktion des Heidnischen häufig durch Analogieschlüsse zu retten. So muß - um noch einmal ein Beispiel zu nennen - die Perchta in Analogie zur rein deutschen Holda heidnisch sein. Diese Analogieschlüsse sind in doppelter Hinsicht problematisch: Zum einen wird der pagane Gehalt in dem für den Analogieschluß herangezogenen Phänomen als fraglos vorausgesetzt, wie z.B. im Fall der Holda, zum anderen wird die Analogie oft nur suggeriert, ohne sich tatsächlich aus dem Quellenbestand zu ergeben. Die Verbindung von Holda zu Isis wird nur in Form einer Frage gezogen - ja, Suggestivfragen werden eingesetzt, um Argumentationssprünge und Argumentationsschwächen zu überspielen und so gleichzeitig - gewissermaßen lückenlos - von einem Phänomen zum anderen überzugleiten.

Durchaus heterogenes Material wird dabei im Hinblick auf übergeordnete Ideen vereinheitlicht, was z.B. bei der vergleichenden Zusammenstellung germanischer bzw. als germanisch postulierter Göttinnen nach dem ihnen zugrundeliegenden 'gemeinsamen begrif' zu beobachten war.[5]

Daß es Grimm als mythologischem Forscher primär um die Aufstellung eines mythologischen Systems geht, das er zwar einerseits erst rekonstruieren will, von dem er aber andererseits bereits ausgeht, zeigt sich besonders deutlich in seinem Umgang mit Regional- bzw.

4 Cf. *DM* 1,10.
5 Cf. Teil 2, 2.1.

Stammestraditionen, die sein System unterlaufen könnten. So wird der Saxnot der altsächsischen *Abrenuntiation* als Zio bzw. als Freyr gedeutet[6] oder die Verehrung der von Beda bezeugten Göttin Eostra wird für den gesamten südgermanischen Raum angenommen.[7] Die mitteldeutsche Holda und die oberdeutsche Perchta sind im Sinne seines mythologischen Systems nicht nur untereinander, sondern auch mit Nerthus und Isis identisch.[8]

Die kontextlose Deutung von Phrasen, Wörtern und Wortformen, worauf nicht selten weitreichende Argumentationen aufgebaut werden, hat sich geradezu als Kennzeichen der Grimmschen Mythenforschung erwiesen, wobei diese Methode nicht nur bei isoliert überlieferten Wortformen angewandt wird, sondern auch Wörter oder Textpassagen bewußt aus dem Kontext gerissen werden, um ihren heidnischen Charakter herauszustellen.[9]

Wissenschaftsgeschichtlich gesehen läßt sich hinter der Methodik Grimms die dem historistisch-genetischen Denken verpflichtete Suche des 19. Jahrhunderts nach einer Urform erkennen. Diese Urform glaubte man aus ihren (in der Sicht des 19. Jahrhunderts minder wertvollen) Derivaten erschließen zu können. Grimm arbeitete bei seiner mythologischen Forschung damit nach demselben Wissenschaftsparadigma, nach dem er sich in seinen sprachgeschichtlichen Studien dem Ursprung der Sprache nähern wollte, nach dem Lachmann in der Textkritik den Archetypus einer Überlieferung rekonstruierte und nach dem man in der Biologie des 19. Jahrhunderts Stammbäume und Abstammungslinien aufstellte. Im Fall der Grimms überlagert sich dieses genetisch-historistische Denken mit platonischen Vorstellungen von Urbild und Abbildern.[10] Der einzelne Textzeuge interessiert im Rahmen dieses Denkmodells weniger im Kontext seiner synchronen Gebrauchszusammenhänge, soziokulturellen Entstehungsbedingungen und Funktionen, als vielmehr diachron nach seiner Stellung im Überlieferungszusammenhang, seiner Nähe oder Ferne zum postulierten Archetypus. Das in der 'Archäologie' der mythologischen Forschung Grimms liegende Wissenschaftsparadigma steckt den Fragehorizont, der an das Material herangetragen wird, ab und macht deutlich, warum Grimm - methodisch folgerichtig - das kontextuelle Umfeld der Texte vernachlässigen konnte. Der mit dem skizzierten Denkmodell verbundene Erkenntnisoptimismus, der ebenso etwa in der Textkritik herrschte, wird von Grimm in die mythologische Forschung eingebracht und bleibt bei seinen Nachfolgern bestimmend. Daß die Eruierung der Urformen, im Fall der *Deutschen Mythologie* der heidnischen Mythen, auf einer Reihe von subjektiven Entscheidungen (wie eben der kontextlosen, selektiven, oft auch manipulierenden Quellenbetrachtung) und den romantischen Prämissen Grimms beruhte, wurde nicht reflektiert. Grimm war vielmehr überzeugt, daß die Urform sich durch Vergleichen und

---

6 Cf. *DM* 1,178f. und siehe Teil 2, 1.2.2.1.

7 Cf. *DM* 1,239-241 und siehe Teil 2, 2.2.1.

8 Cf. *DM* 1,208-234 und siehe Teil 2, 2.1.1. und Teil 2, 2.1.2.

9 Siehe dazu vor allem meine Ausführungen zu Grimms Deutung der Sagen vom wütenden Heer und der wilden Jagd (Teil 2, 1.1.2. und Teil 2, 1.3.).

10 Cf. Teil 1, 1.2.2. und 1.3.

Sammeln per se herauskristallisieren würde. Die Naturbilder vom Wissenschaftler als 'Ährenleser'[11] und der "auf einem öde geglaubten felde" 'entsprossenen' *Deutschen Mythologie*, die er in der zweiten Auflage des Werkes "ins zweite laub liefern kann",[12] legen beredtes Zeugnis dafür ab, wie sehr J. Grimm daran gelegen war, die Auswertung des Materials nicht etwa als (subjektiv beeinflußten) hermeneutischen Erkenntnisakt des jeweiligen Gelehrten darzustellen, sondern als einen von der Erkenntnisleistung des Wissenschaftlers weitgehend unabhängigen, dem Material objektiv inhärenten Prozeß.

Die These von Graevenitz', nach der die topische Materialanordnung der älteren Mythenforschung - hinzuweisen ist besonders auf Vossius' *Theologia gentilis* (1. Auflage 1641, vollständige postume Ausgabe 1668/1669) - von J. Grimm weiterpraktiziert wird, ließ sich durch die detaillierte Mythenuntersuchung erhärten.[13] Durch den Vergleich oder das Aufstellen von Ähnlichkeitsreihen wird das Material wie in der älteren Mythenforschung etwa von Schedius, Schopper oder eben Vossius unter die jeweiligen Topoi subsumiert. Das Grundmuster der Gesamtdisposition der *Deutschen Mythologie* ist das einer späthumanistischen arbor, wie sie Vossius' *Theologia gentilis* zurundeliegt.[14]

Die Rückschlußverfahren und Rekonstruktionsmethoden Grimms erwiesen sich als religionsgeschichtlich undifferenziert und stark von seinem Glauben an ein gutes, unschuldiges, strahlend helles Heidentum geleitet. Grimm rechnet kaum mit Brechungen des Materials durch die christlichen Autoren, mit Brechungen, die den heidnischen Gehalt nicht nur oberflächlich verhüllen, sondern so tiefgreifend transformieren, daß ein unmittelbarer Rückschluß auf germanische Mythen nicht mehr möglich ist.

Südgermanisch-deutsche Mythentraditionen und Kultformen werden mit Hilfe dieser Rückschlußverfahren und durch Analogieschlüsse im Sinne des (von Grimm gedanklich vorausgesetzten mythologischen Systems) in manchen Fällen eher postuliert als aus den Quellen erschlossen (so z.B. der deutsche Hliðskjálf oder das deutsche Walhall).[15] Die zugrundeliegende philosophische Prämisse, die Grimm diese Verfahrensweise ermöglicht, ist die Vorstellung von der Urverwandtschaft aller Mythologien.

Besonders häufig und gegen die im Vorwort geäußerte Zurückhaltung[16] werden die 'Lücken' der deutschen Überlieferung durch die Berufung auf die reiche nordische Mythologie geschlossen. Während Grimm im Vorwort betont, er sei sich der Übereinstimmungen *und* Ab-

11 Cf. Vorrede zur *DM* (1835), KS 8,150.
12 Cf. *DM* 1,V.
13 Cf. v. Graevenitz (1987) 58-65, 248-252.
14 Cf. ibid. 61.250f. Im einzelnen entsprechen c. I-V der *Deutschen Mythologie* dem "cultus *symbolicus*" bei Vossius, c. VI-X dem "cultus *proprius* simplex substantiae *spiritualis* summus", c. XI-XII dem "cultus proprius simplex substantiae spiritualis medius, c. XIII- c. XIV dem "cultus proprius simplex substantiae spiritualis imus", c. XV-XIX dem "cultus proprius simplex substantiae *corporeae*", c. XX-XXI dem "cultus proprius *mixtus*", c. XXII-XXIX sind ohne Entsprechungen. (Cf. v. Graevenitz (1987) 250f.).
15 Siehe Teil 2, 1.1.1.
16 Cf. Vorrede zur *DM* (1835), *KS* 8,150 und *DM* 1,VII.

weichungen zwischen beiden Mythologien bewußt,[17] wird die Identität zwischen nordischen und deutschen Traditionen in der argumentativen Praxis oft vorausgesetzt. Besonders bei der Untersuchung des Wuotankapitels[18] wurde deutlich, wie die Argumentation Grimms zwischen den deutschen und nordischen Traditionen bruchlos hin- und herschwimmt, wodurch ein verzerrtes Bild von der Überlieferung der religiösen Zeugnisse im deutschen Bereich vermittelt wird.

Gerade bei der Analyse des Wodan-, Wuotankomplexes hat sich auch gezeigt, daß Grimm seine eigene religiöse und weltanschauliche Position bis in Einzelheiten hinein auf die *Deutsche Mythologie* projiziert. So sind sowohl seine Vorstellung vom Monotheismus,[19] wie sein eigener Pantheismus[20] in Wuotan, Wodan gespiegelt. Funktional dient die Monotheismusthese der ethischen Rechtfertigung der Vorfahren, durch die das 'Anstößige' des Polytheismus "gemindert" wird, "denn auch in heiden brust war ein bewustsein jener unterordnung schwerlich völlig erloschen und der schlummernde glaube an den höchsten gott konnte stets erwachen."[21] Grimm steht damit, nebenbei bemerkt, durchaus in der Nachfolge der Mythologen der Frühen Neuzeit und Barockzeit, die - wie Schopper - eine theologische Ehrenrettung der germanischen Vorfahren versuchten, indem sie ihren Polytheismus als Entartung eines ursprünglichen Monotheismus erklärten. Es zeigte sich vielfach, wie sehr Grimm die mythologischen Arbeiten der Frühen Neuzeit und der Barockzeit in seine *Deutsche Mythologie* einbezieht. Das Neue seiner Forschung besteht in der auf Vollständigkeit angelegten Zusammenstellung des vorher in Einzelabhandlungen verstreuten Materials sowie in der Anordnung der Überlieferungen nach dem Raster eines mythologischen Systems.

Im 19. Jahrhundert ist die Beschäftigung mit den Germanen immer zugleich Selbstbild der eigenen und Fremdbild der vergangenen Kultur. Zum einen versucht man das Selbstbild mit Hilfe des Fremdbildes zu konstituieren, zum anderen gehen Züge des Selbstbildes - wie die eigene weltanschauliche, ästhetische Position und die eigene historische Situation - in das Fremdbild ein.

Dadurch daß das Fremdbild, das Grimm zu rekonstruieren versucht, äußerst fragmentarisch ist, wird die Gefahr der Selbstprojektion besonders hoch. Gerade dort, wo die Überlieferung am lückenhaftesten ist, wird sie von Grimm auf der Basis des kulturellen Wissens und der kulturellen Bilder seiner Zeit am stärksten ergänzt. Dies zeigt sich etwa bei seiner Schilderung des heidnischen Gebets:

17 Cf. *DM* 1,VIIf.
18 Cf. ibid. 109-137, siehe Teil 2, 1.
19 Cf. *DM* 1,136f. und *DM* 1,XXXVIII.
20 Cf. ibid. 1,109f.
21 Ibid. 1,XXXVIIIf.

"Ueber die art und weise des heidnischen gebets entbehren wir nachrichten; ich vermute bloß, daß damit *blicken gen himmel, neigen des leibs* (worauf schon bidjan führte), *händefalten, kniebeugen, hauptentblößen* verbunden war."[22]

Die 'Vermutungen' Grimms erwachsen deutlich aus der christlichen Gebetstradition und der Gebetspraxis des 19. Jahrhunderts, werden von ihm aber als allgemeingültig für die Kindheitsstufe des Menschseins, von der er für die Germanen ausgeht,[23] auf das germanische Altertum projiziert:

"diese gebärden erwachsen aus kindlich roher vorstellung des alterthums, wonach der flehende mensch dem mächtigen gott, seinem sieger, sich als *wehrloses opfer* darbietet und unterwirft".[24]

Was Grimm über den altdeutschen Waldkult, der sich "in hainen bald der berge bald anmutiger auen" vollzogen habe,[25] schreibt, trägt zweifellos Züge der Natur- und Waldbilder, mit denen die romantische Naturlyrik seiner Zeit arbeitete:

"da wohnt die gottheit und birgt ihr bild in rauschenden blättern der zweige, da ist der raum, wo ihr der jäger das gefällte wild, der hirte die rosse, rinder und widder seiner herde darzubringen hat."[26]

Weiterhin läßt sich erkennen, daß die Darstellung des Gottes Wodan, Wuotan, bei der Grimm die dämonischen, dunklen Züge der Quellen dezidiert zugunsten eines positiven strahlenden Götterbildes zurückdrängt, Ähnlichkeiten mit dem in literarischen Germanenkonzeptionen bis 1850 vorherrschenden Typus des strahlenden, hellen Kriegshelden aufweist,[27] der nach der Jahrhundertmitte zunehmend von dem dunklen, tragischen Helden abgelöst wird.

Und wie in den literarischen Germanenkonzeptionen des 19. Jahrhunderts,[28] in denen die Merkmale der germanischen Götter denen der Germanen entsprechen, ist Grimm bemüht, seine Götterbilder dem aus der Tacitusinterpretation gewonnenen Katalog von topischen (im 19. Jahrhundert als gültig bewerteten) Germanenmerkmalen anzupassen.

Den Germanen kamen danach im sittlich-ethischen Bereich 'Redlichkeit', 'Treue', '(männlicher) Kampfgeist', 'Freiheitsliebe', 'Tapferkeit', '(weibliche) Tugendhaftigkeit' und ein gewisses Maß an 'unverbildeter Einfalt' zu.[29] Diese Merkmale konnten erweitert werden, z.B. um das Element des deutschen Tiefsinns.[30]

Die von Grimm gezeichnete häusliche Sittsamkeit der Göttinnen und die kämpferische Haltung der Götter lassen sich hier einordnen. Funktional sind den Göttern 'Krieg und Waffen', den Göttinnen häusliche Tätigkeiten wie 'spinnen', 'weben', 'säen' oder das 'Hüten des Herdes'

22 Ibid. 1,25.
23 Das kulturelle Entwicklungsmodell Herders steht hier im Hintergrund. (Siehe Teil 1, 1.1.1.).
24 *DM* 1,25.
25 Ibid. 1,71.
26 Ibid. 1,55.
27 Cf. Titzmann (1991) 133-139.
28 Cf. ibid. 120-145.
29 Cf. Brockhaus (1844^9) 6,113.
30 Cf. Titzmann (1991) 127f.

zugeordnet. Von den mütterlichen Göttinnen habe das Menschengeschlecht "die geschäfte und künste des haushalts wie des ackerbaus erlernt". Die männlichen Gottheiten treiben dagegen "die hauptgeschäfte der alten helden".[31] Aus dem beschriebenen Merkmalskatalog ergibt sich auch, daß Grimm Schwierigkeiten haben *muß* mit der in den Quellen belegten tückischen, mitunter gegenüber seinen Schützlingen treulosen Art des Gottes Wodan. Er geht hier - wie dargelegt[32] - von einer Verdunkelung des ursprünglich strahlend hellen göttlichen Wesens aus, denn ein treuloser Hauptgott der treuen Germanen ist auf der Grundlage seines Bildes vom germanischen Altertum undenkbar. Daß Grimm bei seiner mythologischen Arbeit von den zu seiner Zeit gängigen und letztlich im Anschluß an Tacitus entwickelten Germanenbildern beeinflußt war, zeigen schon Formulierungen wie, "Das lernt man noch in der ältesten geschichte unseres volks, daß ihm zucht und tugend nicht aus dem lande gezogen waren".[33] Was der germanische Glaube an 'Rohem' enthalten habe, hätte sich bei längerer Dauer des Heidentums noch geläutert, was sich für Grimm aus der Prämisse des 'sinnigen Ernstes', also der deutschen Tiefe versteht: "deutscher art angemessen ist ein sinniger ernst, der sie dem eitlen entführt und auf die spur des erhabnen leitet."[34]

Im Sinne dieser Erhabenheit möchte Grimm zeigen, daß die religiösen Vorstellungen der deutschen Voreltern trotz aller Unvollkommenheit 'heiter und großartig' waren, daß "siegesfreude und todesverachtung ihr leben beseeligten und aufrichteten, daß ihrer natur und anlage fern stand jenes dumpfbrütende niederfallen vor götzen oder klötzen".[35]

Der Germanendarstellung kommt damit bei Grimm - wie schon seit Tacitus - durchaus auch die Funktion eines Sittenspiegels zu.[36]

Wenn hier die Interferenzen zwischen Grimms eigener religiöser, philosophischer und ästhetischer Position sowie den Germanenbildern des 19. Jahrhunderts mit der altertumskundlichen Forschung der *Deutschen Mythologie* erörtert wurden und damit gezeigt werden sollte, daß Grimm seinen Anspruch, rein empirisch-positivistisch zu arbeiten, in der Praxis nicht einlöst, so soll damit nicht einem in seiner Methodik 'wahrhaft getreu' arbeitenden Positivismus das Wort geredet werden. Vielmehr geht es darum, nachzuweisen (hier exemplarisch an Grimm), daß eine wissenschaftliche Position, die sich als rein empirisch-positivistisch ausgibt, ihre Prämissen zwar verhüllt, aber nichtsdestoweniger damit arbeitet. Berücksichtigt man die Konsequenzen der spekulativen Prämissen für die Quellenarbeit Grimms, so zeigt sich, daß die *Deutsche Mythologie* ein Werk ist, das ganz auf der Basis und im Kontext der romantischen

31 Cf. ibid. 1,XXXVI, 1,207, 2,782.790.

32 Cf. Teil 2, 1.1.

33 Cf. *DM* 1,XXXVI. Es folgt die Berufung auf Tacitus.

34 Ibid. 1,XXXVII.

35 Cf. Vorrede zur *DM* (1835), KS 8,149.

36 Cf. auch *DM* 1,130.

Mythenforschung zu sehen ist, was auch die dargelegten Verbindungslinien zu Görres, Kanne, Creuzer nahelegen.[37]

Bemüht man sich aus heutiger Sicht um eine Neudeutung der 'Mythen' der *Deutschen Mythologie*, so versteht sich schon aus den veränderten wissenschaftsgeschichtlichen Rahmenbedingungen, daß man zu anderen Ergebnissen kommen wird - die wiederum dem wissenschaftlichen Kontext ihrer Zeit verpflichtet sind. Auf dem Gebiet der germanischen Religionsgeschichte, speziell der südgermanisch-deutschen Religionsgeschichte von Ergebnissen zu sprechen, ist ohnehin problematisch, und ich möchte meine Erklärungsansätze daher als Hypothesen verstanden wissen und meine Skepsis zum Ausdruck bringen, ob man auf diesem Gebiet überhaupt endgültige Antworten geben kann.

37 Siehe dazu Teil 1, 1.3.

Bibliographie

Verwendete Abkürzungen

ADB	Allgemeine deutsche Biographie, Leipzig 1875ff.
ARW	Archiv für Religionswissenschaft, (Freiburg i. Breisgau) / Leipzig 1898ff.
ATB	Altdeutsche Textbibliothek, Halle a.d. Saale, später Tübingen 1882ff.
BDLV	Bibliothek des literarischen Vereins in Stuttgart, Stuttgart 1843ff.
CCL	Corpus Christianorum. Series Latina, Turnholti 1954ff.
CSEL	Corpus scriptorum ecclesiasticorum latinorum, Wien 1866ff.
DVjs	Deutsche Vierteljahrsschrift für Literaturwissenschaft und Geistesgeschichte, Halle a.d. Saale, später Stuttgart 1923ff.
EM	Enzyklopädie des Märchens. Handwörterbuch zur historischen und vergleichenden Erzählforschung, 1-4, ed. Ranke, K., 5-6, ed. Brednich, R.W.
FFC	Folklore Fellows Communications, Helsinki 1910ff.
GCS	Griechische christliche Schriftsteller der ersten drei Jahrhunderte, Leipzig 1897ff.
GRM	Germanisch-romanische Monatsschrift, Heidelberg 1909ff.
HdA	Handwörterbuch des deutschen Aberglaubens, ed. Bächtold-Stäubli, H. / Hoffmann-Krayer, E.
ÍF	Íslenzk Fornrit, Reykjavík 1933ff.
LdM	Lexikon des Mittelalters, ed. Bautier, R.-H. u.a., München / Zürich 1980ff.
LThK^2	Lexikon für Theologie und Kirche, begr. v. Buchberger, M. (1930-1938), 2. völlig neu bearbeitete Auflage, ed. Höfer, J. / Rahner, K.
MGH	Monumenta Germaniae Historica, Berlin u.a. 1826ff.
NDB	Neue deutsche Biographie, Berlin 1953ff.
PBB	"Paul und Braune' s Beiträge". Beiträge zur Geschichte der deutschen Sprache und Literatur, Halle a.d. Saale 1874ff., Spaltung ab 77, 1955ff. in PBB, Tübingen 1955ff. und PBB Halle 1955ff.
PG	Patrologia Graeca, ed. Migne, J.-P., Paris / Turnholti 1857ff.
PL	Patrologia Latina, ed. Migne, J.-P., Paris / Turnholti 1844ff.
RGA	Reallexikon der germanischen Altertumskunde, ed. J. Hoops, Straßburg 1911ff.
RGA^2	Reallexikon der germanischen Altertumskunde, 2., völlig neu bearbeitete und stark erweiterte Auflage, ed. Beck, H. / Jankuhn, H. / Kuhn, H. u.a., Berlin / New York 1973ff.
RhJbV	Rheinisches Jahrbuch für Volkskunde, Bonn 1950ff.
SAVk	Schweizerisches Archiv für Volkskunde, Zürich 1897ff.
SC	Sources chrétiennes, ed. Lubac u.a., Paris 1943ff.
TRE	Theologische Realenzyklopädie, ed. Krause, G. / Müller, G., Berlin 1977ff.
V	Verfasserlexikon, ed. Stammler, W., ab Bd. 3, ed. Langosch, K., Berlin (und Leipzig) 1933ff.
V^2	Verfasserlexikon, 2., völlig neu bearbeitete Auflage, ed. Ruh, K., Berlin / New York 1978ff.
WdF	Wege der Forschung, Darmstadt 1956ff.
ZDA	Zeitschrift für deutsches Altertum (ab 19, 1876) und deutsche Literatur, Berlin / Leipzig / Wiesbaden 1841ff.
ZfdPh	Zeitschrift für deutsche Philologie, Stuttgart 1869ff.
ZfV	Zeitschrift des Vereins für Volkskunde, Berlin 1891ff., ab 1929ff. unter dem Titel Zeitschrift für Volkskunde.

Die folgende Bibliographie nimmt sämtliche im Text zitierten Titel auf.

Aarne (1913): Aarne, A., Ursprung der Märchen (1913), in: Wege der Märchenforschung, ed. Karlinger, F., Darmstadt 1973, 42-60 (WdF 255).

AaTh, siehe **Thompson**

Abel (1729): Abel, C., Teutsche und Sächsische Alterthümer, Teil 1, Braunschweig 1729.

Achéry (1723³,1666): Spicilegium sive collectio veterum aliquot scriptorum qui in Galliae bibliothecis delituerant, ed. D' Achéry, D.L., 3. Ausgabe, ed. Baluze, V.C.S., Martene, R.P.D.E., de la Barre, L.-F.-J., Paris 1723³ (1666).

Acta SS Nov. 1 (1887): Acta Sanctorum Novembris 1, ed. Bolland, J. u.a., Bd. 63, Paris / Brüssel 1887.

Acta SS Sept. 6 (1767): Acta Sanctorum Septembris 6, ed. Bolland, J. u.a., Bd. 45, Antwerpen 1767.

Adam von Bremen, ed. Trillmich / Buchner (1961): Adam von Bremen, Gesta Hammaburgiensis ecclesiae Pontificum, in: Quellen des 9. und 11. Jahrhunderts zur Geschichte der Hamburgischen Kirche und des Reiches, ed. und übersetzt v. Trillmich, W. / Buchner, R., Darmstadt 1961 (Freiherr vom Stein-Gedächtnisausgabe 11).

Aethelweard, ed. Campbell (1962): Chronicon Aethelweardi. The chronicle of Aethelweard, ed. Campbell, A., London / Edinburgh / Paris u.a. 1962.

Agathias, ed. Keydell (1967): Agathias, Historiae, ed. Keydell, R., Berlin 1967 (Corpus fontium historiae Byzantinae 2).

Agricola (1534²,1528/1529): Agricola, J., Sybenhundert und fünfftzig Teütscher Sprichwörter, verneüert und gebessert, ed. und mit einem Vorwort von Hain, M., Hildesheim / New York 1970 (Volkskundliche Quellen. Neudrucke europäischer Texte und Untersuchungen 7, Reprint der Ausgabe Hagenau 1534²).

Albers (1917³,1907²,1891): Albers, J.H., Das Jahr und seine Feste. Die Feste und Feiertage des Jahres, ihre Entstehung, Entwicklung und Bedeutung in Geschichte, Sage, Sitte und Gebrauch, Stuttgart 1917³,1907² (1891) 2. und 3. Auflage benutzt.

Alfons von Spina (1494): Alfons von Spina, Fortalitium fidei contra iudeos, saracenos aliosque christianae fidei inimicos, Nürnberg 1494.

Almgren (1934): Almgren, O., Nordische Felszeichnungen als religiöse Urkunden, aus dem Schwedischen übersetzt v. Vrancken, S., Frankfurt a. Main 1934.

Anderson (1934): Anderson, W., Geographisch-historische Methode, in: Handwörterbuch des deutschen Märchens 2, ed. Mackensen, L., Berlin 1934/40, 508-522.

Andersson (1992): Andersson, Th., Orts- und Personennamen als Aussagequelle für die altgermanische Religion, in: Germanische Religionsgeschichte. Quellen und Quellenprobleme, ed. Beck, H. / Ellmers, D. / Schier, K., Berlin / New York 1992 (Ergänzungsbände zum RGA² 5), 508-540.

Annales Fuldenses, ed. Pertz (1826): Annales Fuldenses, ed. Pertz, G.H., Hannover 1826 (MGH Script. 1).

Annales Laurissenses, ed. Pertz (1826): Annales Laurissenses, ed. Pertz, G.H., Hannover 1826 (MGH Script. 1).

Apollonius, ed. Merkel (1854): Apollonius, Argonautica, ed. Merkel, R., Scholia vetera e codice Laurentiano, ed. Keil, H., Leipzig 1854.

Appuhn (1964): Appuhn, H., Die Jagd als Sinnbild in der norddeutschen Kunst des Mittelalters, Hamburg / Berlin 1964.

Aretin (1986): V. Aretin, K.O., Die Brüder Grimm und die Politik ihrer Zeit, in: Jacob und Wilhelm Grimm. Vorträge und Ansprachen in den Veranstaltungen der Akademie der Wissenschaften und der Georg-August-Universität in Göttingen anläßlich der 200. Wiederkehr ihrer Geburtstage, Göttingen 1986, 49-66.

Arndt, E., ed. Anrich (1940): Arndt, E.A., Germanien und Europa (1803), ed. Anrich, E., Stuttgart / Berlin 1940 (Kulturpolitische Schriftenreihe 1).

Arndt, E., ed. Meisner / Geerds (o.J.): Id., Ausgewählte Werke 13: Kleine Schriften 1, ed. Meisner, H. / Geerds, R., Leipzig o. J.

Arnim ed. Gerz (o.J.): V. Arnim, A., Gräfin Dolores, ed. Gerz, A., Potsdam o.J.

Arnim, ed. Grimm, W. (1845): Id., Sämmtliche Werke 13: Des Knaben Wunderhorn. Alte deutsche Lieder 1, gesammelt von id. und Brentano, C., ed. Grimm, W. , Charlottenburg 1845.

Arnold (1674): Arnold, C., Etzliche Alt-Sächsische Wochen- und andere Teutsche Götzenbilder betreffend, im Anhang zu Rossen, A., Unterschiedliche Gottesdienste in der gantzen Welt, Heidelberg 1674.

Asadowskij (1926): Asadowskij, M., Eine sibirische Märchenerzählerin, Helsinki 1926 (FFC 68).

Ast (1805): Ast, F., System der Kunstlehre oder Lehr- und Handbuch der Aesthetik, Leipzig 1805.

Augustinus, ed. Dombart / Kalb (1981⁵): Augustinus, A., De civitate dei, ed. Dombart, B. / Kalb, A., Bde. 1 und 2, Stuttgart 1981⁵.

Bach (1953): Bach, A., Deutsche Namenkunde 2,1: Die deutschen Ortsnamen, Heidelberg 1953.

Bachtin (1965): Bachtin, M., Rabelais und seine Welt. Volkskultur als Gegenkultur (1965), aus dem Russischen üs. v. Leupold, G., ed. und mit einem Vorwort von Lachmann, R., Frankfurt a. Main 1987.

Bächtold-Stäubli (1927): Bächtold-Stäubli, H., Arbeit, arbeiten, in: HdA 1, Berlin / Leipzig 1927, 568-577.

Backes (1977): Backes, H., Teufel, Götter und Heiden in geistlicher Ritterdichtung. Corpus Antichristi und Märtyrerliturgie, in: Die Mächte des Guten und Bösen. Vorstellungen im 12. und 13. Jahrhundert über ihr Wirken in der Heilsgeschichte, ed. Zimmermann, A., Berlin / New York 1977 (Miscellanea mediaevalia 11), 417-441.

Baetke (1973, zuerst 1937): Baetke, W., Religion und Politik beim Übergang der germanischen Stämme zum Christentum (1937), in: Id., Kleine Schriften, ed. Rudolph, K. / Walter, E., Weimar 1973, 351-369.

Baetke (1973, zuerst 1950): Id., Die Götterlehre der Snorra-Edda (1950), in: Id., Kleine Schriften, ed. Rudolph, K. / Walter, E., Weimar 1973, 206-246.

Baetke (1973, zuerst 1951): Id., Christliches Lehngut in der Sagareligion (1951), in: Id., Kleine Schriften, ed. Rudolph, K. / Walter, E., Weimar 1973, 7-55.

Baetke (1973, zuerst 1957): Id., Fragen der altgermanischen Religionsgeschichte. Zur zweiten völlig neubearbeiteten Auflage der 'Altgermanischen Religionsgeschichte' von Jan de Vries (1957), in: Id., Kleine Schriften, ed. Rudolph, K. / Walter, E., Weimar 1973, 37-43.

Baeumler (1926): Baeumler, A., Einleitung zur Anthologie der Werke von Bachofen, J.J.: Der Mythos von Orient und Occident. Eine Metaphysik der alten Welt, ed. Schroeter, M., München 1926.

Barack (1863): Des Teufels Netz. Satirisch-didaktisches Gedicht aus der ersten Hälfte des 15. Jahrhunderts, ed. Barack, K.A., Stuttgart 1863 (BDLV 70).

Barié (1985): Barié, P., "Interpretatio" als religionspsychologisches Phänomen, in: Der altsprachliche Unterricht 28 (1985) 63-86.

Bartsch (1861): Bartsch, K., Albrecht von Halberstadt und Ovid im Mittelalter, Quedlinburg / Leipzig 1861 (Bibliothek der gesammten deutschen National-Literatur 38).

Bartsch (1871): Reinfrid von Braunschweig, ed. id., Tübingen 1871 (BDLV 109).

Bauchhenss / Neumann (1987): Matronen und verwandte Gottheiten. Ergebnisse eines Kolloquiums veranstaltet von der Göttinger Akademiekommission für die Altertumskunde Mittel- und Nordeuropa, ed. Bauchhenss, G. / Neumann, G., Köln / Bonn 1987 (Beihefte der Bonner Jahrbücher 44).

Bausinger (1960): Bausinger, H., 'Historisierende' Tendenzen im deutschen Märchen seit der Romantik. Requisitverschiebung und Requisiterstarrung, Sonderdruck aus: Wirkendes Wort 10 (1960) 279-286.

Bausinger (1964): Id., Natur und Geschichte bei Wilhelm Grimm, in: ZfV 60 (1964) 54-69.

Bausinger (1969): Id., Zur Algebra der Kontinuität, in: Kontinuität? Geschichtlichkeit und Dauer als volkskundliches Problem, ed. Bausinger, H. / Brückner, W., Berlin 1969, 9-30.

Bausinger (1977): Id., Aufklärung, in: EM 1, Berlin / New Nork 1977, 972-983.

Bausinger (1980², 1968): Id., Formen der "Volkspoesie", 2. verbesserte und vermehrte Auflage, Berlin 1980 (1968) (Grundlagen der Germanistik 6).

Bebel, ed. Bebermeyer (1931): Bebel, H., Facetien. 3 Bücher, ed. Bebermeyer, G., Leipzig 1931 (BDLV 276).

Beck (1992): Beck, H., Die religionsgeschichtlichen Quellen der Gylfaginning, in: Germanische Religionsgeschichte. Quellen und Quellenprobleme, ed. Beck, H. / Ellmers, D. / Schier, K., Berlin / New York 1992 (Ergänzungsbände zum RGA² 5), 608-617.

Beda Venerabilis, ed. Colgrave / Mynors (1969): Bede's Ecclesiastical History of the English People, lat. und engl., ed. Colgrave, B. / Mynors, R.A.B., Oxford 1969.

Beheim, ed. Karajan (1843): Beheim, M., Buch von den Wienern, ed. v. Karajan, Th.G., Wien 1843.

Behm-Blancke (1973): Behm-Blancke, G., Gesellschaft und Kunst der Germanen. Die Thüringer und ihre Welt, Dresden 1973.

Beierwaltes (1972): Beierwaltes, W., Platonismus und Idealismus, Frankfurt a. Main 1972 (Philosophische Abhandlungen 40).

Beit (1981⁶, 1952): V. Beit, H., Symbolik des Märchens. Versuch einer Deutung, Bern / München 1981⁶ (1952).

Beitl (1974³, 1936): Wörterbuch der deutschen Volkskunde, begr. v. Erich, O.A. und Beitl, R., 3. Auflage, neu bearbeitet v. Beitl, R., Stuttgart 1974³ (1936).

Bemmann / Hahne (1992): Bemmann, J. / Hahne, G., Ältereisenzeitliche Heiligtümer im nördlichen Europa nach den archäologischen Quellen, in: Germanische Religionsgeschichte. Quellen und Quellenprobleme, ed. Beck, H. / Ellmers, D. / Schier, K., Berlin / New York 1992 (Ergänzungsbände zum RGA² 5), 29-69.

Benecke / Müller / Zarncke (1854-1866): Mittelhochdeutsches Wörterbuch, ed. Benecke, G.F. / Müller, W. / Zarncke, F., 3 Bde. in 4 Teilbänden, Hildesheim 1963 (Reprint der Ausgabe Leipzig 1854-1866).

Benfey (1859): Pantschatantra. Fünf Bücher indischer Fabeln, Märchen und Erzählungen 1, aus dem Sanskrit übersetzt mit Einleitung und Anmerkungen v. Benfey, Th., Leipzig 1859.

Berchorius (1620): Berchorius, P., Opera omnia, Bde. 1-3, Köln 1620.

Berthold von Regensburg, ed. Pfeiffer (1862): Berthold von Regensburg, Vollständige Ausgabe seiner Predigten mit Anmerkungen von Pfeiffer, F., mit einem Vorwort von Ruh, K., Bd. 1, Berlin 1965 (Reprint der Ausgabe Wien 1862).

Bertilsson (1986): Bertilsson, U., Rock carvings and graves: Spatial relationships, in: Words and objects. Towards a dialogue between archaeology and history of religion, ed. Steinsland, G., Oslo 1986 (Instituttet for sammenlignende kulturforskning, Serie B: Skrifter 71), 9-20.

Betz (1962², 1957): Betz, W., Die altgermanische Religion, in: Deutsche Philologie im Aufriß, 2. überarbeitete Auflage, ed. Stammler, W., Berlin 1962 (1957) 1547-1646.

Bezold (1922): V. Bezold, F., Das Fortleben der antiken Götter im mittelalterlichen Humanismus, Bonn / Leipzig 1922.

Biezais (1969): Biezais, H., Die vermeintlichen germanischen Zwillingsgötter, in: Temenos 5 (1969) 22-36.

Blasius (1954): Blasius, W., Krankheit und Heilung im Märchen, in: Materia Medica Nordmark 6 (1954) 448-458.

Bluhm / Hölter (1989): Bluhm, L, / Hölter, A., Die "Quedlinburger Sammlung". Eine quellenkritische Untersuchung zu Grimms Deutschen Sagen, in: Fabula 30 (1989) 257-270.

Boccaccio, dt. Übersetzung v. Wesselski (1972): Boccaccio, G., Das Dekameron, dt. v. Wesselski, A., Bde. 1 und 2, Frankfurt a. Main 1972 (1912).

Böcher / Wanke / Stemberger / Tavard (1981): Böcher, O., Wanke, G., Stemberger, G., Tavard, G., Dämonen, in: TRE 8, Berlin / New York 1981, 270-300.

Bodin / Fischart (1591): Bodin, J., Vom aussgelasnen wütigen Teuffelsheer, üs. v. Fischart, J., Graz 1973 (Um ein neues Vorwort vermehrter Reprint der Ausgabe Straßburg 1591).

Boehlich (1966): Boehlich, W., Aus dem Zeughaus der Germanistik. Die Brüder Grimm und der Nationalsozialismus, in: Der Monat 18,10 (1966) 56-68.

Bonenfant (1958): Bonenfant, P., L' épisode de la nef des tisserands de 1135, in: Mélanges Felix Rousseau, Études sur l' histoire du pays Mosan au moyen âge, Brüssel 1958, 99-109.

Boor, de (1930): De Boor, H., Die religiöse Sprache der Voluspá und verwandter Denkmäler (1930), in: Id., Kleine Schriften 1, ed. Wisniewski, R. / Kolb, H., Berlin 1964, 209-283.

Boretius (1883): Capitularia regum Francorum, erneut ed. Boretius, A., Hannover 1883 (MGH Legum sectio II,1).

Bosworth / Toller (1898): Bosworth, J. / Toller, T.N., An anglo-saxon dictionary, Oxford 1929,1954 (Reprint der Ausgabe Oxford 1898).

Boudriot (1928): Boudriot, W., Die altgermanische Religion in der amtlichen kirchlichen Literatur des Abendlandes vom 5. bis 11. Jahrhundert, Bonn 1928 (Untersuchungen zur allgemeinen Religionsgeschichte 2).

Bourdet, ed. Raynaud (1883): Raynaud, G., Des avocas, De la jument au deable, De Luque la maudite (par Bourdet), in: Romania 12 (1883) 209-229.

BP (1963², 1930): Bolte, J. / Polívka, G., Anmerkungen zu den Kinder- und Hausmärchen der Brüder Grimm 4, Hildesheim 1963² (1930).

Brand (1962): Brand, F., Osterfestberechnung, in: LThK² 7, Freiburg i. Breisgau 1962, 1271-1273.

Brandans wundersame Seefahrt, siehe **ed. Sollbach (1987)**.

Brandstetter (1907): Brandstetter, R., Die Wuotansage im alten Luzern, in: Der Geschichtsfreund 62 (1907) 101-160.

Brault (1982): Brault, G.J., Hunting and fowling, western European, in: Dictionary of the middle ages 6, ed. Strayer, J.R., New York 1982, 356-363.

Braune (1969¹⁵,1875): Althochdeutsches Lesebuch, ed. Braune, W., fortgeführt v. Helm, K., Ebbinghaus, E.A., Tübingen 1969¹⁵ (1875).

Braune / Eggers (1987¹⁴,1886: Braune, W., Althochdeutsche Grammatik, bearbeitet von Eggers, H., Tübingen 1987¹⁴, (1886) (Sammlung kurzer Grammatiken germanischer Dialekte A. Hauptreihe 5).

Bretschneider (1939): Bretschneider, A., Der Mythus von Berchta im Lichte von Sprache, Glaube und Brauch, in: Deutsche Volkskunde. Vierteljahresschrift der Arbeitsgemeinschaft für Deutsche Volkskunde 1 (1939) 115-130.

Bringmann (1989): Bringmann, K., Topoi in der taciteischen Germania, in: Beiträge zum Verständnis der Germania des Tacitus. Teil 1: Bericht über die Kolloquien der Kommission für die Altertumskunde Nord- und Mitteleuropas im Jahr 1986, ed. Jankuhn, H. / Timpe, D., Göttingen 1989 (Abhandlungen der Akademie der Wissenschaften in Göttingen. Phil.-hist. Klasse. Dritte Folge 175), 59-78.

Brockhaus (1844⁹): Allgemeine deutsche Real-Encyklopädie für gebildete Stände (Conversations-Lexikon), Bd. 6, Leipzig 1844⁹.

Brøndsted (1963): Brøndsted, J., Nordische Vorzeit 3: Eisenzeit in Dänemark, Neumünster 1963.

Brøndsted (1966²,1960): Id., Vikingerne, Kopenhagen 1966² (1960).

Bronner (1908): Bronner, F.J., Von deutscher Sitt' und Art. Volkssitten und Volksbräuche in Bayern und den angrenzenden Gebieten, München 1908.

Brückner (1969): Brückner, W., Kontinuitätsproblem und Kulturbegriff in der Volkskunde, in: Kontinuität? Geschichtlichkeit und Dauer als volkskundliches Problem, ed. Bausinger, H. / Brückner, W., Berlin 1969, 31-46.

Brückner (1987): Id., Tradition und Geschichte. Zu den Denkfiguren der Grimmschen Mythologie, in: Die Brüder Grimm. Eine Würzburger Ringvorlesung zum Jubiläum im Rahmen des studium generale, Frankfurt a. Main / Bern / New York 1987 (Würzburger Hochschulschriften zur neueren deutschen Literaturgeschichte 10), 49-59.

Brunner (1987): Brunner, H., "Denn es giebt doch nur Eine Poesie...". Wilhelm Grimm und die Literaturgeschichte, in: Die Brüder Grimm. Eine Würzburger Ringvorlesung zum Jubiläum im Rahmen des studium generale, Frankfurt a. Main / Bern / New York 1987 (Würzburger Hochschulschriften zur neueren deutschen Literaturgeschichte 10), 75-91.

Buchholz (1976): Buchholz, P., Bilddenkmäler § 7, in: RGA^2 2, Berlin / New York, 570-577.

Bugge (1889): Bugge, S., Studien über die Entstehung der nordischen Götter- und Heldensagen (1881-1889), übersetzt v. Brenner, O., München 1889.

Burke (1987): Burke, P., Mündliche Kultur und "Druckkultur" im spätmittelalterlichen Italien, in: Volkskultur des europäischen Spätmittelalters, ed. Dinzelbacher, P. / Mück, H.-D., Stuttgart 1987 (Böblinger Forum 1), 59-71.

Caesar, ed. Dorminger (1962^5: Caesar, C.J., Bellum Gallicum, lateinisch-deutsche Ausgabe, ed. und üs. v. Dorminger, G., München 1962^5.

Caesarius von Heisterbach, ed. Strange (1851): Caesarius von Heisterbach, Dialogus miraculorum, ed. Strange, J., Bde. 1 und 2, Ridgewood 1966 (Reprint der Ausgabe Köln / Bonn / Brüssel 1851).

Calvör (1714): Calvör, C., Saxonia inferior antiqua gentilis et christiana. Das ist: Das alte Heydnische und Christliche Nieder-Sachsen, Goslar 1714.

Camerarius (1591-1601): Camerarius, Ph., Opera horarum subcisivarum sive meditationes historicae, Frankfurt 1591-1601.

Casel (1934): Casel, O., Art und Sinn der ältesten christlichen Osterfeier, in: Jahrbuch für Liturgiewissenschaft 14 (1934) 1-78.

Cato, ed. Mazzarino (1982^2,1962): Cato, M.P., De agri cultura, ed. Mazzarino, A., Leipzig 1982^2, (1962).

Cgm. 66: Oberaltaicher Evangelienbuch.

Chibnall (1980), siehe **Ordericus Vitalis, ed. Chibnall (1980)**.

Christiansen (1915): Christiansen, R.Th., Die finnischen und nordischen Varianten des zweiten Merseburgerspruches, Hamina 1915 (FFC 18).

Chronicon Saxonicum, siehe **Earle (1865)**.

Clemen (1914): Clemen, C., Der Ursprung des Karnevals, in: ARW 17 (1914) 139-158.

Clemen (1928): Fontes historiae religionis germanicae, ed. id., Berlin 1928 (Fontes historiae religionum ex auctoribus Graecis et Latinis collectos 3).

Clemen (1934): Id., Altgermanische Religionsgeschichte, Bonn 1934.

Clm. 615, Bl. 127rv Münchner Nachtsegen.

Clm. 5338 / clm. 291 / clm. 3041: Codices der Schriften des Nikolaus von Jauer.

Clm. 9528: Oberaltaicher Tractatus de septem vitiis.

Clm. 18140: Glossae latinae et germanicae in libros Bibliae et alios.

Clm. 18434: Thesaurus pauperum.

Clover (1985): Clover, C.J., Icelandic family sagas, in: Old Norse-Icelandic literature. A critical guide, ed. id. / Lindow, J., Ithaca / London 1985 (Islandica 45), 239-315.

Clunies Ross (1978): Clunies Ross, M., The myth of Gefjon and Gylfi and its function in *Snorra Edda* and *Heimskringla*, in: Arkiv för nordisk filologi 93 (1978) 149-165.

Clunies Ross (1983): Eadem, Snorri Sturluson's use of the Norse origin-legend of the sons of Fornjótr in his *Edda*, in: Arkiv för nordisk filologi 98 (1983) 47-66.

Clunies Ross (1987): Eadem, Skáldskaparmál. Snorri Sturluson's *ars poetica* and medieval theories of language, Odense 1987 (The Viking collection 4).

Clunies Ross (1992): Eadem, "Quellen zur germanischen Religionsgeschichte", in: Germanische Religionsgeschichte. Quellen und Quellenprobleme, ed. Beck, H. / Ellmers, D. / Schier, K., Berlin / New York 1992 (Ergänzungsbände zum RGA^2 5), 633-655.

Cockayne (1866): Leechdoms, wortcunning and starcraft of early England 3, ed. Cockayne, O., London 1866 (Rerum Britannicarum medii aevi scriptores).
Collection (1838): Romant de Richart filz de Robert le diable qui fut duc de Normendie, ed. Collection de poésies, romans, chroniques et a., publiée d'après des éditions des 15e et 16e siècles, Paris 1838, Bl. Aiii-Aiiii.
Collitz (1924): Collitz, H., Wodan, Hermes und Pushan, in: Festskrift für Pipping, H., Helsingfors 1924 (Svenska Litteratursällskapet i Finland 175) 574-587.
Cornelius (1942): Cornelius, F., Indogermanische Religionsgeschichte, München 1942.
Cox (1870): Cox, G.W., The mythology of the Aryan nations 1, London 1870.
Crecelius (1853): Crecelius, W., Frau Holda und der Venusberg, in: Zeitschrift für deutsche Mythologie und Sittenkunde 1 (1853) 272-277.
Creuzer (1810): Creuzer, F., Symbolik und Mythologie der alten Völker, besonders der Griechen, Bde. 1-4, Leipzig / Darmstadt 1810-1812.
Crusius (1595): Crusius, M., Annales Suevici sive chronica rerum gestarum antiquissimae et inclytae Suevicae gentis 1, Frankfurt 1595.
Curti (1947): Curti, N., Volksbrauch und Volksfrömmigkeit im katholischen Kirchenjahr, Basel 1947 (Volkstum der Schweiz 7).
Cypraeus (1634): Cypraeus, J.A., Annales episcoporum Slesvicensium, Köln 1634.
Dainat / Kolk (1987): Dainat, H. / Kolk, R., "Geselliges Arbeiten". Bedingungen und Strukturen der Kommunikation in den Anfängen der Deutschen Philologie, in: Von der gelehrten zur disziplinären Gemeinschaft, ed. Fohrmann, J. / Voßkamp, W., Sonderheft der DVjs 61 (1987) 7*-41*.
Damaskios, ed. Westermann (1850): Vita Isidori u.a., ed. Westermann, A. / Boissonado, J.F., im Anhang zu: Diogenes Laërtius, De clarorum philosophorum vitis, ed. Cobet, C.G., Paris 1850.
Dammann (1981): Dammann, G., Conte de(s) fées, in: EM 3, Berlin / New York 1981, 131-149.
Daxelmüller (1981): Daxelmüller, C., Dämonologie, in: EM 3, Berlin / New York 1981, 237-259.
Daxelmüller (1984): Id., Exemplum, in: EM 4, Berlin / New York 1984, 627-649.
Daxelmüller (1986): Id., Dronninghoi, in: RGA^2 6, Berlin / New York 1986, 188f.
Daxelmüller (1989): Id., Literarisierte Mündlichkeit - Mündliche Schriftlichkeit. Anmerkungen zum Weltbild und zur Weltdeutung mittelalterlicher und nachmittelalterlicher Exempelautoren, in: Volksdichtung zwischen Mündlichkeit und Schriftlichkeit, ed. Röhrich, R. / Lindig, E., Tübingen 1989, 125-145.
De fundatione monasterii S. Fidis Sletstatensis, ed. MGH Script 15,2 (1888): De fundatione monasterii S. Fidis Sletstatensis, Hannover 1888, (MGH Script. 15,2), 996-1000.
Dégh (1979): Dégh, L., Biologie des Erzählguts, in: EM 2, Berlin / New York 1979, 386-406.
Dégh (1984): Eadem, Erzählen, Erzähler, in: EM 4, Berlin / New York 1984, 315-342.
Denecke (1971): Denecke, L., Jacob Grimm und sein Bruder Wilhelm, Stuttgart 1971 (Sammlung Metzler, Realienbücher für Germanisten, M 100).
Denecke (1979): Id., Das dynamische Konzept der Brüder Grimm, in: Mittelalter - Rezeption. Gesammelte Vorträge des Salzburger Symposions 'Die Rezeption mittelalterlicher Dichter und ihrer Werte in Literatur, bildender Kunst und Musik des 19. und 20. Jahrhunderts, ed. Kühnel, J. / Mück, H.-D. / Müller, U., Göppingen 1979 (Göppinger Arbeiten zur Germanistik 286), 63-79.
Denecke (1990): Id., Neue Leistungen und neue Aufgaben der Grimm-Forschung, in: Jahrbuch für Volksliedforschung 35 (1990) 64-72.
Denecke / Teitge (1989): Die Bibliothek der Brüder Grimm, erarbeitet v. Denecke, L. / Teitge, I., ed. Krause, F., Stuttgart 1989.
Deneke (1969): Deneke, B., Zur Tradition der mythologischen Kontinuitätsprämisse. Fragestellungen des 17. und 18. Jahrhunderts bei Jacob Grimm, in: Kontinuität? Geschichtlichkeit und Dauer als volkskundliches Problem, ed. Bausinger, H. / Brückner, W., Berlin 1969, 47-56.

Deneke (1988): Id., Sage und Geschichte im 19. Jahrhundert, in: Jahrbuch für Volkskunde N.F. 11 (1988) 67-82.
Deneke (1989): Id., Fegfeuer 2: Volksglauben, in: LdM 4, München / Zürich 1989, 330f.
Derolez (1959): Derolez, R.L.M., Götter und Mythen der Germanen (1959), üs. v. Wattenwyl, J., Einsiedeln / Zürich / Köln 1963.
Des Teufels Netz, siehe **Barack (1863)**.
Diefenbach (1857): Diefenbach, L., Glossarium Latino-Germanicum mediae et infimae aetatis, Darmstadt 1968 (Reprint der Ausgabe Frankfurt a. Main 1857).
Dinzelbacher (1981): Dinzelbacher, P., Vision und Visionenliteratur im Mittelalter, Stuttgart 1981 (Monographien zur Geschichte des Mittelalters 23).
DM, siehe Grimm, J.
Dorson (1972^5,1964): Dorson, R.M., Buying the wind. Regional folklore in the United States, Chicago / London 1972^5 (1964).
Dorson (1977): Id., Anthropologische Theorie, in: EM 1, Berlin / New York 1977, 586-591.
Drexel (1922) : Drexel, F., Die Götterverehrung im römischen Germanien, Frankfurt a. Main 1923 (Deutsches archäologisches Institut. Römisch-germanische Kommission. Bericht 14 (1922) 1-68).
Driesen (1904): Driesen, O., Der Ursprung des Harlekin, Berlin 1904 (Forschungen zur neueren Literaturgeschichte 25).
Dronke, U. und P. (1977): Dronke, U. und P., The prologue of the Prose *Edda*: Explorations of a Latin background, in: Sjötín Ritgerðir helgaðar Jakobi Benediktssyni, Reykjavík 1977 (Stofnun Árna Magnússonar á Íslandi 12,1), 153-176.
DS: Enchiridion symbolorum, ed. Denzinger, H. / Schönmetzer, A., 34. vermehrte Auflage, Freiburg i. Breisgau, Rom u.a. 1967.
Dumézil (1959) Loki: Dumézil, G., Loki, üs. v. Köck, I., Darmstadt 1959.
Dumézil (1959): Id., Les dieux des Germains. Essai sur la formation de la religion scandinave, Paris 1959.
Düwel (1983^2,1968): Düwel, K., Runenkunde, 2., um einen Anhang vermehrte Auflage, Stuttgart 1983 (1968) (Sammlung Metzler, Abt. C Sprachwissenschaft, M 72).
Düwel (1992): Id., Runeninschriften als Quellen der germanischen Religionsgeschichte, in: Germanische Religionsgeschichte. Quellen und Quellenprobleme, ed. Beck, H. / Ellmers, D. / Schier, K., Berlin / New York 1992 (Ergänzungsbände zum RGA^2 5), 336-364.
Earle (1865): Two of the Saxon chronicles, ed. Earle, J., Oxford 1865.
Ebenbauer (1988): Ebenbauer, A., Grimm, Heusler und die Sage, in: Die Grimms, die Germanistik und die Gegenwart, ed. Mertens, V., Wien 1988 (Philologica Germanica 9), 91-112.
Edda, ed. Neckel / Kuhn (1983^5,1914): Edda. Die Lieder des Codex Regius nebst verwandten Denkmälern 1: Text, ed. Neckel, G., 5. verbesserte Auflage, ed. Kuhn, H., Heidelberg 1983 (1914). Die im Text nach den gängigen Abkürzungen zitierten Lieder beziehen sich, sofern keine anderen Angaben gemacht werden, auf diese Ausgabe.
Edda, ed. Rask / Afzelius (1818): Edda Sæmundar hinns fróda. Collectio carminum veterum scaldorum Sæmundiana dicta, ed. Rask, E.Ch. / Afzelius, A.A., Stockholm 1818.
Edda, üs. v. Genzmer (1987^6,1912): Die Edda. Götterdichtung, Spruchweisheit und Heldengesänge der Germanen, üs. v. Genzmer, F., eingeleitet v. Schier, K., 6. durchgesehene Auflage, Köln 1987 (1912).
Egils saga Skalla-Grímssonar, ed. Nordal (1933): Egils saga Skalla-Grímssonar, ed. Nordal, S., Reykjavík 1933 (ÍF 2).
Egils saga, üs. v. Schier (1978): Die Saga von Egil, üs. v. Schier, K., Düsseldorf / Köln 1978 (Saga 1).
Ehrismann (1985): Ehrismann, O., Philologie der Natur - die Grimms, Schelling, die Nibelungen, in: Brüder Grimm Gedenken 5 (1985) 35-59.

Ehrismann (1986): Id., "Die alten Menschen sind größer, reiner und heiliger gewesen als wir". Die Grimms, Schelling; vom Ursprung der Sprache und ihrem Verfall, in: Zeitschrift für Literaturwissenschaft und Linguistik 16 (1986) Heft 62,29-57.

Eiríks saga rauða, engl. Üs. v. Magnusson / Pálsson (1965): The Vinland sagas. The norse discovery of America, üs. und eingeleitet v. Magnusson, M. / Pálsson, H., Harmondsworth 1965.

Eisenhofer (1932^3,1883): Eisenhofer, L., Handbuch der katholischen Liturgik 1: Allgemeine Liturgik, begr. v. Thalhofer, V., (1883), Freiburg i. Breisgau 1932^3.

Eisler (1915): Eisler, R., Fischer- und Schifferbräuche aus alter und neuer Zeit 2, in: Bayerische Hefte für Volkskunde 2 (1915) 73-129.

Eliade (1951): Eliade, M., Schamanismus und archaische Ekstasetechnik (1951), Zürich / München 1957.

Elias (1969^2,1939): Elias, N., Über den Prozeß der Zivilisation. Soziogenetische und psychogenetische Untersuchungen 1: Wandlungen des Verhaltens in den weltlichen Oberschichten des Abendlandes, Ausgabe Frankfurt a. Main 1977 = Bern 1969^2 (1939).

Ellmers (1992): Ellmers, D., Die archäologischen Quellen zur germanischen Religionsgeschichte, in: Germanische Religionsgeschichte. Quellen und Quellenprobleme, ed. Beck, H. / Ellmers, D. / Schier, K., Berlin / New York 1992 (Ergänzungsbände zum RGA^2 5), 95-117.

Emmerich (1971): Emmerich, W., Zur Kritik der Volkstumsideologie, Frankfurt a. Main 1971.

Emrich (1963^2,1960): Emrich, W., Begriff und Symbolik der 'Urgeschichte' in der romantischen Dichtung, in: id., Protest und Verheissung. Studien zur klassischen und modernen Dichtung, Frankfurt a. Main / Bonn 1963^2 (1960), 25-47.

Endter (1933): Endter, A., Die Sage vom wilden Jäger und von der wilden Jagd, Diss. Frankfurt a. Main 1933.

Englisch (1987): Englisch, E., Deutsche Predigten als Vermittler zwischen Gelehrtenkultur und Volkskultur, in: Volkskultur des europäischen Spätmittelalters, ed. Dinzelbacher, P. / Mück, H.-D., Stuttgart 1987 (Böblinger Forum 1), 147-158.

Erasmus Alberus, ed. Braune (1892): Die Fabeln des Erasmus Alberus. Abdruck der Ausgabe von 1550 mit den Abweichungen der ursprünglichen Fassung, ed. Braune, W., Halle 1892 (Neudrucke deutscher Litteraturwerke des 16. und 17. Jahrhunderts 104-107).

Ermoldus Nigellus, ed. Pertz (1829): Ermoldus Nigellus, Carmen de Hludowico, ed. Pertz, G.H., Hannover 1829 (MGH Script 2).

Étienne de Bourbon, ed. Lecoy (1877): Anecdotes historiques, légendes et apologues tirés du recueil inédit d'Étienne de Bourbon, ed. Lecoy de la Marche, A., Paris 1877.

Eyering (1601): Eyering, E., Proverbiorum copia, Teil 1, Eisleben 1601.

Eyrbyggja saga, ed. Sveinsson / Þórdarson (1935): Brands þáttr ǫrva. Eiríks saga rauða, ed. Sveinsson, E. / Þórdarson, M., Reykjavík 1935 (ÍF 4).

Faber (1975): Faber, K.-G., Strukturprobleme des deutschen Liberalismus im 19. Jahrhundert, in: Der Staat 14 (1975) 201-227.

Faber (1979): Id., Ausprägungen des Historismus, in: Historische Zeitschrift 228 (1979) 1-22.

Falk (1926/7: Falk, H., De nordiske hovedguders utviklingshistorie, in: Arkiv för nordisk filologi 43 (1926/7) 34-44.

Faulkes (1983): Faulkes, A., Pagan sympathy: Attitudes to heathendom in the prologue to Snorra Edda, in: Edda. A collection of essays, ed. Glendinning, R.J. / Bessason, H., Manitoba 1983, 283-314.

Fehling (1972): Fehling, D., Erysichthon oder das Märchen von der mündlichen Überlieferung, in: Rheinisches Museum für Philologie N.F. 115 (1972) 173-196.

Fehling (1977): Id., Amor und Psyche. Die Schöpfung des Apuleius und ihre Einwirkung auf das Märchen, eine Kritik der romantischen Erzähltheorie, Mainz 1977 (Akademie der Wissenschaften und der Literatur / Abhandlungen der geistes- und sozialwissenschaftlichen Klasse 9).

Feist (1886): Feist, A., Zur Kritik der Bertasage, Marburg 1886 (Ausgaben und Abhandlungen aus dem Gebiete der romanischen Philologie 59).

Feldmann (1969): Feldmann, R., Jacob Grimm und die Politik, Diss. Frankfurt a. Main 1969.

Fichte, ed. Fichte, I. (1846): Fichte, J.G., Sämmtliche Werke 7, 3. Abtheilung 2: Zur Politik, Moral und Philosophie der Geschichte, ed. Fichte, I.H., Berlin 1846.

Fichte, ed. Medicus (1912): Id., Werke. Auswahl in sechs Bänden 5: Schriften von 1806-1811, ed. Medicus, F., Leipzig 1912.

Fidjestøl (1991): Fidjestøl, B., Skaldediktinga og trusskiftet. Med tanker om litterær form som historisk kjelde, in: Nordisk hedendom. Et symposium, ed. Steinsland, G. / Drobin, U. / Pentikäinen, J. u.a., Odense 1991, 113-131.

Finnegan (1977): Finnegan, R., Oral Poetry. Its nature, significance and social context, Cambridge / London / New York u.a. 1977.

Finnestad (1986): Finnestad, R.B., The part and the whole - reflections on theory and methods applied to the interpretation of Scandinavian rock carvings, in: Words and objects. Towards a dialogue between archaeology and history of religion, ed. Steinsland, G., Oslo 1986 (Instituttet for sammenlignende kulturforskning, Serie B: Skrifter 71), 21-31.

Fischer, B. (1962) Quatember: Fischer, B., Quatember 1: Liturgisch, in: LThK² 8, Freiburg i. Breisgau 1963, 928f.

Fischer, B. (1963) Ostern: Id., Ostern 1: Liturgisch, in: LThK² 7, Freiburg i. Breisgau 1962, 1277-1279.

Fischer, H. (1990): Fischer, H., Hubertus, Hl., in: EM 6, Berlin / New York 1990, 1286-1290.

Flach (1989): Flach, D., Die Germania des Tacitus in ihrem literaturgeschichtlichen Zusammenhang, in: Beiträge zum Verständnis der Germania des Tacitus. Teil 1: Bericht über die Kolloquien der Kommission für die Altertumskunde Nord- und Mitteleuropas im Jahr 1986, ed. Jankuhn, H. / Timpe, D., Göttingen 1989 (Abhandlungen der Akademie der Wissenschaften in Göttingen. Phil.-hist. Klasse. Dritte Folge 175), 27-58.

Flasdieck (1937): Flasdieck, H.M., Harlekin. Germanischer Mythos in romanischer Wandlung, in: Anglia 61 (1937) 225-340.

Flateyjarbók (ed. 1860-1868): Flateyjarbók, Bde. 1-3, Kristiana 1860.1862.1868.

Flörke (1832): Flörke (), Ůber den Aberglauben, in: Freimůthiges Abendblatt 14 (1832) Nr. 698, 396. [Bei nicht erschließbaren Vornamen wird () gesetzt.]

Fohrmann / Voßkamp (1987): Von der gelehrten zur disziplinären Gemeinschaft, ed. Fohrmann, J. / Voßkamp, W., Sonderheft der DVjs 61 (1987) 1*-235*.

Fohrmann / Voßkamp (1987): Wissenschaft und Nation. Studien zur Entstehungsgeschichte der deutschen Literaturwissenschaft, ed. id., München 1991.

Forke (1911): Forke, A., Die indischen Märchen und ihre Bedeutung für die vergleichende Märchenforschung, Berlin 1911.

Fornmanna sögur (1825-1837): Fornmanna sögur, Bde. 1-12, Kopenhagen 1825-1837.

Förstemann (1900²,1856), (1913³,1859), (1916³,1859): Förstemann, E., Altdeutsches Namenbuch 1: Personennamen (1900²,1856), 2,1 / 2,2: Ortsnamen, ed. Jellinghaus, H., (1913³,1859), (1916³,1859) München 1967 (Reprint der 3. bzw. 2. Auflage Bonn 1913³, 1916³, 1900²).

Francisci (1725): Francisci, E., Der hőllische Proteus oder tausendkűnstige Versteller, Nürnberg 1725.

Franck, D. (1753): Franck, D., Alt- und Neues Mecklenburg, Güstrow und Leipzig 1753.

Franck, S. (1542): Franck, S., Weltbůch / spiegel und bildtnis des ganzen Erdtbodens, 4 Teile o.O. 1542.

Franz (1898): Franz, A., Der Magister Nikolaus Magni de Jawor. Ein Beitrag zur Literatur - und Gelehrtengeschichte des 14. und 15. Jahrhunderts, Freiburg i. Breisgau 1898.

Frenzel (1719): Frenzel, A., Lusatiae utriusque nomenclator, Leipzig 1719 (Scriptores rerum Lusaticarum 2).

Frey, ed. Bolte (1896): Frey, J., Gartengesellschaft, ed. Bolte, J., Tübingen 1896 (BDLV 209).

Friedrichs (1909): Friedrichs, G., Grundlage, Entstehung und genaue Einzeldeutung der bekanntesten germanischen Märchen, Mythen und Sagen, Leipzig 1909.

Friedrichs (1934): Id., Deutung und Erklärung der germanischen Märchen und Mythen, Leipzig 1934 (Quellen und Forschungen zur Erd- und Kulturkunde 12).

Fries (1853): Fries, A., Sagen aus Unterfranken, in: Zeitschrift für deutsche Mythologie und Sittenkunde 1 (1853) 18-30.

Frobenius (1932): Frobenius, L., Schicksalskunde im Sinne des Kulturwerdens, Leipzig 1932.

Funk (1887): Opera patrum apostolicorum 1, ed. id., Tübingen 1887.

Funke (1932): Funke, U., Enthalten die germanischen Märchen Reste der Germanischen Götterlehre? Eine kritische Darstellung der von der Schule Grimms vertretenen Anschauung, Diss. Düren 1932.

Galfredus Monemutensis, ed. Hammer (1951): Geoffrey of Monmouth, Historia regum Britanniae, ed. Hammer, J., Cambridge (Massachusetts) 1951 (The Mediaeval academy of America 57).

Gass (1940): Gass, K.-E., Die Idee der Volksdichtung und die Geschichtsphilosophie der Romantik. (Zur Interpretation des Briefwechsels zwischen den Brüdern Grimm und Achim von Arnim), Wien 1940 (Abteilung für Kulturwissenschaft des Kaiser Wilhelm-Instituts im Palazzo Zuccari, Rom, Erste Reihe. Heft 19 / 20).

Gautrekssaga, ed. Ranisch (1900): Die Gautrekssaga in zwei Fassungen, ed. Ranisch, W., Berlin 1900 (Palaestra 11).

Geiger (1936): Geiger, P., Deutsches Volkstum in Sitte und Brauch, Berlin / Leipzig 1936 (Deutsches Volkstum 5).

Geiler von Keisersberg (1510): Geiler von Keisersberg, J., Der Hase im Pfeffer, in: Id., Das buch granatapfel, Augsburg 1510.

Geiler von Keisersberg (1516): Id., Die Emeis. Dis ist das bůch von der Omeissen, Straßburg 1516.

Gelderen / Beckum (1949[10]): Van Gelderen, (), Duits Woordenboek, 10. Auflage, ed. v. Beckum, J.H., Groningen 1949.

Gelling / Davidson (1969): Gelling, P. / Davidson, H.E., The chariot of the sun und other rites and symbols of the northern bronze age, London 1969.

Genzmer (1948: Genzmer, F., Die Götter des zweiten Merseburger Zauberspruchs, in: Arkiv för nordisk filologi 63 (1948) 55-72.

Georges (1913[8],1877): Georges, K.E., Ausführliches lateinisch-deutsches Handwörterbuch, 2 Bde., Darmstadt 1985 (Reprint der 8. verbesserten und vermehrten Auflage, ed. Georges, H., 1913 (1877)).

Geramb (1967[4],1941): V. Geramb, V., Kinder- und Hausmärchen aus der Steiermark, 4. Auflage, bearbeitet v. Haiding, K., Graz 1967 (1941).

Gering (1894): Gering, H., Der zweite Merseburger Spruch, in: ZfdPh 26 (1894) 145-149.

Gerndt (1980): Gerndt, H., Rezension zu: Nitschke, A., Soziale Ordnungen im Spiegel der Märchen, 2 Bde., Stuttgart / Bad Cannstatt 1976/7 (Problemata 53 / 54), in: ZfV 76 (1980) 148.

Gerndt (1983): Id., Zur Frühgeschichte der Sagenforschung, in: Dona Ethnologica Monacensia. Kretzenbacher, L. zum 70. Geburtstag, ed. id. / Roth, K. / Schroubek, G.R., München 1983 (Münchner Beiträge zur Volkskunde 1), 251-266.

Gerndt (1987): Id., Volkserzählforschung, in: Wege der Volkskunde in Bayern. Ein Handbuch, ed. Harvolk, E., München / Würzburg 1987 (Veröffentlichungen zur Volkskunde und Kulturgeschichte 25 / Beiträge zur Volkstumsforschung 23) 403-420.

Gerndt (1988): Id., Sagen und Sagenforschung im Spannungsfeld von Mündlichkeit und Schriftlichkeit, in: Fabula 29 (1988) 1-20.

Gerndt (1991): Id., Gedanken zur heutigen Sagenforschung, in: Bayerisches Jahrbuch für Volkskunde 1991, 137-145.

Gervasius von Tilbury, ed. Leipniz (1707): Gervasius von Tilbury, Otia imperialia, ed. Leipniz, G.W., Hannover 1707 (Script. rer. Brunsvicensium 1).

Gervasius von Tilbury, ed. Liebrecht (1856): Id., Otia Imperialia, in einer Auswahl neu ed. Liebrecht, F., Hannover 1856.

Gesta abbatum Trudonensium, siehe **ed. Koepke (1852)**.

Ginschel (1963): Eadem, Der Märchenstil Jacob Grimms, in: Deutsches Jahrbuch für Volkskunde 9 (1963) 131-168.

Ginschel (1967): Ginschel, G., Jacob Grimm und die Dichtung des Mittelalters, in: Forschungen und Fortschritte 41 (1967) 174-181.

Ginschel (1989²,1967): Eadem, Der junge Jacob Grimm 1805-1819, 2., erweiterte Auflage, Stuttgart 1989 (1967).

Gladigow (1992): Gladigow, B., Mögliche Gegenstände und notwendige Quellen einer Religionsgeschichte, in: Germanische Religionsgeschichte. Quellen und Quellenprobleme, ed. Beck, H. / Ellmers, D. / Schier, K., Berlin / New York 1992 (Ergänzungsbände zum RGA² 5), 3-26.

Göbel (1987): Göbel, K., Das Summenformel-Spiel. Zur Stellung eines Wettspiels zwischen Osterbrauch und Rechenbuchillustration, Diss. München 1987 (Kulturgeschichtliche Forschungen 8).

Gobelinus Persona, ed. Meibom (1688): Cosmodromium. Hoc est: Chronicon universale, in: Rerum Germanicarum 1: Historici Germanici, ed. Meibom, H., Helmstedt 1688, 53-369.

Gölnitz (1631): Gölnitz, A., Ulysses Belgico-Gallicus, Leiden 1631.

Golther (1895): Golther, W., Handbuch der germanischen Mythologie, Leipzig 1895.

Gomme (1908): Gomme, G.L., Folklore as an historical science, Detroit, Michigan 1968 (Reprint der Ausgabe London 1908).

Görres, ed. Schellberg u.a. (...): Gesammelte Schriften, ed. Schellberg, W., 3: Geistesgeschichtliche und literarische Schriften 1 (1803-1808), ed. Müller, G., 5: Mythengeschichte der asiatischen Welt, ed. Kirfel, W., 6-8: Rheinischer Merkur 1 (1814) ed. d' Ester, K. / Münster, H.A. / Schellberg, W., Köln 1926. 1935. 1928.

Gottzmann (1987): Gottzmann, C.L., Die altnordischen Studien und Publikationen von Wilhelm und Jacob Grimm zur Literatur, Sprache, Ur- und Frühgeschichte, Rechtsgeschichte, Geschichte und Runologie, in: Brüder Grimm Gedenken 7 (1987) 63-88.

Gradl (1895): Gradl, H., Deutsche Volksaufführungen. Beiträge aus dem Egerlande zur Geschichte des Spiels und Theaters, in: Mittheilungen des Vereins für Geschichte der Deutschen in Böhmen 33 (1895) 121-152.

Graevenitz (1987): V. Graevenitz, G., Mythos. Zur Geschichte einer Denkgewohnheit, Stuttgart 1987.

Graf (1988): Graf, K., Thesen zur Verabschiedung des Begriffs der 'historischen Sage', in: Fabula 29 (1988) 21-47.

Graff (1826): Diutiska. Denkmåler deutscher Sprache und Literatur 1, ed. Graff, E.G., Stuttgart / Tübingen 1826.

Graff (1834-1846): Althochdeutscher Sprachschatz oder Wörterbuch der althochdeutschen Sprache, Bde. 1-7, etymologisch und grammatisch bearbeitet v. id., Darmstadt 1963 (Reprint der Ausgabe Berlin 1834-1846).

Gräslund (1991): Gräslund, A.-S., Arkeologi som källa för religionsvetenskapen. Några reflektioner om hur gravmaterialet från vikingatiden kan användas, in: Nordisk hedendom. Et symposium, ed. Steinsland, G. / Drobin, U. / Pentikäinen, J. u.a., Odense 1991, 141-147.

Grätz (1988): Grätz, M., Das Märchen in der deutschen Aufklärung. Vom Feenmärchen zum Volksmärchen, Stuttgart 1988 (Germanistische Abhandlungen 63).

Graus (1975): Graus, F., Lebendige Vergangenheit. Überlieferungen im Mittelalter und in den Vorstellungen vom Mittelalter, Köln / Wien 1975.

Gregor der Große, ed. de Vogüé (1978-1980): Grégoire le Grand, Dialogues, Bde. 1-3, ed. de Vogüé, A., Paris 1978-1980 (SC 251,260,265).

Gregor von Tours ed. Arndt, W. (1885): Gregor von Tours, Opera 1, ed. Arndt, W., Hannover 1885 (MGH Script. rer. Merovingiarum 2,1).

Gregor von Tours, ed. Krusch / Buchner (1990⁷,1955), (1990⁸,1956): Id., Historiae, Bde. 1 und 2, ed. Krusch, B. / Buchner, R., üs. v. Giesebrecht, W. / Buchner, R., Darmstadt 1990⁷ (1955) und 1990⁸ (1956).
Grein / Wülcker (1881²,1857): Bibliothek der angelsächsischen Poesie 1,1, begründet v. Grein, C.W.M., neu bearbeitet v. Wülcker, R.P., Kassel 1881 (1857).
Grienberger (1897): V. Grienberger, Th., Der Münchner Nachtsegen, in: ZDA 41 (1897) 335-363.
Grimm, Br. Deutsche Sagen: Grimm, Brüder, Deutsche Sagen, Bde. 1 und 2, ed. Uther, H.-J. mit Anmerkungen, Kommentaren und einem Nachwort, Bd. 3, ed. Kindermann-Bieri, B., München 1993.
Grimm, Br. KHM-Erstausgabe: Id., Kinder- und Hausmärchen. Gesammelt durch die Brüder Grimm. Vergrößerter Nachdruck der zweibändigen Erstausgabe von 1812 und 1815 nach dem Handexemplar des Brüder Grimm-Museums Kassel mit sämtlichen handschriftlichen Korrekturen und Nachträgen der Brüder Grimm sowie einem Ergänzungsheft, ed. Rölleke, H. in Verbindung mit Marquardt, U., Göttingen 1986.
Grimm, Br. KHM-Synopse: Id., Die älteste Märchensammlung der Brüder Grimm. Synopse der handschriftlichen Urfassung von 1810 und der Erstdrucke von 1812, ed. und erläutert v. Rölleke, H., Cologny - Genève 1975.
Grimm, Br. KHM: Id., Kinder- und Hausmärchen. Ausgabe letzter Hand mit den Originalanmerkungen der Brüder Grimm, 3 Bde. mit einem Anhang sämtlicher, nicht in allen Auflagen veröffentlichter Märchen und Herkunftsnachweisen, ed. Rölleke, H., Stuttgart 1980.
Grimm, G. (1969): Grimm, G., Die Zeugnisse ägyptischer Religion und Kunstelemente im römischen Deutschland, Leiden 1969 (Études préliminaires aux religions orientales dans l' empire Romain 12).
Grimm, H. (1894/5): Grimm, H., Die Brüder Grimm. Erinnerungen. Vorrede zur neuen Ausgabe der Kinder- und Hausmärchen, in: Deutsche Rundschau (1894/5) Teil 2, 36-51.
DM (1835): Grimm, J., Deutsche Mythologie, Göttingen 1835.
DM (1844²): Id., Deutsche Mythologie, 2 Bde., Göttingen 1844².
DM (1854³): Id., Deutsche Mythologie, 2 Bde., Göttingen 1854³.
DM: Id., Deutsche Mythologie, 3 Bde., Graz 1968 (Um eine Einleitung vermehrter Nachdruck der 4. Auflage, ed. Meyer, E.H., Berlin 1875-78).
Grimm, J. (1811): Id., Ueber den altdeutschen Meistergesang, Göttingen 1811.
Grimm, J. (1822²,1819): Id., Deutsche Grammatik. Erster Theil, nach der zweiten vermehrten Auflage von 1822, Berlin 1870 (1819).
Grimm, J. (1840): Andreas und Elene, ed. id., Kassel 1840.
Grimm, J. (1845): Id., Der Woldan, in: ZDA 5 (1845) 494-504.
Grimm, J. (1851): Grimm, J., Albrecht von Halberstadt, in: ZDA 8 (1851) 397-422.
Grimm, J. (1880⁴,1848): Id., Geschichte der deutschen Sprache 1, Leipzig 1880⁴ (1848).
Grimm, J. (1899⁴,1828): Id., Deutsche Rechtsalterthümer 1, vierte vermehrte Auflage, besorgt durch Heusler, A. / Hübner, R., Leipzig 1899 (1828).
Grimm, J. KS: Id., Kleinere Schriften 1-5, ed. Müllenhoff, K., 6-8, ed. Ippel, E., Berlin 1864-1871.
Grimm, J. und W. Deutsches Wörterbuch: Grimm, J. und W., Deutsches Wörterbuch, Bde.1-33, München 1984 (Reprint der Erstausgabe 1854ff.).
Grimm, W. KS: Grimm, W., Kleinere Schriften, 4 Bde., ed. Hinrichs, G., Berlin 1881-1887.
Grolman (1931): Grolman, H.C., Nederlandsche Volksgebruiken 1. Kalenderfeesten, Zutphen 1931.
Grönbech (1954⁵,1937-1939): Grönbech, W., Kultur und Religion der Germanen, üs. v. Hoffmayer, E., Darmstadt 1954⁵ (1937-1939).
Grosse (1965): Grosse, R., Jacob Grimm. Recht und Rechtlichkeit, in: Wissenschaftliche Zeitschrift der Humboldt-Universität zu Berlin 14 (1965) 491-494.

Grünert (1987): Grünert, H., Vom heiligen Begriff der Freiheit - Jacob Grimm und die Revolution von 1848, in: Brüder Grimm Gedenken. Sonderband 1987. Kasseler Vorträge in Erinnerung an den 200. Geburtstag der Brüder Jacob und Wilhelm Grimm, Marburg 1987, 60-74.

Gryse (1593): Gryse, N., Spegel des Antichristischen Pawestdoms / und Luttherischen Christendoms, Rostock 1593.

Gschwantler / Schäferdiek (1976): Gschwantler, O. / Schäferdiek, K., Bekehrung und Bekehrungsgeschichte, in: RGA^2 2, Berlin / New York 1976, 175-205.

Gubernatis, de (1874): De Gubernatis, A., Die Thiere in der indogermanischen Mythologie, aus dem Englischen übersetzt v. Hartmann, M., Leipzig 1874.

Gugumus (1980): Gugumus, J.E., Arme-Seelen-Bruderschaft, in: LdM 1, München / Zürich 1980, 973.

Guicciardini (1583): Guicciardini, F., La Historia d' Italia, Venedig 1583.

Guilielmus Alvernus (1674): Guilielmus Alvernus, Opera omnia 1, Paris 1674.

Günther (1824/5): Günther, W., Codex diplomaticus Rheno-Mosellanus, Teil 3,1 / 3,2, Koblenz 1824/5.

Gutenbrunner (1936): Gutenbrunner, S., Die germanischen Götternamen der antiken Inschriften, Halle a.d. Saale 1936 (Rheinische Beiträge und Hülfsbücher zur germanischen Philologie und Volkskunde 24).

Gutenbrunner (1944): Id., Der zweite Merseburger Spruch im Lichte nordischer Überlieferungen, in: ZDA 80 (1944) 1-5.

Habel (1960): Habel, R., Joseph Görres. Studien über den Zusammenhang von Natur, Geschichte und Mythos in seinen Schriften, Wiesbaden 1960.

Haberlandt (1953/4): Haberlandt, A., Zu einigen Problemen der österreichischen Gegenwartsvolkskunde, in: Mitteilungen der anthropologischen Gesellschaft in Wien 83 (1953/4) 191-199.

Hagen, R. (1955): Hagen, R., Perraults Märchen und die Brüder Grimm, in: ZfdPh 74 (1955) 392-410.

Hagen, von der (1850): Von der Hagen, F.H., Gesamtabenteuer 3, Darmstadt 1961 (Reprint der Ausgabe Stuttgart / Tübingen 1850).

Hahn (1864): Griechische und albanische Märchen 1, gesammelt, üs. und erläutert v. v. Hahn, J.G., Leipzig 1864.

Hallberg (1987): Hallberg, P., Imagery in religious Old Norse prose literature. An outline, in: Arkiv för nordisk filologi 102 (1987) 120-170.

Hallencreutz (1984): Hallencreutz, C.F., Adam Bremensis and Sueonia. A fresh look at Gesta Hammaburgensis Ecclesiae Pontificum, Uppsala 1984 (Acta Universitatis Upsaliensis 47).

Haltrich (1956^6,1856): Haltrich, J., Deutsche Volksmärchen aus dem Sachsenlande in Siebenbürgen, München 1956^6 (1856).

Hamann, ed. Nadler (...): Hamann, J.G., Sämtliche Werke 2: Schriften über Philosophie / Philologie / Kritik 1758-1763, 3: Schriften über Sprache / Mysterien / Vernunft 1772-1788, ed. Nadler, J., Wien 1950/1.

Handelmann (1881): Handelmann, H., Ueber Denkmäler und Oertlichkeiten, an welche sich die Sage vom Nerthus-Dienst anknüpft, in: Archiv für Anthropologie 13 (1881) 43-51.

Hanika (1951) Bercht: Hanika, J., "Bercht schlitzt den Bauch auf" - Rest eines Initiationsritus?, in: Stifter-Jahrbuch 2 (1951) 39-53.

Hanika (1951) Schwarze Prinzessinnen: Id., Die schwarzen Prinzessinnen. Beziehungen eines Märchenmotivs zum Brauchtum, in: RhJbV 2 (1951) 39-47.

Hanika (1953): Id., Peruchta - Šperechta - žber in Böhmen und Mähren, in: Stifter-Jahrbuch 3 (1953) 187-202.

Hannoverisches Magazin (1764): Nachricht von Hackelnberg, in: Hannoverisches Magazin 2 (1764) 64. Stück, 1015-1020.

Harder / Kaufmann (1985) / Harder / Hennig / Lauer (1989): Die Brüder Grimm in ihrer amtlichen und politischen Tätigkeit. 200 Jahre Brüder Grimm, Teil 1: Ausstellungskatalog, ed. Harder, H.-B. / Kaufmann, E., Kassel 1985, Teil 2: Aufsätze, Werkverzeichnis, Genealogie, Register, ed. Harder, H.-B. / Hennig, D. / Lauer, B., Marburg 1989.
Harmening (1979): Harmening, D., Superstitio. Überlieferungs- und theoriegeschichtliche Untersuchungen zur kirchlich-theologischen Aberglaubensliteratur des Mittelalters, Berlin 1979.
Harmening (1986): Id., Über "viel ältere mythische Inhalte", in: ZfV 82 (1986) 222-225.
Harmening (1990): Id., Spätmittelalterliche Aberglaubenskritik in Dekalog- und Beichtliteratur, in: Volksreligion im hohen und späten Mittelalter, ed. Dinzelbacher, P. / Bauer, R., Paderborn / München / Wien u.a. 1990 (Quellen und Forschungen aus dem Gebiet der Geschichte. Neue Folge 13) 243-251.
Hartland (1891): Hartland, E.S., The Science of Fairy Tales. An inquiry into Fairy Mythology, Detroit, Michigan 1968 (Reprint der Ausgabe London 1891).
Hartlieb, ed. Drescher (1929): Hartlieb, J., Übersetzung des Dialogus Miraculorum von Caesarius von Heisterbach, ed. Drescher, K., Berlin 1929 (Deutsche Texte des Mittelalters 23).
Hartmann von Aue, Erec, ed. Leitzmann / Wolff / Cormeau / Gärtner (1985^{6},1939: Hartmann von Aue, Erec, ed. Leitzmann, A. / Wolff, L., 6. Auflage, ed. Cormeau, C. / Gärtner, K., Tübingen 1985 (1939) (ATB 39).
Hartmann von Aue, Gregorius, ed. Paul / Wachinger (1984^{13},1882): Id., Gregorius, ed. Paul, H., 13., neu bearbeitete Auflage, ed. Wachinger, B., Tübingen 1984 (1882) (ATB 2).
Hartmann von Aue, Iwein, ed. Benecke / Lachmann / Wolff (1968^{7}): Id., Iwein, ed. Benecke, G.F. / Lachmann, K., neubearbeitet v. Wolff, L., Bd. 1: Text, Berlin 1968^{7}.
Hase (1858): Hase, K., Das geistliche Schauspiel. Geschichtliche Uebersicht, Leipzig 1858.
Haselbeck (1959): Haselbeck, G., Elisabeth v. Thüringen, in: LThK^{2} 3, Freiburg i. Breisgau 1959, 819f.
Hauck (1976): Hauck, K., Bilddenkmäler §§ 8/9, in: RGA^{2} 2, Berlin / New York 1976, 577-598.
Hauck (1978): Id., Brakteatenideologie, in: RGA^{2} 3, Berlin / New York 1978, 361-401.
Hauck (1992): Id., Der religions- und sozialgeschichtliche Quellenwert der völkerwanderungszeitlichen Goldbrakteaten, in: Germanische Religionsgeschichte. Quellen und Quellenprobleme, ed. Beck, H. / Ellmers, D. / Schier, K., Berlin / New York 1992 (Ergänzungsbände zum RGA^{2} 5), 229-269.
Haugen (1983): Haugen, E., The *Edda* as ritual. Odin and his masks, in: Edda. A collection of essays, ed. Glendinning, R. J. / Bessason, H., Manitoba 1983, 3-24.
Haupt (1836): Haupt, M., Von Berhten mit der langen Nase, in: Altdeutsche Blätter 1 (1836) 105-107.
Heckmann (1930): Heckmann, E., Blaubart. Ein Beitrag zur vergleichenden Märchenforschung, Diss. Heidelberg 1930.
Hegel ed. Lasson (1930^{4},1905): Hegel, G.W.F., Sämtliche Werke 5: Encyclopädie der philosophischen Wissenschaften im Grundrisse, ed. Lasson, G., Leipzig 1930^{4} (1905).
Heider (1630): Heider, W., Orationes 2, Jena 1630.
Heiðreks saga. Hervarar saga, ed. Helgason (1924): Heiðreks saga. Hervarar saga, ed. Helgason, J., Kopenhagen 1924.
Heineccius (1762): Heineccius, J.M., Abhandlung von dem ehmaligen heydnischen Gotzen Crodo zur Harzburg. Aus dem Lateinischen ubersetzt, und mit Anmerkungen begleitet v. Zuckert, J.F., in: Hamburgisches Magazin, oder gesammlete Schriften, Aus der Naturforschung und den angenehmen Wissenschaften uberhaupt 26 (1762) 448-512.
Heinrich von Veldeke, ed. Kartschoke (1986): Heinrich von Veldeke, Eneasroman, mhd. und nhd., ins Nhd. üs. v. Kartschoke, D., Stuttgart 1986.

Heliand, ed. Behaghel / Taeger (1984⁹,1882): Heliand und Genesis, ed. Behaghel, O., 9. Auflage, bearbeitet v. Taeger, B., Tübingen 1984 (1882) (ATB 4).
Helm (1913) (1937) (1953): Helm, K., Altgermanische Religionsgeschichte, 2 Bde. in 3 Teilbänden, Heidelberg 1913.1937.1953.
Helm (1925): Id., Spaltung, Schichtung und Mischung im germanischen Heidentum, in: Festschrift Ehrismann, G., ed. Merker, P. / Stammler, W., Berlin / Leipzig 1925, 1-20.
Helm (1926): Id., Die Entwicklung der germanischen Religion, ihr Nachleben in und neben dem Christentum, in: Germanische Wiedererstehung, ed. Nollau, H., Heidelberg 1926, 292-422.
Helm (1939): Id., Ueber einige grundsätzliche Fragen der germanischen Bekehrungsgeschichte, in: Nachrichten der Giessener Hochschulgesellschaft 13 (1939) 61-78.
Helm (1946): Id., Wodan. Ausbreitung und Wanderung seines Kultes, Gießen 1946 (Gießener Beiträge zur deutschen Philologie 85).
Helm (1950): Id., Erfundene Götter?, in: Studien zur deutschen Philologie des Mittelalters, Festschrift für Panzer, F., ed. Kienast, R., Heidelberg 1950, 1-11.
Helm (1955): Id., Mythologie auf alten und neuen Wegen, in: PBB 77 (1955) 333-365.
Henne am Rhyn (1890/1): Henne am Rhyn, O., Seelen und Geister im deutschen Volksglauben, in: Vom Fels zum Meer 1 (1890/1) 363-367.
Hennecke / Schneemelcher (1964³,1904): Neutestamentliche Apokryphen in deutscher Übersetzung, ed. Hennecke, E., 3., völlig neu bearbeitete Auflage, ed. Schneemelcher, W., Bd. 2, Tübingen 1964 (1904).
Hennig (1988): Hennig, D., Die Brüder Grimm als politisch handelnde Gelehrte, in: Zur Zweihundertjahrfeier von Jacob Grimm. Wissenschaftliche Konferenz in Beograd. 12. bis 14. November 1985, Beograd 1988 (Serbische Akademie der Wissenschaften und Künste. Wissenschaftliche Konferenzen 40, Klasse für Sprache und Literatur 8), 247-259.
Herder, Werke: Herders Sämtliche Werke, ed. Suphan, B., Bde. 1-33, Berlin 1877-1913.
Hermann (1903): Hermann, P., Nordische Mythologie in gemeinverständlicher Darstellung, Leipzig 1903.
Herodot, ed. Feix (1963): Herodot, Historien, Bde. 1 und 2, griechisch und deutsch, ed. und üs. v. Feix, J., München 1963.
Herolt (...): Herolt, J., Sermones discipuli, et de tempore et de sanctis, Drucke Köln 1504, Köln 1510, Lugdoni 1514, Nürnberg 1528, Venedig 1603.
Heusler (1908): Heusler, A., Die gelehrte Urgeschichte im altisländischen Schrifttum, in: Abhandlungen der königlich preussischen Akademie der Wissenschaften, Phil.-hist. Klasse 1908, Abh. 3.
Hilscher / Heinsius (1688): Id. (praes.) / Heinsius, B.H. (resp.), De exercitu furioso, vulgo Wůtenden Heer, Leipzig 1688.
Hödl (1980) Ablaß: Hödl, L., Ablaß, in: LdM 1, München / Zürich 1980, 43-46.
Hödl (1980) Arme Seelen: Id., Arme Seelen, in: LdM 1, München / Zürich 1980, 971-973.
Hödl (1983): Id., Buße, in: LdM 2, München / Zürich 1983, 1130-1141.
Hoefer (1766): Hoefer (), Einige den Lilienstein betreffende Entdeckungen, in: Hannoverisches Magazin 4 (1766) 209-222.
Hoefer, L. (1835): Hoefer, L.F., Auswahl der ältesten Urkunden deutscher Sprache, Hamburg 1835.
Hofe (1987): V. Hofe, G., Der Volksgedanke in der Heidelberger Romantik und seine ideengeschichtlichen Voraussetzungen in der deutschen Literatur seit Herder, in: Heidelberg im säkularen Umbruch. Traditionsbewußtsein und Kulturpolitik um 1800, Stuttgart 1987 (Deutscher Idealismus. Philosophie und Wirkungsgeschichte in Quellen und Studien 12), 225-251..
Höfler, M. (1902): Höfler, M., St. Nikolaus-Gebäck in Deutschland, in: ZfV 12 (1902) 198-203.

Höfler, O. (1934): Höfler, O., Kultische Geheimbünde der Germanen 1, Frankfurt a. Main 1934.

Höfler, O. (1936): Id., Der germanische Totenkult und die Sagen vom Wilden Heer, in: Oberdeutsche Zeitschrift für Volkskunde 10 (1936) 33-49.

Höfler, O. (1974): Id., Zwei Grundkräfte im Wodankult, in: Antiquitates Indogermanicae. Gedenkschrift für Güntert, H., Innsbruck 1974 (Innsbrucker Beiträge zur Sprachwissenschaft 12), 133-144.

Hofmann (1867): Hofmann, C., Bemerkungen zum Nachtsegen, in: Sitzungsberichte der königlich bayerischen Akademie der Wissenschaften zu München 2 (1867), 159-172.

Holmberg (1991): Holmberg, B., Om sakrale sted- og personnavne, in: Nordisk hedendom. Et symposium, ed. Steinsland, G. / Drobin, U. / Pentikäinen, J. u.a., Odense 1991, 149-159.

Holmberg (1992): Eadem, Über sakrale Ortsnamen und Personennamen im Norden, in: Germanische Religionsgeschichte. Quellen und Quellenprobleme, ed. Beck, H. / Ellmers, D. / Schier, K., Berlin / New York 1992 (Ergänzungsbände zum RGA^2 5), 541-551.

Holmqvist (1976): Holmqvist, W., Bilddenkmäler § 6, in: RGA^2 2, Berlin / New York 1976, 561-570.

Holthausen (1925): Holthausen, F., Altfriesisches Wörterbuch, Heidelberg 1925 (Germanische Bibliothek 1,4,5).

Holtsmark (1964): Holtsmark, A., Studier i Snorres mytologi, Oslo 1964 (Skrifter utgitt av det Norske Videnskaps-Akademi i Oslo 2, hist.-filos. klasse, ny serie 4).

Homann (1965): Homann, H., Der indiculus superstitionum et paganiarum und verwandte Denkmäler, Diss. Göttingen 1965.

Hommel (1941): Hommel, H., Die Hauptgottheiten der Germanen bei Tacitus, in: ARW 37 (1941) 144-173.

Honti (1975): Honti, J., Studies in oral epic tradition, Budapest 1975.

Horstmann (1984): Horstmann, A., Mythos, Mythologie, in: Historisches Wörterbuch der Philosophie, ed. Ritter, J. / Gründer, K., völlig neu bearbeitete Ausgabe, Darmstadt 1984, Bd. 6, 283-318.

Hugo von Trimberg, ed. Ehrismann (1908): Hugo von Trimberg, Der Renner, Bd. 1, ed. Ehrismann, G., mit einem Nachwort und Ergänzungen v. Schweikle, G., Berlin 1970 (Reprint der Ausgabe Tübingen 1908).

Hultgård (1991): Hultgård, A., Övergångstidens eskatologiska föreställningar, in: Nordisk hedendom. Et symposium, ed. Steinsland, G. / Drobin, U. / Pentikäinen, J. u.a., Odense 1991, 161-168.

Hultkrantz (1986): Hultkrantz, Å., Rock drawings as evidence of religion: Some principal points of view, in: Words and objects. Towards a dialogue between archaeology and history of religion, ed. Steinsland, G., Oslo 1986 (Instituttet for sammenlignende kulturforskning, Serie B: Skrifter 71), 42-66.

Hunger, H. (1953): Hunger, H., Lexikon der griechischen und römischen Mythologie, Wien 1953.

Hunger, U. (1987): Hunger, U., Romantische Germanistik und Textphilologie: Konzepte zur Erforschung mittelalterlicher Literatur zu Beginn des 19. Jahrhunderts, in: Von der gelehrten zur disziplinären Gemeinschaft, ed. Fohrmann, J. / Voßkamp, W., Sonderheft der DVjs 61 (1987) 42*-68*.

Hunger, U. (1991): Id., Altdeutsche Studien als Sammeltätigkeit, in: Wissenschaft und Nation. Studien zur Entstehungsgeschichte der deutschen Literaturwissenschaft, ed. Fohrmann, J. / Voßkamp, W., München 1991, 89-98.

Huth (1949): Huth, O., Wesen und Herkunft des Märchens, in: Universitas 4 (1949) 651-654.

Huth (1950): Id., Märchen und Megalithreligion (1950), in: Paideuma 5 (1950/4) 12-22.

Intorp (1984): Intorp, L., Fegefeuer, in: EM 4, Berlin / New York 1984, 964-979.

Ippel (1885): Briefwechsel zwischen Jacob und Wilhelm Grimm, Dahlmann und Gervinus 1, ed. Ippel, E., Berlin 1885.

Íslendingabók. Landnámabók, ed. Benediktsson (1968), Íslendingabók. Landnámabók, ed. Benediktsson, J., Reykjavík 1968 (ÍF 1,1.2).

Jaeger / Rüsen (1992): Jaeger, F. / Rüsen, J., Geschichte des Historismus. Eine Einführung, München 1992.

Jaenecke-Nickel (1959/60): Jaenecke-Nickel, J., Das Osterei im wissenschaftlichen Schrifttum der Barockzeit, in: Letopis. Jahresschrift des Instituts für sorbische Volksforschung 4 (1959/60) 229-249.

Jaffé (1885²,1851): Regesta Pontificum Romanorum ab condita ecclesia ad annum post Christum natum 1198 1, ed. Jaffé, Ph., zweite verbesserte und vermehrte Auflage, Graz 1956 (Reprint der Ausgabe Leipzig 1885² (1851)).

Jahn, F. (1810): Jahn, F.L., Das deutsche Volksthum (nach der Originalausgabe von 1810). Mit einem Vorwort von Neuendorff, E., Dresden 1928 (Quellenbücher der Leibesübungen 3).

Jahn, U. (1884): Jahn, U., Die deutschen Opfergebräuche bei Ackerbau und Viehzucht. Ein Beitrag zur Deutschen Mythologie und Altertumskunde, Breslau 1884 (Germanistische Abhandlungen 3).

Jankuhn (1950): Jankuhn, H., Nydam und Thorsberg. Moorfunde der Eisenzeit, Neumünster 1950 (Schleswig-Holsteinisches Museum vorgeschichtlicher Altertümer in Schleswig. Wegweiser durch die Sammlung 3).

Jankuhn (1966): Id., Archäologische Bemerkungen zur Glaubwürdigkeit des Tacitus in der Germania, in: Nachrichten der Akademie der Wissenschaften in Göttingen (1966), Phil.-hist. Klasse, 409-426.

Jankuhn (1970): Vorgeschichtliche Heiligtümer und Opferplätze in Mittel- und Nordeuropa, ed. id., Göttingen 1970.

Jankuhn (1986): Id., Das Germanenproblem in der älteren archäologischen Forschung, in: Germanenprobleme in heutiger Sicht, ed. Beck, H., Berlin / New York 1986 (Ergänzungsbände zum RGA 1), 298-309.

Jankuhn (1986⁸,1936): Id., Haithabu. Ein Handelsplatz der Wikingerzeit, 8., neubearbeitete und stark erweiterte Auflage, Neumünster 1986 (1936).

Janota (1980): Eine Wissenschaft etabliert sich 1810-1870, mit einer Einführung ed. Janota, J., Tübingen 1980 (Deutsche Texte 53; Texte zur Wissenschaftsgeschichte der Germanistik 3).

Jendreiek (1975): Jendreiek, H., Hegel und Jacob Grimm. Ein Beitrag zur Geschichte der Wissenschaftstheorie, Berlin 1975 (Philologische Studien und Quellen 76).

Johannes von Trittenheim (1690): Johannes von Trittenheim, Annales Hirsaugienses 2, St. Gallen 1690.

Johansen (1986): Johansen, Ø., Religion and archaeology: Revelation or empirical research?, in: Words and objects. Towards a dialogue between archaeology and history of religion, ed. Steinsland, G., Oslo 1986 (Instituttet for sammenlignende kulturforskning, Serie B: Skrifter 71), 67-77.

Johansen (1991): Id., Religionsarkeologi og aktuelle problemstillinger, in: Nordisk hedendom. Et symposium, ed. Steinsland, G. / Drobin, U. / Pentikäinen, J. u.a., Odense 1991, 169-179.

Jolles (1974⁵,1930): Jolles, A., Einfache Formen. Legende, Sage, Mythe, Rätsel, Spruch, Kasus, Memorabile, Märchen, Witz, Tübingen 1974⁵ (1930) (Konzepte der Sprach- und Literaturwissenschaft 15).

Jonas von Bobbio, ed. Krusch (1902): Jonas von Bobbio, Vita Columbani, in: Passiones vitaeque sanctorum aevi Merovingici 2, ed. Krusch, B., Hannover 1902 (MGH Script. rer. Merovingicarum 4).

Jonas von Bobbio, üs. v. de Vogüé (1988): Id., Vie de Saint Colomban, eingeleitet, üs. und mit Anmerkungen versehen v. de Vogüé, A., Bégrolles-en-Manges 1988 (Aux sources du monachisme colombanien 1).

Jónsson (1912,1915): Den norsk-islandske skjaldedigtning, ed. Jónsson, F., 2 Bde., Kopenhagen 1912.1915.

Jostes (1902): Jostes, F., Beiträge zur Kenntnis des mittelhochdeutschen Sprachschatzes vornehmlich aus schweizerischen Handschriften, in: Zeitschrift für Deutsche Wortforschung 2 (1902) 160-185.
Jostes (1961², 1904): Id., Westfälisches Trachtenbuch. Volksleben und Volkskultur in Westfalen, 2. Auflage, bearbeitet und erweitert v. Bringemeier, M., Münster 1961 (1904).
Jungmann (1965): Id., Vigil, in: LThK² 10, Freiburg i. Breisgau 1965, 785-787.
Jungwirth (1931/2): Jungwirth, (), Jagd, Jäger, in: HdA 4, Berlin / Leipzig 1931/2, 575-593.
Kahlo (1954): Kahlo, G., Die Wahrheit des Märchens, Halle a.d. Saale 1954.
Kahlo (1957/8): Id., Frau Holle und der Nobiskrug, in: Wissenschaftliche Zeitschrift der Friedrich-Schiller-Universität Jena. Gesellschafts- und sprachwissenschaftliche Reihe 7 (1957/8) 583-589.
Kalinke (1985): Kalinke, M., Norse romances (Riddarasögur), in: Old Norse-Icelandic literature. A critical guide, ed. Clover, C.J. / Lindow, J., Ithaca / London 1985 (Islandica 45), 316-363.
Kanne (1808): Kanne, J.A., Erste Urkunden der Geschichte oder allgemeine Mythologie, 2 Bde., Bayreuth 1808.
Kanne (1811): Id., Pantheum der Aeltesten Naturphilosophie, die Religion aller Vo̊lker, Tübingen 1811.
Kannicht / Snell (1981): Tragicorum Graecorum fragmenta 2, ed. Kannicht, P. / Snell, B., Göttingen 1981.
Karg-Gasterstädt / Frings (1968): Althochdeutsches Wörterbuch 1, ed. Karg-Gasterstädt, E. / Frings, Th., Berlin 1968.
Karle (1932/3): Karle, B., lachen, in: HdA 5, Leipzig 1932/3, 868-884.
Kauffmann (1891): Kauffmann, F., Der zweite Merseburger Zauberspruch, in: PBB 15 (1891) 207-210.
Kauffmann (1892): Id., Rezension zu: Meyer, E.H., Völuspa, Berlin 1889, in: ZfdPh 24 (1892) 96-114.
Kemp (1906): Kemp, J., Zur Geschichte der Kölner Fastnacht, in: Zeitschrift des Vereins für rheinische und westfälische Volkskunde 3 (1906) 241-272.
Kersten (1936): Kersten, K., Das Totenhaus von Grünhof-Tesperude, in: Offa 1 (1936) 56-87.
Kiekebusch (1928): Kiekebusch, A., Das Königsgrab von Seddin, Augsburg 1928 (Führer zur Urgeschichte 1).
Kindermann-Bieri (1987): Kindermann-Bieri, B., Heterogene Quellen - homogene Sagen. Philologische Studien zu den Grimmschen Prinzipien der Quellenbearbeitung, untersucht anhand des Schweizer Anteils an den 'Deutschen Sagen', Diss. Marburg 1987.
Kindermann-Bieri (1993), siehe **Grimm, Br. Deutsche Sagen**
Kindlinger (1819): Kindlinger, N., Geschichte der deutschen Hörigkeit, insbesondere der sogenannten Leibeigenschaft, Berlin 1819.
Kirchhof, ed. Österley (1869): Kirchhof, H.W., Wendunmuth, 5 Bde., ed. Österley, H., Tübingen 1869 (BDLV 95-99).
Kleist, ed. Sembner (1961², 1952): V. Kleist, H., Sämtliche Werke und Briefe 2, ed. Sembner, H., 2., vermehrte und auf Grund der Erstdrucke und Handschriften völlig revidierte Auflage, München 1961 (1952).
Klersch (1961): Klersch, J., Die kölnische Fastnacht von ihren Anfängen bis zur Gegenwart, Köln 1961 (Schriften des Bundes deutscher Karneval 1).
Kluge (1888): Kluge, F., Angelsächsisches Lesebuch, Halle 1888.
Kluge (1895): Id., Die deutschen Namen der Wochentage, in: Zeitschrift des allgemeinen deutschen Sprachvereins Heft 8 (1895) 89-98.
Kluge (1909): Id., Gotische Lehnworte im Althochdeutschen, in: PBB 35 (1909) 124-160.
Kluge (1989²², 1883): Id., Etymologisches Wörterbuch der deutschen Sprache, völlig neu bearbeitet v. Seebold, E., Berlin / New York 1989²² (1883).
Knobloch (1959): Knobloch, J., Der Ursprung von nhd. Ostern, engl. Easter, in: Die Sprache 5 (1959) 27-45.

Koch, E. (1983): Koch, E., Fegfeuer, in: TRE 11, Berlin / New York 1983, 69-78.
Koch, H. (1937): Koch, H., Stetit puella (Carm. Bur. 138), in: PBB (1937) 151-179.
Koepke (1852): Gesta abbatum Trudonensium, ed. Koepke, R., Stuttgart / New York 1963 (Reprint der Ausgabe Hannover 1852) (MGH Script. 10).
Koestermann (1967): Tacitus, P.C., Annalen, Bd. 3, erläutert und mit einer Einleitung versehen v. Koestermann, E., Heidelberg 1967.
Kohler (1923): Kohler, K., Heaven and hell in comparative religion, New York 1923.
Kolk (1991): Kolk, R., Zur Professionalisierung und Disziplinentwicklung in der Germanistik, in: Wissenschaft und Nation. Studien zur Entstehungsgeschichte der deutschen Literaturwissenschaft, ed. Fohrmann, J. / Voßkamp, W., München 1991, 127-140.
Konrad von Heimesfurt, ed. Hahn (1840): Konrad von Heimesfurt, Daz bůch heizzet den vrstende, in: Gedichte des 12. und 13. Jahrhunderts, ed. Hahn, K.A., Quedlinburg / Leipzig 1840 (Bibliothek der gesammten deutschen National-Literatur 20).
Konrad, Pfaffe, siehe **Rolandslied, ed. Wesle / Wapnewski (1985³,1928)**.
Konrad von Würzburg, Engelhard, ed. Reiffenstein / Gereke (1982³,1912): Konrad von Würzburg, Engelhard, ed. Gereke, P., 3., neubearbeitete Auflage, ed. Reiffenstein, I., Tübingen 1982 (1912) (ATB 17).
Kornmann (1610): Kornmann, H., De miraculis mortuorum, o.O. 1610.
Kramer (1992): Kramer, K.-S., Jacob Grimm und seine "volkskundlichen Quellen". Zur Frage der Zeugniskraft von "Sitte und Sage" für die "Deutsche Mythologie", in: Germanische Religionsgeschichte. Quellen und Quellenprobleme, ed. Beck, H. / Ellmers, D. / Schier, K., Berlin / New York 1992 (Ergänzungsbände zum RGA² 5), 588-607.
Kranzmayer (1939): Kranzmayer, E., Name und Gestalt der "Frau Bercht" im südostdeutschen Raum, in: Bayerische Hefte für Volkskunde 12 (1939) 55-59.
Krappe (1928): Krappe, A.H., La déesse Holda, in: Id., Études de mythologie et de folklore germaniques, Paris 1928, 101-114.
Krause, M. (1984): Krause, M., Über Etymologie und Etymologien beim jungen Jacob Grimm, in: Wissenschaftliche Zeitschrift der Humboldt-Universität zu Berlin. Gesellschaftswissenschaftliche Reihe 33 (1984) 523-528.
Krause, W. / Jankuhn (1966²,1937): Die Runeninschriften im älteren Futhark, 1: Text, 2: Tafeln, ed. Krause, W., mit Beiträgen von Jankuhn, H., Göttingen 1966² (1937) (Abhandlungen der Akademie der Wissenschaften in Göttingen. Phil.-hist. Klasse 3,65).
Kretzenbacher (1941): Kretzenbacher, L., Germanische Mythen in der epischen Volksdichtung der Slowenen. Ein Beitrag zu einer Kulturgestaltung im deutschen Grenzraum, Diss. Graz 1941 (Schriften des südostdeutschen Institutes 3).
Kretzenbacher (1951): Id., Lutzelfrau und Pudelmutter. Ein Beitrag zur Sagenkunde des Burgenlandes, in: Burgenländische Heimatblätter 13 (1951) 162-172.
Kretzenbacher (1988): Id., Jacob Grimm's 'Deutsche Mythologie' und ihre geschichtliche Wirkung, in: Zur Zweihundertjahrfeier von Jacob Grimm. Wissenschaftliche Konferenz in Beograd. 12. bis 14. November 1985, Beograd 1988 (Serbische Akademie der Wissenschaften und Künste. Wissenschaftliche Konferenzen 40, Klasse für Sprache und Literatur 8), 13-32.
Kristjánsson (1986): Kristjánsson, J., The roots of the sagas, in: Sagnaskemmtun. Studies in honour of Pálsson, H., ed. Simek, R. / id. / Bekker-Nielsen, H., Wien / Köln / Graz 1986, 183-200.
Kristnisaga, ed. Kahle (1905): Kahle, B., Kristnisaga, ed. Kahle, B., Halle a.d. Saale 1905 (Altnordische Saga-Bibliothek 11).
Krogmann (1956): Krogmann, W., Die Taube auf der Achsel, in: Jahrbuch des Vereins für niederdeutsche Sprachforschung 79 (1956) 35-39.
Krohn (1901): Id., Wo und wann entstanden die finnischen zauberlieder?, in: Finnisch-ugrische Forschungen 1 (1901) 52-72.147-181.
Krohn (1922): Krohn, K., Skandinavisk Mytologi, Helsingfors 1922.
Krohn (1924-1928): Id., Kalevalastudien, Helsinki 1924-1928 (FFC 53.67.71.72.75.76).

Krüger (1983^4,1978) (1987^2,1983): Krüger, B., Die Germanen. Geschichte und Kultur der germanischen Stämme in Mitteleuropa, Ein Handbuch in zwei Bänden, Berlin 1983^4 (1978), 1987^2, (1983).
Kuhn (1844): Kuhn, A., Ueber den Namen Ostara, in: Germania. Neues Jahrbuch der Berlinischen Gesellschaft für Deutsche Sprache und Alterthumskunde 6 (1844) 244-250.
Kuhn (1874): Id., Vier akademische abhandlungen über Pitaras und zwerge (1874), in: Id., Mythologische Studien 2, ed. Kuhn, E., Gütersloh 1912, 1-90.
Kuhn / Schwartz (1848): Norddeutsche Sagen, Märchen und Gebräuche. Aus dem Munde des Volkes gesammelt, ed. id. / Schwartz, W., Leipzig 1848.
Kuhn, H. (1942): Kuhn, H., Das nordgermanische Heidentum in den ersten christlichen Jahrhunderten, in: ZDA 79 (1942) 133-166.
Kummer (1927): Midgards Untergang. Germanischer Kult und Glaube in den letzten heidnischen Jahrhunderten, Leipzig 1927 (Veröffentlichungen des Forschungsinstituts für vergleichende Religionsgeschichte der Universität Leipzig 2,7).
Laistner (1881): Laistner, L., Nobiskrug und Verwandtes, in: Germania 26 (1881) 65-95.
Laistner (1889): Id., Das Rätsel der Sphinx. Grundzüge einer Mythengeschichte 2, Berlin 1889.
Lämmert (1967): Lämmert, E., Germanistik - eine deutsche Wissenschaft, in: Germanistik - eine deutsche Wissenschaft. Beiträge von Lämmert, E. / Killy, W. / Courday, K.O. u.a., Frankfurt a. Main 1967, 7-41.
Landau (1909): Landau, M., Hölle und Fegfeuer in Volksglaube, Dichtung und Kirchenlehre, Heidelberg 1909.
Landnámabók, siehe **Íslendingabók, ed. Benediktsson (1968)**.
Lang (1885^2,1884): Lang, A., Custom and Myth, Oosterhout 1970 (Reprint der Ausgabe London 1885^2, (1884).
Langton (1949): Langton, E., Essentials of demonology. A study of Jewish and Christian doctrine, London 1949.
Lauer (1989): Von Hessen nach Deutschland. Wissenschaft und Politik im Leben und Werk der Brüder Grimm. Ausstellung in der Vertretung des Landes Hessen beim Bund. Bonn 19.01. bis 16.02. 1989, bearbeitet v. Lauer, B., Kassel 1989.
Lauretus (1681^{10},1570): Lauretus, H., Silva allegoriarum totius sacrae scripturae, Einleitung von Ohly, F., München 1971 (Reprint der Ausgabe Köln 1681^{10} (1570).
Laxdoela saga, ed. Sveinsson (1934): Laxdoela saga, ed. Sveinsson, E., Reykjavík 1934 (ÍF 5).
Le Goff (1981): Le Goff, J., Die Geburt des Fegfeuers. Vom Wandel des Weltbildes im Mittelalter (1981), deutsche Übersetzung, München 1990.
Le Goff (1986): Id., Wucherzins und Höllenqualen. Ökonomie und Recht im Mittelalter (1986), deutsche Übersetzung, Stuttgart 1988.
Lechner, J. (1953^6, 1924): Lechner, J., Liturgik des römischen Ritus, begr., v. Eisenhofer, L., Freiburg i. Breisgau 1953^6 (1924).
Leitzmann (1927): Briefwechsel der Brüder Jacob und Wilhelm Grimm mit Karl Lachmann, 2 Bde., ed. Leitzmann, A., Jena 1927.
Lepenies (1977): Lepenies, W., Das Ende der Naturgeschichte und der Beginn der Moderne. Verzeitlichung und Enthistorisierung in der Wissenschaftsgeschichte des 18. und 19. Jahrhunderts, in: Studien zum Beginn der modernen Welt, ed. Koselleck, R., Stuttgart 1977 (Industrielle Welt 20) 317-351.
Les miracles de Saint Éloi, siehe **Peigné-Delacourt (o.J.)**.
Lexer (1872-1878): Mittelhochdeutsches Handwörterbuch, 3 Bde., ed. Lexer, M., Leipzig 1872-1878.
Leyen, von der (1909): V. der Leyen, F., Die Götter und Göttersagen der Germanen, München 1909.
Leyen, von der (1958^4,1911): Id., Das Märchen. Ein Versuch, 4., erneuerte Auflage, ed. v. der Leyen, F. / Schier, K., Heidelberg 1958^4 (1911).
Lid (1933): Lid, N., Jolesveinar og grøderikdomsgudar, Oslo 1933 (Skrifter utgitt av det norske Videnskaps-Akademi i Oslo 1932, 2: hist.-fil. Klasse 2,5).

Liechtenstein (1928): Liechtenstein, E., Die Idee der Naturpoesie bei den Brüdern Grimm und ihr Verhältnis zu Herder, in: DVjs 6 (1928) 513-547.

Lincke (1934/5): Lincke, (), Ostara, in: HdA 6, Berlin / Leipzig 1934/5, 1311-1316.

Lindow (1985): Lindow, J., Mythology and mythography, in: Old Norse-Icelandic literature. A critical guide, ed. Clover, C.J. / id., Ithaca / London 1985, (Islandica 45) 21-67.

Lindqvist (1941/2): Lindqvist, S., Gotlands Bildsteine, 2 Bde., Stockholm 1941/2.

Lippert (1881): Lippert, J., Die Religionen der europäischen Culturvölker, Berlin 1881.

List (1960): List, E.A., Holda and the Venusberg, in: Journal of American Folklore 73 (1960) 307-311.

Liungman (1938): Liungman, W., Traditionswanderungen Euphrat - Rhein 2, Helsinki 1938 (FFC 119).

Liungman (1955): Id., Das wahrscheinliche Alter des Volksmärchens in Schweden, Helsinki 1955 (FFC 156), in: Beiträge zur vergleichenden Erzählforschung, ed. Ranke, K., Helsinki 1955 (FFC 151-163) 1-44.

Liungman (1961): Id., Die schwedischen Volksmärchen. Herkunft und Geschichte, Berlin 1961 (Veröffentlichungen des Instituts für Deutsche Volkskunde 20).

Loccenius (1654[2],1647): Loccenius, J., Antiquitates Sveo-Gothicae (16542,1647), im Anhang zu: Id., Rerum Svecicarum historia, Stockholm 1654.

Loewenthal (1920): Loewenthal, F., Zu den Quellen des Heliand, in: ZDA 57 (1920) 273-277.

Lohse (1990): Lohse, G., Jacob Grimm als Wegbereiter der Namenforschung, in: Brüder Grimm Gedenken 9 (1990) 28-50.

Lorenz, siehe **SnE. Gylfaginning, ed. Lorenz (1984)**.

Lund (1988), siehe **Tacitus, Germania, ed. Lund (1988)**.

Luther, WA: Luther, M., Werke. Kritische Gesamtausgabe 1. 2. 10,1,1, 30,2, Tischreden 4. 6, Weimar 1883. 1884. 1910. 1916. 1921.

Lüthi (1977): Lüthi, M., Altern, in: EM 1, Berlin / New York 1977, 404-407.

Lüthi / Rölleke (1990[8],1962): Id., Märchen, 8., durchgesehene und ergänzte Auflage, bearbeitet v. Rölleke, H., Stuttgart 1990 (1962) (Sammlung Metzler 16; Abt. E: Poetik).

Maassen (1893): Concilia aevi Merovingici, ed. Maassen, F., Hannover 1893 (MGH Legum sectio 3,1).

Maaz (1987): Maaz, W., Gervasius von Tilbury, in: EM 5, Berlin / New York 1987, 1109-1122.

Mackensen (1925): Mackensen, L., Volkskunde und Vorgeschichte, in: Niederdeutsche Zeitschrift für Volkskunde 3 (1925) 88-96.

Maerlant (1785): V. Maerlant, J., Spiegel Historiael of Rijmkronijk 2, Leiden 1785.

Magnusson (1828): Magnusson, F., Lexikon mythologicum, Kopenhagen 1828 (Edda Sæmundar hinns fróda. Edda rhythmica seu antiquior vulgo Sæmundiana dicta, Teil 3).

Mahr (1928): Mahr, A., Wodan in der deutschen Volksüberlieferung, in: Mitteilungen der anthropologischen Gesellschaft in Wien 58 (1928) 143-167.

Mall (1891): Ed. Mall, E., Zur Geschichte der Legende vom Purgatorium des heiligen Patricius, in: Romanische Forschungen 6 (1891) 139-197.

Mandt (1986): Mandt, G., Searching for female deities in the religious manifestations of the Scandinavian Bronze Age, in: Words and objects. Towards a dialogue between archaeology and history of religion, ed. Steinsland, G., Oslo 1986 (Instituttet for sammenlignende kulturforskning, Serie B: Skrifter 71), 111-126.

Mang (1927): Mang, H., Unsere Weihnacht. Volksbrauch und Kunst in Tirol, Innsbruck / Wien / München 1927.

Mannhardt (1858): Mannhardt, W., Germanische Mythen, Berlin 1858.

Mannhardt (1905[2],1875): Id., Wald- und Feldkulte 1: Der Baumkultus der Germanen und ihrer Nachbarstämme. Mythologische Untersuchungen, Darmstadt 1963 (Reprint der 2. Auflage Berlin 1905 (1875)).

Mantelius (1717): Mantelius, J., Historiae Lossensis Libri Decem, Lüttich 1717.

Map, ed. James / Brooke / Mynors (1983): Map, W., De nugis curialium, ed. und ins Engl. üs. v. James, M.R. / Brooke, C.N.L. / Mynors, R.A.B., Oxford 1983.

Marold (1992): Marold, E., Die Skaldendichtung als Quelle der Religionsgeschichte, in: Germanische Religionsgeschichte. Quellen und Quellenprobleme, ed. Beck, H. / Ellmers, D. / Schier, K., Berlin / New York 1992 (Ergänzungsbände zum RGA^2 5), 685-719.

Marquard (1971): Marquard, O., Zur Funktion der Mythologiephilosophie bei Schelling, in: Poetik und Hermeneutik 4: Terror und Spiel. Probleme der Mythenrezeption, ed. Fuhrmann, M., München 1971, 257-263.

Martin v. Amberg, ed. Werbow (1958): Martin v. Amberg, Der Gewissensspiegel, aus den Handschriften ed. Werbow, S.N., Berlin 1958 (Texte des späten Mittelalters 7).

Marx-Kruse / Campe (1937): Marx-Kruse, M. / v. Campe, E., Chronik der deutschen Jagd. Eine Kulturgeschichte des Jagdwesens von den Anfängen bis zur Gegenwart in Dokumenten, München 1937.

Masser (1984): Masser, A., Zaubersprüche und Segen, in: Reallexikon der deutschen Literaturgeschichte 4, begründet v. Merker, P. / Stammler, W., 2. Auflage, ed. Kanzog, K. / Masser, A., Berlin / New York 1984, 957-965.

Matthaeus Westmonasteriensis (1573): Matthaeus Westmonasteriensis, Flores historiarum, London 1573.

Meid (1992): Meid, Wolfgang, Die germanische Religion im Zeugnis der Sprache, in: Germanische Religionsgeschichte. Quellen und Quellenprobleme, ed. Beck, H. / Ellmers, D. / Schier, K., Berlin / New York 1992 (Ergänzungsbände zum RGA^2 5), 486-507.

Meisen (1931): Meisen, K., Nikolauskult und Nikolausbrauch im Abendlande, Düsseldorf 1931 (Forschungen zur Volkskunde 9-12).

Meisen (1935): Id., Die Sagen vom Wütenden Heer und vom Wilden Jäger, Münster in Westfalen 1935 (Volkskundliche Quellen 1).

Mengering (1644): Mengering, A., Informatorium conscientiae Evangelium. Evangelisches Gewissens-Recht, Rath und Unterricht, Altenburg 1644.

Merkel (1937): Merkel, R.F., Anfänge der Erforschung germanischer Religion, in: ARW 34 (1937) 18-41.

Meyer, E.H. (1891): Meyer, E.H., Germanische Mythologie, Berlin 1891 (Lehrbücher der germanischen Philologie 1).

Meyer, E.H. (1903): Id., Mythologie der Germanen, Straßburg 1903.

Meyer, P. (1899): Meyer, P., Notice du MS. Bibl. Nat. Fr. 25439, in: Bulletin de la société des anciens textes français 25 (1899) 38-63.

Meyer, R. (1981,1935): Meyer, R., Die Weisheit der deutschen Volksmärchen, Stuttgart 1981 (1935).

Meyer, R.M. (1910): Meyer, R.M., Altgermanische Religionsgeschichte, Leipzig 1910.

Meyer-Lübke (1935^3): Meyer-Lübke, W., Romanisches etymologisches Wörterbuch, 3., vollständig neubearbeitete Auflage, Heidelberg 1935.

Michel (1838): Michel, F., Chronique des ducs de Normandie par Benoit 2, Paris 1838.

Michelsen (1987): Michelsen, P., Der Sog der Mythe. Zu Joseph Görres' 'Mythengeschichte der asiatischen Welt', in: Heidelberg im säkularen Umbruch. Traditionsbewußtsein und Kulturpolitik um 1800, Stuttgart 1987 (Deutscher Idealismus. Philosophie und Wirkungsgeschichte in Quellen und Studien 12), 444-465.

Mieder (1986): Mieder, W., "Findet, so werdet ihr suchen!" Die Brüder Grimm und das Sprichwort, Bern / Frankfurt a. Main / New York 1986 (Sprichwörterforschung 7).

Mieder (1988): Id., "Ever eager to incorporate Folk Proverbs": Wilhelm Grimm's proverbial additions in the fairy tales, in: The brothers Grimm and folktale, ed. McGlathery, J.M., Urbana / Chicago 1988, 112-132.

Mogk (1907^2,1900^2,1891): Mogk, E., Germanische Mythologie, 2. verbesserte Auflage, Strassburg 1907 (=1900^2) (zuerst in: Grundriss der germanischen Philologie 1, ed. Paul, H., Strassburg 1891, 982-1138, 2. Auflage 1900^2 in: Grundriß der germanischen Philologie 3, 230-406) beide Fassungen benutzt.

Mogk (1918/1919): Id., Wodan, in: RGA 4, Straßburg 1918/1919, 559-563.
Mogk (1923): Id., Novellistische Darstellung mythologischer Stoffe Snorris und seiner Schule, Helsinki 1923 (FFC 51).
Mogk (1925): Id., Nordgermanische Götterverehrung nach den Kultquellen, in: Germanica. Festschrift für Sievers, E. zum 75. Geburtstag, Halle a.d. Saale 1925, 258-272.
Monumenta Boica: Monumenta Boica 18, München 1808, 28,2, München o.J.
Moriz von Craûn, siehe **ed. Pretzel (1973[4])**.
Moser, D.-R. (1976): Moser, D.-R., Kritik der oralen Tradition. Bemerkungen zum Problem der Lied- und Erzählungspopularisierung, in: Folk Narrative Research. Some Papers Presented at the VI Congress of the International Society for Folk Narrative Research, Helsinki 1976 (Studia Fennica. Review of Finnish Linguistics and Ethnology 20) 209-221.
Moser, D.-R. (1977) Altersbestimmung: Id., Altersbestimmung des Märchens, in: EM 1, Berlin / New York 1977, 407-419.
Moser, D.-R. (1977) Authentizität: Id., Authentizität, in: EM 1, Berlin / New York 1977, 1076-1080.
Moser, D.-R. (1979) Bearbeitung: Id., Bearbeitung, in: EM 2, Berlin / New York 1979, 1-6.
Moser, D.-R. (1979) homerische Frage: Id., Die homerische Frage und das Problem der mündlichen Überlieferung aus volkskundlicher Sicht, in: Fabula 20 (1979) 116-136.
Moser, D.-R. (1980) Theorie- und Methodenprobleme: Id., Theorie- und Methodenprobleme der Märchenforschung, in: Jahrbuch für Volkskunde N.F. 3 (1980) 47-64.
Moser, D.-R. (1981): Id., Chronologie, in: EM 3, Berlin / New York 1981, 15-21.
Moser, D.-R. (1986): Id., Fastnacht-Fasching-Karneval. Das Fest der verkehrten Welt, Graz / Wien / Köln 1986.
Moser, Ha. (1970): Moser, Ha., Variationen um ein Thema vermeintlicher Brauchgeschichte. Das "Weberschiff von Saint-Trond", in: Volkskultur und Geschichte. Festgabe für Dünninger, J. zum 65. Geburtstag, ed. Harmening, D. / Lutz, G. / Schemmer, B. u.a., Berlin 1970, 236-266.
Moser, Ha. (1985): Id., Kritisches zu Tradition und Dokumentation des Perchtenlaufens, in: Id., Volksbräuche im geschichtlichen Wandel, München 1985, 41-57.
Moser, Ha. (1985, zuerst 1939): Id., Neue archivalische Belege zur Geschichte des Perchtenlaufens (1939), in: Id., Volksbräuche im geschichtlichen Wandel, München 1985, 35-40.
Moser, Hu. (1953): Moser, Hu., Volks- und Kunstdichtung in der Auffassung der Romantiker, in: RhJbV 4 (1953) 69-89.
Moser, Hu. (1956/7): Id., Volk, Volksgeist, Volkskultur. Die Auffassungen Herders in heutiger Sicht, in: ZfV 53 (1956/7) 127-140.
Moser-Rath (1964): Moser-Rath, E., Predigtmärlein der Barockzeit. Exempel, Sage, Schwank und Fabel in geistlichen Quellen des oberdeutschen Raumes, ed. eadem, Berlin 1964 (Supplementserie zu Fabula. Reihe A: Texte 5).
Moser-Rath (1973): Eadem, Gedanken zur historischen Erzählforschung, in: ZfV 69 (1973) 61-81.
Moser-Rath (1977): Eadem, Ammenmärchen, in: EM 1, Berlin / New York 1977, 463f.
Much (1898): Much, R., Der germanische Himmelsgott, in: Abhandlungen zur germanischen Philologie. Festgabe für Heinzel, R., Halle 1898, 189-278.
Much / Jankuhn / Lange (1967[3],1937): Id., Die Germania des Tacitus, 3., beträchtlich erweiterte Auflage unter Mitarbeit v. Jankuhn, H., ed. Lange, W., Heidelberg 1967 (1937).
Müllenhoff (1845): Sagen, Märchen und Lieder der Herzogthümer Schleswig- Holstein und Lauenburg, ed. Müllenhoff, K., Kiel 1845 (Siehe auch die Neuausgabe von 1921 und den Reprint von 1975).
Müller, J. (1974) Germanistentage: Müller, J.J., Die ersten Germanistentage, in: Germanistik und deutsche Nation 1806-1848. Zur Konstitution bürgerlichen Bewußtseins, ed. id., Stuttgart 1974 (Literaturwissenschaft und Sozialwissenschaft 2), 297-318.

Müller, J. (1974) Germanistik: Id., Germanistik - eine Form bürgerlicher Opposition, in: Germanistik und deutsche Nation 1806-1848. Zur Konstitution bürgerlichen Bewußtseins, ed. id., Stuttgart 1974 (Literaturwissenschaft und Sozialwissenschaft 2), 5-112.

Müller, M. (1868², 1867-75): Müller, M., Vergleichende Mythologie, in: Id., Essays 2, Übersetzung der zweiten engl. Ausgabe von 1868² (1867-75) 1-127.

Müller, W. (1844): Müller, W., Geschichte und System der altdeutschen Religion, Göttingen 1844.

Musäus, ed. Miller (1976): Musäus, J.K.A., Volksmärchen der Deutschen. Vollständige Ausgabe. Nach dem Text der Erstausgabe von 1782-86. Mit einem Nachwort und Anmerkungen von Miller, N., München 1976.

Naumann (1928): Naumann, H., Christentum und deutscher Volksglaube, in: Zeitschrift für Deutschkunde 42 (1928) 321-337.

Naumann (1929², 1922): Id., Grundzüge der deutschen Volkskunde, Leipzig 1929² (1922) (Wissenschaft und Bildung 181).

Neumann / Vogt (1973): Neumann, E. / Vogt, H., Germanische Mythologie, in: Götter und Mythen im Alten Europa, ed. Haussig, H.W., Stuttgart 1973 (Wörterbuch der Mythologie 1: Die alten Kulturvölker 2), 21-98.

Neus (1855): Neus, H., Die Frühlingsgöttin Ostarâ, in: Zeitschrift für deutsche Mythologie 3 (1855) 356-368.

Nicolai (1777/78): Nicolai, F., Gesammelte Werke, ed. Fabian, B. / Spieckermann, L., 4: Ein feiner kleiner Almanach (1777-1778). Anhang zu Friedrich Schillers Musen-Almanach (1797), Hildesheim / Zürich / New York 1985 (Reprint der Ausgaben Berlin und Stettin 1777-1778 und 1797).

Niedner (1899): Niedner, F., Der Mythus des zweiten Merseburger Zauberspruches, in: ZDA 43 (1899) 101-112.

Niggl (1987): Niggl, G., Geschichtsbewußtsein und Poesieverständnis bei den "Einsiedlern" und den Brüdern Grimm, in: Heidelberg im säkularen Umbruch. Traditionsbewußtsein und Kulturpolitik um 1800, Stuttgart 1987 (Deutscher Idealismus. Philosophie und Wirkungsgeschichte in Quellen und Studien 12), 190-215.

Nilsson (1914): Nilsson, M.P., Die volkstümlichen Feste des Jahres, Tübingen 1914 (Religionswissenschaftliche Volksbücher 3,17/18).

Ninck (1935): Ninck, M., Wodan und germanischer Schicksalsglaube, Jena 1935.

Nipperdey (1985³, 1983): Nipperdey, Th., Deutsche Geschichte 1800-1866. Bürgerwelt und starker Staat, 3., überarbeitete Auflage, München 1985 (1983).

Nipperdey (1986): Id., Auf der Suche nach der Identität: Romantischer Nationalismus, in: Id., Nachdenken über die deutsche Geschichte. Essays, München 1986, 132-150.

Nitschke (1976): Nitschke, A., Soziale Ordnungen im Spiegel der Märchen 1: Das frühe Europa, Stuttgart / Bad Cannstadt 1976 (Problemata 53).

Njáls saga, ed. Sveinsson (1954): Brennu-Njáls saga, ed. Sveinsson, E., Reykjavík 1954 (ÍF 12).

Nordbladh (1986): Nordbladh, J., Interpretation of South-Scandinavian petroglyphs in the history of religion done by archaeologists: Analysis and attempt at auto-critique, in: Words and objects. Towards a dialogue between archaeology and history of religion, ed. Steinsland, G., Oslo 1986 (Instituttet for sammenlignende kulturforskning, Serie B: Skrifter 71), 142-149.

Norden (1959⁴, 1920): Norden, E., Die germanische Urgeschichte in Tacitus Germania, Darmstadt 1959⁴ (1920).

Nork (1847): Nork, F., Der Festkalender, Stuttgart 1847 (Das Kloster 7, ed. Scheible, J.).

Nork (1848): Id., Mythologie der Volkssagen und Volksmärchen; eine Darstellung ihrer genetischen Entwicklung, Stuttgart 1848 (Das Kloster 9, ed. Scheible, J.).

Notker, ed. King (1979): Id., Martianus Capella 'De nuptiis Philologiae et Mercurii', ed. King, J., Tübingen 1979 (ATB 87).

Notker, ed. Tax (1981): Notker der Deutsche, Der Psalter Psalm 51-100, ed. Tax, P.W., Tübingen 1981 (ATB 91).

Novalis, ed. Samuel (1965², 1929): Novalis, Schriften. Die Werke Friedrich von Hardenbergs, ed. Kluckhohn, P. / Samuel, R., 2: Das philosophische Werk 1, ed. Samuel, R., 2., nach den Handschriften ergänzte, erweiterte und verbesserte Auflage, Darmstadt 1965 (1929).

Ntedika (1966): Ntedika, J., L' évolution de la doctrine du purgatoire chez Saint Augustin, Paris 1966 (Publications de l' université Lovanium de Léopoldville 20).

Nyder (1602): Nyder (=Nider), J., Formicarius, Douai 1602.

Ohly (1977) (1958): Ohly, F., Schriften zur mittelalterlichen Bedeutungsforschung, Darmstadt 1977, darin bes.: Vom geistigen Sinn des Wortes im Mittelalter (1958) 1-31.

Olrik (1922): Olrik, A., Ragnarök. Die Sagen vom Weltuntergang, üs. v. Ranisch, W., Berlin / Leipzig 1922.

Olsen (1915): Olsen, M., Hedenske kultminder i norske stedsnavne 1 (Skrifter utgit av Videnskapsselskapet i Kristiana 1914, 2. hist.-fil. Klasse 2, Kristiana 1915).

Olsen (1926): Id., Farms and fanes of ancient Norway (1926), englische Übersetzung, Oslo 1928 (Instituttet for sammenlignende Kulturforskning. Serie A: Forelesninger 9).

Olson (1934): Olson, E., Neuere Beiträge zur altnordischen Religionsgeschichte, in: ARW 31 (1934) 213-271.

Ordericus Vitalis, ed. Chibnall (1973): Ordericus Vitalis, The Ecclesiastical History, ed. und üs. v. Chibnall, M., Bde. 1. 4, Oxford 1980. 1973.

Origo gentis Langobardorum, ed. Waitz (1878): Origo gentis Langobardorum, ed. Waitz, G., Hannover 1878 (MGH Script. rer. Langobardicarum et Italicarum saec. 6-9).

Orphischer Hymnus, ed. Abel (1885): Orphica, ed. Abel, E., Prag / Leipzig 1885 (Bibliotheca scriptorum Graecorum et Romanorum).

Otfrid, ed. Erdmann / Wolff (1973⁶, 1882): Otfrids Evangelienbuch, ed. Erdmann, O., 6. Auflage, ed. Wolff, L., Tübingen 1973 (1882) (ATB 49).

Outzen (1837): Outzen, N., Glossarium der friesischen Sprache besonders in nordfriesischer Mundart, ed. Engelstoft, L. / Molbech, C., Kopenhagen 1837.

Owen (1970): Owen, D.D.R., The vision of hell. Infernal journeys in medieval French literature, Edinburgh / London 1970.

Paine (1972): Paine, L., The hierarchy of hell, London 1972.

Palmer (1980): Tondolus der Ritter. Die von J. und C. Hist gedruckte Fassung, ed. Palmer, N.F., München 1980 (Kleine deutsche Prosadenkmäler des Mittelalters 13).

Palmer (1982): Id., 'Visio Tnugdali'. The German and Dutch translations and their circulation in the later middle age, München 1982 (Münchener Texte und Untersuchungen zur deutschen Literatur des Mittelalters 76).

Pálsson (1986): Pálsson, E., Hypothesis as a tool in mythology, in: Words and objects. Towards a dialogue between archaeology and history of religion, ed. Steinsland, G., Oslo 1986 (Instituttet for sammenlignende kulturforskning, Serie B: Skrifter 71), 150-167.

Panzer (1848) (1955): Panzer, F., Bayerische Sagen und Bräuche. Beitrag zur Deutschen Mythologie, Bde. 1 und 2, München 1848. 1955.

Paris (1865): Paris, G., Histoire poétique de Charlémagne, Paris 1865.

Patch (1950): Patch, H.R., The other world according to descriptions in medieval literature, Cambridge (Massachusetts) 1950.

Paul (1985): Paul, F., "Aller Sage grund ist nun mythus." Religionswissenschaft und Mythologie im Werk der Brüder Grimm, in: Ausstellungskatalog. 200 Jahre Brüder Grimm. Die Brüder Grimm. Dokumente ihres Lebens und Wirkens, ed. Hennig, D. / Lauer, B., Kassel 1985, 77-90.

Paulus Diaconus, ed. Waitz (1878): Paulus Diaconus, Historia Langobardorum, ed. Waitz, G., Hannover 1878 (MGH Script. rer. Langobardicarum et Italicarum saec. 6-9) (Siehe auch den Reprint von 1964).

Pausanias, ed. Rocha-Pereia (1989): Pausanias, Graeciae descriptio, Bd. 1, ed. Rocha-Pereia, M.H., Leipzig 1989.

Pausanias, üs. v. Meyer, E. / Eckstein (1986³,1954): Pausanias, Reisen in Griechenland, Bd. 1, üs. v. Meyer, E. / Eckstein, F., Zürich / München 1986³ (1954).
Peigné-Delacourt (o.J.): Les miracles de Saint Éloi. Poème du 13e siècle, ed. Peigné-Delacourt, M., Beauvais / Noyon / Paris o.J.
Petersen (1876): Petersen, K.N.H., Om nordboernes gudedyrkelse og gudetro i hedenold, Kopenhagen 1876.
Petri, ed. Graf (1838): Petri, J.H., Der Stadt Mühlhausen Geschichten, ed. Graf, Ph., Mühlhausen 1838.
Petschel (1987): Petschel, G., Freunde in Leben und Tod, in: EM 5, Berlin / New York 1987, 282-287.
Petzoldt (1989): Petzoldt, L., Dämonenfurcht und Gottvertrauen. Zur Geschichte und Erforschung unserer Volkssagen, Darmstadt 1989.
Peuckert (1929/1930): Peuckert, W.-E., Fegefeuer, in: HdA 2, Berlin / Leipzig 1929/1930, 1294-1299.
Peuckert (1938): Id., Deutsches Volkstum in Märchen und Sage, Schwank und Rätsel, Berlin 1938 (Deutsches Volkstum 2).
Peuckert (1942): Id., Deutscher Volksglaube des Spätmittelalters, Stuttgart 1942 (Sammlung Völkerglaube 4).
Pfannenschmid (1878): Pfannenschmid, H., Germanische Erntefeste im heidnischen und christlichen Cultus, mit besonderer Beziehung auf Niedersachsen, Hannover 1878.
Pfefferkorn (1685): Pfefferkorn, G.M., Merkwürdige und auserlesene Geschichte von der berümten Landgraffschaft Thüringen, o.O. 1685.
Pfütze (1962): Pfütze, M., Jacob Grimm, das "Deutsche Wörterbuch" und die Nation - Bemerkungen zu einer politischen Entwicklung, in: Weimarer Beiträge 8 (1962) 264-290.
Philippson (1929): Philippson, E.A., Germanisches Heidentum bei den Angelsachsen, Leipzig 1929 (Kölner anglistische Arbeiten 4).
Philippson (1962): Id., Phänomenologie, vergleichende Mythologie und germanische Religionsgeschichte, in: Publications of the modern language association of America 77 (1962) 187-193.
Physiologus, üs. v. Seel (1987⁵,1960): Der Physiologus. Tiere und ihre Symbolik, übertragen und erläutert v. Seel, O., Zürich und München 1987⁵ (1960).
Pikulik (1987): Pikulik, L., Die sogenannte Heidelberger Romantik. Tendenzen, Grenzen, Widersprüche. Mit einem Epilog über das Nachleben der Romantik heute, in: Heidelberg im säkularen Umbruch. Traditionsbewußtsein und Kulturpolitik um 1800, Stuttgart 1987 (Deutscher Idealismus. Philosophie und Wirkungsgeschichte in Quellen und Studien 12), 190-215.
Pitra (1855): Pitra, J.B., Spicilegium Solesmense, Bd. 3, Paris 1855.
Plinius der Ältere, ed. König (1974): Plinius der Ältere, Naturkunde 2: Kosmologie, lateinisch-deutsch, ed. und üs. v. König, R., München / Zürich 1974.
Plischke (1914): Plischke, H., Die Sage vom wilden Heere im deutschen Volke, Diss. Leipzig 1914.
Pogge auf Zierstorf (1832): Pogge auf Zierstorf, F.J.C., Beobachtungen über die wilde Jagd, in: Freimüthiges Abendblatt 14 (1832) Nr. 721, 865-867.
Polomé (1954): Polomé, E., A propos de la déesse Nerthus, in: Latomus 13 (1954) 167-200.
Polomé (1974): Id., Approaches to Germanic mythology, in: Myth in Indo-European antiquity, ed. Larson, G.J., London 1974, 51-65.
Polomé (1986): Id., Germanentum und religiöse Vorstellungen, in: Germanenprobleme in heutiger Sicht, ed. Beck, H., Berlin / New York 1986 (Ergänzungsbände zum RGA 1), 267-297.
Polomé (1992): Id., Quellenkritische Bemerkungen zu antiken Nachrichten über die germanische Religion, in: Germanische Religionsgeschichte. Quellen und Quellenprobleme, ed. Beck, H. / Ellmers, D. / Schier, K., Berlin / New York 1992 (Ergänzungsbände zum RGA² 5), 399-412.

Polyaenos, ed. Woelfflin / Melber (1887): Polyaenos, Strategemata, ed. Woelfflin, E. / Melber, J., Leipzig 1887.

Praetorius (1663): Praetorius, J., Saturnalia: Das ist / Eine Compagnie Weihnachts-Fratzen / oder Centner-Lugen / und possierliche Positiones, Leipzig 1663.

Praetorius (1666): Id., Anthropodemus Plutonicus. Das ist / Eine Neue Welt-beschreibung von allerley wunderbahren Menschen, Teile 1 und 2, Magdeburg 1666 / 1667.

Praetorius (1668): Id., Blockes-Berges Verrichtung, Leipzig 1668.

Preisendanz (1973^2,1928): Papyri Graecae magicae. Die griechischen Zauberpapyri 1, ed. und üs. v. Preisendanz, K., 2., verbesserte Auflage, Stuttgart 1973 (1928).

Pretzel (1973^4): Moriz von Craûn, ed. Pretzel, U., 4., durchgesehene Auflage, Tübingen 1973 (ATB 45).

Preusler (1922): Preusler, W., Zum 2. Merseburger Spruch, in: Beiträge zur Deutschkunde. Festschrift Siebs, Th., Emden 1922, 39-45.

Prill (1989: Prill, M., Deutsche Mythologie, in: Kindlers Neues Literatur Lexikon 6, ed. Jens, W., München 1989, 907f.

Properz, ed. Hanslik (1979): Propertius, S., Elegiae, ed. Hanslik, R., Leipzig 1979.

Quasten (1962): Quasten, J., Osterfeststreit, in: $LThK^2$ 7, Freiburg i. Breisgau 1962, 1273-1275.

Quitzmann (1860): Quitzmann, A., Die heidnische Religion der Baiwaren. Erster faktischer Beweis für die Abstammung dieses Volkes, Leipzig / Heidelberg 1860.

Rabanus Maurus, ed. Knoepfler (1900): Rabanus Maurus, De institutione clericorum libri tres, ed. Knoepfler, A., München 1900 (Veröffentlichungen aus dem kirchenhistorischen Seminar München 5).

Ranke, F. (1936): Ranke, F., Ein Literaturbericht (1920-34). Sonderdruck aus: DVjs 14 (1936) 246-304.

Ranke, F. (1940): Id., Das Wilde Heer und die Kultbünde der Germanen. Eine Auseinandersetzung mit Otto Höfler, in: Niederdeutsche Zeitschrift für Volkskunde 18 (1940) 1-33.

Ranke, K. (1969): Ranke, K., Orale und literale Kontinuität, in: Kontinuität? Geschichtlichkeit und Dauer als volkskundliches Problem, ed. Bausinger, H. / Brückner, W., Berlin 1969, 102-116.

Raumer (1870): V. Raumer, R., Geschichte der germanischen Philologie, New York / London 1965 (Reprint der Ausgabe München 1870) (Geschichte der Wissenschaften in Deutschland. Neuere Zeit 9).

Rautenberg (1988): Rautenberg, U., Germanistik als Wissenschaft - Aspekte zur Geschichte des Fachs im 19. Jahrhundert, in: Die Grimms, die Germanistik und die Gegenwart, ed. Mertens, V., Wien 1988 (Philologica Germanica 9), 25-48.

Rebholz (1944): Rebholz, D., Der Wald im deutschen Märchen, Diss. Heidelberg 1944.

Reichert (1992): Reichert, H., Altgermanische Personennamen als Quellen der Religionsgeschichte, in: Germanische Religionsgeschichte. Quellen und Quellenprobleme, ed. Beck, H. / Ellmers, D. / Schier, K., Berlin / New York 1992 (Ergänzungsbände zum RGA^2 5), 552-574.

Reinfrid von Braunschweig, siehe **Bartsch (1871)**.

Reinsberg-Düringsfeld (1860): V. Reinsberg-Düringsfeld, O., Calendrier Belge. Fêtes religieuses et civiles, Brüssel 1860.

Reissenberger (1914): Das Väterbuch, ed. Reissenberger, K., Berlin 1914 (Deutsche Texte des Mittelalters 22).

Richthofen (1840): Richthofen, K., Altfriesisches Wörterbuch, Aalen 1961 (Reprint der Ausgabe Göttingen 1840).

Rimbert, ed. Trillmich / Buchner (1961): Rimbert, Vita Anskarii, in: Quellen des 9. und 11. Jahrhunderts zur Geschichte der Hamburgischen Kirche und des Reiches, ed. und übersetzt v. Trillmich, W. / Buchner, R., Darmstadt 1961 (Freiherr vom Stein-Gedächtnisausgabe 11).

Roesdahl (1991): Roesdahl, E., Nordisk førkristen religion. Om kilder og metoder, in: Nordisk hedendom. Et symposium, ed. Steinsland, G. / Drobin, U. / Pentikäinen, J. u.a., Odense 1991, 293-301.

Röhrich (1951): Röhrich, L., Der Dämon und sein Name, in: PBB 73 (1951) 456-468.
Röhrich (1955): Id., Die Grausamkeit im deutschen Märchen, in: RhJbV 6 (1955) 176-224.
Röhrich (1963): Id., Die Ballade vom Teufelsroß, in: Der Deutschunterricht 15 (1963) 73-89.
Röhrich (1964²,1956): Id., Märchen und Wirklichkeit, 2., erweiterte Auflage, Wiesbaden 1964 (1956).
Röhrich (1967): Id., Erzählungen des späten Mittelalters und ihr Weiterleben in Literatur und Volksdichtung bis zur Gegenwart, Bd. 2, Bern / München 1967.
Röhrich (1969): Id., Das Kontinuitätsproblem bei der Erforschung der Volksprosa, in: Kontinuität? Geschichtlichkeit und Dauer als volkskundliches Problem, ed. Bausinger, H. / Brückner, W., Berlin 1969, 117-133.
Röhrich (1973): Id., Was soll und kann Sagenforschung leisten?, in: Probleme der Sagenforschung. Verhandlungen der Tagung veranstaltet von der Kommission für Erzählforschung der deutschen Gesellschaft für Volkskunde e.V. vom 27.9. bis 1.10.1972, ed. id., Freiburg i. Breisgau 1973, 13-33.
Röhrich (1981): Id., Dämon, in: EM 3, Berlin / New York 1981, 223-237.
Röhrich (1984): Id., Erlösung, in: EM 4, Berlin / New York 1984, 195-222.
Röhrich (1987): Id., Erzählungen des Spätmittelalters zwischen Schriftlichkeit und Mündlichkeit, in: Volkskultur des europäischen Spätmittelalters, ed. Dinzelbacher, P. / Mück, H.-D., Stuttgart 1987 (Böblinger Forum 1), 199-222.
Röhrich (1989): Id., Volkspoesie ohne Volk. Wie 'mündlich' sind sogenannte 'Volkserzählungen'?, in: Volksdichtung zwischen Mündlichkeit und Schriftlichkeit, ed. Röhrich, R. / Lindig, E., Tübingen 1989, 49-65.
Röhrich (1991): Id., Das große Lexikon der sprichwörtlichen Redensarten 1, Freiburg i. Breisgau / Basel / Wien 1991 (1973).
Röhrich (1992): Id., Jagd, Jagen, Jäger, in: EM 7 (Lieferung 2/3), Berlin / New York 1992, 394-411.
Rolandslied, ed. Wesle / Wapnewski (1985³,1928): Das Rolandslied des Pfaffen Konrad, ed. Wesle, C., 3., durchgesehene Auflage, ed. Wapnewski, P., Tübingen 1985 (1928).
Rölleke (1985) Alte Marie: Rölleke, H., Die "stockhessischen" Märchen der "Alten Marie": Das Ende eines Mythos um die frühesten KHM-Aufzeichnungen der Brüder Grimm, in: Id., "Wo das Wünschen noch geholfen hat", Gesammelte Aufsätze zu den "Kinder- und Hausmärchen" der Brüder Grimm, Bonn 1985, 39-54.
Rölleke (1985) Marburger Märchenfrau: Id., "Die Marburger Märchenfrau": Zur Herkunft der KHM 21 und 57, in: Id., "Wo das Wünschen noch geholfen hat". Gesammelte Aufsätze zu den "Kinder- und Hausmärchen" der Brüder Grimm, Bonn 1985, 55-63.
Rölleke (1985) Schneeweißchen und Rosenroth: Id., Schneeweißchen und Rosenroth. Rätsel um ein Grimmsches Märchen, in: Id., "Wo das Wünschen noch geholfen hat". Gesammelte Aufsätze zu den "Kinder- und Hausmärchen" der Brüder Grimm, Bonn 1985, 191-206.
Rölleke (1986): Id., Neue Ergebnisse zu den "Kinder- und Hausmärchen" der Brüder Grimm, in: Jacob und Wilhelm Grimm. Vorträge und Ansprachen in den Veranstaltungen der Akademie der Wissenschaften und der Georg-August-Universität in Göttingen anläßlich der 200. Wiederkehr ihrer Geburtstage, Göttingen 1986, 39-48.
Rölleke (1986²,1985): Id., Die Märchen der Brüder Grimm. Eine Einführung, München / Zürich 1986², (1985) (Artemis Einführungen 18).
Rölleke (1988): Ed. id., "Redensarten des Volks, auf die ich immer horche". Das Sprichwort in den Kinder- und Hausmärchen der Brüder Grimm, Frankfurt a. Main / New York / Paris 1988 (Sprichwörterforschung 11).

Rölleke (1989): Id., Neue Erkenntnisse zum Beiträgerkreis der Grimmschen Märchen, in: Volksdichtung zwischen Mündlichkeit und Schriftlichkeit, ed. Röhrich, R. / Lindig, E., Tübingen 1989, 83-91.

Romant de Richart filz de Robert le diable qui fut duc de Normendie, siehe **Collection (1838)**.

Rosenfeld (1951/2): Rosenfeld, H., Die Entwicklung der Ständesatire im Mittelalter, in: ZfdPh 71 (1951/2) 196-207.

Rosenfeld (1969): Id., Fastnacht und Karneval. Name, Geschichte, Wirklichkeit, in: Archiv für Kunstgeschichte 51 (1969) 175-181.

Roskoff (1869): Roskoff, G., Geschichte des Teufels, 2 Bde., Aalen 1967 (Reprint der Ausgabe Leipzig 1869).

Roth (1757): Roth, G., Abhandlungen von den alten Einwohnern dieser Gegend, sonderlich den Chaucis, in: Die Herzogthůmer Bremen und Verden 1, Bremen 1757, 1-182.

Rothacker (1920): Rothacker, E., Einleitung in die Geisteswissenschaften, Tübingen 1930 (Reprint der Ausgabe Tübingen 1920).

Roux de Lincy (1836): Le Livre des légendes, ed. Le Roux de Lincy, A., Paris 1836.

Rudbeck, ed. Nelson (1937-1950): Rudbeck, O., Atlantica, ed. Nelson, A., Uppsala / Stockholm 1937-1950 (Lychnos-Bibliothek 2,1-5).

Rüdiger von Munre, siehe **von der Hagen (1850)**.

Rudolf von Ems, ed. Asher (1989³,1962): Rudolf von Ems, Der guote Gêrhart, ed. Asher, J.A., 3., durchgesehene Auflage, Tübingen 1989 (1962) (ATB 56).

Rumpf (1973): Rumpf, M., Perchta in der Sage und in mittelalterlichen Quellen, in: Probleme der Sagenforschung, ed. Röhrich, L., Freiburg i. Breisgau 1973, 112-138.

Rumpf (1976): Eadem, Spinnstubenfrauen, Kinderschreckgestalten und Frau Perchta, in: Fabula 17 (1976) 215-242.

Rumpf (1979): Eadem, Berta, in: EM 2, Berlin / New York 1979, 155-162.

Rumpf (1980): Eadem, Butzenbercht und Kinderfresser. Beziehungen und Beeinflussungen von literarischen und volkstümlichen Vorlagen auf Brauch und Glauben seit dem Mittelalter, in: Beiträge zur deutschen Volks- und Altertumskunde 19 (1980) 57-76.

Rumpf (1984): Eadem, Der Brauch des Aufstellens von "Bertlmilch". Herkunft und Kontinuität, in: Beiträge zur deutschen Volks- und Altertumskunde 23 (1984) 61-86.

Rumpf (1987) Gastrotomie: Eadem, Gastrotomie, in: EM 5, Berlin / New York 1987, 740-744.

Rumpf (1987) Holle: Eadem, Frau Holle, in: EM 5, Berlin / New York 1987, 159-168.

Rumpf (1990) Altertumskunde: Eadem, Von der Altertumskunde zur Volkskultur und zum Heimatschutz, in: Volkskultur - Geschichte - Region. Festschrift für Brückner, W., zum 60. Geburtstag, ed. Harmening, D. / Wimmer, E., Würzburg 1990, 225-256.

Rumpf (1990) Luxuria: Eadem, Luxuria, Frau Welt und Domina Perchta, Sonderdruck aus Fabula 31 (1990) 97-120.

Rumpf (1991): Eadem, Perchten. Populäre Glaubensgestalten zwischen Mythos und Katechese, Würzburg 1991 (Quellen und Forschungen zur europäischen Ethnologie 12).

Sachs, ed. v. Keller (1870): Sachs, H., ed. v. Keller, A., Bd. 3, Tübingen 1870 (BDLV 104).

Sagittarius (1685): Sagittarius, C., Antiquitates gentilismi et christianismi Thuringici, Jena / Helmstedt 1685.

Savigny (1814): Savigny, F.C., Vom Beruf unsrer Zeit für Gesetzgebung und Rechtswissenschaft, Heidelberg 1814.

Saxo, ed. Olrik / Raeder (1931): Saxo, Gesta Danorum, ed. Olrik, J. / Raeder, H., 2 Bde., Kopenhagen 1931.

Schach (1983): Schach, P., Some thoughts on *Völuspá*, in: Edda. A collection of essays, ed. Glendinning, R.J. / Bessason, H., Manitoba 1983, 86-116.

Schedius (1648): Schedius, E., De dis Germanis sive Veteri Germanorum, Gallorum, Britannorum, Vandalorum religione. Syngrammata quatuor, Amsterdam 1648.

Scheffer (1666): Scheffer, J., Upsalia, Uppsala 1666.

Schelling, ed. Schröter (...): Schellings Werke nach der Originalausgabe in neuer Anordnung ed. Schröter, M., 13 Bde., München 1927ff.

Schenda (1984): Schenda, R., Volkserzählungen und nationale Identität: Deutsche Sagen im Vormärz (1830-48), in: Fabula 25 (1984), 296-303.

Schenda (1985) Jacob und Wilhelm Grimm: Id., Jacob und Wilhelm Grimm: Deutsche Sagen Nr. 103, 298, 337, 340, 350, 357 und 514. Bemerkungen zu den literarischen Quellen von sieben Schweizer Sagen, in: SAVk 81 (1985) 196-206.

Schenda (1985) Tellen: Id., Die drei Tellen aus dem Modejournal. Bemerkungen zu einer Schweizer Sage bei den Brüdern Grimm, in: Neue Zürcher Zeitung, 16./17. November 1985, 70.

Scherer (1885², 1864/5): Scherer, W., Jacob Grimm, Berlin 1921 (Reprint der 2. Auflage von 1885 mit Beigaben aus der 1. Auflage von 1864/5 und Scherers Rede auf Grimm, besorgt v. v.d. Schulenburg, S.) (Der Domschatz 9).

Schier (1970): Schier, K., Sagaliteratur, Stuttgart 1970 (Sammlung Metzler, Realienbücher für Germanisten, M 78).

Schier (1976): Id., Balder, in: RGA² 2, Berlin / New York 1976, 2-7.

Schier (1977): Id., Astralmythologie, in: EM 1, Berlin / New York 1977, 921-928.

Schier (1978), siehe **Egils saga, üs. v. Schier (1978)**.

Schier (1981): Id., Zur Mythologie der Snorra Edda: Einige Quellenprobleme, in: Speculum Norroenvm. Norse Studies in memory of Turville-Petre, G., ed. Dronke, U. / Helgadóttir, G.P. / Weber, G.W. u.a., Odense 1981, 405-420.

Schier (1986): Id., Edda, Ältere, in: RGA² 6, Berlin / New York 1986, 355-394.

Schier (1987): Id., Germanisches Erzählgut, in: EM 5, Berlin / New York 1987, 1072-1097.

Schier (1991): Id., Anfänge und erste Entwicklung der Literatur in Island und Schweden: Wie beginnt Literatur in einer schriftlosen Gesellschaft? München 1991 (Sudetendeutsche Akademie der Wissenschaften und Künste / Geisteswissenschaftliche Klasse, Sitzungsberichte 1991,10, 103-149).

Schier (1992): Id., Skandinavische Felsbilder als Quelle für die germanische Religionsgeschichte? in: Germanische Religionsgeschichte. Quellen und Quellenprobleme, ed. Beck, H. / Ellmers, D. / Schier, K., Berlin / New York 1992 (Ergänzungsbände zum RGA² 5), 162-228.

Schierghofer (1913): Schierghofer, G., Altbayerns Umritte und Leonhardifahrten, München 1913.

Schiller, ed. Fricke / Göpfert (...): Schiller, F., Sämtliche Werke 1: Gedichte. Dramen 1, 5: Erzählungen. Theoretische Schriften, ed. Fricke, G. / Göpfert, H.G., München 1958/9.

Schjødt (1986) Initiation: Schjødt, J.P., Initiation and the classification of rituals, in: Temenos 22 (1986) 93-108.

Schjødt (1986) Rock carvings: Id., The 'meaning' of the rock carvings and the scope for religio-historical interpretation. Some thoughts on the limits of the phenomenology of religion, in: Words and objects. Towards a dialogue between archaeology and history of religion, ed. Steinsland, G., Oslo 1986 (Instituttet for sammenlignende kulturforskning, Serie B: Skrifter 71), 180-196.

Schjødt (1991): Id., Relationem mellem aser og vaner og dens ideologiske implikationer, in: Nordisk hedendom. Et symposium, ed. Steinsland, G. / Drobin, U. / Pentikäinen, J. u.a., Odense 1991, 303-319.

Schlegel, A.W., ed. Böcking (1847): Schlegel, A.W., Sämmtliche Werke 12: Recensionen, ed. Böcking, E., Leipzig 1847.

Schlegel, F., ed. Behler u.a. (...): Kritische Friedrich-Schlegel-Ausgabe, ed. Behler, E. u.a., 6: Geschichte der alten und neuen Literatur, ed. Eichner, H., 8: Studien zur Philosophie und Theologie, ed. Behler, E. / Struc-Oppenberg, U., München / Paderborn / Wien 1961. 1975.

Schlender (1925⁴, 1898): Schlender, I.H., Germanische Mythologie, 4., neubearbeitete Auflage, Dresden 1925 (1898).

Schmeller (1872-77^2,1827-1837): Schmeller, J.A., Bayerisches Wörterbuch, 2 Bde. in 3 Teilbänden, Sonderausgabe München 1985 (nach der von Frommann, G.K. bearbeiteten 2. Ausgabe 1872-1877 (1827-1837)).

Schmidt, J. (1752^2,1742): Schmidt, J.P., Geschichtsmåßige Untersuchung der Fastel-Abends-Gebräuche in Deutschland, Rostock 1752^2 (1742).

Schmidt, K. (1931): Schmidt, K., Die Entwicklung der Grimmschen Kinder- und Hausmärchen seit der Urhandschrift nebst einem kritischen Texte der in die Drucke übergegangenen Stücke, Diss. Halle a.d. Saale 1931.

Schmidt, L. (1952): Schmidt, L., Zu den Berchtengestalten des Burgenlandes. Materialnachlese, Motivbeziehungen, Problemvorschau 1, in: Burgenländische Heimatblätter 14 (1952) 122-132.

Schmidt, L. (1963) Quatember: Id., Quatember 2: Rel. Volkskunde, in: LThK^2 8, Freiburg i. Br. 1963, 929.

Schmidt, L. (1963) Volkserzählung: Id., Die Volkserzählung. Märchen. Sage. Legende. Schwank, Berlin 1963.

Schmidtke (1968): Schmidtke, D., Geistliche Tierinterpretation in der deutschsprachigen Literatur des Mittelalters (1100-1500), 2 Teile, Diss. Berlin 1968.

Schmidt Poulsen (1986): Schmidt Poulsen, G., The complementarity of magic in Nordic mythology and in archaeological sources, in: Words and objects. Towards a dialogue between archaeology and history of religion, ed. Steinsland, G., Oslo 1986 (Instituttet for sammenlignende kulturforskning, Serie B: Skrifter 71), 168-179.

Schmidt-Wiegand (1987): Schmidt-Wiegand, R., Das sinnliche Element des Rechts. Jacob Grimms Sammlung und Beschreibung deutscher Rechtsaltertümer, in: Brüder Grimm Gedenken. Sonderband 1987. Kasseler Vorträge in Erinnerung an den 200. Geburtstag der Brüder Jacob und Wilhelm Grimm, Marburg 1987, 1-24.

Schneider, F. (1920/1): Schneider, F., Über Kalendae Ianuariae und Martiae im Mittelalter, in: ARW 20 (1920/1) 82-134.

Schneider, H. (1938): Schneider, H., Die Götter der Germanen, Tübingen 1938.

Schnetz (1963^2,1952): Schnetz, J., Flurnamenkunde, München 1963^2, (1952).

Schomerus (1936): Schomerus, R., Die Religion der Nordgermanen im Spiegel christlicher Darstellung, Leipzig 1936.

Schoof (1959): Schoof, W., Zur Entstehungsgeschichte der Grimmschen Märchen, Hamburg 1959.

Schoof (1963^3,1881): Briefwechsel zwischen Jacob und Wilhelm Grimm aus der Jugendzeit, ed. Grimm, H. / Hinrichs, G., 2. vermehrte und verbesserte Auflage, ed. Schoof, W., Weimar 1963 (1881).

Schoof / Schnack (1953): Briefe der Brüder Grimm an Savigny, aus dem savignyschen Nachlaß ed. id. in Verbindung mit Schnack, I., Berlin 1953.

Schopper (1582): Schopper, J., Neuwe Chorographia und Histori Teutscher Nation, Frankfurt a. Main 1582.

Schreiner (1966): Schreiner, K., 'Discrimen veri ac falsi'. Ansätze und Formen der Kritik in der Heiligen- und Reliquienverehrung des Mittelalters, in: Archiv für Kulturgeschichte 48 (1966) 1-53.

Schrey (1969): Schrey, D., Mythos und Geschichte bei Johann Arnold Kanne und in der romantischen Mythologie, Tübingen 1969 (Studien zur Deutschen Literatur 14).

Schreyer-Mühlpfordt (1966): Schreyer-Mühlpfordt, B., Wesensdeutung des Mythos in Jacob Grimms "Deutscher Mythologie", in: Wissenschaftliche Zeitschrift der Martin-Luther-Universität, Halle-Wittenberg. Gesellschafts- und sprachwissenschaftliche Reihe 15 (1966), 533-539.

Schröder (1934): Schröder, F.R., Germanentum und Alteuropa, in: GRM 22 (1934) 157-212.

Schröder (1953): Id., Balder und der zweite Merseburger Spruch, in: GRM 34 (1953) 161-183.

Schuhladen (1983/4): Schuhladen, H., Zur Geschichte von Perchtenbräuchen im Berchtesgadener Land, in Tirol und Salzburg vom 16. bis zum 19. Jahrhundert, in: Bayerisches Jahrbuch für Volkskunde 1983/4, 1-29.

Schullerus (1887): Schullerus, A., Zur Kritik des altnordischen Valhollglaubens, in: PBB 12 (1887) 221-282.

Schütte (1923): Schütte, G., Dänisches Heidentum, Heidelberg 1923 (Kultur und Sprache 2).

Schwartz (1860): Schwartz, F.L.W., Der Ursprung der Mythologie, Berlin 1860.

Schwartz (1862², 1849): Id., Der heutige Volksglaube und das alte Heidenthum, Berlin 1862² (1849).

Schwartz (1864 / 1879): Id., Die poetischen Naturanschauungen der Griechen, Römer und Deutschen in ihrer Beziehung zur Mythologie, 2 Bde., Berlin 1864. 1879.

Schweda (1915): Schweda, V., Die Sagen vom wilden Jäger und vom schlafenden Heer in der Provinz Posen, Diss. Greifswald 1915.

Schweizerisches Idiotikon, ed. Staub / Tobler / Schoch (1885) (1895): Schweizerisches Idiotikon, ed. Staub / Tobler / Schoch u.a., Bde. 2 und 3, Frauenfeld 1885.1895.

Schwerthein (1974): Schwerthein, E., Die Denkmäler orientalischer Gottheiten im römischen Deutschland, Leiden 1974.

See (1981, zuerst 1968): Von See, K., Exkurs: Götter und Mythen der Germanen (1968), in: Id., Edda, Saga, Skaldendichtung. Aufsätze zur skandinavischen Literatur des Mittelalters, Heidelberg 1981 (Skandinavistische Arbeiten 6), 99-103.

See (1981, zuerst 1977): Id., Skaldenstrophe und Sagaprosa. Ein Beitrag zum Problem der mündlichen Überlieferung in der altnordischen Literatur (1977), in: Id., Edda, Saga, Skaldendichtung. Aufsätze zur skandinavischen Literatur des Mittelalters, Heidelberg 1981 (Skandinavistische Arbeiten 6), 461-485.

See (1988): Id., Mythos und Theologie im skandinavischen Hochmittelalter, Heidelberg 1988 (Skandinavistische Arbeiten 8).

Seebold (1986): Seebold, E., Die Konstituierung des Germanischen in sprachlicher Sicht, in: Germanenprobleme in heutiger Sicht, ed. Beck, H., Berlin / New York 1986 (Ergänzungsbände zum RGA 1), 168-182.

Seebold (1992): Römische Münzbilder und germanische Symbolwelt, in: Germanische Religionsgeschichte. Quellen und Quellenprobleme, ed. Beck, H. / Ellmers, D. / Schier, K., Berlin / New York 1992 (Ergänzungsbände zum RGA² 5), 270-335.

Seidenspinner (1988): Seidenspinner, W., Mythen von historischen Sagen. Materialien und Notizen zum Problemfeld zwischen Sage, Archäologie und Geschichte, in: Jahrbuch für Volkskunde. N.F. 11 (1988) 83-104.

Seidenspinner (1991): Id., Sagen als Gedächtnis des Volkes? Archäologisches Denkmal, ätiologische Sage, kommunikatives Erinnern, in: Erinnern und Vergessen. Vorträge des 27. Deutschen Volkskundekongresses Göttingen 1989, ed. Bönisch-Brednich, B. / Brednich, R.W. / Gerndt, H., Göttingen 1991 (Beiträge zur Volkskunde in Niedersachsen 5 / Schriftenreihe der Volkskundlichen Kommission für Niedersachsen 6), 525-534.

Seidenspinner (1992): Id., Sage und Geschichte. Zur Problematik Grimmscher Konzeptionen und was wir daraus lernen können, in: Fabula 33 (1992) 14-38.

Sepp (1890): Sepp, J.N., Die Religion der alten Deutschen und ihr Fortbestand in Volkssagen, Aufzügen und Festbräuchen bis zur Gegenwart, München 1890.

Sepp (1893³, 1876): Id., Altbayerischer Sagenschatz zur Bereicherung der indogermanischen Mythologie, München 1893³ (1876) beide Ausgaben benutzt.

Sheehan (1980²): Sheehan, J.J., Liberalismus und Gesellschaft in Deutschland 1815-1848, in: Liberalismus, ed. Gall, L., 2., erweiterte Auflage, Königstein / Ts. 1980 (Neue wissenschaftliche Bibliothek 85. Geschichte), 208-231.

Sieber (1931): Sieber, F., Dietrich von Bern als Führer der wilden Jagd, in: Mitteilungen der schlesischen Gesellschaft für Volkskunde 31/32 (1931) 85-124.

Sieber (1963): Id., Die Deutung des "Todaustreibens" ("Todaustragens") in Jacob Grimms Deutscher Mythologie und in der neueren Forschung, in: Deutsches Jahrbuch für Volkskunde 9 (1963) 71-93.

Siebs (1892): Siebs, Th., Beiträge zur deutschen Mythologie, in: ZfdPh 24 (1892) 145-157.

Siemsen (1942): Siemsen, R., Germanengut im Zunftbrauch, Berlin-Dahlem 1942.

Simek (1984): Simek, R., Lexikon der germanischen Mythologie, Stuttgart 1984.
Simrock (1853): Simrock, K., Bertha die Spinnerin, Frankfurt a. Main 1853.
Simrock (1874⁴,1855): Id., Handbuch der deutschen Mythologie mit Einschluß der nordischen, Bonn 1874⁴ (1855).
SnE., ed. Jónsson (1931): Snorri Sturluson, Edda, ed. Jónsson, F., Kopenhagen 1931.
SnE., Arnamagnäanische Ausgabe (1848-1887): Id., Edda, Arnamagnäanische Ausgabe, 3 Bde., Kopenhagen 1848-1887.
SnE. Gylfaginning, ed. Lorenz (1984): Id., Gylfaginning. Texte, Übersetzung, Kommentar, Darmstadt 1984 (Texte zur Forschung 48).
Sn.Hkr.: Id., Heimskringla, ed. Aðalbjarnarson, B., Bde. 1-3, Reykjavík 1941 (ÍF 16-18).
Sollbach (1987): St. Brandans wundersame Seefahrt, nach der Heidelberger Handschrift Cod. Pal. Germ. 60, ed., üs. und erläutert v. Sollbach, G.E., Frankfurt a. Main 1987.
Sørensen (1986): Sørensen, P.M., Thor's fishing expedition, in: Words and objects. Towards a dialogue between archaeology and history of religion, ed. Steinsland, G., Oslo 1986 (Instituttet for sammenlignende kulturforskning, Serie B: Skrifter 71), 257-278.
Sørensen (1988): Id., The individual and social values in *Gunnlaugs saga ormstungu*, in: Scandinavian studies 60 (1988) 247-266.
Sørensen (1991): Id., Om eddadigtenes alder, in: Nordisk hedendom. Et symposium, ed. Steinsland, G. / Drobin, U. / Pentikäinen, J. u.a., Odense 1991, 217-228.
Sossa (1977): Sossa, C.U., Grandiosa Festividad del Gran Poder, in: Heredia, A.B. u.a., Carneval de Oruro, Tarabuco y Fiesta del Gran Poder, La Paz 1977, 103-131.
Spamer (1935): Spamer, A., Sitte und Brauch, in: Handbuch der Deutschen Volkskunde 2, ed. Peßler, W., Potsdam 1935, 33-236.
Spangenberg, ed. Stambaugh (1980): Spangenberg, C., Jagteufel, in: Teufelbücher in Auswahl, ed. Stambaugh, R., Bd. 5, Berlin / New York 1980 (Ausgaben deutscher Literatur des 15. - 18. Jahrhunderts) 164-303.
Spieß (1917): V. Spieß, K., Das deutsche Volksmärchen, Leipzig / Berlin 1917 (Aus Natur und Geisteswelt / Sammlung wissenschaftlich-gemeinverständlicher Darstellungen 587).
Spieß / Mudrak (1939): Id. / Mudrak, E., Deutsche Märchen - Deutsche Welt. Zeugnisse nordischer Weltanschauung in volkstümlicher Überlieferung, Berlin 1939.
Splieth (1895): Splieth, W., Zwei Grabhügel bei Schleswig, in: Mitteilungen des anthropologischen Vereins in Schleswig-Holstein 8 (1895) 13-30.
Stackmann (1978): Stackmann, K., Albrecht von Halberstadt, in: V² 1, Berlin / New York 1978, 187-191.
Stadler (1861): Stadler, J., Vollständiges Heiligen-Lexikon 2, Augsburg 1861.
Stammler (1959): Stammler, W., Frau Welt. Eine mittelalterliche Allegorie, Freiburg i.d. Schweiz 1959 (Freiburger Universitätsreden 23).
Steig (1894) (1904): Achim v. Arnim und die ihm nahe standen 1: Achim von Arnim und Clemens Brentano, ed. Steig, R., Stuttgart 1894, 3: Achim von Arnim und Jacob und Wilhelm Grimm, ed. id., Stuttgart / Berlin 1904.
Steig (1914): Clemens Brentano und die Brüder Grimm, ed. id., Stuttgart und Berlin 1914.
Steinhoff (1987): Steinhoff, H.-H., 'Merseburger Zaubersprüche', in: V² 6, Berlin / New York 1987, 410-418.
Steinmeyer (1901): Steinmeyer, E., Beiträge zur Entstehungsgeschichte des clm. 18140, Erlangen / Leipzig 1901.
Steinmeyer (1971³,1916): Die kleineren althochdeutschen Sprachdenkmäler, ed. id., Dublin / Zürich 1971³ (1916) (Deutsche Neudrucke. Reihe Texte des Mittelalters).
Steinsland (1983): Steinsland, G., Antropogonimyten i Vǫluspá. En tekst - og tradisjonskritisk analyse, in: Arkiv för nordisk filologi 98 (1983) 80-107.
Steinsland (1986): Words and objects. Towards a dialogue between archaeology and history of religion, ed. eadem, Oslo 1986 (Instituttet for sammenlignende kulturforskning, Serie B: Skrifter 71).

Steinsland (1991): Eadem, Religionsskiftet i Norden og *Vǫluspá* 65, in: Nordisk hedendom. Et symposium, ed. Steinsland, G. / Drobin, U. / Pentikäinen, J. u.a., Odense 1991, 335-348.

Stelzenberger (1965^2,1953): Stelzenberger, J., Lehrbuch der Moraltheologie, Paderborn 1965^2 (1953).

Stern (1963): Stern, L., Der geistige und politische Standort von Jacob Grimm in der deutschen Geschichte, Berlin 1963 (Sitzungsberichte der deutschen Akademie der Wissenschaften zu Berlin / Klasse für Philosophie, Geschichte, Staats-, Rechts- und Wirtschaftswissenschaften 1963,4).

Stjernquist (1970): Sternquist, B., Germanische Quellenopfer, in: Vorgeschichtliche Heiligtümer und Opferplätze in Mittel- und Nordeuropa, ed. Jankuhn, H., Göttingen 1970, 78-99.

Stöber (1852): Stöber, A., Die Sagen des Elsasses, St. Gallen 1852.

Stockums (1923): Stockums, W., Das Los der ohne die Taufe sterbenden Kinder, Freiburg 1923.

Strack (1987): Strack, F., Zukunft in der Vergangenheit? Zur Wiederbelebung des Mittelalters in der Romantik, in: Heidelberg im säkularen Umbruch. Traditionsbewußtsein und Kulturpolitik um 1800, Stuttgart 1987 (Deutscher Idealismus. Philosophie und Wirkungsgeschichte in Quellen und Studien 12), 252-281.

Straßner (1964): Straßner, E., Berchtengestalten in Ostfranken. Ein Beitrag zur ostfränkischen Volkskunde, in: Jahrbuch für fränkische Landesforschung 24 (1964) 345-399.

Stricker, ed. Bartsch (1857): Stricker, Karl der Große, ed. Bartsch, K., mit einem Nachwort von Kartschoke, D., Berlin 1965 (Reprint der Ausgabe Quedlinburg / Leipzig 1857).

Ström / Biezais (1975): Ström, Å.V. / Biezais, H., Germanische und baltische Religion, Stuttgart / Berlin / Köln u.a. 1975 (Die Religionen der Menschheit 19,1).

Strutynski (1973): Strutynski, U., Einleitung zur engl. Übersetzung v. Dumézil, G., Les dieux des Germains (1959), ed. Haugen, E., London 1973, 19-43.

Strutynski (1977): Id., Philippson contra Dumézil: An answer to the attack, in: The Journal of Indo-European Studies 5 (1977) 209-219.

Struve (1975): Struve, K.W., Germanen machen sich Bilder von Göttern. Die Götterfiguren von Braak-Eutin, in: Kölner Römer-Illustrierte 2 (1975) 88f.

Struve (1984): Id., Damendorf, in: RGA^2 5, Berlin / New York 1984, 213-216.

Struve (1986): Id., Dronninghoi, in: RGA^2 6, Berlin / New York 1986, 185-187.

Stumpfl (1936): Stumpfl, R., Kultspiele der Germanen als Ursprung des mittelalterlichen Dramas, Berlin 1936.

Sydow (1934): V. Sydow, C.W., Kategorien der Prosa-Volksdichtung (1934), in: Id., Selected Papers on Folklore, Kopenhagen 1948, 60-88.

Sydow (1940): Id., Das Volksmärchen unter ethnischem Gesichtspunkt (1940), in: Id., Selected Papers on Folklore, Kopenhagen 1948, 220-242.

Sydow (1948): Id., Märchenforschung und Philologie (1948), in: Wege der Märchenforschung, ed. Karlinger, F., Darmstadt 1973, 177-193 (WdF 255).

Tacitus, Annales, ed. Koestermann (1971^3,1952): Tacitus, P.C., Annales, ed. Koestermann, E., Leipzig 1971^3 (1952).

Tacitus, Germania, ed. Lund (1988): Id., Germania, interpretiert, ed., üs., kommentiert und mit einer Bibliographie versehen v. Lund, A.A., Heidelberg 1988.

Tacitus, Historiae, ed. Koestermann (1969): Id., Historiae, ed. Koestermann, E., Leipzig 1969.

Tangl (1916), siehe **Bonifatius, ed. Tangl (1916)**.

Tenèze (1979): Tenèze, M.-L., Bibliothèque bleue, in: EM 2, Berlin / New York 1979, 283-287.

Thalheim (1986): Thalheim, H.-G., Natur- und Kunstpoesie. Eine Kontroverse zwischen Jacob Grimm und Achim von Arnim über die Aneignung älterer, besonders volkspoetischer Literatur, in: Weimarer Beiträge 32 (1986) 1829-1849.

Theuerkauf (1988): Theuerkauf, G., Die hamburgische Kirchengeschichte Adams von Bremen. Über Gesellschaftsformen und Weltbilder im 11. Jahrhundert, in: Historiographia mediaevalis. Festschrift für Schmale, F.-J., zum 65. Geburtstag, ed. Berg, D. / Goetz, H.-W., Darmstadt 1988, 118-137.

Thimme (1909): Thimme, A., Das Märchen, Leipzig 1909 (Handbücher zur Volkskunde 2).

Thomasius (1675): Thomasius, J., Discursus historico-philologicus de vagantibus scholasticis, sive von fahrenden Schülern, Leipzig 1675.

Thompson (1951², 1946): Thompson, St., The Folktale, New York 1951² (1946).

Thompson: Id., Motif-Index of Folk-Literature, 2., erweiterte Auflage, 6 Bde., Kopenhagen 1955-1958.

Thrathnigg (1937): Trathnigg, G., Glaube und Kult der Semnonen, in: ARW 34 (1937) 226-249.

Thule: Thule. Altnordische Dichtung und Prosa, Bde. 1-24, ed. Niedner, F. / Neckel, G., Düsseldorf / Köln 1963-1967 (Neuausgabe der Ausgabe Jena 1913-1934).

Thürlemann (1974): Thürlemann, F., Der historische Diskurs bei Gregor von Tours. Topoi und Wirklichkeit, Frankfurt a. Main 1974 (Geist und Werk der Zeiten 39).

Thym, ed. Zimmermann (1887): Thym, G., Thedel von Wallmoden, ed. Zimmermann, P., Halle a.d. Saale 1887.

Tieck, ed. Tieck (1848): Tieck, L., Kritische Schriften 1 und 2, ed. Tieck, L., Berlin / New York 1974 (Reprint der Ausgabe Leipzig 1848).

Timpe (1989): Timpe, D., Die Absicht der Germania des Tacitus, in: Beiträge zum Verständnis der Germania des Tacitus. Teil 1: Bericht über die Kolloquien der Kommission für die Altertumskunde Nord- und Mitteleuropas im Jahr 1986, ed. Jankuhn, H. / id., Göttingen 1989 (Abhandlungen der Akademie der Wissenschaften in Göttingen. Phil.-hist. Klasse. Dritte Folge 175), 106-127.

Timpe (1992): Id., Tacitus' Germania als regionsgeschichtliche (sic!) Quelle, in: Germanische Religionsgeschichte. Quellen und Quellenprobleme, ed. Beck, H. / Ellmers, D. / Schier, K., Berlin / New York 1992 (Ergänzungsbände zum RGA² 5), 434-485.

Titzmann (1991): Titzmann, M., Die Konzeption der "Germanen" in der deutschen Literatur des 19. Jahrhunderts, in: Nationale Mythen und Symbole in der zweiten Hälfte des 19. Jahrhunderts. Strukturen und Funktionen von Konzepten nationaler Identität, ed. Link, J. / Wülfing, W., Stuttgart 1991, 120-145.

Treutlein (1932): Treutlein, W., Das Arbeitsverbot im deutschen Volksglauben, Bühl-Baden 1932 (Bausteine zur Volkskunde und Religionswissenschaft 5).

Tubach (1969): Tubach, F.C., Index exemplorum. A handbook of medieval religious tales, Helsinki 1969 (FFC 204).

Turville-Petre (1964): Turville-Petre, E.O.G., Myth and religion of the North. The religion of ancient Scandinavia, London 1964.

Tylor (1913⁵, 1871): Tylor, E.B., Primitive Culture. Researches into the development of mythology, philosophy, religion, language, art, and custom, 2 Bde., London 1913⁵ (1871).

Uhland (1868): Uhland, F., Uhlands Schriften zur Geschichte der Dichtung und Sage, Bde. 6 und 7, Stuttgart 1868.

Unwerth (1911): V. Unwerth, W., Untersuchungen über Totenkult und Odinnverehrung bei Nordgermanen und Lappen, Breslau 1911 (Germanistische Abhandlungen 37).

Unwerth (1916): Id., Rezension zu: Neckel, G., Walhall. Studien über germanischen jenseitsglauben, Dortmund 1913, in: ZfdPh 47 (1916) 102-105.

Urban (1989): Urban, R., Aufbau und Gedankengang der Germania des Tacitus, in: Beiträge zum Verständnis der Germania des Tacitus. Teil 1: Bericht über die Kolloquien der Kommission für die Altertumskunde Nord- und Mitteleuropas im Jahr 1986, ed. Jankuhn, H. / Timpe, D., Göttingen 1989 (Abhandlungen der Akademie der Wissenschaften in Göttingen. Phil.-hist. Klasse. Dritte Folge 175), 80-105.

Uther (1985): Uther, H.-J., Die Rattenfängersage und die Brüder Grimm, in: Geschichten und Geschichte. Erzählforschertagung in Hameln, Oktober 1984, ed. Humburg, N., Hildesheim 1985, 19-27.

Uther (1990) Bräuner: Id., Johann Jacob Bräuners "Curiositäten" als Vorlage der "Deutschen Sagen" der Brüder Grimm. Zum Bedeutungswandel von Geschichten durch Nacherzählen, in: Volkskultur - Geschichte - Region. Festschrift für Brückner, W., zum 60. Geburtstag, ed. Harmening, D. / Wimmer, E., Würzburg 1990, 552-571.

Uther (1990) Hans im Glück: Id., Hans im Glück (KHM 83). Zur Entstehung, Verbreitung und bildlichen Darstellung eines populären Märchens, in: The Telling of Stories. Approaches to a traditional craft. A symposium, ed. Nojgaard, M. / de Mylius, J. / Pio, I. u.a., Odense 1990, 119-164.

Uther (1993), siehe **Grimm, Br. Deutsche Sagen**

Väterbuch, siehe **Reissenberger (1914)**.

Vechner (1673): Vechner, D., Universae Germaniae breviarium, 3. Ausgabe, Görlitz 1673.

Veit (1936): Veit, L.A., Volksfrommes Brauchtum und Kirche im deutschen Mittelalter, Freiburg i. Breisgau 1936.

Vergil, ed. Götte (1983^6,1955): Vergil, Aeneis, lateinisch-deutsch, ed. und üs. v. Götte, J., mit einem Nachwort v. Kytzler, B., 6., vollständig durchgesehene und verbesserte Auflage, München und Zürich 1983 (1955).

Vieillard-Baron (1987): Vieillard-Baron, J.-L., L' interpretation du néoplatonisme dans l' école de Heidelberg: Creuzer interprète de Plotin, in: Heidelberg im säkularen Umbruch. Traditionsbewußtsein und Kulturpolitik um 1800, Stuttgart 1987 (Deutscher Idealismus. Philosophie und Wirkungsgeschichte in Quellen und Studien 12), 505-514.

Vigfusson (1878): Sturlunga saga including the Islendinga saga and other works 1, ed. Vigfusson, G., Oxford 1878.

Vincent von Beauvais (1624): Vincent von Beauvais, Speculum historiale, Graz 1965 (Reprint der Ausgabe Douai 1624).

Vintler ed. v. Zingerle (1874): Vintler, H., Die Pluemen der Tugent, ed. v. Zingerle, I., Innsbruck 1874 (Aeltere tirolische Dichter 1).

Vogel, C. (1983): Vogel, C., Buße, in: LdM 2, München / Zürich 1983, 1130-1141.

Vogel, P. (1989): Vogel, P., Jacob Grimm und die Deutsche Nationalversammlung 1848, in: Die Brüder Grimm in ihrer amtlichen und politischen Tätigkeit. 200 Jahre Brüder Grimm, ed. Harder, H.-B. / Hennig, D. / Lauer, B., Marburg 1989, 33-44.

Vogt, R. (1989): Vogt, R., An den Ufern des Ursprungs. Diskursanalytische Anmerkungen zu Jacob Grimms Akademierede "Über den Ursprung der Sprache", in: Jacob und Wilhelm Grimm. Fachwissenschaftliche und fachdidaktische Beiträge zur Werk- und Wirkungsgeschichte, ed. Kürschner, W. / Papp, E., Cloppenburg 1989, 203-242.

Vogt, W.H. (1928): Vogt, W.H., Zum Problem der Merseburger Zaubersprüche, in: ZfdPh 65 (1928) 97-130.

Vogt, W.H. (1930/1931): Id., Bragis Schild, in: Acta Philologica Scandinavica 5 (1930/1931) 1-28.

Vogüé, de (1988), siehe **Jonas von Bobbio, üs. v. de Vogüé (1988)**.

Vǫlsunga saga, ed. Ebel (1983): Vǫlsunga saga, ed. und eingeleitet v. Ebel, U., Frankfurt a. Main 1983.

Vries, de (1931): De Vries, J., Contributions to the study of Othin especially in his relation to agricultural practices in modern popular lore, Helsinki 1931 (FFC 94).

Vries, de (1954): Id., Betrachtungen zum Märchen besonders in seinem Verhältnis zu Heldensage und Mythos, Helsinki 1954 (FFC 150).

Vries, de (1962): Id., Wodan und die Wilde Jagd, in: Die Nachbarn 3 (1962) 31-59.

Vries, de (1962^2,1961): Id., Altnordisches etymologisches Wörterbuch, 2., verbesserte Auflage, Leiden 1962 (1961).

Vries, de (1970^3,$1956/7^2$,1935/7): Id., Altgermanische Religionsgeschichte, 2 Bde., Berlin 1970^3 (Reprint der Ausgabe $1956/7^2$ (1935/7)).

Vulpius (1823): Vulpius, C.A., Curiositäten der physisch-literarisch-artistisch-historischen Vor- und Mitwelt; zur angenehmen Unterhaltung für gebildete Leser, Bd. 10, Weimar 1823.

Wachter (1737): Wachter, J.G., Glossarium Germanicum 2, Leipzig 1737.

Walde / Hofmann (1938³,1954³,1956³,1905/6): Walde, A. / Hofmann, J.B., Lateinisches etymologisches Wörterbuch, 3., neubearbeitete Auflage, 3 Bde., Heidelberg 1938. 1954. 1956 (1905/6).

Walzel (1936): Walzel, O., Jenaer und Heidelberger Romantik über Natur- und Kunstpoesie, in: DVjs 14 (1936) 325-360.

Waschnitius (1913): Waschnitius, V., Perht, Holda und verwandte Gestalten. Ein Beitrag zur deutschen Religionsgeschichte, Wien 1913 (Sitzungsberichte der Kais. Akademie der Wissenschaften in Wien. Phil.-hist. Klasse 174,2).

Weber (1981): Weber, G.W., Irreligiosität und Heldenzeitalter. Zum Mythencharakter der altisländischen Literatur, in: Speculum Norroenvm. Norse Studies in memory of Turville-Petre, G., ed. Dronke, U. / Helgadóttir, G.P. / Weber, G.W. u.a., Odense 1981, 474-505.

Weber (1986) Jüngere Edda: Id., Edda, Jüngere, in: RGA² 6, Berlin / New York, 394-412.

Weber (1986) Siðaskipti: Id., *Siðaskipti.* Das religionsgeschichtliche Modell Snorri Sturlusons in Edda und Heimskringla, in: Sagnaskemmtun. Studies in honour of Pálsson, H., ed. Simek, R. / Kristjánsson, J. / Bekker-Nielsen, H., Wien / Köln / Graz 1986, 309-329.

Weber-Kellermann (1969): Weber-Kellermann, I., Deutsche Volkskunde zwischen Germanistik und Sozialwissenschaften, Stuttgart 1969 (Sammlung Metzler, Realienbücher für Germanisten 79).

Weber-Kellermann (1985): Eadem, Saure Wochen Frohe Feste. Fest und Alltag in der Sprache der Bräuche, München / Luzern 1985.

Weidemann (1982): Weidemann, M., Kulturgeschichte der Merowingerzeit nach den Werken Gregors von Tours 2, Mainz 1982 (Römisch-germanisches Zentralmuseum. Forschungsinstitut für Vor- und Frühgeschichte. Monographien 3,2).

Weinhold (1869): Weinhold, K., Die deutschen Monatsnamen, Halle 1869.

Weinhold (1890): Id., Über den Mythus vom Wanenkrieg, in: Sitzungsberichte der königlich preußischen Adademie der Wissenschaften zu Berlin 1890, 611-625.

Weiser (1927): Weiser, L., Altgermanische Jünglingsweihen und Männerbünde. Ein Beitrag zur deutschen und nordischen Altertums- und Volkskunde, Bühl 1927 (Bausteine zur Volkskunde und Religionswissenschaft 1).

Weniger (1906): Weniger, L., Feralis exercitus, in: ARW 9 (1906) 201-247.

Wesche (1937): Wesche, H., zu einer geschichte des deutschen heidentums, in: PBB 61 (1937) 1-116.

Wesselski (1931): Wesselski, A., Versuch einer Theorie des Märchens, Reichenberg i. Breisgau 1931 (Prager Deutsche Studien 45).

Wesselski (1942²,1938): Id., Deutsche Märchen vor Grimm. Einführung und Anmerkungen, Brünn / München / Wien 1942² (1938).

Wickram, ed. Roloff (1973): Wickram, G., Sämtliche Werke, ed. Roloff, H.-G., 7: Das Rollwagenbüchlein, Berlin / New York 1973.

Widman, ed. Bobertag (1884): Widman, G., History Peter Lewen, des andern Kalenbergers, in: Narrenbuch, ed. Bobertag, F., Darmstadt 1964 (Reprint der Ausgabe Berlin und Stuttgart 1884) 87-140.

Wiegelmann / Zender / Heilfurth (1977): Wiegelmann, G. / Zender, M. / Heilfurth, G., Volkskunde - Eine Einführung, Berlin 1977 (Grundlagen der Germanistik 12).

Wieland (o.J.): Wieland's Werke 30: Feen- und Geistermärchen, Berlin o.J.

Willelmus Malmesbiriensis (1601): Willelmus Malmesbiriensis, De gestis regum Anglorum, Frankfurt 1601 (Rerum Anglicarum scriptores post Bedam praecipui).

Willelmus Malmesbiriensis, ed. Stubbs (1887) (1889): Id., De gestis regum Anglorum, ed. Stubbs, W., 2 Bde., London 1887. 1889 (Rerum Britannicarum medii aevi scriptores 96,1.2).

Wimmer / Melzer (1984^5,1955): Wimmer, O. / Melzer, H., Lexikon der Namen und Heiligen, Innsbruck / Wien 1984^5 (1955).

Wissowa 1912^2,1902): Wissowa, G., Religion und Kultur der Römer, München 1971^2 (Reprint der Ausgabe München 1912^2 (1902)).

Wissowa (1918): Id., Interpretatio Romana. Römische Götter im Barbarenlande, in: ARW 19 (1918) 1-49.

Witzschel (1866): Kleine Beiträge zur deutschen Mythologie, Sitten- und Heimathskunde in Sagen und Gebräuchen aus Thüringen 1: Sagen aus Thüringen, gesammelt und ed. Witzschel, A., Wien 1866.

Wolf (1852) (1857) Beiträge: Wolf, J.W., Beiträge zur deutschen Mythologie, 2 Bde., Göttingen 1852.1857.

Wolf (1852) Götterlehre: Id., Die deutsche Götterlehre. Ein Hand- und Lesebuch für Schule und Haus nach Jacob Grimm u.a., Göttingen / Leipzig 1852.

Wolff (1934): Wolff, E., Das geschichtliche Verstehen in Tacitus' Germania (1934), in: Tacitus, ed. Pöschl, V., Darmstadt 1969 (WdF 97), 241-297.

Wolfram, Willehalm, ed. Schröder (1978): Wolfram von Eschenbach, Willehalm, nach der gesamten Überlieferung, ed. Schröder, W., Berlin / New York 1978.

Wundt (1909): Wundt, W., Völkerpsychologie. Eine Untersuchung der Entwicklungsgesetze von Sprache, Mythus und Sitte 2: Mythus und Religion 3, Leipzig 1909.

Wünsche (1905): Wünsche, A., Der Sagenkreis vom geprellten Teufel, Leipzig / Wien 1905.

Würth (1992): Würth, S., Intention oder Inkompetenz: Die Bearbeitungen der *Trójumanna saga*, in: skandinavistik 22 (1992) 1-26.

Wuttke, A. (1925^4,1860): Wuttke, A., Der deutsche Volksaberglaube der Gegenwart, 3. Bearbeitung v. Meyer, E.H., Leipzig 1925^4 1900^3 (1860) 3. und 4. Auflage benutzt.

Wyss (1979): Wyss, U., Die wilde Philologie. Jacob Grimm und der Historismus, München 1979.

Wyss (1986): Id., Die Grimmsche Philologie in der Postmoderne, in: Brüder-Grimm-Symposion zur Historischen Wortforschung, Beiträge zu der Marburger Tagung vom Juni 1985, ed. Hildebrandt, R. / Knoop, U., Berlin / New York 1986 (Historische Wortforschung 1), 264-281.

Wyss (1988): Id., Der Schlaf der Geschichte. Über Jacob Grimms Hermeneutik, in: Die Grimms, die Germanistik und die Gegenwart, ed. Mertens, V., Wien 1988 (Philologica Germanica 9), 49-63.

Wyssenherre, ed. Dinkelacker / Härig (1977): Mychel Wyssenherre, Eyn buoch von dem edeln hern von Bruneczwigk als er uber mer fuore, ed., eingeleitet und transkribiert v. Dinkelacker, I. / Härig, W., Göppingen 1977 (Litterae 41).

Wyssenherre, ed. Maßmann (1828): Id., Heinrich der Löwe, in: Denkmäler deutscher Sprache und Literatur aus Handschriften des 8. bis 16. Jahrhunderts 1, ed. Maßmann, H.F., München 1828, 123-137.

Wyssenherre, ed. Seehausen (1913): Id., Von dem edeln hern von Bruneczwigk, als er über mer fure und die Sage von Heinrich dem Löwen, ed. Seehausen, W., Breslau 1913 (Germanistische Abhandlungen 43).

Zeiß (1941): Zeiß, H., Das Heilsbild in der germanischen Kunst des frühen Mittelalters, München 1941 (Sitzungsberichte der Bayerischen Akademie der Wissenschaften, Phil.-hist. Abteilung 2,8).

Ziegler (1952) Grundlagen: Ziegler, K., Die weltanschaulichen Grundlagen der Wissenschaft Jacob Grimms, in: Euphorion 46 (1952) 241-260.

Ziegler (1952) Thesen: Id., Thesen zum Problem der Mythologie, in: Symphilosophein. Bericht über den dritten deutschen Kongreß für Philosophie Bremen 1950, ed. Plessner, H., München 1952, 258-266.

Ziegler (1954): Id., Jacob Grimm und die geschichtliche Welt, in: Studien zur Deutschen Sprache und Literatur, ed. Abteilung für deutsche Philologie an der Universität Istanbul 1 (1954) 1-32.

Ziegler (1963): Id., Jacob Grimm und die Entwicklung des modernen deutschen Nationalbewußtseins, in: Zeitschrift des Vereins für hessische Geschichte und Landeskunde 74 (1963) 153-181.

Ziegler (1965): Id., Mythos und Dichtung, in: Reallexikon der deutschen Literaturgeschichte 2, begr. v. Merker, P. / Stammler, W., 1925, 2. Auflage, ed. Mohr, W., Berlin 1965.

Zimmer (1876): Zimmer, H., Parjanya Fiörgyn, Vâta Wôdan. Ein Beitrag zur vergleichenden Mythologie, in: ZDA 19 (1876) 164-181.

Zimmerische Chronik, ed. Barack (1869): Zimmerische Chronik, ed. Barack, K.A., 4 Bde., Tübingen 1869 (BDLV 91-94).

Zimmermann (1879): Zimmermann, P., Die Sage von Hackelberg, dem wilden Jäger, in: Zeitschrift des Harz-Vereins für Geschichte und Alterthumskunde 12 (1879) 1-26.

Zinke (1977): Zinke, B., Anthroposophische Theorie, in: EM 1, Berlin / New York 1977, 601-609.

Register

Das Register verzeichnet Personennamen. Aufgenommen wurden die Namen von Autoren, Wissenschaftlern, aber auch die im Text (und in den Titeln des Textes) genannten Namen historischer und fiktiver sowie mythologischer Figuren. Aus dem Haupttext wurden alle Namen registriert (mit Ausnahme von Jacob Grimm, Brüder Grimm, die Grimms), aus den Anmerkungen wurde - um das Register praktikabel zu halten - nach dem Kriterium der Relevanz eine Auswahl getroffen.

MIKROKOSMOS

Beiträge zur Literaturwissenschaft und Bedeutungsforschung

Herausgegeben von Wolfgang Harms

Band 1 Andreas Wang: Der 'Miles Christianus' im 16. und 17. Jahrhundert und seine mittelalterliche Tradition. Ein Beitrag zum Verhältnis von sprachlicher und graphischer Bildlichkeit. 1975.

Band 2 Hans-Henning Rausch: Methoden und Bedeutung naturkundlicher Rezeption und Kompilation im 'Jüngeren Titurel'. 1977.

Band 3 Sara Stebbins: Studien zur Tradition und Rezeption der Bildlichkeit in der 'Eneide' Heinrichs von Veldeke. 1977.

Band 4 Michael Schilling: Imagines Mundi. Metaphorische Darstellungen der Welt in der Emblematik. 1979.

Band 5 Dennis Howard Green und Leslie Peter Johnson: Approaches to Wolfram von Eschenbach. 1978.

Band 6 Fred Wagner: Rudolf Borchardt and the Middle Ages. Translation, Anthology and Nationalism. 1981.

Band 7 Wolfgang Harms/Heimo Reinitzer (Hrsg.): Natura loquax. Naturkunde und allegorische Naturdeutung vom Mittelalter bis zur frühen Neuzeit. 1981.

Band 8 Sara Stebbins: Maxima in minimis. Zum Empirie- und Autoritätsverständnis in der physikotheologischen Literatur der Frühaufklärung. 1980.

Band 9 Marianne Wynn: Wolfram´s 'Parzival': On the Genesis of its Poetry. 1984.

Band 10 Waltraud Timmermann: Studien zur allegorischen Bildlichkeit in den Parabolae Bernhards von Clairvaux mit der Erstedition einer mittelniederdeutschen Übersetzung der Parabolae 'Vom Geistlichen Streit' und 'Vom Streit der vier Töchter Gottes'. 1982.

Band 11 Ruth Kastner: Geistlicher Rauffhandel. Illustrierte Flugblätter zum Reformationsjubiläum 1617 in ihrem historischen und publizistischen Kontext. 1982.

Band 12 Peter Frenz: Studien zu traditionellen Elementen des Geschichtsdenkens und der Bildlichkeit im Werk Johann Gottfried Herders. 1983.

Band 13 Katharina Wallmann: Minnebedingtes Schweigen in Minnesang, Lied und Minnerede des 12. bis 16. Jahrhunderts. 1985.

Band 14 Peter Strohschneider: Ritterromantische Versepik im ausgehenden Mittelalter. Studien zu einer funktionsgeschichtlichen Textinterpretation der 'Mörin' Hermanns von Sachsenheim sowie zu Ulrich Fuetrers 'Persibein' und Maximilians I. 'Teuerdank'. 1986.

Band 15 Norbert Bachleitner: Form und Funktion der Verseinlagen bei Abraham a Sancta Clara. 1985.

Band 16 Dietmar Peil: Der Streit der Glieder mit dem Magen. Studien zur Überlieferungs- und Deutungsgeschichte der Fabel des Menenius Agrippa von der Antike bis ins 20. Jahrhundert. 1985.

Band 17 Sonia Brough: The Goths and the Concept of Gothic in Germany from 1500 to 1750. Culture, Language and Architecture. 1985.

Band 18 Barbara Bauer: Jesuitische 'ars rhetorica' im Zeitalter der Glaubenskämpfe. 1986.

Band 19 Gabriele Hooffacker: Avaritia radix omnium malorum. Barocke Bildlichkeit um Geld und Eigennutz in Flugschriften, Flugblättern und benachbarter Literatur der Kipper- und Wipperzeit (1620-1625). 1988.

Band 20 Eva-Maria Bangerter-Schmid: Erbauliche illustrierte Flugblätter aus den Jahren 1570-1670. 1986.

Band 21 Albrecht Juergens: 'Wilhelm von Österreich'. Johanns von Würzburg 'Historia Poetica' von 1314 und die Aufgabenstellungen einer narrativen Fürstenlehre. 1990.

Band 22 Maria Magdalena Witte: Elias und Henoch als Exempel, typologische Figuren und apokalyptische Zeugen. Zu Verbindungen von Literatur und Theologie im Mittelalter. 1987.

Band 23 Felix Leibrock: Aufklärung und Mittelalter. Bodmer, Gottsched und die mittelalterliche deutsche Literatur. 1988.

Band 24 Herfried Vögel: Naturkundliches im 'Reinfried von Braunschweig'. Zur Funktion naturkundlicher Kenntnisse in deutscher Erzähldichtung des Mittelalters. 1990.

Band 25 Renate Haftlmeier-Seiffert: Bauerndarstellungen auf deutschen illustrierten Flugblättern des 17. Jahrhunderts. 1991.

Band 26 Otto Neudeck: Continuum historiale. Zur Synthese von tradierter Geschichtsauffassung und Gegenwartserfahrung im 'Reinfried von Braunschweig'. 1989.

Band 27 Reinhard Hahn: 'Von frantzosischer zungen in teütsch'. Das literarische Leben am Innsbrucker Hof des späteren 15. Jahrhundert und der Prosaroman 'Pontus und Sidonia (A)'. 1990.

Band 28 Jörg Krämer: Johann Beers Romane. Poetologie, immanente Poetik und Rezeption 'niederer' Texte im späten 17. Jahrhundert. 1991.

Band 29 Silvia Serena Tschopp: Heilsgeschichtliche Deutungsmuster in der Publizistik des Dreißigjährigen Krieges. Pro- und antischwedische Propaganda in Deutschland 1628 bis 1635. 1991.

Band 30 Jörg Platiel: Mythos und Mysterium. Die Rezeption des Mittelalters im Werk Gerhart Hauptmanns. 1993.

Band 31 Alexandra Stein: 'wort unde werc'. Studien zum narrativen Diskurs im 'Parzival' Wolframs von Eschenbach. 1993.

Band 32 Gabriele Dorothea Rödter: Via piae animae. Grundlagenuntersuchung zur emblematischen Verknüpfung von Bild und Wort in den "Pia desideria" (1624) des Herman Hugo S.J. (1588-1629). 1992.

Band 33 Bernd Bastert: Der Münchner Hof und Fuetrers 'Buch der Abenteuer'. Literarische Kontinuität im Spätmittelalter. 1993.

Band 34 Bernhard Jahn: Raumkonzepte in der Frühen Neuzeit. Zur Konstruktion von Wirklichkeit in Pilgerberichten, Amerikareisebeschreibungen und Prosaerzählungen. 1993.

Band 35 Ulrike Dorothea Hänisch: 'Confessio Augustana triumphans'. Funktionen der Publizistik zum Confessio Augustana-Jubiläum 1630. (Zeitung, Flugblatt, Flugschrift). 1993.

Band 36 Ulrike Draesner: Wege durch erzählte Welten. Intertextuelle Verweise als Mittel der Bedeutungskonstitution in Wolframs 'Parzival'. 1993.

Band 37 Eberhard Haufe: Die Behandlung der antiken Mythologie in den Textbüchern der Hamburger Oper 1678-1738. Herausgegeben von Hendrik Birus und Wolfgang Harms. 1994.

Band 38 Sabine Mödersheim: 'Domini Doctrina Coronat': Die geistliche Emblematik Daniel Cramers (1568-1637). 1994.

Band 39 Franz-Heinrich Beyer: Eigenart und Wirkung des reformatorisch-polemischen Flugblatts im Zusammenhang der Publizistik der Reformationszeit. 1994.

Band 40 Regina Pingel: Ritterliche Werte zwischen Tradition und Transformation. Zur veränderten Konzeption von Artusheld und Artushof in Strickers "Daniel von dem Blühenden Tal". 1994.

Band 41 Beate Kellner: Grimms Mythen. Studien zum Mythosbegriff und seiner Anwendung in Jacob Grimms *Deutscher Mythologie*. 1994.